Arno Plack

Wie oft wird Hitler noch besiegt?

Erb Verlag

Umschlagentwurf: Zembsch' Werkstatt, München
Gesamtherstellung: Ebner Ulm
Printed in Germany 1982
ISBN 3-88458-042-6

INHALT

Einleitung 9

I. Kapitel
HITLER ALS ÄRGERNIS 15
a) Der Führer als Verführer 15
b) War Hitler geisteskrank? 21
c) War Hitler dumm? 25
d) Hitler, der Menschenkenner 32
e) Führer und Volksgemeinschaft 42
f) Volk und Volksgesundheit 46
g) Was hat Hitler von Nietzsche gelernt? 51

II. Kapitel
VOLKSERZIEHUNG UND VERGANGENHEITS-BEWÄLTIGUNG 57
a) Die Deutschen als Objekt der Erziehung 57
b) Was ist Anti-Faschismus? 63
c) Lektionen in Demokratie 65
d) NS-Führer blicken zurück 70
e) Die »Unbelehrbaren« 78
f) Rückwärtsgewandter Mut 81
g) Der herbeigeredete Neonazismus 84

III. Kapitel
MASSENMORD UND KOLLEKTIVE AGGRESSION . 89
a) Massenmord als filmisches Spektakel 89
b) Der Komplex von Schuld und Niederlage 96
c) Die Lust an kollektiver Aggression 99
d) Das Dilemma der KZ-Prozesse 102
e) Das Verlangen nach einem »Schlußstrich« 110
f) Kehrt »Auschwitz« wieder? 114

IV. Kapitel
SIND DIE DEUTSCHEN FASCHISTOID? 128
Problemstellung 128
1. Hexenverbrennungen 130
2. Wie berechtigt ist die Kollektivschuld-These? . . 136
3. Die demoskopische Perspektive 143
4. Testfall Strauß? 152

V. Kapitel
JUDENHASS – DEUTSCHENHASS 159
a) Gibt es einen typisch deutschen Judenhaß? 159
b) Gemeinsamkeiten von Juden und Deutschen . . . 162
c) Motive und soziale Funktion des Völkerhasses . . 177
d) Hitlers sexualpathologischer Judenhaß 179
e) Genügt es, Vorurteile abzubauen? 184
f) Gibt es heute noch Judenhaß in Deutschland? . . 188

VI. Kapitel
UNRUHIGE JUGEND – HITLERS KINDER? 198
a) Die politische Oberfläche der Gewalt 198
b) Vandalismus in der Wohlstandsgesellschaft . . . 204
c) Alte Sittlichkeit und neue Gewalt 209
d) Was sind »Ursachen der Gewalt«? 217
e) Der Idealismus der Terroristen 224
f) Der Fall »Bommi« Baumann 227
g) Politisierung privater Nöte 233
h) Sehnsucht nach Brüderlichkeit 240
i) Werteverfall und Sinnverlust 243
j) Angst vor der Zukunft? 246
k) Der Glaube an geistige Ursachen der Gewalt . . . 248

VII. Kapitel
HITLERS SOZIALISMUS UND DER
LINKSFASCHISMUS 252
a) War Hitler Sozialist? 252
b) Was ist »linker Terror«? 256
c) Linke Schickeria und *Nouvelle Philosophie* 259
d) Rechter und linker Totalitarismus 268

VIII. Kapitel

HITLERS UNGEIST HEUTE 276
a) Junge Neonazis – nichts dazugelernt? 276
b) Staatsverdrossenheit 285
c) Der Geist der Selbstaufopferung 294
d) Gibt es noch »entartete Kunst«? 297
e) Propaganda, einst und jetzt 300
f) Bevölkerungspolitik 307
g) »Ausländer raus!« 309
h) Herrschende Moral und autoritäre Herrschaft . . 315
i) Aggressive und defensive Nation 319

IX. Kapitel

ADOLF HITLERS FORTLEBEN 326
a) Der Führer als Faszinosum 326
b) Wie gefährlich ist *Mein Kampf?* 333
c) Fixierung auf »Faschismus« 342

Anhang

Anmerkungen 349
Register 383

EINLEITUNG

Es ist nicht meine Absicht, die Flut der Hitler-Bücher um ein weiteres zu vermehren. Es geht mir vielmehr darum, die tiefersitzenden Beweggründe aufzuzeigen, die uns eine immer stärkere Beschäftigung mit dem »Führer« und der NS-Zeit gebracht haben. Diese Motive sind nicht mehr rein politischer Natur. Die politische und ideengeschichtliche Auseinandersetzung mit dem Nationalsozialismus hat vielmehr gerade die vitalen Gründe verdeckt, die den NS-Staat mit heraufgeführt haben und heute zur Wiederbelebung des längst getöteten Drachens führen. An solcher Erweckung haben militante Neonazisten und aufgebrachte Vergangenheitsbewältiger gemeinsamen Anteil. Beiden geht es darum, die Saalschlachten von damals noch einmal zu schlagen, den Ausgang des Krieges aus je verschiedener Perspektive neu zu bewerten und den Terror und die Greueltaten von damals als Bedrohung für die Gegenwart zu reaktivieren, freilich mit je entgegengesetzter Tendenz. Von beiden Seiten werden wir auf höchst unterschiedliche Weise vor neuer »rechter Gewalt« gewarnt; die einen meinen, sie werde wiederkehren, wenn wir nicht den Anfängen wehrten; die anderen raunen, sie könne nötig werden, wenn nicht bald eine »nationale Besinnung« erfolge. Die aufgeregt Warnenden wollen nicht einsehen, daß sie mit eben ihrer Aufregung die Gefahr, vor der sie warnen, mit aufrichten helfen. Die Rechtsradikalen und die radikal national Gesinnten aber dürfen nicht zugeben, wie gelegen ihnen jede demonstrative Warnung vor einem neuen Nazismus kommen muß, hilft sie ihnen doch, die eigene Vereinsmeierei allmählich in politische Gruppenaktivität überzuführen. Was als Stammtischmeinung beginnt, kann an ernstgemeintem Widerstand zu ernstzunehmender politischer Gesinnung sich erhärten.

Allmählich sich verhärtende Radikale und allzu wehrhafte Demokraten kommen wesentlich darin überein, daß ihnen die tieferen, die triebhaften Motive ihrer Kampfbereitschaft selber gar nicht bewußt sind. Sie brauchen das Bewußtsein einer politischen Sendung und ein Feindbild, um für ihre eigenen aggressiven

Neigungen eine honorige Rechtfertigung und Gewissensbeschwichtigung zu bekommen. Sie brauchen zugleich einen Feind, der bedrohlich genug ist, um als Feind sich sehen zu lassen, damit die eigene Grimmigkeit sich nicht der Lächerlichkeit preisgibt. Beide aber, die aufgebrachten Antifaschisten wie die aufmuckenden Rechtsradikalen kennzeichnet auch Realitätsverlust vor den drängenden Gefahren der Gegenwart: vor der Gefahr eines »Atomstaates« (JUNGK), vor der Vertotung unserer Umwelt, vor der um sich greifenden Vergiftung und Selbstvergiftung des Menschen, vor bevölkerungspolitischen Problemen, vor der Hungersnot in der Dritten Welt, die eines Tages auch auf uns zurückschlagen kann, wie vor der Gefahr eines dritten Weltkrieges. Angesichts solcher Gefahren und Nöte und derart bedrängender Probleme ist es genußvoll und erholsam zugleich, in nostalgischer Tapferkeit sich einem Feind zuzuwenden, den es als politisch entscheidende Kraft nicht mehr gibt. Was den verspäteten Widerstandskämpfern ihr Neonazi oder ihr Faschist, das ist den »Unbelehrbaren« ihr Vaterlandsverräter: Feindbilder, an denen sie um so zäher – fast möchte ich sagen: liebevoller – festhalten, je weniger ihnen eine reale Bedrohung entspricht. Solch unproblematisches Engagement gibt eigener Aggressivität ein sinnvolles Ziel und befriedigt zugleich das Bedürfnis, in einer Welt von Teufeln und Gefahren das Seinige zur Verhütung des Allerschlimmsten oder zur Verbesserung der Verhältnisse beizutragen. Je geringer die Chance, die uns bedrängende Wirklichkeit zu durchschauen, um so entlastender muß es wirken, ein vertrautes Feindbild zu haben und sich kämpferisch an ihm auszurichten.

Das getreulich gehegte Feindbild ist auch eine Gewähr dafür, daß es von Leuten, die nichts weiter als provozieren wollen, schließlich doch wieder erfüllt wird. Das gilt vorweg für jene aggressiv gestimmten jungen Menschen, denen es nicht mehr genügt, in Rockkonzerten ohne den Aufblick zu höheren Werten das Mobiliar kurz und klein zu schlagen oder als Fußballfans für den eigenen Verein zu randalieren, Jugendliche, die vielmehr durch eine einschlägig erprobte politische Idee ihrer aggressiven Gereiztheit Sinn und Bedeutung geben wollen, auch zur Beschwichtigung ihres Gewissens. Daß so versprengte destruktive Charaktere unter einer Fahne versammelt und auf einen ihnen vorgegebenen Feind ausgerichtet werden, ist wohl ein Politikum; aber das Heranwachsen derart destruktiver wie beeinflußbarer Menschen ist ein triebpsychologisches Problem. Es ist zugleich das in allen Faschismus-Debatten ausgesparte Grundproblem, weil bis jetzt niemand einzusehen vermag, daß der Nazismus unter anderen pädagogischen und moralischen Bedingungen als den uns vertrauten kaum mächtig, auf keinen Fall übermächtig werden könnte. So wie jede Gesellschaft nur die Verbrechen, Neurosen und Psychosen aus sich heraus entwickelt, die für ihre Moral charakteristisch sind, so treibt sie auch nur zu jenen politischen Katastrophen und zu jenen im Namen des ganzen Volkes verübten Grausamkeiten, die den im Alltag moralisch gepreßten Trieben ein Ventil zu schaffen versprechen. Die Grausamkeiten, die in sogenannten Ausnahmesituationen geschehen, sind dann aber nicht eine Konsequenz zu lax gehandhabter moralischer und rechtlicher Regelungen, sondern geradezu eine Folge allzu lange gedrosselten Lebens.

Der Hinweis auf die uns vertraute Erziehung und Moral soll nicht die Folgerung nahelegen, daß der Faschismus ein typisch deutsches Phänomen sei. Er ist es weder in seiner rassistischen Komponente, noch in der Neigung zur Gewalt schlechthin und zum »harten Durchgreifen« oder im Ruf nach wieder strengeren Strafen, noch gar in der Sehnsucht nach dem »starken Mann«, an den in allen Ländern die vom Leben Enttäuschten ihre geknickten Hoffnungen abtreten: auf daß er sie wieder aufrichte. Wenn aber gerade unsere demokratischen Freunde im westlichen Ausland nicht die Splitter des Radikalismus in ihren Augen sehen, sondern den Balken des Neonazismus in den unseren, so ist das nicht nur Selbstgerechtigkeit. Es steht dahinter die Ahnung, wenn nicht die Erfahrung, daß ein in seinem nationalen Selbstverständnis gebrochenes und moralisch gedemütigtes Volk um so leichter wieder nach einem »Retter« rufen könnte. Hitlers politischer Aufstieg nach dem Ersten Weltkrieg ist ja nicht denkbar ohne die »Schmach« des Friedensvertrages von Versailles, die er zu tilgen versprochen hatte. Weltwirtschaftskrise und Massenarbeitslosigkeit allein hätten kaum ausgereicht, einen Mann an die Spitze des Reiches zu heben, der in gar keiner Weise als Fachmann für ökonomische Fragen ausgewiesen war. Auch sein demagogisches Geschick, alle nationalen Mißstände auf die Juden und auf äußere Feinde des deutschen Volkes zurückzuführen, hätte ihn ohne das Trauma des verlorenen Krieges nicht so weit emporgetragen.

Dies alles steht hinter der Besorgnis einiger unserer Freunde im Ausland, es könne auf deutschem Boden ein neuer »Faschismus« entstehen. Wir selber sehen uns ebenso weit davon entfernt, wie wir uns in unserer Schönwetterdemokratie nicht vorzustellen vermögen, daß in einer lange andauernden wirtschaftlichen Krise auch die nationale Wunde neu aufbrechen könnte. Unsere gegenwärtigen Faschismusdebatten sind aber kaum geeignet, uns dagegen gefeit zu machen. Das liegt an ihren rückwärtsgewandten Fragen und Kategorien, die unterschwellig die Überzeugung vermitteln, daß ein das ganze Volk ergreifender Radikalismus sich mit den Parolen und Emblemen von einst ankündigen müßte, wenn er auch nur etwas Aussicht auf Erfolg haben soll. Dies ist der Grundirrtum aller »Vergangenheitsbewältigung«, die sich zur Lösung von Gegenwartsproblemen anbietet: daß sie die politische und ideologische Einkleidung destruktiver Kräfte für die von ihnen ausgehende Gewalt und Gefährdung selber nimmt.

Gewiß haben wir zu untersuchen und zu erforschen, wie es seinerzeit »soweit kommen konnte«. Und gewiß haben wir einiges aus den sozialen, ökonomischen und parteipolitischen Konstellationen zu lernen, um eine wie auch immer abgewandelte Wiederholung solch gefährlicher Massenverführung zu verhüten. Aber wir dürfen nicht glauben, daß Verführung zur kollektiven Aggression – und das bedeutete heute: Verführung zur Selbstvernichtung – nur im Zeichen des Hakenkreuzes wiederkehren könnte. Unter jedem anderen parteipolitischen Feldzeichen ist das möglich, wenn das ohnehin schon schwach ausgebildete Interesse an den Ursachen kollektiver Gewalt durch das Prinzip des Kampfes vollends ersetzt würde. Gerade im Kampf für die gute Sache – und das kann auch die »freiheitlich demokratische Grundordnung« sein – wird um so leichtfertiger verdrängt, woraus destruktive Gewalt bei den anderen wie bei sich selber erwächst. Wo alles zum Mittel der Auseinandersetzung, zum Kampf, zur Front und zur Konfrontation wird, da bleibt nichts mehr, was es liebevoll zu fördern und zu bewahren gälte. Und da ist es zuletzt auch belanglos, ob einer die Fronten wechselt.

Das Vorurteil, Faschismus lasse sich am besten dadurch vermeiden, daß man ihn bekämpfe, wird uns nicht so plump und mit so anfechtbaren Worten vermittelt. Es fließt uns unbewußt zu durch jene filmische und literarische »Aufarbeitung« des Dritten Reiches, die besonders kämpferische, ja spannende Momente des Widerstandes herausstellt. Der aggressiv gestimmte junge Mensch, der sich zu seiner nächsten »Demo« rüstet, muß davon her die Überzeugung gewinnen, daß es nur darauf ankomme, mit seinen Aggressionen auf der richtigen Seite zu stehen. Aber so einfach ist faschistoider Ungeist nicht zu bewältigen; denn er ist nur eine *Bewußtseinsform* der

Gewalt, die uns allen in dieser leib- und lustverneinenden Kultur mehr oder weniger im eigenen Nacken sitzt. Gewalt gegen Unterdrückung, Widerstand gegen Verführung mag notwendig sein; aber wer nicht auch noch in der dabei widerstrebenden Gewalt ein Übel erblickt, wenngleich ein mehr oder weniger notwendiges, der ist selber angefressen von dem, was er bekämpft.

Wo Autoren und Filmemacher den Widerstand gegen das NS-Regime zum heroischen Kampf um des Kampfes willen stilisieren, da wird ebenso der moralischen Überdetermination von Gewalt in die Hände gearbeitet, wie in jener »Aufarbeitung« des Hitlerreiches, die den »Führer« als zwar schreckliche, doch faszinierende Gestalt präsentiert: zum emotionalen Konsum für gelangweilte und frustrierte Gemüter. Hitler als ästhetisiertes Faszinosum aber ist schon eine Verharmlosung des Abgründigen, das wir in uns selber noch gar nicht ausgelotet haben. Die Faszination des weltgeschichtlichen Bösewichts kommt von der unausgelebten Triebhaftigkeit des Betrachters, der genußvoll und schaudernd zugleich, noch das eigene Schaudern genießend, mit der realen oder fiktiven Verkörperung des Bösen innerlich mitschwingt. Je mehr wir uns über die triebdynamischen Bedingungen der Faszination des fanatisch brutalen Menschen klarzuwerden vermögen, je besser wir auch den Zusammenhang von vitaler Frustration und Aggression verstehen lernen und unser Leben unter solchen Einsichten verändern, desto weniger werden wir vom sogenannten ästhetischen Reiz des uns vorgegaukelten Führerkultes noch berührt. In diesem Sinne haben wir Hitler und alles das, wofür sein Name steht, durchaus noch zu überwinden. Das allermeiste von dem, was uns literarisch, filmisch, politologisch und sozialpsychologisch zur »Vergangenheitsbewältigung« und zur »Trauerarbeit« angedient wird, ist dafür denkbar ungeeignet, weil es irrational Hitler als Faszinosum bestehen läßt. Und darum frage ich: Wie oft wird Hitler noch besiegt?

I. KAPITEL

Hitler als Ärgernis

a) Der Führer als Verführer

Nach der totalen Niederlage des Deutschen Reiches im Jahre 1945 war es eine beliebte Rede zu sagen, das deutsche Volk sei von Hitler *verführt* worden. Die so sprachen, vor allem Mitläufer des »Dritten Reiches«, aber auch wohlmeinende Demokraten, taten das nicht zuletzt zur moralischen Entlastung eines Volkes, das mit »Kollektivschuld« belastet wurde, seitdem die Nürnberger Prozesse das ganze Ausmaß der von Hitler und Himmler angeordneten Massenmorde hatten erkennen lassen. Was aber so der Beschwichtigung deutscher Gewissen diente, war zugleich dazu angetan, uns als ein echt tölpelhaftes, ja politisch unreifes Volk erscheinen zu lassen, das die von den Besatzungsmächten verabreichte »Umerziehung« um so nötiger hatte, als es wieder den Anschluß an die zivilisierte Welt finden wollte. ADENAUER in seiner nüchternen Art sagte später im Blick auf die britische Besatzungszone, was er von solcher Nacherziehung hielt: »Die Bevölkerung wurde nach meiner Meinung von den Engländern schlecht behandelt.«[1] Das Volk hatte, nicht zuletzt mit knurrenden Mägen, für seine Verführung durch Hitler zu büßen.

Von »Verführung« sprechen wir im Deutschen schon seit dem 18. Jahrhundert nur noch im Sinne des »sittlichen Irreleitens«[2]. Opfer einer Verführung sind vornehmlich sexuell unerfahrene junge Mädchen und biedere Frauen. Dem »Verführer« haftet der Ruf und der Ruch an, ein unwiderstehlicher Herzensbrecher zu sein, der sich um die Gefühle der einmal Verführten nicht weiter kümmert. Nun aber: ein ganzes Volk *verführt*?

Das leichtsinnig, aber doch vielleicht treffend benutzte Wort, um ihr Verhältnis zum »Führer« zu charakterisieren, schob die Deutschen in die Rolle einer willenlosen Frau, die, geheimen Neigungen folgend, nicht mehr wußte, was sie tat, und darum »schwach« geworden war. Ein wahrlich kränkender Vergleich! Aber er trifft – von der Seite der nachträglichen Beschämung her – genau mit der Vorstellung überein, die Hitler sich von der »breiten Masse« des deutschen Volkes gebildet hatte. »Die Masse ist ein Weib, und als solches mache ich sie mir gefügig«, soll Hitler im vertrauten Kreis[3] gesagt haben. Dieses »Weib«, das in den Versammlungen, den »Kundgebungen«, als »wogende Masse« (*Mein Kampf*[4]) vor ihm lag, galt es durch die »Erzeugung von Stimmungen« (*M. K.*, S. 531) anzuwärmen, zu entflammen und mitzureißen zum »Rausch der Begeisterung«. So hat er es selber bezeichnet[5]. Diesen »suggestiven Rausch« (S. 536) aber wußte er noch zu steigern zu einer Art Klimax: zu einem »fanatischen Ausbruch völkischer und nationaler Leidenschaft« (S. 541). Der »grandiose Volksredner« (H. Frank[6]) arbeitete zielstrebig darauf hin: aus der Überzeugung, daß »die Triebkraft zu den gewaltigsten Umwälzungen auf dieser Erde ... zu allen Zeiten weniger in einer die Masse beherrschenden wissenschaftlichen Erkenntnis (lag) als in einem sie beseelenden Fanatismus und manchmal in einer sie vorwärts jagenden Hysterie« (S. 371).

Daß Hitler Versammlungen, in denen er sprach, als quasi erotische Vereinigung mit der Masse erstrebt und genossen hat, geht aus seinen Worten selber hervor. Der Volksredner, meinte er, sollte »sich von der breiten Masse immer so tragen lassen, daß ihm daraus gefühlsmäßig gerade die Worte flüssig werden, die er braucht, um seinen jeweiligen Zuhörern zu Herzen zu sprechen« (S. 527). In seiner Rede beim Nürnberger Parteitag 1936 fand sein erotisches Gefühl für die Masse sogar unverschlüsselt ins Wort:

> »Wenn wir uns hier treffen, dann erfüllt uns alle das Wundersame dieses Zusammenkommens. Nicht jeder von Euch sieht mich und nicht jeden von Euch sehe ich. Aber ich fühle *Euch*, und Ihr fühlt *mich*! Wir sind jetzt eins.«[7]

Das Verschmelzungserlebnis mit der Masse im Stadion war die schon erlebbare Erfüllung dessen, was der noch um die Macht Ringende sich selber wie seinen Getreuen zugesprochen hatte: »So wie ein mutiger Mann Frauenherzen leichter erobern wird als ein Feigling, so gewinnt eine heldenhafte Bewegung auch eher das Herz eines Volkes als eine feige, die nur durch polizeilichen Schutz am Leben erhalten wird.« (*Mein Kampf*, S. 546) Hitler sprach es geradezu aus, daß er die »breite Masse« des Volkes für »feminin« hielt (S. 201). Nicht nur von diesem signifikanten Wort her dürfen wir schließen: Hitler hatte ein durchaus erotisches, doch zugleich kühl überlegenes Verhältnis zum Volk, das er im Begriff war zu gewinnen: durch die in *Mein Kampf* offen dargelegten Methoden der

»Massenbeeinflussung« (S. 525). Hitler, der Volksverführer, ging darauf aus, die »Willensfreiheit des Menschen« zu beeinträchtigen (S. 531). Jedesmal galt es, den noch spürbaren Widerstand einer Versammlung zu brechen, und das gelang am ehesten am Abend, wenn die Menschen »selbst bereits eine Schwächung ihrer Widerstandskraft in natürlichster Weise erfahren haben« (S. 532). Das schließt nicht aus, daß er die von ihm entfachte Begeisterung, das Aufrauschen des Beifalls in einer vieltausendköpfigen Menge selber orgastisch genossen hat; er könnte anders nicht so bewegt davon schreiben. Aber er hatte wohl – wie alle echten Verführer – Distanz zu seinen eigenen Emotionen. Das heißt, es war ihm möglich, sie instrumental zu den jeweils vorweg gewählten Zwecken einzusetzen. Hitlers vielfach bezeugte suggestive Wirkung auf Menschenmassen beruhte zuallererst auf seiner tiefen, an Übertönen reichen, modulationsfähigen Stimme; aber sie erklärt sich auch aus jener Leidenschaft der Rede, die von sittlich gestauter Triebhaftigkeit rührt. In seinem Verhältnis zu Frauen war Hitler »erotisch hochgespannt und zugleich sexuell gehemmt«. So sieht es, psychologisch einleuchtend, ein alter Mitkämpfer des Führers, Baldur von Schirach[8]. Was in intimer Zweisamkeit unbefangen sich nicht ausleben konnte, das eben schuf die faszinierende Stimmung der Massenveranstaltungen.

Die »Vermutung, daß Hitler sexuell frustriert war« (Toland[9]), bedürfte gar nicht der Bestätigung durch seine Vertrauten (v. Schirach, Hanfstaengl, Rauschning, Speer[10]); schon die Worte, mit denen Hitler sein Verhältnis zur Masse des Volkes beschreibt, weisen darauf zurück. Seine Sprache in *Mein Kampf*, von ihm selbst nicht allzu hoch eingeschätzt, verrät in ihrer Wortwahl, in den oft unbedachten Vergleichen und Metaphern, mehr über ihren Urheber, als er bewußt und willentlich sagen wollte. Er war sich darüber im klaren: »Die Gedanken gehen mir durch beim Schreiben.«[11] Man darf es daher als Äußerung seines triebhaften Wollens werten, wenn er sagt: »Die Angst unserer Zeit vor Chauvinismus ist das Zeichen ihrer Impotenz.« (S. 475) Er selber fühlte sich Manns genug, im deutschen Volk wieder eine »nationale Leidenschaft« (S. 471) zu wecken. »Leidenschaft erwecken aber kann nur, wer sie selbst im Innern trägt.« (S. 116) Es war die Leidenschaft des leibhaft Frustrierten, die immer schon sosehr Aggression ist, daß sie auch die positive Zuwendung nur als harten Kampf leistet, doch dabei von einem Haß auf Feinde unterlegt und befeuert ist: »Die Nationalisierung unserer Masse wird nur gelingen, wenn bei allem positiven

Kampf um die Seele unseres Volkes ihre internationalen Vergifter ausgerottet werden.« (S. 372)

Diese Sprache wurde seinerzeit als bloße Drastik genommen. Noch war man bereit, von solcher »Urwüchsigkeit« (S. 376) sich verführen zu lassen. Aber der tödliche Haß, der hier sich ausdrückte, konnte auch umschlagen auf das Objekt der Zuwendung, auf das willentlich und ostentativ geliebte deutsche Volk. So wie vom prototypischen Frauenverführer nicht gesagt werden kann, daß er die von ihm verführten und wieder sitzengelassenen Frauen auch *liebe*, so kann vom Führer und Verführer der Deutschen nicht behauptet werden, er habe sein Volk geliebt. EBERHARD JÄCKEL, der jedenfalls an Hitlers Liebe zu den Deutschen zweifelt[12], zitiert in diesem Zusammenhang eine Bemerkung, die der Führer während des Krieges vor seiner Tischgesellschaft fallenließ: »Wenn das deutsche Volk nicht bereit ist, für seine Selbsterhaltung sich einzusetzen, ganz gut: Dann soll es verschwinden.«[13]

Das deutsche Volk war für Hitler nur »Menschenmaterial« (*Mein Kampf*, S. 424 und 529), um seinem eigenen Macht- und Eroberungswillen eine Grundlage zu geben. Von allem Anfang an, das heißt noch lange bevor er überhaupt in Deutschland politisch Fuß fassen konnte, war es ihm nicht genug, hier an die Spitze zu treten. Vom Beginn seiner politischen Laufbahn an ging es ihm nicht nur um Deutschland, sondern um die »arische Menschheit« (*M. K.*, S. 629). Deutschland sollte die Ausgangsbasis sein, die es ihm ermöglichen würde, eine beherrschende Rolle in der Welt zu spielen. Schon in *Mein Kampf* (S. 742) heißt es: »Deutschland wird entweder Weltmacht oder überhaupt nicht sein.« Der Satz ist charakteristisch für Hitlers Spielernatur, die in radikalen, immer Triumph und Absturz ansetzenden Möglichkeiten dachte. Immer ging es um alles oder nichts, »Sein oder Nichtsein«, Leben oder Tod; lebensichernde Kompromisse waren ihm wesensfremd. Schon seine erste »Massenkundgebung« im Münchner Cirkus Krone am 3. Februar 1921 hatte er unter dem Titel angekündigt: »Zukunft oder Untergang«[14]. Solch radikales, alles Vermittelnde ausschließende Entweder-Oder bestimmte nicht nur Hitlers Einstellung zu den sogenannten »Lebensfragen der Nation«; es bildet die Struktur seines Denkens überhaupt. Nicht von ungefähr war es, wie ALBERT SPEER berichtet[15], seine stehende Redewendung: »Da gibt es zwei Möglichkeiten.«

Wer Hitler nicht von seiner alltäglichen Neigung her kannte, jede Situation zu zwei einander ausschließenden Möglichkeiten zu stilisieren, der mochte es als Offenbarung empfinden, wenn der Parteiredner verkündete: »Es gibt nur zwei Möglichkeiten: Wir werden Opferlamm oder Sieger!«[16] Doch selbst wer mit Hitlers Denkmuster vertraut war, konnte ihm, sowie es um große Dinge ging, erliegen, weil die uns allen eingeübte Weise, die Welt zu sehen, auf Alternativen abstellt: Tag und Nacht, Licht und Finsternis, Geist und Materie, Gut und Böse, Freiheit oder Sklaverei. Für ein Denken, dem alles nach strengen Gegensätzen sich aufteilt, gibt es keine fließenden Übergänge zwischen Hell und Dunkel, Gut und Böse, keine Grade der Freiheit und keine Vielfalt akzeptabler Lebensformen. In einer Kultur, wo die Überzeugung vorherrscht, daß es nur eine einzige wirklich menschenwürdige Ordnung gebe, da treffen unversöhnlich die Ideologien aufeinander, und da können immer wieder Heilbringer, charismatische Führer die Menschen in ihren Bann schlagen.

Hitler war nicht dumm. Er ist der Triumph und das Fiasko der binären Logik des abendländischen Denkens in einer Person. Hier, nur hier in dieser Kultur, in der es nicht möglich ist, »zween Herren zu dienen«, wo einer nicht – wie in Japan – den Geist zweier Religionen in sich aufnehmen darf, da werden fortwährend Entscheidungen von uns verlangt, die uns ganz und ungeteilt fordern. Und, damit wir uns leichter dazu einen Ruck geben, flößt man uns die Idee der Willensfreiheit ein. Hitler als Moralist wird daher nicht müde, von der Erziehung die »Ausbildung von Willens- und Entschlußkraft« (*Mein Kampf,* S. 462), ja von »blitzschneller Entschlußkraft« (S. 454) zu fordern. Jede einmal getroffene Entscheidung grundsätzlicher Art hat danach aber keinen Zweifel mehr an ihrer Richtigkeit zu dulden. Es ist nicht reiner Irrationalismus, sondern die Konsequenz einer starr angelegten Entscheidungslogik, daß Hitler »blinden Glauben an die Richtigkeit einer [seiner] Lehre« (S. 512) von den Menschen erwartet. Nur so erfüllt sich ihm das Unfrieden stiftende Ideal der Entschiedenheit für eine Sache: im Bewußtsein, daß »eine Weltanschauung niemals bereit ist, mit einer zweiten zu teilen« (S. 508). Jeder Zweifel an ihrer Richtigkeit streckte schon versöhnlich die Hand zu den Andersgesinnten aus.

Absolutgesetzte binäre Logik ist das Schema der Unversöhnlichkeit. Da wird alles so angelegt, daß nur noch zwei Möglichkeiten bleiben, deren jede mit dem Äußersten verknüpft ist: Sein oder Nichtsein. Das geschieht nicht aus geistigem Rigorismus, sondern aus triebhaft destruktivem Wollen, das immer gewinnt, wenn entweder der Feind oder man selber zugrunde geht. Denn der rein destruktive Wille ist richtungslos, rundum angreifend und auf sich selber zurückstoßend, weil sado-masochistisch motiviert. Mit solch »eiskalter« Entschlossenheit lassen sich Erfolge erzielen, solange die Gegenkräfte noch nicht stark genug sind, um zurückzuschlagen, oder noch nicht genügend provoziert, um sich in einen »Entscheidungskampf um Sein oder Nichtsein« (HITLER[17]) hineinziehen zu lassen. Um »scheinbar unmögliche Forderungen« durchzusetzen, empfahl HITLER sich selber, »die gesamte Aufmerksamkeit eines (!) Volkes nur auf diese eine Frage« zu richten, *»so, als ob von ihrer Lösung tatsächlich Sein oder Nichtsein abhänge«*[18]. Nur, daß diese Fiktion, einmal durchgespielt, in Realität übergeht, hat vor Stalingrad außer Heß, der ihm darum davongeflogen ist, kaum jemand in Hitlers Gefolgschaft gemerkt. Der Führer selber in seinem destruktiven Drang war sich wohl darüber im klaren.

Adolf Hitlers unerbittliches, vermittelnde Lösungen ausschließendes Denken erklärte seine Anfangserfolge wie seinen Untergang. Für einige Jahre ließen sich die Staatsmänner des Westens die beständige Drohung mit der äußersten Altenative, der bewaffneten Intervention, gefallen; dann war der Bogen überspannt. Hitler selbst erkannte wohl die Zwangslage, in die er sich im September 1939 gebracht hatte. Der Spieler in ihm sagte trotzig, er sei »gewillt, alles auf *eine* Karte zu setzen«[19]. Diese Karte aber war Deutschland, das zu lieben er vorgab. Daß Zweifel daran berechtigt waren, mochte er spüren – er hat sie mit einer dramatischen Geste überdeckt: »Wenn einer von Ihnen glaubt«, beschwor er eine Gruppe von Reichstagsabgeordneten, »daß ich nicht nur aus Liebe zu Deutschland handle, so gebe ich ihm das Recht, mich niederzuschießen.«[20] Als er, bereits 1941, die Möglichkeit einer Niederlage ins Auge faßte, sagte er zum kroatischen Außenminister Lorković, er würde dann »dem deutschen Volke keine Träne nachweinen«[21]. So spricht schon die sich abzeichnende Enttäuschung dessen, der zwar selber nicht lieben konnte, aber vom Volk geliebt werden wollte. Die zuletzt, 1945, gegen das Überlebensinteresse des deutschen Volkes angeordneten »Zerstörungsmaßnahmen im eigenen Land«[22], die Strategie der »verbrannten Erde«, haben enthüllt, daß seine wegwerfenden Bemerkungen früherer Jahre durchaus ernst zu nehmen sind. Dies aber macht Hitler erst recht zum Ärgernis für die Deutschen.

b) War Hitler geisteskrank?

Schon zu der Zeit, als Hitler noch herrschte, kam in Emigrantenkreisen und – im Kriege auch – im deutschen Volk die Meinung auf, daß er verrückt sein müsse. Ich erinnere mich noch gut an die Witze vom »Teppichbeißer«, die damals kursierten, ein Gerücht, das sich offenbar nicht bewahrheitet hat. Intellektuelle Emigranten wie KONRAD HEIDEN[23] aber versuchten mit dem Rüstzeug psychiatrischer und psychoanalytischer Kategorien Hitlers psychische Abnormität aufzuzeigen. THEODOR W. ADORNO, selber Emigrant in den USA, sah darin schon damals die hilflose geistige Abwehr einer »Gewalt . . ., welche real solches Denken außer Kraft setzt«[24].

Für das deutsche Volk, das sich von Hitler in die schwerste Niederlage seiner Geschichte geführt sah, konnte es ebensowenig ein Trost sein, einem im klinischen Sinne Gestörten aufgesessen zu sein. Ein solcher Gedanke, der bis auf den heutigen Tag dazu herangezogen wird, das »Phänomen Hitler« zu erklären, stellt den davon Verführten ein noch schlechteres Zeugnis aus als dem »Führer«. Es ist, wie er selber schrieb, »keine nationale Ehre, von Wahnsinnigen regiert zu werden«[25]. Wer sich von einem Verrückten verführen läßt, muß noch verrückter sein als dieser, weil der Verführer immer noch die geistige Oberhand behält. Hitler psychiatrisch sehen heißt schon die Frage aufwerfen nach den psychisch Kranken und Abartigen, die von ihm sich unbewußt angezogen und vertreten fühlten. Wenn Hitler ein psychisch kranker Mann war, dann waren auch diejenigen nicht gesund, die ihn emporgetragen haben.

Hitlers Judenhaß hatte gewiß schon seit seinen Wiener Tagen ein Maß an Verbohrtheit erreicht, das einer Auseinandersetzung mit Argumenten, historischen, volkswirtschaftlichen und sozialpolitischen, sich entzieht. Wer eine Menschengruppe so pauschal und absolut verteufelt wie Hitler die Juden, der fordert dazu heraus, daß man sich nach seinen Motiven und den dahinter gärenden Trieben erkundigt. Und das heißt: Man muß ihn psychologisch betrachten, um seiner aggressiven Fixierung gerecht zu werden. Solch triebpsychologische Betrachtung impliziert aber noch nicht das Werturteil »verrückt« oder die Diagnose »wahnsinnig«, hinter deren abschließendem Urteil jeweils gerade verdeckt bleibt, was solch einen Menschen motiviert und bewegt. Wer sich damit begnügt, Hitlers Untaten als die Auswirkung einer psychotischen Charakterstruktur zu erklären, der verzichtet nicht nur darauf, zu verstehen, wie er lebensgeschichtlich dazu kam, sondern verkürzt den nur in der »verschworenen Gemeinschaft« mit anderen sich vollends ausformenden Willen zur Völkervernichtung um seine sozialpsychologische Dimension. Dann klaffen das (vermeintlich) nur individuell Psychotische und das von den Anhängern mehr oder weniger rational Nachvollzogene unvereinbar auseinander. Aber sie waren in seinem Bann, weil sie schon eine Neigung hatten, so zu fühlen wie er. Auf das sie verbindende Lebensgefühl gründete sich ihre Art von Vernunft. So verrückt, das heißt: so in sich selber versponnen war Hitler nicht, daß er das, was rückblickend als reine »Wahnidee« erscheint, seiner Umwelt nicht noch scheinrational hätte vermitteln können. Die Begründung, mit der er die Juden in London und in den USA als »Kriegstreiber« darzustellen verstand, dürfte auch für marxistische Ohren vernünftig klingen, sah er hier doch Kräfte am Werk, denen es nichts ausmache, für ihre »Finanzinteressen . . . Millionen Menschen zu opfern«[26]. Sogar »kapitalistische Interessen«[27] wußte er, Zustimmung erheischend, anzuprangern.

Die Psychiater, die Hitler im nachhinein für verrückt erklärt haben, tragen im allgemeinen wenig dazu bei, das Gemeingefährliche an solch einem Charakter in seinen Ursprüngen und in seinen sozialen Verflechtungen zu verstehen. Wenn William Carr uns als Forschungsergebnis mitteilt, er habe zusammen mit einem Kollegen herausgefunden, daß Hitler unter die »fanatischen Psychopathen« im Sinne Kurt Schneiders zu rechnen sei[28], dann bietet er uns nichts als jenes alles verdeckende Wort (»fanatisch«), das wir bei Hitler selber in positiver Wertung unzählige Male finden, auf manchen Seiten von *Mein Kampf* (zum Beispiel S. 370) sogar mehrmals. Solche klassifizierenden Diagnosen, gegen Hitlers eigenen Text gehalten, wecken eher Verständnis für die Frage, ob nicht eine ganze Reihe psychiatrischer Klassifikationen nur verkappte Werturteile sind[29].

Von tiefenpsychologischen Untersuchungen dürfen wir mehr Aufschluß erwarten über die Bedingungen, unter denen ein gemeingefährlich aggressiver Mensch sich zur Herrschaft über seine Mitmenschen aufzuschwingen vermag. Aber auch Psychoanalytiker neigen dazu, mit fertigen Begriffssystemen an ihre Untersuchungsobjekte heranzugehen. Mit stereotypen Fragestellungen wird der Spielraum möglicher Antworten so eingeengt, daß nicht mehr genug von dem, was uns als Phänomen beunruhigt, durchsichtig werden kann. Das sei am Beispiel der »Charakterdiagnose« Hitlers, die uns Erich Fromm gibt, erläutert.

Erich Fromm überschreibt seine psychobiographische Studie mit: »Bösartige Aggression: Adolf Hitler, ein klinischer Fall«[30]. Des näheren wird Hitler als ein »nekrophiler Charakter« beschrieben, der destruktiv und narzißtisch gestimmt sei auf der Grundlage einer »kalten« ödipalen Bindung an seine Mutter[31]. Man kann diese »Charakterdiagnose« (Fromm, S. 360), von ihrer Verknüpfung der Fakten beeindruckt, annehmen oder, nicht von ihr überzeugt, verwerfen. Was man aber nicht kann, das ist, sie als Kausal-Erklärung für Hitlers destruktive Gesinnung verwenden. Denn eben im Aufweis einer solchen Gesinnung als Motor und Motivation destruktiver Akte liegt schon die eigentliche Aufgabe solcher Psychologie. Das sagt Fromm (S. 359 f.) selber unmißverständlich, aus der Überzeugung, daß »destruktive Handlungen . . . nicht notwendigerweise eine Manifestation eines destruktiven, nekrophilen Charakters« seien. Bei Napoleon sei das zweifelhaft. Was solcher Psychologie als kausal gilt, das Verhältnis des Charakters zum Verhalten oder der Gesinnung zur Handlung, kann als Erklärung überhaupt nur genügen, wenn man – anders als Hegel[32] und Nietzsche[33] – das Wesen eines Menschen nicht in seinen Handlungen aufgehen sieht, sondern immer noch hinter dem, was er tut, ein geistiges oder charakterliches »Sein« unterstellt, das als Träger oder steuernde Kraft des Verhaltens gedacht wird. Diesem »eigentlichen Sein« eines Menschen, das nur das fiktive Produkt seiner theoretischen Aufspaltung ist, werden seine Handlungen dann entweder als ihm gemäß zugeschrieben; oder sie werden als »persönlichkeitsfremde Taten« (Mezger[34]) sogar juristisch von ihm weggehalten. Was in der Sicht einer derart dualistischen Psychologie schon kausal ist, hat für uns, die wir den Menschen als einen wesensmäßig Tätigen verstehen, nur noch den Wert einer Beschreibung.

De facto deskriptive Psychologie, der es nur darum geht, für offenkundige Reden und Handlungen eine dazu passende »Persönlichkeitsstruktur« aufzuzeichnen, kann aber auch nicht widerlegt werden. Denn auch sie beschreibt, was wir erklärt haben möchten, schon mit Begriffen, die ein bestimmtes Ergebnis vorwegnehmen. Daß Hitler Millionen Menschen zu Tode gebracht hat, »erklärt« sich danach aus einer todesbejahenden Einstellung, seiner »nekrophilen Gesinnung« (Fromm, S. 351). Daß er riesige Zerstörungen angerichtet hat, wird jetzt verständlich durch seine »Destruktivität« (so Fromm, S. 360 f.) und, so könnten wir im Stile Fromms ergänzen: Daß Hitler nach seinem eigenen Bekunden immer wieder zu »eiskalten« Entscheidungen fähig war, das folgt aus seiner »kalten« ödipalen Fixierung. Auf solche Weise täuschen Wörter Erklärungen vor.

Nun ist gewiß ein Mensch, der millionenfaches Töten und Morden verursacht, kaum vorstellbar ohne einen ausgeprägten Drang zum Töten. Doch für FROMM ist eben dies ein Zusammenhang, den es für Hitler erst noch zu beweisen gelte, zumal dieser niemals mit seinen eigenen Händen getötet habe. Der Führer hatte dazu offenbar noch »zu viel« moralische Hemmungen, und so bediente er sich des mündlichen oder schriftlichen Befehls an Leute, die eigenhändig töten konnten, wenn sie sich dabei nur durch einen Führerbefehl moralisch entlastet fühlten. Indem er wie diese Männer und Frauen von Gewissensdruck sich frei wähnte, mußte Hitler nach FROMM es konsequent vermeiden, die Opfer seiner Politik, die Bombenopfer und die Gefallenen des eigenen Volkes, zu Gesicht zu bekommen. Deshalb also – trotz Speers und Goebbels' dringenden Vorstellungen[35] – keine Fahrten in zerbombte Städte und keine Frontbesuche. Selbst Hitlers Vegetarismus weiß FROMM (S. 367) psychoanalytisch als »Gegenbesetzung« seiner Mordlust zu deuten, als Mittel, sie nicht sich selber eingestehen zu müssen. Daß er aber den Film von der Hinrichtung der Verschwörer des 20. Juli 1944 sich offenbar mit Genuß angesehen hat, wird wieder als direkter Beleg für seine nekrophile Charakterstruktur genommen (FROMM, S. 368). Man könnte, was FROMM nicht tut, hierfür die Vermutung beibringen, daß Hitler wohl davon überzeugt war, die Verschwörer hätten ihre gerechte Strafe gefunden, während er sich am Tod der im Felde Gebliebenen vielleicht unbewußt schuldig fühlte. Aber ebenso ließe sich anführen, daß Hitler auf den Vorhalt, es seien in einer Schlacht, derjenigen bei Kursk, zu viele junge Offiziere gefallen, trotzig geantwortet hat: »Dazu sind die jungen Leute doch da.«[36] Wenn er seit langem so dachte, hatte er eine »Gegenbesetzung« seines destruktiven Willens gar nicht nötig. Und er hatte dann andere Gründe, zerbombte Städte und die Front nicht zu besuchen, etwa den, aus seinen Träumen von noch vorhandener militärischer Abwehrkraft nicht geweckt zu werden.

Es kommt bei aller noch so fein gestrickten Psychologie nur heraus, daß der »Führer« auch so destruktiv gesinnt und gestimmt war, wie er gehandelt hat. Das ist schon ein Ergebnis, aber nur im Verhältnis zu der Meinung einiger Neonazis, die glauben, daß Hitler das, was durch ihn geschehen ist, im Grunde gar nicht gewollt habe. Aber wenn wir, um für die Zukunft etwas daraus zu lernen, durchaus wissen wollen, wie ein »Hitler« sich heranbildet, dann läßt uns solche Psychologie im Stich. Sie muß es auch: dank ihrer individualpsychologischen Fragestellung.

Erich Fromms Bemühungen sind insofern für die posthume Führer-Psychologie charakteristisch, als er bewußt darauf abstellt, Hitler als »spezifischen Charakter«, ja als einen »anormalen« zu erklären[37], während er an der Charakterstudie von W. C. Langer von 1943 auszusetzen hat[38], daß sie mit ihrer einseitigen Stützung auf den Ödipuskomplex Hitlers etwas in der Bevölkerung nur zu Verbreitetes beanspruche (Fromm, S. 340). Je mehr nach dem Kriege auch die zeitgeschichtlich interessierten Psychoanalytiker vorher unterdrückte Details aus Hitlers Kindheit und Privatleben erfuhren und sich darein versenkten, desto eher konnten sie auch das biographisch Einmalige zur Beantwortung der Frage heranziehen, wie »der Führer« möglich geworden sei. Aber damit entfernten sie sich auch schon wieder von der moralischen und sozialen Konstellation, in der ein Hitler seine destruktiven Neigungen entfalten und organisieren konnte, Langers unverkennbarer Irrtum hielt ihn doch immer noch näher bei der Wahrheit, daß ein Neurotiker, ein Hysteriker niemals mächtig werden könnte in einer psychisch gesunden Gesellschaft, die nicht unter Triebverzichten leidet. Auch der Ödipuskomplex ist ja, wie Margaret Mead gezeigt hat, keine anthropologische Konstante, sondern beschränkt auf Kulturen, in denen die Kleinfamilie aus Elternpaar und dessen Kindern die Regel ist[39]. Und hier, so dürfen wir vermuten, werden gerade in der Ehe frustrierte[40] Väter oder Mütter durch erotisch aufgeladene Zuwendung den Ödipus- oder Elektrakomplex ihren Kindern induzieren.

c) War Hitler dumm?

Man schafft das Ärgernis Hitler nicht aus der Welt, wenn man ihn als einen klinisch Kranken abtut. Noch beschämender nicht nur für die Deutschen ist es, Hitler im nachhinein als intellektuell dürftige Figur darzustellen. Selbst der scharfsinnige Sebastian Haffner tendiert zu solcher Verkleinerung, wenn er Hitlers innen- und außenpolitische Erfolge bis 1939 mit der Schwäche seiner Gegenspieler erklärt[41]. Intelligenz, die nicht einfach nur an Sachproblemen sich erprobt, sondern in der Auseinandersetzung mit anderen sich zu bewähren hat, ist allemal ein relativer Begriff: bezogen eben auf die intellektuellen Gegenkräfte und Gegenzüge, die sie zu überwinden hat oder auszuspielen sucht. Ein wirklicher Machtpolitiker ist nicht darauf erpicht, in den Augen feinsinniger Intellektueller als überragende geistige Potenz zu erscheinen. Ihm genügt es, daß er sich durchsetzt, und sei es mit allerplumpsten Mitteln. Nach Rauschning[42] soll Hitler sogar gesagt haben: »Es ist nicht meine Schuld, wenn mich die Leute für einfältig halten und nachher feststellen, daß sie selbst die Dummen waren.« Das Bild, das Hitler in *Mein Kampf* (S. 376 f. u. S. 533 f.) vom mitreißenden Volksredner zeichnet, unterlegt das mit Selbstbewußtsein: Ein solcher Mann gehe nicht darauf aus, die Intellektuellen zu beeindrucken.

Wir müssen uns freilich hüten, Dummheit und Mißerfolg allzu eng zusammenzudenken. Sonst kommt nur wieder heraus, daß der letztlich im Krieg gescheiterte Hitler doch ein dummer Mensch gewesen sein müsse. Da schließlich jeder von uns eines Tages für immer hinsinkt, ist das persönliche Scheitern nicht in jedem Falle ein Argument gegen die Klugheit eines Menschen. Es kommt darauf an, ob er »vorzeitig« in die Knie gezwungen wird, gar vernichtet wird, noch ehe er durchgesetzt hat, worauf es ihm eigentlich ankam. Wer abtreten muß, nachdem er erreicht hat, was er bewußt oder unbewußt wollte, kann kein reiner Tor gewesen sein.

Beweiskräftiger für die Fähigkeiten eines Intellekts sind die Wirkungen, die von ihm ausgehen, sofern sich nur davon sagen läßt, daß er sie auch erzielen wollte. Und solch bleibende Wirkungen durch Hitler gibt es:

1. Vertreibung und Ausrottung fast aller deutschen Juden und die Vernichtung von Millionen europäischen Juden. Hitlers Völkermord hat Schule gemacht: in Biafra, in Kambodscha und am Amazonas.
2. die Gründung des Staates Israel als Konsequenz der durch Hitler eingeleiteten völligen Vernichtung des Judentums.
3. die mit Stalin begonnene geographische Verschiebung ganzer Völker.
4. die Zerschlagung Deutschlands als des Landes, von dem Hitler zuletzt gesagt hat: »Es war nicht bereit oder nicht stark genug für die Aufgabe, die ich der Nation gestellt hatte.«[43]
   Er war sich auch hierin, in der Form seiner Enttäuschung, nur treu geblieben. In *Mein Kampf* (S. 105) hatte er geschrieben: »Wer nicht bereit oder fähig ist, für sein Dasein zu streiten, dem hat die ewig gerechte Vorsehung schon das Ende bestimmt. / Die Welt ist nicht da für feige Völker.«

5. Es ist eine Folge der Hitlerschen Politik, daß der Ost-West-Gegensatz, auf den er bis zuletzt noch Hoffnungen gesetzt hatte, mitten durch Deutschland seine Linie der Konfrontation gezogen hat.

Wir dürfen heute erkennen, daß für Hitler die deutsche Nation, das deutsche Vaterland, nur die Basis war, von der er als Welterobe-rer ausging, und auf die er sich vor der sich abzeichnenden Niederlage wieder zurückzog. In einem beschwörenden Appell an die Truppe kurz vor seinem Ende kam es heraus, daß das Vaterland für ihn nur ein »leerer Begriff« war:

»Bildet eine verschworene Gemeinschaft nicht des leeren Begriffs eines Vaterlandes, sondern zur Verteidigung eurer Heimat, eurer Frauen, eurer Kinder und damit unserer Zukunft!«[44]

War Hitler als »oberster Kriegsherr« ausgezogen, dem deutschen Volk im Osten neuen »Lebensraum« zu gewinnen – das prokla-mierte er schon in *Mein Kampf* (S. 333 ff. und 732) –, so sah er sich mitten im Kriege bereits als Repräsentant aller ihm folgenden Nationen auf dem Wege, »den Lebensraum des kämpfenden Europas« zu erweitern[45]. Hatte er bis dahin den westlichen Alliierten in öffentlichen Reden wiederholt unterstellt, sie wollten das deutsche Volk *ausrotten*[46], so sah er sich ab 1942 in der Rolle dessen, der überhaupt die »arische Menschheit« vor der *Vernichtung* durch die Juden zu bewahren hatte, jener Juden, die in London, New York und Moskau säßen[47]. Da war nach Hitler der neuen deutschen Wehrmacht die Aufgabe zugewiesen, einen ganzen Kontinent zu schützen: vor dem Bolschewismus, der nur ein Ziel habe: »Europa zu überfallen, seine Kultur zu vernichten, vor allem aber seine Menschen auszurotten, um Sklavenarbeiter für die sibirischen Tundren zu gewinnen«[48].

Vernichtung und *Ausrottung* war für Hitler eine so geläufige Katego-rie, daß er sie auch verwendet hat, wo sie inhaltlich nicht so recht paßte. Denn wie sollen bereits ausgerottete Menschen noch die Tundra kultivieren? Hier, im logisch falschen Gebrauch des Wortes »ausrotten« verrät sich ein Hang zu dem damit Gemeinten. Eben das, wozu der eigene zerstörerische Wille sich drängte, wurde den »Todfeinden« zugeschrieben: das Unternehmen der Ausrottung ganzer Völker. Im Neujahrsaufruf vom 1. Januar 1942 kam solche Schuldprojektion am bündigsten zum Vorschein: »Der Jude aber wird nicht die europäischen Völker ausrotten, sondern er wird das Opfer seines eigenen Anschlags sein.«[49]

Wer es darauf anlegt, Hitler als Tölpel und politischen Wirrkopf erscheinen zu lassen, kann das nur, wenn er den tief in ihm angelegten destruktiven Willen übergeht, einen Vernichtungswillen, der sich des deutschen Volkes nur als eines Verstärkungspotentials bedient hat. Der aus welchen Triebmotiven auch immer radikal destruktiv gestimmte Mensch kann gar nicht aus Dummheit scheitern, wenn er nur dem Gefälle zu größtmöglicher Destruktion folgt. Gemessen an dem, worauf er triebhaft hinauswill, auf Zerstörung, Massenmord und Chaos, handelt ein destruktiver Mensch allemal klug, wenn er seine intellektuellen Fähigkeiten in den Dienst solchen Dranges stellt.

Hitler war, wie er ganz offen in *Mein Kampf*[50] dargelegt hat, von Anfang an auf Krieg eingestellt, und, wie er in vertraulichen Gesprächen verraten hat, auf den Krieg als Vernichtungskampf. Auf Rauschnings Frage, was geschehen werde, wenn sich England, Frankreich und Rußland wieder gegen Deutschland verbünden würden, antwortete Hitler 1934:

> »Dann werde ich nicht mehr leben. Aber wenn wir auch nicht siegen können, so werden wir selbst untergehend noch die halbe Welt mit uns in den Untergang reißen, und niemand wird eines Sieges über Deutschland froh sein.«[51]

Fünf Jahre später, bei Kriegsausbruch, sagte Hitler vor dem Reichstag[52] in bezug auf seine Person dasselbe:

> »Ich will jetzt nichts anderes sein als der erste Soldat des Deutschen Reiches! Ich habe damit wieder jenen Rock angezogen, der mir selbst der heiligste und teuerste war. Ich werde ihn nur ausziehen nach dem Sieg – oder ich werde dieses Ende nicht mehr erleben!«

Nach weiteren fünf Jahren war es soweit. Da Hitler vom Beginn seiner politischen Laufbahn an immer die Möglichkeit des völligen Scheiterns mit einkalkuliert hatte, wird man nicht sagen können, daß er so dumm gewesen sei, sich davon überraschen zu lassen. Auf Görings Warnung vor einem »Vabanquespiel« sagte er zwei Tage vor dem Einfall in Polen: »Ich habe in meinem Leben immer Vabanque gespielt.«[52a]

Die Frage nach Hitlers intellektuellen Fähigkeiten darf nicht mit der nach den politischen Zielen verwechselt werden, die er triebhaft angesteuert hat. Solche Verwechslung liegt nahe, weil die starrsinnig, monomanisch, ja »fanatisch« angestrebten beiden Hauptziele: die Vernichtung der Juden und das Gewinnen von Lebensraum[53], seine geistige Beweglichkeit eingeengt haben. Wer nahezu alle Übel dieser Welt auf die Juden zurückführt, der wird natürlich blind für jene Ursachen der Mißstände, die für andere offen zutage liegen. Und wer seine Feldzüge auf Landgewinnung abstellt, der wird um jeden Fußbreit Boden kämpfen lassen, auch wenn die Generale zu taktischem Zurückweichen raten. Die dem Führer auch von den memoirenschreibenden Generalen nachgerühmte Willenskraft[54] kommt von eben der Starrheit im Festhalten an einmal gewählten Zielen. Doch diese Unbeweglichkeit hat die formalen Fähigkeiten dieses »überragend klugen Kopfes« (GUDERIAN, S. 392) zum Teil entwertet.

Hitler – der Tölpel, oder Hitler – das Genie? Zu offensichtlich sind die Antworten auf die Frage nach den geistigen Fähigkeiten des »Führers« vielfach von der Interessenlage des danach Fragenden bestimmt.

Es braucht uns nicht zu wundern, daß »Hitler als Feldherr« aus der Erinnerung des Generalstabsschefs HALDER als eine Gewaltnatur hervortritt, die von »Augenblickseingebungen bestimmt, keine Grenzen des Möglichen anerkennt und ihre Wunschträume zum Gesetz des Handelns macht«[55]. Hier erscheint also jener »Gröfaz«[56], der höchst borniert seinen Militärs beständig in das Handwerk pfuscht. Der sachverständig Rückschau haltende General urteilt nicht nur mit der Überlegenheit der Experten, sondern auch aus der Perspektive dessen, der sich bei Lagebesprechungen oft nicht durchgesetzt hat, aber nachträglich noch recht bekommen möchte. Ganz anders finden wir DAVID IRVING motiviert, der in seinem Buch *Hitler als Feldherr* den Oberbefehlshaber der Wehrmacht zwar nicht als Feldherrngenie präsentiert, doch die eine oder andere Situation aufzuzeigen weiß, in der er seinen Generalen an Urteilskraft und Spürsinn überlegen war. So habe er für den erwarteten sowjetischen Gegenangriff an der Don-Front entgegen der Meinung des Geheimdienstchefs Gehlen und des Generalstabes genau die Stelle vorausgesagt, an der die Russen Mitte November 1942 dann auch angegriffen haben und durchgebrochen sind[57]. Und so habe er im August 1944 den in Frankreich stehenden Truppen »klare Befehle« gegeben, denen Generalfeldmarschall von Kluge in einer nur dem Feind nützenden Weise zuwidergehandelt habe[58]. IRVING, in beharrlicher Gegenposition zur institutionalisierten Zeitgeschichtsforschung, von der er sich nicht anerkannt findet, ist geradezu darauf ausgerichtet, Fakten und Zeugnisse aufzuspüren, mit denen sich gängige Werturteile über die Person des »Führers« in Frage stellen lassen.

Es geht nicht an, Hitler, weil er im Kriege unterlegen ist, als tölpelhaften Gefreiten darzustellen, der einmal den Oberbefehlshaber spielen wollte. Gewiß haben seine Fronterfahrungen aus dem Ersten Weltkrieg sein militär-strategisches Denken dahingehend beeinflußt, daß es ihm grundsätzlich geraten erschien, gewonnenes Gelände nicht wieder preiszugeben. Denn er hatte miterlebt, wie eine einmal »ins Rutschen« gekommene Front nicht mehr aufzuhalten war[59]. Diese seine strategische Grundkonzeption war wesentlich aber bestimmt von seinem dominierenden Kriegsziel, dem Gewinnen von Lebensraum. Wer Krieg führt, um Land hinzuzugewinnen, der wird von daher fast jede militär-strategische Situation anders bewerten als ein Feldherr, dem es darum geht, Feinde niederzuwerfen. Hitler hat sein eigentliches Kriegsziel, die Raumgewinnung, seit der Niederschrift von *Mein Kampf* (S. 726 ff.) wiederholt offen verkündet und darauf seine Kriegspropaganda gestützt: »Wo der deutsche Soldat steht, kommt kein anderer hin!«[60] Selber ein Opfer der »Dolchstoßlegende« nach dem Ersten Weltkrieg, überschätzte er den Durchhaltewillen eines Volkes und seiner Truppe und unterschätzte er die Wirkungsmöglichkeiten eines durch Menschenzahl und Material überlegenen Feindes. Aus dieser grundlegenden Fehleinschätzung heraus bekam für ihn die Propaganda im Kriege den Wert einer Waffe. Nicht nur auf den Schlachtfeldern und auf den Weltmeeren wurde Krieg geführt, sondern auch auf den Ätherwellen, die »Sondermeldungen« zu verbreiten hatten. Da wurden Menschen geopfert, nur um, solange es irgend ging, keine Gebietsverluste eingestehen zu müssen. Es wäre aber selber eine tendenziöse Behauptung zu sagen, daß damit durch Hitler etwas Neues in die Kriegsgeschichte gekommen sei. Schon nach dem Ersten Weltkrieg wurde rückblickend festgestellt: »Tausende starben für einen Leitartikel.«[61]

Wer wie die Generale HALDER und VON MANSTEIN Hitler seine strategischen Fehler vorrechnet, um so die Schlachten des verlorenen Krieges auf geduldigem Papier noch einmal zu schlagen, der übergeht dabei nicht nur das völlig andersgeartete Kriegsziel des »Führers«, sondern auch das Bemühen des von vornherein zum Scheitern verurteilten Oberbefehlshabers, seine Unterlegenheit an Menschen und Material durch Propaganda auszugleichen: zur Demoralisierung des Gegners und zur Stärkung der »Heimatfront«.

Daß Hitler solch kraftlosen »Ausgleich« für nötig hielt, zeichnet ihn indirekt als den größeren Realisten aus, jedenfalls in der Einschätzung des eigenen Kriegspotentials. Daß er hier – im Unterschied zu seinen Generalen – sich insgeheim keinen Illusionen hingab, macht freilich seinen Entschluß, sich militärisch mit fast der ganzen Welt anzulegen, um so unbegreiflicher. Da er im innenpolitischen Kampf die schier wundersame Gewalt seiner Rede erprobt hatte und wohl im Gefühl solch leibhaft erfahrener Macht lebte, konnte in ihm die Vorstellung aufkommen, mit Hilfe von Propaganda die Feinde sturmreif zu reden. In solcher Weise utopisch hat er sich schon vor 1935 zu Hermann Rauschning geäußert[62].

Propaganda und Massenbeeinflussung war Hitlers eigentliches Feld. Dies hatte er – wohl unter dem Einfluß von Le Bon und aus Bewunderung für Lloyd George[63] – gründlich durchdacht und meisterhaft erprobt. Selbst diejenigen seiner Vertrauten, die mancherlei an seinem Charakter und seinen Fähigkeiten auszusetzen hatten, rühmen doch seine »unerhörte Faszinationskraft als Redner« (Hanfstaengl[64]), die kaum jemanden unbeeindruckt ließ, solange er ihm zuhörte. Die in den letzten Jahren (um 1980) gedrehten oder vielmehr: aus alten Aufnahmen zusammengeschnittenen Hitler-Filme vermitteln davon keinen nachvollziehbaren Eindruck. Denn sie zeigen zumeist einen sich überschreienden, tobenden und lospolternden Hitler, nicht den gemessen in der Pose des Staatsmannes ans Pult tretenden Führer der Nation, der mit festen, klaren, einfachen Sätzen seine Rede beginnt, fast jedesmal mit einer langatmigen »Parteigeschichte« seine Hörer zu langweilen wagt, und dann, wenn er sie hinreichend ermüdet und eingelullt hat mit seiner tiefen volltönenden Stimme, sie unversehens hochreißt und aufpeitscht mit wilden Sätzen der Empörung gegen seine Widersacher: das »Weltjudentum«, die Freimaurer, die »Plutokraten« der westlichen Demokratien und die »Bolschewisten« des Ostens. Wer ihm solange gefolgt ist bei ruhigen und nüchternen Darlegungen, der mußte die Überzeugung gewinnen: Wenn ein so ruhiger und beherrschter Mann sich plötzlich so erregt, dann muß er triftige Gründe dazu haben. Auf diesen Effekt der Hitlerschen Redestrategie hat noch während des Dritten Reiches Konrad Heiden aufmerksam gemacht[65]. Vergangenheitsbewältiger, die heute Hitler uns als einen nur immer Rasenden vorstellen, werden weder seiner wohldurchdachten Massenpsychologie gerecht, noch der Faszination, die von ihm ausging.

d) Hitler, der Menschenkenner

Viel wichtiger als die Frage, wie normal, wie gescheit oder gestört Hitler war, erscheint mir eine ganz andere: Wie sehr war er der Menschenkenner und der »Kenner der Volkspsyche«[66], als den er sich selber sah. Diese Frage geht in der nach seinen intellektuellen Fähigkeiten nicht einfach auf, weil intuitive Menschenkenntnis, auch schon die bloße Erfahrung der suggestiven Macht über andere Menschen, mit geringer psychologischer Einsicht gepaart sein kann. Tatsächlich war sich Hitler über die vitalen Antriebe seines »Fanatismus« kaum im klaren, schon eher über den erotischen Charakter seiner ihm wohl bewußten »Ausstrahlung«. Über deren Grenzen und Bedingungen gab er sich keinerlei Täuschung hin. SPEER gegenüber hat er illusionslos eingestanden, daß er als Politiker die Frauen gewonnen habe, weil er unverheiratet sei[67]. Es minderte nicht den psychologischen Wert dieser Einsicht, wenn er sie bloß nachvollzogen hätte. Der 1923 verstorbene DIETRICH ECKART hatte es schon gesagt, der Führer müsse Junggeselle bleiben: »Dann kriegen wir die Weiber.«[68] Selbst wenn Hitler diese zynische Erkenntnis als eigene Meinung lediglich übernommen hätte, verriete dies doch einen nüchternen psychologischen Sinn; denn der vollends von seiner suggestiven Wirkung Überzeugte hätte sie gar nicht in Erwägung gezogen.

Wenn wir fragen, wieweit Hitler Menschenkenner war, so schließt das natürlich die Frage ein, wieweit er sich über seine eigentlichen Antriebe, die ihn treibenden Motive im klaren war. Das darf allerdings nicht so verstanden werden, als hätte er schon alle die möglichen und »unmöglichen« psychologischen Deutungen seines Charakters vorausahnen müssen, die viele Jahre nach seinem Ende einen kraftlosen Beitrag zur Vergangenheitsbewältigung leisten. Sicher war er sich über seine Mutterbindung im klaren und vielleicht fast bis an die Schwelle des Bewußtseins davon durchdrungen, daß der Gedanke an Deutschland ihm – für eine Weile jedenfalls – die früh verlorene Mutter zu ersetzen hatte. Zwei Stellen in *Mein Kampf* legen das nahe.

1. Eine sprachlich inkonsequente, nur psycho-logische Stelle in *Mein Kampf* (S. 136) deutet darauf hin. Da ist von den Auslandsdeutschen die Rede, die »selbst um das heilige Gut der Sprache zu kämpfen haben, die wegen ihrer Gesinnung der Treue dem Vaterlande gegenüber verfolgt und gepeinigt werden, und die nun in schmerzlicher Ergriffenheit die Stunde ersehnen, die sie wieder an

das Herz der treuen Mutter zurückkehren läßt«. Das Vaterland als treue Mutter: Das läßt ahnen, aus welch unerfüllter Sehnsucht nach Geborgenheit sich ihm die Idee der Volksgemeinschaft geformt hat. Daß er daraus aber im Handumdrehen eine von »blindem Glauben« (S. 718) an seine Weltanschauung erfüllte Gefolgschaft zu machen gedachte, widerspricht nicht ursprünglichem Liebesverlangen als grundlegender Motivation. Jeder, der herrschen möchte, ist letztlich von einem verzweifelten Bedürfnis nach Liebe motiviert. Es kommt dazu nur ein resignatives Moment, die Erfahrung oder die Besorgnis, daß auf die Liebe der Menschen wenig Verlaß ist. Aus solcher Resignation heraus sucht der auf Macht Setzende die anderen zu sich herzuzwingen: »Ich verzichte auf Treuekundgebungen, sie haben für mich gar keinen Wert. Ich wünsche nur Disziplin. Ich will keine Liebe, man kann mich sogar hassen, aber die Organisation muß erhalten bleiben . . .« So hat Hitler am 2. Mai 1931 zu den NS-Studentenführern gesprochen[69].

2. Hitler, der sich viel auf seine »kalte Vernunft« (*Mein Kampf*, S. 59) zugute hält, gesteht, daß er 1918, als er von der deutschen Niederlage erfuhr, zum ersten Male seit dem Tode seiner Mutter wieder geweint habe (*M. K.*, S. 223). Die tiefenpsychologische Vermutung, daß auf irgendeine Weise Hitlers Mutterbindung in sein politisches Engagement mit eingegangen sei oder gar dafür grundlegend war, ist in ihrer allgemeinsten Fassung nicht einfach von der Hand zu weisen. Nur, daß darauf besondere Motivationstheorien gesetzt werden (so von W. C. Langer, Binion, Gérard Mendel, Stierlin und Erich Fromm), überzieht die Bedeutung unbewußter Vorstellungskomplexe für menschliche Aktivität, die ohne vitale Antriebe nicht möglich wäre. Nicht die so oder anders eingefärbten Bindungen sind es, die einen Menschen gefährlich entgleisen lassen, sondern die schon in frühester Kindheit gebrochenen oder verschüchterten vitalen Antriebe, die, gebrochen, in pervertierter Weise sich ausformen oder, wenn lange verschüchtert und zurückgestaut, eines Tages entweder in rasender Leidenschaft, in »Fanatismus« oder in explosiver Entladung hervorbrechen. Adolf Hitlers vielberedete Mutterbindung war wohl nur ein Ergebnis der Flucht vor einem drakonisch harten Vater, von dem er nach dem Zeugnis von Hitlers Schwester Paula täglich seine Prügel bekam und nach einer Mitteilung von Hitlers Neffen William Patrick Hitler einmal fast totgeprügelt wurde[70].

Um sich über die Wirkungen häuslichen Terrors auf ein Kind klarzuwerden, dazu hat Hitler selbst keinen Psychologen gebraucht.

Er beschrieb in *Mein Kampf* (S. 28 und 32 f.) »miterlebte« höllische Prügelszenen, die sich, wie er sagte, in ärmlichen Schichten auch zwischen Vater und Mutter abspielen, und wußte offenbar nur zu genau, wie ein kindliches Gemüt davon beeindruckt wird: »Mit sechs Jahren ahnt der kleine, zu bedauernde Junge Dinge, vor denen auch ein Erwachsener nur Grauen empfinden kann.« (S. 33) HITLER war – in vermutlich autobiographischer Schilderung – nahe daran, den FREUDschen Begriff des frühkindlichen Traumas für sich zu entdecken: »Aus dem dreijährigen Kinde ist ein fünfzehnjähriger Verächter jeder Autorität geworden.« Hitlers spätere Verachtung für jede Autorität, die nicht die seine war, ist hier in ihrem Ursprung bezeichnet.

Bei einem etwas anderen Werdegang wäre es vorstellbar, daß Hitler sich zu einem ganz tüchtigen Psychologen entwickelt hätte. Psychologisch zu denken war ihm sosehr gemäß, daß er mit Selbstverständlichkeit auch Begriffe jener »jüdischen Psychologie«[71] verwandte, die er durch C. G. JUNG und den Psychiater M. H. GÖRING, einen Verwandten des »Reichsmarschalls«, seit 1933 von der »deutschen Psychologie« hatte abstoßen lassen. So wies er in der Sportpalast-Rede vom 30. Januar 1941 den wohl bei sich selber genährten Gedanken von sich, daß er den Engländern gegenüber einen »Minderwertigkeitskomplex« habe[72], gewiß ohne zu bedenken, daß er damit einen Begriff des Juden ALFRED ADLER in den Mund nahm.

Tiefenpsychologischem Denken stand HITLER schon insofern nahe, als er all seine Hoffnung auf einen neuen Aufbruch der Massen, auf eine Mobilisierung ihrer (nicht-rationalen) Leidenschaften setzte und die Meinung verspottete, man könne politische Bewegungen wie den Marxismus mit rein »geistigen Waffen« bekämpfen (*Mein Kampf*, S. 594). Aber er scheute die Konsequenz, die im Kampf der Massenbewegungen gegeneinander aufzurührenden Triebe bei ihrem eigentlichen Namen zu nennen. Im Grunde war er prüde, ein echter Sohn des kleinbürgerlichen Milieus, in dem er aufgewachsen war. Ersten Anhang gewann er nicht nur als der sich selber anpreisende Befreier von der »Schmach« von Versailles (S. 519), sondern auch als eifernder Saubermann, der gegen die »Schmach der Menschheit« (S. 275), die Prostitution, zu Felde zog. Dazu schien es ihm vor allem nötig, dafür zu sorgen, daß der Mann – die Frau sei »hier ohnehin nur der passive Teil« – möglichst früh heiraten könne. Aus solcher Empfehlung sprach der weltfremde junge Mann, der denken mochte, die Prostitution sei nichts weiter als ein Ersatz für die Ehe. Von den vielen jungen und älteren Ehemännern, die den Dirnen zusprechen, wußte er anscheinend nichts. Hier, in der Meinung, die Prostituierten seien nur dazu da, jungen unverheirateten Männern ihre Sexualnot zu lindern, zeigte sich aber auch die Grenze der Hitlerschen Psychologie, die, im Einklang mit der bürgerlichen Moral, Triebregungen wesentlich als Äußerungen vitaler Energie betrachtet und von den unbewußten Wünschen und Neigungen der Menschen nichts wissen will.

Wer den Einzelnen nur als potentielles Glied einer homogenen und lenkbaren Masse nimmt, der kann es sich leisten, über alle geheimen Sehnsüchte hinwegzugehen, in ihnen jedenfalls nichts zu sehen, was nicht in »völkische und nationale Leidenschaft« (*M. K.*, S. 541) sich einbringen ließe. Selber mit den moralischen Normen der »breiten Masse« übereinstimmend, wird es ihm als Massenführer um so eher gelingen, das Normwidrige individueller Neigungen, noch ehe sie sich ausleben, in kollektive Leidenschaften umzuschmelzen und aggressiv auf Feinde der »Volksgemeinschaft« zu lenken. Mit tieferen Einsichten in die vitalen Beweggründe menschlichen Verhaltens wäre Hitler gar nicht »der Führer« geworden, weil dann Zweifel am Sinn der geltenden Moral ihn nicht das Pathos der Entrüstung hätten finden lassen, das ihm die Masse der libidinös Frustrierten zugeführt hat. Der Volksführer ist wie der Bestsellerautor gerade darum erfolgreich, weil er sich über die unbewußten Antriebe, die er mit seinem Publikum gemein hat, gar nicht Rechenschaft ablegt.

Hitler war kein Psychologe, der sich über die tieferen Beweggründe menschlichen Handelns wirklich klar geworden wäre. Er war ein genauer Beobachter seiner Mitmenschen, ein »Menschenkenner«, der aus ihrem Verhalten anwendbare, aber nicht ihr Wesen enträtselnde Schlüsse zog. Gerühmt von allen, die ihn näher kannten, wird seine Fähigkeit, andere Menschen (etwa auch den Duce) in Haltung, Gestik und Sprechweise zu imitieren[73]. Aber daß er verstehend das Wesen anderer erfaßt hätte, kann ihm von niemandem bescheinigt werden. Speer[74] beklagt seine emotionale Verschlossenheit, die jeden auf Distanz gehalten habe. Auch an seinen engsten Gefolgsleuten interessierte ihn offenbar nur, was sie zu Vollstreckern seines Willens geeignet machte. Von der marxistischen Bewegung meinte er gelernt zu haben, was er auf sein Führerkorps anzuwenden verstand:

»Es gibt zwei Dinge, die die Menschen zu einer Gemeinschaft zusammenzuschließen geeignet sind. Das eine ist Idealismus, das zweite ist die gemeinsame Lumperei.«[75]

Zwischen »Lumperei« und Idealismus gab es für ihn keine menschliche Mitte, keine aus Zärtlichkeit, Vertrauen und Verstehen gewachsene Zusammengehörigkeit. Was er selber in seiner Kindheit und Jugend kaum erfahren hatte, Solidarität in emotional gewachsener Gemeinschaft, das konnte er auch niemandem vermitteln. Er schuf nur Bindung über den gemeinsam bekämpften Feind. Und das hatte auf allen Seiten, gegen die er sich wandte, immer nur ein einziger zu sein: der »Todfeind der arischen Menschheit«[76], als den er das Judentum sah. Seine antisemitische Besessenheit kam so mit psychologischer Berechnung überein. In *Mein Kampf* (S. 129) hatte er geschrieben:

»Überhaupt besteht die Kunst aller wahrhaft großen Volksführer zu allen Zeiten in erster Linie darin, die Aufmerksamkeit eines Volkes nicht zu zersplittern, sondern immer auf einen einzigen Gegner zu konzentrieren.«

Darüber jedoch, was ihn selber immer nur in Kategorien der Gegnerschaft und des Kampfes denken ließ, blieb er sich zeitlebens im unklaren. Das war der blinde Fleck seiner unbestreitbaren psychologischen Fähigkeiten.

Wer sich selber in seinen vitalen Antrieben undurchsichtig bleibt, kann doch eine Menschenkenntnis erwerben, die an Erfolgen der Menschenführung und der Massenbeeinflussung sich heranbildet. Dazu genügt es, das einmal als erfolgreich Erwiesene von Stund an planvoll und zielstrebig als Mittel der Führung und Beherrschung einzusetzen. Daß er als Redner die Menschen zu fesseln vermochte, konnte Hitler nur durch einen allerersten, insofern »zufälligen« Erfolg erfahren, ebenso das Wissen um die hypnotische Kraft seiner Augen, von der er, wie aus vielen Berichten hervorgeht, wohlüberlegt Gebrauch zu machen verstand. Selbst Geistesriesen sind dem bezwingenden Blick seiner blauen Augen erlegen. Gerhart Hauptmann bekannte, nachdem ihm Hitler fest in die Augen geblickt hatte, dies sei »der größte Augenblick seines Lebens« gewesen[77]. Rauschning, der Danziger Senatspräsident, sprach vom »Zauber der Persönlichkeit« Hitlers, aber mit der Einschränkung, daß nur diejenigen ihm erlegen seien, die ihm hätten erliegen wollen[78]. Wenn wir das auch nicht so verstehen, als ob ein bewußter oder unbewußter Wille, sich selbst aufzugeben, etwas Dämonisches in Hitler erst hineinprojiziert habe, so bleibt doch anzunehmen, daß zum bedingungslosen Gefolgsmann des »Führers« nur werden konnte, wer mit dem, was gewalttätig von ihm ausging, mitzuschwingen begann. In einer Art psychischer Rückkopplung mochte sich beim Führer das Gefühl der Überlegenheit und damit wiederum die bezwingende Kraft seiner Persönlickeit verstärken.

Die reale Dialektik von Führung und Gefolgschaft, die auf beiden Seiten unbewußte Bindungskräfte intensiviert, wird von zwei Gefolgsleuten Hitlers von jeweils nur dem einen Aspekt des Gesamtzusammenhanges erfaßt. ALBERT SPEER fühlte sich von Hitler, nachdem er ihn 1930 zum ersten Male als Redner erlebt hatte, »suggestiv berührt«[79]. Später, als er nacheinander längst Hitlers Architekt und Rüstungsminister war, wurde ihm allmählich bewußt, daß er jahrelang »von der magischen Kraft Hitlers« in seiner Erkenntnisfähigkeit verwirrt gewesen war[80]. SCHIRACH dagegen sieht rückblickend in Hitler den Mann, der erst durch »maßlose Verherrlichung zum Herrn unseres Schicksals« geworden sei; erst die ihm vom Volk entgegengebrachte Verehrung habe ihm »das Bewußtsein des Übermenschlichen und der Unfehlbarkeit suggeriert«[81].

Es wäre verfehlt zu meinen, daß Hitler, wenn er für »besondere Aufgaben« willfährige Werkzeuge brauchte, sich einzig auf Gefühle verlassen habe, auf Begeisterungsfähigkeit, Treue und Ergebenheit für seine Person. Als in NS-Führungskreisen bekannt wurde, daß SS-Obergruppenführer Heydrich »jüdisches Blut« in seinen Adern habe, war Hitler selbst es, der ihn in der SS gehalten hat, ja ihn erst recht zur treibenden Kraft der Judenvernichtung bestimmt hat. Psychologe, der er war, wußte er nur zu gut, daß er einen solchen Mann »in der Hand« hatte, daß Heydrich, um von seinem vermeintlichen Manko abzulenken, eher zuviel des Verlangten tun würde als zuwenig. Himmler: »Alle Dinge, an die niemand sonst gern heranging, konnte der Führer jetzt getrost Heydrich übertragen und versichert sein, daß er sie bestens ausführte, auch die Judenaktion.«[82] Vielleicht gedachte Hitler auch, den schon von Marx her bekannten jüdischen Selbsthaß sich zunutze zu machen, wenn er einen Halb- oder Vierteljuden als Judenverfolger verwandte. Er hätte sich damit psychologisch auch nicht verrechnet, wenn Heydrich, wie GÜNTHER DESCHNER[83] behauptet, gar nicht von Juden abstammte. Denn zum »Juden«, zu einem schuldlos Verfolgten und darum mit sich selber zerfallenen Menschen, wird man nicht durch Abstammung, sondern eben dadurch, daß man verfolgt wird und alle Welt einen so ansieht, als sei man erblich belastet. Gerade bei DESCHNER (S. 70) finden wir, daß Heydrich schon als Kind von seinen Mitschülern als Jude betrachtet und gehänselt wurde. »Isi! Isi!« (für Isidor, einen typisch jüdischen Vornamen) riefen sie ihm nach. Zuletzt mochte er sich beschämt als Juden sehen, selbst wenn sein Vater doch »Arier« gewesen sein sollte. Einen solchen Vorgang psychischer Induktion, die Übernahme der Rolle des Ausgestoßenen, hat MAX FRISCH in seinem Stück *Andorra* unübertrefflich gezeichnet. Was die anderen von uns halten, reicht hin, uns zu verunsichern – oder uns innerlich aufzurichten. HERMANN GÖRINGS zynisches Wort »Wer Jude ist, bestimme ich« unterlegt das mit Realität. Immerhin hatte er es fertiggebracht, den ›Halbjuden‹ Erhard Milch, einen Pionier der Zivilluftfahrt, neben sich an die Spitze der Deutschen Luftwaffe zu setzen[84].

So wie es unter Hitler privilegierte Juden gab, die »arisiert« werden konnten, so wurde dem Gros der noch im Lande verbliebenen mitten im Kriege (1941) der Judenstern angeheftet – zum Zeichen ihrer Diskriminierung[85]. Hitler, der Menschenkenner, mochte ahnen, daß der Gebrandmarkte die ihm zugewiesene Rolle mehr oder weniger übernimmt und damit erst richtig wehrlos wird. Was es heißt, in einem abwertenden Sinne als »Jude« zu gelten, war ihm aus eigenem Erleben wohl bewußt, seitdem (1930) sein Neffe William Patrick Hitler ihn mit seiner zweifelhaften »arischen« Abstammung öffentlich bloßzustellen drohte – Hitler sprach zu seinem Anwalt Dr. Hans Frank sogar von Erpressung[86], die er sich vom Halse zu schaffen suchte.

Ganz gleich, ob nun sein Großvater väterlicherseits Jude war oder nicht – die Frage danach mußte Hitler beschäftigen und um so mehr beunruhigen, je intensiver er im Wien des Dr. Lueger den Antisemitismus der »Alldeutschen« in sich einsog[87]. Nicht, daß Hitler tatsächlich Vierteljude war, ist erforderlich, um seinen Judenhaß als projektiven Selbsthaß zu verstehen oder als »Verwandtenhaßpsychose« (H. FRANK[88]) zu erklären, sondern daß er es überhaupt für möglich hielt, sein Vater könnte Halbjude gewesen sein. Gerade wenn er hierüber – im Unterschied zu seinen Biographen – weder so noch so eine Gewißheit erlangte; wenn ihn, wie ein Gewährsmann[89] sagt, zeitlebens schwere Zweifel plagten, ob er sich selbst als reinen Arier betrachten dürfe, dann mußte er, der Führer der völkischen Bewegung, um so stärker motiviert sein, sich sein »arisches Blut«

durch schonungslosen Kampf gegen das Judentum zu »beweisen«. Dann hätte sein erstaunliches Wort zu RAUSCHNING: »Der Jude sitzt immer in uns«[90] auch einen realen biographischen Kern. Doch selbst als eine rein tiefenpsychologische Einsicht – als solche wertet es FRIEDRICH HEER[91] – wäre es beachtlich genug. Es zeigte Hitler als einen Fanatiker, der einen hellsichtigen Augenblick lang seine eigene Motivation überblickt.

Gespenstische Vision: Der Enkel eines Juden Frankenberger, nämlich Adolf Hitler, ernennt zum »Reichsorganisationsleiter« seiner antisemitischen Partei einen Juden Levi alias Ley[92], duldet in der Führung seiner Luftwaffe als Generalfeldmarschall den Halbjuden Milch und beauftragt den Nachfahren eines Juden Süß, Reinhard Heydrich[93], mit der physischen Vernichtung der Juden. An dieser »Vision« ist nichts erdichtet und zweifelhaft nur, daß der »Führer« selber Vierteljude war.

Sind solche Männer an der Spitze eines antisemitischen Regimes auch ein Ärgernis den Juden, jedenfalls denen, die sich selber noch als »Volkskörper« sehen[94], so führt doch nichts den Rassenwahn Adolf Hitlers besser ad absurdum. Zumindest sollte klarwerden, daß das Verlangen nach »Rassenreinheit« nicht das ihn letztlich treibende Motiv war. Es war nur die bewußtseinsfähige Form eines Vernichtungswillens, der aus frühen Versagungen und Demütigungen sich entwickelt hat. Freilich: *Wenn* Hitlers Vater Halbjude war, ja auch schon, wenn der Sohn die Vermutung nie ganz loszuwerden vermochte, dann gewinnt von daher die These, Hitlers politisches Handeln sei eine einzige »Revolte gegen den Vater« (G. MENDEL[95]) gewesen, ein besonders Licht. *Dann* hat er in den Juden, die er verfolgen und ermorden ließ, sich an dem Vater gerächt, an dem drakonisch strengen, oftmals betrunkenen Haustyrannen. Daß er ein paar Juden oder Halbjuden in der Führungsspitze neben sich duldete, widerspräche solcher Haßübertragung nicht. Die Politisierung privater Wut erlaubt allemal, einzelne aus dem Pechregen der Verunglimpfung herauszuhalten.

Hitlers Verhalten gegenüber Heydrich beweist, daß er, ausgerichtet auf die »Endlösung« seiner rassistischen Politik, durchaus imstande war, von Affekten zurückzutreten, die sich auf den nächst greifbaren Juden richten möchten. Ein Halbjude in höchster SS-Position hatte ungleich größeren strategischen Wert als seine Ausstoßung aus dem Verband. Eben dies machte ja Hitlers eigentliche Gefährlichkeit aus, daß er – anders als der landläufige Judenhasser – seinen Haß auch beiseitesetzen konnte, wenn es größtmöglicher Vernichtung diente. Er war durchaus imstande, die ihn triebhaft stimulierende Feindseligkeit bei sich selber wie bei anderen instrumental zu gebrauchen. Dazu mußte er jenen Abstand zu seinen ideologisierten Affekten gewinnen, der sich im engeren Kreis der Vertrauten bisweilen in Zynismen kundtat, so in der Bemerkung gegenüber RAUSCHNING, er wisse sehr wohl, daß man von »Rasse« im wissenschaftlichen Sinne nicht sprechen könne[96]; oder der noch weitergehenden, auch von RAUSCHNING berichteten, man brauche die Juden aus ideologischen Gründen und müßte sie erfinden, wenn es sie nicht schon gäbe[97]. Der Historiker JÄCKEL[98] zweifelt nicht zuletzt im Blick auf diese Zitate an der Verläßlichkeit der Aufzeichnungen RAUSCHNINGS. Doch selbst wenn Zweifel an der Echtheit dieser »Gespräche« berechtigt wären, zeigte doch eine Stelle in *Mein Kampf* (S. 228), daß HITLER durchaus imstande war, den Antisemitismus *auch* instrumental zu sehen: Die nationalsozialistische Bewegung habe es fertiggebracht, die »Judenfrage« – gemeint war: den Antisemitismus – »aus dem engbegrenzten Kreise oberer und kleinbürgerlicher Schichten herauszuheben und zum treibenden Motiv einer großen Volksbewegung umzuwandeln«. Diese Stelle, nicht ganz so zynisch wie der Hitler bei RAUSCHNING, widerspricht noch nicht der Vermutung, daß Hitler von Judenhaß durchdrungen war. Aber selbst was Rauschning von ihm gehört haben will, könnte so gesagt worden sein und brauchte doch nicht denen recht zu geben, die Hitler für einen im Grunde »prinzipienlosen Opportunisten« (BULLOCK[99]) halten. Es könnte sogar sein, daß RAUSCHNING durchaus richtig wiedergegeben hat, was Hitler ihm gesagt hatte, daß aber Hitler, der Menschenkenner, im Gespräch mit diesem intellektuellen Parteigenossen sich dessen rationaler Lebenseinstellung angeglichen hat und in der Hoffnung, so auch ihn ganz für sich einzunehmen, unversehens Distanz zu seinem eigenen rassistischen Standpunkt gewonnen hat. Dabei wäre denkbar, daß Hitler, später auf jene affektfrei nüchterne Bemerkung angesprochen, sich selber an sie gar nicht mehr erinnert hätte. Es ist dies ein keineswegs einmaliger Vorgang, daß ein Mensch flüchtig Einsicht gewinnt in das, was ihm für gewöhnlich verborgen bleibt, weil es sich bei ihm noch nicht von den Kräften unterscheidet, die ihn als lebendiges Wesen überhaupt bewegen. SIGMUND FREUD berichtet, wie ihn einige seiner medizinischen Lehrer wie beiläufig auf den sexuellen Charakter nervöser Erscheinungen aufmerksam gemacht hätten, aber später, von ihm darauf angesprochen, dies verleugnet hätten[100].

Was die Hitler-Biographen und Zeitgeschichtsforscher in zwei Lager spaltet, in die Anhänger der »Opportunismus-Theorie« und in diejenigen, die den »Führer« für einen fanatisch Überzeugten halten, das schließt sich doch psycho-logisch zusammen, wenn wir mit STIERLIN[101] erkennen, daß Hitler die Fähigkeit hatte, in ein und derselben Hinsicht »distanziert und engagiert zu sein«. Wer so sich selber aufzuspalten vermag in einen, der affektiv bewegt ist, und in einen, der noch seine eigenen Affekte »planmäßig« einsetzt und situationsgerecht beiseitesetzt, der kann ebenso seine Erregung auf andere übertragen wie sich selber davor bewahren, von ihr unkontrolliert mit fortgerissen zu werden. Solche Fähigkeit wird indessen nicht unentwegt beansprucht; sie schließt bei dem, der so schizoid verfaßt ist, nicht aus, daß er mitunter auch unverschränkt opportunistisch sich verhält. So konnte Hitler den langjährigen Außenminister der Weimarer Republik Gustav Stresemann aufrichtig bewundern und im vertrauten Kreise auch loben, obschon er ihn öffentlich als »Erfüllungspolitiker« abgetan hatte[102]. Opportunistische Gesinnung ist am ehesten möglich, wenn die Frage, um die es gerade geht, nicht auf den Boden der Motive hinabreicht, von denen ein Mensch bewegt und umgetrieben wird. Reinen Opportunismus aber gibt es gar nicht. Selbst Zyniker müssen, was sie öffentlich vertreten, sich selber bis zu einem gewissen Grade glauben, um es glaubhaft vertreten zu können.

Die Zeitgeschichtsforscher, die auf soviel Psychologie sich nicht einlassen wollen – oder können, bleiben vor der unauflösbaren Alternative stehen, uns Hitler entweder als einen Fanatiker oder als einen Zyniker vorstellen zu müssen. Das landläufige Hitler-Bild ist wohl das des überzeugungsstarken Fanatikers, des verblendet Rasenden; und vor diesem Bild klingt gerade das am rätselhaftesten – und am unglaubwürdigsten, was der Führer gelegentlich wie in einem Anfall von Hellsichtigkeit von sich gegeben hat, zum Beispiel das folgende:

> »Das deutsche Volk hat einst die Kriege mit den Römern überstanden. Das deutsche Volk hat die Völkerwanderung überstanden. Das deutsche Volk hat dann die späteren großen Kämpfe der neueren Zeit überstanden. Das deutsche Volk hat dann einen Dreißigjährigen Krieg überstanden. Das deutsche Volk hat dann später die Napoleonischen Kriege, die Freiheitskriege, es hat sogar einen Weltkrieg überstanden, sogar die Revolution – es wird mich überstehen!«

So Hitler vor der Inlandspresse in der Nacht vom 9. zum 10. November 1938, der sogenannten »Reichskristallnacht«. Da es von dieser Rede – laut GISEVIUS[103] – eine Tonbandaufnahme gibt, wird es nicht möglich sein, sie für zweifelhaft zu erklären, wenn sie nicht in ein bestimmtes zeitgeschichtliches oder psychologisches Schema passen sollte.

e) Führer und Volksgemeinschaft

Schon lange, ehe er in den Reichstag einziehen konnte, um ihn zu entmachten, wandte sich HITLER gegen die parlamentarische Demokratie mit dem Argument, durch ihre Mehrheitsbildungen sündige sie »wider den aristokratischen Grundgedanken der Natur« (*Mein Kampf*, S. 87); sie degradiere den Führer zum bloßen »Vollstrecker des Willens und der Meinung anderer« (*M. K.*, S. 378). An die Stelle von Mehrheitsentscheidungen habe darum der »Führergedanke« (S. 87) zu treten, ja die »unbedingte Führerautorität« (S. 378). Und das hieß: Es durfte wohl beratende Gremien geben, »allein *die Entscheidung trifft ein Mann*« (S. 501). Hitler wußte damals schon, wer das einmal sein sollte: er selbst. Auf nicht näher erklärte Weise solle sich »aus der Masse« und für sie »die Bedeutung der Person« herausschälen. An einer Stelle (S. 501) hieß es sogar, daß dazu die Parlamente »an sich« doch notwendig seien. Aber Hitlers Grundtendenz und das Wesen seiner »jungen Bewegung« war »antiparlamentarisch« (S. 378).

Wer so wie HITLER von den Menschen dachte, wer zumindest die »breite Masse« des Volkes für dumm und geistig träge hielt[104], wer »Millionen deutscher Dummköpfe« (S. 596) vor Augen sah, der konnte sich auch mit dem Gedanken an wirkliche Volksherrschaft niemals befreunden. Denn Volksherrschaft, die nicht bloß auf dem Papier steht, setzt ein politisch urteilsfähiges, zumindest bildungsfähiges Volk voraus. Nur von einem solchen Volk sind bei den Wahlen parlamentarische Mehrheiten zu erwarten, die nicht bloß für den Augenblick affektive Neigungen befriedigen, sondern eine Entwicklung gewährleisten, die asymptotisch zu innerem und äußerem Frieden führt.

Majorität war für HITLER gleichbedeutend mit Dummheit, Feigheit und Schwäche[105], allenfals stark genug, den Kampf zu verhindern, aus dem sich der »Sieg des Besseren und Stärkeren«, »die Unterordnung des Schlechteren und Schwächeren« (S. 421) ergeben sollte. Das Bessere ist hier mit dem Stärkeren, auch: dem Gesünderen (S. 577), in eins gesetzt; ebenso das Schlechtere mit dem Schwächeren. Das war im Sinne NIETZSCHES gedacht, der sich gegen jene Tradition der Moral gewandt hatte, nach der das Schwache, das Triebschwache und Kraftlose, mit dem Guten gleichgesetzt wird[106]. Und wie NIETZSCHE[107] wollte er auch, daß die starken, die kraftvollen Menschen herrschen. Doch anders als NIETZSCHE, der in *Mein Kampf* an keiner Stelle erwähnt wird, denkt HITLER »Stärke« sich nur als Kraft zur Überwältigung anderer. NIETZSCHE aber spricht auch von der »Kraft . . . in der Milde und Stille«[108].

Nun scheint auf den ersten Blick auch bei HITLER dem »aristokratischen Prinzip der Natur« (*Mein Kampf*, S. 69) und dem Führerprinzip etwas die Waage zu halten, was der menschlichen Liebesfähigkeit versöhnlich Rechnung trägt. Das Ideal der »Volksgemeinschaft«, (*M. K.*, S. 374) könnte sogar als Widerspruch zum Elite-Gedanken verstanden werden, der der Sache nach und auch in HITLERS Gedankengebäude eine hierarchische Schichtung des Volkes verlangt. Doch es liegt kein Widerspruch vor und auch nichts, was seine martialische Sozialphilosophie abmildern würde.

Der kaum verborgene Sinn von HITLERS »Volksgemeinschaft« war es, daß das Volk eine möglichst homogene, dem Willen des Führers nicht hinderliche Masse bilden sollte. »Denn Führen heißt: Massen bewegen können.« (*Mein Kampf*, S. 650). Wer sich eine solche Herkulesarbeit vornahm, mußte »in erster Linie Psychologe sein« (*M. K.*, S. 650), einer, der seine Propaganda auf die »Primitivität der Empfindung der breiten Masse«[109] abzustellen wußte. Nichts sei dem Erfolg eines Führers, eines Massenbewegers, abträglicher als der Ehrgeiz, der »sogenannten Intelligenz« (S. 376) zu gefallen. Nur wenigen, also wohl sich selber, traute HITLER zu, »vor Schlossern und Hochschulprofessoren zugleich in einer Form zu sprechen, die beiden Teilen in ihrem Auffassungsvermögen nicht nur entspricht, sondern beide Teile auch gleich wirksam beeinflußt oder gar zum rauschenden Sturm des Beifalls mitreißt« (S. 376). Daß er dies vermochte, hat er bewiesen. Wenn aber Intellektuelle, die von einer »Führerrede« beeindruckt waren, sich von deren Lektüre im *Völkischen Beobachter* enttäuscht zeigten, dann verrieten sie mit solchem Urteil, daß auch sie als Zuhörer Adolf Hitlers von rational nicht nachvollziehbaren Momenten seiner Rede und seines Auftretens sinnlich gepackt waren. Er sah es als seine Aufgabe an, »das Instinktmäßige gegen das Judentum in unserem Volke zu wecken und aufzupeitschen und aufzuwiegeln«. So hat er es in einer frühen Rede (1920) selbst formuliert[110]. Seiner Partei empfahl er, Bilder und Filme für die Propaganda einzusetzen, denn der davon angesprochene Mensch brauche »noch weniger verstandesmäßig zu arbeiten« (*Mein Kampf*, S. 526). HITLER, der es bewußt verschmähte, »Aufklärungsarbeit« (S. 377) zu leisten, war nahe daran zuzugeben, was ihm KURT SCHUMACHER noch am 23. Februar 1932 im Reichstag bescheinigen sollte: »Die ganze nationalsozialistische Agitation ist ein dauernder Appell an den inneren Schweinehund im Menschen.«[111]

Nicht bessere Einsichten in gesellschaftliche Zusammenhänge sollten nach HITLER die Menschen zur Volksgemeinschaft zusammenführen, sondern jene Leidenschaften, die sich zu »fanatischer Nationalbegeisterung« (*M. K.*, S. 472) noch steigern ließen. Es ging ihm um die »Nationalisierung der bewußt antinationalen Masse« (S. 366). Wenn aber das Nationalgefühl der Deutschen durch Hitler erst noch zu »entflammen« (S. 471) war, dann konnte ein solches Feuer sich nur aus jenen triebhaften Sehnsüchten nähren, die, sonst unbefriedigt, sich dem Führer gleich einem Erlöser oder einem kollektiven Bräutigam zugewandt haben. Das wurde von dem Menschenkenner, als den er sich selber sah, vielleicht durchaus reflektiert. Er war sich nicht nur darüber im klaren, daß ihm als Junggesellen die Frauen folgen würden[112]; er sah – noch in der »Kampfzeit« – auch illusionslos, daß viele aus dem Bürgertum, die ihm zujubelten, wieder anders dachten, »sobald der Rausch der Kundgebungen vergangen« war (*M. K.*, S. 375). Später, als Reichskanzler und Führer der Nation, ist es ihm wohl gelungen, jeweils für die Dauer einer Rede, die »über alle deutschen Sender« ausgestrahlt wurde, so etwas wie Volksgemeinschaft im gebannten Zuhören aller, die eingeschaltet hatten, zu verwirklichen.

Der Begriff der Volksgemeinschaft als der emotionalen Verschmelzung aller Schichten der Bevölkerung zu einer »kämpferisch« nach außen gerichteten Nation widerspricht nicht Hitlers aristokratischem Lebensgefühl und seiner Geringschätzung der »breiten Masse« des Volkes. Der »Schwatzhaftigkeit des deutschen Volkes« (S. 608) galt es eine das »vorhandene Menschenmaterial« (S. 424) formende Rede entgegenzustellen: Führung aller durch den »unbeugsamen« Willen, der redend sich ihrer bemächtigte, ihre uneingestandenen und verworrenen Sehnsüchte auf sich zu ziehen wußte und ihren unterschwelligen Mißmut zum »Haß gegen die Verderber von Volk und Vaterland« (S. 780) auszuformen verstand. Solche »Nationalisierung« hatte das ganze Volk zu ergreifen, die »Arbeiter der Stirne und die Arbeiter der Faust«[113]. Daß zumindest ein Teil der Intellektuellen sich nicht von der triebhaften Seite ihres Wesens her ansprechen und manipulieren läßt, hat HITLER zweifellos geahnt und deshalb den »geistigen Schichten« (*M. K.*, S. 480) immer eine wohlbegründete Skepsis entgegengebracht. Sie erschienen ihm als »in sich abgeschlossen und verkalkt« (S. 480), ohne Verständnis für das Volk. Als Vertreter der am höchsten stehenden Klasse kamen sie deshalb für ihn nicht in Betracht; das mußten Menschen sein, die sich durch »Mut und Opferfreudigkeit« (S. 581) auszeichneten, also solche, die sich in seine aggressiv formierte »Volksgemeinschaft« sogar noch besser einfügen würden als die »breite Masse«. An wissenschaftlicher Bildung habe es den Deutschen nie gefehlt, desto mehr aber an »Willens- und Entschlußkraft« (S. 480). Und eben diese sowie »Verantwortungsfreudigkeit« (S. 452) habe die Erziehung im »völkischen Staat« noch vor allen wissenschaftlichen Fähigkeiten auszubilden. »Frische Blutzufuhr« (S. 481) aus den unteren sozialen Schichten hat nach HITLER dies biologisch abzusichern: Es gehe in erster Linie um das »Herauszüchten kerngesunder Körper« (S. 452). Als das abstoßende Gegenbild werden »körperlich degenerierte, willensschwache und feige Pazifisten« (S. 452) gemalt.

An Geist, meinte HITLER, habe es uns bisher nie gefehlt. Wer darum heute einem Elitebegriff anhängt, der »geistige Führung« meint, braucht den Vorwurf, »faschistisch« zu denken, nicht hinzunehmen. Hitlers Glaube an die »Ungleichheit der Menschen« war auf andere Tugenden abgestellt als auf geistige Überlegenheit. Er war wohl Psychologe genug, um zumindest zu ahnen, daß seine eigentliche Wirkung auf Menschen und Menschenmassen auf anderen als rein intellektuellen Fähigkeiten beruhte. Ein überwiegend sittlich verquältes, leibhaft frustriertes Volk wird immer anfällig sein für politische Verführung, die ihre aggressiv zugespitzten Triebe mobilisiert. Dies erklärt, weshalb auch sogenannte nüchterne Intellektuelle der vitalen »Ausstrahlung« des Führers erlegen sind. In das, was da in ihnen zum Erliegen kam, reichte ihr rationales, vorweg messendes und rechnendes Weltverständnis nicht hinab. Einzig die von Hitler verfemte »jüdische« Psychologie SIGMUND FREUDS hätte darüber Aufschluß geben können.

Um einen neuen Nazismus zu verhindern, kann es daher nicht genügen, eine noch mehr aufs »rein Geistige« ausgerichtete Bildung zu fördern, wenn solche Bildung nicht breitesten Schichten ermöglicht, sich auch in ihren vitalen Antrieben selber besser zu verstehen. Die Ausbildung formaler intellektueller Fähigkeiten, wie sie unsere sogenannten Intelligenztests messen, kann aus noch immer unbewußten Motiven nur zu leicht in den Dienst einer undurchschaubar verquälten Triebhaftigkeit gestellt werden. Unser auf Meßbarkeit ausgerichteter Intelligenzbegriff stimuliert zu einer Verstandesschulung, in der das – eben meßbare – Tempo eine entscheidende Rolle spielt: »Rasche Auffassungsgabe«, nicht lange zögernde »Kombinationsfähigkeit« und flinke Wortfindung kommen nur auf andere Weise dem Ideal eines genormten Menschen entgegen, der auch geistig reibungslos funktioniert. Die wirklich einfallsreichen Köpfe schneiden hier nicht so gut ab: ihre Zweifel am Vorgegebenen erscheinen als »Verstehensschwierigkeiten«; ihre Kraft der Verarbeitung von Eindrücken erweist sich als Unfähigkeit, zu allem sofort Stellung zu nehmen; ihre geistige Eigenwilligkeit erfüllt nicht das vorgegebene Schema.

Wer Wert darauf legt, Menschen heranzubilden, die in einer immer verworrener werdenden Welt neue Wege zu finden verstehen, der kann dabei nicht die »geistige Elite« alten Zuschnitts als Erziehungsziel herausstellen. Er wird vielmehr Nachdenklichkeit, Spieltrieb und Gestaltungskraft zu fördern suchen, kurzum auf Kreativität setzen und sich um die Bedingungen ihrer Entfaltung kümmern. Und er wird, wenn ihm die Demokratie lieb ist, dabei für allerbreiteste Vermittlung gefundener Einsichten sorgen, die das Zusammenleben der Menschen betreffen. Nur Solidarität aus Einsicht, aus Einsicht auch in unsere Triebnatur, kann eine »Volksgemeinschaft« verhindern, in der unbewußte Antriebe, geheime Sehnsüchte die Menschen so »zusammenschweißen«, daß allen anderen, die nicht dazugehören, angst und bange werden muß.

f) Volk und Volksgesundheit

Hitlers Begriff der Nation war biologisch geprägt. Nation war ihm nicht die historisch gewachsene Schicksalsgemeinschaft eines Volkes, das in einem umgrenzten Staatsgebiet eine ihm gemäße Lebensform gefunden hat und im Idealfall eine gemeinsame Sprache spricht. Nation war ihm vielmehr die sich politisch formierende Kraft eines »Volkskörpers«, der durch besondere rassische Merkmale sich von anderen Völkern zu unterscheiden habe. Die räumlich anschauliche Rede vom *Volkskörper*, einem Schlüsselbegriff in

Hitlers Ideologie, bot die Möglichkeit, gesundheitspolitische, rassistische und sittliche Forderungen miteinander zu vermischen. Da ist die Rede von der »entsetzlichen gesundheitlichen Vergiftung des Volkskörpers« (*Mein Kampf*, S. 269), aber auch von der »rassenmäßigen Vergiftung unseres Volkskörpers« (*M. K.*, S. 432), von der »Versyphilitisierung des Volkskörpers« (S. 272) und in einem nicht nur medizinischen Sinne von »Krankheitsstoffen im Volkskörper« (S. 254) oder eindeutig vom Juden als dem »Parasiten im Körper anderer Völker« (S. 334). Sogar in einem volkswirtschaftlichen Sinne sieht Hitler die Juden »am Volkskörper nagen«[114]. Im Blick auf die Syphilis und die Prostitution, deren Bekämpfung ihm als »eine der ungeheuersten Aufgaben der Menschheit« erschien, verknüpfte er selber die verschiedenen Aspekte seiner Auffassung von Volksgesundheit miteinander: ». . . die Erkrankung des Leibes ist hier nur das Ergebnis einer Erkrankung der sittlichen, sozialen und rassischen Instinkte.« (*Mein Kampf*, S. 280)

»Volkstum« wurde von Hitler ausdrücklich mit »Rasse« gleichgesetzt, und von dieser konnte er dann sagen, daß sie »eben nicht in der Sprache liegt, sondern im Blute« (*M. K.*, S. 428). Zumindest indirekt beeinflußt von Gobineau und H. St. Chamberlain, sah Hitler im »nordisch-germanischen Menschen« (S. 438) nicht nur den kulturellen Höhepunkt der Menschheit, sondern auch die biologisch gesündeste Rasse. Voraussetzung dafür, daß einem Volk in Europa solcher Rang zugesprochen werden konnte, war nach dieser Logik »Rassenreinheit« (S. 449), ein zumindest hoher Anteil der am höchsten bewerteten »rassischen Urelemente» (S. 438 f.) eines Volkskörpers. Je häufiger der hochgewachsene, blonde und blauäugige Mensch in einem Volk vertreten war, als desto wertvoller durfte es gelten, aber auch für um so gesünder wurde es gehalten. Wo die Rassen sich vermischten, wo Angehörige einer höchststehenden Rasse mit rassisch Tieferstehenden »Rassenschande« (S. 444) trieben, da werde die »Widerstandskraft« (S. 442) der Nachkommen so geschwächt, daß sie sogar aussterben könnten. Von der Natur selber sagte Hitler: »Sie liebt die Bastarde nur wenig.« (S. 441/442) – eine biologisch absurde, höchst affektgeladene These, die ganz außer acht läßt, daß genetische Mängel einer Sippe durch Paarung mit rassisch Andersartigen im Phänotypus der Kinder am sichersten überdeckt werden.

Um zu größerer Reinheit der eigenen Rasse zu kommen und damit zugleich ein gesünderes Volk zu schaffen, sah Hitler zwei Wege: einmal die »bewußte planmäßige Förderung der Fruchtbarkeit der gesündesten Träger des Volkstums« (*M. K.*, S. 448) und zum andern freiwillige und zwangsweise Sterilisierung oder Kastration von »körperlich Degenerierten und geistig Erkrankten« (S. 448), wie er es im »Erbgesundheitsgesetz«[115] dann verwirklicht hat. Ein dritter Weg wurde von Hitler erst während des Krieges ohne gesetzliche Grundlage beschritten: das sogenannte Euthanasie-Programm zur Vernichtung »lebensunwerten Lebens«. Dieser rechtswidrigen Aktion sind mindestens 60 000 deutsche Mitbürger zum Opfer gefallen, ehe Proteste von seiten der Kirche Hitler dazu bewogen, die Massentötung wieder einzustellen[116].

Rassenreinheit und Volksgesundheit waren für Hitler und die NS-Ideologen nahezu deckungsgleiche Begriffe. Was fehlte, um sie voll zur Deckung zu bringen, war die Gewißheit, daß Reinrassigkeit auch vor vererblichen körperlichen und geistigen Defekten bewahrt. Beides aber, die Sorge um Rassenreinheit und die Befürchtung von »erbkrankem Nachwuchs«[117] motivierte zu einer selber lebensbedrohenden Gesundheitspolitik. Wenn die Nation als »Volkskörper« (HITLER) in Analogie zum individuellen Organismus verstanden wurde, dann lag es nahe zu denken, daß man alles Unreine, Erbkranke und unkontrolliert Wuchernde wie von Chirurgenhand aus ihr herausschneiden müsse. So verstand es auch ein erst später berühmt gewordener Biologe. KONRAD LORENZ schrieb 1940, die Evolution des Menschen könne nur gewährleistet werden durch die »Ausmerzung der mit Ausfällen behafteten Elemente« aus dem »Volkskörper«[118]. *Ausmerzung aus dem Volkskörper* meinte da eine radikalere Operation als die nur am Individuum zu vollziehende Sterilisation oder Kastration. Wem »der rassische Gedanke als Grundlage unserer Staatsform«[119] galt und wer dabei in der Kategorie des *Volkskörpers* dachte, für den verlor die Vernichtung ganzer Menschengruppen den Aspekt des moralisch und rechtlich Verwerflichen. Der gewaltsame Tod eines erbkranken Menschen bedeutete da eine Wertsteigerung der Volksgesundheit. Die Ausmerzung »lebensunwerten Lebens« konnte als Unwert anderer Art gar nicht mehr reflektiert werden.

Inzwischen hat, nicht zuletzt dank der geschichtlichen Niederlage des NS-Staates, sich eine radikale Umwertung des Lebens vollzogen. Sie ist so radikal, daß selbst der Gedanke einer Sterilisation Schwachsinniger und genetisch schwer Geschädigter nicht mehr öffentlich vertreten wird, wenn auch in der Alltagspraxis der Gesundheitsämter den Eltern solcher Kinder dazu geraten wird (im Einklang mit einem »Gesetz über freiwillige Kastration und andere Behandlungsmethoden« vom 15. 8. 1969). Menschliches Leben, das überhaupt lebt, gilt jetzt auch in seiner Reproduktionsfähigkeit als prinzipiell lebenswert, als fortpflanzungswürdig, selbst wenn das dabei weiterzugebende Leben mit der Mitgift schweren Leidens von Geburt an belastet wäre. HITLER hatte – zweifellos unter Zustimmung weiter Volkskreise – für seinen »völkischen Staat« gefordert, »daß nur, wer gesund ist, Kinder zeugt« (*Mein Kampf*, S. 446). Er betrachtete es als eine Schande, eigene Krankheit, eigenes Leid »im Körper seines Kindes zu verewigen« (S. 477).

Wir sind heute bei allem, was Hitler jemals angesprochen, gefordert oder befohlen hat, von vornherein ablehnend und auf geistige Distanz bedacht. So auch in der Frage, ob erblich belasteten Menschen das Glück leiblicher Elternschaft verwehrt werden soll. Solche Reserve ist selbstverständlich bei jenen, die heute aus derselben ehrgeizigen Anpassung an den Zeitgeist zu »Antifaschisten« geworden sind, aus der es seinerzeit Mitläufer des »Führers« gab. Nun ist in der Frage der Sterilisation erbkranker Menschen freilich Zurückhaltung auch sachlich – und nicht nur aus Gründen der Vergangenheitsbewältigung – geboten. HITLER sprach in *Mein Kampf* (S. 447) nicht allein vom »erblich belasteten« Menschen, der sich nicht fortpflanzen dürfe, sondern allgemein von dem, »der körperlich und geistig nicht gesund und würdig ist«. Wir brauchen nicht lange zu raten, wer dabei mit denen, die *geistig nicht würdig* seien, gemeint war. An einer anderen Stelle desselben Buches (S. 250) wird *Unwürdigkeit* für »innere Fäulnis, Feigheit, Charakterlosigkeit« gesetzt, also für all das, womit der Führer die »Verderber von Volk und Vaterland« (S. 780), die »vaterlandslosen Gesellen«[120] zu charakterisieren pflegte. Dadurch, daß er auch pazifistisch gesinnte Regimegegner hinter Stacheldraht brachte, wurde es freilich überflüssig, an ihnen die Körperstrafe der Kastration zu vollziehen.

Neben den Erbkranken kamen für eine »Unfruchtbarmachung« auch Verbrecher, insbesondere Triebtäter in Betracht. HITLER war im Einklang mit der Kriminologie seiner Zeit davon überzeugt, daß es »geborene Verbrecher« gibt[121], ein Begriff, der auf LOMBROSO[122] zurückgeht. Und eben hierin kommt auch ein heute noch verbreitetes Vorurteil mit Hitlers kriminal- und gesundheitspolitischem Programm überein. Immer noch gilt es unter Kriminologen und Psychiatern, nicht bei allen, als wünschenswert, Triebtäter zu kastrieren[123]. Einzig in der jetzt gesetzlich verlangten Freiwilligkeit von seiten des Häftlings liegt der Unterschied zu der unter Hitler geübten Praxis. Wie frei in seiner Entscheidung aber ist ein Gefangener, dem für den Fall, daß er sich kastrieren läßt, seine Entlassung aus der Haft in Aussicht gestellt wird?

Der verbreitete Glaube, daß es eine Naturanlage zu verbrecherischem Handeln gibt, hat sich 1933 nach Hitlers Machtergreifung im deutschen Strafgesetzbuch niedergeschlagen. Im neueingefügten Paragraphen 20 a wurden härteste Strafen für den »gefährlichen Gewohnheitsverbrecher« vorgesehen. Der »Reichsjustizkommissar« Dr. Hans Frank drückte aus, was dem »wirklich gemeinen Verbrecher« angemessen sei: »Ausrottung«, »Vernichtung«, »Unschädlichmachung«[124]. Der Henker wurde so zum Chirurgen am »Volkskörper«, von dem er das Schlechte wegzuschneiden hatte. Die gesamtgesellschaftliche Funktion des Verbrechens konnte der Kronjurist der NSDAP nicht begreifen; doch solches Unverständnis bildet noch immer das Rückgrat unbeugsamer Behauptung des Vergeltungsprinzips. Ebenso tief verdrängt ist heute wie damals die sittliche Komponente in der Neigung zu Gewalttaten. Kein Gedanke daran, daß namentlich triebstarke junge Männer, auch durch eine prüde Erziehung verklemmte Menschen, nur noch gewalttätig aus sich herausgehen können.

Anstatt dazu beizutragen, daß unsere kriminogene Moral an bestimmender Kraft verliert, ist die bei uns (wie in anderen westlichen Ländern) vorherrschende Haltung gegenüber dem Kriminellen eine Feind-Haltung, gekennzeichnet von Berührungsängsten, Abwehr- und Haßgefühlen. Selbst wer wissenschaftlich solche Feindorientierung weitgehend abmildert, sie *rationalisiert,* spricht doch immer noch von »Verbrechensbekämpfung«, wenn schon nicht mehr von einem Kampf gegen die Verbrecher. Soweit Kriminologen nach »Verbrechensursachen« fragen, meinen sie damit fast ausnahmslos reflektierbare Gründe oder Motive, aus denen ein Mensch den ihm vorgezeichneten Weg der Anpassung an die bestehende Ordnung verlassen hat, nicht aber die in dieser Ordnung schon mit angelegten Bedingungen krimineller Auflehnung oder Entgleisung[125]. Auch Rauschgiftsucht und Alkoholismus werden »bekämpft«, ohne daß das Moment der Ersatzlust daran bemerkt oder zugegeben würde[126]. Das kämpferische Moment im Selbstverständnis der hier wirkenden Heiler und Helfer verdeckt die sittlichen Bedingungen des Bedürfnisses nach einem Rausch oder einer durch Drogen erzeugten Entrückung, wo eine vitalpsychisch blockierende Erziehung vielberedete »Orgasmusschwierigkeiten« geschaffen hat.

Auf dem Boden einer die Menschen leibhaft frustrierenden Kultur muß folgerichtig alles, was der Mensch sich selbst abzuverlangen hat, einen heroischen Anstrich bekommen, vom Kampf gegen das Laster, den der Christgläubige in sich auszutragen hat, bis zum »Kampf gegen die Genußgifte«, auf den sich Hitlers »Reichsfrauenführerin« etwas zugute hält[127]. Hitler selber lobte den »Kampf« der Amerikaner gegen die »Alkoholvergiftung« (*Mein Kampf*, S. 450) und sprach von der »Kraft zum Kampfe um die eigene Gesundheit«, ohne die es kein Recht zum Leben gebe »in dieser Welt des Kampfes« (S. 282). Eben dieses Gewalttätige sogar im Umgang mit uns selber, das ist es, worin wir Hitler noch zu besiegen haben. Dies nicht, um uns leichtsinnig auch selbtzerstörerischen Neigungen zu überlassen, sondern aus der Einsicht, daß das forciert in uns Zurückgestaute nur um so gewalttätiger sich entlädt. Der moralisch überforderte Mensch, der an seinem Versagen leidet, wirft seine Wut darüber auch noch gegen »Todfeinde«, ihnen das »Recht zum Leben« (Hitler) zu bestreiten.

g) Was hat Hitler von Nietzsche gelernt?

Hitler ist ein Ärgernis den deutschen Ärzten, deren höchste Standesvertreter sich in seinem Sinne für die Vernichtung »lebensunwerten Lebens« engagierten; er ist ein Ärgernis den deutschen Juristen, weil namhafte Rechtsexperten dem »völkischen Staat«, dem »Führerstaat« mit ihrem Scharfsinn dienten und wie Franz Gürtner, der Reichsjustizminister seit 1932, bei Verbrechen gegen die Menschlichkeit allenfalls nach der »rechtlichen Grundlage« fragten und sich zufrieden gaben, wenn sie in Aussicht gestellt wurde[128]. Hitler ist ein Ärgernis aber auch den Philosophen, da der »Führer« in seinem Wüten sich auf einen der Ihren, auf Friedrich Nietzsche, hätte berufen können. Er hat es nicht getan; aber die Kenner Nietzsches wußten und wissen es heute, daß Hitler »seinen Nietzsche« gelesen hatte und von ihm die philosophische Rechtfertigung seiner Schreckensherrschaft bezog. Die sogenannte Euthanasie, die Vernichtung lebensunwerten Lebens, läßt sogar unmittelbar auf Empfehlungen Nietzsches sich zurückführen, der von dem »großen Menschen«, der wirklich Macht gewinne über ein Volk, eine »ungeheure Energie der Größe« erwartet, »um, durch Züchtung und andererseits durch Vernichtung von Millionen Mißratener, den zukünftigen Menschen zu gestalten und *nicht zugrunde* zu gehn an dem Leid, das man *schafft* und dessengleichen noch nie da war!«[129] Das scheint geradezu prophetisch auf den erst kommenden Hitler vorauszuweisen. Aber der so Geweissagte hatte – in Landsberg – seinen Propheten gelesen und in dessen Geist formuliert: Man werde, »wenn nötig, zur unbarmherzigen Absonderung unheilbar Erkrankter schreiten müssen – eine barbarische Maßnahme für den unglücklich davon Betroffenen, aber ein Segen für die Mit- und Nachwelt. Der vorübergehende Schmerz eines Jahrhunderts kann und wird Jahrtausende vom Leid erlösen.« (*Mein Kampf*, S. 280) Nietzsches Idee der »Fernstenliebe« schien solche Grausamkeit zu überstrahlen.

Was hier im Blick auf »defekte Menschen« (S. 279) und unheilbar Kranke von Hitler gefordert wurde: »unbarmherzige Absonderung«, das war schon die Sprache, in der sich später seine Erfüllungsgehilfen über das, was sie auf seinen Befehl hin insgeheim taten, verständigten: »Absonderung«, »Evakuierung«, »Umsiedlung«, »Endlösung« waren die Chiffren für den Massenmord. Was konkret über zu erwartende Zwangssterilisierung hinaus mit erblich Belasteten und unheilbar Kranken zu geschehen habe, wird von Hitler in *Mein Kampf* bewußt offengelassen oder vielfältiger Auslegung anheimgestellt. Da ist (S. 279) vage nur davon die Rede, daß »man zu den schwersten und einschneidendsten Entschlüssen kommen« müsse. Was aber kann es »Schlimmeres und Einschneidenderes« geben als die Tötung solcher Menschen!

Daß Hitler schon bei der Niederschrift jener Sätze das später befohlene Morden im Sinn hatte, wird nicht nur von den Beiwörtern nahegelegt, mit denen er die ins Auge gefaßte »Maßnahme« der Absonderung charakterisiert: unbarmherzig, barbarisch. Der Gedanke an Mord drängt sich auf, wenn wir weiter in *Mein Kampf* (S. 772) entdecken, daß Hitler schon damals erwogen hat, im Falle eines Krieges Juden »unter Giftgas (zu) halten«. Was er mit unheilbar Kranken und mit kerngesunden Juden wirklich vorhatte, ließ er sich vor der Machtergreifung auch von engsten Gefolgsleuten nicht entlocken. Auf Baldur von Schirachs Frage (Januar 1933), was denn nun mit den Juden geschehen solle, antwortete er ausweichend: »Wir werden sehen.«[130]

Wenn behauptet wird, daß sich Hitler für millionenfachen Mord beim Philosophen Nietzsche ein gutes Gewissen besorgt habe, dann ist dem wenig entgegenzusetzen. Für das, was Nietzsche angeregt hatte, die »Vernichtung der Mißratenen«[131], fand Hitler namhafte akademische Eideshelfer und Helfershelfer. Der Strafrechtstheoretiker KARL BINDING und der Psychiater ALFRED HOCHE können mit ihrem 1920 erschienenen Buch *Die Freigabe der Vernichtung lebensunwerten Lebens* – zusammen mit NIETZSCHE – noch als Wegbereiter betrachtet werden. In den Funktionären der Reichsärztekammer und in den Mitarbeitern der Ärztezeitschriften gewann Hitlers Auffassung von einem gesunden »Volkskörper« ebenso gelehrte wie gelehrige Propagandisten[132], in Ärzten wie dem Psychiater Carl Schneider[133] oder dem Pädiater Werner Catel[134] sogar willfährige Vollstrecker. Der auf das Volksganze, den »Volkskörper«, ausgedehnte Gesundheitsbegriff ließ nur die Ausmerzung *fremdrassiger* Menschen nach seiner eigenen Logik noch nicht zu. Um dies – im *Deutschen Ärzteblatt* – zu fordern, dazu mußte ein Arzt schon in besonderem Maße ideologisch angekränkelt sein: im Sinne von Hitlers rassistischer Weltanschauung. Auf Nietzsche konnte sich da niemand mehr berufen.

Hitlers Vorstellung von einem gesunden, weil rassisch reinen oder wieder »gereinigten« Volkskörper ist in gar keiner Weise auf Nietzsches Idee von einer »Höherzüchtung der Menschheit«[135] zurückzuführen. NIETZSCHE ging es, wie diese Wendung schon verrät, dabei gar nicht um die rassische Veredelung eines einzelnen Volkes, sondern darum, die Menschheit im ganzen voranzubringen: indem der Mensch die »Naturprozesse der Züchtung des Menschen«[136] selber in die Hand nähme. Rassenreinheit war für den Philosophen des Willens zur Macht kein zu propagierendes Ideal. Er glaubte sowenig an biologisch reine Rassen wie an die kulturelle Gleichheit aller Rassen. Konsequent biologisch denkend, was Hitler nicht tat, stand ihm als Ziel möglicher Menschenzüchtung der gesunde, der in jeder Hinsicht stärkere Mensch vor Augen[137]. Nicht rassische Eigenart hätte Nietzsche, wäre er an Hitlers Stelle gelangt, aus dem Volk herauszuzüchten bzw. auszumerzen begonnen, sondern er hätte »die guten und die schlimmen Eigenschaften des Menschen gleichermaßen ins Große züchten« wollen[138]. Jenseits von Gut und Böse erblickte er den »Übermenschen«: nicht als reinrassiges Zuchtexemplar, sondern als die Verkörperung der stärksten und der verwegensten Möglichkeiten des Menschen. Die Unterscheidung von »arisch« und »semitisch« lehnte NIETZSCHE ab: »Wo Rassen gemischt sind, (ist) der Quell großer Kulturen.«[139]

Das jüdische Volk galt NIETZSCHE als ein »Volk der zähesten Lebenskraft«[140] – ein Urteil, das HITLER fast wörtlich (»zäher«[141]) und in der Form übernahm, daß ihm der Jude als »der klimafesteste Mensch der Erde« erschien[142]. Damit hatte der »Führer« indirekt zugegeben, daß sein Antisemitismus nicht, wie er vorgab, von Sorge um »Volksgesundheit« bewegt war – das wäre wahnhaft genug gewesen –, sondern im tiefsten von einem Ressentiment gegen die tatsächliche oder vermeintliche Vitalität der Juden. Und so wird durch Hitlers Ausrottungskrieg noch der Philosoph bestätigt, der nüchtern konstatierte: »Der Kampf gegen die Juden ist immer ein Zeichen der feigeren Naturen gewesen.« (NIETZSCHE[143])

Soviel hatte Hitler von Nietzsche gelernt: daß man Menschen ebensogut wie Haustiere züchten könnte. Aber indem er den Züchtungsgedanken mit dem Rassenwahn GOBINEAUS verknüpfte, schuf er die seinem destruktiven Willen gemäße Vernichtungsideologie. Den Geist Friedrich Nietzsches, den er öffentlich ehrte und in seinen Tischgesprächen rühmte[144], diesen Geist konnte er sich nur zu eigen machen, indem er dessen kühle Distanz zur Rassenfrage ignorierte, um dafür eben das, was NIETZSCHE »nicht anständig« fand[145], kräftig zu schüren: den Antisemitismus. Hitler, der als Reichskanzler 1934 Nietzsches Schwester in Weimar seine Aufwartung machte, wäre von ihm selber vielleicht gar nicht empfangen worden. Der Denker hatte sich als »Maxime« aufgesetzt: »Mit keinem Menschen umgehn, der an dem verlogenen Rassen-Schwindel Anteil hat.«[146]

Wenn sich auch bei NIETZSCHE kritische Sätze zum Judentum finden, so hat das mit Rassismus, gar Antisemitismus nichts zu tun. Solche Urteile haben ihren Stellenwert in Nietzsches kulturkritischer Grundlinie und sollen lediglich aufzeigen, wo die für uns verbindlich gewordene leibfeindliche Moral und das auf Rache gegründete Stafrecht seinen Ausgang genommen haben, ehe sie »christlich« wurden. Ein sittlich bedingter Judenhaß, wie ihn Hitler bei sich selber gepflegt hat, lag Nietzsche in zweifacher Hinsicht fern: aus Distanz zum Rassenwahn und aus Widerwillen gegen jenes Moralisieren, das der Parteiredner Hitler so publikumswirksam intonierte, etwa indem er vom Berlin der zwanziger Jahre als einem »Sündenbabel« sprach[147]. Dieser Unterschied zwischen Hitler und Nietzsche kommt am klarsten heraus in beider Stellungnahme zur Prostitution. Während HITLER die Prostitution als »eine Schmach der Menschheit« empfand und ihr »zu Leibe gehen« wollte[148], regte NIETZSCHE, am griechischen Vorbild orientiert, lediglich an, die Prostitution zu veredeln[149].

Wenn auch HITLER gelegentlich von »verlogener Moral« (*Mein Kampf,* S. 274) sprach, so war das kaum mehr als eine Geste für aufgeklärte Zeitgenossen, denen damit sein Feldzug gegen »sittliche und moralische Vergiftung« (*M. K.*, S. 252) als affektfrei und vernünftig erscheinen sollte. In seiner auf »Volksgesundheit« gerichteten Vernunft hatte aber auch die Forderung Platz, die männliche Jugend mit »eiserner Abhärtung« (S. 277) zu erziehen, um ihren Geschlechtstrieb zu dämpfen. »Sexuelle Vorstellungen« sollten nicht zu früh in den jungen Menschen sich regen. Die Jugend, so klagte er in *Mein Kampf* (S. 458), verkomme »auf Straßen und in Bordells«. Er hatte sie schon damals für die Schlachtfelder eines »Schicksalskampfes«[150] vorgesehen, in dem Deutschland nur triumphieren konnte oder untergehen mußte. Noch mitten im Kriege (1942) aber sorgte sich Hitler um die *Sittlichkeit bei Heer und SS*. Er verbot durch »Führererlaß« den deutschen Soldaten den Geschlechtsverkehr mit Polinnen und bestimmte die Todesstrafe für Homosexuelle in der SS[151]. Von NIETZSCHES »moralinfreiem« Standpunkt, der PLATONS »philosophische Erotik« würdigen ließ[152], war Hitler damit unüberbrückbar entfernt.

Der Zusammenhang von Triebunterdrückung und Militarisierung, von Prüderie und Mordlust wird in der Gestalt Adolf Hitlers unabweisbar. NIETZSCHES Wort, Grausamkeit sei nur eine »versetzte Sinnlichkeit«[153], ist von Hitler und seinen Schergen genau, aber unreflektiert bestätigt worden. Der »Führer« war, triebpsychologisch gesehen, ein rasend gewordener Saubermann. In dem von ihm geschaffenen Vernichtungssystem enthüllte eine lust- und leibverneinende Moral ihre eigentlich lebensfeindliche Tendenz. Wenn in Auschwitz im Herbst 1942 polnische Kinder getötet wurden, weil die SS-Leute es »unmoralisch« fanden, sie bei erwachsenen Männern schlafen zu lassen[154], dann lag das nur in der Konsequenz einer »Sittlichkeit«, nach der als das Schlimmste, was Menschen widerfahren kann, noch keineswegs der Tod gilt. In diesem Sinne hatte Hitler, ehe er zur Macht kam, moralische Aufrüstung betrieben: mit dem Hauptangriffsziel der Prostitution, weil er dahinter – wie hinter allen Übeln dieser Welt – geschäftstüchtige Juden am Werke sah.[155]

In dem sittlichen Eifer, aus dem in manchen westdeutschen Städten von der Polizei immer wieder die Dirnen gejagt und von Viertel zu Viertel vertrieben werden, wäre durchaus noch etwas von jener Moral zu überwinden, die Hitler auf eine mörderische Weise verkörpert hat. Schon in der ersten Nachkriegszeit hat THEODOR W. ADORNO, selber einst »rassisch Verfolgter«, die Treibjagden auf die Dirnen mit der Verfolgung der Juden verglichen: Wie diese sollten sie offenbar keine Bleibe haben[156]. Die aus sittlich verquälten

Gemütern hervorzuckende Lust, andere Menschen zu jagen, kommt am reinsten hervor, wenn sie in den Gejagten noch den Trieb bekämpfen kann, von dem das Jagdfieber selbst seine Energie nimmt.

II. KAPITEL

Volkserziehung und Vergangenheitsbewältigung

a) Die Deutschen als Objekt der Erziehung

Wenn wir die Jahrzehnte dieses Jahrhunderts zurückblicken, sehen wir Deutsche uns als ein unausgesetzt zurechtgewiesenes und pädagogisiertes Volk. HITLER, der nicht allzuviel von den Deutschen hielt, aber das bei ihnen »vorhandene Menschenmaterial« (*Mein Kampf,* S. 651) als Machtbasis für seine Welteroberungspläne brauchte, schalt zumindest ihre »breite Masse« wegen ihrer Dummheit[1], ihrer Feigheit (*M. K.,* S. 455), ihrer Faulheit (S. 625) und wegen ihrer im Grunde »antinationalen« Einstellung (S. 366), nicht zuletzt jedoch darum, weil er im deutschen Volk keinen rassisch »einheitlichen Volkskörper« (S. 438) gegeben sah. Die vom Führer der NSDAP ausgehenden moralischen Appelle wandten sich folgerichtig an noch in diesem Volk schlummernde Fähigkeiten, seine wahre Bestimmung zu erkennen, an »verzichtfreudige Opferbereitschaft« (S. 470) für eine ihm willfährige Volksgemeinschaft, und sie forderten vor allem einen Willen zur »Rassenreinheit« (S. 449). Da HITLER dem deutschen Volk offenbar nicht allzuviel Sinn für »Rassenhygiene« zutraute, schien es ihm geboten, durch die Heiratsbeschränkungen der »Nürnberger Gesetze« von 1935[2] den wohl zu schwach ausgeprägten »Rasseninstinkt« (*M. K.,* S. 443) abzustützen. Rassenreinheit und das Gewinnen von Lebensraum, das waren die beiden »Ideen«, zu denen Hitler das deutsche Volk zu erziehen gedachte, und wenn es sein mußte, mit dem Nachdruck eines Zwanges:

> »Der Nationalsozialismus muß grundsätzlich das Recht in Anspruch nehmen, der gesamten deutschen Nation ohne Rücksicht auf bisherige bundesstaatliche Grenzen seine Prinzipien aufzuzwingen und sie in seinen Ideen und Gedanken zu erziehen.« (*Mein Kampf,* S. 648)

Als Ergebnis seiner Volkserziehung erwartete der Führer der »Bewegung« keine durch Vernunftgründe gewonnene Anhängerschaft, sondern bei der breiten Masse des Volkes »blinden Glauben«

(S. 718) an seine Weltanschauung und von den Parteigenossen darüberhinaus »disziplinierten Gehorsam« (S. 510) anstelle »einer möglichst großen und selbständigen Geistigkeit«. Ein eher gehorsames als national begeistertes Volk hat er dann 1939 in den Krieg geführt. Als er ein knappes Jahr davor, am 28. September 1938, eine motorisierte Division zur Demonstration militärischer Stärke durch Berlin paradieren ließ, wurden er und Goebbels der teils gleichgültigen, teils ablehnenden Haltung der Bevölkerung gewahr. Hitler: »Mit einem solchen Volk kann ich keinen Krieg führen.« – Goebbels: »Nein, mein Führer! Ich habe mich unten [auf der Straße] selber überzeugt, dieses Volk bedarf noch einer intensiven Aufklärung.«[3]

Zur Zeit ihrer Herrschaft beklagten sich Hitler und Himmler über den ihrer Ansicht nach ungenügenden Antisemitismus der Deutschen. Jeder habe »seinen anständigen Juden«, sagte Himmler in einer Rede vor SS-Führern[4]; und Hitler soll Ilse Braun, seine spätere Schwägerin, sogar angefahren haben: »Wenn jeder Deutsche einen guten Juden beschützen will, wird es bald nicht mehr genug Juden für alle geben.«[5] Solcher Spott kam aus ehrlicher Enttäuschung. Schon die Aktionen der »Kristallnacht« vom 9. auf den 10. November 1938 mußte Hitler vorzeitig abbremsen, als er merkte, daß der Zorn des Volkes sich nicht gegen die Juden, sondern gegen seine Partei zu richten drohte[6]. Die »große stupide Hammelherde unseres schafsgeduldigen Volkes«, von der HITLER in *Mein Kampf* (S. 685) gesprochen hatte, war offenbar doch nicht grenzenlos durch Propaganda lenkbar und zu verhetzen. In dieser Nacht zum 10. November 1938 mußte Hitler zu der Überzeugung gekommen sein, daß er, wenn er das jüdische Volk in Europa ausrotten wollte, dies dem deutschen Volk, solange es ging, verheimlichen mußte[7].

Dieses Volk, das für Hitlers Ausrottungsplan offenbar noch nicht »reif« oder »hart« genug war, bekommt nach dem Untergang des Dritten Reiches dafür immer häufiger den Vorwurf zu hören, es habe die Judenvernichtung stimmungsmäßig ermöglicht und durch Duldung und Mitwissen zumindest moralisch mitgetragen. Das wird heute auch von jüngeren und von ganz jungen Juden »den Deutschen« vorgehalten:

> »Tatenlos sahen die Deutschen zu, als die Juden abtransportiert wurden . . . Und sie sahen auch zu, als all das andere kam.«
>
> (LEA ROSH[8])

»Interessant, daß ein Volk mit dauernder Neigung zu einem schlechten Gewissen ein anderes Volk gewissenlos umgebracht hat.«

(Lea Fleischmann[9])

»Auschwitz ist eine deutsche Erfindung.«

(Henryk M. Broder[10])

Die doppelte Frage, wieweit »die Deutschen« von der Judenvernichtung gewußt haben und wieweit Mitwisserschaft Mitschuld begründet, wird uns nicht ruhen lassen*. Einstweilen sei nur festgestellt, daß über die Hälfte der Deutschen von 1982 zur Zeit des Hitlerreiches noch gar nicht geboren war; selbst gestandene Männer wie der Schreiber dieser Zeilen waren damals erst Kinder. Sind wir mitschuldig? Nur ein umgedrehter Rassismus, eine antifaschistische Sippenhaftung könnte uns zu Schuldigen stempeln. Die von unversöhnlicher Seite allen Deutschen unterschiedslos zugeschriebene Schuld an dem von Hitler befohlenen Genozid ist aber nicht nur die Wirkung eines auf uns zurückstrahlenden Völkerhasses, sondern auch ein Zeichen dafür, daß die triebstrukturellen und sittlichen Grundlagen jenes Geschehens noch gar nicht begriffen wurden und noch weit davon entfernt sind, durch kulturelle Reformen aufgelöst zu werden. Umerziehung zur Demokratie, deren wesentlicher Inhalt aus Antifaschismus besteht, zeigt uns wiederum nur, wogegen wir – jetzt – zu sein haben, und nicht, was wir positiv zu entwickeln hätten.

Wir Deutschen sind in diesem Jahrhundert jedenfalls – nächst den Juden – das am meisten geschmähte Volk, geschulmeistert zuerst von den Nazi-Führern, jetzt von den »Antifaschisten«. Kaum war das, was Goebbels »Volksaufklärung« und Hitler »nationale Erziehung«[11] nannte, vorüber, da wurde diesem Volk nach 1945 auch schon eine »Umerziehung« zuteil, die gerade einen »typisch deutschen Kadavergehorsam«, »autoritäre Gesinnung« und »Untertanengeist«, »teutonischen Chauvinismus« und einen Antisemitismus bekämpfen sollte, der in Deutschland zum Massenmord geführt hat. Statt dessen sollten »kritische Fähigkeiten«, »demokratische Grundhaltung«, Völkerverständigung und »antifaschistische Gesinnung«, ja »Erziehung zum Ungehorsam«[12] erprobt, gefördert oder eingeübt werden.

*Siehe hierzu im IV. Kapitel (»Sind die Deutschen faschistoid?«) den zweiten Abschnitt!

Zunächst aber wurden zur »Entnazifizierung« noch Tugenden gebraucht, die schon den Machthabern und Häschern des NS-Staates nützlich gewesen waren: die Fähigkeit, die Gegner der bestehenden Ordnung ausfindig und namhaft zu machen; die Begabung, sich selber ins rechte Licht zu rücken, und das Geschick, für »einwandfreie Gesinnung« notfalls auch Leumundszeugen aufzutreiben. Mit anderen Worten: Denunzianten und Gesinnungstüchtige, Bestechliche und Rachsüchtige hatten immer noch ihre Zeit. Diejenigen, die HITLER verächtlich als die »breite Masse« der »ebenso schwankenden wie zu Zweifel und Unsicherheit geneigten Menschenkinder«[13] bezeichnet hatte, hielten sich da wohl heraus oder halfen sich gegenseitig, als »Entlastete« oder wenigstens als »Mitläufer« davonzukommen. Die wirklich Orientierungsfähigen aber, diejenigen, die den jeweiligen Zeitgeist am schnellsten erfassen, fanden nach dem Abklingen der Entnazifizierungswelle bald ein neues Wirkungsfeld, in dem ihr »Durchsetzungsvermögen«, ihr »Organisationstalent« und ihre »Führungsqualitäten« zum Zuge kamen: in der wiederaufblühenden Wirtschaft, in staatlichen Laufbahnen oder in der Politik. Es kam dabei zwischen 1946 und 1950 nur darauf an, nicht zu früh zu starten, weil sich dann zumeist herausstellte, daß man irgendeine NS-Mitgliedschaft bei der Entnazifizierung »vergessen« hatte anzugeben. Doch je jünger einer war, desto gelenkiger konnte er sich umstellen. Als damals Fünfzehnjährigen hat es mich doch stark beeindruckt, daß ich einen unserer HJ-Führer zwei Wochen nach dem Einmarsch der Amerikaner als Dolmetscher in einem Jeep des CIC sitzen sah. Später erfuhr ich die Geschichte von einem Beamten, dem seine Entlassung aus dem Staatsdienst mitgeteilt wurde, zugleich mit der Aufforderung, sich der Spruchkammer zur »Entnazifizierung« zu stellen, und der dann unter dieser Verfügung »genau dieselbe Unterschrift entdeckte, die schon einmal, vor mehreren Jahren, unter einem ähnlichen Schreiben gestanden hatte«[14].

Diese Geschichte vom zweimal entlassenen Beamten, einmal im Dritten Reich, weil er da (noch) nicht der NSDAP angehörte, einmal danach, weil er ihr doch noch beigetreten war, diese Geschichte ist wohl von anekdotischer Einmaligkeit. Doch sie charakterisiert recht gut den Ungeist, der – sonst wohl mit überwiegend wechselnder Besetzung – in dem neuen Stück der Volkserziehung immer wieder in Szene gesetzt wurde. Bis in die siebziger Jahre bot die »braune Vergangenheit« des einen oder anderen Politikers, wenn zufällig entdeckt, verspäteten Widerstandskämpfern eine willkommene Handhabe, ihn zu Fall zu bringen. Im Jahre 1978 wurde es förmlich Mode, nach alten, zur NS-Zeit erschienenen Dissertationen zu schürfen, um den inzwischen arrivierten Verfassern am Zeug zu flicken. Die dabei fündig und durch ihre Funde politisch wirksam Gewordenen bemerkten nicht, wiesehr sie den Ungeist, den sie bekämpften, noch im eigenen Nacken trugen. Jedenfalls dann, wenn es ihnen um nichts anderes ging als um die »Erledigung« eines politischen Gegners. Ich verstehe noch eher, daß die stramm rechtsorientierte *National-Zeitung* sich mit solchen Ausgrabungen gegen einen »Musterdemokraten« zur Wehr setzt, der sich stark macht, ihr Verbot zu fordern[15]. Wer ehedem Hitlers »Gemeinschaftsidee« zur Begründung der staatlichen Strafe herangezogen hat, die »Aussonderung fremder Typen und artfremden Wesens« befürwortet hat und heute für das Verbot einer Zeitung eintritt, die gewiß nicht beispielhaft demokratisch ist, der muß es sich wohl gefallen lassen, daß man auch seine eigene demokratische Gesinnung näher betrachtet. Es wäre noch nicht einmal richtig zu sagen, daß gerade ein derart Vorbelasteter »kein Recht« habe, anderen Extremismus und eine Gefährdung der Freiheit vorzuwerfen. Weder dürfen wir echten Gesinnungswandel ausschließen, noch können wir irgendwem ein Recht zubilligen, bloß unbequemen oder schon ärgerlichen Blättern ihr Recht auf Erscheinen streitig zu machen. Die Pressefreiheit verlangt von uns, auch einiges kaum noch Zumutbare zu ertragen.

Es ist gewiß der alte Ungeist der Überwachung und Ausforschung noch lebendig, wenn in den Archiven und Bibliotheken nach Unterlagen und Texten geforscht wird, um heute politisch oder publizistisch Wirkende zur Strecke zu bringen. Aber es ist nicht minder Hitlers Ungeist am Werk, wenn im Meinungsstreit, auch im Kampf gegen extreme Gesinnungen, nur in der Kategorie des Verbots noch gedacht wird. Für die »freiheitlich demokratische Grundordnung« kann man nicht so fechten wie für die völkische Idee mit ihrer aggressiven Zuspitzung gegen äußere und innere Feinde. Für den autoritär geführten »völkischen Staat« waren Verbote und Zwangsmaßnahmen konsequente Mittel zur Festigung der einmal errungenen Macht. Ein freiheitlich verfaßtes Gemeinwesen aber untergräbt durch das Verbot einer Zeitung oder einer politischen Partei immer auch ein wenig die Freiheit, die dadurch verteidigt werden soll.

Es ist nicht einmal ratsam, das Verbot als letztes Mittel einer »wehrhaften Demokratie« bereitzuhalten, da mit dem Verbot einer politisch extrem orientierten Zeitung auch ein Ventil verstopft wird, durch das Dampf abgelassen wird. Das Verbot ist zur Abwehr radikaler politischer Kräfte ein überhaupt untaugliches Mittel. Sind diese Kräfte noch schwach und unbedeutend, dann braucht man sie nicht zu verbieten. Sind sie aber stark, dann kann man sie nicht mehr verbieten. Hat man sie erst einmal verboten, dann kann man nicht hindern, daß Ersatzorganisationen gegründet werden. Das haben wir erlebt: Für die vom Bundesverfassungsgericht verbotene KPD kam die DKP, für die vom selben Gericht als neonazistisch verbotene SRP wurde die NPD gegründet.

Nun wäre es gewiß naiv zu verkennen, daß die politischen Extremisten die demokratischen Freiheiten, auf die sie sich berufen, lieber heute als morgen abschaffen würden, wenn sie nur erst die Macht dazu hätten. Aber solche Einsicht hilft uns wenig in der Auseinandersetzung mit ihnen, wenn wir den Boden der Demokratie dabei nicht verlassen wollen. Demokratische Gesinnung, die nicht bloß ein Lippenbekenntnis ist, wird beharrlich dahin wirken, auch den, der lieber Feind sein möchte, an einen Grundkonsens zu binden, nach dem es allenfalls Gegner gibt, die um Anhang werben, aber nicht Feinde, die einander zu vernichten trachten. In einer so befriedeten politischen Ordnung wäre es reiner Mutwille, durch das Aufblättern alter Texte für Beschämung, Haß und sozialen Ruin beim also »Entlarvten« zu sorgen. Über die Echtheit eines Wandels zum Demokraten steht uns kein Urteil zu, solange der augenscheinlich Gewandelte nicht gegen demokratische Spielregeln verstößt. Wo er es aber in unerträglicher Weise doch tut, da kann auch ein Hinweis auf früher von ihm Verfolgtes zur Verteidigung der eigenen Unabhängigkeit noch zu vertreten sein. Wenn der also Abgewehrte sich dann immer noch auf »Jugendsünden« hinausredet, soll man ihn reden lassen.

Wer seinerzeit, sei es aus kluger Anpassung, sei es ehrlich überzeugt, als Doktorand der NS-Ideologie gedient hat, der würde, wenn das Dritte Reich noch nicht untergegangen wäre, bis heute kaum Anlaß gefunden haben, sich politisch zu wandeln. Dann hieße es wohl in einer ihm zugedachten Laudatio, »schon in jungen Jahren« habe er sich der »völkischen Idee« verpflichtet und den Rassengedanken wissenschaftlich weiterentwickelt. So aber, da es anders kam, da äußerer Umbruch einen inneren Wandel zumindest nahegelegt hat, kann alles vordem Geschriebene und Gedruckte als »Jugendsünde« moralisch abgestreift werden. Wir können das, nicht nachforschend, hinnehmen, wo einer wirklich so handelt, wie es demokratischen Grundsätzen entspricht. Der Weg des Demokraten ist allemal eine Gratwanderung zwischen Schnüffelei und Heuchelei. Und er verlangt die Bereitschaft, noch von beidem ein wenig zu dulden.

b) Was ist Anti-Faschismus?

Es war wohl von Anfang an der Fehler der »Umerziehung« wie der antifaschistischen Pädagogik in den Schulen, Volkshochschulen und Massenmedien, daß sie viel stärker eben das herausgestellt hat, was nicht sein sollte: den »Faschismus«, als daß sie zu einer positiven Schätzung demokratischer und liberaler Grundsätze und Verhaltensweisen hingeführt hätte. Was aber völlig fehlte und bis heute noch fehlt, das ist eine Vermittlung der triebdynamischen Bedingungen, unter denen ein vom Leben enttäuschter Mensch sich mit einer extremen politischen Gesinnung befreundet, um sie, einrückend in die Gemeinschaft ihrer Anhänger, sich schließlich selber als Überzeugung aufzusetzen. Man sage nicht, daß solch psychologische Einsichten nur schwer zu vermitteln seien und entsprechende Vorbildung verlangten. Um die Vermittlung solcher Vorbildung geht es gerade sowie darum, die moralischen Scheuklappen abzunehmen, die alles sozial Mögliche nur unter so rigorosen Alternativen wie *verboten – erlaubt, richtig – falsch, moralisch – verwerflich* sehen lassen und die triebhaften Neigungen der Menschen nicht in Rechnung stellen, sie allenfalls nehmen als etwas, was in Schach zu halten wäre. Hierin gerade war Hitler den betulichen Fürsprechern einer langweiligen sittlichen Ordnung als Menschenkenner überlegen: daß er die hier verquälten Neigungen der Menschen zu politisieren verstand und auszuformen zu kollektiven Leidenschaften. Nicht zuletzt dadurch, daß er Ausnahmesituationen schuf, in denen sonst unterdrückte Triebe sich ausleben konnten, vermittelte er vielen das Gefühl, in einer »großen Zeit« zu leben. Permanente Gefahr konnte dieses Lebensgefühl nur noch verstärken, weil dem, der stündlich mit seinem Ende rechnen muß, die leibhafte Gegenwart noch bedeutsamer wird.

Wem es im tiefsten ernst wäre mit der Absicht, neuen »Faschismus« nicht wieder aufkommen zu lassen, der müßte sich um jene Triebbedürfnisse der Menschen kümmern, die in einer strengen oder wohlreglementierten Ordnung auf friedliche Weise nicht zum Zuge kommen. Wer als Bildungsplaner, Pädagoge, Sozialpsychologe oder Politiker das unterläßt, der kann demokratische Gesinnung nur entweder als »Lernziel« vorgeben oder darauf hoffen, daß durch möglichst drastisches Ausmalen der »Schrecken des Dritten Reiches« sich das demokratisch Wünschenswerte wie von selber einstellen werde. In jedem Falle ignoriert er vitale Antriebe, die als unerwünschte und zurückgestaute Regungen sich zu einem Wutverhalten umformen und dann noch das demokratische und antifaschistische Engagement mit aggressivem Eifer durchsetzen.

Die von Hitler und Goebbels zielstrebig aufgebauten Feindhaltungen haben schon den Pimpfen, die heute lehren und die Führungsschicht bilden, den Eindruck vermittelt, daß es vor allem darauf ankomme, tapfer und entschieden *gegen* etwas zu sein, was sich als schlecht, »verderblich« oder schädlich darstellen läßt. Diese Grundhaltung des entrüsteten Dagegenseins, die sich auf beliebige Entrüstungsobjekte ausrichten kann, hat sich ebensoleicht in den Antikommunismus der Aera Adenauer wie in den Antiamerikanismus der Neuen Linken überführen lassen. Diese grundsätzliche Anti-Einstellung bestimmt seit den Tagen der »Umerziehung« aber auch das Verhältnis zum Nationalsozialismus, dem deutschen »Faschismus«, für den Mussolinis römische Bewegung durchaus ein Vorbild war[16]. Wer heute als »aufrechter Demokrat« gelten will, kommt kaum darum herum, einen gehörigen Tribut an *anti*faschistischer Beteuerung zu leisten. So als rechtschaffener Demokrat vor seinen Gesinnungsgenossen legitimiert, kann der Aggressivere noch einen Schritt weitergehen und die innenpolitischen Gegner »faschistischer« Methoden, »faschistoider« Gesinnung bezichtigen.

Zeitgemäßer Antifaschismus bekundet sich in gesinnungsstarken, kräftigen Worten, die die affektive Ladung der NS-Parolen nur gleichsam mit negativem Vorzeichen versehen. Sprach HITLER von der »inneren raubgierigen Brutalität der Juden« (*Mein Kampf*, S. 354), so konnte jetzt die durch ihn bewirkte »Herausforderung durch nackte Machtpolitik und brutalen Rechtsbruch« (BRACHER[17]) nicht genug gegeißelt werden. Erregte sich HITLER über »parlamentarische Verbrecher« und »Volksbetrüger« (*M. K.*, S. 298), so war es jetzt an der Zeit, sein »verbrecherisches Regime« (ROTHFELS[18]), »sein terroristisches und unmenschliches System« (KÜHNL[19]) anzuprangern. Und wenn es nur um die Aufrichtigkeit ging, so war gegen HITLERS Rede von der »dialektischen Verlogenheit« der Juden (*M. K.*, S. 67) das Urteil zu setzen, daß er sich selber in eben dem Buch, in dem er das schrieb, in »unvorstellbar primitiven Verdrehungen« (MELCHERS[20]) erging. W. F. HAUG hat schon auf die

»Sprachverwandtschaft des hilflosen Antifaschismus mit dem Faschismus« hingewiesen und eine lange Liste solcher »Gegen-Namen« aufgeführt[21]. Nun wird man angesichts dessen, was unter Hitler geschah, nicht so »sachlich« sein können, daß man sich jeder affektiv wertenden Stellungnahme enthält. Aber es kann nicht genug sein, »Vergangenheitsbewältigung« mit bloßen Wertungen zu bestreiten, die »braune« Schlagworte mit Gegen-Schlagworten kontern.

c) Lektionen in Demokratie

Gleich nach dem Untergang des »Dritten Reiches« fühlten deutsche Historiker, Politiker und Publizisten sich gedrängt, in kräftigen Worten ihre Abneigung gegen das nicht von innen her zu Fall gebrachte Regime, gegen den schon besiegten »Führer« zu bekunden. Dem war oft allzu deutlich das Bemühen anzumerken, sich persönlich von der »Vergangenheit« abzusetzen, um als »unbelastet« zu erscheinen. Solange man spüren mußte, daß jetzt ein anderer Wind wehte, war eine dramatische und demonstrative Abwendung von dem, was bis dahin gegolten hatte, durchaus nötig. Sonst hätten, soweit nicht die Besatzungsmächte eingriffen, die überlebenden NS-Ideologen gar noch weiter den Ton angegeben.

Wenn aber nun, Jahrzehnte später, junge Leute zu Hitlers Feindhaltungen und affektiven Urteilen nur die entgegengesetzten Werturteile geboten bekommen, dann haben sie lediglich die Wahl zwischen zweierlei Affekten, zweierlei Aversionen; und es sollte uns nicht wundern, wenn manch einer zu dem Ergebnis käme, daß die antifaschistischen Affekte den faschistischen gleichwertig sind, als politische Stellungnahmen von nicht geringerem Anspruch. Alles wäre dann wieder nur eine Frage der persönlichen Entscheidung, zu der man sich emotional »durchringen« müsse, wie seinerzeit Hitler zu seinem Antisemitismus. Wo tiefere Einsichten in die Triebstruktur des Antisemiten fehlen, wenn sie gar »sittlich« verdrängt werden, können weltanschauliche Gesinnungen wie der Nazismus oder der Antifaschismus, der Antisemitismus wie der Philosemitismus als historisch gleichberechtigte Einstellungen gelten, nur in ihrer Zweckmäßigkeit für das eigene Fortkommen und Aufrücken durch Jahrzehnte voneinander geschieden. Wie der Hochverrat, der nach Talleyrand eine Frage des Datums ist, wäre die Entscheidung für oder gegen Hitler, für oder gegen die Juden, nur eine Frage der rechten Orientierung an dem, was gerade gilt und, verinnerlicht, sozial voranbringt. Die im Grunde leitende Motivation wäre dann nicht die damals oder heute herrschende politische Meinung (die nicht unbedingt mit derjenigen der Majorität übereinkommt), sondern das Bestreben, sozial aufzusteigen. Solcher Ehrgeiz vermag nur die jeweils herrschenden Überzeugungen sich anzueignen nach dem Prinzip von Versuch und Irrtum: Was gesellschaftlich und beruflich nicht voranbringt, muß offensichtlich die falsche, die realitätswidrige Gesinnung sein. Denn früh schon wurde man belehrt: »Die Wahrheit setzt sich immer durch.« Also muß das, womit man sich durchsetzt, die wahre, die richtige politische Überzeugung sein.

Was aber geschieht, wenn der Wind sich wieder einmal dreht, wenn er den freiheitlich Gesinnten ins Gesicht bläst? Werden dann nicht die nur mit Schlagworten zur Demokratie »Erzogenen« wieder die Wahrheit in kompromißloser Entschiedenheit für eine »heilige Sache« entdecken? Werden dann nicht die vielen, die heute mit ernstester Miene von der Verantwortung in der freiheitlich-demokratischen Ordnung sprechen, deren Werte wieder relativieren und einer »Einheitsfront« oder einem sonst in sich geschlossenen Volkswillen das Wort reden? Wer durch antifaschistische Erziehung so geprägt wird, daß er glaubt, die einzige Gefahr für die Demokratie sei ein neuer Faschismus oder ein anders formierter Totalitarismus, der muß, um selber »überzeugter Demokrat« bleiben zu können, entsprechende Feindbilder pflegen, von deren Vorstellung er weiter abhängig bleibt. Auf Feinde ausgerichtet, nach Feinden verlangend, kann aber eine wesentliche demokratische Tugend in ihm gar nicht aufkommen: eine Duldung Andersgesinnter, die nur denjenigen ausnimmt, der seinerseits auf Überwältigung und Alleinherrschaft ausgeht.

Wer glaubt, es genüge, um wetterfeste Demokraten heranzubilden, vollauf, jungen Menschen die Werte der Demokratie zu predigen, der vermittelt ihnen nur nachsprechbare Parolen wie »Frieden und Freiheit«, »Menschenrechte«, »freiheitlich demokratische Grundordnung«, ohne auf die tieferen, die vitalen Bedürfnisse der Menschen zu achten, die unter jedem staatlichen System frustriert sein können, und mit Werten, die bloß als Worte klingen, sich nicht abspeisen lassen. Nur wo die tieferen Beweggründe zutage liegen, die den politischen Fanatismus wie jede Unduldsamkeit und Unerbittlichkeit hervorbringen, wird auch der menschliche Abgrund sichtbar, der hinter undemokratischer Haltung heraufgähnt. Dieser Abgrund aber ist kein wesensmäßig politischer, sondern hat mit der Triebnatur des Menschen zu tun, die, fehlgeprägt, nur einen ihr gemäßen politischen Ausdruck sucht.

Die entscheidenden Faktoren vitalpsychischer Fehlprägung sind in unserer Kultur: verweigerte Zärtlichkeit und die Prügelstrafe. Beides galt lange Zeit als vorbildlich für eine Erziehung, die jede »Verweichlichung« oder »Verzärtelung« vermeiden sollte und auf die Härte des Lebens, wenn nicht gar des Krieges, vorzubereiten hatte. Wer sich als Erwachsener dazu geprägt fand, Schläge einzustecken wie auszuteilen, damit das Leben auch hart genug blieb, der mußte das, was er als Kind erlitten hatte, rückblickend durchaus förderlich finden: »Ich habe oft schwere Schläge von meinem Vater bekommen. Ich glaube aber auch, daß das notwendig war und mir geholfen hat.« Das sagte, schon auf der Höhe seiner Macht, Adolf Hitler zu seiner Tafelrunde[22]. So oder ähnlich hören wir immer noch einst zurechtgeprügelte Charaktere sprechen: »Es hat mir nicht geschadet.«

Der Stock ist heute aus den deutschen Schulen verbannt, aus gutem Grund: weil aus verprügelten Kindern noch allemal prügelnde Eltern und aggressive Mitbürger wurden. Aber mit dem Schlagstock werden jungen Menschen heute Lektionen in Demokratie erteilt. Ist es gleich Wahnsinn, hat es doch Methode: eben die, den allgemeinen Anreiz zur Gewalt zu verschärfen. Schlagstock und Tränengas lehren die Aufsässigen zwar nicht, was sie tun sollten, um gute Demokraten zu werden; aber sie zeigen ihnen, daß sie sich auf verbotenem Gelände bewegen. Solch negative »Belehrung« steht durchaus in der Tradition jener Erziehung zur Demokratie, die seit den Tagen der »Umerziehung« bei uns praktiziert wird. Nicht Einübung in demokratische Verhaltensweisen, nicht Ausbildung zum Debatter, Entwicklung eines Gespürs für Meinungsbildung in der Gruppe standen da im Vordergrund, sondern möglichst drastisches Vor-Augen-Führen der Untaten des »Faschismus«. An Aufklärung über die unbewußten Neigungen, die im Kollektiv sich gefährlich zusammenschließen, wurde überhaupt nicht gedacht. Wenn heute selbst Studenten ihren politischen Willen (oder ihre politisierten vitalen Nöte) oftmals nicht anders als durch Randalieren und Niederschreien eines Redners bekunden können, so hat das neben triebhafter Freude am Radau seinen Grund auch darin, daß sie nie wirklich frei zu reden und zu diskutieren gelernt haben.

In demokratischem Geist diskutieren heißt nicht: den Gegner verletzen, sondern in seinen Kopf den Samen des Zweifels säen. Wer dazu nicht die intellektuelle Kraft oder den Mut hat, der kann nur noch durch Schreien und Lostoben sich zur Geltung bringen. In demokratischem Geist argumentieren heißt nicht: den Gegner in die Enge treiben oder ihn zum Eingeständnis einer Fehlhaltung zwingen. Wer so das Argument als Waffe im Meinungskampf benutzt, der kann es, noch ehe er damit zu fechten gelernt hat, auch gleich durch Steine, Farbbeutel und Molotowcocktails ersetzen. Wo solche »Argumente« losgeschleudert werden, da drückt wohl ein leibhaftes Bedürfnis nach handfester Aggression sich aus, das in vital frustrierten Menschen sich heranbildet. Aber wir ernten da auch die Früchte einer antifaschistischen Erziehung, die im reinen Anti sich erschöpft, also den Eindruck vermittelt: Um ein guter Demokrat zu sein, genüge es, auf der richtigen Seite der miteinander streitenden Parteien zu stehen. Wer so zu denken gelernt hat, dem kommt es auch leicht in den Sinn, den innenpolitischen Gegner als bösen Feind zu verteufeln und als »Faschisten« zu verunglimpfen. Wo zwei so zu »Antifaschisten« Erzogene einander feindlich begegnen und sich in solcher Weise beschimpfen, da bekommen sie wechselseitig sogar noch recht, denn eine pseudodemokratische Erziehung, die nur *anti*-faschistische Indoktrination ist, kann nur Anti-Haltungen entwickeln, auf deren aggressiven Grundstock sich am Ende noch faschistoide Gesinnungen aufpfropfen lassen.

Was sollen wir von einer »antifaschistischen Erziehung« halten, wo man den Kindern zuerst Filme über die Verbrechen der Nazis zeigt und sie danach aufgefordert werden, auf der Bühne das Gesehene nachzuspielen? Eine Lehrerin berichtet:

> »Die sehr schüchternen Jugendlichen spielen bezeichnenderweise die wehrlosen Juden, lassen sich bereitwillig zusammenschlagen (richtig!), die Unterdrücker übertreffen sich an Grausamkeit. Die Szene endet mit viel Gelächter und dem lauthalsen Gebrüll ›Juden tot – Juden tot‹.
> Ich bin entsetzt und will abbrechen, aber die Jugendlichen sind nicht mehr zu bremsen. Jetzt fließt alles ein, was sie an Filmen übers Dritte Reich gesehen haben. Es wird auf der Bühne geschossen, gewürgt, gedrosselt, vergewaltigt. Und jede Szene endet mit dem Gebrüll: Juden tot.«[23]

Die Schilderung bedarf keines Kommentars; aber sie wird kommentiert durch vergleichbare Spiele junger Neonazis. Aus einem Wehrsportlager der »Nationalen Jugend Ostfriesland« wird berichtet: »In Uniform, mit Stahlhelm und Gewehr proben sie KZ. Einem ›Gefangenen‹ haben sie den Juden-Stern auf die Brust gemalt und ihn nackt in ein Erdloch gesteckt.«[24]

Was die einen zur Abschreckung nachspielen sollen, dient den anderen schon zur Einübung einer Feindhaltung. Das wirft ein Licht zurück auf die Aggressivität, die auch vom gutgemeinten antifaschistischen Spiel den Schülern abverlangt wird. Die Gleichartigkeit der Spiele unter einander entgegengesetzten politischen Vorzeichen macht diese auch schon nebensächlich. Gesinnungen werden belanglos und wohl auch nicht mehr reflektiert, sobald die Lust am Zuschlagen sich durchsetzt.

An der pädagogisch entglittenen Prügelszene kommt nur drastisch heraus, woran alle sogenannte antifaschistische Erziehung notwendig leidet: daran, daß sie, um zu vermitteln, was nicht sein darf, eben dies den Schülern eintrichtert, hier: einübt, so daß die Kinder am Ende haarklein wissen und nachahmen können, wie sie *nicht* denken und was sie *nicht* tun sollten. Solche Abschreckungs-Pädagogik ist nur möglich auf der Basis des kulturgebundenen Vorurteils, daß alles Böse, das Menschen einander zufügen, letztlich geistige Ursachen habe und durch Aufklärung vermieden werden könne.

Offenbar wohlinformiert über Hitlers Ungeist erwies sich ein 14jähriger Schüler, der in einem Aufsatz beschrieben hat, wie er, wäre er 1934 Lehrer in Deutschland gewesen, auf den Reichstagsbrand reagiert hätte. Stramm geradestehen sieht er da die Schüler, als er vor die Klasse tritt. Aber dann:

> »Als ich mich setzen will, bricht der Stuhl zusammen. Ich sage: ›Wer war das?‹ Keiner meldet sich. Da fällt mir das mit den Juden ein. Ich schreibe an die Tafel: ›Hütet euch vor den Juden, sie sind Deutschlands größter Feind.‹ Ich lasse unsere beiden Juden vortreten und haue ihnen eins auf die Pfoten. Sie schwellen rot an. Das eine von den Judenkindern weint, das andere bleibt hart. Ich sage zu den Judenkindern: ›Raus, vor die Tür!!!‹ Schnell rennen sie raus. In der Zwischenzeit bis zur Pause arbeiten wir in Deutsch an der Kommasetzung. Dann klingelt es. Die Schüler rennen auf den Hof und verprügeln die Judenkinder. Innerlich finde ich es grausam. Aber der Reichstag muß gerächt werden.«[25]

So gründlich werden junge Menschen unserer Tage über die Brutalität und Grausamkeit des Hitler-Reiches aufgeklärt, daß sie schon wüßten, was sie zu tun hätten, wenn es in irgendeiner Form wiederkehrte. Allen Ernstes hören wir – in einem Kommentar des *Deutschlandfunks* vom 7.11.1981 – die Ermahnung zu noch mehr Aufklärung über das Dritte Reich in den Schulen, damit rechtsradikale Aktivitäten verhindert würden. So einfach stellt sich die Abwehr neonazistischer Tendenzen in scheinbar affektfreien politischen Köpfen dar: Aufklärung genügt.

Wenn »antifaschistische« Aufklärung wirklich etwas verhüten würde an rechtsextremen Aktivitäten, dann könnte sie die darin wirksame Aggressivität nur umlagern entweder in den Linksextremismus oder in apolitische Gewalttätigkeit, in Bandenkriminalität oder in jäh hervorbrechende Destruktion auf eigene Faust. Die politischen Gewaltmotive der Rechtsradikalen sprechen aber eher für hinreichende Kenntnis der Verbrechen Hitlers und seiner Helfer. Anders wäre es nicht zu erklären, daß in neuen Judenwitzen und Drohungen gegen Ausländer, die von dieser Seite kommen, schon wieder von »Vergasen« die Rede ist. Noch mehr schulische Aufklärung über die Untaten des NS-Staates wirkte auf destruktiv gestimmte Charaktere nicht abschreckend, sondern stimulierend, ja orientierend. Wenn sie im Detail erfahren, welche Folter-Methoden und welche Verfahren der Menschenvernichtung seinerzeit angewandt wurden, ersparen sie sich Anstrengungen ihrer destruktiven Phantasie. Was bei mitfühlenden Gemütern Reaktionen des Abscheus und der Abwehr hervorruft, entriegelt bei verdrossenen, gar lebensüberdrüssigen jungen Menschen moralische Hemmungen, den angestauten Unmut gegen völkische Minderheiten oder gegen politisch Andersgesinnte abzureagieren. Hierauf, auf diesem Entlastungseffekt, beruhte ja auch schon die Faszination des Kinohelden James Bond: daß er im Staatsinteresse töten durfte, wenn immer es ihm notwendig erschien. Um wieviel stimulierender muß da ein Killer in Uniform wirken, den es wirklich gab.

d) NS-Führer blicken zurück

Sehr unterschiedlich nach Motivation und Zielsetzung sind die Beiträge zur Vergangenheitsbewältigung, die von NS-Führern geleistet werden, die das Dritte Reich überlebt haben. Sie reichen in der Frage der Schuldverstrickung von Rudolf Hess' trotzigem »Ich bereue nichts«[26] bis zu Albert Speers Bekenntnis zu einer »Gesamtverantwortung«[27] für all das, was unter Hitler überhaupt geschehen konnte; und sie reichen im Rückblick auf Adolf Hitler von Baldur von Schirachs enttäuschter Abkehr vom einstigen Idol bis zu des SS-Generals Wolff anhaltender – und noch 1981 geäußerten – Genugtuung darüber, daß er anders als Speer »dem Führer« zuletzt noch habe in die Augen sehen können: »Ich bin froh, daß ich selbst die Hand nicht gegen ihn erhoben habe.«[28]

Ungebrochen dem ein für allemal geliebten Führer hingegeben, präsentiert sich die Führerin der NS-Frauenschaft, Gertrud Scholtz-Klink. In ihrem 1978 erschienenen Buch *Die Frau im Dritten Reich*[29] erinnert sie sich der schlimmen Zeit nach dem »Zusammenbruch unseres Vaterlandes« – gemeint ist 1918 –, da »Zerrbilder in Sitte und Gesittung, in Wort und Bild« den Deutschen sich dargeboten hätten. Ähnlich bewegt hat Hitler in *Mein Kampf* (S. 282 ff.) die »ersichtlichsten Verfallserscheinungen« in moralischer und kultureller Hinsicht beklagt. Seine »Reichsfrauenführerin« denkt heute, als habe es danach nichts Schlimmeres gegeben, mit Schaudern an die Zeit der Weimarer Republik zurück und charakterisiert sie, nicht zuletzt im Blick auf die Arbeitslosigkeit im Gefolge der Weltwirtschaftskrise von 1929 mit den Begriffen »Kampf, Haß, Dunkel – Hoffnungslosigkeit«. Und wenn wir fragen, wie lange dieser Zustand gedauert habe, wird uns die Antwort:

> »Bis eines Tages der Name Adolf Hitler in unser Bewußtsein drang – eines Frontsoldaten, der unser Volk wachrüttelte, uns Licht zeigte, wo wir Dunkel sahen, der uns nicht mehr aus der Hand ließ, und uns das gab, was ein Mensch damals dringender brauchte als alles andere: Selbstvertrauen, Glauben an eine Zukunft und den Mut zu diesem Glauben.«

Kein Wort darüber, worin diese Zukunft bestand: im Krieg, im Massenmord und in der Zerstörung des Deutschen Reiches. Kein Wort der Klage über diese nun vergangene Zukunft, kein Wort der Reue über den millionenfach fehlgeleiteten Idealismus, der dazu gebraucht wurde, um ein System der Menschenvernichtung zu stützen und gegen moralische Skrupel aus dem eigenen Volk abzuschirmen. Kein Wort der Scham über das, was im Namen der Deutschen an anderen Völkern verübt wurde. Statt dessen – im Vorwort – ein »dankbarer Gruß allen Frauen, die die nationalsozialistische Zeit gestaltend oder mittragend gläubigen Herzens erlebt haben«. Das kommt so heraus, als seien es die von Hitler oft beschworenen »feindlichen Mächte« gewesen, die Widersacher seiner nationalsozialistischen Idee, die deren Scheitern zugleich mit dem Untergang des Deutschen Reiches bewirkt hätten – wie wenn nicht ein zur Politik erhobenes Vabanquespiel die sichere Niederlage schon mit einschlösse. Denn wer alles je Gewonnene zusammen mit dem, was er zuvor schon hatte, zum Einsatz bringt, der muß notwendig eines Tages auch alles auf einmal verspielen. Soviel müßten heute selbst die einst gläubigsten Nationalsozialisten begreifen, auch wenn sie meinen, daß ohne den von Hitler gewollten Eroberungskrieg das Dritte Reich immer noch fortbestünde. Ungleich schwerer dürfte es fallen, sie zu der Einsicht zu bringen, daß das ganz auf einen Mann zugeschnittene und von ihm in Atem gehaltene Regime auch ohne Krieg diesen »Führer« nicht lange überlebt hätte.

Man kann verstehen, daß ein altgewordener Mensch seiner »großen Zeit« gedenkt, der Zeit seiner sozialen Geltung, seiner größten Ausstrahlung und Wirkung. Auf der Suche nach der verlorenen Zeit ist ein jeder, der im Erzählen und sich rechtfertigend erinnert, immer schon positiv voreingenommen. Das Eingeständnis, mit all seinem Bemühen, ja schon mit der gewählten Zielsetzung gescheitert zu sein, käme der Erklärung gleich, seine Zeit nutzlos vertan zu haben. Dazu ist kaum jemand bereit – außer ein Philosoph, der weiß, daß wir in irgendeinem Sinne alle einmal scheitern. Die Abneigung, dies wahrzuhaben, macht den Grad unserer Eitelkeit aus. Sie durchfärbt und verfälscht gerade bei ALBERT SPEER das sicher ernstgemeinte Bemühen, sich des unter Hitler Geschehenen möglichst unbeeinflußt zu erinnern und es so darzustellen, daß es den Mit- und Nachlebenden zur Lehre dienen kann. SPEER schreibt, so in sich selber hineinhorchend, weniger über das, was er unter Hitler erlebt, miterlebt, mitangesehen und selbst getan hat, als vielmehr über seine *Rolle* in dieser Zeit. Aber auch diese Form der Darstellung, die ihn ein Kapitel seiner *Erinnerungen* mit »Zweiter Mann im Staat« überschreiben läßt (womit nicht etwa Göring gemeint ist), verrät doch auch etwas von seiner Motivation, Hitler zu dienen. Wer aber wie die ehemalige Reichsfrauenführerin trotz des millionenfachen Leids, das Hitler über die Welt gebracht hat, immer noch so tut, als habe er/sie sich einer hohen und rühmenswerten Sache hingegeben, der ist nicht nur eigensinnig im Festhalten dessen, wofür er sich einst entschieden hat; er leidet auch an Realitätsverlust.

Der glühend Verehrende und der vorweg sich selber Bespiegelnde sind nur in einem psychologischen Sinne Antipoden. Als Darsteller erlebter Geschichte kommen sie darin überein, daß ihr Gedächtnis sich an dem orientiert, was sie beeindruckt hat und was sie empfunden haben. Der eitel seine historische Rolle Schildernde ist dabei aber die verläßlichere Quelle, sofern es darum geht, sich über seine Zeitgenossen ein Urteil zu bilden. Denn er urteilt – bei aller möglichen Verehrung für eine starke Persönlichkeit – über andere immer noch aus der Distanz dessen, der nicht mit ihnen verschmilzt. In jedem Falle wirkt er durch nichtunterdrückte Eitelkeit aufrichtiger als jene dritte Kategorie von Memoirenschreibern, die ihre hohe Selbsteinschätzung durch angestrengte Sachlichkeit zu bändigen suchen, nicht zu sprechen von denen, die wie HANS FRITZSCHE[30] sich lediglich selber rechtfertigen wollen.

Großadmiral KARL DÖNITZ, der sich im Spandauer Kriegsverbrechergefängnis – nach dem Zeugnis von SCHIRACH[31] und SPEER[32] – immer noch als das legale deutsche Staatsoberhaupt fühlte, gibt sich in seinen Erinnerungen *(10 Jahre und 20 Tage)* betont sachlich und um die Klärung historischer Tatsachen bemüht. Das Buch ist mit Daten und Zahlen (Bruttoregistertonnen!) der Seekriegsführung gespickt: die Darstellung des Dritten Reiches und des Hitler-Krieges aus der Perspektive des politisch desinteressierten Marineoffiziers. Bei der Erörterung der Kriegsschuld-Frage beruft er sich klug auf einen britischen Historiker und Militärschriftsteller, I. F. C. FULLER, der ausgeführt habe, der wahre Grund, Hitler den Krieg zu erklären, sei für die englische Regierung gewesen, »daß die Selbsterhaltung Großbritanniens es erforderlich mache, auf der traditionellen Politik zu beharren, wonach Deutschlands Machtpolitik, Deutschlands Lebensart, die deutsche Finanzpolitik und der deutsche Handel Großbritanniens Interessen entgegengesetzt seien und, wenn geduldet, zur Errichtung einer deutschen Vorherrschaft in Europa führen würden.«[33] Zu Roosevelts und Churchills Forderung einer »bedingungslosen Kapitulation« des Deutschen Reiches wird angemerkt, daß es danach, das heißt nach der Konferenz von Casablanca 1943, für die deutschen Militärs »zwecklos« geworden sei, »Hitler zu erklären, nun müsse er den Krieg beenden und Frieden schließen«[34]. Grundsätzlich aber wird festgestellt:

> »Die Wehrmacht eines Staates wird nicht gefragt, wann und gegen wen sie zu kämpfen hat. Das ist Sache der politischen Führung, die das Primat gegenüber dem Soldaten hat. Ebenso ist die Beendigung des Krieges Sache des Politikers.« (DÖNITZ, S. 299)

Das ist eine auch heute im demokratischen Rechtsstaat unbestrittene Auffassung. Daß DÖNITZ (S. 54) den uns selbstverständlichen, in Bananenrepubliken bestrittenen Grundsatz des Primats der Politik über das Militär auch gegen die Rechtsprechung des Nürnberger Militärgerichtshofes wenden kann, das zeigt, daß die zu bewältigende Vergangenheit nicht mit dem 9. Mai 1945 endet. Wenn wir Westdeutschen uns als Nato-Partner der westlichen Welt solidarisch verbunden fühlen dürfen, dann gibt es im Blick auf den Vietnam-Krieg auch für uns noch ungelöste militärstrafrechtliche Probleme.

Unter dem Gesichtspunkt des Primats der Politik macht DÖNITZ auch geltend, daß er sich neben den Aufgaben der Seekriegsführung nicht auch noch um die Regierung des Reiches hätte kümmern dürfen und können. Er räumt allerdings ein, daß er, wenn ihm das »Ausmaß der Menschenvernichtung durch die Hitlersche Regierung« vor der Kapitulation bekannt gewesen wäre, sich »gegen sie gewandt hätte« (S. 394). Das ist eine dankenswert klare Stellungnahme – für die Ohren derer, die das Wort von der »Auschwitzlüge« aufgebracht haben und zugleich Karl Dönitz als den »legitimen Nachfolger Adolf Hitlers« für sich in Anspruch nehmen wollten.

Von jenen in Nürnberg angeklagten NS-Führern, die tiefer in die von Hitler und Himmler angeordneten Massenmorde verstrickt waren, durfte man noch beweiskräftigere Bestätigung erfahren. Hermann Göring, obschon als Generalbevollmächtigter für den Vierjahresplan mit dem Einsatz von Zwangsarbeitern aus Konzentrationslagern befaßt, war doch von der Zeugenaussage des Auschwitz-Kommandanten Rudolf Höss so beeindruckt, daß er zu Mitangeklagten gesagt haben soll: »Wenn nur nicht dieses verdammte Auschwitz wäre! Das hat uns Himmler eingebrockt! Ohne Auschwitz könnten wir uns richtig verteidigen. So ist uns jede Möglichkeit verbaut.«[35] Auch ein den Nürnberger Angeklagten gezeigter Film über die Konzentrationslager scheint Göring nach Meinung des Gerichtspsychologen Gilbert[36] zumindest »trübsinnig« gestimmt zu haben. Tags darauf beim Mittagessen aber hatte er sich wieder soweit gefangen, daß er diesen Film Schirach gegenüber als »eine ganz gemeine Fälschung« bezeichnen konnte[37]. Nach solch bewußter Verdrängungsleistung brachte er es in seinem Schlußwort immerhin über sich, von den »schweren Verbrechen« zu sprechen, die nach dem Kriege bekanntgeworden seien[38]. Sein mannhaftes »Ich stehe zu dem, was ich getan habe« war aber verquickt mit der Leugnung jeder persönlichen Schuld – und dadurch entwertet.

Die Erinnerungen der drei in Nürnberg verurteilten NS-Führer, die sich nach 1945 von Hitler losgesagt haben, Hans Frank, Baldur von Schirach und Albert Speer, stimmen in bedeutenden Punkten überein:

1. Die drei Genannten sind der nationalsozialistischen Partei beigetreten aus Bewunderung, ja Verehrung für die Persönlichkeit Adolf Hitlers. Auch der vermeintliche Technokrat SPEER war beeindruckt, sogar »aufgewühlt«[39], als er Hitler im Jahre 1930 zum ersten Male reden hörte. Speer und die beiden anderen jungen Intellektuellen, die später zu NS-Führern wurden, erlagen der »suggestiven Überzeugungskraft« (SPEER), der »suggestiven Ausstrahlung« (SCHIRACH[40]) Hitlers – bei klarer Erkenntnis, daß der Führer der Bewegung von charakterlich bedenklichen oder politisch kraftlosen Gestalten umgeben war: von »Erzschurken«, wie Himmler und Bormann von HANS FRANK[41] bezeichnet werden, von dem »viele Phrasen« (SPEER[42]) redenden Goebbels, von dem, wie SCHIRACH sagt, »versponnenen, schwerfälligen Heß«, der sich als moralisierender Eiferer im Reichskabinett lächerlich machte[43], vom »rabiaten Antisemiten« Julius Streicher[44], dem Morphinisten Göring und vielen politisch bedeutungslosen, aber willfährigen Gefolgsleuten wie dem späteren Innenminister Wilhelm Frick oder dem Nachfolger Ernst Röhms als Stabschef der SA, Viktor Lutze.

2. Frank, Schirach und Speer bemühen sich rückblickend, sich von Hitler loszusagen. Am leichtesten gelingt das ALBERT SPEER, weil er sein Verehrungsbedürfnis auf Winston Churchill zu übertragen weiß[45]. Am härtesten tut sich dabei HANS FRANK, der bekennt, er fühle sich »Hitler noch heute [1946] schicksalsmäßig verbunden«[46], während in BALDUR VON SCHIRACHS Rechenschaftsbericht fast auf jeder Seite eine große Enttäuschung spürbar wird. Als ein Überlebender von den »führenden Nationalsozialisten, die Hitler früh und aus nächster Nähe kannten«, faßte er den Entschluß zu berichten, »wie es zu Hitler kam, wie wir ihm verfielen und das Deutsche Reich verspielten« (SCHIRACH, S. 6). Er klagt sich an, daß er als Hitlers »Reichsjugendführer« die Jugend »für ein falsches Idol erzogen hatte« (S. 331), für einen Mann, den er »für unantastbar hielt und der ein millionenfacher Mörder war« (S. 332).

3. Die drei genannten NS-Führer bekennen sich in ihren Erinnerungen, wie sie das auch vor den Schranken des Nürnberger Tribunals taten, freimütig zu einer »Gesamtverantwortung« (SPEER[47]) für alles, was unter Hitler geschah. SCHIRACH (S. 332) und FRANK (S. 431 u. 458) sagen das nur mit etwas anderen Worten. Das pauschale Bekenntnis zu einer alles Geschehene mit einschließenden Verantwortung bekommt aber ein Gegengewicht in der Weigerung, strafrechtlich relevante Schuld an den Massenmorden zuzugeben. Von Schirach und Speer wird solche Schuld sogar durch eine

grandiose moralische Geste weggeschoben. SPEER wirft sich vor, auf Andeutungen hin, daß in einem Konzentrationslager Dinge geschähen, die man »nicht schildern dürfe«, nicht weiter nachgeforscht zu haben: »Ich wollte nicht wissen, was dort geschah.« (*Erinnerungen*, S. 385). SCHIRACH (S. 301) sagt im selben Sinne: »Wenn ich mir das heute überlege, muß ich mir sagen, daß ich als einer der führenden Männer im Staate damals durchaus die Möglichkeit gehabt hätte, mich rechtzeitig zu informieren. Das ist meine Schuld.«

Die Methode, rechtlich vorwerfbare Schuld abzuwehren: durch ein Bekenntnis zu umfassender moralischer Verantwortung, hat ALBERT SPEER in seinen *Spandauer Tagebüchern* (S. 21) selber reflektiert, freilich nicht, indem er sie bei sich selber wahrgenommen hätte, sondern im projektiven Blick auf Hermann Göring. Indem er des Reichsmarschalls Auftreten vor Gericht zu beschreiben meinte (»mit großer Allüre alle Verantwortung auf sich nehmend, um dann mit Schläue und Energie alle Schuld von sich zu weisen«), charakterisierte er in Wahrheit sich selbst. Denn Göring hat in Nürnberg gar keine »Verantwortung« auf sich genommen, sondern in seinem Schlußwort eher trotzig erklärt: »Ich stehe zu dem, was ich getan habe.« Das aber war seiner Meinung nach nichts, dessen er sich hätte schämen müssen.

SCHIRACH berichtet in seinen Memoiren (S. 296 f.) von einer Rede, die Himmler am 29. Mai 1944 im Posener Rathaus vor den Reichs- und Gauleitern gehalten habe. Der Reichsführer SS habe in diesem Kreis ganz offen erklärt, was es mit der »Endlösung der Judenfrage« auf sich habe:

> »Die Vernichtung der Juden ist eine harte und schwere Aufgabe. Es trat an uns die Frage heran, wie ist es mit den Frauen und Kindern? Ich habe mich entschlossen, auch hier eine ganz klare Lösung zu finden. Ich hielt mich nämlich nicht für berechtigt, Männer auszurotten – sprich also, umzubringen oder umbringen zu lassen – und die Rächer in der Gestalt der Kinder für unsere Söhne und Enkel großwerden zu lassen.«

Während Himmler so sprach, kam Schirach der Gedanke, daß Himmler sie mit dieser Rede alle »durch Mitwisserschaft zu seinen Komplizen machte«. Rückblickend bekennt SCHIRACH: »Moralisch hat sich jeder, auch derjenige, der nicht an so verantwortlicher Stelle stand wie ich, nach der Rede Himmlers mitverantwortlich gemacht für millionenfache Greueltaten, die jenseits jeder Vorstellungskraft lagen.«[48]

Auch Albert Speer, Hitlers Rüstungsminister, soll bei jener berüchtigten Rede des Reichsführers SS zugegen gewesen sein. Doch er bestreitet das. Dabei hatte Himmler, als er zu den Reichs- und Gauleitern sprach, sich sogar unmittelbar an den Minister gewandt:

»Wenn man früher dort [gemeint waren: die jüdischen Ghettos] hinlangen wollte, so hieß es: Halt! Sie stören die Kriegswirtschaft! Halt! Rüstungsbetrieb! Natürlich hat das mit Parteigenossen Speer gar nichts zu tun, *Sie* können gar nichts dazu.«

Als Albert Speer längst zum Star der Vergangenheitsbewältigung geworden war, hat man ihn wiederholt auf jene Rede angesprochen. Er blieb dabei: Er sei nicht unter den Zuhörern gewesen. Zwar am Morgen desselben Tages (29. 5. 44) noch in Posen, sei er, bevor Himmler zu sprechen begann, weiter nach Rastenburg zu Hitler gefahren[49], so also der Wahrheit über das Schicksal der Juden buchstäblich knapp entgehend.

Speer blieb mit seiner Version, für die er noch Augenzeugen fand, konsequent bis zur Selbstverleugnung. Sogar den Dank eines Juden für die Errettung vor der Gaskammer mochte er nicht annehmen. Hätte er es getan, dann wäre damit auch schon eingeräumt, daß er von den Vernichtungslagern gewußt hat. So aber, da er nicht der Urheber eines Briefes sein wollte, der einigen hundert Juden das Leben gerettet hat, meinte er wohl, den Anschein der Unwissenheit vor der Geschichte zu bewahren. »Es ist kaum denkbar«, so schrieb er zuletzt, »daß es sich um ein persönliches Schreiben von mir gehandelt hat; vermutlich war es ein Begleitbrief der Rüstungsinspektion Posen, der dem damaligen Sprachgebrauch entsprechend vom ›Ministerium Speer‹ gestammt haben konnte.«[50] Mit anderen Worten: Nicht nur seine Freunde unter den Gauleitern, auch die ihm unterstellten Beamten in Posen haben ihm das, was wirklich vorging, verschwiegen. Wir müßten, wenn wir uns das zu eigen machten, rätseln, ob sie allesamt aus unüberwindlicher Scham, aus Arglist gegenüber dem unentbehrlichen Minister oder zur Schonung seines sensiblen Wesens es vermeiden wollten, ihm zu sagen, was mit »Endlösung« gemeint war.

e) Die »Unbelehrbaren«

Für Menschen, denen es vor allem darauf ankommt, auf der Höhe ihrer Zeit zu stehen, ist ein in unsere Zeit verirrter Monarchist ein Mensch, der »überlebten Idealen« anhängt; desgleichen gilt ihnen der Neonazi als ein »Unbelehrbarer« oder gar – noch im Nazi-Jargon – als ein »Ewig-Gestriger«, der aus der Vergangenheit nichts gelernt habe. Aus den Kritikern der Ewig-Gestrigen von gestern sind nicht nur die Unbelehrbaren von heute geworden, sondern auch deren Verächter. In der rein am Kalender orientierten Betrachtungsweise ist auch Demokratie nichts anderes als eben das, was jetzt *an der Reihe* ist: eine politische Ordnung des Zusammenlebens, die bejahen muß, wer immer »unter den gegebenen Verhältnissen« seinen Weg machen will.

Man hat, ehrgeizig nach vorne gerichtet, »aus den Ereignissen gelernt«. Wäre es anders gekommen, wäre es mit Hilter und seinen Mannen anders ausgegangen, dann wären sie wohl immer noch die Repräsentanten einer »neuen Zeit«. Oder glaubt irgendwer, daß nach einem Durchsickern des Faktums der Massenvergasungen ein moralisches Aufbegehren die siegreich gebliebene Führung noch abgeschüttelt hätte? Dann hätte auch dem biederen Bildungsbürger nur die »geschichtliche Wahrheit« gegolten, daß jede Revolution, jede neue Bewegung, jeder Aufbruch zu neuen Ufern seinen »Blutzoll« fordere. Der Bundesgerichtshof, der den Völkermord in einen Zusammenhang mit der »Kriegsraison« gebracht hat, gibt damit schon die Ahnung einer ganz anders sozialkonformen historischen Wertung[51].

Wie immer es kommt, wer immer sich durchsetzt – es stehen schon die historisch gebildeten Lehrmeister bereit, die uns zu sagen wissen, was wir in der jeweils gegenwärtigen Situation aus der Geschichte zu lernen haben. Getreu der Parole HEGELS, die Weltgeschichte sei das Weltgericht[52], sind wir dabei nur angehalten, aus Erfolg oder Mißerfolg eines Regimes, aus Sieg oder Niederlage einer Bewegung unsere Konsequenzen zu ziehen. Die moralischen Rechtfertigungen werden den siegreichen, die Verdammungsurteile den unterlegenen Kräften nachgeliefert. Wie weit ist Chruschtschow mit seiner »Entstalinisierung« gekommen? Fällt auf Churchill ein Schatten wegen des Bombardements von Dresden[53]? Trübt es den Nachruhm des Kemal Pascha Atatürk, des Vaters der modernen Türkei, daß sich auch »Kemalisten« am Hinschlachten der Armenier beteiligt haben, einem Genozid mit über 1,5 Millionen Toten[54]?

Selbst eine um die historische Wahrheit bemühte Forschung weiß – relativ wertfrei – die kulturellen Leistungen und die nachwirkenden politischen Gestaltungen erfolgreicher Führer und Staatsmänner gegen ihre »dunklen Seiten« aufzurechnen.

Im Bewußtsein solch selbstverständlicher Praxis des »Lernens aus der Geschichte« haben wir Grund, über die »Unbelehrbaren«, die trotzig um das Dritte Reich Trauernden, etwas milder zu denken. Es sind schließlich Leute, die darauf verzichtet haben, unter den gegenwärtigen politischen und gesellschaftlichen Bedingungen Karriere zu machen. Von diesen nostalgisch verklärten Köpfen, die schwärmerisch am Versunkenen hängen, droht uns viel weniger eine Gefahr als von den Ehrgeizigen und Machtgierigen, die sich auf gegebene Verhältnisse einzustellen wissen, die »Zeichen der Zeit« erkennen und unter ganz anderen Feldzeichen, mit ganz anderen Begründungen und Verharmlosungen neue Gefahren für die physische Existenz unseres Volkes heraufbeschwören. Kriege sind allemal unter Beteuerung des eigenen Friedenswillens vorbereitet worden; da war Hitler mit seinen Friedensappellen keine Ausnahme. Gebannt auf die Schlange des Neonazismus blickend, beflissen aus der Niederlage und den dabei offenbar gewordenen Verbrechen des Hitlerregimes lernend, könnten wir unfähig werden, die Gefahren der Gegenwart zu erkennen: die Gefahr eines »Atomstaates«[55], die chemische und radioaktive Vernichtung unserer Lebensgrundlagen, die Auflösung jeder Privatsphäre durch einen hochtechnisierten Überwachungsapparat. Noch können diejenigen, die vor solchen Gefahren warnen, als sektiererische Spinner gelten, als »Untergangspropheten«. Doch wer 1932 plakatierte: »Wer Hitler wählt, wählt den Krieg«, der ist wohl ähnlich als weltfremder Schwarzmaler belächelt worden. Wenn wir etwas aus unserer leidvollen und demütigenden Geschichte zu lernen haben, dann dies: daß die Gefahren für unser Volk nicht immer wieder unter denselben Vorzeichen sich ankündigen; daß eben die Geschichte nicht auf eine leicht durchschaubare Weise sich wiederholt. Wenn wir dies nicht lernen, haben wir nichts dazugelernt.

Es sollte uns zu denken geben, daß in einer Zeit, in der das Überleben unseres Volkes aus ökologischen und wehrpolitischen Gründen immer problematischer wird, unsere Massenmedien und politischen Publizisten anscheinend nichts Wichtigeres zu tun haben, als die Vergangenheit des sogenannten Dritten Reiches zu bewältigen. Vergangenheitsbewältigung als Flucht vor den andrängenden Problemen der Gegenwart? Das ist die Frage, die uns mehr als alles andere an der nicht endenden Hitlerwelle beunruhigen sollte, auch an der Aufforderung, endlich »Trauerarbeit« zu leisten und bekenntnishaft Verantwortung für die NS-Verbrechen zu übernehmen. Einsicht in die Unmöglichkeit, wirklich Vergangenes noch einmal zu bewältigen; die Unmöglichkeit, den längst erlegten Drachen noch einmal niederzustechen, nährt den Verdacht, daß die spektakulär gewordene »Vergangenheitsbewältigung« auch ein Mittel ist, anders nicht mehr zu steuernde Bedürfnisse zu beschwichtigen. Wer ratlos steht vor den Problemen des Atomzeitalters und dabei die Verpflichtung verspürt, etwas gegen seine Gefahren zu unternehmen, dabei aber wirkungslos abgleitet an den »Sachzwängen« und den von der Volksmehrheit getragenen politischen Parteien, der mag es befriedigender finden, eine Vergangenheit zu »bewältigen«, an der im nachhinein nicht noch mehr zu verderben ist, und von der man schon weiß, wie sie ausgegangen ist. In Vergangenheitsbewältigung wird sich deshalb auch versuchen, wer für seine Überlebenspolitik nach einer moralischen und geschichtlichen Legitimation sucht, weil er eine demokratische, durch Wahlen, nicht zu erringen vermag. An die Fersen solch zweckbezogener Aufarbeitung der Vergangenheit heften sich aber auch jene Gaukler, Romaneschreiber und Filmemacher, die im Hitlerreich ein Sujet entdeckt haben, das viel besser als erfundene Kriminalgeschichten und *science fiction* die Phantasie eines sensationslüsternen Publikums zu fesseln vermag. Auch aus diesem Grunde geistern Hitler und seine Getreuen durch die *comic strips* der US-Gazetten, tummeln sich SS-Männer in Horror-Filmen der Amerikaner und unserer französischen Freunde.

So wie die Pornofilmer zur Rechtfertigung ihrer Produkte von »Aufklärung« faseln, so werden die Bücher, Bilder und Filme, die noch einmal die Schrecken der NS-Zeit malen, als notwendige Beiträge zur Vergangenheitsbewältigung angepriesen. Da diese Begründung aber nur zur moralischen und – bei uns zulande – zur verfassungsrechtlichen Absicherung dient und kaum hinreicht, Publikum anzulocken, sticht in der Werbung bisweilen ein anderer Anreiz hervor. So lesen wir in einer Verlags-Anzeige für das Hitler-Buch von TOLAND, der Verfasser habe »neues Licht auf die teils faszinierende Persönlichkeit Hitlers geworfen«[56]. Was aber ist das Faszinierende an der Persönlichkeit Hitlers? Es ist die Faszination des Bösen. Diese aber, die Faszination der Destruktivität und der Grausamkeit, beruht auf den geheimen und uneingestandenen destruktiven Neigungen des Betrachters. In diesem Sinne haben wir noch immer nötig, Hitler, das heißt »Hitler in uns selbst« (PICARD[57]) zu besiegen. Die von den Medien mit Hingabe und Ausdauer gemalte Gefahr eines neuen Nazismus wird so zu einem triebpsychologischen Problem. Es zu lösen sind faszinierende Darstellungen Hitlers und der Hitlerzeit nicht hilfreich.

f) Rückwärtsgewandter Mut

Es ist schon notwendig, daß wir Hitler, vor allem den Hitler in uns selbst, überwinden. Aber es könnte sein, daß Hitler einmal zu oft, einmal zu ostentativ, zu theatralisch und zu aggressiv besiegt wird. Hitler wird immer noch besiegt von jenen anpassungsfähigen Charakteren, auf die gerade das Hitlerreich sich gestützt hat: Leute, die wissen, wo »oben« ist, und die ihr politisches Engagement nur in einer Richtung bekunden, die persönlichen Erfolg verspricht und voranbringt. Mutige Antifaschisten, die zu den gegenwärtigen Mißständen schweigen, »bewältigen« immer wieder aufs neue die »unheilvolle Vergangenheit«. Solcher Mut vor einem autoritären Regime, das nicht mehr aufsteht und das in dieser Form auch nicht mehr wiederkehren dürfte, ist ungefährlich, bringt aber doch gewisse Prämien für rechtschaffene demokratische Gesinnung. Wer im Dritten Reich noch zu jung oder durch Kriegsdienst davon abgehalten war, in der damals herrschenden Hierarchie über den Fähnleinführer hinaus aufzurücken, der kann heute mit nach rückwärts gewendetem Widerstand einen Hauch von versäumtem Heldentum auf sich ziehen. Gegen den braunen Terror lassen sich immer noch markige Worte finden, die den Redner als eine Säule der »freiheitlich demokratischen Grundordnung« ausweisen. Aber schon gegen den Terrorismus der jungen Desperados wird der ewige Mitläufer sich nicht deutlich erklären, teils aus der Angst, andernfalls selbst eines Tages eine Bombe unter dem Auto zu haben, teils aus der ungewissen Erwägung, daß man nicht wissen könne, ob die Terroristen von heute nicht die Märtyrer und Helden von morgen sein werden.

Vergegenwärtigen wir uns: Auch 1933 waren sich Martin Heidegger, Ernst Forsthoff und Gottfried Benn noch nicht klar darüber, ob mit den braunen Kolonnen nicht eine neue, bessere Zeit anbrechen würde. In unserer erfolgsorientierten Kultur, in der schon die Kinder auf dem Weg zur Schule ein »Viel Erfolg!« begleitet, wird ein Urteil über den Wert einer Ideologie unumstößlich erst dann gefällt, wenn sie sich durchgesetzt hat oder erkennbar ein für allemal gescheitert ist. Selbst kriminell agierende Ideologen oder ideologisch verbrämte Verbrecher haben noch Sympathisanten in jener sozialen Schicht, die das Erfolgsethos am reinsten verkörpert: im Bürgertum. Hier hat letztlich nicht Beschämung über die im Namen Deutschlands verübten Verbrechen die Abkehr vom Hitlerismus bewirkt, sondern einfach der Untergang des »Dritten Reiches«. Die Abertausende, die für Hitler marschiert sind und ihm zugejubelt haben – es war nicht die Mehrheit des Volkes, aber es waren zu viele –, sie jubelten und marschierten noch heute, wenn Hitler nicht im Strom des Krieges untergegangen wäre.

Das Bewußtsein, daß es nicht gut ausgegangen ist, motiviert – neben eingelerntem Demokratieverständnis – auch die Frage der Jungen an ihre Eltern und Großeltern, wie sie es denn hätten zulassen können, daß solch ein »Verrückter« wie Hitler sich zur absoluten Macht habe aufschwingen können. Die Frage ist aber überflüssig in jenen wohlangepaßten Familien, die unter jedem Regime und in jeder Zeitströmung ihre Tugenden des Ehrgeizes, der Pflichterfüllung und der Unterordnung entfalten. Die Frage, warum Hitler hat aufkommen können, könnte eines Tages abgelöst werden von der anderen, wie es zu den dann nicht mehr abzuschüttelnden Zwängen des totalen Atomstaates habe kommen können. Sollten gar – schlimmer als in Harrisburg – nukleare Katastrophen über uns hereinbrechen, die größere Teile der Bevölkerung vernichten würden oder bleibend in Mitleidenschaft ziehen, dann würde der rückwärtsgewandte Mut der Mitläufer sich neuerdings seine ungefährlichen Objekte suchen und mit Unschuldsmiene fragen, wie es nur soweit habe kommen können. Denn schließlich sei man selber »ja immer dagegen gewesen«.

Der ganz auf persönliches Fortkommen eingestellte Mitläufer hält Katastrophen immer nur in der Vergangenheit für möglich. In die Zukunft blickt er mit ehrgeizigen Hoffnungen, die nur seiner eigenen Person gelten – so als sei deren Wohl und Wehe vom Schicksal der Gesellschaft gar nicht abhängig. Dieser vielbeklagte »Rückzug aufs Private« ist eine der bleibenden Bedingungen totalitärer Entwicklungen und katastrophaler Zuspitzungen in einer Gesellschaft, in der das Konkurrenzprinzip herrscht, das jeden zum potentiellen Gegner des anderen macht und damit auf sich selbst zurückwirft. Die »Volksgemeinschaft« des Hitlerreiches war keine echte Gemeinschaft, sondern zusammengepreßt durch die Ausrichtung auf kollektive Feinde: die Sieger von Versailles, die Bolschewiken und das »Weltjudentum«. Was über solch negative Solidarisierung hinausging, war der Glaube an eine Phrase, Vertrauen in eine Magie der Worte, die unmittelbar das Bedürfnis nach Geborgenheit in der Gemeinschaft zu befriedigen versprach. Solange überwiegend lustfeindliche Erziehung und Konkurrenzdruck im Berufsleben die Menschen gegeneinander emotional isolieren und vielfach mit ihren Plänen auch noch scheitern lassen, werden Volksverführer immer wieder neue Formen gefährlicher Solidarisierung schaffen können. Massenarbeitslosigkeit ist ein dafür bekannt guter Nährboden. Es muß freilich hinzugefügt werden, daß Arbeitslosigkeit eine soziale Gefahr und einen Nährboden fürs private oder kollektive Verbrechen nur bildet in einer Gesellschaft, die ihren Nachwuchs zu Fleiß und Leistung erzieht und die Güter des Lebens nach der vom Einzelnen erbrachten Leistung verteilt.

Wer das Aufsteigen eines neuen Hitler vermeiden will, darf sich als »Volkserzieher« nicht damit begnügen, nur antifaschistische Stimmungen zu wecken. Anti-Stimmungen sind aggressive Einstellungen, die sich, wenn der Wind sich dreht, auch gegen ein neues Feindbild wenden lassen. Unsere antifaschistische Erziehung ist, so gesehen, eine faschistoide Anti-Erziehung.

g) Der herbeigeredete Neonazismus

Wenn von einem Fortleben oder Wiederaufleben des Nationalsozialismus die Rede ist, müßte man eigentlich denken, daß da alte unbelehrbare Parteigenossen des »Führers«, zumindest einstige Hitlerjugendführer die Reihen wieder schließen und das, woran sie einstmals glaubten, mit neuer Inbrunst vertreten. Doch weit gefehlt! Die überlebenden SA- und SS-Führer, die noch unter uns weilenden früheren Kreisleiter sind längst in die neue Demokratie integriert, wenn auch als »gebrannte Kinder« selten kaum je so kühn, sich politisch in irgendeiner Partei neu zu exponieren. Daß der letzte Stabschef der SA, Wilhelm Schepmann[58], zum Bürgermeister von Gifhorn avancierte, ist eine der raren Ausnahmen. Die neue Karriere hat ihm als dem Vorbelasteten aber Anfeindungen eingetragen, die keinen seiner früheren Gesinnungsgenossen ermutigen konnten, sich gleichfalls wieder politisch zu engagieren. Heute zumeist schon im Rentenalter, unterscheiden sie sich nicht von anderen Wohlstandsbürgern, die es geschafft haben und nur in Ruhe gelassen sein wollen in ihrem trauten Heim beim Zelebrieren der Mahlzeiten und beim Fernsehen. Die HJ-Führer von einst aber stellen in der Generation der heute Fünfzigjährigen beachtlich viele wohlangepaßte Demokraten, deren Namen jedermann kennt, ohne zu wissen, daß sie schon als Gymnasiasten – notgedrungen im Braunhemd – ihre Führungsqualitäten gezeigt haben. Heute begegnen sie uns als Minister, Professoren; und sogar von einem hochgestellten Geistlichen der römisch-katholischen Kirche weiß ich, daß er einst ein »Fähnlein« befehligt hat. Ich habe ihn selbst noch im Braunhemd mit der »Führerschnur« herumlaufen sehen. Dergleichen fällt unter die Rubrik »verführte Jugend«, ist also kein Quell der Wiederbelebung des Nazismus.

Gewiß gibt es ein paar alte Narren der »Traditionspflege«, die vor allem ihre Erinnerungen an den »großen Krieg« weitergeben. Aber das sind keine früheren NS-Bonzen, sondern alte Haudegen wie der Oberst Rudel, die sich im neuen Staat übergangen fühlen und sich deshalb von neonazistischen Gruppen als »Nationalhelden« feiern lassen. Doch diejenigen, die ihnen zujubeln, sind keine alten unbelehrbaren Nazis, sondern Kinder der Nachkriegszeit, die sich ihr Wissen vom Dritten Reich lediglich angelesen haben und die bestenfalls durch Filme dazu angeregt wurden, sich in jene Zeit vor ihrer eigenen Lebenszeit zurückzuträumen. Da alle Filme über das Hitlerreich, die bei uns laufen, aber der »Vergangenheitsbewältigung« dienen, gibt es nur drei Möglichkeiten: 1. daß entweder deren Wirkung gleich Null ist; 2. daß sie den erklärten Zweck verfehlen – und einen ganz anderen erzielen; 3. daß sie den löblichen politischen Zweck sogar verfehlen sollen. Tatsächlich verfehlen sie ihn, wie die Wirkung des Filmes *Holocaust* gezeigt hat. Von da an datiert eine neue Welle der Rechtfertigungsliteratur und ein terroristisches Aufflackern rechtsradikaler Aktivitäten. Da nicht anzunehmen ist, daß Leute, die sich mit dem Dritten Reich befassen, von dieser Fernwirkung nichts wüßten, könnte die Absicht der Filmemacher, etwas zur Aufarbeitung der NS-Zeit beizutragen, nur ein bewußt, halbbewußt oder unbewußt geheucheltes Motiv sein, um vor anderen wie auch vor dem eigenen Gewissen die Wahl des fesselnden Sujets zu rechtfertigen.

Das leibhaftige Böse gewinnt für den, der nicht mehr darunter gelitten hat, eine Qualität des Faszinierenden, die er mühelos: spielerisch ins Ästhetische umsetzen kann. So schafft er es, der gelangweilten Jugend unserer Wohlstandsgesellschaft filmisch das Leben in einer rasanten Zeit vorzuspielen, in der die Todesangst eine Intensivierung des Lebensgefühls gebracht hat. Ein Film, der die Schrecken des Krieges mit sexuellen Reizen verbindet (Musterbeispiel: FASSBINDERS *Lili Marleen*), kommt dabei am stärksten den geheimen Sehnsüchten entgegen, die ein in sozialen Zwängen lebender junger Mensch entwickelt. Den verquälten Lebenshunger zum Schwingen zu bringen, muß gerade einem Regisseur gelingen, der nicht mehr aus eigener Erfahrung weiß, wie es war, aber um so sicherer spürt, worauf gegenwärtige Verdrossenheit hinauswill: auf die Befreiung sittlich reglementierter, qualvoll niedergehaltener oder ängstlich sozial angepaßter Triebe. Da hierauf zu allen Zeiten die Kriegsbereitschaft der Völker beruhte, kann derjenige, der noch jung genug ist, um leibhaft die Beschränkungen unserer Triebnatur zu verspüren, auch das Lebensgefühl der harten Männer von damals zur Darstellung bringen. Das steht, unreflektiert, wohl hinter der Bemerkung FASSBINDERS: »Man kann sich mit dem Dritten Reich nur auseinandersetzen, indem man sich darauf einläßt.«[59] Wenn er aber erläuternd hinzugefügt hat, er wolle es, nämlich das Hitlerreich, »zeigen, wie es war«, dann ist das aus dem Munde des Nachgeborenen eine Naivität, die die eigenen Phantasien für die Realität nimmt. Dies festzustellen, kann kein Vorwurf gegen einen Künstler sein; denn auf solcher Naivität beruht alle künstlerische Produktivität: Sie setzt der Wirklichkeit eben das hinzu, was sie als wirklich erträumt. Und dadurch wirkt sie, die Kunst, aber niemals im Sinne einer rationalen Aufarbeitung der Vergangenheit. Sie kann günstigenfalls einen Anstoß geben, das bedrückend Mitgeschleppte oder Verdrängte neuerdings zu durchdenken. Sie kann es aber auch gefährlich wiederbeleben, nicht, indem es destruktive Kräfte allererst schüfe, sondern indem sie ihnen ermöglicht, sich unter einem Symbol (z. B. dem Hakenkreuz) zu sammeln.

Um die Wirkung von Filmen, Dramen und Büchern zu beurteilen, reicht es nicht aus, nur auf die Seite ihrer Urheber zu blicken. Gerade die Darstellung historischer Ereignisse, die Verfilmung von Stoffen, die in die Not ihrer Zeit verwoben sind, wirkt auf jede Generation wieder anders. Kriegsfilme, im Kriege gezeigt, können allenfalls noch ganz kleine Jungen begeistern. Frontsoldaten müssen sich da in ihren Entbehrungen und Ängsten verhöhnt sehen. Auch die Väter der Nachkriegszeit wollten anderes sehen als Kriegsgetümmel und NS-Parolen (»Räder müssen rollen für den Sieg«). Wer die zerstörten Städte, die kaputte Industrie wiederaufzubauen hatte, der blickte in seinen Wachträumen, also auch in der Traumfabrik, im Kino, lieber voraus auf eine Zeit, in der die Ruinen entweder wieder ausgebaut oder beseitigt wären. CARL ZUCKMAYERS

Stück *Des Teufels General* zeigte da nur die tragische Verstrickung eines Mannes der Führungsschicht, also dort, worüber man »tausend Jahre« nur gemunkelt hatte. Das war nicht dazu angetan, Emotionen zu wecken, die, mitschwingend mit dem Pathos und der Brutalität des gestürzten Diktators, in verstohlene Sympathie hätten hinüberschwingen können. Erst die neue Welle der »Vergangenheitsbewältigung«, die mit JOACHIM FESTS Hitler-Film begann und nun auch das ästhetische Gesicht des Dritten Reiches zeigt, kann etwas von jenem Zauber vermitteln, den alle schrecklichen Zeiten – auch schon zu ihrer Zeit – ausstrahlen. Die Faszination des Brutalen nimmt aber zu für eine Generation, die in ihrem Erlebnishunger und in ihrem Verlangen nach Gemeinschaft schwer frustriert ist und, von berufstätigen Müttern mit wenig Zärtlichkeit aufgezogen, schon das Erwachen der eigenen Sexualität in aggressiver Zuspitzung erlebt. Ein Kino, in dem das Dritte Reich als eine Mischung von Grausamkeit und schwüler Sexualität erscheint, trifft so am besten die Gemütsverfassung seiner jugendlichen Besucher.

Warum ist über all der geistigen und künstlerischen Vergangenheitsbewältigung eigentlich nie die Frage aufgeworfen worden, warum es seinerzeit vorwiegend stramme junge Männer waren, die Hitler emporgetragen haben, und warum es heute wieder junge Menschen sind, die sich in neonazistischen Gruppen organisieren? In politischer Auseinandersetzung, die den Nazismus lediglich als gefährliche Ideologie nimmt, fällt das vitale Moment, das darin seinen Ausdruck findet, völlig aus der Betrachtung heraus. Die besorgten Hüter der Demokratie, die immer nur von geistigen oder ideengeschichtlichen Ursachen reden, sind da so unaufgeklärt über die vitalen Antriebe jedes Radikalismus wie diejenigen, die sie als geistig fehlgeleitet oder ideologisch verblendet bezeichnen. *Geistig fehlgeleitet zu einer die Mitmenschen bedrohenden Gesinnung kann aber nur sein, wer zuvor schon fehlgeprägt ist in seiner Triebstruktur.* Wer das als tiefenpsychologische Erfahrung nicht nachzuvollziehen vermag, der möge es sich durch die reflexive Natur alles Geistigen verdeutlichen: Geist als bewußt gewordenes Leben ist immer nur das Bewußtsein von etwas, das ihm leibhaft vorgegeben ist. Zu dieser Einsicht müßte man von MARX wie von HUSSERL her gleichermaßen gelangen[60].

Unser Selbstbewußtsein reitet auf dem, was uns antreibt und umtreibt, eben den Trieben und Begehrungen, die, bewußt werdend, zu Interessen, Vorlieben und Absichten sich herausformen. Es gibt keinen reinen Geist, erst recht keine geistigen Ursachen brachialer Gewalt. Was als das Geistige oder auch nur Ideologische an politisch motivierter Gewalt erscheint, ist nur ein System von Rechtfertigungen für Akte ungehemmter Aggression. Dranghaft destruktiven Menschen kommt es gelegen, daß es radikale politische Ideen gibt, weil deren ostentative Bejahung ihren mörderischen Aktionen einen Hauch von Berechtigung leiht, zumindest das eigene Gewissen beschwichtigt. Die ganz auf ideologische Gefahren eingestellten Wächter unserer rechtsstaatlichen Ordnung aber dürften im stillen nicht minder froh sein, einen Gewalttäter, einen Amokläufer einer radikalen politischen Gruppierung zurechnen zu können[61], weil sie das der Aufgabe enthebt, den *sozialkonformen* Ursachen der Gewalt nachzuspüren. Die wahre Herausforderung unserer sittlichen Ordnung ist – neben dem Triebtäter – ja gerade der motivlos destruktive Täter, zumal wenn er sich bis zum Tage seiner Untat als beherrschter und wohlangepaßter Bürger erwiesen hat. Wenn dies von den Verantwortlichen dunkel geahnt wird, mag sich ihnen daraus ein Motiv bilden, so etwas wie den Neonazismus herbeizureden: durch provozierende »Warnungen« vor ihm.

Amokläufer, die sich politisch einordnen lassen, verdecken die in unserer Gesellschaft allgegenwärtigen Bedingungen der Gewalt. Sie machen es den Moralkonservativen leichter, für überkommene Wertschätzungen einzutreten, deren zwanghafte Verwirklichung ein physisches Bedürfnis nach Gewalt erzeugt. Sich über radikale politische Ideen erregend, sehen sich die Fürsprecher der alten Moral gerechtfertigt in dem Bemühen, sie um jeden Preis zu verteidigen, auch unter Preisgabe humanitärer und liberaler Prinzipien. Gelegenheiten, eigene triebhafte Neigungen aggressiv auszuleben, fallen dabei als Nebenergebnis ab.

Wer auf die wahren Antriebe destruktiver Menschen verstehend – und das hieße noch nicht billigend – sich einließe, der käme selber gar nicht zum Zuge, sie als »feindliche Kräfte« frontal zu bekämpfen. Zu einem ernst zu nehmenden Feind, der den eigenen Kampfgeist herausfordert, läßt der dranghaft Gewalt Übende sich am ehesten stilisieren, wenn man ihn als »politische Gefahr« bezeichnen kann und ihn bei entsprechender Selbstetikettierung unterstützt, etwa wenn er mit Emblemen der Nazis sich drapiert. So bildet sich die Tendenz, den Neonazismus herbeizureden, nein herbeizuschmähen, aus sich verschränkenden Motiven:

1. aus einer Abneigung, den tieferen Beweggründen der Gewalttäter nachzuforschen;
2. aus affektiver Einstimmung in eine sittliche Ordnung, deren anthropologische Fehlorientierung in »sinnlos« hervorbrechender Gewalt sich herausstellt;
3. aus einer verstohlenen Empfänglichkeit für die Faszination des Bösen, zumal wenn es sich als politische Kraft offeriert;
4. aus dem Verlangen nach einem Feind, gegen welchen kämpfend man sich selbst politisch profilieren kann;
5. aus der verschwiegenen, wenn nicht sogar verdrängten Neigung zu »hartem Durchgreifen«, mithin zu härtestmöglicher Konfrontation;
6. aus dem tradierten Vorurteil, daß es da, wo Gewalt herrscht, genüge, auf der richtigen Seite zu stehen. Dieses Vorurteil umschließt in einer durch Aggressivität zerklüfteten Gesellschaft aber alle, die ihren Hang zur Gewalt unter politischem Engagement noch vor sich selber verstecken.

Man wende nicht ein, die hier genannten Motive widersprächen sich teilweise in dem, worauf sie hinauswollten. Es ist geradezu ein Kennzeichen fehlgeprägter Triebe, daß sie, sobald sie auf der Stufe nachfühlbarer Interessen erscheinen, sich unentwirrbar in sich verfangen. Eben dies hat ja Psychologen dazu verführt, von einer »Irrationalität der Triebschicht« (A. Wellek[62]) überhaupt zu sprechen. Solche noch von Wissenschaft verstärkte Abklammerung der Triebe vom rational Verstehbaren ist die grundlegende Bedingung ihrer Politisierbarkeit zum Zwecke kollektiver Aggression. Nichts anderes verdeckt und umschließt der Begriff »Faschismus«.

III. KAPITEL

Massenmord und kollektive Aggression

a) Massenmord als filmisches Spektakel

Über dreißig Jahre nach Hitler gelingt es einem Film, erstmals unter den Deutschen ein bewegtes Interesse am Schicksal der Juden zu wecken. Man hat das mit der Wirkung eines Spielfilms erklärt, der – anders als ein Dokumentarstreifen – eine Identifizierung mit individuellen Opfern ermöglicht. Dabei schade es nichts, wenn die Personen des Films nur erdichtet seien. Die Individualisierung des Grauens macht es für Menschen, die nur auf das Allernächste blicken, erst faßlich und nachvollziehbar. Das wird niemand bestreiten, aber es erklärt jene späte Anteilnahme nicht genug. Hinzu kommt, daß seit dem Kriege Menschen aufgewachsen sind, die weder enttäuschte Begeisterung für den »Führer«, noch eine Mitwisserschaft an dem, was unter ihm geschah, zu verdrängen brauchen. Heute müssen sich die Generationen, die Hitler gewählt, bejubelt und getragen haben, bohrenden Fragen der etwa unter 45 Jahre alten »Jugend« stellen. Solche Fragen nach der möglichen Mitschuld der älteren Väter und der Großväter kommen von den ganz Jungen gar wie aus einem anderen Volk und werden – neben durchaus ehrlichem Verlangen nach Aufklärung – auch zur Waffe im Generationskonflikt. Ein etwa sechzig Jahre alter Arbeiter gestand mir zwei Wochen nach Ausstrahlung von *Holocaust*: »Dieser Film hat Unfrieden in meine Familie gebracht.« Im Kampf gegen die alten Nazis wird etwas von deren Ungeist selber lebendig. Die Lust, andere einer falschen Gesinnung zu überführen, ist wie zu der Zeit, als auch kluge Leute auf Hitler und Goebbels hörten, die besondere Lust der innerlich Unfreien, deren Aggressivität sich nur im Mantel der Rechtgläubigkeit hervorwagt. Solch angelehnter Mut kann die Grundhaltung sein, die in einer Familie sich von Generation zu Generation überträgt – mit dem Ergebnis, daß immer der Sohn, der noch vorankommen möchte, dem Vater politisch widerspricht.

»Vergangenheitsbewältigung«, zum politischen Tagesthema erhoben, verstellt völlig den Blick dafür, daß das Emporkommen autoritärer und destruktiver Führer vorweg ein psychologisches

Problem ist und weniger eines der politischen Richtung, der ideologischen Färbung. Fixiert auf das Braunhemd und das Hakenkreuz könnten wir unfähig werden, die Verführung zur Menschenvernichtung unter anderen Farben und Zeichen wiederzuerkennen. Wir sind vielleicht schon auf dem Wege dahin. Die ersten Ansätze, einen »Atomstaat« (Robert Jungk[1]) zu schaffen, lösen im Volk nicht die Beunruhigung aus, die eines Tages wieder rückblickend als die angemessene Reaktion bezeichnet werden könnte. Die Abneigung, den heraufkriechenden Gefahren ins Auge zu sehen, zieht lieber den Blick noch auf vergangenes Unheil, an dem nichts mehr zu verhüten ist. Es kann nur desto unbefangener beklagt werden und so der Lüge dienen, es werde »bewältigt«. Solche *Nostalgie des Grauens*, die vor gegenwärtigen Bedrohungen ausweicht, könnte ein weiterer Grund sein für das so spät gezündete Interesse an Hitlers Massenmord.

Der aus Amerika importierte Film *Holocaust* hat die Beschäftigung mit dem NS-Regime bei uns nicht erst angestoßen. Er modifizierte nur die »Hitlerwelle«, die inzwischen (1982) ins zehnte Jahr geht. Hier kommt – wie bei der unausrottbaren Napoleon-Verehrung – jene Faszination des Bösen zum Zuge, die für schwache und unselbständige Gemüter immer höchst anziehend ist. Selbst zu gehemmt, die Destruktion, die sie träumen, in die Tat umzusetzen, identifizieren sie sich mit der destruktiven Gewalt des bedenkenlosen »Tatmenschen«. In relativ friedlichen, weil ereignislosen Zeiten äußern sich solche Träume als Schwelgen in Kriegserinnerungen und in vorgeblicher Vergangenheitsbewältigung, in Zeiten eines politischen Umbruchs aber als Unterstützung derjenigen politischen Kräfte, die größtmöglichen Auslauf für die eigene gequetschte Triebnatur verheißen. Gegen diese Gefahr sind wir heute noch längst nicht gefeit. Nachdem wir den Teufel in Schaftstiefeln, im Braunhemd und mit Hakenkreuzbinde lange und drastisch genug vorgeführt bekamen, sind wir erschüttert, geläutert, aufgeklärt und gefestigt, ihn in anderer Gestalt nicht mehr wiederzuerkennen.

Der inzwischen befolgten Anregung Reich-Ranickis[2], es sollten auch in Deutschland KZ-Filme gedreht werden, liegt unausgesprochen Lessings Hoffnung zugrunde, die Darstellung tragischen Geschehens müsse die Menschen zu »Schrecken und Mitleid« bewegen und also läutern. Dazu soll – auch von den jungen Deutschen von heute – die Tatsache anerkannt werden, daß die Massenmorde Schande auf Deutschland gehäuft haben. Es wird argumentiert, daß niemand, auch der Nachgeborene nicht, aus der Geschichte seines Volkes »aussteigen« könne. Soweit damit die heutige Jugend mit den NS-Verbrechen behaftet werden soll, braucht gar nicht mehr erforscht zu werden, ob die Erwachsenen seinerzeit über die Vernichtungslager Bescheid wußten. Das Problem reduziert sich jetzt auf die Frage, wieweit der Unschuldige die Schuld bestimmter »Volksgenossen« von damals mitzutragen hat. Er kann sie wohl nur in dem Maße mittragen, in dem er diesem Volk, das damit belastet wird, sich national gesinnt verbunden fühlt. Die seit dem Zweiten Weltkrieg in Deutschland verbreitete Ablehnung des nationalen Gedankens, die unter jungen Leuten beobachtete Gleichgültigkeit gegenüber dem Schicksal Deutschlands als einer geschlagenen und geteilten Nation mag hierin ihre Wurzel haben: in dem traditionell sicheren Gefühl, daß es nicht möglich ist, zugleich als nicht genug patriotisch und als »schuldabweisend« zu gelten. Man verzichtet leichthin auf die Ehre, ein Deutscher zu sein, um nicht das Stigma, das jetzt damit verbunden ist, sich selber zuschreiben zu müssen.

Wer will das jungen Deutschen, für die Hitler nur noch eine geschichtlich ferne Gestalt ist, verargen! Ohne ein Minimum an Selbstachtung ist niemand lebensfähig. Wer da den alttestamentlichen Fluch einer »Heimsuchung der Väter Missetat an den Kindern bis in das dritte und vierte Glied« (SILBERMANN[3]) auch nur probeweise lanciert, der sollte dazu – aus demselben Buch – noch mit anführen: »Eine Zauberin darfst du nicht am Leben lassen.« (*Exodus* 22, 17). Dann hätte er mit der frühesten sakralen Stelle, auf die sich die Hexenjäger berufen konnten[4], zugleich den religiösen Wahn bezeichnet, aus dem sich in Europa die Judenpogrome entwickelt haben[5]. Es geht, wo Menschen verfolgt und vernichtet werden, der Jagd auf sie allemal eine Stigmatisierung voraus, die, fanatisch vorgetragen, auch die potentiellen Opfer in ihren Bann schlägt, um so zwingender, je weniger der Einzelne sich ein vorwerfbares Verhalten, ein persönliches Versagen zuzuschreiben vermag. Eben dies, ihr Mangel an persönlicher Schuld, hat Hexen und Juden als kollektiv Verfolgte so wehrlos gemacht: ausweglos vorherbestimmt für die Opferrolle.

Wenn heute, Jahrzehnte nach dem Ende Hitlers, die »Kollektivschuld« der Deutschen neuerdings aufs Tapet kommt (und jetzt viel beschwörender als gleich nach 1945), so hat das, wie immer die Begründungen dafür lauten, den Stellenwert und die Funktion einer Stigmatisierung unseres Volkes.

Wenn es uns weder um Schuldzuweisung noch um »Schuldzurückweisung« (SILBERMANN[6]) geht, sondern einfach darum, daß sich ein Auschwitz, ein Treblinka niemals wiederholen, dann bedürfen wir einer viel tiefer greifenden Aufklärung, als sie von den KZ-Filmen geboten wird. Dann haben wir auch einen Anspruch darauf, über die Triebmotive des Völkerhasses und über die Mechanismen der Konfrontation (einschließlich der Schuldprojektionen) affektfrei aufgeklärt zu werden. So weit und so tief geht unsere Verantwortung für den Mörder, der aus unserer Mitte kommt: daß wir die Bedingungen überprüfen, unter denen er aufgewachsen ist. Wir müssen uns fragen, ob nicht im Gesamtzusammenhang unserer Werte, Ideale und Lebensziele wie der tatsächlich gelebten sozialen Wirklichkeit ein Sprung ist, eine Lücke klafft, aus der das Unheil mit psycho-logischer Notwendigkeit hervorquillt – und jederzeit wieder hervorbrechen kann. Wenn KZ-Filme auf solche Fragen hinlenken würden, dann wären sie heilsam und hilfreich. Nichts aber verrät bis jetzt eine solche Besinnung. Die Diskussionen verlaufen in ganz anderen Bahnen. Selbst von den öffentlich diskutierenden Psychologen ist kein Anstoß gegeben worden, die tieferen Bedingungen der Menschenvernichtung, des Menschenhasses bloßzulegen. Mit Kategorien wie Projektion, Identifizierung, Regression, Intoleranz und Verführbarkeit haben sie die in unserer Lebensart, in unserer Moral und Wertordnung selber wurzelnden Beweggründe eher verdeckt als enthüllt. Die akribische Beschreibung von psychischen Epiphänomenen wurde als Erklärung angeboten für etwas, was katastrophenhaft sich entlud und, andernorts, immer noch sich entlädt.

Es steht einem Deutschen zwar nicht gut an, auf die Massenvernichtung durch andere Regime, andere Völker hinzuweisen. Aber daß – noch viele Jahre nach Hitler – in Biafra, in Indonesien, in Kambodscha – ähnliches wie im Nazi-Reich geschehen konnte, muß um der Erkenntnis willen festgehalten werden, daß Völkermord ein Verbrechen ist, das nicht an eine bestimmte politische Idee, eine bestimmte Nation gebunden ist. Ebenso leichtfertig aber ist die gerade Gegenthese, daß Massenmord überall in der Welt von Menschen jedweden Volkes begangen werden könnte. Die noch gar nicht in Gang gekommene Diskussion der Antriebe zum Völkermord hätte die Bedingungen zu klären, unter denen sich eine »Endlösung« wiederholen kann. Erst wenn auch an den unwissend oder gleichgültig gebliebenen Deutschen der vitale und »sittliche« Nährboden kollektiven Hasses aufgezeigt ist, kann allgemeiner von den gleichbleibenden Bedingungen kollektiven Mordens und organisierten Massenmords gesprochen werden.

Den Blick auf diese Bedingungen in unserem eigenen Volk verstellt eine moralische und strafrechtliche Bewertung mörderischen Verhaltens, die dieses in seiner Verwerflichkeit am Grade der Bewußtheit mißt, mit dem es vollzogen wird. Der unbewußt fahrlässig Handelnde, wenngleich nicht weniger gefährlich Tötende, gilt als weniger schuldig. Auf der Linie solcher Bewertung – und Entschuldigung – liegt auch die ins Zentrum der Diskussion gerückte Frage: Hat das deutsche Volk mehrheitlich von den Nazi-Verbrechen *gewußt*? Die auf »Vergangenheitsbewältigung«, das heißt Anschwärzung wie Entlastung, gerichtete Frage macht blind für die noch gar nicht angetastete Moral einer Gesellschaft, deren Leibfeindlichkeit sich bis zur Lebensfeindlichkeit und Todfeindschaft hin radikalisieren kann. Sollen wir es als Zufall betrachten, daß der in einem gutbürgerlichen und streng katholischen Elternhaus aufgewachsene Heinrich Himmler, der seinen Mitschülern vor Mädchen als ausgesprochen schüchtern erschien[7], später zum obersten Vollstrecker von Hitlers »Endlösung« der sogenannten Judenfrage geworden ist?

Was es einzusehen gilt, aber noch immer auf unwillige Abwehr stößt, das ist, daß die im privatesten Alltag durchgesetzte Moral als Destruktion im großen wieder hervorkommt, wenn sie grundlegende Bedürfnisse des Menschen unterdrückt und vitale Antriebe verbiegt. Nicht erst die Unterdrückung spontaner sexueller Begehrungen beim Erwachsenen, schon und vor allem die Fehlsteuerung der Bedürfnisse des Kleinkindes und die gegen die Kinder gerichtete Strafpädagogik stauen im Heranwachsenden einen vitalen Unmut an, der im Kollektiv die eng gezogenen sittlichen Schranken zu durchbrechen sucht. Solange der Staat mit einem stets zum konventionellen Kriege gerüsteten Heer die periodische Wiederkehr begrenzter Kriege gewährleistet, ist damit auch eine soziale Institution gegeben, die jungen ungebärdigen Kräften ein Ventil der Abreaktion bietet. Solange Kriege wie Revolutionen von Zeit zu Zeit für affektive Entlastung sorgen (und für nachhaltig dämpfende Trauer), so lange kann ein Volk auch mit einer leibfeindlichen Moral zu Rande kommen. Sobald aber die Waffentechnik jeden möglichen Krieg, auch den überlegen zu führenden, zum Risiko der Selbstzerstörung macht, bleibt für junge wuterfüllte Menschen nur noch der destruktive Weg nach innen: gegen die eigene Gesellschaft. Wenn die Nation für ihre »heilige Sache« die erbitterten jungen Männer nicht mehr braucht, finden sich diese zurückverwiesen auf Gewalt in eigener Regie, auf den Terror der kleinen Gruppe. Der

Wegfall des Krieges als einer regelmäßig affektiven Überdruck ableitenden Institution macht sogar die kollektive Verfolgung von Minderheiten im eigenen Lande wieder wahrscheinlicher, solange die moralischen und triebstrukturellen Bedingungen kollektiver Aggression noch erfüllt sind.

Gewiß haben diejenigen recht, die sagen, man dürfe nicht alle Aggression auf Triebfrustration zurückführen. Es gibt auch reaktive Aggression und eine durch Schmerz bedingte sowie die Aggression durch nervliche Überforderung. Aber die volle Wucht und Ausdauer menschenfeindlicher Aggression und Massenvernichtung kann nur aus den sittlich verbogenen vitalen Antrieben kommen, die nicht in situationsgebundenen Unmutreaktionen sich erschöpfen. Die Wut, die eine *beständige* Motivationsgrundlage für Völkerhaß und Minderheitenverfolgung abgibt, verrät ihren triebhaften Ursprung auch durch die geheimen Wunschvorstellungen, mit denen der verhaßte Feind, die verfolgte Minderheit umkleidet werden. Gerade die negerfeindlichen Rassisten halten den schwarzen Mann für einen wahren Sexualathleten. Und immer meinten die Antisemiten, in den »verdammten Jüdinnen« besonders aufregende Sexualobjekte zu sehen. Diese lüsterne Vorstellung hat noch in Auschwitz einige SS-Männer dazu bewegt, mit Frauen jener »Rasse« eine Beziehung anzuknüpfen, die nach dem damaligen Rechtsverständnis als »Rassenschande« verpönt war.

In solchen KZ-Situationen läge ein reiches Repertoire für zukünftige KZ-Filme. Doch sei davor gewarnt. Einer Generation, die den Schrecken des Krieges, der Bomben und Brände, des Hungerns und Frierens nicht am eigenen Leibe erfahren hat, kann zur bloßen Ersatzlust geraten, was als Aufklärung, Erschütterung, als Appell zur Umkehr gedacht war. Wir haben es mit dem Antikriegsfilm *Die Brücke* erlebt: daß Halbstarke im Kino begeistert johlten, als einem von Granaten Getroffenen die Gedärme herausquollen. Nach *Holocaust* sagte uns ein Vierzehnjähriger, der Film sei »Klasse« gewesen; »denn er war spannend«. Die durch harte Western und Horrorfilme »verwöhnte« Jugend könnte leicht das Grauen, das von KZ-Filmen ausgeht, als nur intensiveren Aggressionsreiz genießen. Gewöhnung würde ein übriges tun, um auch bei den Älteren die Betroffenheit, die auf *Holocaust* spürbar war, in reine Unterhaltungsgefühle zu verflachen. Was, lehrreich für die Zukunft, zum Nachdenken anhalten könnte, wäre ein psychologisch grundierter Film über den Werdegang des Reichsführers SS, ein Film, der ohne reißerische Effekte zeigen sollte, wie aus einem sittenstrengen Elternhaus, aus einem stickigen, betulichen Milieu ein über Leichen gehender Ehrgeiz und mitleidloser Sadismus sich herausentwickeln.

Filme, die nur zeigen, was überhaupt geschehen konnte, haben lediglich begrenzten Aufklärungswert. Sie können nicht aufdecken, wie es dazu gekommen ist. Wenn schon die Beteiligten, gleich ob Opfer oder Täter, nicht verstehen, was geschehen ist; wenn die Opfer nicht sagen können, warum sie stumm geduldet haben, und die Täter nicht, warum sie mörderischen Befehlen blind gehorchten oder auf eigene Faust getötet haben, dann werden Filme über jene dunkle Zeit nicht zur Erhellung der Ursachen beitragen. Ebenso notwendig wie peinlich aber wäre die Einsicht, daß bei uns zulande, in unserer Kultur überhaupt, die Decke sozialer Verantwortung, gesitteten Verhaltens dünn ist und offenbar jederzeit wieder aufplatzen kann. Diese Erkenntnis, die in einer Fernsehdiskussion auch ausgesprochen wurde, ist aber wertlos, wenn entweder daran nur kulturkritisches Lamento geknüpft wird oder daraus schädliche Folgerungen gezogen werden. Wenn etwa gesagt wird, angesichts der schwachen kulturellen Kruste über destruktiven Neigungen gehe es darum, stärkere Hemmungen aufzubauen und die »soziale Kontrolle« – besonders über die Jugendlichen – zu verstärken, dann setzt man sich faktisch dafür ein, jene kulturelle Kruste nur noch brüchiger zu machen. Zurückgestaute triebhafte Neigungen warten nur darauf, daß ein »Führerbefehl« ihnen Raum gibt oder daß der Druck von oben ein wenig nachläßt. Wenn diese Neigungen dann in verheerender Weise losbrechen, mag der Anschein entstehen, ein »Wegfall der Hemmungen« habe sie mit destruktiver Kraft erst aufgeladen.

Nur vor dem Hintergrund solch triebpsychologischer Einsichten und nur dann, wenn darüber ohne moralische Tabus diskutiert wird, könnten Filme über die NS-Verbrechen jene heilsame Wirkung haben, die ihnen jetzt bereits zugeschrieben wird. Daß, einer Umfrage gemäß, viele Bundesbürger *Holocaust* noch einmal sehen wollten, kann nur kurzschlüssig ein ebenso verbreitetes Bedürfnis nach Katharsis vermuten lassen. Wie viele schätzen den starken Nervenreiz, der von Szenen in den Todeslagern ausgeht? Wenn solche Filme zum begehrteren Spektakel würden, begehrter als alle Western und Krimis und Horrorfilme, dann hätten sie ihren Zweck gründlich verfehlt.

b) Der Komplex von Schuld und Niederlage

In den Leserbriefen, die als Reaktion auf *Holocaust* an die Zeitungen geschrieben wurden, fand sich wiederholt der Vorschlag, den amerikanischen Film über das deutsche Verbrechen an den Juden mit deutschen Filmen über die amerikanischen Verbrechen an den Vietnamesen oder auch mit Filmen über den amerikanischen Bombenterror des Zweiten Weltkrieges zu »beantworten«. Ein Krieg der Filme also soll den Krieg der Bomben und Granaten ersetzen oder fortführen, so verlangt es ein in seinem nationalen Selbstverständnis getroffenes Gemüt. Die Reaktion ist uns vertraut: »Die anderen haben auch . . .«, »Es gab auch bei den Alliierten Kriegsverbrecher.« So hörten wir es schon bei Kriegsende. Gegen solche »Schuldaufrechnung« zum Zwecke der Selbstentlastung ist mit durchaus überzeugender Logik das englische Sprichwort gehalten worden: »Zweimal Unrecht ergibt noch nicht einmal Recht.« Dabei aber wurde übersehen, daß die Logik dieses Satzes auch in gerechter Weise nach zwei Seiten schneidet: Sie verwehrt den Deutschen ein Recht, eigenes Unrecht (oder Unrecht, das im Namen Deutschlands begangen wurde) gegen das Unrecht der anderen aufzurechnen – es verwehrt aber auch den Siegern, nur vom Unrecht bei den Deutschen zu sprechen. Der Deutsche wiederum, der solche Selbstgerechtigkeit pauschal bei allen Bürgern der Siegermächte unterstellt, sei an drei Bücher erinnert, die auch den Splitter im eigenen Auge sichtbar zu machen wußten: David Irving, *Der Untergang Dresdens;* Telford Taylor, *Nürnberg und Vietnam* und Lew Kopelew, *Aufbewahren für alle Zeit!*[8]

Während die Bücher Irvings und Kopelews in der Heimat der Autoren, England und Sowjetunion, auf Ablehnung stießen, kann von Telford Taylors Anklage gegen die amerikanische Vietnam-Kriegführung immerhin gesagt werden, daß sie in den USA ernsthaft diskutiert wurde. Der frühere amerikanische Chefankläger in den Nürnberger Kriegsverbrecherprozessen hat – unter dem Beifall angesehener Blätter – seine Landsleute aufgerüttelt, im Verein mit den Vietnamkriegsgegnern sogar so nachhaltig, daß davon eine nationale Zerknirschung zurückblieb, die sich wohl heute erst bei Filmen über die Nazis wieder zurückbildet.

Die Erschütterung des amerikanischen Nationalgefühls durch Vietnam und die Beschämung der Deutschen durch die NS-Verbrechen haben eines gemeinsam, was so an der Oberfläche liegt, daß gerade tiefer Blickende es leicht übersehen: Es handelt sich beide Male um moralische Demütigungen, die aus einer militärischen Niederlage erwuchsen. Das Bewußtsein, eine Niederlage zu erleiden, ist im Leben der Völker wie im Leben des Einzelnen für Schuldgefühle konstitutiv. Dieses Bedingungsverhältnis ist mit dem Begriff »Siegerjustiz« noch nicht ausgeschöpft; es wird dadurch allenfalls polemisch vereinseitigt. Gerade das amerikanische Vietnam-Trauma zeigt, daß es nicht einer siegreichen Besatzungsmacht bedarf, um im Bewußtsein einer nationalen Niederlage auch Raum zu schaffen für ein Gefühl der Schuld. Für breite Schichten des Volkes bilden beide Vorstellungen zusammen einen *Komplex*, der nicht aufgelöst, sondern nur verdrängt werden kann. Der Zusammenhang von Niederlage und Schuld erfüllt ein tiefsitzendes moralisches Muster, das aus Märchen und Mythen sich formt und dem noch die üblichen Cowboy- und Gangsterfilme genügen. Dieses Grundmuster verlangt, daß der Böse, der Schuldige, bestraft wird und daß der Gute, der Edelgesinnte, obsiegt. Wer noch die Macht hat, wer noch im Sattel sitzt, der kann nach dieser moralischen Logik so schlecht gar nicht sein; denn sonst hätte ein gerechtes Schicksal ihn schon lange abgeworfen. So ist es auch kein Zufall, daß erst nach der militärischen Niederlage der Pol-Pot-Regierung in Kambodscha die Weltöffentlichkeit durch ihre Medien von den Massenmorden dieses Regimes erfahren hat. Wer noch die Macht hat, denkt man, kann so schlecht gar nicht sein, daß man offen ihn verbrecherisch nennen dürfte. Denn wer Macht hat, ist immer auch noch zu fürchten, und sei es auch nur über seine außenpolitischen Verbindungen.

Der Nürnberger Kriegsverbrecher-Prozeß ist mit Recht als »Tribunal der Sieger«[9] bezeichnet worden. Da kamen auch Untaten zur Sprache, deren sich die Sieger selbst hätten schämen müssen. Auf einen entsprechenden Vorhalt des Angeklagten Göring reagierte der sowjetische Chefankläger Rudenko barsch, aber unbedacht: »Sie haben keine sowjetischen *Aktionen* zu erwähnen.«[10] Es wäre dennoch abwegig zu behaupten, die ehemaligen Kriegsgegner des Reiches sähen nur die von Deutschen verübten Verbrechen und dabei gar nichts, was Angehörige ihrer eigenen Völker sich während des Krieges haben zuschulden kommen lassen. Wohl gab es keine Prozesse für die auch an Deutschen verübten Morde und Grausamkeiten; dafür wurden in Ost und West um so erbarmungsloser die »Kollaborateure« verfolgt. In Frankreich sollen – nach dem Bericht der Präfekturen an die Regierung[11] – nach dem Ende des Zweiten Weltkrieges 105 000 »spontane Hinrichtungen« stattgefunden haben. In Italien waren es kaum weniger. In Turin wurden 400 Frauen als »Faschistinnen« im Fluß ertränkt[12]. Wenn es darum ging, noch nach Jahrzehnten mögliche Kollaborateure der Deutschen aufzuspüren, blieben auch dem KPF-Führer Marchais Verdächtigungen nicht erspart. Der Vorwurf, er sei ein Parteigänger der Nazis gewesen, machte sogar vor dem NATO-Generalsekretär Joseph Luns nicht halt. Dies und die Aburteilung des früheren SS-Mannes Pieter Menten in Den Haag (am 13. Januar 1981) beweisen, daß auch die Niederländer ihresgleichen nicht schonen, wenn es sich um Personen handelt, die auf der Seite des Verlierers gestanden haben.

Der mythische Zusammenhang von Schuld und Niederlage bewirkt bei Siegern wie Besiegten eine Halbseitenblindheit, die zunächst nur die Verbrechen auf der Verliererseite in den Blick rückt. Der von den Gedemütigten an die Adresse der Sieger zurückgespielte Schuldvorwurf ist nur ein Aufbegehren gegen das, was bei Kriegsende überdeutlich und beschämend vor aller Augen steht: die Schuld des Verlierers, der nur zu verlieren scheint, weil er schuldig ist. Je tiefer der Besiegte, das Mitglied eines besiegten Volkes, die eigene Schuld in der erlittenen Niederlage verspürt, desto stärker wird auch der Hang, sie zu verdrängen und in Zukunft nur noch die Verbrechen der einstigen Feinde zu sehen. Der trotzige Blick auf die andere Seite ist dabei motiviert von der Unlust, das moralische Versagen des eigenen Volkes anzuerkennen. Wer aber davon zu bewußt noch erschüttert ist, der wird es ebenso strikt vermeiden, die Verbrechen der anderen auch nur zu erwähnen. Vor der eigenen Türe zu kehren, das erscheint ihm als das einzig Sinnvolle, um das beschmutzte Ansehen des Vaterlandes vor der Welt zu reinigen. Der mythische Gedanke, daß dies die verdammte Pflicht des Besiegten sei, gibt dazu dem rechtschaffenen Deutschen eine einfache Orientierung. Auch sie ist einseitig.

Beide Male, ob im ausschließlichen Deuten auf die Schuld der anderen oder ob im Stilisieren des »anderen Deutschland«, ist das treibende Motiv nur die Wiederherstellung der nationalen Ehre. Um diesen Angelpunkt drehen sich alle Diskussionen um die KZ-Filme. Und das macht sie, jene Diskussionen wie diese Filme, im Blick auf die Zukunft so überflüssig, so wirkungslos für eine Wende zum Besseren. Denn die kann nur eingeleitet werden, wenn in *allen* hier anzusprechenden Nationen sich die Einsicht ausbreitet, daß der Hang zur Grausamkeit und der Vernichtungswille nicht projektiv in das eine oder andere Volk hineingesehen werden dürfen, sondern daß sie als allgemeinmenschliche Möglichkeiten ihre pädagogischen, sittlichen, sozialen, politischen und auch religiösen Bedingungen haben. Schuldprojektionen und nationale Selbstanklagen stehen einer solidarischen Überwindung des Übels, das von Menschen herkommt, gleichermaßen im Wege.

c) Die Lust an kollektiver Aggression

Der Deutsche, der heute Auschwitz mit Hiroshima, Coventry mit Dresden, Hitler mit Pol Pot und Oradour mit Vietnam vergleicht, kommt leicht in den Verdacht, solche Vergleiche nur anzustellen, um sich als Angehöriger eines vielgeschmähten Volkes seine nationale Selbstachtung zu stärken. Wer aber sagt, solche Vergleiche seien unstatthaft, der ist vielleicht nur angepaßt an das, was die Welt heute von uns hören will: daß das deutsche Volk in seiner Gesamtheit untilgbare Schuld auf sich geladen habe. Es fehlt nicht an Publizisten und Volkserziehern, die mit Selbstverständlichkeit davon »ausgehen«, aus eben derselben unvergleichlichen Neigung, dem »Zeitgeist« Tribut zu zollen, aus dem seinerzeit Verfechter des »völkischen Staates« hervorgingen. Selbst wer, ehrlich erschüttert über die von Deutschen geplanten und ausgeführten Verbrechen, kein anderes Morden ihnen gleichen lassen möchte, der hindert uns doch, den triebhaften Motiven menschenverachtender Mordgesinnung auf den Grund zu gehen. Denn mit dem Denkverbot, das mit »Unvergleichbarkeit« ausgesprochen wird, bleiben wir, sofern wir uns nicht rassistisch selber stigmatisieren wollen, bei einer rein ideologiekritischen Betrachtung der NS-Täter stecken, unfähig zu sehen, was sie mit allen denen gemein haben, die sich im Drang zu töten nur allzugern irgendeine Idee überstülpen, die diese Neigung verdeckt oder verklärt. Wer auf »Unvergleichbarkeit« der hier und anderswo verübten Massentötungen beharrt, um unseren Tribut an nationaler Beschämung nicht zu schmälern, der hält uns in bloßen Überbau-Diskussionen fest, in denen es um Nazi-Ungeist und ideologische Ursachen geht, um Befehlsnotstand und Schuldzuweisungen, aber nicht um die Erkenntnis der vitalen Beweggründe, aus denen Menschen, zu Kampfgemeinschaften vereinigt, überhaupt dahin drängen, andere Menschen systematisch zu töten.

Wir müssen grundsätzlich festhalten: daß alle Erkenntnis mit dem Vergleichen des Unvergleichbaren beginnt. Nur so lassen sich Strukturgesetzlichkeiten herausfinden sowie Bedingungen aufzeigen, die nicht nur eine einzige unverwechselbare Wirkung zeitigen. Wenn wir das unvergleichlich abgründige Auschwitz mit Hiroshima oder mit Vietnam vergleichen, dann sehen wir in solchen Vergleichen ab von den je vordergründigen politischen oder ideologischen Motiven der dafür Verantwortlichen oder ihrer ausführenden Kräfte, sondern gehen zurück auf die hier wie dort anzutreffende Triebstruktur, die zum Ausgleich für sittlich verknappte oder verdorbene Sinnenlust auf die Ersatzlust des Tötens verfällt. Daraus ergibt sich eine moralkritische Perspektive, die nicht bei der Feststellung stehenbleibt, daß offenbar die allermeisten der am Massenmord Beteiligten hier aus »blindem Gehorsam« oder »übersteigertem Pflichtgefühl« mitgewirkt hätten. Was bewußtseinspsychologisch als blinder Gehorsam sich darstellt, das ist nur die zur gewissenlosen Bereitwilligkeit gesteigerte Erwartung, Befehle zu erhalten, die ein menschenfeindliches Verhalten fordern. Unbewußte Neigung ist schon dazu bereit, wenn das Wachbewußtsein lediglich ein Pflichtgefühl reflektiert. In eigener Verantwortung verübt, wäre das, was da dem Befehlsempfänger abverlangt wird, ein reines Verbrechen. In der hierarchischen Struktur einer verbrecherischen Organisation aber ist das sozialfeindliche Bestreben des Einzelnen aufgehoben in der »verschworenen Gemeinschaft« (HITLER) und in der wechselseitigen Abhängigkeit von Führung und Gefolgschaft: Diejenigen, die die Mordbefehle ausgeben, beschwichtigen ihr Gewissen mit dem Bewußtsein, nicht selber handgreiflich zu töten. Ihre Untergebenen, die es tun, aber fühlen sich entlastet durch den ihnen erteilten Befehl.

So kommt es, daß in den deutschen Konzentrationslagern Verbrechen von Menschen begangen wurden, die weder zuvor noch danach irgendwelche strafbaren Handlungen begingen. Das schließt nicht aus, daß zwischen den Verbrechen von Staats wegen und den Verbrechen auf eigene Faust ein gewisser Zusammenhang besteht, sei es, daß ein Unrechtsstaat potentiell verbrecherische Menschen in seinen Dienst stellt; sei es, daß ein Terrorregime private Gewalttätigkeit erstickt oder – in der Bürgerkriegssituation – erst recht provoziert. Statistisch nachgewiesen ist immerhin, daß bei Ausbruch eines Krieges die Kriminalität zurückgeht, und zwar in allen jeweils beteiligten Staaten[13].

Eine Gesellschaft, in der das Individuum einem doppelten moralischen Druck unterliegt: dem Zwang zur Disziplinierung sexueller Regungen und dem Verbot, die darüber entstehende Aggressivität frei auszuleben, eine solche Gesellschaft wird auch zur Ausbildung einer Rechtsordnung treiben, die diese beiden Zwänge so miteinander verknüpft, daß sie als Regelungen von gleicher Berechtigung erscheinen. Je besser das gelingt, Triebverzicht und Gewaltverzicht als gleich notwendig und gleich berechtigt darzustellen, desto weniger kommt es den Massen zu Bewußtsein, was den vitalen Grund ihres Unbehagens bildet, und um so geringer ist vom Standpunkt der Tugendwächter die Gefahr, daß ein Bedürfnis nach Änderung der Sitten, nach »sexueller Revolution« sich regt und ausbreitet. Eher noch zerfällt die Gesellschaft im Bürgerkrieg in zwei einander befehdende Lager, als daß die alle umschließende lustfeindliche Moral das Individuum zu Lebenslust nach eigenem Geschmack entließe. Denn da wäre ein jeder wieder mit seinem Gewissen allein: sich quälend mit der Frage, was er vor sich selber und vor Menschen, die er liebt und achtet, noch verantworten kann zu tun.

In einer Gesellschaft, die eine Moral tradiert, die ursprüngliche vitale Freuden verknappt, braucht niemand, der nicht Außenseiter sein will, zu Willfährigkeit und Gehorsam eigens erzogen zu werden. Selbst blinder Gehorsam, wie ihn Hitler verlangte[14], muß hier nicht denen eingebleut werden, die unbewußt längst auf den »Führerbefehl« warten, um reulos und straflos tun zu können, was sonst Moral und Strafgesetzbuch verbieten. Von blindem Gehorsam ist immer nur die Rede im Blick auf Handlungen, die in irgendeiner Weise destruktiv oder schädigend gegen Mitmenschen sich auswirken. Daß einer in Pflichterfüllung auch bis zur Selbstvernichtung gehen kann, kommt bei »blindem Gehorsam« juristisch nicht in Betracht. Doch das spricht keineswegs dagegen, daß eine den Menschen tief verstörende Moral die grundlegende Bedingung dafür ist, daß er willig Befehle ausführt, auch solche, mit denen er sich selber aufopfert. Ohne lustvolle Bindung ans Leben ist er nicht nur dankbar für jede sinnvermittelnde Orientierung, sondern auch dranghaft dazu bereit, sich selber zugrunde zu richten.

Der unzärtlich erzogene, lieb- und lustlos in sich selber versponnene Mensch ist sadomasochistisch gestimmt aus dem Bedürfnis nach Berührung mit anderen Menschen und aus Überdruß an seiner von Kälte umschlossenen Existenz. Seine Grausamkeit ist die ihm einzig noch mögliche Weise, den Panzer seines Ichs zu durchbrechen und andere leibhafte Menschen zu berühren: in eben jäher, sie verletzender Weise. Seine Neigung, sich selber zu zerstören, aber ist die unmittelbare Folge seines Lebensüberdrusses. Da die sein Gewissen fesselnde Moral aber ebenso den Mord auf eigene Faust wie die unmittelbare Selbsttötung verwehrt, wird er entweder auf eine Lebensform ausweichen, die ihn langsam aber sicher zugrunde richtet, oder sich mit anderen zu einer Kampfgemeinschaft formieren, in der die Chance groß ist, getötet zu werden. Für beide Zielrichtungen destruktiver Gesinnung aber, für Mordlust wie für Selbstmordneigung, braucht der auch hierbei Gehemmte eine hohe Idee, die ihm das, worauf er leibhaft hinauswill, vor seinem Gewissen verdeckt. Der Kulturkritiker indessen, der mit seinen Studienobjekten dieselben Verdrängungen gemein hat, muß notwendig bestimmte politische Ideen als mörderisch bezeichnen und aus solcher Einstellung heraus das tiefer Vergleichbare für unvergleichbar erklären.

d) Das Dilemma der KZ-Prozesse

Gleich nach dem Kriegsende 1945 wurden die »Hauptkriegsverbrecher«, soweit sie sich nicht selbst entleibt hatten, gefaßt und abgeurteilt. Einige hohe SS-Führer, unter ihnen Sepp Dietrich, wurden von alliierten Militärgerichten zum Tode verurteilt, darauf zu lebenslanger Haft begnadigt, schließlich freigelassen. Nach dem alten Juristengrundsatz *ne bis in idem* konnten sie später von deutschen Gerichten wegen derselben Untaten, die schon von den alliierten Gerichten geahndet worden waren, nicht mehr belangt werden. Andere, weniger exponierte NS-Täter brachten es fertig, jahrzehntelang unentdeckt zu bleiben, obschon sie kaum jemals unter falschen Namen lebten. Schon im ersten großen Auschwitzprozeß 1963/65 fiel auf, welche biederen Nachkriegskarrieren die meisten Angeklagten hinter sich gebracht hatten: Sie hatten es zum Geschäftsführer gebracht, waren Verwaltungsangestellte und Ingenieure; auch ein Apotheker, zwei Ärzte und ein Krankenpfleger standen da vor Gericht. Deren Patienten hatten keine Ahnung, daß sie von Mörderhand betreut und gepflegt worden waren. Die Unholde von einst waren keine Verbrecher auf eigene Faust, sondern Funktionäre eines Vernichtungssystems, die einen verbrecherischen Willen gar nicht zu entwickeln brauchten, um verbrecherisch zu handeln. Sie sahen sich im Einklang mit dem Staat, der das Recht verbürgt und nur das Rechte von seinen Dienern verlangt.

Noch etwas anderes fiel mir als Zuhörer im Auschwitz-Prozeß 1965 auf: Der Zweite Staatsanwalt und die beisitzenden Richter waren gerade so alt, daß sie leicht die Söhne der meisten Angeklagten hätten sein können. So lange hatte es gedauert, bis die ersten Prozesse gegen NS-Täter vor deutschen Gerichten in Szene gesetzt wurden, daß sie auch gleich begleitet werden konnten von der Forderung, unter die Vergangenheit einen »Schlußstrich« zu ziehen. Daß es so spät erst zu Prozessen kam, hat viele zusammenwirkende Gründe. Der äußerlichste ist, daß die Ostblockstaaten erst nach der Aufnahme diplomatischer Beziehungen bereit waren, westdeutschen Gerichten Rechtshilfe zu leisten. Es handelte sich bei den NS-Tätern aber auch um Kriminelle besonderer Art. Im Bewußtsein, gar nicht rechtswidrig, sondern befehlsgemäß gehandelt zu haben, begingen sie keinen unbewußten Selbstverrat, keine Fehlleistung, wodurch kriminelle Einzeltäter nur zu leicht die Aufmerksamkeit der Polizei auf sich lenken. Als militärisch organisierte Rechtsbrecher, die nur auf höheren Befehl oder mit Erlaubnis ihrer Vorgesetzten töteten, sind sie nach dem Krieg in keine vergleichbare Situation mehr gekommen, in der sie hätten rückfällig werden können. Auch das half ihnen, unentdeckt zu bleiben. Hinzu kam aber auch, daß die Staatsanwälte und Richter, die in der Nachkriegszeit amtierten, zumeist selbst zwiespältige Erfahrungen mit dem NS-Staat gemacht hatten, so daß sie sich nicht anmaßen mochten, über andere darein Verstrickte zu Gericht zu sitzen. Erst die persönlich unbelastete Generation der Söhne hatte innere Freiheit und wohl auch Aufsässigkeit genug, die braunen »Väter« vor Gericht zu laden. Wenn seinerzeit die Sache anders ausgegangen wäre, hätten wohl eben dieselben aufstrebenden Juristen sich mit »Volksschädlingen«, Partisanen und »Vaterlandsverrätern« strafrechtlich zu befassen. Wenn, um die Fiktion weiterzuführen, das Hitler-Reich erst jetzt zerfiele, sei es durch äußere Einwirkung oder durch Diadochenkämpfe, dann sähen vielleicht in ein paar weiteren Jahren die heute noch jungen Juristen sich dem Vorwurf ausgesetzt, das geltende Strafrecht im Sinne eines Unrechtsstaates gebeugt zu haben.

Das Gedankenexperiment geht gewiß zu weit, wenn es junge Juristen von heute mit denen vergleicht, die an ihrer Stelle Recht sprächen, wenn 1945 sich politisch nichts geändert hätte. Auch bei möglicher Personengleichheit übersähen wir, daß ein Charakter, eine Person auch aus den auf sie wirkenden Einflüssen sich bildet, von ihnen gar nicht zu trennen ist. Moralische Verdächtigungen ließen auf jenes Gedankenexperiment sich in keinem Falle gründen. Wer heute aus Neigung zu einer das Leben nur beurteilenden Rolle zum Richter geworden ist, der wird in den allermeisten Fällen von den Grundsätzen des freiheitlichen Rechtsstaates ehrlich überzeugt sein. Was die Geschichte aus den Menschen macht oder sich entwickeln läßt, vollzieht sich in einer tieferen Schicht ihres Wesens als derjenigen einer bewußten Überzeugung. Und so ist das Gedankenexperiment doch lehrreich. Es zeigt, daß dem in einer neuen politischen Situation aufgewachsenen Menschen die unverwechselbaren Jahre fehlen, um das Verhalten einer vorhergehenden Generation, die unter anderen Bedingungen stand, zu beurteilen. Wir dürften uns nicht anmaßen, die Hexenverfolger des 15. Jahrhunderts anzuklagen, wenn sie wiederaufstünden. Wir dürften es uns moralisch nicht anmaßen, obwohl auch nach damaligem Recht manche Handhabe dazu gegeben wäre. Im Blick auf kulturgeschichtlich so ferngerückte Verbrechen leuchtete vollends ein, was GOETHE dem Römer Cato nachgesprochen hat: »Man könne sich vor niemandem verteidigen als vor denen, mit denen man gelebt habe.«[15]

Es ist zumindest ein Schönheitsfehler, daß in den NS-Prozessen auch der ständig schwelende Generationskonflikt inszeniert wird. Wenn da nicht einfach die alte Gesetzesmaschinerie mit nunmehr geänderter Stoßrichtung abläuft, dann müssen diese Prozesse getragen sein von jungen Leuten, die davon überzeugt sind, daß sie seinerzeit vom verbrecherischen Ungeist des NS-Staates sich nicht hätten anstecken lassen. Das ist eine verbreitete Überzeugung junger Akademiker, die so oder ähnlich sagen: »Mein Vater ist damals zackig mitmarschiert. Ich wäre nicht so dumm gewesen, das zu tun.« Sie meinen, sie wären damals durch freies Denken schon zu derselben politischen Haltung gekommen, die sie heute durch bloße Gewöhnung an die neue Ordnung gewonnen haben. Ähnlich dachten in rückwärtsgerichteter Selbstgerechtigkeit wohl auch die jungen Juristen des NS-Staates, die ebensowenig begreifen konnten, daß es im Niedergang der Weimarer Republik noch überzeugte Sozialisten gab, die dem Anbruch der »neuen Zeit« in jeder Weise entgegenwirkten. Gerade der Juristenstand scheint Menschen anzuziehen, die ans jeweils Geltende sich halten, dafür begabt nicht nur, dem geltenden Recht zu dienen, sondern auch dafür, mit diesem Recht dem herrschenden Geist ihrer Zeit zu genügen. So ist es wohl kein Zufall, daß im Dritten Reich zwar Beamte aller Sparten, vor allem Hochschullehrer, als politisch Unzuverlässige vorzeitig in den Ruhestand versetzt wurden, kaum jemals aber ein Richter oder Staatsanwalt.

Es sage niemand, die heute immer noch inszenierten NS-Prozesse seien nicht im Einklang mit dem Recht. Wenn wir die zweimal verlängerte Verjährungsfrist für Mord nicht zum materiellen Recht zählen, sondern zum Verfahrensrecht, dann kann kein Angeklagter geltend machen, daß zur Zeit der verübten Untaten jene Frist viel kürzer bemessen war. Das klänge so, als habe er im Vertrauen auf eine befristete Strafverfolgung gemordet. Fristen für mögliche Strafverfolgung wie für entsprechende Strafvollstreckung können, solange sie noch nicht abgelaufen sind, vom Gesetzgeber verlängert werden, ohne daß dadurch der Grundsatz *Nulla poena sine lege* (keine Strafe ohne – zur Tatzeit – gültiges Gesetz) verletzt würde. Denn damit ist nur gesagt, daß zur Tatzeit nicht gesetzlich verbotenes Treiben straflos bleiben muß. Nicht aber kann das bedeuten, daß eine schon zur Zeit der Tat verbotene Handlung unter bestimmten Bedingungen auf jeden Fall ungeahndet bleiben müsse. Eine solche Bedingung kann räumlicher oder zeitlicher Natur sein. Solche räumlichen Bedingungen regeln die Rechtshilfeabkommen der Staaten; die zeitlichen Bedingungen, also die Verjährungsfristen, unterliegen ausschließlich der Gesetzgebung jedes einzelnen Staates. Im Rahmen des geltenden Rechts ist somit alles in Ordnung, wenn Verjährungsfristen nachträglich verlängert oder gar aufgehoben werden. Aber es ist zu fragen, welchen Sinn Verjährungsfristen haben, welchen Sinn für jedwedes Recht, noch ehe es als ein so und nicht anders geltendes sich ausgestaltet. Ihr Sinn kann nur sein, daß dem Recht selber eine Grenze gesetzt wird im Interesse dessen, dem alles Recht zu dienen hat, dem Frieden. Strafverfolgung nach allzulanger Zeit kann Leidenschaften erwecken, die längst geschlafen haben; sie kann auf der einen Seite neuerdings den Rachegeist beleben, auf der anderen Seite neue Selbstgerechtigkeit und Beschönigung des Geschehenen. Was da aufflackert, ist auch der Haß der zu spät Verfolgten, die sich nicht mehr als die Täter von einst verstehen, sondern sich als die Menschen, die sie unterdessen geworden sind, gejagt und zur Strecke gebracht finden. Der Gesetzgeber, der leichtfertig oder aus tagespolitischen Rücksichten Verjährungsfristen verlängert oder aufhebt, müßte sich darüber im klaren sein, daß er damit an die Grundlage des Rechts selber rührt: an den Willen zum Frieden. Das ist eine urgermanische Rechtsauffassung: daß die Rechtsordnung Friedensordnung ist, und daß ein Rechtsanspruch nicht durchgesetzt werden soll, wenn dadurch der soziale Frieden gestört würde[16]. In den Verjährungsfristen des Strafrechts hat sich dieser Gedanke ebenso erhalten wie in den

Verjährungsfristen der anderen Rechtsgebiete und im Schikaneverbot des Bürgerlichen Gesetzbuches (§ 226), das die Ausübung eines Rechtes als unzulässig erklärt, »wenn sie nur den Zweck haben kann, einem anderen zu schaden«. Solche Erinnerung an das germanische Recht stößt heute gleich von zwei Seiten auf Befremden:

1. Im zeitlich rückwärts gerichteten Kampf gegen den Nationalsozialismus erscheint alles fragwürdig, was damals hoch im Kurs stand, so auch »das Germanische«. Der ideologische Kult des Germanentums hatte aber die Funktion, den »Wehrwillen« zu stärken. Folgerichtig wurde an der germanischen Kultur alles Heroische, Kriegerische überdeutlich herausgestellt, während vom Geist des germanischen Rechts aus erklärlichen Gründen nicht die Rede war. Wer wie Hitler ein »rücksichtslos hart«, ja »brutal« durchgreifendes Recht forderte[17], der mochte sich an das Friedensrecht der Germanen nicht erinnern lassen. (Die Rechtshistoriker jener Zeit machten aber auch nicht den Versuch, die NS-Ideologen darauf hinzuweisen.)

2. Gegen die Auffassung des Rechts als Prinzip einer Friedensordnung sträubt sich aber auch jenes »gesunde Volksempfinden«, auf dessen aggressive Züge der NS-Staat bei seinen drakonischen Maßnahmen sich stützen konnte. Nur gegenüber denen, die seinerzeit »Härte« zeigten, will der ominöse »Mann auf der Straße« heute Milde walten lassen. Dieser verbreiteten Stimmung trägt die rechtsradikale Presse mit der ihr eigenen Inkonsequenz Rechnung. Während sie nicht müde wird, von Zeit zu Zeit (und besonders nach spektakulären Kriminalfällen) die Wiedereinführung der Todesstrafe zu fordern[18], kommt ihren Redakteuren im Blick auf die noch inhaftierten »Kriegsverurteilten« schon der Begriff der *Resozialisierung* in die Feder[19].

Dies ist ein Wesensmerkmal aller politisch Radikalen: daß sie, auf ihre Ziele fixiert, auch von Erkenntnis geprägte Begriffe nur instrumental gebrauchen, als Waffe im Meinungskampf. Sie haben es so in der Hand, humanitäre Bestrebungen wie die Verteidigung der alten Verjährungsfristen oder die Resozialisierung von Straftätern zu diskreditieren, so als drücke darin sich eine besondere Sympathie für Massenmörder aus.

Nicht die Vorstellung, daß das Recht dem Frieden zu dienen habe, hat bei den mehr oder weniger »radikal« Gesinnten die Auseinandersetzung um die Verjährungsfristen bestimmt. Sie war auch für die streitbaren Antifaschisten nicht motivierend. Ihnen ging es darum, die volle Härte eines repressiven Rechts auf die Gewalttätigen von damals anzuwenden. Die Rechtsradikalen aber entsprachen, indem sie einen »Schlußstrich« verlangten, der geheimen Sehnsucht der Frustrierten, die zu allen Zeiten auf den »Führerbefehl«, den »Schießbefehl« warten, um der gepreßten Triebnatur endlich Luft schaffen zu können. Die Gerichte selbst sind dieser Psycho-Logik gefolgt, indem sie den SS-Schergen Tötungen »auf eigene Faust« als besonders erschwerend vorhielten, wenn sie gleich den rechtswidrig bindenden Befehl nicht als Rechtfertigungsgrund gelten lassen wollten.

Hier zeichnet sich ein Dilemma ab, in das konsequent humanitäres Denken gerät, sobald es im geltenden Recht selbst sich zu verankern sucht: Soll es an Kollektivverbrechen die volle Härte des Strafrechts knüpfen, auch auf die Gefahr hin, daß ein dabei nicht mitgehendes Volk die Geltung des angewandten Rechts untergräbt – oder soll es gerade allerschwerste Verbrechen ungesühnt lassen und dadurch die Verbindlichkeit der angewandten Normen für minder schwere Fälle nur in anderer Weise untergraben? Gewiß kann man sich auf den Standpunkt des Psychologen HOFSTÄTTER stellen, daß die kollektiv verübten Verbrechen die Dimension der Weltgeschichte gewinnen[20] und daß vor ihnen ein für den Alltag des Friedens geschaffenes Strafrecht unzuständig wird. Aber dann bleibt doch zu fragen, welchen Sinn es hat, das »kleine Unrecht« (BERT BRECHT) streng zu verfolgen, wenn das strenge Recht selbst immer wieder hinweggeschwemmt werden kann und allenfalls auf den Bajonetten der Sieger – und für die Besiegten – zurückkehrt. Soviel aber lehrt die Erfahrung, daß jedenfalls die späte, die verspätete Strafverfolgung von Kollektivverbrechen den Rechtsfrieden ihrerseits stört. Der tiefere Grund ist, daß noch in der gerecht zugemessenen Strafe, nur gebändigt, etwas von der Gewalt steckt, die in Ausnahmezeiten regel- und gesetzlos hervorbricht. Je größer der zeitliche Abstand geworden ist zwischen der zu verurteilenden Tat und der erst tätig werdenden rechtsprechenden Gewalt, desto klarer hebt sich auch der Gewaltcharakter der letzteren heraus: weil alle Gewalt nur eine je gegenwärtige ist. Man muß sich dies klarmachen, um ADORNO zu verstehen, der schon 1966 geschrieben hat:

> »Hätte man die Chargierten der Folter samt ihren Auftraggebern und deren hochmögenden Gönnern sogleich erschossen, so wäre es moralischer gewesen, als einigen von ihnen den Prozeß zu machen. Daß ihnen

zu fliehen, zwanzig Jahre sich zu verstecken gelang, verändert qualitativ die damals versäumte Gerechtigkeit. Sobald gegen sie eine Justizmaschine mit Strafprozeßordnung, Talar und verständnisvollen Verteidigern mobilisiert werden muß, ist die Gerechtigkeit, ohnehin keiner Sanktion fähig, die der begangenen Untat gerecht würde, schon falsch, kompromittiert vom gleichen Prinzip, nach dem die Mörder einmal handelten.«[21]

Die von ADORNO aufgezeigte Alternative lautet: Gleich erschießen – oder später »laufenlassen«. Das ist vom Standpunkt des geltenden Rechts ebenso unbefriedigend wie von der Idee eines Rechtes her, das auf Befriedung der Gesellschaft angelegt wäre. Soviel aber wird durch ADORNOS Zuspitzung deutlich, daß die Frage, wie den Opfern und den Tätern der NS-Verbrechen Gerechtigkeit widerfahren könne, vom Strafrecht her nicht zu beantworten ist. Denn dieses geltende Recht ist ein vergeltendes Recht, das Gewalt durch Gewalt, Aggression durch Aggression zu beantworten sucht. Milde Urteile aber, gar Freisprüche mangels Beweisen, wecken bei den überlebenden Opfern neue Erbitterung, die Empfindung, ein zweites Mal verhöhnt zu werden, und im Ausland auch neuen Deutschenhaß.

Für neonazistische Wirrköpfe werden durch harte Urteile darüber hinaus Märtyrer geschaffen, die zu engerem Schulterschluß motivieren und damit auch die Spannung von Haß und Gegenhaß verstärken: zwischen den Opfern und den Tätern, zwischen den Angehörigen der Opfer und den Kindern der Verurteilten, die sich nicht als Söhne und Töchter von Verbrechern fühlen wollen.

In keiner Beziehung kommt die Unzulänglichkeit des Strafrechts, sozialen Frieden zu stiften, so deutlich heraus wie bei der Verfolgung und Ahndung von Kriegsverbrechen und Völkermord. Hier zeigt sich aber auch deutlich das Irreale der Freiheitsstrafe, ja selbst der Todesstrafe: vor dem Verlangen, für geschehenes Unrecht einen Ausgleich zu schaffen. Keiner, der dabei mitgeholfen hat, Tausende zu töten, könnte auch nur durch seinen eigenen gewaltsamen Tod das Geschehene sühnen. Er müßte tausend Tode sterben; aber das wäre wiederum die Folter, die von ihm oder von einigen seiner Kameraden selbst praktiziert worden ist. Keiner, der zu lebenslanger Haft eingewiesen wird, trägt damit auch nur im mindesten dazu bei, angerichteten Schaden, verursachtes Leid wiedergutzumachen oder auch nur zu lindern. Niemand unter den überlebenden Opfern hat etwas davon, daß die Mörder von Auschwitz oder Treblinka, inzwischen überwiegend hochbetagt, in ihren Zellen sitzen, lesen und vor sich hinbrüten. Die einzig reale Alternative wäre gewesen, sie zur Wiedergutmachung heranzuziehen, sei es durch körperliche Arbeit oder mit ihrem Einkommen und Vermögen. Wer noch körperlich bei Kräften ist, der könnte in der Wüste Negev, helfend, sie fruchtbar zu machen, viel sichtbarer seine persönliche Schuld abarbeiten als im Müßiggang des Strafgefangenen. Er würde damit aber auch einen sinnvollen Beitrag leisten zur Versöhnung zwischen dem jüdischen und dem deutschen Volk. Wenn es schon wahr ist, daß es vielfach vom Zufall abhing, wer nach Auschwitz abkommandiert wurde, um dort alle Tötungshemmungen zu verlieren, dann könnten auch die Schergen von einst zu Botschaftern der Versöhnung werden. Es käme gar nicht darauf an, ob ihnen ein solcher Ehrentitel zugesprochen oder abgesprochen würde, oder ob sie selber sich als Zwangsarbeiter sähen; entscheidend wäre, daß sie für das deutsche Volk einen Beitrag leisten, das abzutragen, was sie an Schande auf Deutschland gehäuft haben.

Ich bin nicht sicher, ob sich in Israel Verständnis und Zustimmung für das eben Vorgeschlagene hätten finden lassen. Zu groß mag das Grauen sein, mit den Mördern von damals wieder in Berührung zu kommen. Aber solche Vorschläge, den Teufelskreis von Schuld und Vergeltung, von Haß und Gegenhaß aufzureißen, müssen einmal gewagt werden in der Hoffnung, auf allen Seiten Verbündete zu finden. Auch wenn das von Deutschen im Namen der germanischen Rasse schwer heimgesuchte Volk der Juden Wiedergutmachungsleistungen aus Mörderhand nicht anzunehmen bereit wäre, müßte sich ein Weg finden lassen, die Schuldigen zum produktiven Abarbeiten ihrer Schuld heranzuziehen und die Ergebnisse dieser Arbeit den überlebenden Opfern oder ihrem Volk zuzuführen. Wenn es aber auch unabhängig vom Beifall der moralischen Autoritäten dieser Welt darum geht, den Ungeist des Hasses und der Rache zu überwinden, für den Hitler als personales Symbol steht, dann kann es dafür nur hilfreich sein, ein auf das Vergeltungsprinzip gegründetes Recht durch ein auf Wiedergutmachung und Versöhnung zielendes Recht abzulösen. Dies hieße, »Hitler« auch in einer jener Fehlprägungen zu besiegen, die wir mit den allermeisten Völkern dieser Erde noch gemein haben. Andere, nicht minder gefährliche Fehlprägungen schafft die leib- und triebfeindliche Moral zusammen mit jenem Prestigedenken, das vitale Frustrationen zu kompensieren sucht.

e) Das Verlangen nach einem »Schlußstrich«

WILHELM REICH, ein Schüler Sigmund Freuds, hat schon zu Hitlers Lebzeiten davor gewarnt, den »faschistischen Amokläufer ... je nach politischer Konjunktur nur im Deutschen oder Italiener und nicht auch im Amerikaner und Chinesen« – und in sich selbst zu suchen[22]. Überall, wo ein wildes Verlangen nach Feinden zu harter Konfrontation führt, dürfen wir mutmaßen, daß da eine moralische und rechtliche Ordnung besteht, in der wesentliche Bedürfnisse des Menschen zu kurz kommen. ADOLF HITLER, der Führer mit dem psychologischen Spürsinn, wußte selber recht gut, was eine nur ideologiekritische Vergangenheitsbewältigung niemals erfaßt: »Nicht der Geist drängt zum Kriege, sondern der Körper.«[23] Faschismus, wie wir ihn kennengelernt haben und wie er vielerorts nachwächst, ist nur die Methode, die aus Millionen frustrierter Herzen aufsteigenden Sehnsüchte zusammenzufassen im Namen einer kompromißlosen Idee, sie zu binden an einen militanten Führer und auszurichten auf »Feinde« der Gemeinschaft.

Dies vor Augen, ist für uns gar nicht abzusehen, wann damit aufgehört werden kann, Hitler oder das, wofür sein Name steht, zu überwinden oder abzuwehren. Wir dürfen dabei nur nicht vordergründig uns an den Losungen, Emblemen und Farben erregen, unter denen Neonazis sich heute wieder versammeln. Tiefer fragend nach den moralkonformen und triebrepressiven Grundlagen des Faschismus, können wir durchaus erwarten, daß Schluß gemacht wird mit einer »Vergangenheitsbewältigung«, die nicht die Ursachen kollektiver Aggression durchleuchtet, sondern irrational den Neonazi zum bedrohlichen Feind stilisiert. Wenn wir wissen, daß faschistischer Ungeist nicht aus ideologischer Verblendung erwächst, sondern aus »vegetativer Sehnsucht« (W. REICH[24]), aus vitalem Unmut über die auferlegten Verzichte und aus einem Bedürfnis nach erlaubter Aggression, dann werden wir auch milder denken über jene, die am Rande ihrer »Traditionspflege« einen *Schlußstrich* fordern unter die juristische Aufarbeitung der »Vergangenheit«. Unaufgeklärt über die Triebstruktur faschistischer Neigungen, müssen sie den »Führern«, denen sie ihr Gewissen abgetreten haben, auch noch den Willen und die Kraft zur Verdrängung leihen. Je höher der Grad der Identifizierung mit den Beschuldigten, desto stärker auch der Wunsch, das ihnen Angelastete zu vergessen und vergessen zu machen. Dabei mag ein humanitäres Bewußtsein solch tieferes Bestreben durchaus überformen.

Während derjenige, der für ein Ende der KZ-Prozesse eintritt, selber in den Verdacht kommt, faschistisch gesinnt zu sein, besteht – nicht nur in unserem Lande[25] – breitester Konsens in der Forderung, den einstigen »Stellvertreter des Führers«, Rudolf Heß, endlich freizulassen. Dabei ist allerdings zweifelhaft, ob das humanitär gedachte Verlangen, heute in die Tat umgesetzt, dem lange Inhaftierten wirklich zum Segen gereichte. In der Einsamkeit Spandaus ganz auf sich selber zurückgeworfen, wäre er in der Unrast unseres Alltags wohl kaum noch lebensfähig. ALBERT SPEER hat schon bekannt, wie schwer es ihm gefallen sei, sich auf das Leben in Freiheit umzustellen. Nachdem er zwanzig Jahre lang im Hof und im Garten des Spandauer Gefängnisses sich täglich viele Stunden in frischer Luft bewegt hatte, hat er, widerstrebend zwar, diese gesunde Lebensweise unter dem nur andersgearteten Druck eines sogenannten normalen Lebens wieder aufgegeben[26]. Aber der »Spandauer Rhythmus«, auch ein in der Haft gewachsenes »Bedürfnis nach Einsamkeit« haben ihn innerlich nie mehr losgelassen[27]. Im Nachwort zu seinen *Spandauer Tagebüchern* (S. 663) sprach er von seiner »halb erotischen Beziehung zu Spandau«, ja von der »Tatsache«, daß er »vielleicht nie wirklich von dort wegwollte«.

Wenn schon Albert Speer, der Umgängliche, dies von sich sagen konnte, daß er sich in die Einsamkeit des Gefangenen gleichsam eingesponnen hat, um wieviel mehr mag das für Rudolf Heß gelten, der schon in jungen Jahren als ein »rätselhaft in sich Vereinsamter« (HANFSTAENGL[28]) erschien und der sich auch von seinen langjährigen Haftgenossen immer etwas abgesondert hatte[29]. Es ist die besondere Tragik des Falles Heß, daß es nun wohl auch für humanitäre Bestrebungen, ihn freizubekommen, zu spät geworden ist. Längst zum Märtyrer der Neonazis geworden, gewährleistet Heß, solange er lebt, mit »Spandau« die vorletzte Viermächteverwaltung im besiegten Deutschland – neben der Alliierten Luftsicherheitszentrale in Berlin. Das mag sogar eines der Motive der Sowjets sein, ihn nicht freizulassen. So leistet der Unglückliche – durch sein bloßes Dasein – immer noch einen unwägbaren Beitrag zum Frieden in Mitteleuropa.

Wer im Verlangen nach einem Schlußstrich – gleichermaßen für den »Friedensflieger« Rudolf Heß wie für die Massenmörder – sich nicht von humanitären Erwägungen leiten läßt, der hat Beweggründe, die heute im allgemeinen das Licht der Öffentlichkeit scheuen und auch von Meinungsumfragen nur oberflächlich erfaßt werden. Es sei – aufgrund vielfältiger Gespräche – versucht, solch mögliche Motive nachzuzeichnen:

1. Man empfindet dunkel, daß die Verbrechen, die von der Führung des Deutschen Reiches geplant und angeordnet wurden, doch das deutsche Volk belasten, selbst wenn es in seiner überwiegenden Mehrheit erst nach dem Kriege davon erfahren hat. Das Gefühl, davon belastet zu sein, ist auch nicht daran gebunden, daß namentlich auf seiten der Juden immer wieder Verfechter der Kollektivschuldthese aufstehen, das ganze deutsche Volk zu stigmatisieren*. Da unabhängig hiervon ein Zusammenhang besteht zwischen der Wahrheit über die deutschen Konzentrationslager und der Geltung Deutschlands in der Welt, befürchten gerade national gesinnte Deutsche von immer neuen KZ-Prozessen eine nachhaltige Schädigung und Beschmutzung des Ansehens der deutschen Nation. »Wenn immer wieder davon gesprochen wird, hört die Diskriminierung der Deutschen nie auf.« So oder ähnlich hörte ich es viele Male. Das Gegenargument, daß eine deutsche Strafjustiz, die schonungslos die deutsche Vergangenheit aufarbeitet, dem Ansehen Deutschlands nur dienen könne, findet wenig Anklang. Im Volk werden Vergeben und Vergessen enger zusammengedacht als Sühne und Bereinigung.

2. Man denkt an die Kriegsverbrechen, die am deutschen Volk begangen wurden: an die Bombardierung deutscher Wohngebiete (Dresden!), an die Vertreibung der Deutschen aus ihren östlichen Landesteilen und an die Form, in der sie geschah. Vor diesem Hintergrund erscheinen noch die von deutschen Gerichten gegen deutsche KZ-Bewacher durchgeführten Prozesse als »Siegerjustiz«, die unter dem Druck des Auslands praktiziert werde. Dabei wird die planmäßige Vernichtung unserer jüdischen Mitbürger gegen völkerrechtswidrige Kriegshandlungen der damaligen Feinde aufgerechnet.

3. In einer seit 1945 weiterlebenden und weitermordenden Menschheit wird die fortdauernde politische und juristische Aufarbeitung der NS-Verbrechen als Anachronismus empfunden. Wenn an den Indianern Brasiliens, an den Einwohnern Biafras und zuletzt an den Kombodschanern ungestraft Völkermord begangen werden konnte, ohne daß der Antifaschismus der ganzen Welt dagegen aufgeschrieen hätte, dann erscheint vielen Deutschen die unausge-

* Man vergleiche hierzu im II. Kapitel den Abschnitt a: »Die Deutschen als Objekt der Erziehung.«

setzte Strafverfolgung der NS-Verbrecher nicht nur als Siegerjustiz, sondern auch als ein Ausweichen vor den heute wirkenden destruktiven Kräften. Warum, so wird gefragt, genießt das gleichfalls geschlagene Pol-Pot-Regime in Kambodscha, das vermutlich 2,5 Millionen Menschen hingeschlachtet hat[30], immer noch die diplomatische Anerkennung der westlichen Demokratien, während das besiegte NS-Regime in seinen überlebenden Funktionären immer aufs neue verurteilt werden muß? – Die so fragen, bemerken nicht, daß sie damit eine Identifizierung mit Hitlers und Himmlers Schergen vollziehen, die der Kollektivschuld-These einen Schein von Berechtigung leiht.

4. Tiefverwurzelt ist im Volk, nicht nur im deutschen Volk, die Überzeugung, daß die im Kollektiv verübte Untat, gar das von der Staatsführung befohlene Morden von einer anderen moralischen und auch rechtlichen Qualität sei als das auf eigene Faust begangene Verbrechen. Diese Überzeugung ist nicht das Ergebnis einer Überlegung, sondern des in ihr bewußt und auch schon unklar gewordenen Bedürfnisses, für lange quälend zurückgestaute Triebe ein Ventil zu finden. Wenn nicht mehr guten Gewissens auf einen Führerbefehl gewartet werden darf, der aggressiv gewordenen Trieben endlich Auslauf zu gewähren verspricht, welchen Sinn hat es dann, in alltäglicher Beschränkung sich zu disziplinieren? Diese Frage wird zwar so nicht gestellt; sie ist aber das Schema, nach dem ängstliche Anpassung an eine beklemmende Ordnung und leichtsinnige Unterstützung einer gefährlichen Politik zusammenhängen.

Wenn im Blick auf den Völkermord der SS ein Schlußstrich zu ziehen ist, dann kann er nur so gezogen werden, daß kein Vorwand mehr bleibt, ein ganzes Volk, nunmehr die Deutschen, über die begriffliche Schiene »Mitwisserschaft – Duldung – Mitschuld« zu verketzern und dabei noch diejenigen, die damals erst Kinder waren, mit einzubeziehen. In den uns kollektiv stigmatisierenden Schriften und Filmen wird in naiver Weise, wenn nicht sogar geflissentlich ausgespart, wie man unter einem Terrorregime auf der Hut zu sein hat; wie da Mitwisserschaft bereits denjenigen, der sie kundtut, gefährdet. Wer es heute für selbstverständlich hält, oder wer darauf dringt, daß »die Deutschen«, alle, auch die Nachgeborenen, sich den Juden gegenüber in irgendeiner Weise schuldig fühlen, der setzt bei unserem Volk eine Neigung voraus, sich allemal unbedingten Forderungen zu ergeben. Eine zeitgemäße Folge wäre jener timide Philosemitismus, dessen die Juden selber nicht froh werden können. Wiesehr es sich dabei um eine bloße Anpassungsleistung handelt, erkennen wir daran, daß entsprechende Beteuerungen und Selbstanklagen gegenüber den Zigeunern fehlen, obschon diese Bevölkerungsgruppe von Hitler in gleicher Weise verfolgt und dezimiert wurde. Den Sintis, die keinerlei moralischen Druck auf uns ausüben[31], biedert sich kein noch so antifaschistisch Bewegter heute an. Ihre Diskriminierung hat noch nicht einmal ein Ende gefunden. Hier fehlt ein *Schlußstrich*, der allererst beendet, was Hitler begonnen hat. Auch hierin, daß wir nur tun, wozu man uns drängt, haben wir den Geist der schlimmen Jahre noch zu besiegen.

f) Kehrt Auschwitz wieder?

»Soll ich Ihnen Ihre Brillengläser in die Augen drücken?« rückte ein Polizist an einen Journalisten heran, der in Berlin eine Hausbesetzer-Demonstration beobachten wollte[32]. Andere Szene: Bei jener Nürnberger Demonstration Anfang März 1981, bei der die Polizei hart durchgegriffen hat und 141 Personen gefangengesetzt, flüchteten sich einige Demonstranten in eine leerstehende Garage und sahen sich darauf von Ordnungshütern eingeschlossen. Einer der Beamten rief hinein: »Wir könnten Sie jetzt eigentlich vergasen, dann könnten wir heimgehen . . .«[33] Solche und ähnliche Vorfälle und das, was gelegentlich von Gefangenenmißhandlung ruchbar wird[34], berechtigt zu der besorgten Frage: Kehrt Auschwitz wieder, könnte sich ähnliches wiederholen? Die dafür erforderlichen Wachmannschaften hätten wir schon, erkennbarer vielleicht sogar als seinerzeit, als die SS willfährige Kräfte für ihr Vernichtungswerk gesucht hat. Dem einstigen Chef der Stuttgarter Kriminalpolizei Josef Wirth hätte wohl niemand vorhergesagt, daß er einmal in einem Vernichtungslager sich als ein Mörder entpuppen würde, der die Juden mit der Peitsche in die Gaskammer treibt[35].

Man hat für die Wandlung so vieler rechtschaffener Menschen in Vollstrecker des Völkermords vielfach die Erziehung zum blinden Gehorsam verantwortlich gemacht, die von strengen Eltern bis auf den heutigen Tag praktiziert wird. Der Auschwitz-Kommandant Höss sah es rückblickend selber so: »Schon von klein auf wurde ich zu einem festen Pflichtbewußtsein erzogen. Es wurde in meinem Elternhaus streng darauf geachtet, daß alle Aufträge genau und gewissenhaft ausgeführt wurden.«[36] Das sei ihm »in Fleisch und Blut übergegangen«. Mit anderen Worten: Das Pflichtgefühl hat ihn soweit gebracht. Eichmann in Jerusalem berief sich gleichfalls auf die Moral strenger Pflicht, der er im Sinne KANTS zu genügen gesucht habe[37].

Dies vor Augen oder noch im Ohr könnten wir leichthin das allgemeine Vorurteil nachsprechen, daß der Nazismus in seiner mörderischen Zuspitzung eben geistige, ja ideengeschichtliche Ursachen habe. Aber damit hätten wir die Bewußtseinsformen eines sittlich fehlgeleiteten Zusammenlebens schon als dessen Bedingungen ausgegeben. Es ist durch keinen Hinweis auf KANT hinwegzudiskutieren, daß in dessen Ethik nur die durch Religion tradierte leib- und lustfeindliche Moral ein rational widerspruchsfreies System gefunden hat, das alle Lebensfreude aus sich verbannt. Einer so trockenen Vernunft kann letztlich alles zur Pflicht werden, was vitalen Neigungen immer erst abgetrotzt werden muß: Im Widerwillen gegen das Pflichtgebot gewinnt sie ein Kriterium seiner Richtigkeit. KANT sagt, die Pflicht sei »eine *Nötigung* zu einem ungern genommenen Zweck«[38]. Allen naturgegebenen Neigungen und Vorlieben wird da nicht nur mißtraut; sie kommen in eine Position, von der sittliches Handeln sich immer erst abzustoßen hätte. Solche Ethik, die nicht mehr in Lebensfreude sich verankert, ist – entgegen der Absicht ihres Verfassers – pervertierbar in alles, was unserer Lebensbejahung widerstreitet. Zuletzt mag als pflichtgemäß gelten, was der natürlichen Abneigung, andere Menschen zu töten, entgegensteht. Pflichtgesinnung, die noch hierin ihre Befriedigung findet, das von den Erziehern gepriesene Gefühl »erfüllter Pflicht«, kann aber nicht aus verstandesmäßiger Bejahung einer Pflichtethik sich bilden; sie erwächst unvermittelt aus der Verdrossenheit eines vital frustrierten und vielfach gedemütigten Menschen, dem, darüber aggressiv geworden, alles folgerichtig und überzeugend erscheint, was auf Vernichtung angelegt ist. Dazu gehört auch eine zum Kriege drängende Politik. Kein wirklich lebensfroh gestimmter Mensch kann sich mit einer Pflichtethik befreunden, in der Gefühle, die aus der Wärme des Blutes kommen, nicht mehr zählen. Eine solche Ethik setzt geradezu jenes Mißbehagen voraus, das FICHTE diesem Moralsystem kongenial unterlegt hat[39]. KANT selber stellt uns als Idealtypus des moralisch wertvoll Handelnden einen Menschen hin, »dem Widerwärtigkeiten und hoffnungsloser Gram den Geschmack am Leben gänzlich weggenommen haben«[40]. Da hilft keine Beschönigung: Diese Moral und dieses Menschenbild sind für eine lange und verhängnisvolle Zeit zu den für unser Volk idealen Vorstellungen geworden: in der Forderung von Selbstüberwindung und Selbstaufopferung. SALOMON GESSNERS Einsicht, daß das Mißvergnügen die eigentliche Wurzel des Bösen sei[41], hatte unter den Bedingungen unserer Kultur keine Chance, sich lebensverändernd durchzusetzen.

Nun wäre es gewiß eine provozierende Übertreibung zu behaupten, daß wir hier in Mitteleuropa in einem durchweg mißvergnügten, verdrossenen und lebensfeindlichen Volke lebten. Harte Triebschicksale in sittenstrengen Elternhäusern sind nicht so häufig, daß aus jedem zweiten oder dritten Kind ein Sadist oder ein potentieller Mörder werden müßte, der nur auf eine Ausnahmesituation wartet, unter deren Schutz er sich endlich austoben könnte. Selbst in Auschwitz waren – nach der Schätzung überlebender Häftlinge[42] – nur etwa 10 bis 15 Prozent der SS-Leute richtige Sadisten in einem pathologischen Sinne. Die anderen fielen entweder nicht weiter auf, weil sie nur einen Wachdienst zu versehen hatten, oder sie benahmen sich auch als todbringende Funktionäre kühl und unauffällig. Sie aber waren es, die die Vernichtungsmaschinerie in Gang hielten, schon dadurch, daß sie mit ihrem disziplinierten Verhalten die fürs Gas bestimmten Häftlinge bis zuletzt über das ihnen zugedachte Los zu täuschen wußten. Nicht der unberechenbare Sadist, sondern der auf Befehl durchaus kühl, ja geschäftsmäßig tötende Mensch ist es, der den Organisatoren des Todes als zuverlässiger Vollstrecker gilt. Auf ihn kann sich stützen, wer nur durch Worte (Befehle) zu töten vermag, aber nicht mit seinen eigenen Händen. Der auf Befehl Tötende aber kann dabei völlig ruhig bleiben, wenn das Gefühl erfüllter Pflicht ihn affektiv entlastet. Solch wechselseitige Entlastung läßt hinter der Fassade militärisch disziplinierten Auftretens die insgeheime Lust am Töten nicht erahnen. Sie ist aber die Motivationsgrundlage aller lebensfeindlich gewordenen Pflichtgesinnung.

Der zu etwas verpflichtete Mensch, zur Erfüllung einer ihm widerwärtigen Pflicht sich überwindende Charakter ist innerlich gespalten: in einen Willen, der hier widerstrebt, und in eine Bereitschaft, auch argen Zumutungen sich nicht zu verweigern. Solche Bereitschaft kann motiviert sein von Trennungsängsten, kurzum der Angst, durch »Pflichtvergessenheit« des Rückhalts in der ihn verpflichtenden Gemeinschaft verlustig zu gehen. Dem bewußten Willen, sich unter allen Umständen als pflichtbewußt zu erweisen, mag aber gerade dann, wenn Unmenschliches zur Pflicht erhoben wird, ein selber nie ganz eingestandener Vernichtungswille beispringen, der dann, wenn er mit einer solchen Forderung zur

Deckung kommt, als reines Pflichtgefühl reflektiert wird. Was dem pflichtgemäß oder gehorsam Tötenden jedoch wirklich die Hand führt, das ist nicht sein Pflichtgefühl, sondern der davon freigelegte Drang zu töten. Dieser ist nur durch die Pflichtgesinnung für das Wachbewußtsein verdrängt. Solche Verdrängungsleistung wurde sogar von den deutschen Richtern noch honoriert, die in den letzten Jahren über KZ-Täter zu urteilen hatten. Diejenigen unter den Schergen, denen nicht ein engagierter »Täterwille« nachzuweisen war, kamen als Mörder nicht in Betracht. Wer in den Vernichtungslagern nicht durch Mordexzesse und eigenhändige Sadismen aufgefallen war, wer vor Gericht überzeugend darlegen konnte, daß er aus »Pflichtgefühl« und »Autoritätsgläubigkeit« getötet habe, wurde als Mordgehilfe eingestuft und kam nicht selten mit einer Freiheitsstrafe von drei oder vier Jahren davon. Die haarspaltende Strafjustiz erwies sich so als integraler Bestandteil eines Systems der Verdrängung und Leugnung der eigentlich treibenden Motive. Aber noch die beflissenen Antifaschisten, die vordergründig gegen »Autoritätsgläubigkeit« wettern, reihen sich ein in den Konsens der Verdränger, die nicht wahrhaben wollen, daß »autoritätsgläubig« auf den Mordbefehl nur wartet, wer seinen vitalen Unmut nicht anders als sozialkonform austoben möchte.

Die Vorstellung, daß ohne latenten, schon sprungbereiten Menschenhaß eindeutig menschenfeindliche Befehle rein pflichtgemäß ausgeführt würden, ist ein Selbstmißverständnis des Menschen, der sich über seine vitalen Antriebe und deren Pervertierung in Lustlosigkeit gar nicht klarwerden will. Dieser aufs Töten erpichte Mensch ist selbst dort, wo ganze Völker einander bekriegen, nicht einmal mehrheitlich vertreten. Nach Untersuchungen amerikanischer Militärsoziologen machen von 100 Soldaten während eines Kampfes im allgemeinen nur etwa 15 von ihrer Waffe Gebrauch[43]. Was so bei der Truppe herauskommt, gilt erst recht für ein zur kollektiven Aggression geführtes Volk im ganzen: Es hat sich in den Willen einer destruktiven Minderheit ergeben. Diese treibt Haßpropaganda am Ende nicht, um das ganze Volk zu rasenden Kämpfern wider die »bösen Feinde« zu machen, sondern um freie Hand zu bekommen für ihr menschenfeindliches Wirken. (Durch den Fortschritt der Vernichtungstechnik wird sie dabei vom Volkswillen noch unabhängiger.)

Selbst wenn Propaganda systematisch daran arbeitet, überkommene Vorurteile gegenüber anderen Völkern oder Volksgruppen durch aktuelle Anlässe zu erhärten, so wird es ihr nicht gelingen, solche Aversionen zu reiner Mordgesinnung zuzuspitzen, wenn ihnen nicht ein pervertiertes, ein aggressiv gewordenes Triebleben vorgegeben ist und beispringt. Aus rein kulturellem Vorurteil kommt es allenfalls zu jenem »gemütlichen Antisemitismus«, den HANS LAMM in seiner Jugend in München erfahren hat[44], ehe Hitler sein Vernichtungswerk beginnen konnte. Hitlers schon früh darauf angelegter Wille ist ohne Fanatismus im ursprünglichen Wortsinn der religiösen Besessenheit nicht denkbar: In seinem programmatischen Buch *Mein Kampf* (S. 70) berief er sich auf den »allmächtigen Schöpfer« und erklärte: »Indem ich mich des Juden erwehre, kämpfe ich für das Werk des Herrn.«

Eine destruktive, menschenfeindliche Grundstimmung, die auf religiöse Motive zurückgreift und sich als Weltanschauung erklärt, ist nicht bloße Propaganda, sondern dem so sich Darstellenden selber ein Mittel, sich seine wahren Antriebe zu verschleiern. ADOLF HITLER schildert im zweiten Kapitel des Ersten Buches von *Mein Kampf* seine Wandlung zum Antisemiten. Wer das heute nachliest, könnte in aktueller Besorgnis leicht dabei hängenbleiben, daß Hitlers Entwicklung zum Antisemiten nicht unwesentlich von billigen Broschüren beeinflußt war, die er sich seinerzeit vor dem Ersten Weltkrieg in Wien gekauft hatte. Psychologisch bedeutsamer erscheint mir, daß HITLER gleich an drei verschiedenen Stellen dieses kurzen Kapitels betont, welch schweren inneren Kampf ihn die sogenannte Judenfrage gekostet habe. In dem »bitteren Ringen« zwischen »seelischer Erziehung und kalter Vernunft« habe aber schließlich die Überzeugung gesiegt, daß der Jude kein Deutscher ist. Was hier mit »seelischer Erziehung« umschrieben wird, das meint wohl den Humanismus, der in jedem Menschen den Mitmenschen zu sehen lehrt. Was aber als »kalte Vernunft« sich aufspreizt, das hat bei Hitler zu jener »inneren glücklichen Zufriedenheit« des weltanschaulich Überzeugten geführt, der keine andere »Weltanschauung« mehr neben sich duldet. Jene »kalte Vernunft«, die in der Überzeugung gipfelt, daß die Juden, die unter uns leben, Angehörige »eines fremden Volkes« seien, vollzieht damit den entscheidenden Schritt, der nötig ist, um sie für alle Mißstände verantwortlich zu machen und kalten Sinnes zu verfolgen: als freilich irrationale »Personifikation des Teufels« (*Mein Kampf*, S. 355).

Schon ehe HITLER zu der »Erkenntnis« der Fremdrassigkeit der Juden kam, hatte er an ihrer »sittlichen und sonstigen Reinlichkeit« gezweifelt, war geneigt, ihnen die Schuld an der in Wien augenfälligen Prostitution zuzuschieben und an dem niedrigen »geistigen und sittlichen Niveau« des dortigen Kulturbetriebes. Doch immer wieder wurde er in seinem neuerworbenen antisemitischen Glauben schwankend, nach seinen eigenen Worten »rückfällig auf Wochen, ja einmal auf Monate hinaus«. Erst die Entdeckung, daß eine Reihe sozialdemokratischer Führer in Österreich jüdischer Abkunft waren, bestärkte ihn in der Überzeugung, daß die Menschheit vor den Juden gerettet werden müsse: »Siegt der Jude mit Hilfe seines marxistischen Glaubensbekenntnisses über die Völker dieser Welt, dann wird seine Krone der Totentanz der Menschheit sein, dann wird dieser Planet wieder wie einst vor Jahrmillionen menschenleer durch den Äther ziehen.«[45] In diesem Satz wird, was er später selbst in Szene gesetzt hat, der Völkermord, den zukünftigen Opfern als geheimer Wunsch und Wille unterstellt. Ein verständlicheres und zugleich grausigeres Beispiel für das, was wir mit FREUD ein »Projektionsphänomen« nennen, ist nicht denkbar.

Was in Hitlers zweifellos stilisiertem, aber doch psychologisch naiv geschildertem Werdegang zum Antisemiten herauskommt, das ist auch der lange innere Widerstreit zwischen unvereinbaren Positionen und Zielrichtungen der herrschenden Moral. Gerade wir Deutschen werden zu besonderer »Reinlichkeit« erzogen, zu einer sittlichen Distanz gegenüber allen Ausscheidungen des Körpers, der nach dem Vorbild der Maschine in geregelten Bahnen zu funktionieren hat und jede ungeplante sexuelle Triebregung als »unanständig« oder »schmutzig« verwiesen bekommt. Das führt zur auch projektiven Ablehnung aller Menschen und Völker, die nicht wie die Deutschen oder die Japaner, immer wie aus dem Ei gepellt, ordentlich und sauber daherkommen. Unduldsamkeit gegenüber sexuellen Abweichungen ist eine weitere Konsequenz. Auf der anderen Seite werden wir zu Verständnis und Toleranz gegenüber allem Fremdartigen, zu Menschen- und Nächstenliebe erzogen. Nicht jeder junge Mensch verspürt die Gegensätzlichkeit der so an ihn herangebrachten Verhaltensstile, und wohl nur wenige unter denen, die das merken, leiden unter der Widersprüchlichkeit dieser moralischen Erwartungen. Wer aber wie der junge Adolf Hitler in einem »langen inneren Seelenkampf« diesen Widerspruch durchlebt und dabei allmählich dem Bedürfnis nach projektiver Entlastung nachgibt, der schlägt sich damit zwangsläufig auf die Seite der Unerbittlichen, Intoleranten, die die Welt von allem Unsauberen, Schmutzigen und Gemeinen zu reinigen trachten. Diesen Eifer hatte der Führer der nationalsozialistischen Bewegung mit einem anderen Schlächter von welthistorischer Bedeutung gemeinsam, mit Robespierre, der schon als erster klar die Überzeugung aussprach, daß die Welt nur besser werden könne, wenn man die Bösen töte.

Wer heute von »geistigen Wurzeln des Terrors« spricht, von der ideologischen Gefahr eines neuen Faschismus oder von der Verderblichkeit rassistischen Gedankengutes, der darf sich in Kenntnis des inneren Werdeganges des Antisemiten Adolf Hitler tiefenpsychologisch fragen lassen, ob er damit nicht an jener Oberfläche des Erklärbaren bleibt, die von den radikalen Ideologen selber dargeboten wird. Gedanken, als geistige Phänomene betrachtet, haben aus sich heraus nicht die Kraft, mörderische Affekte zu mobilisieren und in brachiale Gewalt umzusetzen. Wenn wir demgegenüber von moralischen Ursachen des Völkerhasses und des Völkermordes sprechen, so meinen wir damit nicht, daß moralische Wertvorstellungen und Widersprüche zwischen ihnen unmittelbar zu destruktivem Verhalten führten, sondern daß unter dem, was als moralischer Konflikt erscheint und bewußt wird, Triebkonflikte stecken, die nicht erst durch vorgesagte Worte und geglaubte Werte geschaffen werden. Der Wert der Reinheit und der Sauberkeit kann einem Kind erst vermittelt werden, wenn es schon leibhaft erfahren hat, was als schmutzig gilt und was es magisch zu vermeiden hat. Was von Psychoanalytikern in der Erziehung der Kleinkinder als »Reinlichkeitsdressur« bezeichnet werden konnte, geht im Prinzip nicht anders vor sich als die Methode, nach der Haustiere »stubenrein« gemacht werden. Moralische Belehrung, die sprachlich den Wert von Reinheit und Sauberkeit unterstreicht, schafft später nur noch eine Überdetermination des frühe Eingeübten und Eingebleuten. Nicht wesentlich anders erfolgt in jungen Jahren eine Erziehung zur Toleranz und zum Dulden des Andersartigen. Auch hier vermittelt zunächst nicht das Wort »Toleranz« eine Hemmung unduldsamer Affekte; vielmehr erfährt das Kind, das daran gehindert wird, an anders aussehenden oder lebenden Mitschülern seine aggressiven Neigungen auszutoben, daß es hier etwas zu respektieren gilt. Noch tiefer verankert wäre eine Haltung der Toleranz bei einem Menschen, der gar nicht eine auf andere gerichtete Aggressivität entwikkelte, weil er in libidinösen Regungen nicht gehemmt und frustriert würde. Ihm aber wäre der Begriff Toleranz nicht so leicht zu vermitteln. Er müßte, was damit gemeint ist, erst auf dem Umweg über die Beobachtung der innerlich Tobenden und unerbittlich Rechthabenden erfahren: Toleranz als Gegenbegriff zu der Art, in der sie sich gegenüber anderen benehmen. Daß wir es nötig haben, zu Toleranz, Duldsamkeit, Verständnis für andersartige, anders glaubende und andersrassige Menschen ermahnt zu werden, ist schon ein Zeichen dafür, daß unsere Neugier auf Fremdes, »Exotisches«, überwuchert ist durch eine Aggressivität, die nach gleichartigen Verbündeten verlangt, weil sie auf eigene Faust sich nicht hervorwagt. Die Verbündeten, die Streitgenossen aber müssen möglichst so aussehen und so sprechen und denken wie wir selber, damit durch sie die Illusion einer Vergrößerung des eigenen Ichs genährt wird. Gemeinschaftssinn, der keine Gastfreundschaft und keine Mitmenschlichkeit gegenüber Fremdrassigen kennt, ist im Grunde motiviert von einem an sich selber zweifelnden Charakter, der an »Ichschwäche« (FREUD) leidet, weil er in seinen vitalen und spontanen Antrieben gebrochen ist.

Gewiß läßt nicht alle Aggressivität sich auf unterdrückte Sexualität zurückführen, am wenigsten eine, die der Durchsetzung sexueller Triebregungen selber dient oder nur den Zweck hat, sich gegen Angriffe zu verteidigen. Wenn es aber wahr ist, daß das, was wir seit FREUD Libido nennen, der ursprünglichste Antrieb zur Vergesellschaftung des Menschen ist, dann muß die Frustration entsprechender Neigungen das Verhältnis zum Mitmenschen überhaupt in vielfacher Weise stören. Es wird dabei nicht so einfach zugehen, daß ein Mensch lediglich gehemmt ist im Umgang mit anderen und dabei sich innerlich zurücknimmt in seinen Begehrungen und Sehnsüchten. Das ist eine Illusion der Bewußtseinspsychologie, die annimmt, daß ein Mensch eben das, wozu man ihn anhält, auch so verinnerlicht, daß es sein Wesen verändert, hin zum Stillen, Braven, Zurückhaltenden. Welche triebhafte Unrast hinter der Stirn zurückhaltender junger Männer tobt, dürfen wir gerade erschließen aus den späteren Lebenswegen des jungen Einzelgängers Adolf Hitler und des schüchternen jungen Mannes Heinrich Himmler[46].

Der in seinen soziosexuellen Fähigkeiten beeinträchtigte, libidinös gehemmte Mensch gewinnt zu seinen Mitmenschen ein in doppelter Weise gebrochenes Verhältnis. Einmal in einem sich nicht erweiternden Lebensumkreis wird er den vitalen Unmut über die ihm auferlegten Triebverzichte als Haß gegen eben dieselben Menschen richten, denen er sich aus Gewohnheit und in Abhängigkeit verbunden fühlt. Sowie sein Blick über die engere Heimat hinausreicht, wird er zugleich inniger sich zu Hause verwurzeln und um so feindseliger allem Fremden, Andersgesinnten und Andersartigen begegnen. Das doppelte Bedürfnis nach Geborgenheit und Aggression, beides aus vitaler Verunsicherung intensiviert, wenn nicht geboren, braucht Menschen für beide Zwecke. Diejenigen, die solch ein Verschüchterter haßt und verfolgt, helfen ihm noch durch ihre Opferrolle, daß er sich im engsten Kreise als ein liebender und treusorgender Mensch entfalten kann. So braucht es uns nicht zu wundern, daß so manche Ehefrau eines SS-Schergen, der vielfachen Mordes beschuldigt war, Presseleuten gegenüber erklärte, es sei ganz unmöglich, daß ihr Mann so etwas getan habe; er sei doch immer der beste Gatte und der fürsorglichste Vater gewesen[47]. Es gibt auch keinen Grund, an der Mitteilung des Auschwitz-Kommandanten Rudolf Höss zu zweifeln, die wir in seiner Autobiographie fanden: »Ja, meine Familie hatte es in Auschwitz gut. Jeder Wunsch, den meine Frau, den meine Kinder hatten, wurde erfüllt. Die Kinder konnten frei und ungezwungen leben. Meine Frau hatte ihr Blumenparadies . . .«[48]

Es würde gewiß zu weit gehen, aus dem intakten, ja vorbildlichen Familienleben von KZ-Lagerführern zu folgern, hierin sei die eigentliche Ursache ihres verbrecherischen Verhaltens zu sehen. Die vitalen Antriebe zu destruktivem Verhalten wurzeln tiefer als in den Emotionen, die einen traditionsgemäß übernommenen Lebensstil erfüllen. Die nach dem Muster der überkommenen Moral von sittenstrengen Erziehern bereits in der frühen Kindheit gebrochene Triebnatur tritt später in nicht mehr miteinander vereinbare Regungen auseinander: in ein sentimentales Bedürfnis nach Geborgenheit und in ein brutales Verlangen, andere Menschen zu quälen oder gar zu töten. Der nicht mehr zu herzhafter Umarmung fähige Mensch kann nur noch auf sadistische Weise auf andere Menschen zugehen. Grausamkeit, sagt Nietzsche[49], ist eine »versetzte Sinnlichkeit«. Was darin versetzt, von seinem angestammten Platz gerückt ist, das ist das Kraftmoment der Libido, die, unterdrückt und allzu hart reglementiert, in Sentimentalität und rohe Kraft auseinanderfällt. Der so gleichsam dissoziierte Trieb wendet sich unterschiedlichen Objekten zu: »geliebten Personen« und herabgewürdigten Menschen, nur noch dazu gebraucht, den eigenen vitalen Unmut auf sie abzuladen.

Hitlers Weg zum Antisemiten ist nur verständlich aus einer Erziehung heraus, in der Sauberkeit und Reinlichkeit, diese sittlich noch gesteigert zur »Reinheit«, eine dominierende Rolle spielen: eine typisch mitteleuropäische Erziehung. Da kaum jemand, wenn er ehrlich ist, diesem Erziehungsideal voll genügt, außer in paranoischer Zuspitzung, wird das Leiden an solcher »Unzulänglichkeit« nur zu gerne als Haß auf erkennbar unsaubere und schmutzige Menschen projiziert. So rückt der gute, sauber gekleidete Bürger angewidert von dem Stadtstreicher weg, der sich auf einer Bank im Park oder in einer Gaststätte zu ihm setzen will. Und so ist der zu Hause wohl zu strenger Reinlichkeit erzogene junge Adolf Hitler angewidert und abgestoßen von einem Lehrer, der immer einen ungewaschenen Eindruck macht und dessen Kragen nie rein ist. Noch der Führer der Nation erinnert sich dieser für den Knaben einst ekelerregenden Erscheinung. So tief hat Dressur zur Reinlichkeit ihn geprägt, daß es ihn noch schaudert, da er davon spricht: »Der ganze Mensch war widerlich.«[50]

Daß Hitler in seiner Kindheit eine streng auf Reinlichkeit bedachte und triebunterdrückende Erziehung erlitten hat, kann auch aus dem Waschzwang erschlossen werden, der an ihm beobachtet wurde. Der Hitler-Biograph WERNER MASER[51] will uns allerdings glauben machen, daß Hitler sich diese »geradezu krankhafte Manie« wie überhaupt seine »Furcht vor körperlicher Verschmutzung« erst in Wien aus einem Buch des Antisemiten BÖLSCHE[52] angelesen habe – ein schon absurdes Beispiel dafür, wie weit die zünftige Zeitgeschichtsforschung sich von jedem psychologischen Verständnis entfernen kann. Ein höchst banales neurotisches Symptom wird da ideengeschichtlich verbrämt. Durch MASERS Erklärung schimmert aber noch die Ahnung, daß der Reinlichkeitswahn und der Eifer für Rassenreinheit irgendwie zusammenhängen. Fast soviel war auch HITLER, als er in *Mein Kampf* seine Entwicklung zum Antisemiten beschrieb, schon bewußt. Er hielt nur – und dies im Einklang mit einem verbreiteten Erziehungsziel – für eine Tugend, was innerlich ausgeglichenen Menschen zumindest als ein Fimmel oder als krankhafte Manie erscheint.

In Wien hat der junge Hitler dann den Weg zu den Menschen, die er fortan hassen wollte, geradezu mit der Nase gefunden: »Mir wurde bei dem Geruche dieser Kaftanträger später manchmal übel«, schreibt HITLER in *Mein Kampf* (S. 61). Vermutlich hatten sie Knoblauch gegessen, gegen dessen Geruch auch manche semitische Nase allergisch ist. In Hitlers dramatisierender Darstellung aber wird daraus ein sich bis zur Unerträglichkeit aufsammelnder Widerwille, der, ob er will oder nicht, sich zu guter Letzt politisch artikulieren muß. Jener fremdartig gekleidete Jude, den der müßig durch Wien streifende junge Hitler staunend betrachtete, wurde ihm gleichsam zum Archetypus seiner Aversion gegen alles »Unsaubere«, die sich ihm später bis zum Vernichtungswillen gesteigert hat:

»Als ich einmal so durch die innere Stadt strich, stieß ich plötzlich auf eine Erscheinung in langem Kaftan mit schwarzen Locken. Ist dies auch ein Jude? war mein erster Gedanke.
So sahen sie freilich in Linz nicht aus. Ich beobachtete den Mann verstohlen und vorsichtig, allein je länger ich in dieses fremde Gesicht starrte und forschend Zug um Zug prüfte, um so mehr wandelte sich in meinem Gehirn die erste Frage zu einer anderen Frage:
Ist dies auch ein Deutscher!«[53]

Im Juden hatte der offenbar in neurotisierender Weise zur Sauberkeit erzogene junge Hitler endlich das Objekt gefunden, gegen das er seinen sozialgefährlichen Reinlichkeitswahn aggressiv austoben konnte. »Säuberung« und »Reinhaltung der Rasse« sind die magischen Worte, hinter denen er später seinen todbringenden Rassenhaß verbirgt, dabei dessen psychischen Ursprung immer noch verratend.

Es gibt in der Tat kein radikaleres Verfahren, die »Unsauberkeit«, die von Menschen ausgeht, zu beseitigen, als die Beseitigung dieser Menschen selber. Umgekehrt kann Mordlust vor dem eigenen Gewissen nicht besser verharmlost werden als durch die auch zu sich selbst gesprochene Erklärung, daß es nur um Sauberkeit, Reinheit und Ordnung gehe. Wer sich einzureden weiß, daß die Menschen, die er vernichten will, doch nur »Ungeziefer« seien, der braucht in sich selber keine »Tötungshemmung« (K. LORENZ) mehr zu überwinden. Die SS-Schergen, die in Auschwitz den Juden sagten, sie kämen zur Entlausung, während sie in die Gaskammer geführt wurden, belogen damit auch sich selbst. Nichts lag ihnen näher als die Lüge, für Hygiene sorgen zu wollen. Hygiene, Reinheit und Sauberkeit waren die Losungsworte ihrer mörderischen Neurose: Sie sprachen von »Rassenhygiene« und meinten Ausrottung. Sie ersehnten »Rassenreinheit« und bezweckten eine »Säuberung« des »Volkskörpers« von Menschen, die nicht in ihrem Sinne »rein« waren. Bezeichnenderweise nannte HIMMLER die Gestapo die »nationale Putzfrau«[54]. Eben dies war das durchschlagend Gefährliche am Vernichtungswillen der NS-Führer: daß er im Bunde stand mit der in unserer Kultur kaum bezweifelten sittlichen Zielsetzung, dem Streben nach Reinheit, Sauberkeit und Ordnung. Keine Mordlust ist so gefährlich wie diejenige, die sich selber sittlich gerechtfertigt fühlt. Nur ein derart moralisch motivierter Mensch kann mit Hitler meinen, er tue, indem er andere vernichtet, »das Werk des Herrn«.

Ich will hier nicht darauf hinaus zu sagen, daß aus der allgemeinen Verbindlichkeit des Ideals der Reinheit und Sauberkeit sich eine Art Kollektivschuld ergebe für alle Verbrechen von Staats wegen, die, verräterisch genug, als »Säuberungen« deklariert werden. Solange der triebpsychologische Zusammenhang von Triebverzicht, Reinlichkeitsideal und projiziertem Haß auf alles »Unreine« (in anderen) nicht allgemein bekannt ist oder wenigstens leichtfertig unterschätzt wird, kann noch nicht von Schuld in solchem Sinne gesprochen werden. In dem Maße jedoch, in dem triebpsychologisches Wissen sich ausbreitet, wächst auch die Verantwortung, nicht durch eine triebbeschränkende, auf Reinheit ausgerichtete Moral die Motivationsbasis für todbringende Hygiene und mörderische Säuberungen zu schaffen oder aufrechtzuerhalten.

Es ist kein Zufall, daß ausgerechnet der blonde und blauäugige Mensch zum Ideal der Rassenfanatiker werden konnte. In ihm, der zugleich der hellhäutigste ist, findet der zur Reinlichkeit Gedrillte den Menschen vor, der schon durch sein Aussehen alledem, womit man sich schmutzig machen kann, leuchtend entrückt scheint. Dieser »nordische Mensch« ist die Sehnsucht der sittlich Verquälten, der an einem »entsetzlich starken Naturtrieb« (HIMMLER[55]) Leidenden, die mit ihrer eigenen »Unreinheit« nicht fertig werden. Selber dunkelhaarig wie Hitler, Himmler oder Alfred Rosenberg, schwärmen sie für helle, blonde Gestalten, die nicht mehr die Farben der Erde verkörpern. Nicht nur zu äußerster Reinlichkeit erzogen, sondern auch nach ihr verlangend, um Empfindungen des »Beflecktseins« loszuwerden, wird dem Prototyp unserer Kultur alles Helle, Leuchtende, Weiße zum Inbegriff des Schönen, zum Symbol der Erlösung von Schuldgefühlen aus verschwiegener Lust. Dieselbe triebunterdrückende Moral, die ihre höchste Tugend, die Jungfräulichkeit, im Weiß des Brautkleides demonstriert (und in der Werbung für Waschmittel), diese Moral läßt vorzugsweise durch blonde Mädchen das Gute verkörpern. Goldmarie und Pechmarie sind schon im Märchen durch ihre Haarfarbe voneinander geschieden. Welch ein Glück, daß hier die Augen genügen, um sofort das Gute zu erkennen! Da hat es auch der zur Gewalt Gestimmte leicht, sich auf die Seite des Guten zu schlagen. Bewußt von nichts anderem waren Hitler und Himmler bewegt, wenn sie die

Deutschen »aufzunorden« gedachten und den »schwarzhaarigen Judenjungen« (*Mein Kampf*, S. 357) ins Gas schickten.

Die Frage, ob Auschwitz wiederkehren könnte, ist nicht vordergründig vom jeweiligen Kurswert nazistischer Ideale oder Embleme her zu beantworten. Entscheidend ist, ob, moralbedingt, die Triebstruktur des Volkes immer noch dieselbe ist wie damals, als eine Horde von Reinheitsbesessenen und Säuberungswütigen aus ihm sich formiert hat. Die Frage, ob ein kollektiv aggressiver Nazismus wiederkehren könne, ist noch weniger von daher zu beantworten, ob die Jugend heute echte Ideale und Werte habe, die ihrem Leben einen Sinn gäben. Wer so spricht, blind für den eruptiv sich bahnbrechenden vitalen Unmut junger Menschen, der ist nicht weniger naiv als jener Führer es war, vor dessen Ungeist er bewahren möchte. Hatte doch auch HITLER alles Böse und Schlimme in dieser Menschenwelt, alle »Verfallserscheinungen« unserer Kultur aus einem Mangel an »Weltanschauung« erklärt, freilich als »Folgen des Mangels einer bestimmten, gleichmäßig anerkannten Weltanschauung«[56]. Doch hier wie dort, damals wie heute, sollte alles auf die rechte geistige Motivation ankommen, auf die richtigen Ideale, die wahren Lebensziele – wie wenn in unserer Kultur nicht schon allzuoft gerade im Namen der höchsten und feierlichsten Ideale, derjenigen des Christentums, die abscheulichsten Grausamkeiten und Verbrechen verübt worden wären. Wer für triebpsychologische Analysen blind bleiben möchte, der darf natürlich nicht wahrhaben, daß ein vital frustrierter und unter harter Reglementierung körperlich leidender Mensch sich schon die hohen Ideale besorgt, zu deren noch höherem Ruhme er endlich loszutoben wagt.

Wer angesichts zunehmender aggressiver Gereiztheit, angesichts wachsender Bereitschaft zur Gewalt das Fehlen echter Werte und Ideale beklagt, der weiß nicht, was da zu unser aller Glück dem ohnehin genug verspannten Zusammenleben noch fehlt, um die hier alltäglich ungeordnet hervorkommende Aggressivität in eine kollektive Richtung zu spannen. Kein hoher Wert, selbst kein frommes Ideal, kein noch so vernünftiges Ziel ist dagegen gefeit, in eine Speerspitze vitalen Unmuts verwandelt zu werden. Steineschleudernde Pazifisten, rücksichtslos dreinschlagende Ordnungshüter und nach dem Henker rufende Freunde der Gerechtigkeit sollten uns genügen. Ein pluralistischer Staat darf es sich zum Vorteil anrechnen, daß in ihm keine allgemein verpflichtenden hohen Werte, keine kollektiv solidarisierenden Ideale gelten. *Was für alle gilt, von allen gleichermaßen hochgehalten wird, kann auch dem allgemeinen Triebstau ein kollektives Ventil schaffen.* Solange die Triebstruktur der Bevölkerung sich nicht grundlegend ändert, ist es immer noch besser, wenn die einen sich für ihren Fußballklub prügeln und die anderen für einen Schlagerstar randalieren; wenn die einen für höhere Löhne demonstrieren und die anderen gegen Atomkraftwerke und leerstehende Häuser. Und es ist vielleicht noch nicht einmal so schlimm, daß die ärgsten Rowdies im Grunde politisch desinteressiert sind und einfach dort auftauchen, wo es voraussichtlich den größten Krach geben wird. Wehe uns, wenn sie einmal alle wieder dasselbe wollen!

IV. KAPITEL

Sind die Deutschen faschistoid?

Problemstellung

Die Frage ist schon aufgeworfen worden: »Sind die Deutschen faschistoid?«[1], haben sie, die Deutschen, eine besondere Neigung zu autoritärer Führung, zum blinden Gehorsam und zur Selbstaufopferung[2] und damit zum Militarismus, zum Rassenhaß, zur Verfolgung von Minderheiten, zum Spitzelsystem, zur Anpassung an unversöhnliche Ideen? Haben sie vor allem und für alles dies grundlegend eine besondere Neigung zur Gewalt? Es gibt namentlich in den USA eine Menge Bücher und Abhandlungen mit wissenschaftlichem Anspruch, in denen es darum geht, die Behauptung »zu stützen, daß dem deutschen Nationalcharakter angeborene böse und gefährliche, blutrünstige und zivilisationsfeindliche Züge eigen seien« (MUHLEN[3]). Was in *comic strips* und KZ-Filmen (»Holocaust«) mit Gruseleffekt zur Unterhaltung geboten wird, haben amerikanische Historiker, Ethnologen, Soziologen und Psychologen längst mit rationalen Argumenten unterlegt. Wieweit es sich dabei im Sinne FREUDS um bloße Rationalisierungen von Vorurteilen und Abneigungen handelt, wenn nicht gar um eine Verwissenschaftlichung alten Deutschenhasses, möchte ich nicht untersuchen. Dazu müßte man auch einiges über die Autoren wissen.

Die Frage, ob es einen typisch deutschen Hang zur Grausamkeit und zur Gewalt gibt, sei durchaus ernst genommen. Es gibt drei grundverschiedene Wege, gerade in dieser einen Hinsicht zu allgemeinen Aussagen über »die Deutschen« zu kommen. Der eine Weg führt zurück auf ein historisches Ereignis, das den Massenmorden des Hitlerreiches vergleichbar ist: auf die Hexenverbrennungen im Deutschland des 16. Jahrhunderts. Ein zweiter Weg müßte auf eine Prüfung der Frage hinauslaufen, von wie vielen Deutschen die Judenvernichtung nach 1942 getragen war; das ist die Frage nach einer möglichen Kollektivschuld der Deutschen. Ein dritter Weg ist eine demoskopische Erkundung der heute von den Deutschen gehegten politischen Gesinnungen, Befürchtungen und Erwartungen sowie ihrer politisierbaren Wertschätzungen und Lebenshaltungen. Dazu mag – viertens – die Frage aufgeworfen werden, ob faschistoide Neigungen und Stimmungen sich nicht schon um einen »starken Mann« kristallisieren, der zwar der freiheitlichen Demokratie seinen Tribut zollt, aber in der Weise, in der er für sie eintritt, ihrem Geist zuwiderhandelt. Gesunde Skepsis gegenüber schönen Worten, ostentativen Bekenntnissen zu den Werten der Demokratie, darf sich indessen auf die eigene Besorgnis zurückwenden. Eben dies in dem Bewußtsein, daß nicht nur die Hoffnungen der »Unbelehrbaren«, sondern auch die Befürchtungen der hart Gebeutelten sich nur zu leicht personalisieren, schon um unbestimmten Ängsten ein Objekt kontrollierbarer Gefahr vorzusetzen. So hören wir von jüdischer Seite:

> »In Zukunft wird das ganz schlimm, das kommt alles wieder, das fängt schon mit Strauß an, der als starker Mann auftaucht.«[4]

Auch die anderen drei Verfahren, latenten »Faschismus« zu erkunden, sind in mehrfacher Hinsicht problematisch. Die historische Betrachtungsweise geht von der Voraussetzung eines einigermaßen über alle Zeiten gleichbleibenden Volkscharakters aus. Der zeitliche Querschnitt der Demoskopie kämmt nur gleichsam die artikulierbaren Gesinnungen ab; er kann niemals die aus verdrängten triebhaften Neigungen angestauten vitalen Energien erfassen. Ihre Richtungstendenz abschätzen mag er wohl. Doch von prophylaktischem Wert sind solche Erhebungen kaum, solange sie nicht an prototypischen Individuen, die für bestimmte Gesinnungsgruppen stehen, eben jene unter Qualen aggressiv gewordenen Triebe zeigen, die zur Beschwichtigung eines hemmenden Gewissens sich mit militanten politischen Gesinnungen überformen.

Der historischen wie der demoskopischen Fragestellung gemeinsam ist die Annahme, daß es so etwas wie einen allgemeinen Volkscharakter der Deutschen gebe, zumindest eine überall in deutschen Landen einigermaßen einheitliche Tendenz, sich in bestimmter Weise zu vergesellschaften. Landsmannschaftliche Unterschiede werden in der historischen Betrachtung ebenso übergangen wie in den »repräsentativen Querschnitten« der Demoskopie. Hier werden sie durch geographische Verteilung der befragten Personen bewußt überspielt. Historiker aber verstehen es, die in Mitteleuropa besonders ausgeprägten Stammesunterschiede, die hier erst spät die nationale Idee haben Fuß fassen lassen, als die »Uneinigkeit der Deutschen« auszugeben, mithin als einen typisch deutschen Charakterzug: als Abneigung, sich zu verständigen, oder, anders gewendet, als Zerstrittenheit. So schafft, wer gesamtdeutsche Geschichte schreibt, allein durch den übergreifenden Gesichtspunkt des Deutschen theoretisch bereits einen deutschen Charakterzug, der das Gegeneinander aus der Verschiedenheit der einzelnen »Teile«, der Volksstämme, moralisch zur Rivalität und Streitsucht überhöht. So könnten, wenn es einmal die Vereinigten Staaten von Europa gäbe, von daher rückblickend die vielen Kriege und Streitigkeiten zwischen den europäischen Nationalstaaten der Vergangenheit als typisch europäische Uneinigkeit gedeutet werden – etwa im Unterschied zur Geschlossenheit des Reiches der Mitte, in dem seit Jahrtausenden verschiedene Völker sich als das eine China verstehen.

1. Hexenverbrennungen

Wenn wir mit den genannten Vorbehalten die Fakten würdigen, die für eine besondere Gewalttätigkeit der Deutschen sprechen sollen, dann fällt auf, daß wir hier nichts zu untersuchen haben, was nicht auch andernorts als kollektive Aggression sich gezeigt hätte. Weder die Kreuzzüge noch die Hexenverbrennungen, noch die geschichtlichen Judenverfolgungen, noch die Eroberungs- und Thronfolgekriege sind typisch deutsche Erscheinungen oder gar deutsche Erfindungen. Der erste Kreuzzug in den Orient ging auf einen Appell von Papst Urban II. zurück und wurde angeführt von Peter von Amiens; die Hexenjagd hat sich im 13. Jahrhundert aus den Ketzerverfolgungen heraus entwickelt[5] und zuerst in Frankreich, später auch in Italien und Irland[6] ihre ersten Opfer gefordert: vornehmlich Frauen und Mädchen, die des sexuellen Verkehrs mit dem Teufel bezichtigt worden waren. Schließlich, gegen Ende des 15. Jahrhunderts, schlug dieser kollektive Wahn auch die deutschen Lande in seinen Bann. Dennoch lesen wir heute bei einem Engländer, in Deutschland hätten das Blutvergießen und die Grausamkeiten weit größere Ausmaße angenommen »als irgendwo sonst in Europa«[7]. Der Autor Peter Haining, beruft sich dabei auf den amerikanischen Historiker Rossell Hope Robbins, der schreibt: In Deutschland sei das Hexenwesen nicht nur stärker verbreitet gewesen als in anderen Ländern, sondern auch rücksichtsloser verfolgt worden[8].

Obwohl Robbins im Verlauf seiner Darlegungen (S. 218) einräumt, daß das Hexenwesen verhältnismäßig spät nach Deutschland gekommen sei, beginnt er sein Kapitel »Germany, Witchcraft in« mit dem Satz: »Deutschland war das klassische Land des Hexenwesens.«[9] Er begründet das mit der im Vergleich zu England hohen Zahl der Hingerichteten (100 000 zu 1000), mit der in England verbotenen, in Deutschland praktizierten Folter und mit der hier üblichen Methode, die Verurteilten bei lebendigem Leib zu verbrennen. Ein Vergleich mit Frankreich unterbleibt; es wird – ohne ein dieses Land abwertendes Urteil – an anderer Stelle (S. 208) nur vermutet, daß Angèle de la Barthe, die im Jahre 1245 in Toulouse hingerichtet wurde, die erste als Hexe getötete Frau war. ROBBINS verzeichnet außerdem, daß 1428 in Brionçon 110 Frauen und 57 Männer wegen Hexerei lebendig verbrannt wurden. Daß die Praxis des Folterns von der zuerst (1233) in Toulouse und (1238) in Aragon errichteten Inquisition eingeführt wurde, wird ebenfalls sachlich vermerkt (S. 499). Zu welchem Werturteil über »Deutschland« wäre der amerikanische Historiker erst gelangt, wenn Folter und Flammentod deutsche Erfindungen wären!

»Deutschland war das Land der Folter.«[10] So dient Geschichtsschreibung der Stigmatisierung eines ganzen Volkes. Und damit kein Zweifel aufkomme, worauf das abzielt, wird ausdrücklich eine Parallele zur jüngsten Vergangenheit gezogen: In Neiße (Schlesien) habe der Henker »die Nazis des zwanzigsten Jahrhunderts vorweggenommen«. Denn er habe einen Ofen gebaut, in dem er in einem Jahr (1651) 42 Frauen und Mädchen verbrannte, die der Hexerei verdächtig waren. Innerhalb von neun Jahren habe er so über tausend Menschen getötet, darunter kleine Kinder im Alter von zwei bis vier Jahren. Und im nächsten Satz die Verallgemeinerung: »So war das Hexenwesen in Deutschland beschaffen.«[11]

Sollte für eine besondere Verbreitung des Hexenglaubens in Deutschland ein besonderer deutscher Hang zum Okkulten verantwortlich sein? Das werden Engländer, in deren Schlössern es noch heute spuken darf, im Ernst nicht behaupten wollen. In erster Linie »verbreitet« war das Hexenwesen im Sinne der Teufelsbuhlschaft ja auch nicht unter den Frauen unseres Landes, sondern in den Köpfen der Hexenjäger, deren Frauenhaß und Geschlechtsfeindlichkeit solch unsinnige Blasen trieb. Wer mit JOHANNES CHRYSOSTOMOS im weiblichen Menschen nur »ein mit schöner Farbe getünchtes Übel der Natur«[12] erblicken konnte, der war schon dazu motiviert, auf besonders verführerische Erscheinungen dieses »Übels« mit tödlichem Haß zu antworten.

Das Moment des Frauenhasses fällt auch nicht weg, wenn wir berücksichtigen, daß viele alte Frauen Opfer des Hexenglaubens und der Hexenprozesse geworden sind. Den alten Frauen wurde vor allem Zauberei vorgeworfen, etwa die Macht, Dürre, Pest und Hagelschlag durch allerlei Veranstaltungen boshafterweise hervorzurufen. Den Kern einer Anklage wegen Hexerei aber bildete zweifellos der Vorwurf der Teufelsbuhlschaft, weil auf den Geschlechtsverkehr mit dem Satan offenbar die Kraft zurückgeführt wird, allerlei Zauberwerk zu vollbringen. Aus diesem Grunde steht der Vorwurf, »sich mit Teufeln, Inkuben und Sukkuben der Schande preisgegeben (zu) haben«, auch an der Spitze der Vorwürfe, die die Bannbulle von Papst Innozenz VIII. vom 5. Dezember 1484 gegen vermeintliche Hexen und Hexer erhebt. Überall, wo es fromme Männer gab, denen es schwerfiel, das Gebot der Keuschheit einzuhalten, konnte eine Gehirnsinnlichkeit wuchern, die das Leben selber, aber in der Gestalt des Widersachers, über die vereinsamten Leiber gebeugt sah.

Zu einer Zeit, da in Frankreich der Hexenwahn bereits wieder abgeflaut war, schrieb der deutsche Theologe und Lyriker FRIEDRICH SPEE VON LANGENFELD in seiner *Cautio Criminalis* (1631), daß »dieß Rösten, Sengen und Brennen . . . eine Zeitlang in unserem lieben Vaterlande so groß gewesen, daß wir die deutsche Ehre bei unsern ausländischen Feinden nicht um ein Geringes verkleinert und unsern Geruch bei Pharaone stinkend gemacht haben«[13]. Als Ursachen dieses Wahns sieht SPEE einmal den Aberglauben des gemeinen Volkes, das sich Hagel, Seuchen und dergleichen nicht aus natürlichen Ursachen zu erklären wisse, und zum andern die Mißgunst und den Neid des Pöbels, der sich Reichtum und Ansehen nur als eine Frucht verbotener Künste erklären könne[14]. Mit letzterem spielte SPEE darauf an, daß nicht selten hochgestellte und begüterte Frauen als Hexen verdächtigt wurden. In seiner der Aufklärung und dem Marxismus vorarbeitenden Erklärung ist nur nicht berücksichtigt, daß es wesentlich zwei gelehrte Theologen waren, die den Hexenwahn in Deutschland entscheidend ausgebreitet haben: HEINRICH INSTITORIS und JAKOB SPRENGER. Mit ihrem berühmt-berüchtigten *Malleus maleficarum*, einer Streitschrift gegen das Hexenwesen, auf deutsch »Der Hexenhammer« genannt, taten sie ein übriges, die vom Papst genannten Tatbestände schändlichen Hexentreibens zu vermehren und außerdem in einem »Kriminal-Kodex über die Arten der Ausrottung« der Hexen vorzuzeichnen, wie mit ihnen zu verfahren sei. Zu den vom Papst wahnhaft beklagten »Verbrechen« des Geschlechtsverkehrs mit männlichen und weiblichen Unterteufeln sowie der Verhexung von Vieh, Feldfrucht und Menschen war es der besondere deutsche Beitrag des »Hexenhammers«, den oft erzählten Besenritt der Hexen zum Hexensabbat unter Strafe zu stellen. Solche Flüge wurden aber auch den französischen Hexen nachgesagt[15].

Mag Deutschland von den Hexenverfolgungen auch besonders heimgesucht worden sein, so haben wir doch keinen Grund, den Hexenwahn als eine typisch deutsche Erscheinung aufzufassen, gar Deutschland als das »klassische Land des Hexenwesens« (ROBBINS) zu bezeichnen. Die päpstliche Bulle von 1484 nennt selber neben »einigen Teilen Norddeutschlands« und dem Gebiet von Bremen die Diözesen von Mainz, Köln, Trier und Salzburg als Schwerpunkte des Hexenzaubers. Das ist kein Zufall. An eben diesen Orten, wo der Bischof zugleich weltliche Obrigkeit war, haben die Hexenjäger auch am verheerendsten gewütet, weil ihnen hier keine andere Macht entgegentrat. Hexenwahn und Hexenverbrennungen sind ein Kapitel der Kirchengeschichte, keine nationale Schande wie später die Judenvergasungen, mit denen das deutsche Volk noch immer moralisch belastet wird.

Sozial- und triebpsychologisch aber dürfen wir die theologisch begründete Hexenverfolgung als Vorläuferin der größten Judenvernichtung aller Zeiten betrachten: Hier wie dort haben einige wenige Männer es verstanden, ein schon im Volke schwelendes Ressentiment mit pseudowissenschaftlicher Begründung zur absolut unversöhnlichen und darum todbringenden Überzeugung zu entwickeln. Beide Male haben diese Initiatoren sich selbst wie den von ihrem Fanatismus Angesteckten damit zugleich ein Ventil für lange angestaute und aggressiv zugespitzte Triebe geschaffen. Eine dritte Parallele liegt darin, daß Ende des 15. wie im 20. Jahrhundert jeweils eine neue Technik die Massenvernichtung entweder vorbereiten oder durchführen half. Im ausgehenden Mittelalter war es der gerade erfundene Buchdruck, der Sprengers und Institoris' Ausrottungsprogramm mitsamt seinen sittlichen Argumenten weit ausgebreitet hat; während des Zweiten Weltkrieges war es das Zyklon B, das eine geradezu fabrikmäßige Massentötung einrichten ließ. Technischer Fortschritt, der einer triebunterdrückenden Moral und darauf gewachsenen Wahnideen aufgesetzt wird, steigert das darunter angestaute destruktive Potential ins Monströse.

Was die Gesamtzahl der Opfer des Hexenwahns betrifft, tappen wir, gerade auch im Blick auf die deutschen Lande, im dunkeln. Den überlieferten Zahlen muß, soweit sie von den Hexenjägern selber stammen, nicht unbedingt Glauben geschenkt werden. Diese Männer haben, stolz auf ihre Taten im Dienste des Herrn, eher übertrieben als zu wenig gesagt. So soll BENEDIKT CARPZOV sich gerühmt haben, in Sachsen 20 000 Hexen verbrannt zu haben. HAINING, der das zitiert[16], spricht von insgesamt »mindestens 100 000 Personen«, die zur Zeit des Hexenwahns in Deutschland »im Namen Gottes und des Gesetzes« hingerichtet worden seien; für ganz Europa kommt er auf »mehr als 300 000 Hexen«, die zwischen 1484 und 1782 getötet wurden. Er erwähnt aber auch Schätzungen, die bei einer Million liegen. Nach HAMMES ist dies sogar die untere Linie möglicher Schätzungen[17]. Dementsprechend dürfte sich wohl auch der für Mitteleuropa zu schätzende Anteil erhöhen. Von Deutschland als dem eigentlichen Land der Hexenverfolgung zu sprechen ist dennoch eine völkerpsychologische Projektion, nicht, weil die geschätzten Zahlen eine solche Deutung verwehrten – Schätzungen sind immer dehnbar –, sondern weil es ein einheitliches Staatsgebiet »Deutschland« um 1500 gar nicht gab. Das Heilige Römische Reich deutscher Nation umfaßte zu jener Zeit rund 300 mehr oder weniger souveräne Staaten oder Staatsgebilde, die Freien Reichsstädte mitgezählt. Die Hexenverfolgungen und -verbrennungen aber konzentrierten sich im wesentlichen auf einige bischöfliche Lande. Am schlimmsten wüteten die regierenden Bischöfe von Trier, Würzburg und Bamberg. Hier, in dieser fränkischen Stadt, wurden unter dem Fürstbischof Johann Georg II. auch bemerkenswert viele Männer als »Hexer« hingerichtet, darunter der Kanzler des Fürstentums Dr. Georg Anton Haan sowie fünf Bürgermeister. Wenn die Hexenverfolgung sexualpathologisch bedeutsam ist: als eine in tödlichen Haß verkehrte Geschlechtsliebe, dann muß in Bamberg oder vielleicht auch nur bei Johann Georg II. die homosexuelle Triebgrundlage besonders ausgeprägt gewesen sein.

Der sexuelle Kern des Hexenwahns, von AUGUST STRINDBERG bereits klar erkannt[18], ist von den Kulturhistorikern nie eigens herausgearbeitet worden. Orientiert an den historischen Fakten, welche die Hexenjagd aus der Verfolgung der Ketzer hervorgehen lassen, sind ihnen die triebpsychologischen Grundlagen eines solchen Wahns gar nicht bewußt. Soweit Hexerei als vermeintliche Zauberei verfolgt wurde, lag es nahe, Hexenwahn und Hexenverfolgung als einfach zeitbedingte Naivitäten oder Verirrungen des menschlichen Geistes abzutun. Dabei hätte stutzig machen sollen, was in SPRENGERS und INSTITORIS' *Hexenhammer* selbst zu lesen steht, daß nämlich alle Sünde und alle Bosheit der Weiber von der »fleischlichen Begierde« komme, »die bei ihnen unersättlich« sei: »Darum haben sie auch mit den Dämonen zu schaffen, um ihre Begierden zu stillen.«[19] Das erkläre auch, warum es mehr Hexen als Hexer gebe.

Der Haß auf den Trieb, den strenge Moral zu unterdrücken gebietet, wurde so in geistlichem Eifer an den Frauen abreagiert: ein für ideengeschichtliche Betrachtung höchst unbehagliches Motiv, das die Historiker eben darum niemals nachvollzogen haben. Ein tiefergehendes Verständnis für den Zusammenhang von sexueller Not und Gehirnsinnlichkeit, die wahnartig aufblüht, hätte auf die unangenehme Einsicht hinausführen müssen, daß die Hexenverfolgung früherer Jahrhunderte nur eine der möglichen Formen ist, in denen der sexuell frustrierte Mensch unserer Kultur sich bis auf den heutigen Tag an Sündenböcken aggressiv abreagiert. Die Verdammung und Bestrafung sexueller Minderheiten und die sadistische Verfolgung der Juden und Neger liegen in unserem eigenen Erfahrungsbereich. Es ist psychologisch kein Zufall, daß den Negern in den USA (und nicht nur dort) ungewöhnliche sexuelle Kräfte zugeschrieben werden; und es ist nicht zu leugnen, daß in Europa gerade die Jüdin immer im Ruch besonderer sexueller Lüsternheit stand. Sie hat in der Phantasie ihrer Verfolger den Stellenwert der jungen Hexe von einst.

Was heute auch den Sozialpsychologen immer noch irrational als das »Wahnhafte« am Hexenwahn oder Rassenwahn erscheint, das ist nur die stumme Verzweiflung, die in solch fanatischer Ausrichtung sowohl individuell unterdrückt wie kollektiv überspielt wird: die Verzweiflung darüber, daß es offenbar nicht gelingen will, der triebfeindlich strengen Moral zu entsprechen. Wer aus religiöser Haltung noch ganz vom Sinn solcher Moral überzeugt ist, der leidet doppelt: nicht nur vital unter den ihm auferlegten Verzichten, sondern auch »seelisch« unter seinem moralischen Versagen. Beides aber heizt seine Wut, die nur zu leicht gegen Menschen sich kehrt, die es anscheinend darauf anlegen, den an sich selber Leidenden »in Versuchung zu führen«. Daher die sittliche Entrüstung der Frustrierten, die eine Gelegenheit, sich zu *erregen,* geradezu aufsuchen. Daher aber auch die kollektive Bereitschaft, das eigene vitale Unbehagen an »Feinden« der Gemeinschaft abzureagieren. Sobald mit halbwegs plausiblen Gründen ein solcher Feind öffentlich bezeichnet wird, schwenken schon aggressiv fiebernde Menschen dankbar darauf ein. Dann ist in der Sicht von Sozialforschern, die von moralbedingter Aggressivität nichts wissen wollen, wieder einmal die Stunde gekommen, in der, rätselhaft genug, ein ganzes Volk sich einem »Massenwahn« ergibt. Wenn aber die elementare Bedingung solchen Wahns, die sittliche Überforderung unserer Triebnatur, so weit verbreitet ist, daß sie das Ethos der Gemeinschaft prägt, dann ist es nicht zu verwundern, wenn hierin gleichgestimmte Menschen durch nur geringen ideologischen Anstoß sich auch kollektiv gegen ein und denselben Feind bewegen, sobald ein anderes Volk, eine andere Volksgruppe ihnen als hinreichend hassenswert beschrieben worden ist. Das eigentlich Irrationale daran ist aber nicht die Ausrichtung auf den »bösen Feind«, für die sich immer ein paar rationale Gründe finden lassen, sondern daß das vorgegebene Bedürfnis nach Feinden dabei gar nicht bewußt wird.

2. Wie berechtigt ist die Kollektivschuld-These?

Es läßt sich kaum bestreiten, daß in den Jahren, die Adolf Hitler an die Macht gebracht haben, in Deutschland eine heute nur noch schwer abzuschätzende antisemitische Stimmung geherrscht hat. Der Antisemitismus hat in Deutschland wie in den übrigen christlich-abendländischen Ländern eine historische Tradition, die, als Ablehnung der Andersgläubigen beginnend, sich im Laufe der Jahrhunderte mit weiteren irrationalen Motiven aufgeladen hat. Während es mittelalterlichem Glaubenseifer zunächst nur darum ging, die Juden zu bekehren – sie standen vor der Wahl, sich taufen oder verbrennen zu lassen –, rückten sie als »Teufelsvolk«[20] immer mehr in die Rolle, für alle Übel dieser Welt verantwortlich zu sein. Wie die zu Hexen erklärten Frauen wurden sie seit der Mitte des 14. Jahrhunderts vor allem beschuldigt, die Pest verursacht zu haben, nicht wie jene durch Zauberei, sondern durch Vergiftung der Brunnen[21]. Da es den Christen des Heiligen Römischen Reiches verwehrt war, Geld zu verleihen, rückten die Juden nach und nach in diese »Marktlücke« – und zogen sich so immer mehr den Ruf zu, Wucherer und Zinstreiber zu sein. Irrationales Denken konnte ihnen darum wie einst die Schuld an der großen Volksseuche die alleinige Verantwortung für die Weltwirtschaftskrise zuschreiben; Adolf Hitler hat sich mit solcher Propaganda den Weg zur Macht gebahnt. Dabei verstand er es, auch den überall schwelenden Neid des kleinen Mannes auf die Begüterten zu mobilisieren und auf die

»reichen Juden« zu lenken: Ein sonst sich sozialistisch engagierender Haß auf die »Ausbeuterklasse« wurde auf die Juden konzentriert. »Für uns gibt es nicht Klassenkampf, sondern Rassenkampf«, lautete HITLERS Parole[22]. Der von ihm geschürte Rassenhaß war zunächst ein auf wenige Klassenfeinde, nämlich die jüdischen, eingegrenzter Klassenhaß. Zum Rassenwahn gesteigert, schloß er dann allerdings die armen Teufel mosaischen Glaubens mit ein.

Dies ist, mit wenigen Strichen gezeichnet, der historische Hintergrund des Antisemitismus, von dem Hitler selbst geprägt war und auf den er, machtbesessen, sich seinerseits stützen konnte, um das Volk hinter sich zu bringen. Aus solcher Verschränkung der sozialen Triebkräfte und der machtpolitischen Motive des »Führers« folgern nun die Verfechter der Kollektivschuld-These, das ganze deutsche Volk habe billigend, wenn nicht sogar unterstützend hinter der Masenvernichtung der Juden gestanden, die von der SS organisiert wurde. Wer die volle Ungeheuerlichkeit einer solchen Beschuldigung nicht mitzuvollziehen wagt, aber doch die Deutschen schlechthin für die Verbrechen Hitlers und Himmlers haftbar zu machen sucht, der vertritt jene These in der abgeschwächten Form, das deutsche Volk sei schuldig geworden durch Wissen und Duldung dessen, was vorging. Auf die Frage »Haben die Deutschen davon gewußt?« konzentriert sich denn auch die immer wieder belebte Diskussion um die Kollektivschuld des deutschen Volkes. Es schiene ja auch nicht logisch, jemandem eine Schuld zuzuschreiben an etwas, von dem er gar nichts gewußt hat.

Nun können wir uns bei solch einfacher Logik nicht beruhigen. Für diejenigen, die uns mißtrauen, ist der Satz »Wir haben nichts gewußt« gerade Anlaß zu besonderer Skepsis. Ihnen klingt das wie eine Schutzbehauptung, erst recht, wenn überlebende Führer des NS-Staates wie Albert Speer und der SS-General Karl Wolff von sich behaupten, nichts von den Judenvergasungen gewußt und erfahren zu haben. Durch Baldur von Schirach und Albert Speer hat das Problem von Schuld und Nichtwissen sogar eine besondere Wendung bekommen, wenn sie beteuern, sie fühlten sich schuldig gerade dadurch, daß sie es vermieden hätten, die Wahrheit über das Schicksal der Juden zu erfahren[23]. Wer so sich selber anklagt, nicht in einem strafrechtlichen, wohl aber moralischen Sinne »schuldig« zu sein, der zieht damit zwar die Bewunderung all derer auf sich, die schon immer auf einen, der sich schuldig bekennt, gewartet haben. Er leistet damit dem deutschen Volk jedoch einen Bärendienst:

1. Er verwischt die Grenze zwischen Wissen und Nichtwissen des

Massenmordes und damit auch die Grenze zwischen den Verantwortlichen und Eingeweihten und der Masse des Volkes, vor der die Wahrheit verborgen wurde.

2. Er bringt jeden Deutschen, soweit er damals als Staatsbürger schon mündig war, in den Verdacht, sich nur in ähnlicher Weise rechtlich entlasten zu wollen, wenn er sagt: »Ich habe davon nichts gewußt«. Denn das kann nach dem Vorbild Speers immer noch bedeuten, daß man zwar gewisse Ahnungen hatte, womöglich gar Fingerzeige auf Furchtbares, doch entschlossen war, nichts davon wissen zu *wollen*.

3. Wer wie Speer und Schirach die Schuld der NS-Führung soweit relativiert, daß sie beinahe mit der des Volkes in eins fällt, der macht auch Stimmung für die Frage, ob das deutsche Volk nicht von Natur aus zu kollektiven Mordtaten neige. HANS FRANK, der sich ähnlich wie Schirach und Speer in Nürnberg zu einer vagen Gesamtverantwortung[24] bekannt hat, soll dort am Rande des Prozesses schon gesagt haben: »Barbarei muß ein vorherrschender deutscher Charakterzug sein.«[25]

Gerade die sich reumütig zeigenden früheren NS-Führer haben so der Wiederbelebung des Kollektivschuld-Gedankens vorgearbeitet: indem sie hinter dem, was diskriminierend auf uns alle verweist, sich zu verstecken suchten. Gegenüber der damit eingeleiteten Auflösung des Zusammenhanges von Mitwisserschaft und Schuld gilt es festzuhalten, daß die nationalsozialistische Führung bestrebt war, das Schicksal, das sie den Juden bereitet hat, vor dem deutschen Volk geheimzuhalten. Sie schreckte dabei auch vor dem Äußersten nicht zurück, vor der Tötung von Menschen, die unversehens zu Mitwissern geworden waren. JEAN-FRANCOIS STEINER berichtet in seinem Buch über das Vernichtungslager Treblinka[26], von der Frau eines deutschen Offiziers, die mit ihren beiden Kindern versehentlich einen Zug mit Juden bestiegen hatte, die zur Vernichtung nach Treblinka geschafft wurden. Dort angekommen, gelang es ihr zwar, sich durch Papiere als Arierin auszuweisen, wurde aber auf Befehl des Lagerleiters mitsamt ihren Kindern ins Gas geschickt. »Die junge Frau hatte durch Zufall das ungeheuerliche Geheimnis entdeckt.« Und eben dafür hatte sie zu sterben.

Der britische Historiker WALTER LAQUEUR hat in seinem Buch über die »Endlösung«[27] Personengruppen aufgeführt, die seiner Ansicht nach von den Massenmorden gewußt haben: deutsche Techniker und Arbeiter, die für einige Zeit nach Auschwitz arbeitsverpflichtet waren; sie hätten sehen können, was innerhalb des Stacheldrahts vorging. Der Gestank der Verbrennungsöfen habe die Reisenden im nahen Bahnhof belästigt und mit seinem »süßlichen Geruch« niemanden in der Umgebung der Lager über seine Herkunft im unklaren gelassen.

Wenn vielleicht auch ein größerer Kreis, als deutsche Selbstachtung zugeben möchte, von der Judenvernichtung gewußt hat, dann war aber ebenso verbreitet ein Wissen um die mörderischen Sanktionen, die denen drohten, die unbedacht und zu unerkannten Spitzeln vom Inferno der Vernichtungslager zu sprechen wagten. Da die Ausrottung der Juden gleichsam hinter dem Rücken des sonst von Hitler beschworenen deutschen »Volkskörpers« geschah, konnte, durfte für die deutsche Öffentlichkeit auch nicht wahr sein, was in einigen Lagern im Osten geschah. Die Konzentrationslager des Reichsgebiets waren wohlweislich keine Vernichtungslager. Die nach dem Kriege in Dachau eingebauten Gaskammern sollten wohl dem Gedenken an die Opfer von Auschwitz dienen. Sie haben jedoch den Rechtsradikalen geholfen, von einer »Auschwitz-Lüge« zu sprechen: in konsequenter Fortführung der von Hitler gewollten Verheimlichung der Massenmorde. Die Neonazis spüren instinktiv, daß sie keine Chance hätten, als späte Gefolgsleute des »Führers« jemals wieder Fuß zu fassen, wenn letzte Zweifel an dem Verbrechen von Auschwitz und Treblinka beseitigt würden. Denn was dort verübt wurde, geschah vielleicht mit Wissen noch viel zu vieler Deutscher, aber gegen den Willen des deutschen Volkes in seiner Gesamtheit. Wer es noch miterlebt hat, wie der sprichwörtliche Mann auf der Straße auf die Scherben und Brände der »Reichskristallnacht« reagiert hat, der wird es gar nicht so abwegig finden, daß Friedrich Heer die Deutschen als »eines der am wenigsten antijüdischen und antisemitischen Völker in Europa«[28] bezeichnet.

Schweigend und betreten standen die Menschen vor den von SA demolierten jüdischen Geschäften. Bis auf den heutigen Tag beeindruckt von der gespenstischen Szene, erinnere ich mich – ich war damals acht Jahre alt –, wie vor dem Kaufhaus Tietz meiner Heimatstadt eine Frau zu den Umstehenden sagte: »Und dabei war der Herr Hirsch immer so freigebig; den Musikanten, die ihm zu seinem Geburtstag aufgespielt haben, hat er hundert Mark geschenkt.« Schweigen oder offenes Bedauern – das war allenthalben die Reaktion. Friedrich Heer sagt, die Leute hätten *weggesehen.* Es gehört nicht viel Phantasie dazu, sich vorzustellen, wie in anderen Ländern auf einen Wink von oben der Mob die schon demolierten Geschäfte gestürmt und geplündert hätte. In Rußland gab es für solche Aktivitäten des Volkes gegen die Juden früher das Wort »Pogrom«.

Die Geheimhaltung der Massenmorde war ein ausgeklügeltes System. Es begann schon mit der Sprache, die die Funktionäre in ihrem Schriftverkehr verwendeten, immer darauf gefaßt, daß ein Schreiben auch einmal in die falschen Hände gelangen könnte. Neben dem verharmlosenden Begriff der »Endlösung« ist da von einem »Verschwinden« oder einem »Evakuieren« der Juden die Rede. So heißt es in einer Anordnung des Reichsführers SS vom 21.6.1943 für das sogenannte »Gebiet Ostland«: »Die nicht benötigten Angehörigen des jüdischen Ghettos sind nach dem Osten zu evakuieren.«[29] Das hieß, daß die für bestimmte Arbeiten nicht gebrauchten Juden zu töten seien. Die Vernichtungsaktionen wurden auch sorgfältig abgestuft. Darauf hat bereits Sebastian Haffner[30] hingewiesen: Zuerst wurden die Juden der besetzten Ostgebiete in Vernichtungslager gebracht; die deutschen Juden kamen zunächst in das Ghetto Theresienstadt in Böhmen, von wo aus ihre deutschen Freunde und Bekannten noch für eine Weile Post erhielten, um glauben zu können, es handle sich um nichts weiter als um einen unfreiwillig vollzogenen Ortswechsel. Später wurden die Juden von dort aus in Vernichtungslager weiterverschleppt.

Wer die Frage einer möglichen Kollektivschuld des deutschen Volkes an den Massenmorden aufwirft, der muß berücksichtigen, daß die »Endlösung der Judenfrage« erst seit der sogenannten Wannseekonferenz am 20. Januar 1942 beschlossene Sache war, also mitten während des Krieges ins Werk gesetzt wurde. Hitler, Himmler und Reinhard Heydrich, der diese Konferenz leitete, konnten darauf vertrauen, daß ein vom Krieg und zunehmend vom Luftkrieg hart gebeuteltes Volk zu sehr mit seinen eigenen Nöten beschäftigt sein würde, als daß es sich noch um das Schicksal der Juden bekümmerte. Wo auch hätte der human gesinnte Deutsche sich nach dem Verbleib der abtransportierten Juden erkundigen sollen, etwa beim örtlichen Kreisleiter? Der hätte jeden, der mit solch einer Frage ankam, sofort als »politisch unzuverlässig«, wenn nicht gar als »Volksschädling« nach oben weitergemeldet. Wenn einer, der etwas von den grauenhaften Vorgängen im Osten zu ahnen begann und auch manches Anzeichen dafür bemerkt hatte, sich dennoch nicht weiter erkundigte, so verzichtete er darauf weniger, um sein Gewissen zu beschwichtigen, als vielmehr deshalb, weil er sich von den allgegenwärtigen Spitzeln des Sicherheitsdienstes (SD) und der Gestapo nicht auf unbedachten Äußerungen ertappen lassen wollte. Wer im westlichen Ausland lebend oder als Deutscher erst nach der Niederlage geboren, sich gar nicht vorzustellen vermag, in welcher Angst die Menschen unter einem Terrorregime verharren, der kann wie jener Schweizer Journalist im Deutschen Fernsehen 1981 einem alten Münchner die Frage stellen: »Warum sind Sie nicht zur Polizei gegangen, als die SA die Geschäfte der Juden geplündert hat?« Der Schreiber dieser Zeilen erinnert sich an einen Angestellten im Büro seines Großvaters, der zweimal wegen kritischer Äußerungen über die Nationalsozialisten ins Konzentrationslager Dachau verbracht wurde. Als er wieder zurück war, wurde mir, dem achtjährigen Buben, eingeschärft, ihn nur ja nicht zu fragen, wo er gewesen sei; denn es sei den Entlassenen strengstens verboten, über ihre Haftzeit zu sprechen, und man solle sie nicht durch Fragen, durch die sie sich herausgefordert fühlten, neuerdings gefährden. Ich habe das damals gar nicht recht begriffen, aber gerade im Nichtverstehen als etwas so Geheimnisvolles empfunden, daß es sich mir bleibend eingeprägt hat. Ich entsinne mich auch gut der Empfehlung, die die Erwachsenen einander gaben: »Man braucht nur den Mund zu halten, dann passiert einem nichts.«

In einem wohlausgerüsteten System der Unterdrückung hat es wenig Sinn, offen Widerstand zu leisten und gegen staatliches Unrecht aufzubegehren. Wer es tut, macht wie die Fürsprecher der Hexen im Mittelalter sogleich sich verdächtig, mit den von ihm Verteidigten im Bunde zu stehen. Wer bedrängten Bevölkerungsgruppen, Juden, Zigeunern, Bibelforschern, helfen wollte, konnte das nur in Einzelfällen und im verborgenen tun. Daß dies geschah, dafür gibt es Zeugen, die überlebt haben; und schon solche Zeugenschaft kann die These von der Kollektivschuld des deutschen Volkes als eine tendenziöse Behauptung erweisen. Wenn es Deutsche gegeben hat, die Juden unter eigener Gefahr versteckt hielten oder ihnen zur Flucht verholfen haben – man lese hierzu den Bericht von Leuner[31] –, dann können die übrigen nicht lauter Schuldige gewesen sein. Zwischen denen, die den Opfern halfen, und den Schuldigen, auch den Schuldigen des Verschweigens und stummen Zusehens, hat es die vielen Verschüchterten und schon aus ängstlicher Zurückhaltung Verstummten gegeben – neben denen, die, auf dem Lande lebend, vom Schicksal der Juden nicht einmal eine Ahnung hatten.

Wenn einige der Überlebenden des Holocaust mit Menachem Begin an der Kollektivschuld-These festhalten, so ist das nicht nur aus dem Leid heraus verständlich, das sich tief in ihr Leben eingekerbt hat, sondern auch aus der Unvollziehbarkeit des Gedankens, daß millionenfacher Mord nur von einer kleinen Clique von Verbrechern ausgeführt worden sei. Der Kreis derer, die an der organisierten Menschenvernichtung mitgewirkt haben, ist gewiß größer gewesen, als es durch die in den KZ-Prozessen Angeklagten zum Ausdruck kommt. Es gab neben den Mördern am Schreibtisch und den Mordgesellen in den Lagern auch noch diejenigen, die für die Zusammenstellung der Transporte sorgten, und schließlich waren da auch noch die Bediensteten der Reichsbahn, die das Vernichtungssystem ohne jeden Täterwillen buchstäblich im Rollen hielten. Aber es wäre absurd, etwa den Mann im Stellwerk, der einen Zug mit deportierten Juden durchzuweisen hatte, einen Schuldigen zu nennen. Hätte er die Weiche falsch stellen sollen, um seiner Empörung Ausdruck zu geben? Konnte er ahnen, wohin diese Züge rollten?

Der israelische Ministerpräsident Begin sagte in einem vielbeachteten Rundfunkinterview im Mai 1981:

> »Ich lebe damit und werde bis zu meinem Tod damit leben, was sie (die Deutschen) unserem Volk angetan haben. Ich habe dem deutschen Volk in seiner Gesamtheit nie vergeben. Ich werde ihm niemals vergeben, weil es eine kollektive Verantwortung trägt. Solange Hitler Siege erzielte, jubelten sie ihm zu. Später, als es abwärts ging, wandten sie sich von ihm ab.«[32]

Wenn es auch zutreffen mag, daß viele sich von Hitler erst vollends abgewandt haben, als das Glück ihn verließ, so ist doch festzuhalten, daß es vom selben Jahr 1942 an militärisch abwärts ging, in dem auch die Vernichtung der Juden erst eingesetzt hat. Die ersten Gaskammern wurden in Betrieb genommen, als sich die Katastrophe von Stalingrad bereits abgezeichnet hatte. Diese zeitliche Parallelität spricht sehr für die These Haffners, daß Hitler in dem Augenblick, da er die Niederlage voraussah, sich ganz auf die »Endlösung der Judenfrage« konzentriert habe[33].

Menachem Begin sprach in dem zitierten Interview von der »kollektiven Verantwortung« des deutschen Volkes, die ihn daran hindere, ihm zu verzeihen. In diesem Zusammenhang aber sollte es wohl »kollektive Schuld« heißen. Denn nur Schuld kann man vergeben oder nicht vergeben; Verantwortung ist eine Kategorie bloßer Zuständigkeit, die nicht in jedem Falle Schuld begründet.

ROMANO GUARDINI hat hierzu nach dem Zweiten Weltkrieg ein für allemal Klärendes gesagt:

»Wenn ein Glied meiner Familie ein Unrecht begangen hat, dann darf ich sagen: ich bin daran unschuldig. Nicht aber darf ich sagen: es geht mich nichts an. Schuldig werde ich nur durch das, was ich selbst tue oder unterlasse; aber beteiligt bin ich an allem, was die Glieder meiner Familie tun. Denn ich stehe in ihr, und ihre Ehre ist – bis zu einer gewissen Grenze – auch die meine. Wenn die Familie gedeiht, nehme ich mit Selbstverständlichkeit an diesem Gedeihen teil. Wenn einzelne in ihr Großes leisten, fühle ich das mit Recht als etwas, das mich mithebt und trägt. So muß ich auch das, was in ihr an Unrecht geschieht, in meine Verantwortung nehmen, sonst bin ich ein Schmarotzer. Ich muß mich mit ihm auseinandersetzen und tun, was mir möglich ist, damit es in Ordnung komme. Das gleiche gilt für das Volk. Aus unmittelbarem Gefühl heraus weiß jeder recht geschaffene Mensch sich mit dem Leben seines Volkes verbunden. Diese Verbundenheit bildet ein Wesenselement des geschichtlichen Daseins. Jeder empfindet das Große, das im Volk geschehen ist, als auch ihm gehörig. So muß er auch das Unrecht, das da geschieht, in seine Verantwortung aufnehmen. Es trifft seine Ehre; und er ist gehalten, das Seine zu tun, damit es in Ordnung komme.«[34]

3. Die demoskopische Perspektive

Die uns leitende Frage ist: Wie faschistoid sind die Deutschen? Faschistoid in einem allgemeinsten, aber darum noch leeren Sinne wäre das deutsche Volk, wenn es durch völkische Eigenschaften, durch geschichtlich überkommene Denkungsart und durch eine ihm moralisch angemessene Triebstruktur, durch ein unverwechselbares System der Verdrängung und Abreaktion dazu prädestiniert wäre, über kurz oder lang wieder in eine Art NS-Staat hineinzuschlittern. Wenn wir einigermaßen darüber verständigt sind, was wir unter »faschistisch« zu verstehen haben, dann könnten wir aus demoskopisch abfragbaren Stellungnahmen zu typisch faschistischen Parolen und Überzeugungen den Grad der Anfälligkeit für faschistische Verführung erfahren und die Wahrscheinlichkeit der Wiederkehr des alten Unheils geradezu in Prozentzahlen ausdrücken. So einfach haben Meinungsforschungsinstitute in der Tat entsprechende Untersuchungen angelegt, ganz so, als seien politische Überzeugungen schon die letzte Motivationsbasis für politisches Verhalten, und so, als könnten nicht private Nöte und

Moden des Genießens oder Leidens sich politisieren und, zum Politikum geworden, sich auch wieder ins Private auflösen. Folgen wir aber einmal dem vorgebildeten Verfahren, um zu sehen, wohin es trägt. Greifen wir zu diesem Zweck nur vier typisch faschistische Grundhaltungen heraus:

1. den alles Fremde abweisenden Nationalismus und Militarismus,
2. die Sehnsucht nach dem starken Mann, nach einem »Führer«, der wieder hart durchzugreifen verstünde und die Parlamente als »Quatschbuden« entlarven und entmachten würde,
3. den Antisemitismus, der auf Rassenwahn sich gründet,
4. die allgemeine Neigung, Konflikte nicht durch Gespräche und Kompromisse zu lösen, sondern durch Drohung mit Gewalt und durch Anwendung von Gewalt.

ad 1) Ein Satz, mit dem Nationalismus getestet werden könnte, wäre etwa: »Die Deutschen sind anständiger und tüchtiger als alle anderen Völker.« Die Demoskopen des SINUS-Instituts, die 1980 den potentiellen Neofaschismus der Westdeutschen erkunden wollten, haben sich zu einer so unverdeckten Erkundigung nicht entschließen mögen und dafür Statements gesetzt wie das folgende: »Die Bundesregierung ist eine Marionettenregierung von Amerikas Gnaden.« Wer das allerdings nicht einfach kopfschüttelnd liest, sondern sich erinnert, ähnliches von kommunistischer Propaganda schon einmal gehört zu haben, der mag sich fragen, ob er hier auf seine Zuverlässigkeit im Sinne des westlichen Bündnisses geprüft werden soll. Jedwedes Umfrageergebnis ist von solcher Zweideutigkeit her schon entwertet.

ad 2) »Alles, was zwischen 1933 und 1939 aufgebaut worden war und noch viel mehr, wurde durch den Krieg vernichtet. Würden Sie sagen, daß Hitler ohne den Krieg einer der größten deutschen Staatsmänner gewesen wäre?«

Auf diese Frage antwortete dem Institut für Demoskopie Allensbach im Mai 1955 fast jeder Zweite (48 Prozent) eines repräsentativen Querschnitts der Bevölkerung mit Ja, im November 1978 war dieser Anteil der Ja-Sager auf 31 Prozent gesunken. Muß uns das noch beunruhigen? Eine ähnliche Frage, einem Franzosen in bezug auf Napoleon I. gestellt, würde sicher nur als ein Versuch gewertet, die Lebendigkeit historischen Bewußtseins zu erkunden. Niemand käme auf den Gedanken, daß der hier mit Ja Antwortende sich wieder einen Imperator wünschte. Charles de Gaulle, den man nicht danach gefragt hat, wie er zu einem Napoleon ohne Krieg stünde, sagte von dem durch kein Gedankenexperiment verzerrten Kaiser: »Er hat Frankreich kleiner zurückgelassen, als er es vorfand, gut; doch eine Nation definiert sich nicht auf solche Weise. Für Frankreich war es nötig, daß es ihn gab. Von ihm gilt ein wenig, was für Versailles gilt: es mußte gebaut werden. Um Größe soll man nicht feilschen.«[35] Müßte von einem »Hitler ohne Krieg«, und das meint wohl auch: von einem Hitler ohne Vernichtungslager, dasselbe gesagt werden? Ist, wer so denkt, schon ein Neonazi, oder sind wir mit der Vorstellung eines pazifistischen Hitler nicht aufs politische Glatteis geführt? Seine zum Kriege führende Außenpolitik, seine Politik der Aufrüstung, die Reglementierung des gesamten sozialen Lebens bis hin zur Militarisierung der Zehnjährigen in der »Hitlerjugend« sind eine so untrennbare Einheit, daß es widersinnig und verführerisch zugleich ist, danach zu fragen, wie es gewesen wäre, wenn Hitler nicht Krieg geführt hätte. Krieg war der Programmpunkt Nummer eins seiner Politik; das ist in *Mein Kampf*[36] bereits ausgesprochen. Von daher und von der geplanten Vernichtung der Juden in Europa ordnet und organisiert sich alles andere, die Zerschlagung der politischen Opposition, die Ausschaltung Andersgesinnter, die Beseitigung der Presse- und Meinungsfreiheit, die Bespitzelung der Volksgenossen, eine am Ideal der Autarkie ausgerichtete Ernährungs- und Wirtschaftspolitik, die Förderung des Sports in den Formen der Wehrertüchtigung. Dies alles war dazu bestimmt, ein ganzes Volk auf Vordermann zu bringen und für den Fall des geplanten Krieges schon eine »Heimatfront«, wie es hieß, errichtet zu haben.

Wer uns danach fragt, wie wir Hitler ohne seinen Krieg beurteilten, der verlangt von uns, politisch so naiv zu sein wie der Fragesteller, der von Hitlers Politik den Krieg offenbar gedanklich abzuziehen vermag. Wir müßten, ehe wir darüber nachzudenken beginnen, wie wir Hitler ohne seinen Krieg beurteilen sollten, uns ihn ja auch schon als Friedenskanzler vorstellen. Die irreale Frage, ob wir ihn »dann« als einen der größten deutschen Staatsmänner betrachten würden, zielt wohl auf geheime Träume von einem »starken Mann« in einem starken Staat; aber ob es Sehnsucht nach einem neuen Hitler gibt, dazu vermag sie nichts einzufangen.

ad 3) Eine Möglichkeit, die Zählebigkeit antisemitischer Vorurteile zu prüfen, wäre es gewesen, die folgenden gar nicht so unvertraut klingenden Wendungen zur Stellungnahme anzubieten: »Ein Jude ist immer auf seinen Vorteil aus« und: »Die Israelis sind die Nazis des Nahen Ostens.« Hat man sich aus außenpolitischen Rücksichten gescheut, dem unterschwelligen Antisemitismus ernstlich auf den Grund zu gehen? Hätte die gerade unter den Neuen Linken verbreitete Gleichsetzung der Israelis von heute mit den Nazis von damals das vorgegebene Rechts-links-Schema durchbrochen? Hier wird besonders deutlich, daß eine auf politische Richtungen fixierte Soziologie noch nicht einmal den latenten politischen Radikalismus als Ganzes erfaßt, der immer dann, wenn seine Stunde gekommen ist, nicht mehr in Rechts- und Linksradikale geschieden bleibt, um sich gegenseitig zu behindern. Der vitale Unmut, der in einigermaßen befriedeten Zeiten an den extremen Enden des politischen Spektrums sich absetzt, hier sich politisiert, dieser triebhafte Hunger nach der »befreienden Tat« entzieht sich überhaupt einer rein politischen Analyse.

Ein durchaus brauchbarer Mustersatz, latenten Rassenhaß zu testen, hätte gelautet:

»Die Bundesrepublik ist durch die vielen Ausländer in einem schon bedrohlichen Ausmaß überfremdet.«

Diesen Satz haben die Soziologen des SINUS-Instituts zwar erwogen, aber aus ihrem Fragebogen wieder gestrichen. Ein kritischer Kommentator[37] vermutet: »offenbar weil nicht nur Rechtsextremisten dies befürchten«. Wenn aber so die Demoskopen vor real anwachsenden Strömungen, vor sich ausbreitenden Überzeugungen zurückweichen, dann testen sie nur unser Verhältnis zu dem, was war, und nicht unsere Einstellung zu dem, was auf uns zukommt. »Vergangenheitsbewältigung« könnte so zu einem rein intellektuellen Spiel werden, allenfalls geeignet, uns gegenseitig auf die jeweils herrschenden Inhalte von »Antifaschismus« festzulegen.

ad 4) Die für rechtsextrem Gesinnte charakteristische Neigung zur Gewalt hat der Fragebogen des SINUS-Instituts mit folgenden »Vorschlägen« zu diagnostizieren gesucht, die eine Skala sich steigernder Aktionen darstellen sollen:

»a) Kundgebung zum ›Tag der deutschen Einheit‹ (17. Juni) an der Grenze der DDR. b) Gemeinsamer Protest mit Gleichgesinnten gegen die deutschfeindlichen KZ-Berichte. c) Gezielte Störung einer eindeutig kommunistisch gelenkten Kundgebung. d) Öffentliches Verbrennen pornographischen und bolschewistischen Schrifttums. e) Unschädlichmachen von DDR-Befestigungen an Mauer und Transitwegen, wenn sich die Gelegenheit dazu bietet. f) Demonstratives Herunterholen der DDR-Fahne, zum Beispiel bei internationalen Sportveranstaltungen in der Bundesrepublik. g) Ausräuchern linker Buchläden zusammen mit entschlossenen Kameraden. h) Gezielte Aktionen gegen Einrichtungen und Personal der alliierten Besatzungsmächte.«

Zweifel, ob es sich hierbei wirklich um eine Skala immer stärkerer Gewalt handelt, sind wohl berechtigt, ebenso der Einwand, daß es in sieben der acht Statements nicht eigentlich um Gewalt gegen Personen geht. Es wäre also wohl kurzschlüssig, selbst den, der hier in allen Punkten zustimmt, zu einem Sympathisanten rechtsextremen Terrors zu stempeln. Diesen Bedenken, vorgebracht von KURT REUMANN in der FAZ vom 21. April 1981, ist im Rahmen einer nur auf rechten Terror abstellenden Diskussion nichts hinzuzufügen. Was damit aber noch nicht einmal abgeschätzt werden kann, ist das Gewaltpotential in unserem Volk schlechthin, ein triebhaft angelegtes Potential, das nicht aus typisch rechts- oder linksextremen Meinungen sich heranbildet, aber in konkreter politischer Situation sich überwiegend »rechtsaußen« oder radikallinks formieren kann, auch teilweise von links nach rechts (oder umgekehrt) umschlagen kann und dann eine einheitliche Stoßrichtung gewinnen müßte.

Der fernsehenden deutschen Öffentlichkeit wurde es in der Sendung *Report*[38] als ein »erfreuliches Ergebnis« der SINUS-Studie vorgestellt, daß die jüngere Generation der unter Vierzigjährigen »für rechtsextreme Ideologien weit weniger anfällig« sei als die der Älteren. Wenn wir aber nicht so daran interessiert sind, die Chancen rechtsradikaler Parteien abzuschätzen, sondern wissen möchten, wie groß das politisierbare Gewaltpotential in unserer Gesellschaft überhaupt ist, dann müßten wir zumindest noch erfahren, ob unter den Jüngeren nicht vielleicht ein »linksextremes Weltbild« stärker verbreitet ist. Aber selbst dann wüßten wir noch nicht genug über die in Krisenzeiten mobilisierbare Aggressivität und Destruktivität der heute noch Jüngeren. Wieviel der heute politisch ungebundenen Vernichtungslust könnte dann in einen breiten Strom des Aufbegehrens sich ergießen und alle verfassungsrechtlichen Dämme hinwegreißen? Die Vorstellung, durch Meinungsumfragen ließe sich der Grad der Gefährdung unserer Demokratie einigermaßen abschätzen, ist ebenso wirklichkeitsfremd wie die gutherzige Überzeugung, gegen die Gefahren von rechts und von links genüge es, entsprechende rechtliche Sicherungen einzubauen. »Die Verfassungsorgane sind unentbehrlich, aber die Leidenschaften bekommen ihnen nicht: sie halten sie für die Vernunft« (de Gaulle[39]).

Die Demoskopie hat sich, seit es sie gibt, unentbehrlich gemacht. Doch die menschlichen Leidenschaften werden von ihr nicht angemessen erfaßt, eben weil die vitalen Antriebe und Sehnsüchte sich nur unzulänglich und in meist nur gebrochener Weise sprachlich artikulieren. Im Verhältnis zu frustrationsbedingter Aggressivität und Orientierungslosigkeit ist selbst das Verlangen nach einem starken Führer, der Feindbilder vorgibt, nur ein hilfloser Versuch, mit sich selber zu Rande zu kommen. Die Vorstellung, daß politische Ideen, Zielsetzungen und Programme aus sich heraus kraft einer geistigen Suggestivwirkung die Menschen zu aggressiven Taten anstacheln könnten, wird durch das Zeugnis prominenter Nationalsozialisten selber in Frage gestellt. Goebbels hat bekannt, daß ihm ein Satz aus Wolfgang Goetz' Gneisenau-Drama »auf immer unvergessen« geblieben sei: »Gott gebe euch Ziele – gleichgültig, welche!«[40] Er hat diesen merkwürdig frommen Wunsch in abgewandelter Form auch in seinen 1929 erschienenen Roman *Michael* übernommen. Und von Hermann Göring ist überliefert der Ausspruch: »Ich habe kein Gewissen! Mein Gewissen heißt Adolf Hitler.«[41] Selbst Hitlers Entwicklung zum Antisemiten, die er in *Mein Kampf* (S. 64) als »langen inneren Seelenkampf« beschreibt, scheint eher davon bestimmt zu sein, sich zu einer Ideologie durchzuringen, die verworrenem Unbehagen und diffuser Aggressivität eine unverwechselbare Richtung und ein klares Ziel vorzugeben versprach. Der moralische Sinn solcher Zielsetzung beim Führer wie der Identifizierung mit ihm bei seinen Getreuen ist die Entlastung des Gewissens, das aggressive Regungen und Handlungen bis dahin mit Schuldgefühlen begleitet hat.

Demoskopie, die mit ihren Mustersätzen politische Überzeugungen abfragt, vermag wohl einige Indizien für gefährliche soziale Strömungen zu geben, aber sie nährt zugleich das Vorurteil, daß es nur darauf ankomme, die Leute das Richtige denken zu lassen, um sie an einem alle Welt bedrohenden Zusammenschluß zu hindern. Wer dies glaubt, vergißt, daß jede noch so löbliche Idee, jeder noch so edle Gedanke vom Feuer irrationaler Leidenschaften derart durchglüht werden kann, daß alle diejenigen, die anders denken, in die Gefahr kommen, verbrannt zu werden. Selbst das Engagement für die »freiheitlich demokratische Grundordnung« und für den liberalen Rechtsstaat ist gegen Radikalisierung nicht gefeit, wenn politisierbare Leidenschaften kein anderes Ziel finden, auf das eine größtmögliche Menge sich einschwören ließe. »Freiheit« wird dann zum Schlag-Wort gegen »Feinde der Freiheit«, die als Feinde schon gelten, weil im Kampf für die Freiheit das Moment des Kampfes seinen Zweck überwiegt.

Wahre Liberalität zeigt sich nicht in einem beständigen Kreuzzug gegen Rechts- und Linksextreme, sondern in einer nur zur Abwehr begrenzten Duldsamkeit gegenüber einer aus dem demokratischen Rahmen fallenden Gesinnung. Freiheit, die nicht durch Kampf für ihr Prinzip zur Unfreiheit werden will, meint immer auch Narrenfreiheit für die politischen Sektierer, jedenfalls so lange, als diese nicht – wie Hitler – die brachiale Gewalt selbst zum Programm erheben. Wer in ihnen von vornherein potentiell Gewalttätige sieht, auch, wer Gewaltakte psychotischer Einzeltäter ihnen anlastet, um desto besser vor ihnen warnen zu können, der treibt sie nur dahin, die Rolle der Politkriminellen mit Emphase zu übernehmen. Dazu genügt eine einzige, Aufsehen erregende Tat. Für die Entwicklung politisch unauffälliger Verbrecher hat die Kriminologie, jedenfalls in den USA, diesen Automatismus bereits erkannt: »Um als Krimineller abgestempelt zu werden, braucht man nur eine einzige kriminelle Handlung zu begehen; nur darauf bezieht sich, jedenfalls formell, der Terminus ›kriminell‹.« (HOWARD S. BECKER[42]). Der politisch radikal Gesinnte, seinen Zielsetzungen nach Radikale, aber gilt als potentieller Gewalttäter, noch ehe er an Gewalt überhaupt gedacht hat, die er im Namen seiner Ideen oder zum Zwecke ihrer Durchsetzung anwenden könnte. Welchen anderen Sinn, vor dem Rechtsextremismus zu warnen, hätte es, wenn nicht die Gedankenverbindung Extremismus – Gewalt eine feste Gewohnheit, eine Kategorie unseres Denkens wäre. Rechtsextremismus als bloße politische Spinnerei, als nostalgische Weigerung, die inzwischen fortgeschrittene Zeit zu akzeptieren, gibt soviel Grund für aufgeregte Warnungen allein nicht her. Was zur wirklichen Gefahr noch fehlt, wird ergänzt von dem Bedürfnis nach einem ordentlichen Feind, das auch den streitbaren Demokraten im eigenen Nacken sitzt. Nach öffentlichen Auftritten des Obersten Rudel können sie sich gar nicht so schnell wieder beruhigen, obwohl der, behäbig geworden, nicht daran denkt, zu putschen, sondern es nur noch genießt, von jungen Schwärmern als »größter deutscher Nationalheld« gefeiert zu werden.

Nach den ersten Terrorakten, die rechtsextremen Kräften zugeschrieben werden konnten, fehlte es nicht an Zeichen der Genugtuung bei denen, die es immer schon so hatten kommen sehen. Daß sie mit ihren jahrelangen Warnungen vor »rechter Gewalt« diese mit haben heraufführen helfen, werden diejenigen unter ihnen, die selber ein Feindbild brauchen, am wenigsten einsehen. Dabei liegt es auf der Hand, daß eine politische Formation, vor der am beschwörendsten gewarnt wird, alle diejenigen anziehen muß, die am heftigsten provozieren wollen, gleich womit. Wenn WILLY BRANDT aber recht hatte, vor einer Dramatisierung des linken Terrors zu warnen[43], dann gilt Gleiches im Blick auf den rechten Terror: Durch aufgeregte Warnungen vor ihm gewinnt er erst an politischem Gewicht und damit auch an Wirkung. Die Aufregung, die er verursacht, ist selber schon eine Wirkung, auf die es ihm ankommt.

Wir haben uns gewiß vor einer Verharmlosung rechtsextremer Bestrebungen zu hüten. Aber gerade weil wir wissen, welche Tyrannei eine einmal zu politischem Einfluß gekommene rechte Gruppierung errichten kann, haben wir uns auch davor zu hüten, durch Warnungen, an denen nichts ernst ist außer der eigenen Aufregung, die Gefahr mit herbeizureden. Der politische, publizistische und auch der demoskopische Kampf gegen die schlimme Gefahr des Rechtsradikalismus hat auch die Nebenwirkung, daß er ihm erst die Publizität verschafft, die er braucht, um breiteren Anhang zu gewinnen. Ein mit faschistischem Gedankengut sympathisierender Wähler, der doch einer der demokratischen Parteien seine Stimme gibt, mag sich ermutigt und bestärkt fühlen in seiner verschwiegenen politischen Gesinnung, wenn er hört, daß – laut SINUS-Studie – 13 Prozent der wahlberechtigten Bundesbürger ein »geschlossenes rechtsextremes Weltbild«[44] haben. Der Leiter des SINUS-Instituts, HORST NOWAK, sieht in dem in die Augen springenden Unterschied zwischen dem tatsächlichen Wählerverhalten – etwa nur 0,2 Prozent wählten 1980 die NPD – und dem »rechtsextremen Einstellungspotential« (NOWAK) ein Zeichen der »sozialen Feigheit«, die typisch für alle Extremisten sei: »Solange sie nicht jemanden haben, der ihre Ideen wirklich mit einiger Aussicht auf Erfolg durchzusetzen verspricht, orientieren sie sich an den stärkeren Bataillonen, die sie vorfinden . . . Die warten auf den Führer.«[45] Könnte es aber nicht sein, daß bei einer aggressiv gestimmten Minderheit ein wirres Unbehagen mit »den Verhältnissen« und den eigenen Lebensumständen sich erst zu einem entschiedenen Warten ausformt, sobald sie erfahren, daß sie mit ihrer Art, die Dinge zu sehen, gar nicht so allein sind? Dem Strafrechtstheoretiker vertraut ist die von HEINRICH POPITZ aufgezeigte »Präventivwirkung des Nichtwissens«[46]. Wenn die Ergebnisse der kriminologischen Dunkelfeld-Forschung ähnlich publizistisch ausgeschlachtet würden wie diejenigen der Extremismus-Demoskopie, müßte dies wohl die allgemeine Bereitschaft, Verbrechen zu begehen, steigern. Sind sich die Demoskopen und ihre Auftraggeber über diesen Rückkopplungseffekt im klaren?

Es kann nicht darum gehen, Forschung zu unterbinden und vor wirklichen Gefahren und ihren Anzeichen die Augen zu verschließen. Aber eine Demoskopie, die schon nicht auf den Grund des tatsächlichen Aggressions-Potentials hinableuchtet, weil sie sich an formulierbaren nazistischen Klischees orientiert, braucht auch nicht allzu störend in das politische Leben einzugreifen. Es ist eine Naivität zu glauben, daß neue Katastrophen, die von Menschen ausgelöst werden könnten, neues Massensterben und neues Elend sich mit den Schlagworten und Parolen von einst ankündigen würden. So leicht macht es uns die Geschichte nicht.

Man sollte im Blick auf rechtsextrem Gesinnte zu unterscheiden lernen, ob es sich dabei um nostalgisch bewegte Gemüter handelt, die sich, schon älter geworden, ihrer »großen Zeit«, der erlebnisreichen Jahre ihrer Jugend, erinnern, oder ob es sich unter den Älteren um so Verbohrte oder unter den Jüngeren um so aggressiv Gestimmte handelt, die tatsächlich »auf den Führer warten«, der ihre innere Unrast in einem neuen »Aufbruch« zu lösen verspricht. Wenn es wahr ist, daß ein bemerkenswert großes rechtsextremes Potential nur in den Wahlergebnissen noch keinen Niederschlag findet, dann braucht das nicht oder nicht ausschließlich auf jene Ängstlichkeit zurückgeführt zu werden, die nach Horst Nowak allen Extremisten eigen sein soll. Die Wahlen sind ja geheim. Da wir in den demokratischen Parteien manches durchaus beachtliche demagogische Talent finden, bieten sie auch dem, der nach starken Worten hungert, Persönlichkeiten an, mit denen er sich identifizieren kann. Männer mit stark ausgeprägtem Machtwillen, die die Massen zu begeistern vermögen, werden sich auch kaum einer politischen Sekte anschließen, sondern eher danach trachten, in einer der bestehenden politischen Parteien Einfluß zu gewinnen und diese Partei dann nach ihrem Willen umzuformen. Hitlers Weg zur Macht mit Hilfe der anfänglich bedeutungslosen DAP ist eher die Ausnahme als der Regelfall politischer Machtgewinnung.

In fast allen westlichen Ländern, vor allem in England und in den USA, gibt es heute politische Vereinigungen, in denen sich vornehmlich junge Menschen unter dem Hakenkreuz und zur Hitler-Verehrung zusammengefunden haben. Soweit sie wie die Skinheads in England aufrührerische Aktivität entfalten, haben sie natürlich mit dem Eingreifen der Polizei zu rechnen. Sonst aber ist man in den westlichen Demokratien gelassen gegenüber sektiererischen politischen Überzeugungen, verfolgt sie nicht als potentielle Gefahr für den Staat, vermeidet damit aber auch, einen Angstgegner für die Demokratie gefährlich aufzubauen. Und dies, obwohl in diesen Ländern die empirische Sozialforschung ein ähnlich starkes rechtsextremes Potential ermittelt hat, wie die Demoskopen aus Allensbach oder von SINUS es bei uns festgestellt haben. Das stete Bewußtsein unserer »braunen« Vergangenheit erhöht in Deutschland wohl die Wachsamkeit gegenüber allen Anzeichen eines sich neuerdings regenden Rechtsextremismus; es verstärkt aber auch die Gefahr seiner Wiederkehr: durch eben die Besorgnis, die ihn zu einer steten Bedrohung stilisiert. Die Deutschen sind, verglichen mit anderen Völkern, nicht in besonderem Maße faschistoid; aber sie sind die vom Faschismus Gezeichneten.

4. Testfall Strauß?

Wo immer dem deutschen Volk eine besondere Neigung zum Faschismus oder zu faschismusähnlichen politischen Haltungen unterstellt wird, taucht auch die Frage auf, ob nicht schon ein neuer »Führer« am innenpolitischen Horizont der Westdeutschen sich abzeichnet. Während im Ausland und von außenpolitisch engagierten deutschen Linken dabei vor allem beachtet wurde, was von Franz Josef Strauß, Alfred Dregger oder auch von Heiner Geißler zu Chile, Südafrika oder El Salvador gesagt wurde[47], hat sich unsere Neue Linke vornehmlich auf Franz Josef Strauß eingeschossen. Schon 1961 hatte die spätere Terroristin ULRIKE MARIE MEINHOF vor ihm gewarnt mit den Worten: »Wie wir unsere Eltern nach Hitler fragen, werden wir eines Tages nach Herrn Strauß gefragt werden.«[48] Der linksliberale Chefredakteur der *Frankfurter Rundschau* KARL GEROLD widmete dem bayerischen Politiker am 13. September 1969 einen Leitartikel unter der Überschrift »Strauß – unser aller Risiko«. In diesem Artikel wurde auch Strauß der Satz zugeschrieben: »Ein Volk, das diese wirtschaftlichen Leistungen vollbracht hat, hat ein Recht darauf, von Auschwitz nichts mehr hören zu wollen!« Das Zitat ist später von seiten der CSU in München als nicht authentisch erklärt worden[49].

Ich kann mir nicht vorstellen, daß der wohl gelegentlich zu

starken Ausdrücken greifende bayerische Politiker etwas so Unlogisches gesagt haben könnte. Denn was haben unser Wiederaufbau, unser »Wirtschaftswunder« mit der Judenvernichtung in Auschwitz zu tun? Nur ein bodenloser Zyniker könnte hier eine Verbindung herstellen zwischen der technischen Perfektion jener Vernichtungsmaschinerie und den technischen und organisatorischen Leistungen beim wirtschaftlichen Wiederaufstieg. Strauß ist wohl viel zu klug, als daß er solche Folgerungen, die auf ihn zurückschlagen müßten, nicht bedenken würde. Wie aber kommt es dann, daß ihm ein solcher Satz in den Mund gelegt wird? Strauß hat leidenschaftlicher als die meisten Bundespolitiker seit 1945, ausgenommen Kurt Schumacher und Ernst Reuter[50], den nationalen Gedanken vertreten. Strauß als treibende Kraft der deutschen Wiederbewaffnung, als Westdeutschlands zweiter Verteidigungsminister, ist aber auch zu einer Symbolfigur der »Politik der Stärke« geworden – nicht zuletzt durch leichtsinnig starke Worte wie den Hinweis auf die waffentechnische Möglichkeit, »das Reich der Sowjetunion von der Landkarte zu streichen«[51]. An einem Politiker, der so die Muskeln spielen ließ, hätte ein geknicktes nationales Selbstgefühl sich wiederaufrichten können, wenn nicht eine fatale Neigung, sich in Affären zu verstrikken, die Popularitätskurve von FJS stets niedrig gehalten hätte. Ganz wirkungslos ist aber auch nicht der Eifer derjenigen geblieben, die in ihm partout einen neuen Hitler sehen wollten. Ein Nachholbedarf an antifaschistischem Widerstand trägt mit dazu bei, daß die Rede von einem zweiten Hitler nicht verstummt, ja daß überhaupt nach ihm gesucht wird.

Die einen sehnen sich nach einem neuen Führer, weil sie insgeheim schwer an der Niederlage von 1945 leiden, die anderen, weil sie die Schande loswerden möchten, mit der Hitler den Namen Deutschlands befleckt hat. Was damals versäumt wurde, weil man zuviel Angst hatte, weil man im Exil war, noch zu jung oder gar nicht geboren, das könnte am besten nachgeholt werden im ungefährlichen Kampf gegen einen Politiker, dessen auftrumpfendes Wesen in eine demokratische Partei doch immer noch beruhigend eingebunden ist.

Der tief eingewurzelte Glaube, daß die Geschichte sich ständig wiederhole, so daß man aus ihr etwas lernen könne, läßt um so bereitwilliger nach Gelegenheiten Ausschau halten, das einst Versäumte oder Gescheiterte nachzuholen, diesmal mit Erfolg und, wenn es sein muß, an einem anderen Objekt. Die Psychoanalyse nennt einen solchen Objektwechsel *Übertragung*. FREUD meint mit

Übertragung die auf den Therapeuten gehäuften Wünsche, Erwartungen, Hoffnungen und Befürchtungen, Sympathie- und Haßgefühle, die an den Bezugspersonen der frühesten Kindheit sich herangebildet haben[52]. Was auf den Analytiker, näher besehen, dabei übertragen wird, sind die seinerzeit nicht erfüllten vitalen Wünsche und Erwartungen, die unerfüllt gebliebene Liebe sowie der nicht ausgelebte, sondern in sich verstaute Haß. Die Aufgabe des Therapeuten ist es, diese verdrängten Gefühlsregungen im Patienten wiederzubeleben, dabei bewußtwerden zu lassen und im Bewußtsein aufzulösen.

Als der einstmals umjubelte Führer in seinen eigenen Untergang auch das Deutsche Reich mit hineingerissen hatte und als dann seine und Himmlers Massenmorde bekannt wurden, war es eine fast natürliche, wenn auch neurotische Reaktion, alles dies zu verdrängen: die Begeisterung von einst, die Schmach der Niederlage wie die Kenntnis der NS-Verbrechen, die das deutsche Volk als Ganzes belastet haben. Die Psychoanalytiker Alexander und Margarete Mitscherlich haben in diesem Sinne von einer deutschen »Unfähigkeit zu trauern«[53] gesprochen, von einer kollektiven psychischen Verstocktheit mithin, die behandlungsbedürftig erscheint. Wenn es den Mitscherlichs aber nicht gelungen ist, die Deutschen auf die »Volkscouch« (Lübbe[54]) zu legen, dann lag das gerade an ihren guten Absichten. Die verdrängte Wut über die von Hitler befohlenen und im Namen Deutschlands verübten Verbrechen läßt sich nicht auf wohlmeinende Psychoanalytiker übertragen. Dazu müßte einer kommen, der in der Pose eines neuen Retters der Nation bei den einen alte Liebe, bei den anderen alten Haß zu wecken versteht. Franz Josef Strauß bietet sich für diese Rolle an, weil er öffentlich ausspricht, was viele insgeheim denken, aber es in einer Form sagt, die auch nicht wenige erbost. Manche, angepaßt an das, was heute gilt, schämen sich vielleicht auch nur, ihm zuzustimmen, wenn er sagt, daß wir nicht »die Dauerbüßer der Geschichte sein« dürften[55]. So mögen diejenigen, die insgeheim ebenso denken, und diejenigen, die über solche Äußerungen sich entrüsten, sich nicht nur in voneinander verschiedenen Menschen verkörpern. Gerade die durch Strauß wieder ins öffentliche Bewußtsein gehobenen »legitimen nationalen Interessen«[56] qualifizieren ihn zum unfreiwilligen Therapeuten der Nation, auf den auch alte Hitler-Feindschaft übertragen werden kann. Wer Äußerungen nationalen Selbstbewußtseins aus seinem Munde genüßlich aufspießt, sollte sich allerdings selbstkritisch fragen, ob er sich damit nicht einfach nur auf die

Seite stellt, bei der heute die Macht des Faktischen liegt, eben die Macht, Deutschland zerstückelt zu halten. Aus keiner anderen Motivation haben noch zu allen Zeiten diejenigen »große Männer« und »schicksalhafte Mächte« verehrt, die damit gewartet hatten, bis diese Männer und diese Mächte groß und stark geworden waren.

Strauß ist kein wirklich starker Mann. Auf ihn trifft zwar zu, was Baldur von Schirach vom frühen Adolf Hitler gesagt hat, in seine Versammlungen seien die Menschen gegangen wie zu einer Varieté-Vorstellung[57]; aber solcher Zulauf macht noch keine Gefolgschaft. Strauß bietet sich als Projektionsphänomen für antifaschistische Proteste weniger deswegen an, weil er besonders radikale Ideen verfechten würde – das tun andere auch –, sondern vor allem deswegen, weil Tonfall, Drastik der gewählten Vergleiche und Stil seiner Rede die Zuhörer nicht einfach nur rational ansprechen. Wenn Strauß mit kehliger Stimme und einem im Tempo sich steigernden Stakkato sagt: »Wir wollen Einheit für Deutschland, Freiheit für Europa und Frieden für die Welt«, dann klingt das, als habe ein unbeugsamer Wille aus ihm gesprochen. Aber doch wird kein deutscher Politiker, der freiheitlich-demokratisch gesinnt ist und sich zum Prinzip der Gewaltlosigkeit bekennt, einem solchen Satz widersprechen wollen. Strauß kann sich benehmen, wie er will: Wenn er gleich Helmut Kohl oder Helmut Schmidt in einem Wahlkampf starke Worte gebraucht, dann wirken sie aus seinem Munde noch stärker. Wenn er aber gemäßigte Töne anschlägt, dann heißt es, der Wolf habe Kreide gefressen.

Starke Worte aus dem Munde von Strauß klingen noch stärker, weil sich da ein Deckungserlebnis einstellt: man hat die Empfindung, seine Stimme trägt durchaus, was sie hervorhebt. Wenn Helmut Kohl ein starkes Wort gebraucht, etwa das von ihm erfundene der »Moskauer Fraktion« in der SPD, dann wirkt das immer noch wie einem gutmütigen Menschen aufgesetzt, also geschauspielert, unernst, im Grunde gar nicht so gemeint, augenzwinkernd als Wahlkampfübertreibung präsentiert. Wenn aber Strauß so etwas in den Mund nimmt, dann kommt es volltönend wieder daraus hervor, in der richtigen Betonung des erregt Hingeschleuderten. Strauß hat nicht zuletzt deswegen antifaschistischen Übertragungshaß auf sich gezogen, weil er aufrichtig wirkt, wenn er losdonnert. Nur seine Landsleute in Bayern hören, wenn sie sich an den Worten berauschen, den Theaterdonner dabei heraus. Wer für bayerische Kraftmeierei kein Ohr hat, muß daraus schon schlimme Vorbedeutung hören.

Strauß wirkt überzeugend, wenn er schimpft, und irritierend, wenn er schmeichelt. Das liegt gewiß an einer vagen Ähnlichkeit seiner Stimme mit derjenigen Adolf Hitlers, jedenfalls in Tonlage und Dialektfärbung, oft auch im Tempo. Straußens Stimme ist wie die jenes Österreichers nicht frei von gutturalen Tönen, hat aber ohne Mikrophon wohl nicht deren Stärke und verfügt weder über das Volumen noch über die aufreizende Modulationsfähigkeit jenes Organs, das uns ins Verderben geredet hat. Wertfrei betrachtet, ist die Rednergabe Hitlers unvergleichlich geblieben. Strauß ist als politische Gestalt schon darum ein Projektionsphänomen, in das – aus je verschiedenen politischen Lagern – sich Hoffnungen auf einen starken Mann und die Furcht vor einem solchen verdichten. Strauß, der sich wohl selber als Kraftnatur sieht, verschmäht dabei nicht den Beifall aggressiv national gesinnter Zuhörer; aus einer gewissen Neigung zum Martyrium des ungerecht Verfolgten übernimmt er aber auch die ihm von den extremen Linken, den aggressiven Pazifisten und Antifaschisten zugedachte Rolle des plakativen Bösewichts.

Es geht hier nicht darum, Strauß zu verharmlosen. Wir müssen anerkennen, daß es sich bei ihm um eine eminente politische Kraft handelt, vergleichbar Konrad Adenauer oder Herbert Wehner. Wir müssen zugeben, daß er die Gabe hat, uns unerhört herauszufordern und zu empören: zu empören durch die Einfachheit seiner politischen Zielsetzungen und die Direktheit, mit der er sie verkündet, freilich ohne sich selbst stets beim Wort zu nehmen. So tritt er ganz offen für die Kernkraft ein: »ohne Wenn und Aber«. Andere Politiker treten auch für die Kernkraft ein, aber mit Wenn und Aber, fassen dies Aber aber wiederum so, daß der »zügige Ausbau« der Atomenergie nicht behindert wird. Strauß sagt unverblümt, jede Technik habe ihre Risiken, also auch die Kernkraft. Andere Politiker sprechen von sorgfältiger Abwägung der Risiken für den Arbeitsmarkt, für die Energieversorgung und für die Sicherheit der Bevölkerung – und treiben gleichzeitig den Ausbau der Kernenergie in ihren Bundesländern gegen alle Widerstände voran. Strauß ist für den Ausbau der Kernenergie ohne Wenn und Aber, und er spürt, daß solch mannhafte Worte immer noch ihre Bewunderer finden. Doch er ist sich gewiß darüber im klaren, daß ein wirklich zügiger Ausbau der Kernenergie, gar die Errichtung von Endlagern für ausgebrannte Kernelemente in den betroffenen Regionen seines Bayernlandes ihn langfristig Stimmen kosten könnte. Andere Politiker sprechen vom »Vorrang der Kohle« bei der Energieversorgung und von der »Entwicklung alternativer Energien«, indes unverändert die Kernforschungsanlagen von ihnen vorrangig finanziert werden. Strauß ist für den Ausbau der Kernenergie ohne Wenn und Aber, aber als deutschdenkender Bayer nicht sosehr darauf versessen, das Bundesland, dem er vorsteht, dabei an die Spitze des Fortschritts zu rücken. Er weiß, daß es seine Rolle ist, markige Worte zu produzieren, und daß das nicht zu hindern braucht, daß im politischen Tagesgeschäft Kompromisse geschlossen werden und Auswege sich eröffnen. Die von seinem Vorgänger im Amt des bayerischen Ministerpräsidenten eingeleitete Gebietsreform hat er abgebremst und teilweise wieder rückgängig gemacht, nachdem in den alten Landkreisen dagegen immer mehr Unwillen aufgekommen war.

Strauß ist weniger ein starker Mann als ein Mann der starken Worte. Er weiß das wohl auch, und er weiß, was er seinem Publikum schuldig ist: Wortwitz, rasante Vergleiche und Metaphern (z. B.: »Minenhund der Koalition«, »Gehirnprothesenträger«, »geistige Stuhlverstopfung«), provozierende Angriffe, kühne Behauptungen, zum Beispiel die eine, daß eine Regierung seiner Partei den Einmarsch der Sowjets in Afghanistan hätte verhindern können[58]. Ein Bayer, der nachdenkt, würde auf so etwas vermutlich nur sagen: »Da legst di nieder.« Ein emotional beherrschter Norddeutscher, der »solche Töne« vernimmt, weiß nicht recht, ob er darüber lachen oder weinen soll. Als Wähler wird er sich damit begnügen, sich einen solchen Politiker auf Distanz zu halten.

Wer, wie einige Wählerinitiativen[59] dies taten, Strauß mit Hitler vergleicht, der kann dabei natürlich nicht den Hitler der Blitzkriege und Massenmorde heranziehen. Er kann nur den Hitler der sogenannten Kampfzeit beschwören, um zwei Parteiführer und Volksredner miteinander zu vergleichen, die vielfach gestrauchelt sind und die höchste politische Macht in Deutschland noch nicht errungen haben. Gerade aber im Blick auf die von beiden, vom frühen Adolf Hitler und vom späten Franz Josef Strauß angestrebte Kanzlerschaft wird die Unvergleichbarkeit der Charaktere überdeutlich. Da sehen wir den Putschisten Hitler, der am 8. November 1923 in öffentlicher Versammlung ausruft: »Der Morgen findet entweder in Deutschland eine deutsche nationale Regierung oder uns tot!«[60], und der in der Wahlnacht vom 31. Juli 1932 zu seinem »Reichsjugendführer« sagt: »Ich will die ganze Macht, jetzt oder nie!«[61]. So sprach der fanatisch alles auf eine Karte setzende »Führer«, für den es auch persönlich immer nur um Sein oder

Nichtsein ging. Was aber sagte Franz Josef Strauß als Kanzlerkandidat der CDU/CSU auf eine Frage nach seiner politischen Zukunft? »Ich werde entweder Bundeskanzler sein oder bayerischer Ministerpräsident bleiben.«[62]

V. KAPITEL

Judenhaß – Deutschenhaß

a) Gibt es einen typisch deutschen Judenhaß?

Die Verbrechen von Auschwitz und Treblinka belasten so sehr die jüngste deutsche Geschichte, daß nichts das Geschehene relativiert, wenn wir darauf hinweisen, daß es Antisemitismus, Judenhaß und Judenverfolgungen auch in anderen Ländern seit Jahrhunderten gab und immer noch gibt. Wenn es aber darauf ankommt, die psychischen Motive des Judenhasses zu verstehen, um sie zu überwinden und in Zukunft zu vermeiden, dann mag der Blick auf den schier weltweiten Antisemitismus es einem Deutschen erleichtern, an den unter Hitler verübten Völkermord zu denken ohne die Neigung, diese Deutschland beschmutzende Tatsache zu verdrängen. Wer zu solcher Verdrängung neigt, ist wohl immer noch darauf eingestellt, Hitler mit Deutschland, den Nationalsozialismus mit dem deutschen Wesen zu identifizieren. Judenhaß auch andernorts, das läßt immerhin die Möglichkeit offen, daß unter ganz bestimmten politischen und sozialen Bedingungen (verlorener Krieg und Massenarbeitslosigkeit) der überall latent schwelende und gelegentlich auch hervorzüngelnde Judenhaß in Deutschland vorübergehend zu einem Flächenbrand ausarten konnte. Oder sollte es einen besonders ausgeprägten deutschen Judenhaß geben? Dann wäre es überflüssig, von den Judenpogromen im zaristischen Rußland zu sprechen oder von den Anschlägen auf Synagogen im gegenwärtigen Frankreich. Der Hinweis auf den Antisemitismus der anderen wäre dann nichts als ein Versuch, uns selber moralisch zu entlasten.

Wenn es so etwas gibt wie eine typisch deutsche Art, die Juden zu hassen, dann begründet dies noch lange keine Kollektivschuld der Deutschen am Schicksal der Juden zwischen 1938 und 1945. Nicht jeder Deutsche hat die Juden gehaßt, gar mancher hat, sein eigenes Leben wagend, Juden zur Flucht verholfen oder sie bei sich bis zum Kriegsende verborgen. Der heutige Vorsitzende der jüdischen Gemeinde zu Berlin, HEINZ GALINSKI, sprach im Blick auf diese Helfer schon von den »unbesungenen Helden«[1]. Diese Helden sind unbesungen, jahrzehntelang sogar unerwähnt geblieben, weil sie nicht in das Weltbild derer paßten, die nach dem Zweiten Weltkrieg im deutschen Volk die Verkörperung des schlechthin Bösen sehen wollten. Wenn ein typisch deutscher »Judenfresser« wirklich auf andere Art die Juden haßte, als ein russischer oder französischer Antisemit, dann läge das Gemeinsame solcher Spielarten doch in der Richtung auf dasselbe Objekt: den Juden als Idee des schlechthin Hassenswerten, mithin des Bösen in der Welt. Dies gerade unterscheidet den Antisemitismus jeder Herkunft vom Haß auf völkische Minderheiten sonst: Es handelt sich dabei um keinen Prozeß bloßer Abstoßung des Fremdartigen, das in dessen eigenem Land als durchaus exotischer Reiz genossen wird. Das liegt einmal daran, daß die Juden bis 1948 kein eigenes Land besaßen, in dem sie von Touristen hätten bestaunt und bewundert werden können. Zum andern hat der von Land zu Land gehetzte, der unbehauste und darum ruhelos wirkende Jude den anderen Völkern sich stets als Projektionsziel eigener gedrosselter Unrast angeboten. Alles, was man selber sich nicht gestatten durfte auszuleben, das wollte man im Juden verkörpert sehen: einen rücksichtslosen Erwerbssinn und ein unstillbares sexuelles Begehren. »Der Jude will schänden«, behauptete ADOLF HITLER[2]. Und der NS-Ideologe ALFRED ROSENBERG sprach von der »Gier des jüdischen Volkes« und von der »jüdischen Triebhaftigkeit«[3]: vitale Strebungen, die halb neidvoll, halb verächtlich in die Juden hineinprojiziert wurden. ROSENBERG erklärt sie allerdings rein geistes- und religionsgeschichtlich letztlich daraus, daß im Alten Testament der Unsterblichkeitsglaube fehle; das führe dazu, sich das »Paradies auf Erden« zum Ziel zu setzen[4].

Solche Erklärung betonter Diesseitigkeit ist nicht einfach abwegig[5]. Im Unterschied zu einem Menschen, der im Banne einer Erlösungsreligion steht, die ihn für versäumte oder sittlich verknappte irdische Freuden auf jenseitige Seligkeiten vertröstet, muß dem leibhaft auf dieser Erde Stehenden alles, was er je ersehnt hat, sich auch hier verwirklichen – oder niemals. So gesehen ist es nur folgerichtig, die Lehren von Karl Marx und Sigmund Freud aus der vergleichsweise weltbejahenden jüdischen Geisteshaltung heraus zu verstehen: die Verheißung einer »klassenlosen Gesellschaft« als reales Ziel der Heilsgeschichte und das Bewußtmachen verdrängter Sexualität als ersten, zagen Versuch, sich gegen eine Triebunterdrückung zu wenden, die den Menschen krank, nervös und aggressiv reizbar macht. Für den, der alles, was geschichtlich aufkommt, aus Ideen und Glaubenshaltungen herleiten möchte, ist dies als Wirkungszusammenhang verständlich. Aber damit wird ihm das weltorientierte Denken bei MARX eben nur als »Heilsgeschichte in der Sprache der Nationalökonomie« (LÖWITH[6]) deutlich, bei FREUD vielleicht als Ansatz zur »Entsublimierung« (HERBERT MARCUSE[7]). Daß jedesmal das leibhafte Dasein des Menschen gegen alle geschichtliche Tradition (und in sie doch eingebunden) auf freilich unterschiedliche Weise sich zur Geltung zu bringen sucht, kann dabei nicht erfaßt werden. Ebensowenig kommt das projektive Moment in der den Juden zugeschriebenen Weltbejahung heraus, das teilweise Fiktive an ihr, das eben davon rührt, daß der Antisemit, zumal wenn er sich vom Leben vernachlässigt fühlt, sich im Juden vitale Kräfte verkörpert denkt, die er bei sich selber vermißt oder nicht zum Zuge kommen fühlt. Solcher »Lebensneid« (NIETZSCHE) findet seine schärfste Zuspitzung in einem Sexualneid, der nicht nur den Juden beargwöhnt, sondern fremdrassige Menschen überhaupt umlauert. Das Ressentiment stützt sich dabei auf die überkommene lustfeindliche Moral und glaubt, wenn sich Gelegenheit dazu bietet, zu Strafaktionen berechtigt zu sein. Was weiße Frauen noch zugleich schwärmen wie schaudern macht, eine den Negern nachgesagte besondere Sexualkraft[8], das treibt die Männer des Ku-Klux-Klan schon zur Jagd auf die Schwarzen[9]. In Potenzängsten und Sexualneid liegt eine der Wurzeln des Rassenhasses überhaupt: es ist letztlich die Angst, biologisch vor jenen andersartigen Menschen nicht bestehen zu können. Solch vitale Angst projiziert auf sie die Vorstellung moralischer Minderwertigkeit und liefert sich damit selbst einen Grund, sie zu verfolgen. Das ist irrational nur vom Standpunkt eines aufgeklärten Bewußtseins, aber durchaus konsequent im Sinne jener triebfeindlichen Moral, die, lediglich abgeschwächt, für uns noch verbindlich ist.

Diese moralkonforme Struktur des Rassenhasses gilt auch für den Judenhaß. Der Antisemit denkt die Juden sich als Rasse, weil seine sexuelle Motivation ein biologisch begreifliches Objekt braucht. Im Bild der »schönen Jüdin« treffen sich sein lüsternes Interesse und seine moralische Verachtung für alles Lüsterne. Die andere Wurzel des Antisemitismus ist der Neid auf die Kaufmannstüchtigkeit, die die europäischen Juden entfaltet haben, nachdem ihnen die Zünfte die Ausübung eines anderen Gewerbes allzu lange verwehrt hatten. Hierin aber, im Neid auf seine Handelserfolge, zog der Jude etwas auf sich, was vor dem Ersten Weltkrieg schon die Deutschen ins Abseits gedrängt hat und heute die Japaner, zunächst mit besonderen Handelsschranken, zu isolieren beginnt. Der Neid der Kaufleute auf den jeweils erfolgreichsten Kollegen projiziert in diesen auch all die Untugenden, ohne die der eigene Geschäftssinn gar nicht zu

Rande käme. Die Rede von den »deutschen Juden« oder den »weißen Juden«, die sich hierzulande auf deutsche Kaufleute bezieht, unterstreicht die Willkür einseitiger Abwertung jüdischer Geschäftstüchtigkeit in doppelter Weise: einmal, indem das Jüdische darin als der Regelfall kaufmännischer Findigkeit und Gerissenheit erscheint, zum andern, weil es sich als etwas, wozu auch Nichtjuden fähig seien, relativiert.

In seiner Schrift über die »Ursachen des Deutschenhasses« hat der ›Halbjude‹ MAX SCHELER[10] während des Ersten Weltkrieges die deutsche Wertarbeit genannt, die vereint mit der Tüchtigkeit der deutschen Kaufleute zu beneidenswerten Erfolgen im Welthandel geführt habe. Wer dies als Deutscher nicht ohne Stolz bedenkt, findet sich unversehens an der Seite der Juden, denen ein besonderes Talent zum Handeln nachgesagt wird, gewiß nicht zu Unrecht, weil sie jahrhundertelang von den meisten übrigen Berufen ausgeschlossen waren, während die Christen sich mit Geldgeschäften nicht befassen sollten. Die Deutschen aber, die erst spät, 1871, ihre nationale Einheit erlangt haben und darum auch bei der Kolonisierung der anderen Kontinente zu spät kamen und nur kurze Zeit ein wenig Kolonialmacht spielen durften, diese Bürger einer »verspäteten Nation« (PLESSNER[11]), die nicht groß mit Rohstoffen in den Welthandel einsteigen konnten, waren darauf angewiesen, durch Wertarbeit bei Fertigprodukten zu überzeugen. Beide, Juden wie Deutsche, haben so aus ihrer je verschiedenen Not dieselbe Tugend gemacht: die Tugend beharrlichen Wirkens und »gewinnenden« Auftretens auf dem Weltmarkt. Der Judenrabatt und »made in Germany« standen dabei als Symbole des Erfolgs, aber auch des Ärgernisses für diejenigen, die dadurch im Handel ausgeschaltet wurden. Was KARL MARX[12] den Juden nachgesagt hatte, das warf ADOLF HITLER den »deutschen Spießbürgern« vor: daß ihr Gott das *Geld* sei[13].

b) Gemeinsamkeiten von Juden und Deutschen

Darauf, daß Juden und Deutsche »vieles gemeinsam« haben, hat – nach JANOUCH[14] – schon FRANZ KAFKA aufmerksam gemacht: »Sie sind strebsam, tüchtig, fleißig und gründlich verhaßt bei den anderen. Juden und Deutsche sind Ausgestoßene.« Im deutschen Großkaufmann oder Fabrikbesitzer, der wie Kafkas Vater zugleich Jude war, fanden die in beiden kulturellen Traditionen gepflegten

Fähigkeiten eine so erfolgreiche Legierung, daß es keiner besonderen Phantasie bedarf, sich vorzustellen, wie der Judenhaß und der Deutschenhaß bei ausländischen Konkurrenten gleichfalls miteinander verschmolzen. Hier liegt sicher einer der Gründe für den kämpferischen Patriotismus der deutschen Juden während des Ersten Weltkrieges – neben der nur zu begreiflichen Erwartung, sich durch Tapferkeit vor dem Feind bei den Deutschen volle Gleichberechtigung und ein bleibendes Heimatrecht zu erwerben. Der als deutscher Jagdflieger gefallene Jude Josef Zürndorfer hat das geradewegs ausgesprochen: »Ich bin als Deutscher ins Feld gezogen, um mein bedrängtes Vaterland zu schützen. Aber auch als Jude, um die volle Gleichberechtigung meiner Glaubensbrüder zu erstreiten.«[15] Wenn dies allgemein die Hoffnung der jüdischen Frontkämpfer des Ersten Weltkrieges war, so ist sie durch Hitler und das Dritte Reich schmählich enttäuscht worden.

Wenn Juden und Deutsche gleichermaßen erfolgreich als Kaufleute auftraten, so mochte das bei denen, die von ihnen auf dem Weltmarkt zurückgedrängt wurden, durchaus antisemitische und antigermanische Gefühle wecken. Auch daß zwischen jüdischen und deutschen Kaufleuten eine gewisse Rivalität geherrscht hat, wird dadurch erklärlich, nicht aber der auf deutscher Seite schließlich mörderisch hervorbrechende Judenhaß. Die Neigung aller sexuell frustrierten Völker, eben das, was ihnen sittlich verwehrt ist, aber zu unterdrücken nie ganz gelingt, projektiv an ihren Minderheiten zu bekämpfen, erklärt gleichfalls noch nicht das besondere Verhältnis der Deutschen zu den Juden, das zwischen tödlichem Haß und ohnmächtiger Bewunderung schwankt und ebenso von einem schonungslosen Antisemitismus in einen Philosemitismus umschlagen konnte, den einige von uns als durchaus ehrliche Überzeugung bei sich selber wissen. Es ist hier wohlgemerkt nicht von der forcierten Entschiedenheit der NS-Führer und der SS-Schergen die Rede, denen der Haß auf das Judentum als eine so *reine* Gesinnung galt, daß jeder Versuch der »Umerziehung« daran abgleiten mußte. Vielmehr beschäftigt uns hier die ambivalente Haltung gegenüber den Juden, die den deutschen Volkswillen als geschichtlich wirkende Kraft im ganzen vorstellt, unabhängig davon, wie radikal feindlich, wie gemäßigt oder wie freundschaftlich einzelne Gruppen oder Generationen von Deutschen zu den Juden stehen. Um dem auf die Spur zu kommen, verfolgen wir weiter, was Juden und Deutsche miteinander gemein haben.

Zum realitätsbezogenen Geschäftssinn, zur zähen Zielstrebigkeit kommen noch andere Wesenszüge hinzu: das Bewußtsein, ein besonderes, ein anderen überlegenes Volk zu sein. Die Juden verstanden sich immer als das von Gott auserwählte Volk, die Deutschen sahen sich seit Kant und Goethe, Schiller und Hegel als das Volk der Dichter und Denker. MARTIN LUTHER beklagte der Juden »Ruhm und Halsstarrigkeit«[16] und nannte sie »allzu stolz und vermessen«. Aber auch die hochfahrende Devise »Am deutschen Wesen soll die Welt genesen«[17] war längst ausgegeben, ehe Hitler und seine Ideologen den Kult der Herrenrasse pflegten. Wenn wir HERMANN RAUSCHNING Glauben schenken dürfen, war sich Hitler der Rivalität von Juden und Deutschen wohl bewußt, da er gesagt haben soll: »Es kann nicht zwei auserwählte Völker geben. Wir sind das Volk Gottes.«[18] Das war, selbst wenn es von RAUSCHNING nur erfunden worden wäre, konsequent aus HITLERS Weltanschauung heraus gedacht. Nach ihr gab es eine »Mission des deutschen Volkes«, dessen »höchste Aufgabe in der Erhaltung und Förderung der unverletzt gebliebenen edelsten Bestandteile unseres Volkstums, ja der ganzen Menschheit« zu sehen sei[19]. Mit dem »unverletzt Gebliebenen« ist hier das nordisch-germanische Element im deutschen Volk gemeint, das nach Hitler, der es selbst nicht verkörpert hat (sowenig wie Joseph Goebbels oder Robert Ley), als rassisch »höchststehend« betrachtet wurde. Die erst um 1900 von GOBINEAU ausgestaltete Lehre von der »Ungleichheit der Menschenrassen«, die bereits auf eine Überlegenheit der sogenannten arischen Rasse hinauslief, hat so bei Adolf Hitler den Herrschaftsanspruch für das deutsche Volk mit zoologischen Begriffen begründet. Das alte völkische Überlegenheitsgefühl bekam damit eine »moderne« Grundlage, freilich eine, die auch dazu herhalten konnte, die für rassisch am minderwertigsten gehaltenen Menschen als eine Art Ungeziefer zu betrachten, das es auszurotten gilt. Der Glaube an das eigene bessere Wesen, der im Mittelalter durch die Überzeugung religiöser Rechtgläubigkeit sich bestärkt fand, sollte nun durch Wissenschaft abgesegnet werden. Die wechselnden Begründungen weisen zurück auf ein tieferes, rational unbegründbares Bedürfnis, sich anderen Völkern überlegen zu zeigen.

Es ist nicht möglich, ganze Völker sozusagen auf die psychoanalytische Couch zu legen. Wenn aber in einer Gesellschaft nationale Größenphantasien verbreitet sind, so mögen die Lebens- und Triebschicksale der geltungssüchtigen und von Größenideen besessenen Menschen doch zumindest ein Modell des Verständnisses abgeben. Der Mensch, der sich als »bedeutend« imaginiert und dementsprechend »hoch hinaus will«, ist in irgendeiner Hinsicht ein im Leben Zu-kurz-Gekommener, sei es, daß er mit einer »Organminderwertigkeit« (ADLER) belastet schon den Weg ins Leben angetreten hat; sei es, daß er von lieblosen, selbstgerechten Erziehern hart angefaßt wurde und sich in ihm kein »Urvertrauen« (ERIKSON) hat ausbilden können, durch das der zärtlich geförderte Mensch später auch manche Widrigkeiten erträgt; sei es auch, daß er als Angehöriger einer verfemten Familie, Rasse oder Glaubensgemeinschaft ständigen Demütigungen ausgesetzt war. Der so im Leben Benachteiligte oder Verfolgte wird, sofern noch genug Gesundheit in ihm ist, Gegenkräfte entwickeln, die das, was ihn bedrängt, zurückzuwerfen vermöchten. Er wird dabei den Mangel, unter dem er leidet, die Feindseligkeit, die ihm zusetzt, nicht nur durch Aktivität und Gegenwehr auszugleichen suchen, sondern geradezu »überkompensieren« wollen. Denn mit allem, was über bloßen Ausgleich hinausreicht, gedenkt er sich ein Polster der Unangreifbarkeit zu schaffen. Das muß nicht voll bewußt reflektiert werden; die Struktur der Überkompensation eines Mangels oder eines Leidens liegt aber allen Macht- und Größenideen zugrunde bei Menschen, die nicht lustvoll und liebend ins Leben einzustimmen vermögen und darum auch nicht in gelassener Weise sich selber haben. Wenn eine solche Stimmung in einem Volk epidemisch wird, gar wenn es als Ganzes sich in der Völkergemeinschaft zurückgesetzt, verfolgt oder ungerecht behandelt fühlt, dann mag es sich zu einer Idee seiner Überlegenheit gleichsam straffen oder sich in die Rolle einer weltpolitischen Sendung hineinträumen. Das Motiv, aus der Situation des Unterlegenen, Gedemütigten sich herauszuschwingen in die einer weltbeherrschenden Macht, ist bei HITLER durchaus bewußt; in seinen Reden nannte er das deutsche Volk wiederholt ein Volk von »Habenichtsen«, ein Volk, dem der »Lebensraum« fehle oder vorenthalten werde, den es brauche, um überleben zu können[20].

Der Einzelne erlebt sich nicht nur als Individuum, erfährt als beglückend oder beschämend nicht nur Erfolge und Niederlagen seines privaten Daseins, sondern auch der Gemeinschaft, der er sich zugehörig fühlt. Insofern ist die psychoanalytische Kategorie der Überkompensation nicht nur als Analogie vom verquälten Individuum auf das gedemütigte Volk anwendbar; der Begriff deckt beim Einzelnen wie bei einer Gemeinschaft Gleichgesinnter zum Teil dieselbe Erlebnisgrundlage. Wir brauchen, um auch beim Individuum in der Rolle des »Volksgenossen« die Tendenz zur Überkompensation zu verstehen, daher gar nicht auf LE BONS mystischen Begriff einer »Massenseele«[21] zurückzugreifen. Wir haben nur zu berücksichtigen, daß sozial gescheiterte oder innerlich verzweifelte Menschen ihre private Enttäuschung leicht als Panikmache ins Politische projizieren und mit einigem demagogischen Geschick als Katastrophenstimmung ausbreiten, sofern eine gewisse Not nicht zu bestreiten ist. Das ist die Methode, die Hitler gewählt hat, um sich dem deutschen Volk als Retter anzudienen.

Die Juden bedurften und bedürfen keiner demagogisch überhöhten Weinerlichkeit, um sich als ein seit Jahrhunderten verfolgtes und geschlagenes Volk zu empfinden. Das Bedürfnis, durch wirtschaftlichen Erfolg und geistige Leistung das Stigma des fast weltweit Abgelehnten zu kompensieren, ist bei ihnen ebenso begreiflich wie bei den Deutschen, die sich in Mitteleuropa immer wieder von allen Seiten bedrängt, gefährdet und in größeren Abständen auch erobert gesehen haben. Der Zwang, sich als ein von vielen Seiten bedrängtes Volk zu behaupten, hat bei den Juden wie bei den Deutschen zweifellos auch besondere geistige Kräfte mobilisiert, die ein zunächst irrational, weil religiös begründetes Sendungsbewußtsein mit immer mehr Leistung unterlegt haben. Es ist sicher kein reiner Zufall, daß es deutsche Juden waren, die das Weltbild der Gegenwart entscheidend geprägt haben: Karl Marx, Sigmund Freud und Albert Einstein. Dies hat nichts mit rassischer Eigenart zu tun, sondern mit der doppelten Herausforderung als Jude und als Deutscher.

Wenn die Juden sich als ein von Gott oder vom Schicksal erwähltes Volk sehen, dann aber auch als eines, das durch die ihm auferlegten Leiden ausgezeichnet ist. Die Deutschen zur Zeit des Dreißigjährigen Krieges und der Herrschaft Napoleons konnten ein ähnliches Lebensgefühl entwickeln. Auch die Deutschen im Westen während der Rheinlandbesetzung nach dem Ersten Weltkrieg und die nach dem Ende des Zweiten Weltkrieges aus dem Osten Vertriebenen mochten sich als die Parias der Weltgeschichte empfinden, büßend für eine »Kriegsschuld«, an der sie sich persönlich keinen Anteil zuzurechnen wußten. Schließlich gespalten in zwei ideologisch gegeneinander aufgerichtete Staaten, können sich die Nationalbewußten unter den Deutschen als ein Volk sehen, das vom Schicksal besonders herausgefordert und insofern »ausgezeichnet« ist. Auch für die Juden endet die Leidensgeschichte nicht mit der Niederlage des NS-Staates, der Millionen von ihnen ermordet hat. Im 1948 neugegründeten Staat Israel finden sie sich von einer feindlichen Welt arabischer Staaten umgeben und in einen ständigen Abwehrkampf verwickelt.

»Es ist die Tragik im Dasein des Juden, daß er zwei Gefühle in seiner Seele einigt: Das Gefühl des Vorrangs und das Gefühl der Brandmarkung. In dem beständigen Anprall, in der Reibung dieser beiden Empfindungsströme muß er leben und sich zurechtfinden.« Diese Feststellung des deutschen Juden JAKOB WASSERMANN[22] ist ebenso auf die Deutschen zu übertragen, wenn es auch nicht jedermanns Sache ist, sich als Deutscher nichtswürdig oder kollektiv schuldig zu fühlen an dem, was im Namen Deutschlands verübt worden ist. Die Kollektivschuld-These wird indessen nicht nur von unversöhnlichen Feinden des deutschen Volkes vertreten, sondern von Deutschen selber, von solchen, die sich entweder tatsächlich mitschuldig fühlen, oder sich als hochreflektierte Individuen und Sozialkritiker nicht so ganz zugehörig fühlen zu dem Volk, über das sie urteilen. So sagte die Psychoanalytikerin MARGARETE MITSCHERLICH-NIELSEN im Anschluß an den KZ-Film »Spiel um Zeit« im Zweiten Deutschen Fernsehen:

> »Wir dürfen nicht vergessen, daß die Masse der Deutschen zusah oder gar daran teilnahm, wie die Juden diffamiert und zu Untermenschen erklärt wurden. Ohne diese Übereinstimmung in der Bevölkerung wäre der schließlich erfolgte Massenmord an den Juden nicht möglich gewesen.«[23]

Doch nicht erst im Zuge der Vergangenheitsbewältigung nach dem Zweiten Weltkrieg können aus deutschem Munde Äußerungen über die Deutschen überhaupt vernommen werden, die, vom Standpunkt nüchterner Einschätzung der menschlichen Natur aus gesehen, an Selbsthaß grenzen. Aber gerade hierin, in der Neigung, sich als Nation selbst zu zerfleischen, kommen die Deutschen mit den Juden überein. Kein Ausländer kann Nachteiligeres über die Deutschen sagen oder schreiben, als es einer ihrer bedeutendsten Denker, FRIEDRICH NIETZSCHE, getan hat; kein Antisemit kann Vernichtenderes über die Juden sagen, als es der vielleicht weltgeschichtlich wirkungsvollste Jude, KARL MARX, von den Juden gesagt hat:

> »Suchen wir das Geheimnis der Juden nicht in seiner Religion, sondern suchen wir das Geheimnis der Religion im wirklichen Juden.
> Welches ist der weltliche Grund des Judentums? Das *praktische* Bedürfnis, der *Eigennutz*.

Welches ist der weltliche Kultus des Juden? Der *Schacher*.
Welches ist sein weltlicher Gott? Das *Geld*.
Nun wohl! Die Emanzipation vom *Schacher* und vom *Geld*, also vom praktischen, realen Judentum wäre die Selbstemanzipation unserer Zeit.«[24]

Man mag sich über ein solches Verdikt erregen und es beschämend finden, daß ein Jude selber so urteilt, dies um so mehr, als Antisemiten sich nur zu gerne auf diese Sätze berufen haben[25]. Man kann sie, weniger affektiv, auch als Ausdruck einer ganz aufs Ökonomische ausgerichteten Sozialphilosophie verstehen, als den freilich gerafften, die »Judenfrage« verzerrenden Versuch, die »theologische Fassung der Frage zu brechen« (Marx). Hinter den ökonomischen Interessen der Menschen stecken allerdings ihre vitalen Bedürfnisse, die in Formen des Marktes und des ihm gemäßigten Rechts ihre Absicherung, in religiösen Geboten und Riten ihre moralische Überdetermination erfahren. Die Rückführung religiöser Haltungen auf ökonomische Interessen ist im Verhältnis zu den vitalen Antrieben des leibhaften Menschen immer noch Überbau. Die schonungslose Verurteilung von Menschen, deren Gott das Geld geworden sei, bleibt als Sozialkritik immer noch an der Oberfläche einer tiefer gestörten sozialen Ordnung haften. Sie erfaßt unnachsichtig nicht das zwanghaft versachlichte Leben, das an kaltes Geld sein Herz hängt. Ganz abgesehen von der von Marx nicht gewürdigten historischen Bedingtheit des jüdischen Geldgeschäfts (s. o.), wird in vordergründiger Verurteilung seiner jüdischen und heute auch christlichen Akteure nicht die schale Ersatzlust bemerkt, die der berufsmäßige Umgang mit dem Geld gewährt.

Wer unerbittlich über die vitale Not hinwegsieht, die, von lustfeindlicher Moral geschaffen, einen Menschen nach dem Fetisch »Geld« greifen läßt, der bleibt, indem er »Gewinnsucht« geißelt, noch ganz in den Formen des Denkens und Fühlens befangen, die eine aufs Ökonomische vertröstete Libido kulturell entwickelt hat. Er übersieht auch, daß der in seiner sozialen Existenz beständig bedrohte Mensch in der Anhäufung von Geld wenigstens eine Fiktion sozialer Sicherheit gewinnt. Der Jude, der von seinen nichtjüdischen Mitbürgern nicht geliebt wurde, konnte sie durch Geldverleih immerhin so an sich binden, daß sie mit ihm zu *rechnen* hatten. Wer wie Marx als Jude in einer neuen Glaubensgemeinschaft, in derjenigen des Kommunismus, menschlichen Rückhalt gefunden hatte, konnte leicht über die Lebensgefährdung hinwegsehen, die derjenige empfand, der allein auf sich gestellt in der Wertschätzung von Geld und Besitz wenigstens den gemeinsamen Boden fand, auf dem er sich mit einer ihm mißgünstig gesinnten Umwelt verständigen konnte. In MARX' Philippika schwingt allerdings auch ein Haß auf die eigene Traditionsgemeinschaft, von der sich vollends abzusetzen sucht, wer bei schon gelockerter Zugehörigkeit die gegen sie gerichteten Angriffe doppelt schwer erträgt. Diese Motivation kommt bei FERDINAND LASSALLE viel offener heraus, wenn auch nur in einem privaten Brief:

»Ich kann wohl bezeugen, daß ich kein Jude mehr bin, nicht aber, ohne zu lügen, daß ich ein Christ geworden wäre.«

»Ich liebe die Juden gar nicht, ich hasse sie sogar ganz allgemein. Ich sehe in ihnen nichts als die äußerst entarteten Söhne einer großen, längst vergangenen Zeit. Diese Menschen haben in den Jahrhunderten ihrer Versklavung die Eigenschaften von Sklaven angenommen, und deshalb bin ich ihnen so unfreundlich gesinnt. Ich habe auch keinerlei Berührung mit ihnen.«[26]

Nach MARX und LASSALLE nun das deutsche Gegenstück des ethnischen Selbsthasses: FRIEDRICH NIETZSCHE. Das mildeste, was NIETZSCHE den Deutschen vorzuwerfen hat, ist, daß sie »keine Kultur haben, ja auf Grund ihrer Erziehung gar nicht haben könnten«.[27] Das unterscheidet sie nach NIETZSCHE von den Franzosen, ihr Mangel an Geist aber von den Juden. NIETZSCHE, der behauptet, »noch keinem Deutschen begegnet (zu sein), der den Juden gewogen gewesen wäre«[28], sagt von den Antisemiten überhaupt: Sie »vergeben es den Juden nicht, daß die Juden ›Geist‹ haben – und Geld. Die Antisemiten – ein Name der ›Schlechtweggekommenen‹.«[29] Die härtesten Worte gegen die Deutschen fanden sich in NIETZSCHES Nachlaß:

»Die Deutschen meinen, daß die *Kraft* sich in Härte und Grausamkeit offenbaren müsse, sie unterwerfen sich dann gern und mit Bewunderung: sie sind ihre mitleidige Schwäche, ihre Empfindlichkeit für alle Nichtse auf einmal los und genießen andächtig den *Schrecken*. Daß es *Kraft* gibt in der Milde und Stille, das glauben sie nicht leicht. Sie vermissen an Goethe Kraft und meinen, Beethoven habe mehr: und darin irren sie!!«[30]

»In Deutschland hat es immer an Geist gefehlt, und die mittelmäßigen Köpfe kommen dort schon zu den höchsten Ehren, weil sie schon selten sind. Was am besten geschätzt wird, das ist Fleiß und Beharrlichkeit und ein gewisser kaltblütiger kritischer Blick; und um solcher Eigenschaften willen ist deutsche Philologie, deutsches Kriegswesen über Europa Meister geworden.«[31]

Nietzsches illusionslos böser Blick erkennt an den Deutschen auch eine Neigung zum Exotismus, zur »Hingebung an das Ausländische«, die mit einem »rachsüchtigen Verlangen nach Originalität« jedoch abwechsle[32]. Nietzsche selber in seiner Verachtung des »typischen Deutschen« wäre demnach eine für den deutschen Geist nicht untypische Erscheinung. Hat nicht auch Goethe aus Bewunderung für den Kaiser der Franzosen sich über »die lieben Deutschen« recht distanziert geäußert, ein »Volk, das so achtbar im einzelnen und so miserabel im ganzen« sei[33]. Goethe zeigt hellsichtig aber schon auf das Grundübel der Deutschen, auf ihre Kinderfeindlichkeit, die bis zum heutigen Tag verbreitet Mißmut, Pedanterie und Lebensernst, ängstliche Anpassung an das jeweils Geltende und Unerbittlichkeit gegenüber allen, die aus der Reihe tanzen, von Generation zu Generation übertragen hat:

»Ich brauche nur in unserm lieben Weimar zum Fenster hinauszusehen, um gewahr zu werden, wie es bei uns steht. – Als neulich der Schnee lag und meine Nachbarskinder ihre kleinen Schlitten auf der Straße probieren wollten, sogleich war ein Polizeidiener nahe und sah die armen Dingerchen fliehen, so schnell sie konnten. Jetzt wo die Frühjahrssonne sie aus den Häusern lockt und sie mit ihresgleichen vor ihren Türen gerne ein Spielchen machten, sehe ich sie immer ganz geniert, als wären sie nicht sicher und als fürchteten sie das Herannahen irgendeines polizeilichen Machthabers. Es darf kein Bube mit der Peitsche knallen oder singen oder rufen, sogleich ist die Polizei da, es ihm zu verbieten. Es geht bei uns alles dahin, die liebe Jugend frühzeitig zahm zu machen und alle Natur, alle Originalität und alle Wildheit auszutreiben, so daß am Ende nichts übrig bleibt als der Philister.«[34]

Hier, auf dem Grunde der deutschen Misere, verstehen wir auch, worin der musterhafte Deutsche mit dem prototypischen Juden früherer Jahre in seinem Lebensgefühl sich trifft: Juden, Kinder und Frauen waren schon seit Jahrhunderten in unserem Land die Zurückgesetzten, die Getretenen oder ins Ghetto Eingesperrten. Die erwachsen gewordenen Deutschen aber blieben, früh verschüchtert, innerlich zeitlebens die Kinder, die sich zu ducken hatten und dafür nur von Zeit zu Zeit das Ventil der kollektiven Aggression im Kriege eröffnet bekamen. So haben deutscher Selbstzweifel und deutscher Selbsthaß ihren vitalen Kern der Berechtigung; sie sind aber sowenig wie der Selbsthaß der Juden durch bloße Ermahnung zu einem gelassenen Selbstverständnis hinwegzureden. Es kommt alles darauf an, das Verhältnis zu den Kindern zu humanisieren, das heißt damit aufzuhören, daß man sie wie Haustiere behandelt, die man stubenrein prügelt und zu allerlei Artigkeiten abrichtet. Nur wer meint, die Alternative zu triebunterdrückender Dressur sei es, die Kinder sich selbst zu überlassen, kann Unterdrückung und Reglementierung als unausweichliche Notwendigkeit gerechtfertigt sehen. Auch eine leibbejahende Erziehung braucht Zuwendung; aber damit ist keine lästige Pflichtübung gemeint, sondern Zärtlichkeit, die nicht nur dem Kind Geborgenheit gibt, sondern auf den Erzieher als eine ihn tragende Erfahrung zurückwirkt.

Wer hier, im weithin immer noch gestörten Verhältnis zu den Kindern die über alle Zeiten hinweg mitgegangene Ursache der deutschen Selbstzerknirschung wie der deutschen Selbstüberschätzung erblickt, der kann nicht mehr daran glauben, daß uns durch die Übernahme fremder Lebensstile, fremder Wertvorstellungen seelisch aufzuhelfen sei. *Savoir vivre* und *dolce far niente* müssen dem prototypischen deutschen Charakter immer aufgepappt bleiben: als Haltungen, denen vielleicht Freizeitreservate eingeräumt werden, die streng und pünktlich von der Arbeit abgetrennt werden. Da kann nichts auf den tätigen Menschen zurückstrahlen als Gelassenheit, Großzügigkeit und Heiterkeit bei der Arbeit. Wahrscheinlicher ist, daß der entschlossene Wille, auch im Lebensgenuß den anderen Völkern nicht nachzustehen, solchen Genuß und wahre Freude gar nicht aufkommen läßt. Da wird noch das Freizeitvergnügen zu einer »Hetz«, wie es verräterisch im Bayerischen heißt, zu einer Jagd nach Genüssen und Erlebnissen, die man sich nicht entgehen lassen dürfe. In den Augen eines Engländers, TERENCE PRITTIE, hat namentlich die Art, wie an den Wochenenden in deutschen Großstädten die Menschen zu den Vergnügungsstätten rasen, »fast etwas Raubgieriges an sich«, es fehle die Fähigkeit, »einmal auf anständige Weise lässig zu sein«[35].

Atemlosigkeit selbst im Genießen, Neigung zu Sucht und Rausch, wie sie der kühl distanzierte Blick an den Deutschen wahrnimmt, findet seine Parallele in der Hast, der Sucht, der Pein, die MARTIN

Buber in dem »relativen Leben des jüdischen Volkes« bemerkt, dem er ein absolutes »der geistigen Werke und Werte« entgegensetzt[36]. Ruhelosigkeit und Süchtigkeit sind aber keine naturgegebenen Eigenschaften eines ganzen Volkes, sondern entweder Folgen des Gejagtwerdens, das im gejagten Menschen innerlich als Unrast nachzittert; oder sie sind Zeichen einer ungestillten, von sittlichen Zwängen unterbundenen Triebhaftigkeit; vielleicht beides zusammen.

Daß der innerlich friedlose, unzufriedene, weil unbe-friedigte Mensch nach fremden Lebensstilen Ausschau hält, ist verständlich von der abendländischen Überzeugung her, daß der Mensch alles, was überhaupt menschenmöglich ist, sich auch jederzeit willentlich aufsetzen könne. Der Glaube an den freien Willen, ohne den eine triebunterdrückende Moral nicht auskommt, läßt die Bedingungen vergessen – oder gar nicht erst bewußt werden, unter denen wir so und nicht anders geworden sind. Und so glaubt denn auch mancher frankophile oder anglophile Deutsche, schon etwas von dem fremden Lebensgefühl in sich aufzunehmen, wenn er die Franzosen oder Engländer äußerlich nachahmt: in Kleidung, Tischsitten oder Grußformen. Einzig der *american way of life* scheint deutscher Zielstrebigkeit entgegenzukommen, jedenfalls mit seinem Angebot an prestigebesetzten Konsumgütern und Statussymbolen. Aber schon die Fähigkeit des Durchschnittsamerikaners, mit ihm begegnenden Menschen schnell Freund zu werden (»*to make friends*«) und sich überall gleich wie zu Hause zu fühlen, wird den Gästen aus Übersee nicht selten als Oberflächlichkeit, Mangel an »Gemüt« oder Unfähigkeit zu tieferer seelischer Bindung ausgelegt. Innere Beweglichkeit, die Fähigkeit sich auf wechselnde Situationen und Partner einzustellen, findet vom Standpunkt deutscher Beharrlichkeit und Gründlichkeit her keine positive Bewertung. Der Deutschen Sehnsucht, so wie die andern zu sein, liegt immer noch der Ehrgeiz zugrunde, zu allem, wie man ist und wie man's treibt, außerdem noch so wie die anderen sein zu können. Es ist selten ein radikaler Wunsch nach völligem Anderssein; denn das verlangte, auch die Fehler und Unzulänglichkeiten der anderen in sich zu entfalten. Die gelassene Einsicht, daß jeder nur die Fehler seiner Vorzüge hat und die Schwächen seiner Tugenden, und daß auch »jedes Volkes Fehler und Tugenden dem selben Charaktergrund entspringen« (Max Scheler[37]), geht nicht in perfektionistisch gestimmte deutsche Gehirne. Solche Einsicht müßte Verständnis dafür wecken, daß der an den Fremden beobachteten Fähigkeit, sich rasch auf andere Menschen einzustellen, ein leichter Sinn innewohnt; daß »deutsche Treue« aber auch mit einiger Schwerfälligkeit einhergeht und dazu neigt, dem treu Umhegten sein Eigenleben zu nehmen.

In solcher Weise Charakterzüge und Neigungen zusammenzuschauen oder ihre moralische Bewertung zu relativieren, entspricht nicht dem deutschen Ideal vom »vollkommenen Menschen«, das sich selber aus zwei Erwartungen zusammensetzt: 1. aus der Forderung, alle Schwächen, Fehler und ungebärdigen Neigungen in sich zu überwinden oder niederzuhalten, und 2. aus der Hoffnung, der kulturelle Fortschritt werde dazu führen, daß der Mensch alle seine Naturanlagen »völlig entwickeln kann« (KANT[38]). Das eine, das asketische Moment, ist christliches Erbe[39]. Mit dem anderen aber, dem aufklärerischen Moment, berührt sich das jüdische Bild vom Menschen, wie er sein soll. Es berührt sich mit ihm freilich nicht in der Begründung, sondern in der Zielsetzung: in der Öffnung zur Menschheit überhaupt. Was der Mensch seinen besseren Möglichkeiten nach sein könnte, gilt dem jüdischen Denken, namentlich bei MARTIN BUBER[40], nicht als etwas erst noch zu Entdeckendes, sondern als etwas nur Wiederzuentdeckendes; denn das »Urmenschliche« (BUBER) kommt mit dem Urjüdischen überein. Solch hochgemutes Denken hat aber im geschichtlichen Leidensweg der Juden wohl eine Abmilderung erfahren, die im Ergebnis mit weltbürgerlicher Anpassungsfähigkeit an vielfältige Kulturen übereinkommt: »Wir Juden sind doch die wahren Kosmopoliten, die Weltbürger von Gottes Gnaden, oder, wenn du willst, von Gottes Ungnaden.« So läßt WILHELM RAABE einen Juden im *Hungerpastor*[41] sprechen. Solches Kompliment wird den Deutschen von einem deutschen Juden, von LUDWIG BÖRNE, zurückgegeben: »Der Brite ist nur Brite, der Spanier nur Spanier, der Franzose nur Franzose; Mensch ist der Deutsche allein.«[42] Gerade dies, daß Deutsche und Juden vielfach so unglücklich über den Lebensstil ihrer ethnischen Gemeinschaft sind, macht die Nachdenklichen und Beweglichen unter ihnen offen für die Menschenwelt überhaupt.

Durchaus deutsch, wenn auch nicht jedes Deutschen Neigung ist es, alles unverwechselbar Deutsche, das korrekte, an Vorschriften orientierte, ja durch sie reglementierte Leben in Deutschland unerträglich zu finden, verglichen mit dem beschwingteren Alltag gerade der südlichen Völker. Durchaus jüdisch, wenn auch nicht eines jeden Juden Tendenz ist es, sich vom Judentum zu distanzieren, von jüdischer Selbstgerechtigkeit und dem tradierten Bewußtsein, anderen Völkern moralisch überlegen zu sein, wenn nicht durch besondere Tugenden, so durch ein diesem Volke auferlegtes Schicksal. Die in der Bundesrepublik Deutschland aufgewachsene Jüdin LEA FLEISCHMANN bekennt, als Kind davon überzeugt gewesen zu sein, »dem auserwählten Volke anzugehören«:

»Diese Auserwähltheit erklärte für mich alles. Sie erklärte, warum es so viele jüdische Nobelpreisträger gibt, sie erklärte, warum die Juden schnell zu Reichtum gelangen, und sie erklärte das ungeheure Leid, das wir erlebt hatten.«[43]

Deutscher Selbstherrlichkeit aber hält – zumal seit Auschwitz – bei deutschen Intellektuellen ein Bewußtsein die Waage, einem zum Bösen besonders verführbaren Volk anzugehören. Nationale Selbstüberhebung und Selbstzerknirschung werden bei uns zulande wohl in verteilten Rollen verkörpert; doch Stolz auf das Deutschtum und Widerwille gegen alles »typisch Deutsche« gehen auch mitten durch die Köpfe vieler Deutscher hindurch. Und das ist nur zu erklärlich. So wie früher ein Jude, der unter Christen lebte, mit dem Stigma fertigwerden mußte, ein Angehöriger des Volkes zu sein, das den »Gottessohn« gekreuzigt habe, so sieht sich heute der Deutsche dem Vorwurf ausgesetzt, zu einem Volk zu gehören, das Hitler und die KZ-Mörder hervorgebracht hat. Auf solch kollektive Verteufelung antwortet das getroffene Selbstwertgefühl entweder mit Trotz, mit Abwehr, Leugnung des Behaupteten oder mit Zweifeln an sich selbst, wenn nicht mit dem Versuch, sich aus der so diskriminierenden Gemeinschaft wenigstens »geistig« zu lösen. Der trotzig gezeigte Stolz auf das eigene Volk wie die Fiktion, ihm als geistige Person oder als entschiedener Europäer gar nicht mehr anzugehören, sind aber immer noch gebunden an das Gefühl der Inferiorität dieses Volkes, weil von dem Wunsch, das loszuwerden, motiviert. Wer einem stigmatisierten Volk angehört, wird aber von allen, die sich moralisch darüber erheben wollen, immer wieder an seine nationale Erbsünde erinnert. Schon vom bloß verstehenden Mitvollzug der Verachtung, die von den anderen auf ihn als »Volksgenossen« ausstrahlt, bleibt etwas wie Schuld in ihm hängen. Ein Jahrzehnte nach der Niederlage »Hitler-Deutschlands« geborener Deutscher, der 1981 in einer Gruppe von Schülern Israel bereiste, stellte dort verwundert an sich selber fest: »Ich fühl' mich in gewissem Sinne schuldig, weil es alle sagen.«[44] Alle, das waren die Juden, auf deren Einladung hin sie gekommen waren, die ihnen das

Land zeigten und für sie Seminare und Diskussionen veranstalteten. »Hier soll uns deutlich gemacht werden, daß wir mitschuldig sind«, sagte der junge Deutsche.

Schuld als soziales Phänomen entsteht nicht einfach durch eine eigenhändig verübte oder selbst zu verantwortende Untat, sondern durch das Verstehen des Vorwurfes, mit dem die Rechts- oder die Völkergemeinschaft darauf antwortet. Auf diesen phänomenalen Zusammenhang von Vorwurf und Schuld[45] gründet sich die satanische Möglichkeit, Schuldgefühle in unschuldige Menschen zu induzieren. Hier liegt die Wurzel des ethnischen Selbsthasses bei manchen Deutschen und bei Juden wie Karl Marx und Ferdinand Lassalle.

Was aber geschieht, wenn Menschen verschiedener Völker, die einander in ihren Stärken und Schwächen so ähnlich sind, einander begegnen, gar wenn sie wie einst die Deutschen und Juden unter denselben Fürsten leben? Notwendig werden sie voneinander ebenso fasziniert sein wie voneinander abgestoßen. Hellsichtig werden sie aneinander gerade diejenigen Mängel erkennen, die sie gemein haben, und um so leidenschaftlicher an den jeweils anderen verurteilen, je weniger sie bereit sind, diese Fehler bei sich selber wahrzunehmen. Der Judenhaß eines Deutschen unterscheidet sich vom Antisemitismus anderer Europäer gerade durch das Moment des Selbsthasses, der sich projektiv darin aufgelöst hat. Andere mögen von tüchtigen Juden (wie von tüchtigen Deutschen) sich auf eine demütigende Art herausgefordert fühlen – ein Deutscher kann Juden hassen wie nur ein Tüchtiger einen Tüchtigen hassen kann, dazu provoziert, ihn durch vermehrte Anstrengung zu »schlagen«. Die Judenfeindschaft des selbstherrlichen und rastlos tätigen Deutschen, den wir heute immer seltener finden, motiviert die Berührungsempfindlichkeit gegenüber dem Doppelgänger. So wie der Geizige am Geizigen vornehmlich den Geiz bemerkt und der mimosenhaft Empfindliche an anderen ihre »Empfindlichkeit« wahrnimmt und tadelt, so nimmt der Deutsche am Juden die Selbstgerechtigkeit und den sich durchsetzenden Kaufmannsgeist wahr, die Sparsamkeit und die Ausrichtung aufs sogenannte Materielle. In einer Gesellschaft, wo »Finanzkraft« längst in den Rang einer Charaktereigenschaft aufgerückt ist und wo einer sich schämen muß, der aus sachbezogener Neigung eine unterbezahlte Tätigkeit ausübt, da begegnet uns immer noch die Überzeugung, Profitdenken sei eigentlich etwas typisch Jüdisches. Der ostentative Philosemitismus, der nach dem Zweiten Weltkrieg zumal in akademischen und evangelisch-theologischen Kreisen den einst sozialkonformen Antisemitismus abgelöst hat, ist nur eine Umkippung dieser Doppelgängerscheu in ein trotziges Betonen der Verbundenheit, freilich ohne daß die tieferen Gemeinsamkeiten in ihrer Zwiespältigkeit bis jetzt bewußt geworden wären.

Es gibt freilich auch einen vordergründigen Philosemitismus, der nach der Niederlage von 1945 und der dabei offenbar gewordenen nationalen Schande der Judenvernichtung nichts weiter bedeutet als geflissentliche Anpassung an den jetzt herrschenden Zeitgeist. Solcher Philosemitismus meint aber nicht den Juden als den Bruder Abel des Deutschen, sondern jeweils das eigene eitle, karrierebesessene Ich, das weiß, womit man sich jetzt profilieren kann. So sah ich bei einer Veranstaltung zur »Woche der Brüderlichkeit« einen früheren NS-Funktionär in seiner Eigenschaft als Landtagsabgeordneten in der ersten Reihe sitzen. Ich fragte mich, was hinter seiner Stirn jetzt vorgehen mochte. Vermutlich nichts, was er heute – nach dem Scheitern seiner alten »Weltanschauung« – nicht auch öffentlich hätte bekennen dürfen.

Der neudeutsche Philosemitismus findet öffentlich alles gut, was immer von Juden getan, vom Staat Israel als Politik verfolgt wird. Es liegt nahe, eine derart kritiklose Parteinahme für alles Jüdische als reine Heuchelei abzutun. Der also Heuchelnde aber gewinnt, je länger er in das zur Schau Getragene sich einübt, ein um so distanzloseres Verhältnis zu seiner Lüge, weil er nicht beständig zu sich selber sagen kann, daß die übernommene Linie nur taktische Bedeutung hat. Solche Ehrlichkeit gegen sich selbst würde ihn allzu rasch erschöpfen. Sie bärge auch die Gefahr, sich gelegentlich, etwa in angeheiterter Stimmung, die wahre Gesinnung entschlüpfen zu lassen. Der vollendete Opportunist hat keine »wahre Gesinnung«; er taktiert vorsichtig mit sich selber.

Dem prototypischen Philosemiten wird nicht bewußt, daß er nur in anderer Weise als der Antisemit den Juden als Mitmenschen nicht ernst nimmt. Einen Menschen ernst nehmen heißt ja, sich mit ihm auch auseinandersetzen in allem, womit er fremde Lebensinteressen berührt. Wer vor den Juden – privat oder außenpolitisch – grundsätzlich zurücksteckt, zeigt ihnen gegenüber nur eine andere Form der Berührungsscheu. Er beläßt sie in der Sonderrolle, in die jahrhundertelanger Haß sie gedrängt hat.

c) Motive und soziale Funktion des Völkerhasses

Die Motivationsbasis jedweden Völkerhasses ist nichts als das Bedürfnis, vitalen Unmut gegen ein sich lohnendes Ziel richten zu können. Es muß sich »lohnen« in mehrfacher Weise:

1. Es muß der Gewissensentlastung dienen, der Befreiung von Schuldgefühlen, wenn der Haß in Aggression sich zuspitzt. Um dies zu erreichen, wird das gewählte ethnische Objekt moralisch abgewertet zum »Untermenschen«, »Ungeziefer«, das man vertilgen müsse.

2. Ein ganzes Volk als Haßobjekt »lohnt« sich für den sonst Mitleid Empfindenden, der von Mensch zu Mensch nicht vernichtend böse sein kann. Ein mehr oder weniger abstraktes »Volk« als Feind aber erspart ihm das Weiße im Auge des Feindes, das den Instinkt der Tötungshemmung in ihm erwecken müßte. Deshalb ist Judenhaß als reines Gefühl noch eher zu verwirklichen in einem Land ohne Juden als in jenem Deutschen Reich, in dem, wie Himmler beklagte, jeder noch »seinen anständigen Juden« hatte[46].

3. Der Haß von Volk zu Volk »lohnt« sich für den ängstlich Hassenden, weil er sich eingebettet fühlt in eine Gemeinschaft der Hassenden. Was immer eines Tages oder sogleich von den Verfolgten auf ihn zurückschlagen könnte, das trifft ihn nicht als Individuum, sondern als Teil eines Kollektivs, das über Recht und Unrecht nicht reflektiert, sondern nur seinem Lebensinteresse folgt – oder dem, was man verblendet dafür hält. Je mehr der Einzelne dabei auch in einem strafrechtlichen Sinne schuldig wird, desto weniger wird er geneigt sein, sich gegen den Vorwurf einer »Kollektivschuld« zu wehren.

4. Kollektiv auf einen Feind ausgerichteter Haß hat auch die Funktion, ein durch Konkurrenz, Gewinnsucht, Ehrgeiz, Sexualneid und alltägliche Streitereien in sich zerfallenes Volk zu solidarisieren. Die von Hitler und Goebbels nicht nur rhetorisch beschworene »Volksgemeinschaft« hatte ihr verbindendes Moment im wachgehaltenen Haß auf »Todfeinde«, »Volksschädlinge«, »Gewohnheitsverbrecher« und vor allem in dem von Generation zu Generation weitergegebenen Judenhaß. (Nur war Hitler sich zweifellos darüber im klaren, daß das hierin weitgehend einige Volk ihm nicht auf dem Wege des Völkermords folgen würde; sonst hätte er nicht Vorsorge getroffen, die Existenz von Vernichtungslagern geheimzuhalten.)

5. In der negativen Solidarität des Hasses auf fremde Völker

gewinnt jeder der darin Fiebernden ein Selbstbewußtsein, das aus dem Rückhalt in solcher Gemeinschaft resultiert. Noch der ärmste und glücklose, der vielfach gedemütigte und herumgestoßene Mensch gewinnt in feindseliger Abgrenzung gegen ein »hassenswertes« Volk die Bedeutung eines unentbehrlichen Trägers dieses Hasses, der um so stoßkräftiger wird, je mehr Menschen ihn verkörpern. Gerade derjenige, dessen Leben keinerlei Richtung und Kontur hat, definiert sich so an Feinden, auf die er im Verein mit anderen sich bezieht. Wenn es gar gelingt, bei sich selber verleugnete triebhafte Neigungen am gründlich gehaßten Feind wahrzunehmen und projektiv an ihm zu bekämpfen, dann kann im Haß und Kampf gegen ihn das eigene Selbst um so makelloser imaginiert werden.

Gewissensentlastung, Hemmungsabbau, Angstbeschwichtigung, Solidarisierung und Selbstfindung – diese psychischen Momente des Völkerhasses sind keine Motive, die der so Hassende bewußt vollziehen oder sich willentlich aufsetzen könnte als Zwecke. Wer in eine tradierte Feindseligkeit sich einbeziehen läßt, gerät dabei so in den Sog der Entlastung von Schuldgefühlen, Hemmungen und Ängsten, daß er in die vorgezeichnete Aversion sich unwillkürlich immer mehr einlebt. Wenn er der moralischen Entlastung, die er dabei erfährt, einmal innewürde, verlöre er auch schon die Neigung, sich ihr willenlos hinzugeben. Denn dann würde seine Aufmerksamkeit auf ihn selber zurückgebogen, abgezogen von dem Feind, in dessen Wesen er seinen Haß begründet sieht. Sowie ihm bewußt würde, daß der verhaßte Feind ihm nur herhalten muß, um von eigener Unzulänglichkeit abzulenken und um angestauter Aggressivität ein lohnendes Ziel vorzugeben, müßte er am objektiven Sinn seines Hasses zweifeln. Der blindlings Hassende aber ist sich am allerwenigsten hierüber im klaren. Sein völlig objektbezogenes Bewußtsein sieht die Ursache seines Hasses allein in Eigenschaften der Gehaßten, nicht in seinem eigenen triebhaften Verlangen nach einem Feind.

Die älteste rationale Begründung tödlichen Hasses auf die Juden liegt in dem Vorwurf der Christen, sie hätten Christus, den Sohn Gottes, ans Kreuz geschlagen. Da ihnen so bereits das Allerschlimmste nachgesagt werden konnte, was religiöser Eifer sich auszudenken vermag, war es nur theo-logisch, sie für die meisten Übel dieser Welt verantwortlich zu machen: für die Ausbreitung der Pest und der Syphilis, für die Not der Armen, für den Ausbruch des Krieges, den Verfall der Sitten. Noch Hitler, der mit seiner

Wendung gegen die Juden »für das Werk des Herrn«[47] zu kämpfen gedachte, hat an den Kreuzestod Christi erinnert; der sei erfolgt, weil Christus den Juden, »diesen Widersacher jedes Menschentums«, mit der Peitsche aus dem Tempel des Herrn getrieben habe (*Mein Kampf*, S. 336). Doch das entscheidende Motiv, selber Jagd auf die Juden zu machen, ist das für HITLER nicht mehr. Er stützt sich bereits auf GOBINEAUS Lehre von der »Ungleichheit der Menschenrassen«[48], die ihm dazu verhilft, im »nordisch-germanischen Menschen« (*M. K.*, S. 438) den rassisch höchstwertigen zu sehen und in den Juden eine Rasse, von der dem deutschen »Volkskörper«[49] eine »Bastardisierung« (S. 357 und 629), ja eine »Blutvergiftung« (S. 629) drohe. Im pseudowissenschaftlichen Glauben an die kulturelle Überlegenheit einer »rein« erhaltenen Rasse wendet sich HITLER sogar ausdrücklich gegen einen »Scheinantisemitismus« (S. 132), der sich damit begnüge, die Juden zum Christentum bekehren zu wollen. Solche Bekehrungsversuche entsprächen ebensowenig wie ein den Juden entgegengebrachter Konkurrenzneid der »inneren und höheren Weihe« des Kampfes gegen das Judentum als Rasse.

Für eine dem Judentum entgegenzustellende reine Rasse dient HITLER paradoxerweise »der Jude« selber als Vorbild. »Blutsreinheit«, wie der Bajuware statt »Rassenreinheit« (S. 312) auch sagt, »wahrt der Jude besser als irgendein anderes Volk der Erde« (S. 751). Wer in den Abgrund der Motive nicht tiefer zu blicken verlangt, könnte auch hierin ein Neidmotiv sehen. Aber Neid ist nur eine Bewußtseinsform triebhaften Unbehagens.

d) Hitlers sexualpathologischer Judenhaß

Hinter der aufgeklärten Verwerfung von Glaubenseifer und Neidmotiven gegenüber den Juden spannen sich die triebhaft-sexuellen Motive, die den jungen Mann Adolf Hitler zum biologisch überzeugten Judenfeind haben werden lassen. Der junge ADOLF HITLER, der nach seinem späteren eigenen Zeugnis zuerst »schüchtern und unbedeutend« war, dann »ein ausgehungerter Soldat«, für den sich kaum jemand interessieren konnte, betrachtete die Frauen als »wunderbare und unerreichbare Wesen«[50]. Er sah sie aber, wie er selber schrieb, zugleich erreichbar und durchaus zugänglich für modisch gekleidete »krummbeinige, widerwärtige Judenbankerte«, die »Hunderttausende von Mädchen« verführten (*M. K.*, S. 458). In solchen und ähnlichen Tönen, die wie ein Leitmotiv in *Mein Kampf* immer wieder aufklingen, sitzt der Sexualneid des lange mittellosen und im bürgerlichen Sinne gescheiterten jungen Mannes dicht unter der sittlichen Entrüstung. Da ist die Rede von der syphilitischen »Verseuchung und Mammonisierung unseres Liebeslebens« (S. 272), die auf die Juden zurückgeführt wird. Da gibt es »unerfahrene junge blonde Mädchen«, die »planmäßig« von Juden geschändet würden (S. 630). Im Stile einer Moritat heißt es gar: »Der schwarzhaarige Judenjunge lauert stundenlang, satanische Freude in seinem Gesicht, auf das ahnungslose Mädchen, das er mit seinem Blute schändet und damit seinem, des Mädchens, Volke raubt.« (S. 357) Gegenüber solchen Erscheinungen einer »verfaulenden Welt« empfiehlt der Verfasser von *Mein Kampf* ein rücksichtsloses »Reinemachen unserer Kultur« (S. 279).

Solch monomanische sittliche Entrüstung, die als Begründung des Judenhasses dargeboten wird, weist zurück auf die sexuelle Frustration, die Hitler von allen, die ihn näher kannten, bescheinigt wird[51]. HANFSTAENGL hat beobachtet, wie sich Hitler gegenüber seiner Stiefnichte Geli Raubal verhalten hat: »Ein halbwüchsiger Pennäler, von seiner Pussage den ersten Kuß erbittend, konnte kaum linkischer wirken.«[52]

Die Juden galten, wie schon nachgezeichnet*, Hitler als das Unreine schlechthin – eben jene Juden, die selber nichts Unreines, nur Koscheres zu essen pflegen. Der Jude als der unsaubere, der unreine Mensch, das ist zu offensichtlich ein Projektionsphänomen, das heißt die in ein menschliches Objekt versetzte eigene Unfähigkeit, dem anerzogenen Reinlichkeits- und Keuschheitsideal zu genügen. Ein skrupulös auf Reinlichkeit und sexuelle Reinheit ausgerichtetes Gewissen schleudert die Wut über sein fortwährendes, weil unausweichliches »Versagen« auf Menschen, in denen es alle Unreinheit menschlichen Lebens verkörpert wähnt und von denen es einen steten Anreiz zur Lockerung der Sitten verspürt. HITLER reflektiert das als »sittliche Verpestung«[53], die ihm von den Juden auszugehen scheint.

Der gegenüber Frauen zurückhaltende, doch gesunde junge Mann leidet wohl vor allem unter jener unmittelbaren Entlastung vom Triebdruck, die ihm die christliche Moral als »Selbstbeflekkung« zu verachten gelehrt hat. Solch immer wiederkehrender Anlaß, sich selber »unrein« zu fühlen, verlangt um so gebieterischer nach Menschen, die er hinreichend moralisch abwerten kann, um

* im III. Kapitel dieses Buches, S. 122 ff.

seinem gebrochenen Selbstwertgefühl wieder aufzuhelfen. In schon wahnhafter Projektion verkörpern sie dem an seiner eigenen »Unreinheit« Leidenden eben jenes Glied seines Leibes, an dem er, wie KANT sagt, »wohllüstige Selbstschändung«[54] verübt. Der Jude wird zum verabscheuungswürdigen Phallus, den man besser nicht anfaßt: »Wo immer man einen solchen Apostel angriff, umschloß die Hand qualligen Schleim; das quoll einem geteilt durch die Finger . . .« Diese Stelle in *Mein Kampf* (S. 67) kann gar nicht anders als sexualpathologisch gedeutet werden: Ein tief an sich selber leidender Mensch legt einen unkontrollierten Augenblick lang im Eifer empörter Rede den neurotischen Kern seines Judenhasses bloß.

Es charakterisiert das Ausmaß der kulturbedingten Verdrängung des Sexualtriebes als einer das Zusammenleben prägenden Kraft, daß die sexualpathologische Seite von Hitlers Judenhaß von unserer professionellen Vergangenheitsbewältigung bis jetzt nicht gesehen worden ist, obschon Hitlers Sprache dafür drastische Anzeichen bietet. Die Weise, in der ein Mensch spricht oder schreibt, die Wahl der Worte und Metaphern steht seiner Selbstkontrolle nicht so zu Gebote wie ein Mittel, das er zum Erreichen eines bestimmten Zweckes sich aussucht, oder wie eine Rechtfertigung, die er für sein faktisches Verhalten sich ausdenkt und zurechtlegt. Die ihm unbewußten Antriebe beeinflussen aber auch noch den Stil, in dem er sich rechtfertigt. Hitler verbirgt zwar bewußt seine wahren Motive, verrät sie aber dennoch in der Weise seines Verbergens.

Nun fehlt es nicht an psychoanalytischen Deutungen der Charakterstruktur Adolf Hitlers. Dabei aber wird nicht auf Anzeichen geachtet, in denen der moralkonform verdrängte Trieb sich einmischt oder hervorsticht, vielmehr werden biographische Fakten und Bekenntnisse einem vorgegebenen Deutungsschema unterworfen. Da dominieren Begriffe wie Ödipuskomplex, Mutterbindung, Vaterimago, Minderwertigkeitskomplex, Überich-Bildung: mythische Prägungen, mit denen zwar aus je verschiedener Perspektive bestimmte Verhaltenskonstanten veranschaulicht werden, mit denen aber die erlittene Sexualnot eher zugedeckt als dargelegt wird. Die Psychoanalyse erweist sich so selber als ein Moment der kulturspezifischen Verdrängung: Statt von einem autoritären Vater als der ersten und entscheidend prägenden triebunterdrückenden Instanz zu sprechen, stigmatisiert sie den von ihr Verschüchterten als einen Menschen, der mit einem »Ödipuskomplex« behaftet sei oder mit einem zu strengen Überich nicht zu Rande komme. So wird in der Deutung Gérard Mendels noch alles, was Hitler zeitlebens verübt hat, zu einer »Revolte gegen den Vater«[55] oder mit Erich Fromm als das folgerichtige Verhalten eines »nekrophilen Charakters« erklärt, der aus einer »bösartigen inzestuösen Bindung« erwachsen sei[56] und sado-masochistische und narzißtische Züge aufgewiesen habe[57]. Lebensgeschichtliche Deutungen, die in die frühe Kindheit zurückgreifen, bieten den Vorteil, daß der sie Nachlesende dahinter ein einmaliges, unvertretbares, sich nicht so leicht wiederholendes Sonderschicksal zu erkennen meint. Und wo der politisch sich durchsetzende Vernichtungswille mit psychoanalytischen Kategorien beschrieben wird, ist der Eindruck des Einmaligen, aus dem Rahmen Fallenden verstärkt durch eine Terminologie, die auf Krankhaftes, klinisch zu Versorgendes angewendet zu werden pflegt. In jedem Falle wird das einfache Bedingungsverhältnis von Triebverzicht und Vernichtungswillen (Frustration und Aggression) verwischt und so mit deskriptiven Begriffen zugedeckt, daß die moralkonforme Seite der Triebunterdrückung völlig darunter verschwindet. Erich Fromm, der mit »Nekrophilie« den Schlüsselbegriff für Hitlers Charakterstruktur gefunden zu haben glaubt, begnügt sich damit, diesen Terminus auf Hitlers Verhalten anzuwenden und durch Zeugnisse anderer sowie durch Äußerungen aus des »Führers« eigenem Munde sich bestätigen zu lassen. Die Frage, wie es kommt, daß in unserer Kultur ein Mensch »nekrophil« wird, das heißt sich zu toten Menschen oder zu Verwesendem überhaupt hingezogen fühlt, wird gar nicht aufgeworfen. In seiner ernsten klinischen Bedeutung lenkt der Begriff »Nekrophilie« den Blick auf jene bedauernswerten Neurotiker, zumeist Männer, die durch eine sie verschüchternde moralkonforme Erziehung sexuell so gehemmt sind, daß sie nur noch mit toten Menschen sich einen sexuellen Kontakt vorstellen können: denn bei den Lebenden »sind da vorwurfsvolle Augen, die einen ansehen«, sagte ein nekrophiler Patient zur Erklärung[58]. Wer ganz durchdrungen ist von einer lust- und lebensfeindlichen Moral, der mag, nekrophil geprägt, immerhin auf den Gedanken kommen, daß er potentielle Sexualpartner immer zuerst töten müsse, ehe er körperlich sich ihnen nähern dürfe. Es wäre durchaus psycho-logisch sich vorzustellen, daß ein solcher Tötungswille sich chronifiziert und verselbständigt, dann also mit dem ursprünglichen libidinösen Motiv nicht mehr bewußt verbunden wäre.

Es darf dahingestellt bleiben, ob die Kategorie des Nekrophilen an der Person Hitlers und ihrer geschichtlichen Wirkung viel erklärt. Psychoanalytische Deutungen, die feinsinnig allen Möglichkeiten der Verknüpfung von unbewußten Vorstellungen zu sogenannten »Komplexen« nachzugehen suchen, lassen gerade dadurch die explosive Kraft verdrängter Triebe nicht mehr recht deutlich werden. Damit bleibt aber auch unbegriffen, was die verführerische Faszination eines Mannes wie Hitler noch über dessen Tod hinaus ausmacht: die von ihm ausgehende Ermutigung, die durch Moral und Erziehung, Strafen und soziale Anpassung zurückgestaute Triebhaftigkeit in »nationaler Erhebung« und gegen vermeintliche »Untermenschen« guten Gewissens aggressiv auszuleben. Wer durch die von klein auf erlittene Beschränkung und Einschnürung seiner Vitalität innerlich rasend und schlaflos geworden ist, der verspürt am ehesten die Faszination einer Führergestalt, die keine andere Moral verlangt als Treue zu ihm und Gehorsam – »Meine Ehre heißt Treue« lautete der Wahlspruch der SS –, die dann aber nur das befiehlt, was den längst destruktiv gewordenen Trieben seiner Getreuen entspricht.

Eine Vergangenheitsbewältigung, die es dabei beläßt, Hitler schrecklich, aber doch faszinierend zu finden, verbrecherisch, aber dämonisch, übergeht eben das in der Triebstruktur der seinerzeit Verführten wie der heute noch von ihm Beeindruckten, was ihm sehnsüchtig entgegenkam: das Verlangen nach Gewissensentlastung für nur im Kollektiv gewagte Destruktion. Psychoanalytische Deutungen der destruktiven Persönlichkeit Hitlers, die ein vorgestricktes Begriffsnetz über ihn ausbreiten, ignorieren aber nicht minder das potentiell Destruktive, Vernichtungswütige in denen, die allezeit auf einen »Führerbefehl« warten, der eben das erlaubt, was im geregelten Alltag verboten ist. Hitler als Dämon, Hitler als Ödipus, Hitler als nekrophiles Monstrum, kurzum als mythische Gestalt aufgerichtet oder zurechtgedeutet, verstellt den Blick auf die Notwendigkeit und die Möglichkeit, unser aller Leben so zu revolutionieren durch Bejahung der eigenen vitalen Antriebe, daß deren Verbiegung und Zuspitzung zu Aggression und Destruktion vermieden würde. Dann könnte auch Verführung dazu nicht mehr greifen. Wer sie versuchte, wäre von Anfang an als der Psychopath erkennbar, zu dem Hitler, da er gescheitert ist, posthum noch geworden ist.

e) Genügt es, Vorurteile abzubauen?

Das Bedingungsverhältnis Frustration – Aggression kommt am pathologischen Extremfall überdeutlich heraus. Ein davon eindeutig charakterisierter Völkerhaß bedarf, um in seinem Vorhandensein und in seiner Wirksamkeit erklärt zu werden, keiner psychoanalytischen Deutung, die nur am individuellen Beispiel beschreibt, auf welch besondere Weise der allgemein unterdrückte Trieb deformiert werden kann. Um zu verstehen, daß es Völkerhaß gibt, bedarf es aber auch keiner religions- oder ideengeschichtlichen Herleitung solchen Wahns. Es bedarf ihrer nur, um zu begreifen, warum er sich gerade auf dieses bestimmte Volk, etwa die Juden oder die Deutschen, heftet und auf kein anderes. Religiöse und weltanschauliche Ideen mögen dazu verleitet haben. Doch jede noch so gut tradierte destruktive Idee muß von einer ins Destruktive abgebogenen Triebhaftigkeit je individuell neuerdings aufgefangen und weitergetragen werden. Sonst reißt die scheinbar festgefügte Kette der Tradition einer »Erbfeindschaft«. Daß längst nicht jeder Deutsche den von der Staatsführung angefachten Judenhaß mitvollzogen hat, ist der beste Beleg dafür, daß solcher Haß stets seine vom Traditionsbewußtsein nicht erfaßte triebhafte Grundlage braucht. Es wäre nur kurzschlüssig, hier von einem unausweichlich angeborenen Naturtrieb zum Völkerhaß zu sprechen, da der vermutlich beachtliche frustrationsbedingte Anteil an solch einem »Trieb« bei uns immer noch kulturbedingt verdrängt wird. Ein aus verschiedenen (vitalen und sozialen) Komponenten zusammengesetztes Reaktionsmuster werden wir nicht gut als Trieb bezeichnen können. Wer, um den Völkerhaß als etwas Naturgegebenes auszugeben, auf sogenannte Naturvölker verweist, die einander abstoßen oder gar bekriegen, der sollte nicht die friedfertigen Kulturen dabei übergehen, auch nicht die vielfältigen Riten des Gastrechts in technisch primitiven Gesellschaften ignorieren.

Der aus Triebverzichten sich sammelnde vitale Unmut ist die Motivationsbasis jeden Völkerhasses, eine physische Grundlage, die auch wechselnde ideologische Begründungen trägt: so die einander ablösenden religiösen und rassistischen Vorstellungen vom wirklich guten Menschen als bewußte Motive für den Judenhaß. Der Christenmensch, der Jesu Kreuzestod zu rächen meint, wird vom »Germanen« verdrängt, der für die Reinhaltung seiner Rasse zu kämpfen hat. Solche Ablösung einer bewußten, für die jeweilige Bewußtseinslage durchaus »vernünftigen« Begründung durch eine andere ist in HITLERS *Mein Kampf* noch spürbar – wie zum Beleg dafür, daß es im Blick auf kollektive Aggressivität auf deren bewußte Motive, ihre verstandesmäßige Rechtfertigung von seiten der Lostobenden nicht ankommt, jedenfalls nicht so, daß solche Motive, solche Rechtfertigungen als die vitalen *Ursachen* des Hasses und des Mordens angesehen werden müßten. Die bewußten Motivationen kollektiven Hasses leisten nur eine soziale Koordination andernfalls freischwebender und diffus sich auswirkender Aggressivität. Und das ist auch der Grund, daß sie dort, wo sie einander ablösen, sich auch für einige Zeit überlappen müssen: weil sonst die Kontinuität kollektiver Feindhaltung zerbröckelte. HITLER, der sich rühmte, die Judenfrage »zum treibenden Motiv einer großen Volksbewegung gemacht« zu haben[59], hat zumindest intuitiv seine Propaganda auf diesen Zusammenhang abgestellt. Solch instrumentaler Umgang mit dem im Volk schon bereitgelegenen Antisemitismus schließt nicht aus, daß Hitler als junger Mann in Wien einst selbst nach seinem eigenen Lebensbericht unverkennbar froh darüber war, in den Juden ein Projektionsobjekt gefunden zu haben, auf das er eigene unverarbeitete innere Nöte abladen konnte. Der »lange innere Seelenkampf«, der ihn zum Antisemiten hat werden lassen, dieses »bittere Ringen zwischen seelischer Erziehung und kalter Vernunft«[60], bei dem der Verstand endlich gesiegt habe, weist auf ein bewußtes und zielstrebiges Bemühen, sich auf den »jüdischen Todfeind« (*Mein Kampf,* S. 720) emotional einzustimmen. Darüber konnte ein angeknackstes Selbstbewußtsein sich straffen: »Ich war vom schwächlichen Weltbürger zum fanatischen Antisemiten geworden.« (*M. K.,* S. 69)

Die Motivationsgrundlage *vitaler Unmut,* die moralisch-sozialkonforme Entlastung, die der aggressiv Gestimmte im Völkerhaß erfährt, und die ihm bewußten Motive sind wohl zu unterscheiden. Der dem Antisemiten oder dem Deutschenhasser bewußte Beweggrund, seine Überzeugung, daß das »hassenswerte« Volk, vor der Geschichte schuldig geworden, immer noch gefährlich sei, wenn nicht überhaupt von Natur aus minderwertig und verderbt, diese selbstgerechte Überzeugung hat aber selbst eine uneingestandene, wenngleich nicht völlig unbewußte Rückseite: den Neid auf das verhaßte Volk, den Neid auf die ihm nachgesagte Gefährlichkeit, die bei ihm eine ungebärdige Kraft vermuten läßt, den Neid auf Fähigkeiten, kulturelle Leistungen, durch die es als ein überlegenes erscheint, den Neid auf seine materiellen Güter, auf seine Lebensart, nicht zuletzt auf die bei ihm verspürte Bedenkenlosigkeit, vitale

Antriebe auszuleben. Verräterisch genug wirft Hitler in *Mein Kampf* (S. 506) den Juden eben jenen »Fanatismus« vor, den er an vielen anderen Stellen[61] rühmt und den er sich selber eingesteht. Er bezeichnet sich geradezu als »fanatischen Antisemiten« (S. 69). Wie der Gewaltverbrecher, zu dem man schaudernd und bewundernd aufblickt, wird auch ein verhaßtes Volk lüstern betrachtet als eines, das sich weniger Hemmungen auferlegt als die Gemeinschaft, der man angehört. Das erklärt auch die in den USA und in Frankreich gedrehten SS-Filme, in denen Sex und Gewalt sich fröhlich vermischen.

Vorurteile, auf die bewußter Völkerhaß sich gründet, lauten etwa: »Die Juden sind kraß materialistisch eingestellt«[62], oder: »Die Deutschen sind alle Nazis.« Halbbewußte Ressentiments aber kommen zum Vorschein, wenn wir hören: »Die Juden haben schon wieder zuviel Einfluß«, oder: »Die Deutschen treten immer noch als Herrenmenschen auf« (und darum hat ihr Kanzler Schmidt auch den Beinamen »Le Feldwebel«). Da aber ein Zuviel an Einfluß bei anderen nur bemerkt, wer selber Einfluß nehmen möchte, und keiner den Herrenmenschen im anderen verspürt, der nicht selber Herr sein möchte (zumindest sein eigener), so schwingt in solchen Urteilen – vielleicht um einen Kern Wahrheit herum – immer auch ein Unbehagen an der eigenen nachgeordneten Rolle. Da sich immer noch darüber streiten läßt, von welchem Punkt an ein Zuviel an Macht, an Reichtum oder Einfluß beginnt, sucht das Vorurteil, das sich auf ganze Völker bezieht, sich an unbezweifelbaren historischen Fakten festzumachen. Die Tatsache, daß Jesus Christus, als Mensch Jude unter Juden, auch von Juden ans Kreuz geschlagen wurde, hat so jahrhundertelang den Christen dazu gedient, alle Juden mit kollektiver Schuld zu belasten. Ebenso bemerken wir Bestrebungen, alle Deutschen, auch die seitdem nachgeborenen, mit der Erbsünde »Auschwitz« zu stigmatisieren*. Judenhaß und Deutschenhaß weisen so bis ins letzte dieselbe Struktur auf: Vorurteile und Ressentiments werden in Fakten verankert, die zwar niemand redlicherweise leugnen kann, die aber nur wahnhaft einem ganzen Volk zur Last gelegt werden können.

Mit den bewußten Vorurteilen und den halbbewußten Ressentiments befassen sich Sozialpsychologen und Politologen, denen es darum geht, der Völkerverständigung zu dienen. Ihnen kommt es darauf an, *Vorurteile abzubauen,* und zwar durch Aufklärung über

*Man vergleiche schon Seite 59 und Seite 142.

das »wahre Wesen« der bisher Verteufelten, durch ein Herausstellen ihrer kulturellen Leistungen, durch ein Nachzeichnen der geschichtlichen Entwicklung, in deren Verlauf bestimmte Vorurteile hervorgetreten sind und sich abgewandelt haben. Gelegentlich wird tiefenpsychologisch auch bis auf die Ängste und Selbstzweifel zurückgegangen, die durch Völker- und Rassenvorurteile bei den so voreingenommenen Menschen überdeckt werden[63]. Wenn wir nicht einfach von der Hand weisen, daß der Mensch durch eben das, was er erkennt und durchschaut, auch seine Gesinnung und sein Verhalten schon wandelt, werden wir solch aufklärerische Bemühungen nicht für erfolglos halten. Wer aber in solcher Weise durch das Herausstellen bisher unterdrückter Fakten und durch psychologische Analyse des Vorurteils dessen »Abbau« im bewußt für wahr Gehaltenen erzielt, der greift noch lange nicht verändernd in die Motivationsgrundlage eines Völkerhasses ein. Er vermag nichts über den »sittlich« sich anstauenden vitalen Unmut, über die durch alltägliche Frustration sich ausbildende Gereiztheit und Aggressivität. Ihrer sozialkonformen Ausrichtung beraubt, wird sie als frei flottierende Feindseligkeit aller gegen alle das Zusammenleben vergiften, sich unerbittlich auf die Seite der herrschenden Ordnung stellen, diffus in Gewalt- und Terrorakten hervorzucken oder sich umpolen zu neuer Feindhaltung gegenüber nun anscheinend wirklich hassenswerten Menschen. So kann auf dem Boden kollektiver Aggressionsbereitschaft dank politischer Umerziehung und psychologischer Aufklärung aus Judenhaß Kommunistenhaß werden, ja ein Haß auf alle Radikalen, die zunächst durch ihr bloßes Dasein nur die eigene Lebensart in Frage stellen, doch, politisch und juristisch verfolgt, sich selber immer mehr radikalisieren und in Gewaltakten sich immer trotziger darstellen. Das demonstrative Moment ihrer Gewaltakte kommt darin zum Ausdruck, daß es ihnen nicht ausreicht, die zu verüben, sondern daß sie dafür auch noch Publizität brauchen und bekenntnishaft »Verantwortung« dafür übernehmen. Wer sich sozialkritisch und sozialpädagogisch damit begnügt, »Vorurteile abzubauen«, und nicht an eine die Triebnatur des Menschen verquälende Moral zu rühren wagt, der kann das hier entstehende Verlangen nach Feinden immer nur umschichten.

f) Gibt es heute noch Judenhaß in Deutschland?

Im Deutschen Reich lebten ehedem (1933) rund eine halbe Million jüdische Mitbürger. Etwa der Hälfte von ihnen gelang nach Hitlers Machtergreifung rechtzeitig die Flucht aus dem Land, in dem viele von ihnen nicht nur ihre Heimat, sondern ihr Vaterland gesehen hatten. In der Bundesrepublik Deutschland zählt man heute – nach Verschleppung, Vernichtung und Vertreibung – nur noch knapp 30 000 Juden. Wenn es hier noch antisemitische Stimmungen, Gesinnungen und Vorurteile gäbe, dann wäre das, wie schon oft bemerkt worden ist, ein »Antisemitismus ohne Juden«[64]: ein höchst lächerliches soziales Phänomen. Es zeigte den Judenhaß in objektloser Triebhaftigkeit und das antisemitische Vorurteil als blindlings übernommene und nachgeplapperte Überzeugung. Oder käme darin etwas noch halbwegs Verstehbares zum Ausdruck: ein hilfloses und irregeleitetes Ringen mit den Schatten der Vergangenheit?

Die provozierend gestellte Frage, ob es heute in Deutschland noch Judenhaß gebe, meint jedenfalls nicht jene nie ganz verschwindende Minderheit, die bestimmte Traditionen des Hasses pflegt, auch wenn sie längst im Strudel der Geschichte untergegangen sind. Die Frage zielt vielmehr auf einen solchen Anteil der Bevölkerung, der kollektive Stimmungen und Meinungen zu bilden vermag. Eine allerjüngste demoskopische Untersuchung, von ALPHONS SILBERMANN und seinen Mitarbeitern[65], kommt nun auf mehrfachen Wegen zu dem Ergebnis, daß in der Bundesrepublik Deutschland ein »latenter Antisemitismus« schwele. Der Judenhaß, oder vielmehr ein »antisemitisches Vorurteil« (SILBERMANN, S. 12), zeige sich nicht offen und militant, sondern in versteckter Weise, eben latent, und womöglich sogar versteckt hinter philosemitischer Beflissenheit.

SILBERMANN kommt zu seinem, wie er selber sagt, »erschreckenden Ergebnis« (S. 36) auf wesentlich zwei Wegen. Er hat einmal eine Anzahl der heute in Deutschland lebenden Juden befragt, wie sie mit den »deutschen Nichtjuden« zu Rande kämen, ob sie im alltäglichen Leben als Juden angepöbelt würden und ob ihnen antisemitische Äußerungen aufgefallen seien; schließlich, suggestiv, *wie hoch* sie die Gefahr einschätzten, »daß sich in der Bundesrepublik Deutschland wieder ein betont starker oder gar mörderischer Antisemitismus durchsetzen könnte« (s. 229). Solche und ähnliche Fragen, an Juden vergeben, brachten durchaus beunruhigende

Antworten und außerdem bei 73,2 Prozent der 392 darauf Antwortenden die Vermutung, daß »die Deutschen« in der Bundesrepublik »mäßig antisemitisch« eingestellt seien; 6,1 Prozent meinten sogar, die Westdeutschen seien »stark antisemitisch« gesinnt[66].

Ein repräsentativer Querschnitt nichtjüdischer Bundesbürger wurde mit anderen Statements, Fragen und Ansichten konfrontiert, so mit der alten These, die Juden seien im Verlauf der Geschichte von Gott dafür bestraft worden, daß sie Jesus Christus gekreuzigt hätten (S. 50). In diesem Zusammenhang gewinnt die Feststellung an Gewicht, daß »sich die Konfessionslosen durch größere Toleranz deutlich von den Konfessionszugehörigen abhoben« (S. 65). SILBERMANN will aber nicht »glauben«, daß sich »die weitaus tolerantere Haltung« der nicht zu Religionsgemeinschaften Gehörenden »aus der besonderen Wirksamkeit dieses Merkmals erklären läßt«. Konfessionslosigkeit korreliere mit anderen Eigenschaften, die eine tolerante Haltung bedingten. Da aber, näher betrachtet, schließlich alle wesentlichen Eigenschaften eines Menschen miteinander korrelieren, ist zu fragen, warum das gerade bei der Konfessionszugehörigkeit herausgestrichen wird. Sollte der jüdische Soziologe dem möglichen Vorwurf ausbiegen wollen, er seinerseits sei »antichristlich« gesinnt?

Beachtlich ist doch, daß in unserem »aufgeklärten Zeitalter« immer noch fast 28 Prozent der Befragten »die Schwierigkeiten« der Juden als eine Strafe Gottes für Christi Kreuzestod erklären[67]. Auf einem ganz anderen Blatt stehen die insgesamt 46,7 Prozent der befragten Westdeutschen, die der Behauptung zustimmen, »die Juden« hielten sich »für etwas Besonderes«, weil sie in der Bibel als Gottes »auserwähltes Volk« erscheinen. Die höchst verfängliche Testfrage (S. 51 und 209) lautet:

> »Im Alten Testament steht, daß Gott die Juden zu seinem auserwählten Volk erklärt hat. Nun meinen einige Leute, daß die Juden sich deshalb für etwas Besonderes halten. Stimmen Sie dem eher zu, oder lehnen Sie das eher ab?«[68]

Die durchaus mißverständliche Frage, ob man »das« ablehne, lockt auch noch einige von denen aufs antisemitische Glatteis, die den Juden weder eine Sonderstelllung einräumen möchten, noch sie ihnen aufnötigen wollen. Doch auch derjenige, der versteht, wie es gemeint ist, und weiß, wie etwa SIGMUND FREUD sich zu dieser Frage geäußert hat – man habe »jeden Grund, sie [die Juden] für überlegen zu halten«[69] –, und wer vielleicht eben bei LEA FLEISCHMANN[70] gelesen hat, wie diese junge Jüdin nicht ohne Selbstironie sich ihres Kinderglaubens an die »Auserwähltheit« erinnert, der muß vor SILBERMANNS Fragebogen solches Wissen wieder verdrängen, wenn er sich nicht unter die religiös motivierten Antisemiten einreihen will. Auch JAKOB WASSERMANN[71] darf man nicht gelesen haben. Solche Fragebogen prüfen kein Wissen, sondern dienen dazu, Gesinnungen zu werten. Und die vielen Einzelwertungen kumuliert der mathematisch versierte Soziologe zur Bewußtseinslage einer ganzen Nation. Hier ist unter anderem herausgekommen, »daß sich religiöser Antisemitismus in seiner. . . exzessiven Form nicht länger als latentes Vorurteil erhalten hat« (SILBERMANN, S. 52). Das ist noch kein besonders beruhigendes Ergebnis, nachdem schon HITLER vom religiös begründeten Antisemitismus abgerückt war, um sich stattdessen einen rassistischen aufzusetzen, den er für wissenschaftlich vertretbar hielt[72].

SILBERMANN unterscheidet weiter einen kulturellen, einen wirtschaftlichen und einen politischen Antisemitismus. Im »Rassenantisemitismus« aber erblickt er – wohl unter dem Eindruck der Wirkung Hitlers – diejenige Erscheinungsform des antisemitischen Vorurteils, die alle anderen Sonderformen zusammenfasse[73]. Der rassistische Judenhaß kann jedenfalls den anderen Spielarten eine mit ihnen verträgliche Begründung vorgeben, indem er alles an den Juden jemals Getadelte oder Geschmähte aus ihren »natürlichen Anlagen« erklärt. (Aus einem Fluch Gottes wäre das allerdings für den noch religiös motivierten Antisemiten nicht minder zwingend »erklärt«.)

Alles zusammenfassend kommt SILBERMANN (S. 35) zu dem Ergebnis, »daß in etwa Dreiviertel der Bevölkerung [Westdeutschlands] *zumindest noch Reste* antisemitischer Einstellungen vorliegen«. Auf Seite 72 wird das sogar als ein »erhebliches Antisemitismuspotential« gewertet.

Ich habe keine Möglichkeit, die von dem Soziologen Silbermann ermittelten und errechneten Ergebnisse nachzuprüfen. Sie seien – trotz Zweifeln am Sinn einiger Statements – einmal als stichhaltig und repräsentativ unterstellt. Aber dann ergibt sich eine Frage, die sich kritisch aufs Ganze einer solchen Untersuchung richtet: Kann sie angestellt und veröffentlicht werden, ohne zu bedenken, daß damit auch schon die im Volk vorhandene Einstellung zur jeweils anderen Gruppe beeinflußt wird? Soziologische Untersuchungen sind ja kein naturwissenschaftliches Verfahren, das einfach feststellt, was ist. Ihre Ergebnisse und erst recht ihre Auslegungen sind selber ein Moment im Hin- und Herwogen der Meinungen, ein soziales Phänomen unter anderen. Eine Umfrage, die darauf ausgeht festzustellen, wie die »nicht-jüdischen« Deutschen zu ihren jüdischen Mitbürgern heute stehen, muß, publiziert, das Bewußtsein vertiefen, daß hier zweierlei Menschen einander konfrontiert seien. Diese Wirkung wird – bewußt oder unbewußt – erzielt, ganz gleichgültig, wie die Ergebnisse der Umfrage ausfallen.

Doch nicht erst die breite Öffentlichkeit wird von solchen Untersuchungen beeinflußt, auch die notgedrungen knappen und darum meist suggestiven Fragen der Demoskopie dürften zumindest einen Teil der Befragten erst auf eine Meinung bringen, die sie zuvor gar nicht hatten. Das gilt vor allem für Fragebogen, die wie der von Silbermann Statements enthalten, auf die weder ein denkfauler noch ein geistig beweglicher Mensch von sich aus verfallen würde. Wer kann redlicherweise schon mit Zustimmung oder Ablehnung antworten, wenn ihm zur Stellungnahme hingehalten wird:

> »Jedes Volk hat ungefähr die gleichen Anteile von dummen und klugen Menschen.« (S. 207)

Ein solches Statement ist bewußt auf einen niedrigen Bildungsstand und ein oberflächliches Problemverständnis zugeschnitten, weil nur ein Mensch, der nicht die ganze Abgründigkeit einer solchen Behauptung ermißt, sich zutrauen kann, sie zu bestätigen oder zu verwerfen. Das Verfängliche jenes Mustersatzes liegt schon in seiner Unbestimmtheit in bezug auf die möglichen Bedingungen überall gleicher Anteile von »dummen und klugen Menschen«. Der Satz läßt offen, ob er als eine Gleichwertung der Rassen zu verstehen ist, oder ob er, naiv genug, eine überall schon gleichwertige Ausschöpfung und Schulung der intellektuellen Fähigkeiten voraussetzt, ganz abgesehen von den nicht auf einen Nenner zu bringenden Auffassungen von »Dummheit« und »Klugheit«, von geistiger Beschränktheit und Intelligenz. Wer, milieutheoretisch orientiert, den zitierten Mustersatz verneinen würde, sähe sich aber wohl auf Silbermanns »Antisemitismusskala« (S. 37) um einen Grad dem latenten Rassismus nähergerückt, nur weil der ihn befragende Soziologe es für geschickt hielt, nicht geradezu Gobineaus Theorie einer »Ungleichheit der Menschenrassen« zur Stellungnahme anzubieten. Der Soziologe, der möglichen Rassismus zu erkunden sucht, formuliert also seine Frage gleich so, daß noch in der Kategorie der Rasse denken muß, wer nicht durch Ablehnung des tolerant klingenden Statements in den Verdacht des Rassismus kommen will.

Zum Glück für die Befragten, die solchen Fallen entgehen sollen, werden aber auch eindeutig rassistische Statements geboten wie das folgende:

»Einige Völker sind ihrer Veranlagung nach unmoralischer als die anderen.« (S. 207)

Wer dazu ja sagt, hat sich einen Minuspunkt redlich verdient. Und wer weiß, worauf der Fragebogen abhebt, auf das mögliche Nachleben antisemitischer Gesinnung unter den Deutschen, kann gesinnungstüchtig oder taktisch hier einen Minuspunkt vermeiden. Wenn wir aber näher zusehen, wird bei dem, der zustimmt, in der Tat nur ein Sparren jener »Bewußtseinskonstellation« (SILBERMANN, S. 141) sichtbar, bei der Hitlers Rassenhetze seinerzeit hatte ansetzen können. Aber mit solchen Bewußtseinsphänomenen werden noch keine emotionalen Strömungen erfaßt, die zu gefährlichem Haß sich ausformen lassen. Die Überzeugung, daß es »aus Veranlagung« mehr oder weniger moralische Völker gebe, entspricht der Bewußtseinslage des halbaufgeklärten Menschen, der nicht mehr wie im Mittelalter ganze Menschengruppen (Ketzer, Hexen) mit dem Teufel im Bunde sieht, aber ihnen ungerührt immer noch schlimme Neigungen »von Natur aus« zuschreiben kann. Das relativ Aufgeklärte daran ist, daß den so eingereihten Menschen kein eigenes Verschulden mehr beigemessen wird – ein problematischer Erkenntnisfortschritt, durch den unsere Kultur aber wohl hindurchmuß.

Daß es ganze Völker mit »angeborenen« schlechten Eigenschaften gebe, ist nur die ins Ethnologische übersetzte halbaufgeklärte Überzeugung, daß unter uns »geborene Verbrecher« (LOMBROSO) lebten. Es ist kein Zufall, daß LOMBROSO und GOBINEAU Zeitgenossen waren. Die Gleichartigkeit ihrer Denkweise bemerkt aber niemand von denen, die gegen »Rassismus« pädagogisch zu Felde ziehen; und so erhält sich noch bei Vorurteils-Forschern das Vorurteil, daß es etwas grundlegend anderes sei, über ganze Völker biologisch den Stab zu brechen als über einen einzelnen Menschen.

Solange es Anhänger der Todesstrafe und der lebenslangen Freiheitsstrafe gibt, die der Meinung sind, man müsse von Natur böse Menschen ausmerzen, solange wird es auch Rassisten geben, die in bestimmten Völkern ererbte schlechte Neigungen gehäuft zu finden meinen. Und solange es üblich ist, Menschen moralisch aneinander zu messen, wird man nicht aufhören, die einen gegen die anderen auszuspielen, auch gruppenweise, anstatt Bedingungen zu schaffen, unter denen sie alle gleichermaßen ihre besseren Fähigkeiten entfalten könnten.

Nicht die Neigung, fremdrassige Menschen moralisch abzuwerten, ist der unreflektierte Kern rassistischer Gesinnung, sondern die tradierte Selbstverständlichkeit, die Mitmenschen überhaupt moralisch zu bewerten, und zwar so, als eigneten ihnen bestimmte Vorzüge oder Unarten von Natur aus. »Unbelehrbaren«, die hartnäckig an Rassenvorurteilen festhalten, wird heute ins Gewissen geredet. Aber die Grundlage allen Rassismus, die Bereitschaft, Menschen nach vorgefaßten moralischen Maßstäben zu bewerten und abzuwerten, bleibt unangetastet. Diese Bereitschaft ist keine bloß geistige Einstellung, sondern bewußtes Motiv und vitales Bedürfnis bei einem Menschen, der unter Normen lebt, die seiner Triebnatur nicht gemäß sind: *bewußtes Motiv,* solche Normen zu stützen, zu tradieren und auszubreiten; *vitales Bedürfnis,* sich für eigenes »sittliches Versagen« an der Umwelt zu rächen. Welche Genugtuung für ein so verquältes Gemüt, wenn es wie Hitler[74] in einer fremden Rasse geradezu »das Böse« verkörpert sieht. Der mit sich zerfallene Mensch braucht dann nicht mehr sosehr an sich selber zu leiden. Der Wegfall solchen Leidensdruckes oder wenigstens sein Nachlassen im Wüten gegen den »bösen Feind der Menschheit« (Hilter[75]) festigt dem Rassisten sein Vorurteil; nicht so, daß er es durch Vernunftgründe verinnerlichte; sondern eben dadurch, daß er rationale Argumente und erhellende Informationen gar nicht an sich herankommen läßt. Auf jedes Argument weiß er ein Gegenargument; jede Information, die sein Vorurteil erschüttern könnte, erscheint ihm entweder als unwahr oder als nur die eine Seite der Sache, von der ihm die andere, die »wahre«, längst zur Gewißheit geworden ist. Ein eingefleischter Antisemit ist, wie Silbermann (S. 140) sagt, »mit seinem Vorurteil bestens zufrieden«. Aber auch im Blick auf junge, noch nicht so festgefahrene Menschen ist es ein nicht an die Wurzeln des Antisemitismus greifender Vorschlag[76], durch mehr Aufklärung und durch reichhaltigere Information über das Judentum dessen unterschwelliger Ablehnung entgegenzuwirken. Das emotionale Bedürfnis nach einem zu verteufelnden Menschenschlag bleibt davon unberührt. Wenn es die Juden nicht mehr sein dürfen – oder können, dann werden es eben andere Bevölkerungsgruppen sein. Oder vielmehr, sie sind es schon.

Wer wie SILBERMANN demoskopisch lediglich »Bewußtseinsstrukturen« (S. 18) darzulegen sucht, muß dabei die tieferen, die moralbedingten und triebhaften Züge des Rassenwahns übergehen. Er kann allenfalls empfehlen, Toleranz als »mentale Haltung« (SILBERMANN, S. 140) einzuüben. Aber Toleranz als geistige Haltung und willentliche *Duldung* fremden Wesens, das wäre gerade der kulturelle Firnis, unter dessen glatter Oberfläche sich unbewußte Abneigungen erhalten, ja aufstauen könnten: als ebenso zähe wie verborgene Abwehr der beständigen Ermahnung zu einer Toleranz, nach der dem sittlich gedrosselten Lebensgefühl gar nicht der Sinn steht: es verlangt nach einem Feind, nach einem *bösen* Feind, auf den sich die frustrationsbedingte Aggressivität reuelos stürzen kann.

Nur im Zuge moralischer Evolution, ja der geschmähten »Lockerung der Sitten« dürfen wir hoffen, eine *Anerkennung* fremder Lebensart zu entwicklen, die mehr als willentliche Duldung oder gesinnungstüchtige Toleranz wäre. Denn in der Lust, die immer Lust zum Leben ist, kommen wir in ursprünglicher Weise mit allen Menschen überein. Wenn nicht mehr ein lustfeindlich geprägtes Gewissen uns demoralisiert, gewinnen wir eine Ahnung des Lebensgrundes, den konfessionelle, ideologische oder rassische Schranken gar nicht durchschneiden.

SILBERMANNS demoskopische Erkundigung um das Ausmaß und die Intensität des Antisemitismus im heutigen Deutschland erbringt das einzig Tröstliche, daß hier die jungen Menschen nicht mehr so (latent) judenfeindlich eingestellt sind wie die schon Älteren oder gar die Betagten[77]. Den bei den Älteren noch nachwirkenden wie den bei einigen Jungen erst auflebenden Antisemitismus aber versteht SILBERMANN gleichermaßen als ein »tradiertes soziales Vorurteil« (S. 137). Die Frage, wieviel an dem neuerdings spürbaren Antisemitismus reaktiver Natur sein könnte, wird vom Verfasser selbst nicht aufgeworfen, wohl aber von wenigstens zweien der befragten Juden als gestellt vorausgesetzt. Einer fand, seit dem Film *Holocaust* sei es »wieder schlimmer« geworden (S. 101). Ein anderer sagte:

> »Viele provozieren den Antisemitismus selber. Die vermuten in jedem Deutschen einen Nazi und behandeln den auch so, das führt natürlich zu Vorurteilen.«[78]

Wo von beiden Seiten eines immer wieder aufgerissenen Grabens her Menschen mit Vorurteilen einander begegnen, da verstärken sie wechselseitig auch ihre vorgefaßten Aversionen. Sie werden damit in jeweils der ethnischen Gemeinschaft, der sie sich zugehörig fühlen, zu Traditionsträgern des Vorurteils, weil sie durch ihre weitgehend selbst provozierten »Erfahrungen« alle andersgerichteten Argumente von sich abprallen lassen. Ein aktuelles reaktives Moment fehlt jedoch in keiner Tradition; sonst überlebt sie sich, wird leer und lächerlich in den Augen derer, die inzwischen andere Sorgen haben. Sollten die Volkspädagogen, die heute wieder von einer »Kollektivschuld« der Deutschen sprechen, das nicht wissen? Auf junge Deutsche, die erst nach Hitlers Tod aufgewachsen sind, muß ein solcher Vorwurf demoralisierend wirken. Kein Volk hält das auf die Dauer aus, zu einem Verbrechervolk stigmatisiert zu werden. Es wird darüber sich kollektiv neurotisieren. Die neuerdings aufgekommenen bösen Judenwitze, die wir mit SILBERMANN (S. 83) beklagen, sind Symptome eines in seinem Selbstverständnis gepreßten Volkes. Auch unter Hitlers Knute hat es sich durch grimmige Witze Luft zu schaffen versucht.

ALPHONS SILBERMANN ging es mit seiner Antisemitismus-Studie darum, dem »Gemeinwohl in der Bundesrepublik« (S. 17) zu dienen. Daß aber noch die nüchternste soziologische Untersuchung zu einer sozialen Polarisierung beitragen kann, war ihm dabei nicht gegenwärtig. Orientiert an der Frage, wieweit die Deutschen, aus deren Mitte ein »Vernichtungsantisemitismus« (S. 75) hervorgegangen ist, sich schon gebessert haben, wird ihre Einstellung gegenüber den jüdischen Mitbürgern als ein gleichsam autarkes, von keinem Entgegenkommen und von keiner Zurückweisung beeinflußbares soziales Phänomen genommen: eine methodologische Stilisierung, die ihrerseits hart an ein soziales Vorurteil heranreicht.

Um »Eigenschaftsprofile« (S. 36) von Deutschen und Juden zu erarbeiten, fragt SILBERMANN die für die Untersuchung ausgewählten Deutschen, wie sie sich selber sähen und wie sie die Juden einschätzten. Von diesen aber will er nur wissen, wie sie sich von den Deutschen beurteilt fühlen. Solch einseitiges Vorgehen macht die Deutschen zum bloßen Forschungs-Gegenstand, dem selber ein Recht auf Subjektivität (im Sinne von Urteilsfähigkeit) nicht zugebilligt wird. Nur zu bewertbaren Meinungen scheinen sie noch zu taugen. Dabei würde uns doch interessieren, wie die Juden, die mit uns leben, uns heute sehen, und was sie von sich selber denken.

Haben wir – als das jetzt verteufelte Volk – keinen Anspruch auf solche Wechselseitigkeit der Erkundigung? Silbermann könnte antworten, daß die Meinungen der Juden über die Deutschen nicht in der Perspektive seiner Fragestellung gelegen hätten. Er muß im Sinne der gewählten Forschungsaufgabe es sogar für eine methodische »Unsauberkeit« (S. 135) halten, daß Juden, die sagen sollten, wie sie sich von den Deutschen beurteilt finden, dabei »womöglich Eigenschaften angeführt haben, die nicht von seiten der Nichtjuden den Juden zugeschrieben werden, sondern die sie *selbst als Jude anderen Juden zuschreiben*«[79]. Wie immer unser sozialwissenschaftliches Interesse motiviert ist, wir dürfen nicht vergessen, daß eine einseitig ausgerichtete soziologische Forschung selber die Stimmungs- und Meinungsvielfalt nach eben der von ihr akzentuierten Seite hin verschiebt. (Sie leistet das nicht unmittelbar selber, sondern durch die Resonanz, die sie in den Massenmedien findet.) Und so stehen dann die Deutschen als die ewig Unbelehrbaren am Pranger der öffentlichen Meinung: als ein Volk, das »latent« ein gefährliches Vorurteil bei sich nährt, dabei ganz aus schlimmer Tradition zehrend, auch als Nachgeborene viel zu befangen, um von neuen Erfahrungen und Beziehungen sich bestimmen zu lassen. Was »die Juden« über sie denken, brauchen sie nicht zu erfahren, solange sie wie der reißende Wolf das einzige Studienobjekt bleiben.

Alle volkspädagogischen Empfehlungen, die sich auf solche Studien gründen, sind aber von vornherein fragwürdig, weil sie unter dem Vorzeichen stehen, daß hier ein Volk von sich Rechenschaft zu geben habe, ohne danach fragen zu dürfen, was die anderen von ihm halten. Die Frage, ob und wieweit es noch Deutschenhaß gibt in der Welt, hat keine Chance, in den Rang eines Forschungsproblems aufzusteigen. Sie dürfte, dazu hochstilisiert, vermutlich als neonazistische Provokation empfunden werden.

Wir dürfen auch nicht außer acht lassen, daß die Rede vom *Völker*mord an den Juden, soweit sie sich auf die deutschen Juden bezieht, die Behauptung Hitlers voraussetzt, daß die Juden ein eigenes Volk, ja eine eigene Rasse seien. Die deutschen Juden waren für ihn nicht Deutsche mosaischen Glaubens oder Nachkommen solcher Gläubigen, sondern fremdrassige Menschen minderen Werts. Solch diskriminierende Unterscheidung von arischen Deutschen und deutschen Juden muß immer noch mitvollziehen, wer im Tone des Vorwurfs gegen »die Deutschen« davon spricht, sie hätten, »ein anderes Volk . . . umgebracht«[80]. Solange ein derartiger Schuldvorwurf die Deutschen mitsamt den nach 1945 Geborenen von ihren einstigen jüdischen Mitbürgern abspaltet, kann auch nicht erwartet werden, daß sie aufrichtig trauern. Die Heuchelei betulichen Philosemitismus verdeckt dann nur die fortbestehende innere Distanz.

Um andere Menschen trauern kann nur, wer sich ihnen verbunden fühlt und fühlen darf, nicht aber, wer immer wieder zu ihnen in einen Gegensatz gebracht wird. Da kann nur noch darauf abgezielt werden, Beschämung zu erwecken. Aber diese kippt nur zu leicht hinüber in selbstgerechten Trotz. Dann bekommen wieder diejenigen recht, die an den Deutschen einen besonderen Hang zum Judenhaß diagnostiziert haben. Wer aber den hier wohl noch schwelenden Antisemitismus vollends löschen möchte, dem kann nicht daran gelegen sein, zwischen Juden und »Nichtjuden« – die Nazis sagten: Ariern – bei den deutschen Bundesbürgern dramatisch zu unterscheiden[81]. Ist es abwegig zu vermuten, daß zumindest einige der von Silbermann angeschriebenen deutschen Juden, die ihm nicht geantwortet haben, sich nur dagegen sträubten, von ihren »nichtjüdischen« Mitbürgern auch nur theoretisch wieder abgesondert zu werden? Ein Rezensent[82] der Studie aber wertete die (zu 67 Prozent) nicht mehr zurückgekommenen Fragebogen samt und sonders als ein »Indiz für ein weitverbreitetes Mißtrauen, für Angst und Furcht«, wobei sinngemäß zu ergänzen ist: Die »Nichtjuden« seien es, denen mißtraut werde und vor denen man sich fürchte. Das wird von Silbermann selbst zwar so nicht behauptet, aber unmißverständlich nahegelegt[83]. Gerade sozialverantwortliche Wissenschaft wird sich fragen müssen, ob sie wirklich einen Beitrag zur Befriedung unseres Landes leistet, wenn sie Deutsche und Juden, die selber nur Deutsche sein wollen, einander publizistisch entgegenstellt. Auch hierin, in dieser Unterscheidung, haben wir Hitlers Ungeist noch zu besiegen.

VI. KAPITEL

Unruhige Jugend – Hitlers Kinder?

a) Die politische Oberfläche der Gewalt

Die Stigmatisierung einzelner Menschen oder ganzer Völker verfolgt den Zweck, sie durch einen im Kern ihres Selbstverständnisses treffenden Vorwurf so radikal abzuwerten, daß sie von nun an tun können, was sie wollen: Sie bleiben die Verkörperung des Bösen; und wenn sie sich ruhig, verständnisvoll und friedfertig zeigen, dann muß das Heuchelei und Verstellung sein. Wer so über einzelne Menschen, ja über ganze Völker den Stab bricht, der lebt beständig in der Erwartung, daß die Gebrandmarkten sich auch so verhalten, wie er es ihnen nachsagt. In der Perspektive solcher Erwartung findet er mannigfache Bestätigung. Was andernorts als Jugendsünde oder dummer Streich gilt, das rangiert bei den Verfemten sofort als Ausdruck ihres tieferen destruktiven Wesens. Jugendunruhen und aus ihnen hervorgehender Terror, andernorts als zwar beklagenswerte, doch unvermeidliche Erscheinungen der Industriegesellschaft gewertet, erscheinen in Deutschland sofort als Ausdruck eines unseligen »teutonischen Geistes«. Die Engländerin JILLIAN BECKER glaubt in den Mitgliedern und Sympathisanten der Baader-Meinhof-Bande »Hitlers Kinder«[1] wiederzuerkennen. Die Autorin verwendet den Begriff, ohne dies eigens herauszustellen, in einem doppelten Sinn: Sie meint einmal die jungen deutschen Terroristen als Kinder einer Generation von deutschen Eltern, die Hitler zur Macht verholfen haben; und sie sieht diese Kinder in Aufruhr gegen frühere Nazi-Professoren (S. 26 f.), gegen eine als faschistisch empfundene Justiz des neuen Rechtsstaates (S. 306), gegen frühere Nationalsozialisten wie Dr. Schleyer (S. 357), gegen Franz Josef Strauß, vor dem ULRIKE MEINHOF in der Zeitschrift *konkret* als einem neuen Hitler gewarnt hatte (S. 171), überhaupt im Kampf gegen alles Autoritäre, das als »faschistisch« bezeichnet wird (S. 17). Andererseits nimmt die britische Autorin die jungen deutschen Terroristen auch als direkte Fortsetzer und späte Vollstrecker von Hitlers Ungeist der Gewalt, und dies nicht zuletzt darum, weil sie sich Unterstützung und Ausbildung bei den heute ärgsten Widersachern der Juden holen, bei den Palästinensern. Dies wird am kräftigsten illustriert durch die jüdischen Geiseln von Entebbe, die in dem gekaperten Flugzeug dem deutschen Terroristen Wilfried Böse ihre in deutschen Konzentrationslagern empfangenen Tätowierungen zeigten (S. 22). Der Geiselnehmer habe darauf geantwortet, was er hier mache, das habe mit Nazismus nichts zu tun; er sei ein Mitglied der Baader-Meinhof-Gruppe, und was er wolle, sei die marxistische Weltrevolution. »Den Geiseln von Entebbe fiel es schwer, hier einen Unterschied zu erkennen.«[2] Darüber hinaus findet Jillian Becker (S. 398) verblüffende und unabweisbare Ähnlichkeiten zwischen Hitlers Lehren in *Mein Kampf* und den Ansichten unserer heutigen Terroristen.

Nun lassen sich zwischen den Erscheinungsformen politisch drapierter Gewalt, den dafür gelieferten Begründungen und Rechtfertigungen allemal Parallelen ziehen. Sie sind um so plausibler im Sinne vermuteter Kausalität, je schärfer bestimmte Vergleichsgesichtspunkte herausgearbeitet werden. Wo immer eine Neigung zur Gewalt politisch wird, das heißt, wo privater Unmut sich in Protestgesinnung umformt, da werden notwendig auch bestimmte stereotype Formen der Schuld-Projektion und der Rechtfertigung erfüllt; da werden auch vergleichbare Methoden der Gewalt-Entfaltung sich finden. Auf solche Ähnlichkeiten und Strukturgesetzlichkeiten stellt ja die soziologische Richtung des Strukturalismus ab. Er findet unter bestimmten Bedingungen des Zusammenlebens modellhafte Ähnlichkeiten unter Völkern, deren wechselseitige Beeinflussung kulturgeschichtlich höchst unwahrscheinlich war. Solche Struktur-Ähnlichkeiten weisen eher zurück auf eine überall einigermaßen gleiche Menschennatur, die, unterdrückt und in ihrer Spontaneität gedrosselt, auch immer wieder in vergleichbarer Weise sich deformiert zeigt und zu kollektiven Aktionen der Vernichtung umgepolt.

Es belastet auch die wissenschaftlichen Diskussionen um die Hintergründe und Ursachen jugendlicher Gewalt, daß in die dabei gebotenen Erklärungen und Deutungen sich das gesellschaftspolitische Interesse des Erklärenden zumeist störend mit einmischt, sofern er nicht schon auf ein bestimmtes Deutungs- und Erklärungsschema unbewußt festgelegt ist. Da begegnen uns die sicher nicht einfach von der Hand zu weisenden kulturtheoretischen Deutungen, in denen die Jugendunruhen und erst recht der aus ihnen sich herauskristallisierende Terror junger Leute einmal von historischen Vorbildern abgeleitet werden (von denen die jungen Leute oft gar nichts wissen), zum andern aber auch als ein völlig neuartiges Phänomen, mit dem wir heute als einer Art »Ersatzkrieg« (Mai-

HOFER[3]) leben müßten. Wo im souveränen Blick über unser Gemeinwesen der sich radikalisierende Protest der Jugend als »Kulturkrise« verstanden wird – so nach KARL MANNHEIM heute mit CARL FRIEDRICH VON WEIZSÄCKER[4] –, da verschwinden zwar die je individuellen Antriebe zu destruktiver Aktion unter allgemeinen Begriffen wie »Ambivalenz des Fortschritts« und »Sinnlosigkeit der angebotenen Lebensform« (v. WEIZSÄCKER). Es bietet sich von hier aus aber auch die Möglichkeit, die Sinnfrage neu zu stellen, nach den heute gültigen oder sich ablösenden Werten zu fragen und nach »geistiger Führung« zu rufen. So bereits auf eine rein spirituelle Auffassung brachialer Gewalt eingestimmt, ist es keine besondere Zumutung mehr für unser Welt- und Lebensverständnis, nach rein »geistigen Ursachen« der Gewalt und des Terrors zu fragen und alles von seiner geistigen Überwindung zu erhoffen, jedenfalls von einer Austrocknung seines »geistigen Nährbodens« oder seines »geistigen Umfeldes«[5]. Solch »geistige« Betrachtungsweise erlaubt nun aber auch dem im politischen Tageskampf Stehenden, je nach dem politischen Bekenntnis der radikalen Akteure den innenpolitischen Gegner anzuschwärzen.

Da in Westdeutschland der sogenannte linke Terrorismus um einige Jahre älter ist als der neonazistisch begründete; da es hier außerdem keine neonazistische Partei mehr gibt, die in einem Parlament vertreten wäre, konnte sich jedweder Terrorismus nur zuungunsten der deutschen Sozialdemokratie auswirken. Ihr wurde etwa von FRANZ JOSEF STRAUSS vorgehalten, der Marxismus enthalte »in sich verführerische Gifte, denen manche Menschen zum Opfer fallen, die in extremer Weiterentwicklung dann zu Bombe und Maschinenpistole greifen, ›um die Gesellschaft zu ändern‹.«[6] Während man aus einem solchen Vortrag des engagierten Politikers noch sein eigenes Parteiinteresse heraushört und darum das Gesagte nicht so ganz ernst nimmt, fällt es umgekehrt doch schwer, an die parteipolitische Neutralität eines Wissenschaftlers zu glauben, der sagt: »Der Terrorismus hat seinen Nährboden in revolutionären linken Theorien« (SONTHEIMER[7]). Wir spüren nur mit einem Mal, daß wir, von kulturphilosophischen Pauschalüberlegungen ausgehend, Wert- und Sinnfragen erörternd und ideologische Hintergründe klärend, mitten hinein in die Parteipolitik geraten, in der jede Erklärung politisierter Gewalt selber schon zur verbalen Waffe im Kampf um die politische Macht wird. Von den realen Triebkräften, die zu politischen Gewaltakten führen, haben wir uns dann erkennbar entfernt.

Nun ist es speziell im Blick auf den politischen Terror nicht nur böser parteipolitischer Mißgunst entsprungen, wenn Politiker der CDU/CSU und ihr nahestehende Politologen von den geistigen Ursachen des Terrors sprechen, wobei »geistig« soviel wie »marxistisch«, wenn nicht gar bloß »sozialistisch« bedeuten soll. Auch sozialistisch gesinnte Intellektuelle, die den westdeutschen Terroristen lange Zeit ein zumindest psychologisches Verständnis entgegengebracht haben, sahen mit HEINRICH BÖLL in den Baader-Meinhof-Leuten »verzweifelte Theoretiker«, die in die Enge getrieben worden seien[8]. BÖLL hielt es für eine falsche Alternative, die Gesuchten und Gejagten entweder als Verbrecher oder als irregeleitete Idealisten zu sehen: »Manch einer ist aus Idealismus zum Mörder und Verbrecher geworden«[9]. PETER BRÜCKNER aber sprach im Blick auf die »Rote Armee Fraktion« von dem »Entschluß einiger Genossen, sich zu illegalisieren«[10], ganz so, als läge dem ein nüchternes realpolitisches Kalkül zugrunde und nicht ein sich nur politisch gebärdendes Bedürfnis, vernichtende Gewalt auszuüben. Daß der als linksradikal firmierende Terror der Sache des Sozialismus in unserem Lande mehr geschadet habe, läßt er nicht gelten; durch die von jenem Terror ausgelöste Fahndung seien nur »längst eingerichtete Apparate außerökonomischer Zwangsgewalt ... öffentlich sichtbar geworden«. Was hier anklingt, ist die Rechtfertigungstheorie der terroristischen Gewalt als bloßer »Gegengewalt«, wie sie am reinsten JEAN-PAUL SARTRE vertreten hat, wiederholt und so auch beim Verlassen der Haftanstalt Stammheim nach einem Besuch bei Andreas Baader: »Die Bomben, wo immer sie auftauchen, sind niemals Gewalt, sondern Gegengewalt.«[11]

Die These von der repressiven Gewalt der Staatsmacht und der allererst auf sie antwortenden Gegengewalt der Aufbegehrenden ist, abstrakt vorgetragen, kaum nachvollziehbar. Im demokratisierten Staat scheint kaum ein Amtsträger noch eine Gewalt über die Bürger auszuüben, die nicht wenigstens mit den Wert- und Moralvorstellungen der Mehrheit übereinkäme. Einzig die in großen Betrieben und Firmen organisierte Wirtschaftsmacht, die staatlicher Lenkung sich zu entziehen weiß, hat nach wie vor etwas von einer undurchdringlich anonymen Gewalt, die mit dem Individuum nach ihm uneinsichtigen Sachzwängen schaltet, wie sie will, wobei ein bewußtes Wollen nur irgendwo an der Spitze vermutet werden kann. Dergleichen kann von ideologisch geschulten Marxisten als latente und repressive Gewalt dargestellt werden, und dies zumeist in einer Sprache, die dem Mann auf der Straße, den Männern und

Frauen in den Fabrikhallen unverständlich ist. Wenn aber Bagger anrücken, um alteingesessene Mieter aus ihren liebgewonnenen Wohnungen zu vertreiben, dann gewinnt auch der ideologisch nicht Präparierte sinnfällig den Eindruck von Gewalt: weil er ihn erleidet oder mitleidend erlebt. So hat auch die These von der latenten oder institutionalisierten Gewalt ihren aufweisbaren Kern. Aber was sie zur Ideologie macht, das ist der Versuch, solche Gewalt zum jederzeit unwiderstehlichen Anreiz für die Ausübung von Gegengewalt auszugeben. Verwunderlich ist nur, daß es weit überwiegend junge Leute sind, die offenbar einen solchen Anreiz verspüren, von den ergrauten Ideologen dieser Gewalttheorie einmal abgesehen. Es scheint doch so zu sein, daß der junge, im allgemeinen vital kräftige Mensch in den mannigfachen Reglementierungen des alltäglichen Lebens noch eher eine Gewalt spürt, an der er sich stößt, als der schon lebensmatt Gewordene, der sich nur noch soviel Gesundheit zu erhalten wünscht, als er braucht, um auszufüllen, was ihm erlaubt ist.

Das vitale Kraftpotential, das hinter den Jugendunruhen steckt, wird von den politischen und den politologischen Gewalttheorien nicht reflektiert. Ihm tragen aber die Einsatzbefehle der Polizeiaufgebote Rechnung, die gewalttätig ausufernde Demonstrationen in Schach zu halten haben. Jungen ungebärdigen Revoluzzern stehen da ebenso kraftstrotzende junge Ordnungshüter gegenüber: biologisch gesehen eine Selbstblockade jugendlicher Kraft, die vereint unsere Gerontokratie aus den Angeln heben müßte. Wer in seinem Wachbewußtsein ganz von rechtsstaatlichen Kategorien erfüllt ist, darf sich dem naiven Glauben hingeben, daß die Möglichkeit, in harten Einsätzen auf noch legale Weise einer tiefsitzenden Lust an der Gewalt frönen zu können, kein Motiv sei, Polizist zu werden. Wenn immer wieder zu beobachten ist, daß Polizisten auf weibliche Demonstranten besonders rücksichtslos einschlagen[12], dann ahnen wir das Triebmoment, das hier sozialkonform sich ausdrückt. Nach meinen Beobachtungen in Berlin werden ältere Passanten im allgemeinen von der Polizei in Ruhe gelassen, während jüngere oder jünger aussehende nur zu leicht niedergeknüppelt und für die »Grüne Minna« eingefangen werden.

Wer aus Sorge um das geltende Recht in den Jugendunruhen und erst recht in dem aus ihnen sich herausschälenden Terror vorweg die »kriminelle Energie« sieht, die es in Schach zu halten gelte, der wird von dieser Forderung her sich auch seinen eigenen Begriff der Gewaltursache bilden. Nahe der Einsicht, daß vitale Antriebe, triebhafte Regungen in »direkten Aktionen« sich austoben, wird er dies eben darauf zurückführen, daß es nicht gelungen sei, sie hinreichend zu disziplinieren. So begegnet uns im Spektrum der vermuteten Ursachen jugendlicher Gewalt auch die Meinung, sie sei die Folge einer »zu liberalen Erziehung«. Diese Auffassung, die besonders in Großbritannien ihre Anhänger hat[13], steht in der Tradition einer Moral, der die biotischen Triebe überhaupt als das Niedere im Menschen und darum als das Niederzuhaltende gelten. Erziehung zum Mitmenschen und Staatsbürger ist da weniger auf die Entfaltung und Förderung angeborener sozialer Neigungen gerichtet als gerade auf die Unterdrückung und Reglementierung libidinöser Regungen, aus denen solche Neigungen erwachsen müßten. An die Stelle dessen, was sie unverklemmt leisten könnten, werden Normen und Pflichtgebote gesetzt, deren Einhaltung durch »soziale Kontrolle« überwacht, durch negative und positive Sanktionen (Strafen und Prämien, Belobigungen, Beförderungen) gesteuert wird. Ein solches System der Erziehung, das eher einer Dressur denn einer liebenden Zuwendung gleicht, muß jede spontane Regung des heranwachsenden Menschen, sei sie sexueller oder aufsässiger Natur, von vornherein als etwas werten, das es zurückzuschneiden gilt. Auch die Freiheit, überkommene Wert- und Moralvorstellungen in Frage zu stellen, jedenfalls nicht unkritisch als etwas Heiliges hinzunehmen, fällt hierunter. So schreibt der evangelische Bischof HANS-OTTO WÖLBER:

> »Diese Art ›Freiheitskultur‹ griff um sich. Zwischen den Geschlechtern gilt das Maß der Triebbefriedigung, zwischen den Generationen lauter Absagen, im Politischen Konfrontation als Selbstbestätigung von Parteien. Das ist der Terror der Freiheiten. Diejenigen Wohlstandskinder, die daraus anarchische Konsequenzen ziehen, sind nicht Kinder Hitlers, sondern Kinder der Freiheit.«[14]

Ursprüngliche Triebregungen und der vitale Unmut, der bei ihrer Unterdrückung und Gängelung aufkommt, werden so unterschiedslos auf dieselbe Seite der Ursachen terroristischer Gewalt geschoben. Der Kirchenmann, der so argumentiert, hat dabei vergessen, was schon die Weisheit des Alten Testaments war: daß nämlich sexuelle Enthaltung den Kampfesmut steigert. (Man lese hierzu vor allem DEUTERONOMIUM, 23, 10 – 15, und 1 SAMUEL 21, 6, sowie 2 SAMUEL 11, 11.) Was dort in mythischer und ritueller Weise dargestellt ist, ist nichts anderes als das Bedingungsverhältnis von sexueller Frustration und Aggression. Nur wer vitale Lust und die

Neigung zur Aggression gleichermaßen als Übel betrachtet, der kann auch terroristische Aggressivität als »Produkt einer permissiven Gesellschaft« (von BALLUSECK[15]) werten. In einer so moralisch aufwaschenden Weise wird der Unterschied zwischen dem, was triebhaft in jedem gesunden jungen Menschen sich regt, und dem, was gefährlich sich gegen das friedliche Miteinandersein wendet, verwischt. Wer aber so von Erziehern und gar von ihn betreuenden Psychologen aufgrund gesunder Triebregungen als ein – »labiler«, »haltloser«, »unbeherrschter« – Mensch abgewertet wird, der Verbotenes tut, von dem kann nicht mehr ohne weiteres erwartet werden, daß er auch sinnvolle Schranken, die das Recht zieht, anerkennt und beachtet. Das gilt auch für jene jungen Leute, die aus Neugier, modischer Laune oder sexueller Frustration dazu gekommen sind, Haschisch zu rauchen und sich unversehens auf dem Boden der Illegalität finden. Wenn sie aber, noch nicht einmal sozialfeindlich gesinnt, bereits dorthin gelangt sind, dann haben sie den entscheidenden Schritt, der sozialbedingte Hemmungen abbaut, bereits hinter sich, sobald wirklich gefährliche Einflüsse noch auf sie einwirken.

b) Vandalismus in der Wohlstandsgesellschaft

Der in die Illegalität abgedrängte, zum Kriminellen gestempelte Mensch ist der eigentlich ungeliebte. Selbst wenn er der Zuneigung eines vertrauten Partners gewiß sein darf, so ist er als Mitglied der größeren Gemeinschaft seines Volkes doch weitgehend isoliert und benachteiligt – oder auf die Solidarität einer Subkultur angewiesen. Für manchen führt von einem gewissen Punkt an kein Weg mehr zurück in die Gemeinschaft, die die sozialen Prämien verteilt. Das sind die beruflichen Einstiegs- und Aufstiegschancen, der Anspruch auf eine geräumige und komfortable Wohnung, die Betreuung mit Ehrenämtern, die Gunst schöner Frauen bzw. angesehener Männer und die Möglichkeit, im Urlaub nach Herzenslust zu verreisen. Es bedarf nicht einer willentlichen Ablehnung des Wohlstandes oder entschiedener Leistungsverweigerung, um bei der Verteilung solcher Güter leer auszugehen. Die von ökonomischen Eckdaten vorgezeichneten Arbeitslosenzahlen lassen bei den voraussichtlich davon Betroffenen jede noch so angespannte Bemühung um berufliche Weiterbildung als verlorene Liebesmüh erscheinen. Wenn der Ausbildungsstand der nachrückenden Jahrgänge insgesamt sich hebt, werden wir in Zukunft auch besser ausgebildete Arbeitslose haben. Unter zunehmendem Konkurrenzdruck noch besser geschult für ein Leben in Arbeit, werden sie um so schlechter vorbereitet sein auf das, was sie erwartet: ein Leben in Müßiggang, ein Grübeln in unausgefüllten Stunden ohne die Fähigkeit, befriedigend über Dinge nachzudenken, die nicht in beruflichem Erfolg sich niederschlagen oder in materiellem Gewinn sich ausmünzen lassen. In einer Gesellschaft, in der Arbeit zu haben als Wert der Person gilt, zweifeln sie an sich selber und untergraben damit auch ihre Fähigkeit, soziale Kontakte herzustellen. Aber selbst ein entsprechendes psychologisches Training würde ihnen dabei nicht viel helfen. Schon klagen in unserer Erfolgsgesellschaft junge arbeitslose Männer darüber, daß die Mädchen nichts von ihnen wissen wollten. Vitale Frustration kann so den Unmut über soziale Deklassierung erst noch verstärken und ihm eine triebhafte Stoßkraft verleihen: ein Aggressionspotential, das im Zuge fortschreitender Automation – bei gleichzeitigen leeren Versprechungen der Verantwortlichen – erst noch anwächst und sich zu entladen sucht. Hier ist der vielbeschworene Nährboden und das Umfeld des Terrorismus, das von parteipolitischem Interesse als etwas Geistiges bezeichnet wird, mit dem man sich in Gesprächen, mit Argumenten auseinandersetzen müsse. Wer unter sozialer Deklassierung und vitaler Frustration leidet, der muß ein solches »Gesprächsangebot« als Verhöhnung seiner vitalen Not empfinden. Die Klage über »mangelnde Gesprächsbereitschaft« der unruhigen Jugend ist daher nur ein Zeichen der Unfähigkeit, sie zu verstehen. Ich zögere zu sagen, man wolle nichts für sie tun; denn man tut vermutlich schon viel zuviel für sie: an aufdringlicher Betreuung und an eigens für sie veranstalteten Polizeiaktionen. »Warum kann man ihnen in einer Stadt, wo Unruhe von ihnen ausgeht, nicht einen Raum schaffen, in dem sie zwar nicht frei von Recht und Gesetz, doch frei wären, neue Lebensmöglichkeiten zu erproben?« So hat am Abend des 22. September 1981 Pastor Heinrich Albertz mit Recht gefragt[16].

Der lieblos aufgezogene junge Mensch, dessen Verlangen nach Zärtlichkeit, Vertrauen und Verstehen – auch von Gleichaltrigen – oftmals zurückgestoßen wurde, hat wohl ein besonders empfindliches Gefühl für Gerechtigkeit, da er wenigstens wie alle anderen gleich behandelt werden möchte, wenn er schon nicht geliebt wird. Gerechtigkeit ist nicht nur ein ethisches, sondern auch ein emotionales Minimum, eine Bedingung dafür, sich als Mensch unter Menschen fühlen zu können. Wenn der so nach Gerechtigkeit

Verlangende aber sieht und erfährt, daß er nach den Regeln des geltenden Rechts nur ein übers andere Mal zurückgesetzt wird, regt sich seine enttäuschte Liebe in nun selber verletzender Weise. Wer womöglich am eigenen Leib erfährt, daß das wiederholte Wegnehmen einer geringwertigen Sache wegen »Rückfalldiebstahls« schon eine strafrechtliche Stigmatisierung eintragen kann, während andererseits für ungerechtfertigte Kündigung seinem Arbeitgeber oder Vermieter keine soziale Abwertung droht, der muß seine eigenen Lebensinteressen in ungleich schwächerer Weise geschützt sehen als das Eigentum. Sowie ihm das als Ungerechtigkeit der geltenden Rechtsordnung deutlich zu Bewußtsein kommt, wird er auch schon alle Hemmungen verlieren, sich rechtswidrig zu verhalten. Zum Rebellen wird er, wenn für ihn nicht einmal mehr das Gebot gilt, sich nicht erwischen zu lassen.

Der vielfach frustrierte, lieblos herumgestoßene und zurückgesetzte Mensch wird auch kein Verständnis mehr aufbringen für den Gedanken, daß das Recht, jedwedes Recht, in erster Linie dazu geschaffen ist, den Gemeinschaftsfrieden zu sichern. Für ihn steht, alles weitere verdeckend, im Vordergrund, was die Befriedigung seiner Lebensbedürfnisse beeinträchtigt. Und damit befindet er sich durchaus im Einklang mit jener Naturrechtsauffassung des Römers ULPIANUS, der unsere elementaren Rechte auf die vitalen Triebe zurückgeführt hat[17]. Ein Recht, das wieder hierauf zurückginge und nicht seinen Rechtsgüterschutz in erster Linie auf die Fetische der Verdrängung erstreckte (Eigentum, Macht und Ehre), bekäme auch weniger leicht die Funktion, jugendliche Vitalität in Schach zu halten. Der Reiz des Verbotenen würde dann nicht noch durch das, was die Triebe anspricht, verstärkt. Damit entfiele aber auch mancher Anreiz zu kriminellem Verhalten aus Protestgesinnung.

Die jungen deutschen Revoluzzer und Terroristen sind weder »Hitlers Kinder« noch »Kinder der Freiheit«. Das eine ist so abwegig wie das andere. In jedem Falle sind sie *Kinder unserer Kultur,* einer Kultur der Triebunterdrückung und der »harten Hand« gegenüber den Kindern. In dieser »Hochkultur« werden die Säuglinge kaum noch gestillt, wachsen Kinder ohne Zärtlichkeit heran, werden die Jugendlichen zugleich für eine Leistungsgesellschaft überfordert und für die Konsumgesellschaft überfüttert, mit Ersatzbefriedigungen abgespeist, und im Falle dann unausbleiblichen Fehlverhaltens und Mißerfolgs von den Eltern demoralisiert, was nicht mit Schlägen zu geschehen braucht. Wer nach den Ursachen des Terrorismus fragt, sollte an die Hunderte von Kindern denken, die bei uns zulande alljährlich von ihren eigenen Eltern totgeprügelt werden[18]; an die rund fünfhundert Kinder zwischen 5 und 15 Jahren, die – zumal nach der Zeugnisverteilung – Selbstmord verüben[19]; und an die ungezählten jungen Ausreißer, die es in der bedrückenden Atmosphäre des Elternhauses nicht mehr aushielten. Der Terror gegen die Kinder setzt im Terror der Desperados sich fort. Wenn es nach Dringlichkeit und nicht nach Sensation ginge, wären die Kindesmißhandlungen und nicht der politische Terror ein heute vieldiskutiertes Thema. Wer weiß, ob nicht die Prügel, deren der junge Adolf Hitler zu viele bekommen hat*, auf Millionen Menschen tödlich zurückgeschlagen haben.

Ich möchte dahingestellt sein lassen, ob sich der Leistungsdruck in den Schulen seit dem Untergang des Dritten Reiches verstärkt hat. Es könnte auch nur sein, daß Aufklärung über die psychischen Folgen von Lernstreß und Prüfungsangst sich ausgebreitet hat und eben darum auch bei den Kindern das Leiden daran verstärkt. Der Erziehungsstil der Eltern hat, außer in kleinen nachdenklichen Kreisen, sich kaum verändert: Kinder werden auch auf offener Straße und in Geschäften von ihren Müttern laut angeherrscht und geohrfeigt. Daß das Prinzip der »harten Hand« erhalten geblieben ist, dafür bedarf es gar keiner demoskopischen Umfragen, bei denen die Leute ohnehin viel eher das antworten, was sie für richtig halten, nicht das, was sie tatsächlich tun. Hinzu kommt heute unter dem Einfluß der hochtechnisierten Entbindungsanstalten eine fast allgemeine Frustration der Säuglinge: in den USA werden nur noch etwa 20 Prozent der Kleinkinder von ihren Müttern auf natürliche Weise gestillt[20]; vom amerikanisierten Westdeutschland liegen uns widersprüchliche Zahlen vor, die aber immerhin darin übereinkommen, daß etwa jede zweite Mutter ihr Neugeborenes nicht mehr stillt[21]. Man soll nicht denken, daß der Eintritt ins Leben mit einer so einschnürenden Unterbindung angeborener Bedürfnisse erfolgen kann, ohne daß es den Charakter des Heranwachsenden nachteilig veränderte. Die Beziehung des Säuglings zur stillenden Mutter schafft ja die emotionale Grundlage für jede spätere soziale Bindung. Wo einem Kind diese erste leibhafte Erfahrung menschlicher Zusammengehörigkeit nicht oder nur ungenügend vermittelt wird, da bestimmt statt »Urvertrauen« (Erikson[22]) ein stets lauerndes Mißtrauen, die Angst, von anderen enttäuscht oder verlassen zu werden, und eine schon sprungbereite Aggressivität das Verhältnis

* Siehe im I. Kapitel Seite 33 f.

zu den Mitmenschen. Diese werden dem früh Verunsicherten nie zu wirklichen Partnern und Freunden, sondern günstigenfalls zu Bundesgenossen und Komplizen im Kampf gegen noch Gefährlichere, wenn nicht zu Gegnern, Feinden, Konkurrenten, potentiellen Betrügern und Mördern. Das Mißtrauen wird noch verstärkt durch die leidvolle Erfahrung des Kindes, daß in einer Familie von erfolgsorientierten Erwerbstätigen kaum jemand da ist, dem es sich anvertrauen kann. Die Schlüsselkinder der Jahre nach der Währungsreform sind heute längst in dem Alter der Terroristen. Hitlers Kinder? Eher noch sind es die Kinder des deutschen Wirtschaftswunders. Sind sie damit aber schon Kinder der Freiheit?

Da Freiheit im Sinne der Väter der freien Marktwirtschaft bei uns zulande eng mit dem errungenen Wohlstand zusammengedacht wird, meint die Rede vom Vandalismus und Terrorismus als einer Frucht der Freiheit nichts wesentlich anderes als das pseudowissenschaftliche Schlagwort von der »Wohlstandskriminalität«[23]. Das soziale Herkommen der in Westdeutschland aktiven Terroristen gibt solcher Vermutung Auftrieb: Das seien gelangweilte, übersättigte Bürgersöhne und höhere Töchter, konnten wir lesen[24], die aus ihrer Sattheit heraus auf den Mord als »neues Spiel« (RÖHL) verfallen seien. Eine gewiß zutreffende Beschreibung der Bewußtseinslage dieser vermeintlich »neuen Linken«! Aber als Erklärung der Ursachen des Terrorismus reicht das nicht aus. Das Gesättigtsein von Genuß-, Status- und Luxusgütern bedeutet ja nicht ein Sattsein, das körperlich vorhält. Die Übersättigung durch Luxus spiegelt noch den Mangel an Zärtlichkeit und Verstehen, der davon überdeckt wird. Übersättigung durch materielle Güter, als ein Leiden verstanden, meint nicht, daß man an einem Übermaß materieller Versorgtheit litte, sondern bedeutet Enttäuschung über die materielle Abspeisung ursprünglicher Bedürfnisse, die unbefriedigt bleiben. Diese Enttäuschung kommt, wenn sie vom vital frustrierten und lieblos zurückgewiesenen jungen Menschen nicht reflektiert wird, nur in einem unbestimmten Gefühl des Ekels und der Übersättigung zu Bewußtsein. Destruktive Neigungen eines Menschen entspringen nicht zuletzt einem vitalen Unmut über erlittene Verzichte, niemals einem Überfluß. Zuviel Liebe können wir gar nicht zugewendet bekommen, weil echte Liebe immer ein Moment der Distanz enthält, die den Anderen in seiner Eigenart sich entfalten läßt. Liebe hat nicht die Tendenz, den anderen Menschen wohlig einzulullen und für sich zu vereinnahmen; sie bejaht ihn in seinem Anderssein. Es ist daher eine irreführende Rede zu sagen, das überbehütete, überversorgte Kind leide unter einem »Zuviel an Liebe«. Betuliche Behütung ist gerade eine verlogene Form der Unterdrückung und Bevormundung, keine herzhaft fördernde und ermutigende Liebe. Wenn also einige der bekannten RAF-Leute im Elternhaus eine bevormundende, überbesorgte, gar frömmelnde Erziehung genossen haben, so haben sie damit jenen spießbürgerlichen Dunst eingeatmet, den aller Faschismus als Atmosphäre voraussetzt. Insofern, aber nur insofern, wären sie doch als »Hitlers Kinder« zu bezeichnen.

c) Alte Sittlichkeit und neue Gewalt

Nicht zu übersehen ist, daß einige der aktivsten Terroristen Westdeutschlands und Italiens – Ulrike Meinhof, Gudrun Ensslin und Renato Curcio – wie Heinrich Himmler in ihrer Jugend eine strenge christliche Erziehung erfahren haben, und das heißt auch: eine Charakterprägung, die das wertende Bewußtsein dem eigenen Leib entfremdet und gegenüber möglichen Sexualpartnern eine Abwehrhaltung bedingt. Ein derart schüchterner, weil verschüchterter Mensch bildet sich den Rahmen seines Gewissens aus Erfahrungen verwehrter Lust und wird, wenn er je zu spontanem Verhalten sich durchreißt, dies gleich in aggressiver, sadistischer Weise tun, wenn nicht gar in »reiner«, keimfreier Destruktion. Wenn wir hinzunehmen, daß in den Familien des gehobenen Mittelstandes, aus denen die meisten Terroristen hervorkommen, vor allem die Mädchen sittlich überwacht, »behütet« werden, dann verstehen wir auch, weshalb von den Terroristinnen gesagt werden kann, sie seien gegenüber den sie begleitenden Männern nicht nur in der Überzahl, sondern auch »erkennbar brutaler bei der Durchführung von Aktionen und entschlossener zum Kampf« (Boeden[25]). Das ist nun eine keineswegs neue Entdeckung. Schon zur Zeit der Französischen Revolution (im Schreckensjahr 1793) und der Pariser Kommune (1871) taten sich junge, oft auffallend schöne Mädchen als Anführerinnen mordender Banden hervor.[26] Waren es 1793 noch vorwiegend Aristokraten, die an den Laternen aufgehängt wurden, so gingen die Petroleusen von 1871 darauf aus, gerade Geistliche, die Hüter der alten Moral, auf den Straßen zu stellen und zu töten. Es darf auch daran erinnert werden, daß es eine junge Dame war, Sofia Perowskaja, die Tochter eines russischen Generals, die das Attentat auf Zar Alexander II. organisiert hat[27]. Und von den im Majdanek-Prozeß mit angeklagten und verurteilten Frauen hieß es, sie seien im Lager »die Brutalsten« gewesen, in ihrem Sadismus grausamer als die Männer[28].

Daß die Frauen, wenn erst einmal die Fesseln kultureller Zähmung wegfallen, viel rücksichtsloser, grausamer aus sich herausgehen, ist eine von Euripides (*Medea*) bis Goethe und Schiller immer wieder angesprochene Erfahrung. Schillers Vers »da werden Weiber zu Hyänen« dürfte unmittelbar von Berichten aus dem revolutionären Paris inspiriert sein. Doch es bedeutet einen Verzicht auf Erklärung, wenn ein Kriminologe, Wolf Middendorff, sich im Blick auf Terroristinnen damit begnügt, mit Goethe abzuschätzen: »Denn geht es zu des Bösen Haus, das Weib hat tausend Schritt' voraus.«[29] Denkverzicht ist allemal die Einbruchstelle für Ressentiments, hier für das misogyne Vorurteil, die Frau sei »unsäglich viel böser als der Mann« (Nietzsche[30]). Wenn es Frauen gibt, die sich als Gefangenenwärterinnen oder als Terroristinnen extrem mitleidlos zeigen, so liegt das nicht an einer im Grunde grausameren Natur der Frau, sondern daran, daß der weibliche Mensch in unserer Kultur von klein auf der am stärksten unterdrückte, sittlich überwachte und gegängelte ist. Die inzestuös gefärbte Liebe der autoritären Väter zu ihren Töchtern ist vermutlich viel bedrückender als die überbehütende Liebe einer Mutter zu ihrem Sohn, solange der Vater die oberste familiäre Autorität ist. Die amerikanische Feministin Kate Millett sieht in den Frauen »auf Grund ihrer großen Zahl, ihrer Leidenschaftlichkeit und ihrer langen Jahre der Unterdrückung die breiteste revolutionäre Basis«[31].

Sind in den deutschen Terroristinnen die französischen Petroleusen wieder auferstanden oder die russischen Anarchistinnen? Sind sie Hitlers spätgeborene Töchter oder Schwestern der Palästinenserin Leila Chalid? Wer den Deutschen nicht eben wohlgesinnt ist, wird sich für »Hitlers Kinder« entscheiden. Die historischen Parallelen zeigen aber nur das eine, daß unter einigermaßen gleichbleibenden sittlichen Beschränkungen und Reglementierungen unserer Triebnatur bestimmte brachiale Formen des Aufbegehrens auch unter ganz verschiedenartigen Regimen und Staatsformen immer wiederkehren*. Die aktuell formulierte Alternative »Kinder Hitlers oder Kinder der Freiheit« verdeckt, was triebhaft aus jungen

* Die Nicht-Erklärung solcher Aggression durch ein in allen Menschen vorausgesetztes »Aggressionspotential« möchte ich hier beiseite lassen.

Menschen unserer Kultur nach regelwidriger Entlastung drängt, seitdem von der staatlichen Führung keine Heldenrollen mehr vergeben werden. Die vordergründige Alternative legt uns nahe zu denken, daß wir es im westdeutschen Terrorismus entweder noch mit Spätfolgen des Hitlerreiches zu tun hätten oder schon mit Symptomen seiner Überwindung durch ein in jeder Hinsicht freies, vielleicht gar zu freies Gemeinwesen.

Soweit mit »allzuviel Freiheit« vor allem an sexuelle Freiheit gedacht wird, ist der wunde Punkt unseres Zusammenlebens schon berührt, wenn auch nicht begriffen. Liebe unter leibhaften Menschen verlangt allemal nach körperlicher Berührung. Nur Engel, wenn es sie gäbe, könnten sich lieben, ohne einander zu berühren, ja ohne sich anzusehen. Nicht der zu schüchterner Zurückhaltung (und indirekt zu heimlicher Selbstbefriedigung) erzogene Mensch, sondern der leicht enthemmte gewinnt lebendige Erfahrung von leibhaft gegenwärtigen Menschen, denen er helfen und beispringen kann, ohne sich auf abstrakte Pflichten besinnen zu müssen. Diese anthropologische – und ethische – Selbstverständlichkeit wird in einer triebrepressiven Gesellschaft nur immer wieder verdeckt durch jene besonders ungebärdigen Temperamente, die schon etwas rücksichtslosen »Draufgänger«, die sich über sittliche Entrüstung hinwegsetzen. Solange die alten triebbeschränkenden Tabus gelten, kann auch körperliche Nacktheit aggressiv als Mittel des Protests eingesetzt werden. Die Teilnehmer am »Nackt-Happening« beim Ersten Internationalen Hausbesetzerfestival in Nürnberg Ende Juni 1981 und die Splitternackten an der Spitze eines Protestmarsches der TUWAT-Leute in Berlin Anfang September desselben Jahres[32] zeigten so aber augenfällig, von welchem vitalen Antrieb ihr politisches Engagement im Grunde bewegt ist.

Wenn Hausbesetzer, danach befragt, im Fernsehen beteuern, in ihrer Wohngemeinschaft gebe es keine sexuellen Beziehungen[33], so brauchen wir daran nicht allzusehr zu zweifeln. Entweder war die Kommune von den Reportern unter »sittlichen« Gesichtspunkten ausgewählt, oder ihre Mitglieder gehörten zu denen, die wohl in der Ausnahmesituation eines Protestmarsches wie eines Faschingsballs sich nackt zeigen können, ohne sonst einem Hang zu freieren Sitten nachzugeben.

Exhibitionismus war noch immer die Lust der Lustlosen. Die Verhaltenszwänge einer lustfeindlichen Moral wirken immer noch nach – selbst bei denen, die sich scheinbar entschieden dagegen auflehnen. Noch die Formen der Auflehnung sind von der überkommenen Moral präformiert. Der sexuell Gehemmte, weil sittlich verschüchterte Mensch befreit seine gequetschte Vitalität eher sogar in Akten wilder Aggression als in zärtlicher Zuwendung zu einem leibhaften Du. Der zur Prüderie, zur »Zurückhaltung« erzogene Mensch, dem spontane sexuelle Regungen als so schmutzig erscheinen, daß nur eine »große Liebe« sie ihm zu rechtfertigen vermag, der so moralisch verschüchterte Mensch sieht sexuelle Befriedigung wie destruktive Gewalt auf derselben Seite des Verbotenen. Wenn er dorthin auch nur an einer Stelle durchbricht, fühlt er sich befreit und schuldig zugleich, aber weniger schuldig, wenn es wenigstens gewaltsam geschieht. Da die uns vertraute christliche Moral sexuelle »Verfehlungen« sogar mit dem stärksten Schuldakzent versieht, kann für das Gewissen des so Erzogenen gar nichts Belastenderes mehr nachkommen. Im Gegenteil: Das Töten von Menschen erscheint dem auf die Geschlechtlichkeit fixierten Gewissen längst nicht so gravierend wie eine tabuierte Form sexueller Befriedigung. So empfanden offenbar auch jene SS-Leute in Auschwitz, die es nicht glaubten verantworten zu können, daß Kinder beiderlei Geschlechts in einer Baracke mit erwachsenen Männern schlafen. Das hätte zu sexuellen Kontakten führen können. Deshalb wurden die Kinder getötet[34].

Wer meint, die Lockerung der sexuellen Sitten für die Jugendunruhen und den Terrorismus mit verantwortlich machen zu können, der sei daran erinnert, daß einer der größten sittlichen Saubermänner dieses Jahrhunderts zugleich als der Initiator eines Völkermords in die Geschichte eingegangen ist. Adolf Hitler sah es als eine erstrangige politische Aufgabe an, »Theater, Kunst, Literatur, Kino, Presse, Plakat und Auslagen . . . von den Erscheinungen einer verfaulenden Welt zu säubern und in den Dienst einer sittlichen Staats- und Kulturidee zu stellen« (*Mein Kampf*, S. 279). Solches »Reinemachen unserer Kultur« sollte dem Zweck dienen, der Prostitution, die er von Juden gesteuert sah, zu Leibe zu rücken[35]. Ähnlich wie Hitler, der das katholische Zölibat zu loben wußte[36] und die Prostitution als »eine Schmach der Menschheit«[37] empfand, war auch Peter Suttcliffe, der berüchtigte Yorkshire Ripper, von sittlicher Empörung erfüllt. Er ging nur, die Prostitution zu bekämpfen, den Weg einer direkten Aktion. 1981 vor Gericht, sagte er, er sei von Gott dazu berufen, Prostituierte umzubringen[38]. Sittlicher Eifer, wahnhaft geworden, geht hemmungslos in Mordlust über.

Man sage nicht, sexuelle Liberalisierung habe den Hang zur

Gewalt mit hervorgebracht. Wir müssen umgekehrt fragen, welchem Maß an terroristischer Gewalt wir erst konfrontiert wären, wenn nicht wenigstens eine leichte Lockerung der sexuellen Sitten seit Mitte der sechziger Jahre sich durchgesetzt hätte. Gewiß schreitet sexuelle Befreiung nicht konfliktlos voran, gewiß hat das Leistungsprinzip auch die sexuellen Beziehungen vergiftet, und es läßt sich nicht leugnen, daß vielfach sadistische Regungen das sinnliche Vergnügen durchmischen oder gar vereiteln. Aber das ist kein Wunder nach einer Kindheit, die durch Mangel an Zärtlichkeit, durch Prügel und Drohungen gekennzeichnet ist. Niemand ist fähig, sich unbefangen einem Sexualpartner zu nähern, wenn jahrelang ihm jede spontane zärtliche Regung ausgetrieben worden ist. Die erst zage Befreiung der Sexualität in unserer Gesellschaft hat auch die Verkrümmungen mit befreit, die der vielfach geschlagene Trieb in den Individuen erlitten hat. So fehlt es nicht an sexuell freizügig Lebenden, die einer lieblosen »Sammelleidenschaft« frönen oder zu voller Lust nur gelangen, wenn sie den Partner ein wenig leiden machen. Doch es ist für uns alle von Vorteil, daß diese Sadisten ihre aggressiven Neigungen nicht einfach unerotisch ausleben, sondern gebunden an ein Begehren, das, solange es auch nur halbwegs gesund bleibt, dem Leben verpflichtet ist.

Der Lustmörder ist sowenig ein Argument gegen sexuelle Befreiung wie der masochistische Partner des Sadisten. Während dieser lustvoll bejaht, was ihm widerfährt, und meist selbst von sadistischen Regungen nicht frei ist oder sie durch Einfühlung in den Partner erwirbt, ist der Lustmörder die reine Widerlegung der sexualfeindlichen Moral: nicht, weil er sich trotzig gegen sie auflehnte, sondern weil durch seine Untat die Unterdrückung und Hemmung eines elementaren Triebes ihr grausames Fiasko erfährt. Durch lieblose und triebunterdrückende Erziehung unfähig, sich einer Frau auf behutsame, zärtliche Weise zu nähern, bleibt dem typischen Lustmörder nur der Ausweg aus der Überrumpelung: nicht nur des Opfers, sondern auch seiner eigenen Hemmungen und seines Schamgefühls, das er nur völlig beschwichtigt, indem er den einzigen Zeugen seiner Tat, das Opfer, tötet. Diese pervers-moralische Motivation treibt nicht erst zum Deckungsmord (Tötung des Opfers *nach* der Vergewaltigung), sie wirkt schon bei dem, der vor oder während der sexuellen Handlung das Opfer tötet, weil er dessen vorwurfsvolle Augen nicht mehr ertragen kann[39].

Die von moralkonservativer Seite vorgebrachte Behauptung, sexuelle Liberalisierung und die Lockerung leibfeindlicher Tabus habe den Terrorismus mit hervorgebracht, hält den Phänomenanalysen nicht stand. Sie ist auch kriminalstatistisch nicht zu halten. So sind in Dänemark seit der Freigabe pornographischer Schriften im Jahre 1960 die Sexualdelikte einschließlich der gewaltsam verübten zahlenmäßig zurückgegangen[40]. Jedes legale Ventil für den jahrhundertelang zurückgestauten Trieb mindert den Triebdruck im Ganzen einer Gesellschaft, der sonst noch aggressiver sich entlüde. Wenn dennoch, per saldo, Gewaltakte und terroristische Aktivitäten bei uns zulande zunehmen, so kann das nicht Gründe haben, die von einer Lockerung der Sitten rührten. Das widerspräche dem auch im Tierversuch bestätigten Bedingungsverhältnis von vitaler Frustration und Aggression, dessen Erkenntnis unberührt ist von der Frage, ob es darunter einen Grundstock ererbter Aggressivität gibt[41]. Sie, diese Erkenntnis, wird auch nicht eingeschränkt durch die Beachtung anderer aggressionsbedingender oder -verstärkender Faktoren wie Schmerz, Bedrohtsein, Rivalität, räumliche Enge und das Erlernen aggressiven Verhaltens[42].

Nun wäre es gewiß einseitig, alle gegen Mitmenschen gerichtete Aggressivität auf verdrängte Sexualität zurückzuführen oder auch nur auf jene vitale Frustration, die der Mensch unserer Zivilisation zumeist schon in frühester Kindheit erleidet. Doch in einer Kultur, die Moral mit Sexualmoral traditionsgemäß nahezu gleichsetzt, wird der »sittlich« am stärksten unterdrückte Trieb auch am ungebärdigsten hervorkommen, wenn er nur hinreichend lange und schmerzhaft angestaut war. Ein solcher Ausbruch mag im Akt der Vergewaltigung noch sexuelle Triebbefriedigung erstreben; doch in Sadismen, schließlich in reinen Akten der Aggression wird das Moment der Gewalt sich vorschieben und von den Triebzielen der Sexualität sich ablösen. Durch sexuelle Frustration bedingte Aggressivität kann sich aber auch zerstörerisch gegen den eigenen Leib kehren, weil in sexuellen Regungen immer schon das Ich gleichgültig wird gegenüber dem, was SCHOPENHAUER den »Genius der Gattung«[43] genannt hat. So ist der sexuell Frustrierte der ideale Kamikaze-Kämpfer, der sich schonungslos einsetzt, die Konsequenz der Selbstvernichtung nicht scheut, weil das, was verzweifelt ihn antreibt, immer schon über reflektierte Selbstbewahrung hinausweist.

So gewiß es verkehrt wäre, alle Aggressivität von frustrierter oder auch fehlgeprägter Sexualität herzuleiten, so verfehlt wäre es, alle die anderen möglichen und oft auch tatsächlichen Ursachen aggressiver Gereiztheit (Schmerzempfindung, Schlafentzug, Bewegungsmangel, Lärm und Monotonie der Arbeit) nicht damit verbunden zu sehen. Die vitalen Bedingungen aggressiver Ausrichtung unseres Lebenswillens sind untereinander verbunden, ja ineinander überfließend. Bewegungsmangel macht sexuelle Frustration erst recht unerträglich; diese aber schafft ein »Appetenzverhalten« (W. CRAIG), das abends nicht zur rechten Zeit Schlaf finden läßt, weil das vitale Dasein unbewußt immer noch etwas erwartet, was seine nervöse Gespanntheit lösen könnte. Schlaflosigkeit muß nicht so unmittelbar frustrationsbedingt und damit triebabhängig sein; der junge Arbeitslose mag schlaflos grübeln über das, was werden soll. Seine Hoffnungen und Befürchtungen sind aber letztlich bedingt von den vitalen Antrieben, die nach Befriedigung und Erfüllung drängen. Dabei kommt nicht nur in Betracht, daß der junge Arbeitslose bei den Mädchen gegenüber denen, die »Arbeit haben«, ins Hintertreffen gerät. Der Sexualität als dem Grundtrieb, der Menschen zueinander führt, kommt eine über die Partnerwahl hinausgreifende, sozial überhaupt motivbildende Bedeutung zu. Davon, daß Seelenärzte und betuliche Sozialingenieure einem jungen Menschen ihr Verständnis bekunden und ihn in ihre abstrakte Menschenliebe mit einbeziehen, gewinnt er noch lange keinen Rückhalt. Exemplarisch geliebt fühlt der leibhafte Mensch sich nur, wenn er Zärtlichkeit erfährt und ein Vertrauen, das ihm nicht nur in gerechter Weise zuteil wird, weil er anders erst recht zum »Problemfall« würde. Da aber in jeder sexuellen Regung der Lebenswille der Gattung Menschheit selber sich ausdrückt, findet niemand in abgeschlossener Zweisamkeit schon die ersehnte Erfüllung, wenn seine Weise zu leben sonst rundum auf Ablehnung stößt. Wer in der Weise, in der er leben möchte oder schon zu leben versucht, sich von der Gesellschaft nicht bestätigt fühlt, der wird um so unbedenklicher sich irgendeiner Subkultur anschließen, in der er vielleicht noch immer nicht findet, was er sucht, wo man ihn aber aufnimmt, ohne nach seiner sozialen Position zu fragen.

Wenn wirklich eine Zunahme der Gewaltakte einer augenscheinlichen Lockerung der sexuellen Sitten parallel läuft, dann ist ein Kausalverhältnis zwischen beiden Linien der Entwicklung kaum anzunehmen. Wirkliche sexuelle Befreiung würde die Möglichkeiten vermehren, den bisher gepreßten und gegängelten Trieb zu befriedigen, und das bedeutete allemal auch eine *Befriedung* des Menschen, das heißt einen Rückgang aggressiver Tendenzen. Wenn doch zwischen einer »Sexualisierung« unseres Lebens und der sich ebenso öffentlich formierenden Gewalt ein Zusammenhang besteht, dann kann es sich nur um ein Mißverhältnis handeln zwischen den durch Werbung, Mode und Massenmedien auf uns einstürmenden optischen Reizen und den kaum nennenswert vermehrten Befriedigungsmöglichkeiten. RUDI DUTSCHKE hat schon geklagt: »Der Mann wird total angereizt. Überall wird entkleidet«[44]. Da aber Gewöhnung an offenherziger dargebotene weibliche Reize auch die Reizschwelle wieder erhöht, dürfte selbst die vielbeklagte »Reizüberflutung« nicht allzusehr aggressionsverstärkend sich auswirken. Eher könnte der Wegfall früher gewohnter Ventile jugendlicher Kraft sich derart auswirken, daß die in Kriegen und kolonialen Abenteuern einst abgeschöpfte Aggressivität nun zerstörerisch im eigenen Gemeinwesen tobt. Wir dürfen aber nicht die aktuell verstärkten Anreize zur Gewalt übersehen: den gestiegenen Konkurrenzdruck, den erhöhten Lärmpegel und das selber frustrationsbedingte Protzen mit Statussymbolen. Das sind allgemein wahrnehmbare Herausforderungen aggressiven Verhaltens. Emotionale Vernachlässigung der Kinder und deren materielle Abspeisung dagegen müßten, wie aufgezeigt, als tiefsitzende Frustration verstanden werden, die, im Einzelfalle biographisch belegt, den gewaltsamen Ausbruch eines versteinerten Ichs erklärlich machen könnten.

Ein Kausalverhältnis zwischen wirklicher sexueller Befreiung und Zunahme der Gewalt kann nur über den Umweg eines pessimistischen Menschenbildes konstruiert werden, wonach der Mensch in jeder Hinsicht als »von Natur böse« einzuschätzen wäre, als grausam, ausschweifend und egoistisch, so daß ein einigermaßen erträgliches Miteinander nur von seinem guten Willen zu erwarten wäre, seine bösen oder sogenannten bösen Triebe zu hemmen. Aber selbst wenn es sich – gemäß der Kantischen oder Lorenzschen Anthropologie – so verhielte[45], wäre doch der Appell an die »Hemmungsfunktionen« der schlechteste Rat, der zu geben wäre: weil lange mühsam Angestautes sich nur um so vernichtender entlädt. Eben dies erklärt die Wucht der Brutalität, die in Ausnahmesituationen aus Menschen hervorbricht, die bis dahin ein diszipliniertes, wohlgeordnetes Leben geführt haben. Die gutbürgerliche Kultur der Selbstbeherrschung, des An-sich-Haltens ist der Verteilungsrahmen für individuell angesammelte Wut. Diese Kultur sorgt dafür, daß einer das, was er aus gegebenem Anlaß aus sich herausschreien müßte, in die feindorientierte Front einer radikalen Partei, einer terroristischen Gruppe oder gar eines fanatisierten Kollektivs einzubringen versteht, dabei gehorsam auf den »Führerbefehl« wartend. Wenn also »Hitler in uns selbst« (Picard) immer noch nicht völlig überwunden sein sollte, dann wäre die Bedingung seines möglichen Wiederauferstehens in eben der bürgerlichen Moral der Hemmung und Lähmung unserer harmlos spontanen Lebensregungen zu beseitigen.

d) Was sind »Ursachen der Gewalt«?

Die Frage nach den Ursachen der Gewalt, nach den Beweggründen der Jugendunruhen wird heute vielfach so gestellt, als sei Gewalt in unserer Kultur eine ganz neue Erscheinung, so als hätten wir allen Grund, uns staunend die Augen zu reiben über das, was zerstörerisch aus jungen Menschen hervorbricht. Wir reden heute von »Jugendunruhen«, von einer Protestgesinnung der jungen Menschen, ihrem Abgleiten in den Terrorismus, von Krawallen und von Gewalt, so als hätten wir eine Geschichte friedlichen Zusammenlebens hinter uns. In der Frage nach Ursachen der Gewalt, die in den gegenwärtigen politischen und sozialen Umständen gesucht werden, ist vergessen, daß Gewalt gegen den Mitmenschen seit Jahrhunderten das soziale Klima unserer Kultur bestimmt. In der Rede von der »neuen Gewalt«[46] wird so getan, als sei damit ein völlig neues Moment in unsere Kultur gekommen; als habe es hier niemals Ketzer- und Hexenverfolgungen gegeben, keinerlei Revolutionen, Aufstände und Massenbewegungen, die zahllose Menschen ins Verderben gerissen haben. Man steht ratlos und beunruhigt vor den Ausbrüchen jugendlicher Gewalt, so als sei damit etwas Unberechenbares, undurchschaubar Gefährliches in unser soziales Leben gedrungen – nach Jahrhunderten periodisch wiederkehrender Kriege, in denen die Lust am Töten, durch militärischen Befehl gerechtfertigt, diszipliniert sich austoben konnte. Daß Mordlust und Grausamkeit auf eigene Faust – noch in den Todesfabriken des Dritten Reiches – immer wieder den Rahmen des Anbefohlenen gesprengt haben, wird jedenfalls von denen nicht bedacht, die gutherzig meinen, die Völker seien nie etwas anderes gewesen als Opfer einer machtlüsternen und gewalttätigen Führung.

In der Suche nach aktuellen Gründen der gerade von jungen Menschen geübten Gewalt, ist Gewalt nicht mehr Gewalt, die unter wechselnden sozialen Bedingungen in verschiedener Weise hervorkommt, sondern sie wird zum »Zeitphänomen« stilisiert, zu einer

Folgeerscheinung von Versäumnissen in der Gegenwart, als Symptom einer falschen Politik, eines Schwundes an Vertrauen in die rechtsstaatliche Ordnung, als Zeichen des Werteverfalls oder des Sinnverlusts gedeutet. Die gegenwärtig von »Randgruppen« und politisch sich selbst etikettierenden Jugendlichen geübte Gewalt wird als ein Phänomen eigenen Ursprungs genommen, nicht als eine Äußerungsform von Aggressivität, die nur zeitbedingt kein anderes Ventil mehr findet als eben einen Vandalismus, der bloß noch zu Hause, aber nicht mehr in besetzten Gebieten sich austoben kann. Einzig die Fußballfans, die randalierend ihre Clubs begleiten, mögen noch die Illusion bei sich nähren, in »Feindesland« zu wüten.

Was in der nicht erlahmenden Debatte über die Ursachen der gegenwärtigen Jugendunruhen völlig ausgeblendet bleibt, ist die Erfahrung, daß Gewalt ein integraler Bestandteil unserer Kultur ist. Die Debatte wird so geführt, daß die vitalen Antriebe gewalttätiger Aktion nicht in die Betrachtung mit eingehen. Wer überhaupt nur nach »geistigen Ursachen« fragt, stellt damit noch nicht einmal auf das Bewußtseinsfähige an den tatsächlichen Antrieben ab, sondern nur auf die dem Gewalttätigen selber bewußten Argumente der Rechtfertigung und Verharmlosung oder auf die ihm möglichen Formen der Solidarisierung mit Gleichgestimmten. Aus aggressiv vergleichbar Gestimmten werden aber erst Gleichgesinnte, indem sie sich wechselseitig einstimmen auf dieselben Ideen und Zielsetzungen, die, gerade weil fern dem politisch Möglichen, sich der jähen Gewalt als erreichbar vorspiegeln. Der ohnehin, schon vor jeder politischen Zielsetzung, zur Gewalt Neigende findet auch dafür ein Argument, das die Logik der Gewalt nicht durchbricht: Wenn man wirklich Neues schaffen wolle, so müsse man zuerst alles Alte und Überkommene bis auf die Grundmauern herunter zerstören. Immer noch mit dem Aushecken von Gewalttaten beschäftigt, braucht ihn nicht zu bekümmern, ob er, durch Gewalt erfolgreich, eines Tages nicht in die Lage käme, auf Sand bauen zu müssen. Wer nur darauf bedacht ist, seinen Hang zur Gewalt so zu rechtfertigen, daß er ihm ohne schlechtes Gewissen nachgeben kann, der ist unbekümmert um die Folgen. Ihn an der Ausübung von Gewalt zu hindern, hat es wenig Sinn, sich kritisch mit seinem System der Rechtfertigung und Begründung gewaltsamer Akte auseinanderzusetzen. Denn diese Begründungen sind nicht die tieferen Gründe.

Natürlich läßt sich die Diskussion um jugendliche Gewalttäter,

Randalierer und Terroristen so führen, daß untersucht wird, warum sie jeweils diese und keine andere Form der Abreaktion ihres tiefsitzenden Unbehagens ergriffen haben. Die Diskussion über die aufbegehrenden jungen Menschen wird dann so angelegt, daß sie zugleich als Gespräch mit denen erscheint, die noch nicht in eine Form der Kriminalität abgeglitten sind. So will es die Hoffnung, durch Argumente wenigstens diejenigen noch zurückhalten zu können, die noch nicht vollends mit der sozialen und moralischen Ordnung ihrer Väter gebrochen haben. Solche Hoffnung täuscht sich aber über die Kraft von Argumenten angesichts elementarer Regungen der Ablehnung, selbst dann, wenn diese noch unbeholfen ins Wort finden. Argumente, die der Neigung zur Gewalt Einhalt gebieten sollen, vermögen die dabei Angesprochenen nur zu überzeugen, soweit und sofern hinter den Argumenten die Möglichkeit einer neuen Solidarität spürbar wird. Wo Argumente nur als Waffen eingesetzt werden, um die Widerstrebenden im Wortgefecht niederzuringen, und das heißt als dümmlich bloßzustellen, da richtet auch der Scharfsinnigste und Wortgewandteste nichts aus mit seinen griffigen Formulierungen. Er weckt nur den Verdacht, daß all seine Gewandtheit nur darauf gerichtet ist, seine eigene starre Position zu verteidigen, nicht aber hinreicht, sich selber zu wandeln.

Die hartnäckige Suche nach geistigen Ursachen jugendlichen Aufruhrs und nach ideologischen Gründen für das »Abgleiten in den Terror« dient mehr der Selbstbeschwichtigung der also Forschenden als einer Erkundigung um die entscheidenden Antriebe. Auf politische Ideen fixiert, auf einen Streit um Wertvorstellungen eingerichtet, braucht der kulturpessimistisch Besorgte nicht den vitalen Unmut ernst zu nehmen, den er bei sich selber verdrängt hat. Selbst eines Lebens in Lustlosigkeit, im Zwange der Termine und der Fruchtlosigkeit in weitgehend leeren Verpflichtungen überdrüssig, entlastet er sich vom Druck des eigenen Unbehagens, wenn er in jungen unruhigen, zum Teil schon »abgeglittenen« Menschen ihn zugleich lockende und schreckende Beispiele mangelnder Anpassung kritisiert. Krisen der eigenen Leistungsmotivation können so durch väterliche, mütterliche Sorge um die »aussteigenden« Jungen überdeckt werden. Es hat Seltenheitswert, daß ein politisch Verantwortlicher erkennt und ausspricht: »Sie [die rebellierenden Jugendlichen] denken nur laut, was mancher von uns nur leise zu denken wagt.« (Hoppe[47])

Wer in sich selber den vitalen Unmut verdrängt hat, der die jungen Menschen so rebellisch macht, der muß auch auf dem

Unterschied beharren, den wir alle zwischen bloßen Unruhestiftern, aggressiven Demonstranten und schon kriminell Organisierten bemerken. Strafrechtlich gesehen ist das ein Unterschied, der auch gar nicht verwischt werden soll. Doch wenn nach Ursachen der von jungen Menschen ausgeübten Gewalt gefragt wird, dann ist in vielen Einzelfällen terroristischen Engagements der Werdegang des Einzelnen zu verfolgen, der kaum jemals einen unvermittelten, geistig motivierten Sprung in den extremen Aktionismus aufweisen wird. Von dem später meistgesuchten Terroristen Christian Klar heißt es, er sei Jahre zuvor bei Demonstrationen in Heidelberg der Polizei als besonders aggressiv aufgefallen. Wer bei der Erwägung möglicher Ursachen jugendlicher Gewalt allzusehr zwischen frei demonstrierender und versteckt terrorisierender Praxis unterscheiden möchte, der zielt, bewußt oder halbbewußt, auch darauf ab, den steckbrieflich Gesuchten die Rückkehr in die Gesellschaft abzuschneiden. Solche Absicht kam ganz deutlich heraus in den Vorwürfen gegen Bundesinnenminister Baum, der sich zu einer Diskussion mit dem früheren Terroristen Horst Mahler an einen Tisch gesetzt hatte. Hier wird die gesamtgesellschaftliche Funktion des Terroristen deutlich: Wie der klassische Schwerverbrecher soll er, ohne daß weiter nach den Gründen seines sozialen Strauchelns gefragt wird, ein für allemal abgestempelt werden zu einem Unhold, der sich eigener unverarbeiteter Aggressivität als lohnende Zielscheibe darbietet. Alle Rede von der Strafe als Sühne, von der Reue als Chance zur Rückkehr, wird durch solche Stigmatisierung in Frage gestellt.

Woher mag es kommen, daß die gesuchten Terroristen alle nicht älter als 37 Jahre sind[48], daß die vom Terrorismus geheilten Horst Mahler und Karl-Heinz Ruhland über dieses Alter jugendlicher Kraft schon hinaus sind? Die Parallele zur politisch nicht ausgezeichneten Kriminalität ist unübersehbar. Die Kriminalstatistiken zeigen, daß es bei den über Vierzigjährigen kaum noch Gewalttäter gibt[49]. Es wäre absurd, dies auf wachsende Einsicht und nicht auf eine sich wieder abflachende triebhafte Unruhe zurückzuführen. Vom jungen Terroristen könnte zwar gesagt werden, daß er – wie fast jeder junge Mensch – besonders begeisterungsfähig sei und damit wohl auch verführbarer als ältere Menschen; beim politisch gleichgültigen Gewalttäter wären wir um eine ähnlich spirituelle Erklärung schon verlegen. Liegt es da nicht näher, auch die vermeintliche Begeisterungsfähigkeit des terroristisch Aktiven eher als eine Benebelung seines Geistes durch unausgelebte Triebe denn als klare geistige Orientierung aufzufassen? Aus einer insgesamt aggressiv formierten Gesellschaft, die sich über ihre vitalen Antriebe nicht klarwird, fiele er gar nicht heraus.

Der für sein Selbstverständnis politisch motivierte Terrorist muß jeden Zweifel daran, daß es ihm nur um seine politischen Ziele zu tun sei, verdrängen, weil er sonst sich für einen ganz gewöhnlichen, für einen gemeinen Verbrecher halten müßte. Da er Politik aber nicht als »Kunst des Möglichen« (BISMARCK) versteht und nicht als Regelung des Zusammenlebens in größerer Gemeinschaft, sondern – einer durchaus verbreiteten Vorstellung gemäß – als »Kampf um die Macht«, ist das von individueller Verdrängung zu Leistende gar nicht mehr so groß. Ob und wie Gewalt angewendet werden soll, ist dann nur noch die untergeordnete Frage der Wahl des geeigneten Mittels. Den Politiker aber, der mit den Terroristen den schon aggressiv aufgeladenen Politikbegriff gemein hat, hindert nichts, allein geistige, ideologische Motive bei ihnen zu vermuten. Wie dem forciert idealistisch gesinnten Terroristen sind Streit und Kampf im sozialen Leben ihm schon etwas so Selbstverständliches, daß die triebhafte Neigung dazu gar nicht mehr eigens verdrängt zu werden braucht, um als bewußtes Motiv nicht mehr in Betracht zu kommen. Erst über den Zweifel, ob die von den Terroristen verübten Gewaltakte den von ihnen erklärten Zielen wirklich näherbringen, werden selbst dem, der mit den Tätern »geistig« sympathisiert, ihre bewußten Motive fragwürdig. Solcher Zweifel kann nur sogleich verdrängt werden durch Spekulationen von der Art: Den Terroristen gehe es nicht darum, politische Macht zu gewinnen, sie legten es darauf an, die bestehende staatliche Macht so herauszufordern, daß diese ihr »wahres Gesicht« zeigen müsse und dann einer immer breiter werdenden Volksbewegung sich gegenübersehe[50]. Wer aber aus der Einsicht, daß alle Gewalt nur immer wieder Gegengewalt erzeugt, ein Ende der Konfrontation noch nicht abzusehen wagt, der muß hieraus erst recht am vernünftigen Sinn terroristischer Aktionen zweifeln. Für den, der bei sich selber den triebhaften Ursprung aggressiver Regungen verdrängt hat, bleibt dann nur, das in der Dimension der Zwecke Unvernünftige zum schlechthin Irrationalen abzustempeln, wobei vom »Irrationalen in der Angst«, die den Desperado bewege, allenfalls unterschieden wird: das »Irrationale in der terroristischen Aktion, das auch hinter der präzisesten und härtesten Planung des äußeren Ablaufs verborgen ist«[51].

Sorgfältige Vorbereitung aller Tatumstände ist aber nichts, was nur bei politisch erregten Gewalttätern sich fände. Wir kennen das von Kriminellen, die ohne ideologische Zielsetzung aus unverkennbar »niedrigen Beweggründen« (§ 211 StGB) handeln. Es gibt Triebtäter, bei denen der Intellekt ganz im Dienst des unausgesetzt wachen Triebinteresses steht[52]. Geduldig und umsichtig warten Pädophile, Sadisten oder Nekrophile auf die »günstige Gelegenheit«, doch wohl unfähig, sie für ihre abnorme Neigung ungenutzt vorbeigehen zu lassen. Wo der längst pervertierte, weil verquälte Sexualtrieb sich sadistisch zuspitzt, kann sogar der rohe Drang zur Triebbefriedigung sich als Vernichtungswille vorschieben. Und wo die Lust am Töten noch ihren libidinösen Ursprung von sich abstreift und sich dafür eine ideale Zielsetzung überstülpt, da bietet sich die Erscheinung eines »Überzeugungstäters«[53], hinter dessen kühl geplanten Aktionen nur etwas Unheimliches, Abgründiges, Irrationales noch geahnt wird. Dieses »Irrationale« aber ist nur das von Täter, Opfer und Betrachter gleichermaßen Unbegriffene: eben dies, daß vitale Antriebe, nachhaltig gehemmt, entweder in explosiver Weise sich entladen oder in sorgfältig organisierte Vernichtung sich umformen.

In einer Kultur, die wesentlich auf Triebunterdrückung und sittliche Reglementierung (statt auf Zärtlichkeit und Liebe) aufgebaut ist, muß für den darüber entstehenden vitalen Unmut stets ein Ventil bereitgehalten werden. Solche Ventile waren in früheren Zeiten die periodisch wiederkehrenden Kriege, in Rußland die tageweise gestatteten Pogrome (Ausschreitungen gegen Juden), die Prügelpädagogik und auch die öffentlich vollzogenen Hinrichtungen. Nun, da jeder Krieg zum selbstmörderischen Atomkrieg zu werden droht, da Pogrome in einem Rechtsstaat undenkbar sind, da ebenso kräftige wie aggressive Naturen als Lehrer und Meister nicht mehr prügeln dürfen, und da die Todesstrafe bei uns zulande abgeschafft ist, in anderen Ländern nicht mehr öffentlich vollzogen wird – da muß angestaute Aggressivität sich zerstörerisch gegen die scheinbar intakte eigene Gesellschaft richten. In der Suche nach besonderen Ursachen für solchen Aufruhr bleibt die Hauptursache »Triebunterdrückung«, »vitale Frustration« (und zwar schon des Kleinkindes) ausgespart. Es wird aber auch nicht mehr begriffen, daß vitaler Unmut in vielfältiger Weise sich gewalttätig ausdrücken kann: in militantem Patriotismus, in Kriegsbegeisterung, in kriminellen Handlungen oder in revolutionären Aktionen, in der Unterdrückung von Minderheiten, in der Peinigung der Kinder, aber auch in der Strafverfolgung wie in scheinbar sinnlosem Vandalismus. Wo der Mensch durch »soziale Kontrolle« hinreichend in Schach gehalten und verschüchtert wird, da mag sich seine frustrationsbedingte Zerstörungswut auch gegen die eigene Person richten: in Selbstmordneigung oder – unbewußter – in der Anfälligkeit für sogenannte psychosomatische Krankheiten.

Daß alle diese Äußerungsformen vitalen Unmuts unter bestimmten sozialen Bedingungen ineinander übergehen, von der einen Form in die andere sich umwandeln oder wechselseitig einander vertreten können, schließen wir aus der Kriminalstatistik und der Statistik der Selbstmorde. Da zeigt sich, daß während der beiden Weltkriege in Deutschland sowohl die Gewaltverbrechen als auch die Selbstmorde stark zurückgegangen sind, vor allem bei den Männern[54]. Die kollektivierte und vom Kollektiv abgeschöpfte Aggressivität machte individuell geübte Gewalt oft entbehrlich. Das ist ein Zusammenhang, der auch in anderen Kulturkreisen festgestellt werden kann. Beim Ausbruch des Nahost-Krieges des Jahres 1973 ging in Ägypten die Kriminalität auf nahezu Null zurück. Der Chef der Nationalpolizei, General Mustafa El Scheich, sah dies idealistisch: »Es scheint, als ob die Verbrecher sich schämten, Straftaten zu begehen, während ihr Land einen Krieg zur Befreiung der besetzten Gebiete führt.«[55] Mehrere Berufsverbrecher hätten sich sogar bei der Polizei gemeldet und den Wunsch geäußert, an die Front geschickt zu werden oder wenigstens auf andere Weise der nationalen Sache dienen zu dürfen. Seit Ausbruch des Krieges habe es auch keinen Fall von Blutrache mehr gegeben. Die miteinader verfeindeten Familien hätten sich offenbar versöhnt. Der Krieg habe damit etwas bewirkt, worum sich die Behörden seit Jahrhunderten vergeblich bemüht hätten.

Ob es in den miteinander verfeindeten Familien wirklich zu Akten der Versöhnung kam, darf dahingestellt bleiben. Unverkennbar hatte der Krieg die sonst diffus gegeneinander laufenden Kraftlinien des Hasses gebändigt, weil gebündelt auf den nationalen Feind hin ausgerichtet. Von daher verstehen wir auch die heute nicht mehr überall anwendbare Methode innenpolitisch bedrängter Staatsführer, ihr Volk im Kampf gegen einen äußeren Feind zu einen. Der Patriotismus, auf den sie dabei setzen, ist nur die idealistische Umschreibung des verbreiteten Bedürfnisses, die lange angestaute Wut, die sich aus Enttäuschungen und Versagungen angesammelt hat, im Kampf für eine gute Sache sozialkonform auszuleben. Wer im Krieg oder in sonst einer kollektiven Raserei die Gelegenheit erhält, Aggressivität *sozialkonform* auszutoben, der braucht nicht mehr zu bangen, dafür bestraft zu werden. Das ist auch für den Berufskriminellen noch verlockend, jedenfalls sicherer als alle Vorsicht, sich im Alltag krimineller Lebensführung nicht erwischen zu lassen. Die im Krieg sozialkonform und solidarisch mit anderen ausgelebte Aggressivität bietet zudem ein Höchstmaß an emotionaler Entkrampfung, wo hingegen der, der auf eigene Faust vorsichtig zu Werke gehen muß, sich in solcher Vorsicht immer schon emotional drosselt und hemmt. Für die Befreiung von solcher Selbstknebelung wird die Verpflichtung zum militärischen Gehorsam gerne in Kauf genommen. Daß in der kämpfenden Truppe zumeist nur auf Befehl getötet und zerstört werden darf, bietet sogar noch weitere Entlastung von Regungen eines Gewissens, das unbewußt bewahrt, daß der Mensch dem Mitmenschen verschwistert ist.

e) Der Idealismus der Terroristen

Die in der kollektiven Aggression des Krieges erfahrbare Gewissensentlastung verspürt der aggressiv Gestimmte abgeschwächt immer noch in einer kriminellen Vereinigung, die dem Rest der Gesellschaft oder einem Teil der Bevölkerung »den Krieg erklärt hat«. Der hartnäckige Kampf der IRA-Terroristen in Nordirland hat sicher seinen politischen Stellenwert im Kampf gegen die von England gestützten Protestanten; doch das Motiv der Gewissensentlastung wird man auch hier nicht übersehen dürfen. Terroristen, die sich selbst zu »Soldaten« erklären und, gefaßt, als »Kriegsgefangene« behandelt werden wollen, präsentieren damit den Anspruch, etwas anderes zu sein als gemeine Rechtsbrecher, nämlich Vorkämpfer einer Rechtsordnung der Zukunft. Sollte, was in Irland nicht ausgeschlossen ist, das von ihnen verfolgte politische Ziel erreicht werden, dann werden die heute jungen Terroristen, inzwischen gealtert, durch Kampf und Inhaftierung ermattet, sicher den »Beweis« nicht schuldig bleiben, daß es ihnen um gar nichts anderes gegangen sei als um eben das erklärte Ziel, hier: die Vereinigung Nordirlands mit Irland. Sie dürften sich dann als Veteranen des jahrzehntelangen Bürgerkrieges zur Ruhe setzen, sofern sie nicht noch Verwaltungsaufgaben oder bloße Repräsentationsposten übernehmen. Junge ungebärdige Männer, die inzwischen nachgewachsen wären, müßten – bei gleichgebliebenen sittlichen Normen – sich dann ein anderes Schema der Konfrontation wählen. Das schlösse nicht aus, daß sie das, was sie politisch ergreifen würden, nicht auch ehrlich sich zu eigen machten. Was immer aggressiv gestimmte Menschen sich als politische Gesinnung aufsetzen oder von anderen, die sie mitreißen, vermittelt bekommen, das kann so in sie eingehen, daß sie darin den Sinn ihres Lebens erblicken. Kommt es gelegentlich aber doch zu einem Frontwechsel, einem Gesinnungswandel, der in ein anderes Lager führt, so nehmen sie dorthin die alte Unerbittlichkeit, denselben aggressiven Eifer mit. *Die Menschen ändern eher noch ihre politischen und weltanschaulichen Überzeugungen als ihre Triebstruktur, damit zeigend, wovon sie eigentlich bewegt sind.* Das heißt nicht alle höheren und idealen Interessen und Zielsetzungen auf »niedrige Triebe« zurückführen, sondern aufzeigen, daß der leibhafte Mensch gegenüber allen Einsichten und Selbsttäuschungen eine Konstanz des Verhaltens behauptet, die dem, was er geistig ergreift, überhaupt erst die Kraft leiht. Nur der zuvor sittlich abgewertete und schon durch Kleinkinddressur gebrochene Trieb kann gegenüber weltanschaulichen Zielen als etwas Geringwertiges erscheinen. Ideale Vorstellungen von einer Gesellschaft lauter gleichberechtigter und solidarisch miteinander verbundener Menschen sind aber noch im Kopf des gewalttätig Radikalen eine Kompensation der sozialen Wirklichkeit, von der er selber ein aggressiv mitspielendes Moment ist.

Unter einem idealistisch gesinnten Menschen versteht fast jedermann einen, der die Interessen anderer über seine eigenen stellt, weil er von sich selber *absehen* kann. Wer, aus begütertem Hause stammend und mit Privilegien gesegnet, für die sozial Benachteiligten eintritt und in seiner Lebensführung sich nicht mehr von ihnen unterscheidet, erscheint als Prototyp des Idealisten, sofern der Begriff in einem moralischen Sinne verstanden werden soll. Daraus ergibt sich schon, daß einer, der selber Not leidet, für die soziale Rolle des Idealisten nicht so recht in Betracht kommt. Er muß wie der arme Poet oder der veramte Altstadtarzt zumindest den Gedanken nahelegen, er habe – trotz seines Herkommens, seiner Ausbildung, seiner Fähigkeiten – bessere soziale Möglichkeiten bewußt ausgeschlagen. So sieht auch wohlwollendes Verständnis die erste Gruppe der westdeutschen Terroristen um Baader und Meinhof: »Sie verdienen Respekt, diese Söhne und Töchter der Bourgeoisie, die ein ruhiges, gar goldenes Leben führen könnten, und die sich entschieden haben, gehetzt zu leben und mit Tod und Gefängnis zu rechnen.« So der Franzose Maurice Duverger in einem Leitartikel in *Le Monde*[56]; und Ernest Borneman meinte sogar, bei den Terroristen handle es sich um Menschen, die »willens sind, die untilgbare Schuld des Tötens auf sich zu laden, damit andere besser leben können«[57]. So dialektisch gedreht, können noch Mord und Totschlag als moralisches Opfer der Täter erscheinen.

Für die im Grunde idealistische Gesinnung der ersten Riege unserer Terroristen scheint aber doch zu sprechen, daß viele von ihnen vor ihren destruktiven Aktionen sich in der Sozialarbeit engagiert hatten. Gudrun Ensslin nahm sich gefährdeter Heimkinder an, Susanne Albrecht arbeitete in einem »Kinderladen«, Inge Viett war Kinderschwester und Ulrike Meinhof hatte sich mit ihrem Fernsehspiel *Bambule* in die Schicksale und Nöte von Fürsorgezöglingen eingefühlt. Selbst der mehr auf »Aktion« drängende Andreas Baader war mit einer Arbeit über soziale Außenseiter beschäftigt. In einer Gesellschaft, in der Nächstenliebe, spontanes Einspringen für den anderen sich nicht von selber versteht, hat »soziales Engagement« einen hohen ethischen Stellenwert. Im Bewußtsein seiner Nützlichkeit in einer Konkurrenzgesellschaft kommt aber das destruktive Moment nicht zur Geltung, das schon in aller Selbstverleugnung liegt. Das unterscheidet sie von kraftvoller Liebe, in der der Liebende, der ja widergeliebt werden möchte, auch sich selber in seinem Wesen und Dasein bejaht. Der Selbstlose braucht den Mitmenschen nur als Vorwand, um das in ihm lustlos und schal gewordene Leben von sich selber abzulenken. Das ist die Motivation des »hilflosen Helfers« (Schmidbauer[58]) oder jenes Typus von Sozialpolitiker, von dem schon Max Scheler gesagt hat, er kümmere sich um alles mögliche, nur nicht um sich selber und seine Angelegenheiten, er sei »meist nichts als ein armer, leerer, von Selbstflucht bewegter Mensch«[59].

Wo Selbstverleugnung in Selbstaufopferung übergeht, da zeigt sich, daß alle Flucht vor sich selber, vor den eigenen Schwierigkeiten, letztlich scheitert in Selbstvernichtung. Die hilfsbedürftigen Menschen können dann nicht einmal durch ihre Dankbarkeit ersetzen, was dem sie Betreuenden an Lebensbejahung fehlt. Sobald ihm offenbar wird, daß selbst der schonungslose Einsatz seiner Person sichtbar und erfahrbar in seiner Umwelt kaum etwas bewirkt, das ermutigend auf ihn zurückkommen könnte, schlägt sein vitaler Unmut aggressiv nach außen, ohne noch durch Formen der Fürsorge und der Bevormundung anderer kanalisiert zu sein. Schon in dem zähen Eifer für andere, erst recht in einer ihnen aufgedrängten Hilfe stechen zerstörerische Neigungen hervor. Nicht also Enttäuschung über ausgebliebene Änderungen und Reformen macht den Selbstlosen aggressiv, sondern schon in der

Art, in der er sich anderen zuwendet, liegt etwas Ungestümes, Unerbittliches, etwas Destruktives, das davon rührt, daß er andere Menschen vereinnahmen muß, um seine innere Leere aufzufüllen. Wo Bekehrungseifer ein ganzes Leben lang vorhält, ist solche Aggressivität nur durch den Wahn, die Wahrheit der Weltgeschichte für sich zu haben, gemildert. So kann aber nur denken, wer in einer großen Glaubensgemeinschaft stehend schon junge Menschen heranwachsen sieht, die den eigenen Eifer weitertragen. Wer dagegen alles vom Erfolg einer kleinen Gruppe erwartet, der keine »Massenbasis« zuwächst, der kommt – hoffnungslos – leicht dahin, sich durch keine Illusion gehemmt destruktiv auszuleben. Der Terrorismus ist, so gesehen, ein Phänomen unserer schnellebigen Zeit, in der nur noch wenige bereit sind, ihre Hoffnungen an eine größere Gemeinschaft abzutreten, darauf verzichtend, das, was ihnen wünschenswert erscheint, noch im jeweils eigenen Leben verwirklicht zu sehen. In diesem, aber nur in diesem Sinne sind sie als »Kinder« jenes Hitler anzusehen, der alle seine politischen Ziele noch selber, ja möglichst noch vor dem Übergang ins Alter, erreicht haben wollte[60].

f) Der Fall »Bommi« Baumann

Angesichts eines auch unter nazistischen Vorzeichen wiederauflebenden Terrorismus wird uns von besorgten Zeitkritikern empfohlen, mehr für die politische Bildung der Jugend zu tun, ihr demokratisches Bewußtsein zu schärfen und vor allem aufzuzeigen, wie es zu Hitlers Unrechtsstaat habe kommen können. Nur der politisch aufgeklärte, über Hitler informierte junge Mensch könne die Fehler der Vergangenheit vermeiden und »aus der Geschichte lernen«. Die wohlgemeinte Empfehlung ist nicht einfach in den Wind zu schlagen; zur »Ortsbestimmung der Gegenwart« (Rüstow[61]) bedürfen wir eines an Fakten entwickelten historischen Bewußtseins, um zu wissen, worauf wir bauen und wohin wir gehen können. Aber es wäre triebpsychologisch naiv, von historisch-politischer Bildung eine Abnahme des politischen Radikalismus und der Politkriminalität zu erwarten. Niemand wird behaupten können, daß die jungen Intellektuellen, aus denen sich die RAF-Terroristen rekrutierten, politisch ungebildet gewesen seien. Ulrike Meinhof hat als scharfsinnige Leitartiklerin in *konkret* sogar wiederholt vor der Gefahr eines neuen Hitler gewarnt; aber ihr Scharfsinn sah nicht den Hitler, der ihr triebhaft im eigenen Nacken saß.

Aufklärung tut not, gewiß; aber was uns in Schulen und Volkshochschulen immer noch fehlt, ist Aufklärung über unsere Triebstruktur, die deutlich machen würde, daß die Neigung, politische Überzeugungen bis zur Unversöhnlichkeit mit Gegen-Meinungen und bis zum tödlichen Haß auf Andersgesinnte zu radikalisieren, nicht aus bewußten politischen Denkansätzen stammt. Der Streit um »geistige Kausalitäten« (HABERMAS[62]) der terroristischen Gewalt, auf die sich auch linke Theoretiker wie HABERMAS und IRING FETSCHER[63] eingelassen haben, hilft nur mit, das, was junge Menschen eigentlich zur Gewalt treibt, feinsinnig auszuklammern. Aufklärung über die elementaren Triebkräfte jugendlicher Gewalt dürfte sich nicht der Einsicht verschließen, daß wir in einer Kultur leben, deren Tugenden, wie NIETZSCHE sagt, uns »nicht auf den Leib passen«[64]. Es kennzeichnet den Grad der Verdrängung des stärksten vitalen Antriebs, der Sexualität, daß sich eher noch kritische Geister finden, welche die aus vitaler Not hervorbrechende Gewalt zu verharmlosen oder idealistisch zu verbrämen wissen, als solche, die unsere leib- und berührungsfeindliche Moral in ihrer lebensfeindlichen Tendenz erfaßten und abwehrten. Die fiktive Unterstellung »geistiger Ursachen« des Terrors oder seine wohlwollende Deutung als »direkte Aktion« politischen Wollens erhöht zwar noch nicht das nur physiologisch nachwachsende Gewaltpotential; solche Erklärungen helfen aber mit, den anders diffus hervorzuckenden vitalen Unmut politisch zu bündeln. Wer davon hört oder liest und bald tagtäglich im Fernsehen vorgeführt bekommt, wie Vandalismus sich gute politische Gründe besorgt, um sich selbstsicher darzustellen, der wird leicht dazu verführt, sich in eine der Protestfronten einzureihen. Je stärker sein politisches Bewußtsein entwickelt ist, desto leichter wird es ihm fallen, der eigenen Lust an der Gewalt ein politisches Motiv unterzuschieben: so behutsam, daß er sich fortan von gar nichts anderem bewegt fühlt. Wir haben deshalb Selbstzeugnisse junger Terroristen, in denen sie über ihre Motive Aufschluß geben, immer mit gebührender Skepsis zu betrachten.

»Bommi« BAUMANNS Bericht *Wie alles anfing*[65], das heißt: wie er selber zum Terrorismus kam, ist deshalb lehrreich, weil er als junger Arbeiter anders als die studentischen Revoluzzer nicht so die Fähigkeit entwickelt hat, triebhaft, »irrational« hervorbrechende Sehnsucht nach einem intensiveren Leben sogleich mit gesellschaftskritischen oder politischen Erklärungen wieder zuzudecken, sie also zu »rationalisieren«. Dafür ist er selbstreflektiert genug, sich sexuelle Wünsche, triebhaften Erlebnishunger und Verlangen nach Freundschaft einzugestehen. Zwar bleibt ihm der sexualsymbolische Charakter seiner ersten revolutionären »Aktion«, das Reifenstechen an etwa hundert Autos, noch verborgen, aber er ist sich völlig darüber im klaren, welche sinnenhafte Ermutigung zu sexueller Aktivität von rhythmisch stoßender Musik auf ihn gewirkt hat. Seine Geschichte, »nicht mehr konform zu sein«, habe überhaupt mit Rockmusik angefangen: »über Medium Musik und mit langen Haaren« (S. 7). Da fehlt ganz das intellektuelle Selbstmißverständnis, dem das Musikhören als ein rein geistiges Erlebnis gilt. Jedenfalls mit Rockmusik, die den Arbeiter anrührt, ist das anders: »schon eher eine Körpergeschichte«, wie BAUMANN es ausdrückt. Und was dabei empfunden wird, spricht er ohne Umschweife aus: »Rockmusik, die ganze Message heißt Ficken« (S. 15).

In dieser ersten Phase des Innewerdens seiner eigenen drängenden Vitalität hat sich BAUMANN noch nicht als Linker gefühlt, aber alles, was »dagegen« war, gegen die »kleinbürgerliche Mittelmäßigkeit«, das fand er gut, »auch die NPD« (S. 16), die zur Zeit der großen Koalition die eigentliche Opposition im Lande war. Was ihn davon abgehalten hat, selber Neonazi zu werden, war vielleicht nur eine Kleinigkeit, die Überlegung, daß Hitler »auch gegen lange Haare war« (S. 16). »Faschismus als solcher wurde natürlich abgelehnt«. Soweit schlug politischer Unterricht offenbar durch: bis zu jenem »natürlich«, das anzeigt, daß man Gründe der Ablehnung gar nicht mehr zu hören brauchte. Faschismus »als solcher« wurde verworfen – das meint wohl den historisch gescheiterten –, aber das Moment des Aufbegehrens gegen eine langweilige Ordnung wurde auch an den neuen Nazis wohltuend verspürt: »Auf alle Fälle war es lustig.«

Was BAUMANN unter »kleinbürgerlicher Mittelmäßigkeit« verstand, das hatte er als Lehrling in einem Baubüro kennengelernt: die ganze Trostlosigkeit eines in stetem Gleichmaß sich abspulenden Arbeitslebens: »Das machst du jetzt fünfzig Jahre. Es gibt kein Entkommen.« (S. 10/11) Das plötzliche Bewußtsein dieser Lebensperspektive ist ihm auf der Fahrt zu einer Baustelle wie ein Schreck in die Glieder gefahren. Gegen den »Stumpfsinn«, nur für irgendeine Altersversicherung oder Rente zu arbeiten, regte sich trotziger Widerwille: »Ich lebe ja jetzt«, jetzt sei er jung, »später können wir immer noch sehen«. Außerdem sei er »schon immer lieber 'nem Mädchen hinterhergelaufen als der Arbeit« (S. 14). Wenn wir hier hinzunehmen, was der 1981 in Berlin in den Tod getriebene KLAUS RATTAY sagte: »Ich hatte keinen Bock auf Arbeit«[66], dann ist zumindest Skepsis geboten gegen die verallgemeinernde Behauptung, Arbeitslosigkeit treibe die jungen Menschen dem Radikalismus zu. Das gilt so kurzschlüssig vielleicht nicht einmal für Liverpool, wo 40 Prozent der jungen Leute arbeitslos sind. Die entscheidende Frage wäre: Geht es um Arbeit als Sinnerfüllung des Lebens oder um Arbeitsplätze als Waffen im Verteilungskampf?

Zurück zu »Bommi« Baumann: Rockmusik – »sexuelle Revolution« (S. 127) – Widerwillen gegen die Eintönigkeit des Arbeitslebens: Wir sind hier dicht bei jener triebhaften Grundschicht radikalistischer Motivation, wo sich die Identifizierung mit einem politischen Lager noch nicht deutlich herausgebildet hat. Gewisse äußere Ereignisse, Freunde, die einer radikalen Gruppe schon nahestehen, können den Ausschlag geben. Daß Michael Baumann, der eine Weile auch geboxt hat, zur radikalen Linken eingeschwenkt ist, dafür waren nach seinem eigenen Zeugnis der Tod Benno Ohnesorgs am 2. Juni 1967 und das Attentat auf Rudi Dutschke am 11. April 1968 weichenstellend. Dem Studentenführer Dutschke war BAUMANN persönlich nahegekommen, er verspürte leibhaft die »Ausstrahlung« (S. 34), die von dem Manne ausging. Es ist in BAUMANNS sonst flapsigem Stil ein genausitzendes Wort, wenn er sagt, Dutschke sei die »Verkörperung« der ganzen Bewegung gewesen (S. 38). Um so tiefer war das Erschrecken über die Schüsse auf ihn. Sie trafen auch Baumann in seinem Lebensmut, da er sich mit »Rudi« offenbar weitgehend identifiziert hatte. Bei einer Protestdemonstration nach dem Attentat kam ihm alles, was er in seinem Leben schon hatte einstecken müssen, in Erinnerung: »Alle Schläge, die ich gekriegt habe«, alle Ungerechtigkeit, die ihm widerfahren war. Das konnte in ihm nur aufgeweckt werden, weil er den Anschlag auf Dutschke als einen Schlag gegen sich selber empfand.

Die Begegnung mit Dutschke, das Attentat auf ihn und der Tod des Benno Ohnesorg schufen wohl die Stimmung dafür, sich mit den »Linken« zu solidarisieren. Was aber Baumann dahin gebracht hat, sich als Bombenbastler (»Bommi«) der linken Terroristen zu betätigen, das war seine Freundschaft mit dem Studenten Georg von Rauch. Nachdem dieser (am 4.12.1971) in einem Schußwechsel mit der Polizei getötet worden war, fehlte Baumann die Motivation für weitere terroristische Aktivität: »Ich habe eigentlich wegen Georg mitgemacht, weil ich einfach wußte, er will die Sachen machen, und ich wollte ihn nicht alleine lassen.« (S. 115) Wie Himmler und Göring ihr Gewissen an Hitler abgetreten hatten, so war ihm die wohl stärkere Persönlichkeit Georg von Rauchs zum leibhaften Überich geworden. Diese Parallele soll nicht dazu verleiten, im Bombenleger von heute doch einen Sohn Hitlers zu sehen. Wir erkennen nur, wie in einer kriminellen Vereinigung, mag sie weltgeschichtliche Bedeutung gewinnen oder nicht, eine Suspendierung der Gewissen geschieht: durch Identifizierung mit dem Anführer, dem sich eine Liebe zuwendet, die entweder beim eigenen Vater in der Kindheit nicht »angekommen« ist oder sonst vielfach zurückgewiesen wurde. Der Führer aber oder der Bandenchef, der verbrecherische Handlungen von seinen Gefolgsleuten verlangt, bietet ihnen die Gewähr einer »Gegenliebe«, die nicht mehr zurückgenommen werden kann, weil gemeinschaftliche Untat beide, Führer und Geführte, an die eingegangene Gemeinschaft bindet. Sie binden sich geradezu über das Verbrechen. Der Wahlspruch der SS »Meine Ehre heißt Treue« meinte nicht nur die Aufhebung aller sonstigen Normen, er stand auch für die Sehnsucht nach verläßlicher Bindung, die der ungeliebte Mensch in »verschworener Gemeinschaft« zu finden hofft. Er sucht eine absolute Bindung, in der keiner den anderen mehr preisgeben darf, weil jeder ohne den anderen verloren wäre. Eine solche Bindung verbürgt die kriminelle Vereinigung, nicht zuletzt mit ihren strengen Sanktionen, die sie über »Verräter« verhängt: Hier, in der terroristischen Subkultur, regiert auch heute noch die »Todesstrafe«, von der rechtsstaatlichen Ordnung als »Fememord« gewertet. Wenn Terroristen, die wieder in den Rechtsstaat zurückfinden wollen, von ihren Genossen getötet werden, so kommt dabei gewiß die rationale Absicht zum Zuge, mögliche Helfer von Polizei und Justiz rechtzeitig »auszuschalten«. Doch wenn dies das entscheidende Motiv wäre, dürften wir uns wundern, weshalb die deutschen »Stadtguerillas« nicht den Berliner Polizeispitzel Urbach getötet haben, dafür aber, wie nicht widerlegt wird, zwei ihrer eigenen Leute[67]. In deren »Hinrichtung« drückt eine enttäuschte Liebe sich aus, die zu tödlichem Haß geworden war.

Der Terrorismus ist, sozialpsychologisch gesehen, ein Gruppenphänomen. Die Gewalttat auf eigene Faust, hinter der nicht eine Gruppe Gleichgesinnter steht, gilt nicht als terroristische Aktion, selbst dann nicht, wenn der Täter weltanschauliche, politische, moralische oder religiöse Motive für sich in Anspruch nimmt. Ein solches Motiv, vom Einzeltäter namhaft gemacht, bringt ihn eher in den Verdacht, nicht recht bei Sinnen zu sein. »*Bad or mad?*«, schuldig oder wahnsinnig, fragte der Staatsanwalt die Geschworenen, nachdem der Yorkshire-Ripper erklärt hatte, er sei von Gott berufen, die Prostituierten auszurotten[68]. Ein solcher Wahn, von einer ganzen Gruppe gehegt, wird zum Kristallisationskern terroristischer Gemeinschaft, in der jedes Mitglied eine auf sie bezogene Normalität behält und unter dem Gesichtspunkt möglichen Verführtseins auch von außen nicht abgesprochen bekommt. Bei den Kriegsverbrecherprozessen in Nürnberg wurde denen, die an der Ausrottung der Juden mitgewirkt hatten, die Frage »Bad or mad?« gar nicht gestellt. Und für die Terroristen, die mit Bomben und anderen Waffen gegen den »Kapitalismus« kämpfen, wurde sie bis jetzt immer zugunsten von »schuldig« entschieden. Ihr deutlich bekundetes Gefühl der Zusammengehörigkeit hält die Terroristen im sozialen Raum strafrechtlicher Verantwortlichkeit.

In »Bommi« Baumanns Selbstdarstellung wird deutlich, wie ein zähes Verlangen nach Liebe und Bindung, vielfach enttäuscht und wohl auch durchkreuzt von eigenem Erlebnishunger, den Weg in eine kriminelle Vereinigung bahnt. Hier, in einer Gemeinschaft, die im Zwange, sich verborgen zu halten, sich immer stärker zusammenschließt, ist für eine Weile das sonst Unvereinbare vereint: absolute Bindung und äußerste Möglichkeit, sich aggressiv auszuleben. Sonst immer muß der, der zum Gewalttäter wird, sich darauf einrichten, daß alle Menschen um ihn herum sich von ihm abwenden. Alle Liebe, die er noch erfahren mag, ist eine Liebe »trotzdem«. Terroristen aber finden durch gemeinsam vorbereitete und miteinander verübte Gewaltakte eine nur um so engere Gemeinschaft, ein Miteinandersein, von dem gilt, was unter jungen Menschen sonst oft nur romantisches Ideal ist: daß die miteinander Verbundenen zusammenbleiben, »bis der Tod sie scheidet«.

Nach dem Tod der ihn absolut bindenden Bezugsperson, Georg von Rauch, in immer vorsichtigerer Distanz zur Umwelt und in wieder qualvoller sexueller Frustration, vollzieht sich in Baumann der Prozeß der Ablösung. Die »allgemeine Lustfeindlichkeit« der studentischen Terroristen »hat dann die Sache langsam zerbrechen lassen« (S. 121), nicht nur in ihm selber. Da seien dann immer mehr Leute abgesprungen, »ausgedropt«, wie er sagt. Da war dann nichts mehr von der Zärtlichkeit, der »neuen Sensibilität« (S. 88), die mit einem »Abbau der sexuellen Hemmungen« (S. 45) im Schlafsaal einer Kommune begonnen hatte. Ein intellektuell-puritanischer Terrorismus, der frustrierte Triebe als Motor seiner Aktionen benötigt, hat nicht gehalten, was triebhaftes Verlangen nach lustvollem Leben sich davon versprochen hatte. Wenn auch Gewaltakte unverkennbar Spaß machten – ihr Ersatzlustcharakter wurde zuletzt offenbar; er wurde leibhaft erlitten.

Bei einem jungen Arbeiter, der jahrelang in der Gemeinschaft von früheren Studenten lebt, kann es nicht ausbleiben, daß er von deren Neigung, in distanzierten Begriffen zu sprechen, einiges übernimmt. Was mit sexualisierender Rockmusik begann, mit Lust am Reifenstechen sich fortsetzte, mit »Autoknacken« (S. 106), Bankraub und Bombenlegen (ein Toter) ein Höchstmaß an aggressiver Dynamik erhält und im Schußwechsel mit der Polizei schließlich zusammensackt, das bekommt im nachhinein noch einen idealistischen, kulturkritischen Anstrich: »Für mich ging es die ganze Zeit darum, menschliche Werte zu schaffen, die in diesem Kapitalismus nicht vorhanden sind, in ganz Europa, in allen westlichen Kulturen nicht mehr, die einfach von der Maschine weggeräumt worden sind.« (S. 132) Und nicht das Bewußtsein, in gewagten Aktionen und stets auf der Flucht sich erschöpft und ausgelaugt zu haben, gibt dem schon intellektualisierten Selbstverständnis den Grund dafür ab, die Waffen wegzuwerfen, sondern die dem Gejagten plötzlich aufsteigende Erkenntnis, daß eine »neue Gesellschaft« sich nicht herbeibomben läßt (S. 132). Der offenbar des Kampfes müde Gewordene, seines besten Freundes Beraubte sieht mit einem Mal, daß »revolutionäre Praxis und Liebe« nicht zusammengehen. Welcher Aufwand für eine Erkenntnis! Welche Blutspur zu einer Einsicht, die, nur durch Worte vermittelt, nicht begriffen worden wäre. Der lieblos aufgezogene, doch triebhaft ungebärdige junge Mensch wird allemal eines gefährlichen und schmerzlichen Umweges bedürfen, um dahin zu kommen, wo er als solidarisches Mitglied der *ganzen* Gesellschaft von Anfang an hätte stehen müssen. Zum liebesfähigen Mitmenschen aber kann nur heranwachsen, wer nicht in früher Kindheit vernachlässigt wird und später im Zwange einer leibfeindlichen Moral und unter vielfach verklemmten oder aggressiven Altersgenossen mit ihrem Verlangen nach Zärtlichkeit immer wieder strandet. Es ist erschütternd zu vernehmen, wie selbst in den Wohngemeinschaften der sogenannten Instandbesetzer über emotionale Not geklagt wird[69].

g) Politisierung privater Nöte

Die aus der Studentenrevolte von 1968 hervorgegangenen Jugendunruhen unserer Tage, erst recht der aus der Studentenbewegung abgesplitterte politische Terrorismus haben vergessen lassen, daß wir in den großen Städten schon seit den fünfziger Jahren mit gewalttätiger Jugend zu leben haben. Damals war die Rede von »sinnlosen« Gewaltakten, von »Halbstarken«-Exzessen, die jeder vernünftigen Beurteilung sich entzögen: Zerschlagen von Mobiliar in Tanz- und Konzertsälen, Bedrohung und Niederschlagen von wildfremden Passanten, Raub von Handtaschen, die danach zumeist gleich wieder weggeworfen wurden. Der Kriminologe GÜNTHER KAISER bemerkte hinter der Ziellosigkeit und Sinnlosigkeit der von »Halbstarken« geübten Gewalt, »daß vornehmlich ›Autoritäts- oder Respektspersonen‹ wie Polizeibeamte, Erzieher, Bademeister, Gastwirte, Busschaffner oder ›schulmeisterliche‹ Erwachsene Ziel der Angriffe bilden«[70]. Wenn wir hinzunehmen, daß sie ihre Umwelt durch das damals noch höchst verpönte und strafbare Nacktbaden provozierten, gar – in Berlin – im Adamskostüm ein Restaurant besuchten[71], dann gewinnt das sinnlose Randalieren und gewinnlose Provozieren doch den Stellenwert des Protests gegen eine sittliche Ordnung, die die Sinnlichkeit junger Menschen einzuengen und niederzuhalten sucht. Das brauchte so von den Halbstarken selbst gar nicht reflektiert zu werden; es drückte sich unmittelbar augenfällig aus. Das Anpöbeln von Respektspersonen kultivierten die linken Studenten später zur »Aufmüpfigkeit« gegen ihre Professoren, wobei sie die Parole ausgaben: »Traue keinem über dreißig.« Es muß heute, da der Aufruhr der Jugend sich weitgehend politisiert hat, auch in Erinnerung gerufen werden, daß die Mai-Revolte der Pariser Studenten von 1968 dort Anfang April ein Vorspiel oder einen Auftakt hatte in Protestversammlungen gegen das Verbot von Damenbesuch in den Studenten-Wohnheimen. Der Korrespondent der *Süddeutschen Zeitung* meinte damals: »Für Rudi Dutschke hätte Frankreich derzeit wenig Verwendung. Die Forderung nach Rede- und Versammlungsfreiheit in den Studentenheimen stellte sich jedenfalls als weitaus weniger zugkräftig heraus als das Verlangen nach dem Recht auf Damenbesuch zu jeder Tages- und Nachtzeit.«[72] Einen Monat später war auch in Paris der Prozeß der Politisierung jugendlichen Unmuts schon weiter fortgeschritten.

Damals, 1968, richtete sich der studentische Protest in Westdeutschland und in West-Berlin in erster Linie gegen die »Springer-Presse«, weil man die tendenziöse Berichterstattung dieser Blätter indirekt für das Attentat auf Rudi Dutschke verantwortlich machte. In Berlin zogen Tausende vor das Springer-Hochhaus und riefen:

> »Haut dem Springer auf die Flossen,
> sonst wirst morgen du erschossen.«[73]

Aus dem Protest gegen Springer und seine marktbeherrschende Presse entwickelte sich eine ernstzunehmende Diskussion um die Pressekonzentration, an der auch das Bundeskartellamt sich mit einigen weiterführenden Gedanken beteiligt hat. Es war zweifellos ein politisches Verdienst der Studentenbewegung, das Problem der Pressefreiheit unter ökonomischen Gesichtspunkten ins allgemeine Bewußtsein gehoben zu haben. Dazu kam, nicht minder politisch, der Protest gegen die Kriegführung der USA in Vietnam, ein zwar weltweiter, von der amerikanischen Jugend mitgetragener Protest, der aber in Deutschland vor dem Hintergrund der Nürnberger Kriegsverbrecherprozesse eine besondere Bedeutung gewann: Die jungen Deutschen ergriffen eine Gelegenheit, die als schulmeisterlich empfundene moralische Führungsmacht des Westens eben solcher Verbrechen zu beschuldigen, wegen denen in Nürnberg deutsche Militärs haben hängen müssen. Auch dies ein Politikum allerersten Ranges, das nicht auf jugendlichen Übermut und auf die schiere Lust am Protestieren zurückgeführt werden kann.

Die Parallele mit »Nürnberg« zog am deutlichsten der frühere amerikanische »Hauptankläger für Kriegsverbrechen« TELFORD TAYLOR in seinem Buch *Nürnberg und Vietnam*[74]. War es jungen Deutschen, die bewußt oder halbbewußt unter einem nationalen Trauma litten, da zu verdenken, daß sie hieran ihre Protestgesinnung festmachten? Wer aber zur Zeit der Präsidentschaft Richard Nixons erlebte, daß das amerikanische Engagement in Vietnam beendet wurde, der sah sich als junger protestsinniger Deutscher verlegen nach einem neuen weltpolitischen Anlaß um, der bedeutend genug war, um starke aggressive Neigungen rational zu begründen. Dem Bombenleger der Stadtguerillas, MICHAEL BAUMANN, erschien es naheliegend, daß man, da der Vietnam-Krieg vorüber war, »jetzt einsteigt auf die Palästinaproblematik«[75]. Latenter Antisemitismus, womöglich ein nie recht eingestandenes Leiden an der nationalen Schande des Massenmords an den Juden, mochte dafür mit ausschlaggebend sein. Wenn »linke« Dialektik es fertigbrachte, die Juden im Staate Israel als die »Faschisten von heute« darzustellen, die den Palästinensern übel mitspielten, dann war noch die Bombe, die man in eine Berliner Synagoge legte, von vertretbaren Motiven unterlegt. Daß jene Bombe, noch nicht losgegangen, ausgerechnet am Jahrestag der »Reichskristallnacht« gefunden wurde, erscheint »Bommi« BAUMANN nur als dummer »Fehler«, sich dazu ebenso amoralisch stellend wie Talleyrand zu der von Napoleon befohlenen Ermordung des Herzogs von Enghien.

An der von MICHAEL BAUMANN nachgezeichneten Ablösung der Vietnam-Proteste durch das Eintreten für die Palästinenser wird deutlich, wie aggressiv gestimmte junge Gemüter sich situationsgerecht die guten Gründe besorgen, um sich öffentlich auszutoben. Wir müssen natürlich immer die Möglichkeit einräumen, daß vitale Antriebe verschiedener Art (Sexualität, Lebensangst, nervöse Gereiztheit durch Bewegungsmangel, Schlafentzug und Genußgifte usw.) mit politisch vorgefundenen Protestmotiven und -formen sich vermischen. Das Unbehagen an der seit Harrisburg offenkundig unberechenbaren Atomkraft hat Menschen aller Generationen im Protest zusammengeführt und ist daher nicht allein auf überschäumende jugendliche Kraft zurückzuführen. Aber die Aggressivität, mit der jugendliche Schlägerbanden sich in solche Demonstrationen eindrängen, desgleichen die über die »Verhältnismäßigkeit der Mittel« hinausschlagende Kraft junger »einsatzfreudiger« Polizeibeamter und die Auswechselbarkeit der politischen Motive bei den Protesttätern sind nicht mehr nur politisch zu erklären. Hier kommen unausgelebte vitale Energien zum Zuge. Die Politisierung individueller Triebbedürfnisse im aggressiven Protest und in der demonstrativen Gewalttat ist dennoch nicht einfach die widersinnige Übertragung privatester Nöte auf das öffentliche Leben; sie zeigt auch die im Ganzen der Gesellschaft sich auswirkende Spannung zwischen einer Moral, die für alle gilt – und junge gesunde Menschen schmerzhaft reglementiert und einengt. Die Krawalle von Rockerbanden und Fußballfans sind, so gesehen, schon ein Politikum; der Terrorismus aber ist, von seinen Antrieben her betrachtet, immer noch etwas höchst Privates. »Bommi« BAUMANN sprach es unbefangen aus: »Die Revolution machst du auch für dich selber . . ., daß du dich darin entfalten kannst«[76]. »Sich darin entfalten«, das ist schon eine beschönigende Umschreibung des Dranges und der Lust, sich aggressiv auszutoben.

Wenn wir privateste Triebkonflikte, die in kollektiver Aggression sich auswirken, politisch ernst nehmen, dann bedeutet dies keine

Zurückführung des politisch Brisanten auf etwas individualpsychologisch Alltägliches und Belangloses. Vielmehr stellt sich uns so die Frage: Was besagt das über die anthropologische Weisheit unserer Kultur, daß sie wesentliche Antriebe jugendlicher Lebhaftigkeit nicht in sich integrieren kann; daß sie gerade für den triebstarken jungen Menschen keine friedensichernden Ventile bietet, sondern auf ungebärdige Triebhaftigkeit nur immer mit »sozialer Kontrolle«, mit Strafen und moralischen Vorwürfen, wenn nicht gar mit medizinischer Stigmatisierung zu antworten weiß?

Wir beschreiben nicht mehr als die Oberfläche der sozialen Wirklichkeit, wenn wir diese oder jene Erscheinung, diese oder jene sozial auffällige Aktivität als ein mehr oder weniger politisches Phänomen bezeichnen. Was wir als Politikum empfinden, bringt nur durch einen besonderen Anspruch auf gesamtgesellschaftliche Lösungen und Veränderungen sich in uns selber zur Geltung. Die Unfalltoten auf unseren Straßen sind – leider – nicht im selben Maße ein Politikum wie die Opfer des Terrorismus. Saubere Atemluft, 1961 von Willy Brandt zu früh zum Politikum erklärt, ist heute ein politisches Ziel der »grünen« Parteien. Seit Jahrhunderten verstand man »Pressefreiheit« als eine ernste politische Forderung; unter Hitler war davon nicht mehr die Rede. Heute ist sie bei uns wieder zum »Grundrecht« erhoben, aber durch Pressekonzentration weithin zur bloßen Verlegerfreiheit verkümmert. Auch dies ein Politikum ersten Ranges, dem die Studentenbewegung von 1968 ihre volle Empörung zugewandt hatte. Seit aber alternativ Gesinnte in kleinen Druckereien ihre eigenen Blätter herauszubringen verstehen, ist auch dieser neue Aspekt der Pressefreiheit wieder weitgehend entpolitisiert, zumindest vom Standpunkt der hier beteiligten Randgruppen. Sie sehen in der Pressefreiheit kein Thema mehr, mit dem das ganze Volk befaßt werden müßte.

Es gibt ebensowohl eine Politisierung privater Nöte wie eine Entpolitisierung öffentlicher Interessen. Neben dem, was politisch und durch Gesetze zu erreichen ist, wie dem gleichen Lohn für gleiche Arbeit und den gleichen Aufstiegsmöglichkeiten für Männer und Frauen, ist die neue Bewegung des Feminismus eine Politisierung privater Nöte: dem Leiden unter Hausarbeit, für die der Mann, nicht dazu erzogen, sich nicht einspannen läßt; dem Leiden unter sexuellen Forderungen des Mannes, für die sich Frauen, nicht dazu geweckt, nicht hergeben wollen; schließlich dem Leiden unter männlicher Aggressivität und Brutalität, deren Ursprung in vitaler Frustration entschieden verkennen muß, wer daraus ein Politikum machen will. Wo das Individuum die Hilfe des Staates anruft, will es frei werden von einer es bedrängenden oder unterdrückenden privaten Gewalt. Aber wo alles zum Politikum wird, gibt es auch keine individuelle Freiheit mehr.

Daß für die rebellische Jugend heute das Wohnungsproblem im Vordergrund steht, ist eigentlich schon eine Entpolitisierung des Protestpotentials. Hausbesetzer wollen in den von ihnen bewohnten Häusern in Ruhe gelassen werden; zu Zusammenstößen mit der Polizei kommt es im allgemeinen erst bei Räumungsaktionen. Eine Berliner Hausbesetzerin sagte im Deutschen Fernsehen[77]: »Wir leben hier nach dem Grundsatz: Zusammen lieben, lachen, kämpfen.« Der Akzent liegt auf dem Zusammen, dem Miteinander. Noch im Protest, ja gerade in Massendemonstrationen wird ein Gruppenerlebnis gesucht, in dem der libidinös und emotional auf sich selber zurückgeworfene junge Mensch endlich ein Gefühl der Verbundenheit mit anderen erfährt. Ein junger Zürcher sagte: »Wir gewinnen ein großes Gefühl der Zusammengehörigkeit, wenn wir demonstrieren; da haben wir zum ersten Mal erlebt, daß was los ist, daß mal die Welt wieder schön ist, auch in dieser Lust an der Zerstörung.«[78] Diese Lust an der Zerstörung, von der BAKUNIN meinte, sie sei eine »schaffende Lust«, ist aber die Lust der lustlos Erzogenen, die ihnen verbliebene Möglichkeit, sich lebendig zu fühlen. Ob in politisch progressiver Aufbruchstimmung oder wie einst in Kriegsbereitschaft, jedesmal drängen sittlich disziplinierte Gemüter aus alltäglicher Langeweile in ein volleres Leben. Der wegen Kriegsverbrechen in My Lai angeklagte US-Leutnant Calley bekannte, daß er in Vietnam – trotz aller Lebensgefahr – *lebendiger* sein werde als zu Hause: *more alive*[79]. HITLERS Lob »fanatischer, ja hysterischer Leidenschaften«, die er als Triebkraft des Chauvinismus wirken sah, war gleichfalls weggestemmt, buchstäblich ab-gestoßen von den »bürgerlichen Tugenden der Ruhe und Ordnung« (*Mein Kampf*, S. 475).

Nicht erst seit heute bietet eine triebunterdrückende Kultur jugendlichem Lebenswillen nur den Ausweg in die Gewalt. Solange Krieg als eine normale Erscheinung des »völkischen Lebens« galt, setzte die staatliche Führung sogar bewußt auf jene Begeisterungsfähigkeit junger Menschen, die aus alltäglichem Trott und der Anpassung an beengende Normen herauswollten. Kritiklos übernommene patriotische Motive haben den jungen Gymnasiasten, die sich 1914 bis 1918 als Kriegsfreiwillige meldeten, diese triebhafte Motivation bei sich selber zumeist verdeckt. Wer, »idealistisch«

gesinnt, sich die Kriegshelden zum Vorbild nahm, brauchte, um ihnen nachzueifern, das destruktive Moment in allem Heldentum gar nicht zu reflektieren; das hätte seiner Begeisterung nur Abbruch getan.

Der Wohlstandsbürger, der gedankenlos die Meinung nachspricht, die heutigen Jugendunruhen kämen von daher, daß die jungen Leute keine wahren Vorbilder mehr hätten, übersieht den Anreiz zur Aggression, der von den Helden der Vergangenheit ausging. Der Geschichtsunterricht, der von Issos bis Sedan in erster Linie auf Kriege und Schlachten ausgerichtet war, bot entsprechende Vorbilder die Fülle. Wo die Schule und die staatliche Führung schon darauf verzichten, aggressiv gestimmten jungen Menschen strahlende Helden vorzusetzen, die mannigfache Sehnsucht nach befreiender Gewalt auf sich ziehen, suchen unzufriedene, weil unbefriedigte junge Menschen verworren und unklar nach Idolen, die äußerste Lebendigkeit, ja Hemmungslosigkeit verkörpern. Wem der einsatzfreudige Fußballstar oder der hemmungslos sich darstellende Rocksänger nicht mehr genügt, der mag sogar auf Hitler und Stalin zurückgreifen. Selbst Massenmörder auf eigene Faust, die nicht den Schein eines für sie geltenden Rechts in Anspruch nehmen, ziehen jugendliche Bewunderung auf sich. Nach einer Umfrage von *Ladies' Home Journal* bei 500 Jugendlichen unter 17 Jahren haben diese den Massenmörder Charles Manson und den Porno-Star Linda Lovelace (»Deep Throat«) Mitte der siebziger Jahre zu ihren Idolen erwählt[80]: Figuren, auf die sich eine schon moralisch bedenkenlose Sehnsucht nach Befreiung aus bürgerlichen Zwängen konzentriert hat. Tabufreier Sex und brutales Verbrechen liegen hier auf derselben Seite triebhaft bewunderten Lebens. Auch dies ist kein grundsätzlich neues Phänomen unserer Kultur. Daß Mörder und Mörderinnen mit Liebesbriefen von ihnen völlig unbekannten Menschen oft geradezu überschwemmt werden, ist für den Kriminologen eine altbekannte Tatsache[81]. Was hierin zum Ausdruck kommt, ist ein weithin ambivalentes Verhältnis zum Verbrechen: Der Kriminelle, vor allem der gewalttätig vorgehende, zieht Haß, Abscheu und Bewunderung gleichermaßen auf sich, jedenfalls von seiten der Verklemmten, für die ein sexuelles Tabu dieselbe verpflichtende Kraft hat wie das Gewaltverbot der Rechtsordnung. Ihnen muß noch der Mörder als ein bloß kühner Tabuverletzer erscheinen, wenn sie selber unter der Last von Tabus sich bedrückt fühlen. Der unterschwellige Neid auf den Rechtsbrecher, der offensichtlich zu tun wagt, wozu man selbst aus vitalem Unmut geneigt ist, motiviert aber zugleich die Forderung harter Strafen »zur Eindämmung des Verbrechens«.

Die Art und Weise, in der der Einzelne auf ein spektakulär publiziertes Verbrechen reagiert, ist wohl seine eigene, höchst private Reaktion, die mit seiner so und nicht anders geprägten Triebstruktur zu tun hat. Aber die aus Millionen vergleichbarer emotionaler Antworten auf das Verbrechen sich bildende Kammlinie allgemeiner Entrüstung und Abwehr ist ein Politikum, das geschickte Demagogen noch weiter politisieren, indem sie das, was als bloßer Abscheu bereitliegt, in »Strafaktionen« überleiten. Sie können sich dann darauf berufen, daß sie nur dem wahren »Volkswillen« Geltung verschafften. Wenn sie in einer normtragenden Mehrheit der Bevölkerung eine aggressive Bereitschaft vorfinden, andere Menschen zu bestrafen und sich – für eigene geheime Nöte – an ihnen zu »rächen«, dann ist es gar nicht notwendig, daß wirklich Schuldige als hassenswerte Objekte bezeichnet werden. Das triebhafte Verlangen nach Menschen, die man guten Gewissens bekämpfen darf, schafft schon eine »idealistische« Gesinnung, die ein angebotenes Feindbild dankbar ergreift. Wer kulturkritisch dabei nur auf die Bewußtseinsform der Motivation blickt, der kann von geistigen Ursachen der Gewalt sprechen, so als brächten die Ausrichtung auf ein Feindbild und das Überzeugtsein davon die aggressiven Neigungen erst hervor, die eine bewußte Feindhaltung immer schon gebündelt in sich vorfindet. Was für das Selbstverständnis des Feindorientierten dabei immer noch rationaler Begründung sich sperrt, überdeckt eine »Begeisterung«, die nichts mehr mit Geist im Sinne von Vernunft zu tun hat, sondern aus der ruhelos geisternden Triebhaftigkeit selber stammt. In diesem Sinne sagte nach einer Versammlung antisemitischer Studenten im Jahre 1881 einer ihrer Anführer, er und seine Genossen seien »so *begeistert*, daß wohl jeder fähig gewesen wäre, den alten Juden-Tempel anzustecken«[82]. In solcher Begeisterung ist verdeckt und beschönigt zugleich, was destruktiv aus verquälten Gemütern hervorwill. Im vollen Rausch ihrer »Begeisterung« bleibt ihnen wohltuend verborgen, daß sie von nichts anderem angetrieben sind als von einem Willen zum Zerstören und Niederbrennen, der bar jeder idealistischen Verbrämung als gemeiner verbrecherischer Wille erschiene.

h) Sehnsucht nach Brüderlichkeit

Wer darauf besteht, doch so etwas wie »geistige Ursachen« für die mitunter gewaltsame Unruhe junger Menschen namhaft zu machen, der darf solche Ursachen nicht auf der Seite einer Moral suchen, die den triebhaften Neigungen des vitalen Daseins entgegensteht. Wer indessen erkennt, daß gerade der in unserer Kultur am stärksten reglementierte und zurückgestaute Trieb, der sexuelle, frei entfaltet und durch Zärtlichkeit entwickelt, ein Gefühl für den leibhaften Mitmenschen ausbildet – wer sich hierüber klarwird, der kann aus triebhafter Unruhe auch ein Verlangen nach Mitmenschlichkeit und Solidarität herauslesen. Eine solche Deutung triebhafter Unruhe stülpt nicht geistige oder ideologische Begriffe über ein vitales Geschehen, sondern sucht die in ihm selber wirksamen Entwicklungslinien herauszufinden. Wenn diese Entfaltungstendenzen unter dem Druck einer immer noch verpflichtenden leibfeindlichen Moral oder nach früh erfolgter vitalpsychischer Fehlprägung nur gebrochen hervorkommen, so zeichnet sich in ihnen doch immer noch ab, worauf das vitale Dasein selber hinauswill: auf ein volleres, freieres, froheres Leben. Das gilt für Jugendproteste unter allen möglichen Systemen, für die »Jeans-Demonstrationen« im Ostblock wie für alle Formen des Jugendprotests im Westen. Wohl kann man sagen, die jungen Leute im Osten demonstrierten für mehr politische Freiheit, und die im Westen seien unserer Wohlstandsgesellschaft überdrüssig. Aber dabei darf nicht übersehen werden, daß der vitale junge Mensch hier wie dort in einer moralischen Ordnung lebt, die traditionsgemäß Opfer, Fleiß und Triebverzicht zu den höchsten Tugenden zählt. Das wird – wiederum hier wie dort – heute erst Schritt für Schritt überwunden, wobei es an retardierenden Momenten nicht fehlt.

Da der Marxismus schon durch bloße Veränderung der Eigentumsverhältnisse die Menschen zu bessern gedachte, da außerdem Ansätze zu reiner Libertinage in den frühen zwanziger Jahren eher als eine Karikatur auf sexuelle Befreiung empfunden wurden und von Stalin aus bevölkerungspolitischen Gründen wieder unterdrückt, sind die sittlichen Zwänge im Osten nicht gar so wesensverschieden von dem, was die Jugend im Westen immer noch nicht genug von sich abschütteln konnte. Da ist es mehr als kurzschlüssig, von den politischen und religiösen Einkleidungen jugendlichen Protests hier wie dort auf besondere geistige Ursachen zu schließen. Wenn junge westdeutsche Studenten mit Emblemen des Kommunismus demonstrieren, so haben sie damit – bewußt oder unbewußt – nur Symbole gewählt, mit denen sie die Väter des Wohlstands am besten schrecken können. Und wenn jugendliche Demonstranten in der CSSR kollektiv ein Gebet skandieren[83], so wurde von ihnen damit nur ein Ritual ergriffen, das ihre Obrigkeit, die atheistische Staatsmacht, am stärksten provoziert. Jugendlicher Protest begnügt sich nicht damit, laut zu sein; er schlägt auch den Ton an, der jeweils die größte Aufmerksamkeit verbürgt.

Bei jungen Menschen unserer Kultur werden wir die entscheidende Triebkraft ihres Aufbegehrens im Sexualtrieb vermuten dürfen, den Begriff »Sexualität« freilich in dem weiten Sinne genommen, den FREUD ihm gegeben hat: alle Regungen mit einbeziehend, durch die der Mensch dem leibhaften Mitmenschen zärtlich sich zu nähern sucht. Gerade im gehobenen Mittelstand, aus dem die meisten unserer Terroristen kommen, wird »seelische Erziehung« immer noch als eine Methode verstanden, junge geschlechtsreife Menschen einander körperlich fernzuhalten. Aus der beklemmenden häuslichen Atmosphäre streben ungebärdige Temperamente in sinnenfrohere Gemeinschaft. Wer sich aber aus solchen Motiven in einer »Frühehe« wiederfindet, leidet hier schon bald unter der sittlichen Überwachung durch den Partner, der dem jugendlich schweifenden Triebinteresse eifersüchtig harte Grenzen setzt. Daß der Wunsch, häuslicher Enge zu entgehen, vielfach der Kriegsbegeisterung der rekrutierten Männer zugrunde lag, hat THEODOR FONTANE[84] illusionslos gesehen. TOLSTOI schrieb, der Mensch überlebe Erdbeben, Epidemien und Kriege, »aber die erschütterndste Tragödie ist die Tragödie des Schlafzimmers«[85]. Er meinte damit die Qualen der Eifersucht und ihre bereits destruktiven Folgen.

Jede enthusiastische Aufbruchsstimmung, jede zu unberechenbarer Gewalt treibende Begeisterung darf sich danach befragen lassen, ob dahinter nicht verquälte, uneingestandene Triebinteressen stehen. Arbeiter, die sich ihrer »materiellen Interessen« nicht schämen, zeigen unbefangener, wovon sie in politischer Aktion bewegt sind. Bei der Unruhe unter den Arbeitern von Danzig und Stettin ging es 1970/71 »um scheinbar so geringe Dinge wie saubere Kantinen, Sicherheit am Arbeitsplatz und ausreichende Omnibusverbindungen zur Arbeitsstätte«[86]. Auch zehn Jahre später waren die polnischen Arbeiter, als sie unter Walesa sich neuerdings formierten, von ähnlich vitalen Interessen motiviert. 1980 stand die Empörung über die von der Regierung angekündigte Erhöhung der Fleischpreise im Vordergrund. Jedesmal haben intellektuelle Regimegegner daraus eine geistige Konfrontation mit der marxistischen Staatsführung zu entwickeln gesucht, eine Tendenz zur Ideologisierung elementarer Lebensbedürfnisse, die von Gewerkschaftern auf dem Kongreß der »Solidarität« 1981 offen gerügt worden ist. Die Gewerkschaftsführung und ihre Experten, so hieß es da, ließen sich auf »intellektuelles Gerede« ein und vergäßen darüber die alltäglichen Sorgen und Probleme der Arbeiter[87].

Wenn es schon wahr ist, daß der Mensch nicht nur vom Brot allein lebt, und daß sein Gefühlsleben nicht nur aus körperlich erfahrbarer Liebe sich aufbaut, so sind ihm doch geistige und politische Zielsetzungen nicht jenseits seiner elementaren Lebensbedürfnisse überzustülpen. Auch Politik, die einen geistigen Anspruch erhebt, kann wie alles Geistige, das noch von dieser einen Welt ist, nur in vorurteilsfreier und umsichtiger Weltorientierung bestehen. »Geist«, der von unseren vitalen Antrieben sich trennt, unser Wollen also aufzuspalten sucht in »niedere Triebe« und »höhere Interessen«, ist die Grundformel aller wirklichkeitsfremden Ideologie. Solche »Weltanschauung« sucht Wahrheit dadurch vorzutäuschen, daß sie als ein widerspruchsfreies, in sich geschlossenes System sich darbietet, das gegen jede neue Betrachtung der Realität vorsorglich sich abschließt. Wenn es uns demgegenüber nur darauf ankommt, uns über uns selber wie über unsere Stellung in der Gesellschaft klarzuwerden, dann brauchen wir nicht neue Erfahrungen ängstlich zu vermeiden, zunächst befremdlich anmutende Erkenntnisse zwanghaft abzuwehren. Auch in diesem Sinne haben wir Hitler noch zu besiegen, der es als das gute Recht einer Weltanschauung ansah, ihre Unfehlbarkeit zu proklamieren[88].

i) Werteverfall und Sinnverlust

Wer von geistigen Ursachen der Gewalt redet, meint entweder eine Vernichtungsideologie, wie sie Adolf Hitler in *Mein Kampf* unmißverständlich vertreten hat, oder die weltanschaulichen Motive, die von Politkriminellen zur Begründung und Rechtfertigung ihrer Untaten vorgeschoben werden. Für die in Gewaltakten hervorkommende Unruhe der heutigen Jugend werden aber auch gleichsam negative geistige Ursachen genannt, das *Fehlen* verpflichtender Werte und ein *Mangel* an Orientierung an einem sicher leitenden Lebenssinn. So sagte Franz Josef Strauss auf einem

CSU-Parteitag: »Am Anfang der Kette [die zur Gewalt geführt habe] stehen die Verfälscher der Wertordnung, stehen die Vergifter der Sprache, stehen die Verführer der Begriffe und stehen die Vergifter der öffentlichen Meinung.«[89] Nicht anders sieht es Gerhard Stoltenberg: »Nicht der Atomstaat, den manche heute befürchten, sondern die Erschütterung moralischer und rechtlicher Werte, die wir in manchen Bereichen beobachten, ist die große Gefahr.«[90]

Franz Josef Strauss, der temperamentvoll Wertverlust mit Sprachverfall in Zusammenhang bringt, gibt damit doch eine orientierende Perspektive der Betrachtung. Denn was sind *Werte*, die fehlten, anderes als *Worte*, an die nicht mehr geglaubt wird! Wenn die überkommenen moralischen Werte und Normen nicht mehr unbefragt hingenommen werden, für neue Wertschätzungen aber noch kein allgemein anerkannter Begründungszusammenhang bereitliegt, dann darf das wohl als ein Mangel an »geistiger Orientierung« gewertet werden. Solange Geist aber immer nur im Gegen-Sinn zu den vitalen Begehrungen leibhafter Menschen gedacht wird, kann es eine »geistige Orientierung« für Menschen nicht geben, die es satt haben, in Triebkonflikten und Lebenskrisen auf »geistige Werte« vertröstet zu werden. Was anstelle solch scheinhafter Werte, deren Fehlen heute beklagt wird, erst noch aufgespürt werden muß, das ist eine Wertperspektive, die dem Leben selber, wie es in uns zu Bewußtsein kommt, abgelauscht würde. Nicht die Überwältigung der Natur in uns selber wie jenseits der menschlichen Ordnung stünde dann als Wert obenan, sondern die lustvolle Einstimmung ins Leben aus der Erkenntnis, daß alle Lust im Grunde Lust zum Leben ist.

Wenn einem schon sich wandelnden Lebensgefühl ein neues Wertbewußtsein nachwächst, das Lust und Lebensfreude als höchste Werte erklärt, so könnte dies vom Standpunkt der alten lustfeindlichen Moral wohl als Ausdruck eines »Sittenverfalls« erscheinen; aus der Sicht einer überzeitlichen Ethik, die das Leben bejaht und das Miteinanderleben zu verbessern sucht, wäre es nur ein Gewinn. Solches Wertbewußtsein wäre das im Denken nachvollzogene Bedingungsverhältnis von Lebenslust und Mitmenschlichkeit, das durch ein Auferlegen von Pflichten und durch Appelle an das »Verantwortungsgefühl« immer nur notdürftig zu ersetzen ist[91]. Wir dürfen nicht erwarten, daß vital unbefriedigte Menschen einen lebendigen Friedenswillen zeigen, der nicht nur von Angst zusammengepreßt wäre. Erste zage Anzeichen sprechen für eine Ausbreitung solcher Erkenntnis. So sprach ein junger Mann bei der Schlußveranstaltung des Deutschen Evangelischen Kirchentages am 21. Juni 1981 das folgende Gebet:

»Laß in uns allen die Lebensfreude wachsen, daß wir alle friedvolle Wege zur Bejahung deiner Welt zu gehen beginnen!«

Eine solche Stimme kann nicht einfach zum Objekt sozialkritischer Betrachtung gemacht werden. Wer es täte, nähme sich selber schon aus mitmenschlicher Solidarität heraus. Dies ist ja der entscheidende Mangel aller »Erklärungen« jugendlichen Aufbegehrens, daß in ihnen die unruhige Jugend gleichsam zum Forschungsobjekt wird, dem man sich in distanzierter, nicht existentiell mitbewegter Weise gegenüber sieht. Dies gilt vor allem von jenen Erklärungen jugendlicher Unruhe, die in vertraute weltanschauliche Gehäuse sich einbauen lassen. Wer die von jungen Menschen ausgehende Unruhe bündig als ein Zeichen von Werteverfall und Sinnverlust bezeichnet oder gar auf geschwundene Glaubensfähigkeit zurückführt, dem ist es vermutlich gar nicht sosehr darum zu tun, dem, was die Jugend bewegt und antreibt, auf den Grund zu gehen, sondern darum, seine eigenen Wertvorstellungen und Sinndeutungen des Lebens zur Geltung zu bringen – uneingedenk der historischen Tatsache, daß jeder hohe moralische Wert, jedes tief gefühlte religiöse Bekenntnis von aggressiv gestimmten Eiferern zu tödlicher Vernichtung mißbraucht werden kann. Noch im Namen einer Religion der Liebe wurden Ketzer und Hexen verfolgt und verbrannt.

Wer angesichts zorniger junger Menschen von Wertverlust und Glaubensschwund redet, als seien sie die *Ursache* von Gewalt, der unternimmt nichts anderes als eine Rechtfertigung seiner eigenen sinnstiftenden und wertevermittelnden Funktion. Das gilt ebenso von dem strenggläubigen Marxisten, der gerade im Gespräch mit der Jugend nicht davon abgeht, den Marxismus-Leninismus »als Leitfaden für die Beantwortung von Lebensfragen« (Mies[92]) anzudienen. Von einem geschlossenen Weltbild her kann auch als »Ursache« jugendlicher Gewalt nur erscheinen, was der Verwirklichung der idealen Ordnung entgegensteht oder schon wieder von ihr wegführt. Solche »Ursachen« bekommen dann ihren Stellenwert in politischen und weltanschaulichen Abwehrstrategien gegenüber einer Jugend, die als störend empfunden wird. Oder die behaupteten Ursachen werden als Köder ausgelegt, den unruhigen Teil der Jugend in die eigene Gesinnungsgemeinschaft hereinzuziehen.

Solch hintersinnige Absichten werden von manchen jungen Menschen wohl verspürt; anders wäre es nicht verständlich, daß sie sich gegen Erklärungen ihres Aufbegehrens trotzig verschließen, von »Ursachen der Gewalt« gar nichts hören wollen. Andere wieder übernehmen eine ihnen freundlich vorgesagte Deutung, entweder weil sie meinen, sich darin am ehesten wiederzuerkennen, oder weil sie darin ein Bemühen um Verständnis erkennen, das sie nicht einfach zurückweisen möchten. Es mag auch sein, daß der eine oder andere sich eine Erklärung seines dumpfen Unbehagens angelesen hat, die ihm als Rechtfertigung der daraus hervorgehenden Gewaltakte brauchbar und vertretbar erschien. Gerade mit weitgehend inhaltlich leeren Formeln wie »*No future*« oder »Kreativität« kann der Einzelne sich am ehesten identifizieren, weil sie ihm den Spielraum lassen, dabei zu denken, was er dunkel fühlt und wozu es ihn drängt. So hat schließlich auch »Bommi« Baumann Erich Fromms Formel »Furcht vor der Freiheit«[93] als Erklärung für seine jahrelange terroristische Aktivität sich zu eigen gemacht[94].

j) Angst vor der Zukunft?

Nun sei nicht bestritten, daß gar mancher eine unbestimmte Angst hat vor dem, was kommt, kurzum: Angst vor der Zukunft. Das gehört in gewisser Weise zum Wesen des Menschen als einem bewußtseinsfähigen Tier. Und es ist nur zu verständlich in einer Zeit, deren Energie- und Waffentechnik unabsehbare atomare Gefahren gebracht hat. Auch das stetige Ansteigen der Arbeitslosenzahlen kann zielstrebigen jungen Menschen nicht gerade zur Ermutigung dienen. Der Irrtum derer, die Angst vor der Zukunft als Motiv jugendlicher Unzufriedenheit unterstellen, liegt aber gerade darin, daß sie den prototypisch zielstrebigen jungen Menschen mit einer Selbstverständlichkeit voraussetzen, die nur aus weit zurückliegenden Erfahrungen stammt. Dies ist, wie schon aufgezeigt, gerade das Neue an den heutigen Jugendbewegungen, daß in ihnen immer mehr »Aussteiger« sich finden, die aus der Leistungs- und Konkurrenzgesellschaft nicht darum aussteigen, weil sie hier nicht genug vorankämen, sondern weil sie des Leistungsdrucks und des Konkurrenzgerangels überdrüssig geworden sind – oder sich erst gar nicht darauf einlassen wollen.

In einer Gesellschaft sozialer Zwänge gibt es durchaus Zukunft: wohlgeordnete, langweilige, doch sozial abgesicherte Zukunft, vor allem bei Arbeitslosigkeit und im Alter. Die Jugend wird hier nicht um ihre Zukunft betrogen – denn die Zukunft der Jugend ist das Altwerden –, sondern um die Gegenwart, um ihr Jungsein. Schon den Kindern in den großen Städten fehlt Raum zum Spielen und Herumtollen. Von den Hausbesetzern wird vielfach eine nicht ausgelebte Kindheit nachgeholt: im verspielten Hineinleben in den Tag, wobei gemeinsames Singen und Musizieren eine gruppenbildende Kraft übt. »*No childhood*« wäre, wenn es schon englisch sein muß, als Erklärung jugendlichen Unbehagens weit zutreffender als die resignative Losung: »*No future*«. Die in der Kindheit, vor allem schon in der frühen Kindheit unbefriedigt gebliebenen vitalen Bedürfnisse sind aber den Studenten und den jungen Arbeitern kaum noch bewußt. Was als unbewußte Verstimmung sich in einem Menschen niedergeschlagen hat, gerade das prägt den habituellen Mißmut seines Charakters. Wo es allerfrüheste Versagungen sind, die einen Menschen fehlgeprägt haben, da begegnet uns der in kindlichen Erlebnisformen und Wunschvorstellungen steckengebliebene, der *infantile* Mensch. Das ist eben der, den der Psychoanalytiker als Neurotiker bezeichnet[95]. Die ihm eigene Gemütsverfassung drückt sich bisweilen unüberhörbar in seiner Sprache aus, so auch bei den Terroristen der siebziger Jahre: »Pig ist Pig ... Pig muß putt.« So lautete ein Schlagwort der Berliner Stadtguerillas[96].

Nun bin ich darauf gefaßt, daß meine Skepsis gegenüber weltanschaulichen Erklärungen jugendlicher Gewalt auf meine triebpsychologische Deutung zurückgespiegelt wird. Wenn aber vitale Antriebe als der letzte Beweggrund von Protest und Gewalt namhaft gemacht werden, so verwehrt das nicht, eine politisch so und nicht anders gefärbte Protestgesinnung auch unter politischen Aspekten zu betrachten. Und es läßt immer noch zu, die zum Ausbruch kommende Aggressivität von ihren Wirkungen her moralisch und rechtlich zu werten. Die Dimension der Werte ist allemal diejenige, in der wir uns über sozial bedeutsames Verhalten verständigen. Alle Ablehnung, Billigung, Duldung, Hinnahme, Entschuldigung oder gar Rechtfertigung aggressiven Verhaltens beruht auf Werturteilen. Schon ein Verständnis des zugrunde liegenden vitalen Unmuts ist ohne eine Werteinstellung nicht möglich, die den in Mißmut gebrochenen Trieb positiv einschätzt. Nur bei grundsätzlich oder tendenziell negativer Bewertung der vitalen Antriebe muß auf die Fiktion geistiger Ursachen der Gewalt zurückgegriffen werden, weil dann der Wegfall von Hemmungen zur entscheidenden Ursache aufrückt. Und da sittliche Hemmungen selber als etwas Spirituelles vorgestellt werden, weil sie nur so als etwas Ganz-Anderes sich den Trieben entgegenstellen können, so genügt es, für den bloßen Wegfall der (geistigen) Hemmungen seinerseits geistige Ursachen anzunehmen. Daß ein Trieb immer nur durch einen anderen Trieb in Schach gehalten werden kann, beispielsweise der Sexualtrieb durch den Nahrungstrieb, dem »der Brotkorb höher gehängt wird«, das wird von dualistisch Eingestellten nicht bedacht. Idealistische Erklärungen der Gewalt stellen nicht auf das ab, worin wir alle einigermaßen übereinkommen, nicht auf die vitalen Antriebe, sondern auf die vielfältigen Weisen, sie mißzuverstehen und unter wechselnden sozialen Bedingungen jeweils anders hervortreten zu lassen oder sie zu brechen. Mit solchen Erklärungen aber wird das zu Erklärende, physische Gewalt, einfach wegerklärt.

k) Der Glaube an geistige Ursachen der Gewalt

Was sind, zusammengefaßt, heute die »geistigen Ursachen« jugendlicher Gewalt? Sind sie Nachwirkungen von Hitlers Ungeist oder die Auflehnung dagegen? Verzweiflung aus Arbeitslosigkeit oder die Unlust, sich in die Leistungsgesellschaft einzuordnen? Übersättigung in der Wohlstandsgesellschaft oder gestiegenes Anspruchsdenken? Sittenverfall oder Engagement für alternative Lebensformen? Unbehagen an einer immer glatter und kälter werdenden Industriegesellschaft oder selbstverschuldeter Wertezerfall? Sinnverlust oder Lebensangst angesichts sterbender Bäume und aufragender Atommeiler? Glaubensschwund oder religiös motivierter Pazifismus? Das Bewußtsein »*no future*« oder nostalgische Abwendung von der Gegenwart? Zuviel Freiheit oder Leiden an »struktureller Gewalt«? Wut über steckengebliebene Reformen oder eine durch Reformen geweckte Ungeduld?

Die so paarweise einander widersprechenden »Erklärungen« jugendlicher Gewalt löschen als Ursachen, die wir geistig nachvollziehen könnten, sich jeweils teilweise wieder aus, damit zeigend, daß in solchen »Ursachen« gegeneinander anrückende Lebensinteressen sich weitgehend nur rational überformen. Selbst wer der jeweiligen Gegenseite vorwirft, sie sei nicht weitblickend genug, die wahren Gefahren zu erkennen, kann nicht darauf hoffen, mit seiner Befürchtung recht zu behalten. Per saldo bleibt wohl, daß diejenigen realitätsbezogener denken, die um die elementaren Bedingungen unseres Daseins sich sorgen. Aber damit ist noch nicht gesagt, daß solche Sorge das eigentliche Motiv, der tiefste Beweggrund jugendlicher Gewalt ist. Wäre sie es im Sinne einer »geistigen Ursache«, dann müßte sie auch die Besorgnis in sich aufnehmen, daß die demonstrative Gewalt, die für eine Forderung allgemeine Aufmerksamkeit erzwingt, dadurch zugleich ebenso viele Staatsbürger verschreckt, die anders für die verfochtene Sache politisch gewonnen werden könnten. Diejenigen unter den Gewalttätigen, die das nicht bedenken wollen, sind darum nicht notwendig bar jeden echten Engagements. Aber zumindest ist das, was sie sozial bewegt, und das, was sie zur Gewalt treibt, nicht ein und dasselbe.

Es ist gewiß der Einfallsreichtum zu bewundern, mit dem immer neue Erklärungen für jugendliche Gewalt produziert werden. Die verwirrende Vielfalt der angebotenen Erklärungen läßt aber vermuten, daß gerade die entscheidenden Antriebe destruktiven Verhaltens dadurch verfehlt werden.

So dreht sich uns die Fragestellung um: Nicht mehr die Frage nach den »Ursachen« jugendlicher Gewalt interessiert uns jetzt, sondern die Frage, wie es zu Theorien kommt, nach denen jeweils eine bestimmte geistige Ursache für brachiale Gewalt vermutet werden muß. Die von den Sozialkritikern, den Politikern und ihren Ideologen genannten »geistigen Ursachen« der Jugendkrawalle müssen allemal an der Interessenlage dessen, der sie kritisiert und sich rational auslegt, überprüft werden. Aber noch die von den Gewalttätigen selber reflektierten Motive kommen nicht notwendig mit dem überein, was sie eigentlich antreibt. Hier wie dort mag ein kollektiver Verdrängungsvorgang sich vollziehen, der noch den zu sozialpsychologischen Erklärungen berufenen Köpfen Kategorien eingibt, nach denen sich elementare Triebkräfte als politische und geistige Ideen fassen lassen. Da die triebpsychologische Betrachtungsweise[97] aber doch bereits in die wissenschaftliche Diskussion Eingang gefunden hat, ist es wohl nicht einfach unbewußte Abwehr, die verhindert, daß sie in den Massenmedien ein Forum findet. Es ist schon mehr oder weniger bewußte Aversion, mit dem konfrontiert zu werden, was uns als leibhafte Wesen antreibt. In den Medien kommt am ehesten zu Wort, wer von vitalen Beweggründen, von triebhaften Neigungen am besten abzulenken versteht. Wer darüber hinaus Erklärungen produziert, die einer der bestehenden Gesinnungsfronten zur verbalen Waffe werden, ist nicht nur des Beifalls einer breiten Anhängerschaft gewiß; er befriedigt auch ein allgemeines, frontenüberschreitendes Bedürfnis nach größtmöglicher Konfrontation. Da werden »Wertezerfall« und »Anspruchsdenken«, »Polizeistaat« und »Faschismus« wie Brandfackeln gegen die jeweils andere Seite geworfen. Wer für brachiale Gewalt »geistige Ursachen« zu nennen weiß, hat damit auch schon das Rüstzeug, Gesinnungen zu verdächtigen.

Wenn wir statt dessen hinter jugendlichem Aufbegehren eine kulturell unterdrückte Triebhaftigkeit vermuten, dürfen wir gewärtig sein, den Linken als »unkritisch« zu gelten und von moralkonservativer Seite mit Statistiken eingedeckt zu werden, die ausweisen, wie viele junge Menschen, ausgedrückt in Prozenten der entsprechenden Jahrgänge, um wie viele Jahre früher als noch ihre Eltern heutzutage ersten geschlechtlichen Verkehr hatten. Von den nur durch Rauschmittel zu überspringenden Hemmungen, von den Leiden der Eifersucht bei den unzärtlich Erzogenen, von der die abgestohlene Lust dämpfenden »sozialen Kontrolle« sagen solche Statistiken nichts. Wer im Blick auf das statistisch Abzählbare die sexuelle Revolution schon hinter uns sieht, der kann zu gar keinem anderen Ergebnis kommen als zu der Behauptung, daß sie nicht gehalten habe, was die Triebtheoretiker sich davon versprochen hatten[98]. Und wer in unserer »totalen Autogesellschaft« (Hans Dollinger[99]) den noch tiefer verdrängten Bewegungstrieb gar nicht zu einem Gesichtspunkt für erklärungsbedürftige Gewalt werden läßt, der muß, wenn auch die Sexualnot als nichtexistent abgetan wird, notwendig wieder auf »geistige Ursachen« und auf einen Schwund der Wertvorstellungen zurückkommen. Auf diesem Felde, im Reich der Werte, fühlt der Kulturkritiker sich heimisch und sachverständig. Und wenn er gar schon in die Jahre gekommen ist, in denen sich Triebmotive nicht mehr leibhaft nachvollziehen lassen, dann wird er bei sich selber die Überzeugung pflegen, im Besitze der einzig unverwelkbaren Kriterien zu sein. Sie zeigen ihm – und uns – Gewaltursachen auf, die einen ideengeschichtlichen Stellenwert haben und ihm auch erlauben, im Streit der Ideologien Partei zu ergreifen. Wenn er so gerüstet – »links« oder »rechts« oder einfach staatserhaltend und wertebewahrend – sich engagiert, bekommt er Berührung mit der von den Jungen triebhaft aufgerührten sozialen Wirklichkeit und hält für verbindliche Erfahrung, was in seiner träge gewordenen Vitalität davon immer noch nachzittert. Mit dem, was leibhaft die jungen Menschen antreibt und umtreibt, schwingt aber nichts mehr so in ihm mit, daß er es verstehen könnte.

Wer, unfähig, die vitalen Neigungen und Sehnsüchte junger Menschen nachzuvollziehen, sich dennoch von ungebärdiger

Jugend herausgefordert fühlt, wird ihr in eben der Weise begegnen, die seinem Lebensgefühl und seinem Weltbild entspricht. Politische Reaktionen auf triebhaft motivierte Gewalt sind dabei nicht einfach abwegig. Denn die Politik ist das Feld, auf dem unsere Lebensinteressen sich schneiden. Auch die unpolitisch motivierten Ausschreitungen der Fußballfans sind ein soziales Phänomen, mit dem die Politik sich auseinanderzusetzen hat. Wer aber, wie es einige Jugendbetreuer tun[100], die von jungen Deutschen, Italienern und Japanern geübte Gewalt auf die in ihren Ländern »unbewältigte Vergangenheit« zurückführt, der versteift sich nur auf eine »Ursache«, deren Unwert – und deren geschichtliches Scheitern – schon offenbar ist. Er muß bei seiner zeitgemäßen politischen Erklärung natürlich außer acht lassen, daß Jugendproteste, Jugendkrawalle und ein von jungen Menschen getragener Terrorismus weltweit verbreitet sind, nicht erst seit heute und auch keineswegs nur beschränkt auf die Länder der früheren Achsenmächte. Noch hierin, in der leichtfertigen Herleitung aller Unruhe aus dem »Faschismus«, haben wir Hitler zu überwinden: um zu Einsichten, Reformen und Maßnahmen zu kommen, die der jeweiligen sozialen Herausforderung angemessen sind.

VII. KAPITEL

Hitlers »Sozialismus« und der Linksfaschismus

a) War Hitler Sozialist?

Die von Hitler zum innenpolitischen Sieg und zur militärischen Niederlage geführte »Bewegung« galt nach 1945 lange Zeit sosehr als das Paradebeispiel einer rechtsradikalen Strömung, daß, wer immer den Geruch des Nazismus vermeiden wollte, sich bloß auf der Seite der »Linken«, der Sozialisten und Liberal-Progressiven, zu engagieren brauchte. Das änderte sich, als im Blick auf die Bundestagswahlen von 1980 von seiten der bayerischen CSU verkündet wurde, auch Hitler sei Sozialist gewesen. Auf dem CSU-Parteitag Ende September 1979 bezeichnete FRANZ JOSEF STRAUSS den Nationalsozialismus sogar als eine »Variante des Sozialismus«, und zwar mit der Begründung, daß er »seine Schwungmasse« von den Millionen Sozialisten bezogen habe. STRAUSS wiederholte diese Behauptung in einem Interview des Bayerischen Rundfunks am 29. September 1979 mit der psychologisch vertieften Behauptung: »Hitler wie Goebbels waren im Grunde ihres Herzens Marxisten.« Eine Behauptung, die für Goebbels eine erst noch zu klärende Frage aufwirft, für Hitler selbst aber durch den von ihm bekundeten Anti-Marxismus widerlegt ist:

> »Die jüdischeLehre des Marxismus lehnt das aristokratische Prinzip der Natur ab und setzt an Stelle des ewigen Vorrechtes der Kraft und Stärke die Masse der Zahl und ihr totes Gesicht. Sie leugnet so im Menschen den Wert der Person, bestreitet die Bedeutung von Volkstum und Rasse und entzieht der Menschheit damit die Voraussetzung ihres Bestehens und ihrer Kultur.«

Diese Stelle aus *Mein Kampf* (S. 69) zeigt freilich Hitlers wahnhafte Gleichsetzung von Marxismus und Judentum, so daß wir immer noch darauf verwiesen sind, das Parteiprogramm der NSDAP zu lesen, in dem der CSU-Politiker FRIEDRICH ZIMMERMANN sogar »außerordentlich viel sozialistische Züge« entdeckt[1]. Aber daß Hitler eine sozialistische Politik betrieben habe, mochte ZIMMERMANN wohl nicht behaupten. Auch CSU-Generalsekretär EDMUND STOIBER wußte wohlüberlegt zu formulieren: Es ist »wissenschaftlich überhaupt nicht zu bestreiten, daß Nationalsozialisten Sozialisten waren.«[2] Das besagt, auf die Goldwaage gelegt, eben nur soviel, daß *einige* Nationalsozialisten zugleich auch noch Sozialisten waren. Für den ungenau Zuhörenden aber ergab sich – und sollte sich wohl ergeben – eine Gleichsetzung von Sozialismus mit Nationalsozialismus.

Die innenpolitische Absicht war klar: Es ging darum, die Sozialisten in der SPD in die Nähe des braunen Unholds zu rücken. Das wurde so nicht gesagt, sogar abgestritten; es bewirkte aber, daß in den Köpfen der Wähler die Gedankenverbindung »Sozialismus – Hitler« sich herstellte. Die Empörung auf sozialdemokratischer Seite war dementsprechend, und selbst ein CDU-Politiker, der meist sorgsam abwägende WALTHER LEISLER KIEP, ist von den Behauptungen der CSU-Politiker abgerückt: »Die Beschwörung des Nationalsozialismus wie auch des Kommunismus im Wahlkampf sind für mich schlimme Rückfälle bei der sachlichen Bewältigung unserer Vergangenheit.«[3] In einem Wahlkampf, der sich weitgehend auf Schlag-Worte reduzierte, brachte aber niemand die Geduld auf, dem Wähler die geschichtliche Berührung von Sozialismus und National-Sozialismus emotionsfrei darzulegen.

In Wahlkämpfen wird kaum jemals politische Bildung vermittelt. Wer das – wie weiland THOMAS DEHLER – versucht, der erntet nur die höhnischen Zwischenrufe derer, die einen Gedankengang gar nicht mitvollziehen können und ihn nicht zuletzt deshalb unterbrechen. Hätten die Sozialdemokraten nicht vor solchen Störern sich hüten müssen – oder vor Journalisten, die Sätze aus einem Argumentationszusammenhang herauszulösen verstehen, dann hätten sie etwa folgendes ausführen müssen:

Natürlich hat auch Hitler wie jeder, der die Arbeiterschaft für sich gewinnen will, zumindest verbal die Nähe zu sozialistischen Gedanken und Programmpunkten gesucht. Schon in *Mein Kampf* hat er in dem »roten Grundtuch« der Hakenkreuzfahne »den sozialen Gedanken der Bewegung« symbolisiert gesehen[4]. In einem erst posthum veröffentlichten Buch aus dem Jahre 1928 bekannte er sogar: »Ich bin Sozialist.«[5] Sein Sozialismus war freilich ein solcher der Selbstverblendung, denn er beschrieb ihn folgendermaßen:

»Ich sehe vor mir keine Klasse und keinen Stand, sondern jene Gemeinschaft von Menschen, die blutmäßig verbunden, durch eine Sprache geeint, einem allgemeinen gleichen Schicksal unterworfen sind.«[6]

Wer sich »seherisch« weigert, vorhandene Klassen- und Standesunterschiede überhaupt wahrzunehmen, der kann auch über diese hinweg eine »Volksgemeinschaft« propagieren, die nur in Massenveranstaltungen und durch Rundfunkreden jeweils kurzzeitig sich aktualisiert. Hitlers Sozialismus war kaum mehr als ein Lippenbekenntnis, aber eines, an das er selber bis zu einem gewissen Grade geglaubt hat, indem er die soziale Wirklichkeit ignorierte. Er war »sozialistisch« gesinnt, nicht in der Absicht, systemverändernde soziale Reformen durchzuführen, sondern als ein Volksredner, der den Leuten ins Gewissen redete, keinen, der sich auf »ehrliche Weise« sein Brot verdiene, zu verachten. Als »Mann aus dem Arbeiterstande«, wie ihn sogar der sozialdemokratische *Vorwärts*[7] sah, fühlte er sich dazu berufen. Der Maler, Bohemien und hauptberufliche Parteiredner gab die Parole aus: »Arbeit schändet nicht.« Das »geflügelte Wort« (BÜCHMANN), das auf HESIOD zurückgeht, wird in *Mein Kampf* (S. 25) zur sozialpolitischen Maxime. Wenn HITLER als »Trommler« für seine Partei verkündete: »Es gibt für uns keine Unterschiede zwischen Millionär und Straßenkehrer«[8], so wurden damit Unterschiede der sozialen Reputation weggewischt; aber das hieß auch, daß es weiter Millionäre geben sollte: »Jeder an seinem Platz für des Vaterlandes Wohl!« Die Forderung seines Parteifreundes HERMANN ESSER, 1.000 Mark als »Höchstgehalt« festzusetzen[9], hat Hitler selbst nie vertreten. Was er später mit seinen »Wehrwirtschaftsführern« im Kriege verwirklicht hat, war wohl eine Art »staatlich gelenkter Kapitalismus« (JÄCKEL[10]).

Das Parteiprogramm der Nationalsozialistischen Deutschen Arbeiterpartei (NSDAP) enthielt wohl einige durchaus sozialistische Momente, so in Punkt 11 neben GOTTFRIED FEDERS Parole von der *Brechung der Zinsknechtschaft* die geradezu marxistisch klingende von der »Abschaffung des arbeits- und mühelosen Einkommens«. In Punkt 13 war die Rede von einer »Verstaatlichung« aller damals schon vergesellschafteten Betriebe, der sogenannten Trusts. Punkt 14 verlangte für die Arbeiter die »Gewinnbeteiligung an Großbetrieben«, eine Forderung, die manche Arbeiterstimme eingebracht haben mag, ohne jemals von dem zur Macht gekommenen »Führer« auch nur erwogen zu werden.

Hitler hatte keine besondere Bindung an das Programm seiner

Partei, das er nicht mitgestaltet hatte, sondern 1919 bei seinem Eintritt in den damals noch »Deutsche Arbeiterpartei« genannten Verein schon vorgefunden hatte. Was er dazu noch beitrug, war rein negativer Art; er beschränkte sich darauf, das Parteiprogramm zu straffen und zusammenzustreichen und – umzudeuten. Sein vielleicht bedeutendster Beitrag bestand in der nachträglichen Abschwächung des Programmpunktes 17, der eine Bodenreform mit der Möglichkeit »unentgeltlicher Enteignung von Boden« vorgesehen hatte. Dazu veröffentlichte HITLER am 13. April 1928 eine Erklärung, in der es hieß, dies richte sich »in erster Linie gegen die jüdischen Grundspekulationsgesellschaften«[11]. Auch Sozialpolitik war in HITLERS Augen zuallererst Rassenpolitik; er sah sie in engstem Zusammenhang mit der »Erhaltung der Volksgesundheit«[12], so wie er sie verstand. Im übrigen war ihm ein Parteiprogramm nur Köder für die Massen, es mußte, wie er schrieb, »in der Formulierung ... Rücksicht auf psychologische Momente nehmen« (*Mein Kampf*, S. 511).

Die Brüder Gregor und Otto Strasser, die in der NSDAP das sozialistische Engagement verkörperten, hat Hitler ausgeschaltet, den einen, Gregor, im Zuge des sogenannten »Röhmputsches« (1934) ermorden lassen, den anderen ins Exil getrieben. Gregor Strassers Sekretär, Joseph Goebbels, vermochte er zu sich herüberzuziehen. Die von OTTO STRASSER herausgegebene Zeitung *Der Nationale Sozialist* erschien am 4. Juli 1930 mit der Schlagzeile: »Die Sozialisten verlassen die NSDAP«[13].

Daß Hitler selber jemals mehr als verschwommene Vorstellungen von seinem nationalen Sozialismus hatte, ist zweifelhaft. Eine soziale Revolution mußte ihm überflüssig erscheinen für ein Volk, das er insgesamt zum Herrenvolk der Erde auserkoren sah, und dem er zur entsprechenden Macht verhelfen wollte. Wenn es – nach seinen Plänen – erst einmal genug »Lebensraum« im Osten zu verteilen gab, brauchte kein deutscher Landarbeiter oder Kleinbauer mehr auf eine Bodenreform zu hoffen. Hitlers Sozialismus ging völlig in seinen Großmachtträumen unter. Wenn er »Grund und Boden als Ziel unserer Außenpolitik«[14] propagierte, so war damit Außenpolitik zugleich als Ersatz für sozialreformerische Innenpolitik gesetzt. Unter Innenpolitik verstand er »die Kunst«, einem Volke den für solche Außenpolitik »notwendigen Machteinsatz in Form seines Rassenwertes und seiner Zahl zu erhalten«[15]. Innenpolitik war demnach nichts anderes als Bevölkerungspolitik und praktizierter Rassismus.

Soviel muß historisch aufgezeigt werden, um dem Streit, ob Hitler Sozialist war, seine tagespolitische Spitze zu nehmen. Wer ehrlich für sozialistische Ideen eintritt, braucht den Vorwurf der geistigen Nachbarschaft zu Adolf Hitler nicht ernstzunehmen. Dieser Vorwurf gründet sich auf ein völliges Mißverstehen dessen, was Hitler gewollt hat. Er wollte nicht den klassenlosen Staat, weil er in seiner rhetorisch aufgebauten »Volksgemeinschaft« gar keine Klassen zu sehen meinte. Stolz darauf, »der Sozialdemokratie den Kopf zu zertreten«[16], waren die eigentlichen Instrumente seiner Sozialpolitik die Wiederaufrüstung und die Sammelbüchse des Winterhilfswerks. Mit dem einen gelang es ihm, die Arbeitslosigkeit zu beseitigen; mit dem anderen, den immer noch Notleidenden ein wenig unter die Arme zu greifen. Es ging ihm aber nicht um eine Umverteilung der vorhandenen Güter zugunsten der unteren sozialen Schichten, sondern um die Verteilung von erst noch zu eroberndem Land und Beutegut. Insofern, seiner Denkstruktur nach, war er ein Vorläufer der heutigen Wachstumsideologen, die auf Zuwachs setzen, weil der sich leichter verteilen läßt als das, was schon jemandem gehört. Der Imperialismus des Hitler-Reiches war die geographische Vorwegnahme einer auf beständiges Wachstum angelegten Volkswirtschaft. Die Rede vom »Volk ohne Raum« schuf dafür die kollektive Motivation. Das ganze deutsche Volk galt Hitler als ein bis dahin schlecht weggekommenes; in den Reden, die die Kriegsbereitschaft fördern sollten, nannte er es wiederholt ein Volk, das zu den »Habenichtsen« dieser Erde gehöre[17].

Imperialismus und Sozialismus schließen sich tendenziell aus, weil die Eroberung und die Verwaltung neuer Gebiete soziale Umverteilungen im Stammland entbehrlich machen. Es darf dabei bleiben, daß der Nazismus eine typisch rechtsorientierte Bewegung war.

b) Was ist »linker Terror«?

Wir sind uns natürlich darüber im klaren, daß »rechts« und »links« als politische Gesinnungsmarken sich in den siebziger Jahren relativiert haben und nicht mehr rein gegeneinander abzuheben sind. Nationalismus und Konservativismus sind nicht mehr eindeutig rechte Gesinnungen, seitdem es einen linken Nationalismus gibt (schon seit Kurt Schumacher und nicht erst seit Rudi Dutschke), und seit es Linke waren, die noch vor den politisch

Rechtsstehenden entdeckt haben, daß wir immer noch einiges zu bewahren, zu *konservieren* haben: an historischer Bausubstanz wie an unberührter Natur. Was die Linken unter Fortschritt verstehen, ist nur etwas anderes als das, was den politisch »rechts« Stehenden als fortschrittlich gilt. Der Fortschritt dieser »Fortschrittlichen«, die *up to date* sind, heißt technischer Fortschritt und Wirtschaftswachstum; der Fortschritt der klassisch Progressiven aber meint Humanisierung unserer Arbeits- und Lebenswelt und zunehmende Bewahrung des Bewährten in Architektur und Lebensweise. Hier finden wir den Fortschritt der »Linken« mit Konservativismus verschränkt, oder besser: auf einen »Wertkonservativismus« (EPPLER) hin angelegt, während der Konservativismus der klassisch Konservativen die überkommenen sozialen Strukturen zu erhalten sucht. Diese aber schließen eine Wirtschaftsordnung mit ein, die auf industrielles Wachstum, Vertotung der Umwelt und ständigen Abriß und Neubau von Gebäuden ausgerichtet ist. CDU-Generalsekretär GEISSLER meinte sogar, der Gegensatz rechts – links sei heute überholt: »Wer für die Sicherheit der Renten eintritt, ist darum noch nicht links. Und wer sein Vaterland liebt, ist noch nicht rechts.«[18] Der alte Gegensatz, der von der Sitzordnung in der französischen Deputiertenkammer (nach 1814) herkommt, ist heute jedenfalls so relativiert und aufgelockert, daß mit »rechts« und »links« nicht mehr bündig bezeichnet werden kann, wo einer »politisch steht«, das heißt, was er in Staat und Gesellschaft erhalten, verändern oder durchsetzen will. Durch die häufige Rede vom »Rechtsextremismus« und vom »linken Terror« hat namentlich die *Linke* als politische Gemeinschaftsbezeichnung an Wohlklang verloren. Die auf die Nachkriegszeit, auf die Zeit der Berliner Luftbrücke zurückgehende Kommunistenfurcht, ADENAUERS wahltaktische Warnung, alle Wege des Sozialismus führten nach Moskau, haben solcher Abwertung des politisch Linken und des Sozialismus schon vorgearbeitet. Man trägt nicht mehr links, eher ein die Augen besänftigendes Grün.

Was heute als linker Terror gilt, ist bei uns zulande aus der Studentenbewegung Ende der sechziger Jahre hervorgegangen. Diese jungen Intellektuellen, meist Soziologiestudenten, Sprößlinge gutbürgerlicher Häuser, waren niemals »links« oder sozialistisch, wenn damit gemeint ist, daß sie von Solidarität mit den Arbeitern bewegt gewesen wären. Nicht den Arbeiter, den Maurer auf dem Gerüst, die Frau am Fließband meinten sie, sondern »die Arbeiterklasse«, die sie bei der Lektüre von MARX und ENGELS, LENIN und

Stalin sich angelesen hatten. Einen papierenen, ideologischen und weltfremden Sozialismus meinten sie, einen Seminar-Marxismus, der die von klein auf geübten intellektuellen Fähigkeiten in Funktionärstüchtigkeit überleiten sollte und zugleich geeignet schien, die eigenen Eltern zu schockieren. Die politische Provokation hatte dabei das Tröstliche, daß sie von den Angefeindeten nicht persönlich genommen zu werden brauchte. Die gutbürgerlichen Eltern aber durften sich die Illusion erhalten, daß es nicht an ihnen lag, wenn sich ihre Sprößlinge so ungebärdig benahmen. Bürgerliches Denken, immer schon dem Geistigen zugewandt, tat sich leicht, alles auf einen rätselhaften »Zeitgeist« zu schieben, dem die eigenen Kinder zum Opfer zu fallen schienen. In den Augen der Eltern blieben sie, die inzwischen den Staat herausforderten, die hilflos Kleinen, die man nur heimzuholen brauchte, um sie wieder zur Raison zu bringen. Und im Verhältnis zu den Eltern blieben sie das auch. In der mittelitalienischen Stadt Pescara gelang es den Eltern demonstrierender Studenten, diese auf eine höchst simple Weise nach Hause zu schicken. Sie gingen mit anderen Verwandten einfach in die Hochschule, die die Studenten besetzt hielten, und teilten Ohrfeigen unter ihnen aus. Die Polizisten, die das Gebäude umstellt hatten und schon mit Steinen beworfen worden waren, brauchten nicht mehr einzugreifen[19].

Die Unfähigkeit der lieblos aufgezogenen höheren Töchter und Söhne, ehrlichen Vaterhaß zu entwickeln, artikulierte sich politisch und tobte sich an Ersatzvätern aus, an den akademischen Lehrern und an nicht nur bürgerlichen Politikern. Ihnen wurde mit Farbbeuteln und zotigen Schimpfworten ein Unmut entgegengeschleudert, der sich gerade in wohlbehütet betulicher Atmosphäre angestaut hatte: ein scheinbares Argument für jene rechtgläubigen Kulturkritiker, die es immer schon wußten, daß es den Menschen nicht zu gut gehen dürfe. Im Schlagwort vom *Wohlstandsüberdruß* war bald eine »Erklärung« gefunden, die nach drei Seiten hin sich verwenden ließ. Sie sollte den Eltern »Mut zum Erziehen« (Meves[20]) vermitteln, die jungen Leute auf härtere Zeiten vorbereiten und zugleich den Neid all derer abweisen, die in den Bungalows und Villen der Arrivierten ein ungerechtes Glück vermuten. Wenn junge Leute, denen es anscheinend an gar nichts mangelt, sich so verdrossen und ungebärdig benehmen, dann sollte man wohl denken, daß Reichtum gar nicht erstrebenswert sei. Auf den Gedanken, daß die Sportautos, Reitpferde und Motorboote die jungen Wohlstandssöhne nur materiell abzuspeisen haben für vorenthaltene Liebe und Zärtlichkeit, durfte niemand gebracht werden. Im Überdruß am materiellen Wohlergehen kam aber gerade jenes vitale Unbehagen heraus, das der herrschenden Moral gemäß gar nicht sein konnte. Auch in den jungen Leuten verdrängt, formulierte es sich politisch: als Engagement für eine soziale Schicht, der man selber nicht angehörte und die man auch gar nicht verstand. Unfähig, das Leiden in sich selber zu reflektieren, imaginierte man ein Elend der Ausgebeuteten, das man von den Büchern her nur zu gut kannte. Wenn die eigenen Eltern zu den verfluchten Ausbeutern gehörten, so war man geneigt, in einsamen Studentenbuden geistig mit ihnen zu brechen, wenn auch nicht herzlos genug, das Geld, das sie überwiesen, schroff zurückzuweisen. Man kaufte sich weiter, worauf man, unfrei erzogen, nicht mehr verzichten konnte. Und so sahen wir denn junge Marxistinnen in Pelzmänteln durch Heidelbergs Hauptstraße ziehen und mit erhobenen Fäusten »Freiheit für die Arbeiterklasse!« rufen: Revolution als Karneval der Motive. Die Arbeiter am Wegrand tippten sich an die Stirn.

c) Linke Schickeria und Nouvelle Philosophie

Das Soziologenchinesisch in den Traktaten der Neuen Linken markierte überdeutlich den sozialen Abstand zu dem Volk, mit dem man sich vordergründig solidarisierte. Den Kadern ging es um eine neue Elitebildung und um die Ablösung der alten, die man als »autoritär« klassifizierte; den affektiv Mitbewegten aber war es genug, sich für eine gute Sache erregen und abregen zu können. Je weniger man sich über die verdrängten Triebe bei sich selber im klaren war, desto leidenschaftlicher war das Engagement. Ein Funktionär des Sozialistischen Deutschen Studentenbundes (SDS) sprach es seinerzeit sogar aus: daß der linke Revolutionär seine Triebe nicht allzusehr befriedigen dürfe, um noch genug frustrationsbedingte Aggression in den revolutionären Kampf mit einbringen zu können[21].

Es war nicht nötig, die Flugblätter und Abhandlungen der linken Intellektuellen zu lesen, um sich über ihr Verhältnis zum sogenannten einfachen Volk klarzuwerden. Ein Blick in die Straßen genügte. In privaten Zirkeln erfuhr man Näheres. Eine marxistisch bewegte höhere Tochter hörte ich sagen: »Ach, wenn ich gewußt hätte, daß heute in London demonstriert wird, wäre ich hingeflogen.« Da war sie wieder, die junge Exaltierte, die auch Gerhart Hauptmann begegnet sein muß, sonst könnte er die junge Franziska im *Fuhrmann Henschel* nicht sagen lassen: »So eine Revolution möchte ich auch mal mitmachen. Da muß man Barrikaden bauen.« Jugendlicher Erlebnishunger, der sich über seine Triebgründe nicht klar ist, ist dankbar für politische Aufbruchsituationen. Es geht freilich nicht nur vitaler Unmut, sondern auch gesunder Tatendrang in politische Protestaktionen mit ein. Und es darf nicht ausgeschlossen werden, daß einer, der für die Interessen der sozial Benachteiligten eintritt, es damit durchaus ernst meint. Die Motive vermischen sich, überwiegen oder treten zurück nach angeborenem Temperament, erlittenem Triebschicksal und der sich darbietenden Situation. Es mag sein, daß einer in sein politisches Engagement sich im Laufe der Jahre immer mehr einspinnt, auch wenn er zunächst nur »spaßeshalber« mitmarschiert ist. Es kann daraus sich ernste Arbeit fürs Gemeinwesen entwickeln oder bedenkenswerte politische Publizistik. Es wird aber häufiger geschehen, daß das nur modisch aufgepappte sozialistische Engagement mit dem ersten Wind von rechts einfach abblättert und daß darunter der Sproß aus gutem Bürgerhaus wieder zum Vorschein kommt, der man im Grunde immer geblieben ist. Auch die modische Orientierung an dem, was gerade gefragt ist und Zukunft zu haben scheint, ist ja eine ehrgeizig-bürgerliche Gesinnung, die sich zu allen Zeiten bewährt hat. So mochte der Vater sich 1933 gesagt haben, es sei an der Zeit, in die NSDAP einzutreten; und so mochte es dem Sohn 1968 geraten erscheinen, sich »links« zu engagieren. Im Blick auf das beide Male grundlegende Bedürfnis, »den Anschluß nicht zu verpassen«, ist es durchaus angebracht, von einem rechten und einem linken Faschismus zu sprechen, auch wenn HABERMAS, auf den »Linksfaschismus« zurückgeht[22], das nicht so gemeint hat. Er dachte wohl zuerst an die unter linken Parolen sich formierende destruktive Gewalt. Wenn wir dies hinzunehmen, stützt nichts mehr die gutherzige Meinung, sozialistische Ideale machten gegen alle Arten von Faschismus gefeit.

Das Bedürfnis nach Geborgenheit in einer Gemeinschaft ist sicher eine gute Motivationsbasis für sozialistisches Engagement. Doch was den wahren Sozialisten auszeichnet, ist ein entwickelter Sinn für soziale Gerechtigkeit, der sich über Gruppeninteressen erhebt. Wer nur Solidarität in einer Kampfgemeinschaft ersehnt, wäre bei einer rechtsradikalen Vereinigung viel besser aufgehoben als bei einem sozialistischen Jugendbund. Was er allenfalls für eine sozialistische Gruppierung beibringen kann, ist der Verzicht auf persönlichen

Erfolg und Gewinn, die Bereitschaft, nur zusammen mit anderen im Leben voranzukommen. Aber selbst solch edle Absicht ist pervertierbar: durch die Bildung von Seilschaften sozialistisch gesinnter Beamten, die sich gegenseitig im sozialen Gebirgsmassiv hinaufhelfen. Solange die triebpsychologischen Bedingungen persönlichen Ehrgeizes nicht verstanden und abgebaut sind, solange nicht erkannt und bewältigt ist, daß Geltungsbedürfnis ein verstohlenes Verlangen nach Liebe ausdrückt, solange kann jede noch so hochgesinnte Absicht zum Kitt der alten Ordnung werden, die immer nur wenige und diese keineswegs nach Maßstäben der Leistung privilegiert. An die Stelle einer »Charakterstärke«, die nur Anpassung an überkommene Normen war, tritt dann Gesinnungstüchtigkeit im Sinne der neuen Ideale. Ein Schelm ist, wer behauptet, erst jetzt, von diesen »Linken«, werde das Leistungsprinzip in Frage gestellt.

Wer jugendbewegt ehrlich geglaubt hat, alles Glück auf Erden könne nur in der Gemeinschaft mit anderen errungen werden, verliert in unserer auf das private Eigentum gegründeten sozialen Ordnung noch leichter die Lust, mit anderen zu teilen, sobald ihm Vermögen zuwächst. Das kann durch eine Erbschaft oder durch einen gutbezahlten Posten geschehen. Und selbst wer aus der Beute eines Bankraubs Immobilienbesitz erwirbt, tritt von Stund an auf die Seite einer Politik, die das Grundeigentum schützt und dafür sorgt, daß es nicht zu hoch besteuert wird. Wer es – durch Tüchtigkeit oder unentdeckte Kriminalität – so weit gebracht hat, der »trägt nicht mehr links«. Aber er braucht sich darüber nicht in seinem Wesen gewandelt zu haben. Der Wille, auf die Seite des Lichts zu dringen, ist erhalten geblieben, auch wenn er längst als ein individueller sich durchschlängelt und nicht mehr in kollektiver Aktion, die vom Verfassungsschutz gefilmt wird, voranschreitet.

Wer jahrelang an linken Protestaktionen sich beteiligt hat, und dabei nicht nur ehrlichen Idealismus gezeigt hat, sondern auch aggressive Spannungen abreagiert, der kann mit einem Mal wie ernüchtert aufblicken und sagen, daß es mit dem ganzen Sozialismus nichts sei. Er wird dann von Enttäuschung sprechen, von der Vergeblichkeit allen Engagements, doch dabei übersehen, daß das Leben im Protest für ihn als psychisches Therapeutikum seinen Zweck erfüllt hat. Wo Enttäuschung über die Vergeblichkeit idealistischen Ringens das bisher hochgehaltene Ideal selbst entwertet, da wirft das auch ein Licht zurück auf den Idealismus, der zuerst als Motiv des sozialen Aufbegehrens geglaubt wurde. Idealismus, der nur zur Ableitung vitalen Unmuts und zur Stillung triebhaften

Erlebnishungers dient, kippt eines Tages unausweichlich hinüber in blasierte Ablehnung dessen, was man eben noch für erstrebens-, nein erkämpfenswert gehalten hatte. Zu Resignation wird es dann gar nicht mehr kommen, allenfalls zu einer Enttäuschung, die so unehrlich ist wie zuvor die Begeisterung. Wer sich nur modisch aufgesetzt hatte, was nach einer kleinen Weile »immer noch nicht« zum Zuge gekommen ist, der leidet nicht unter solch vermeintlichem Mißerfolg, sondern er schmäht die Farbe, auf die er gesetzt hatte. »Jetzt bin ich zwölf Semester lang bei allen Demonstrationen mitgelaufen und habe die Parolen skandiert – ich kann nichts Linkes mehr hören.« So erklärte mir nach bestandenem Diplom ein zuvor aktiver Linker seinen Überdruß. Wenn viele so angeekelt sind vom eigenen Aktionismus, dann ist entweder die Zeit reif für eine »Tendenzwende«, oder es stellt sich heraus, daß linker Aktionismus sich ebenso als Ventil für die ganz Jungen institutionalisiert wie ehedem die Bestimmungsmensur.

Man trägt nicht mehr links, jedenfalls dort, wo nur der flotten Mode wegen mitgemacht wurde. Die Mitläufer springen ab, diejenigen, die »der geschichtlichen Entwicklung Rechnung tragen« wollten. Der ideologische Umschwung kommt nicht aus den Ländern, in denen sogenannte Linke Terrorakte verüben, sondern aus Frankreich, wo mit François Mitterrand scheinbar der Sozialismus an die Macht gekommen ist. Die »Neuen Philosophen«, vor ein paar Jahren, um 1968, noch gläubige Marxisten, entdecken mit einem Male die Unfreiheit im Sowjetsystem und kommen – vierzig Jahre nach Karl Löwith[23] – darauf, daß der Marxismus auch nur eine Religion ist. Sie haben inzwischen sogar unsere Erkenntnis[24] nachvollzogen, daß der Marxismus der Logik kapitalistischen Machtdenkens verhaftet bleibt. Selbst André Glucksmann, bei dem der Gedanke am klarsten herauskommt, fragt aber nicht nach den vitalen Bedürfnissen, bei denen jede autoritäre Herrschaft ansetzt, um sich selber als eine Befriedigung gewährende und versagende Macht einzuführen. Einem Strukturalismus verhaftet, der sich nicht um die vitalen Antriebe menschlichen Handelns kümmert, begnügt sich Glucksmann mit einer Ideologiekritik, die an das von ihr Aufgezeigte scheinlogisch sogleich alle jemals im Namen des Sozialismus verübten Unmenschlichkeiten knüpft: »Eine Ökonomie, die als einziges Maß jeden Reichtums die Arbeit setzt, tendiert dazu, die Armen einzusperren; der Jakobiner wird zum Nazi, der Pädagoge zum Bullen.«[25] Es geht aber nicht um die Armen, um die Befreiung der auch in sogenannten sozialistischen Ländern Ausgebeuteten und Gegängelten, sondern um die Abrechnung mit einer Idee, die, von Machtmenschen in Anspruch genommen, nicht zu halten scheint, was man sich von ihr versprochen hatte. Die Denker der »Nouvelle Philosophie« vollziehen eine trotzige Wendung gegen jedweden Sozialismus, sofern er soziale Gleichheit verspricht, und reaktivieren dafür ein längst überwunden geglaubtes Elitedenken. Wir Deutschen, in der westlichen Welt lange Zeit als das Volk der Nazis verschrieen, werden von den aufgeweckten jungen Franzosen André Glucksmann und Bernard-Henri Lévy auch wieder daran erinnert, daß es in diesem Jahrhundert außer Hitler noch einen »Massenmörder« gab: Stalin[26]. Bereit, geschichtliche Wahrheiten nicht zu verkennen, werden wir nur von Lévy sogleich mit Schlagworten zugedeckt wie: »Kein Sozialismus ohne KZ«; »Keine klassenlose Gesellschaft ohne Terror«[27]. Oder wir lesen staunend den bereits übersetzten Titel von Pierre Daix: *Marxismus, die Doktrin des Terrors*[28].

Die geistige Tendenzwende der jungen französischen Philosophen sollte uns warnen, Ideologiekritik so radikal zu betreiben, daß wir uns als Kritiker in der ideologischen Gegen-Position wiederfänden. Wer glaubt, die Werke von Marx und Engels wie Heilige Schriften lesen zu müssen; wer nichts dabei findet, sozialistische Gesinnung als eine Art Bibelfestigkeit zu prüfen, der wird umgekehrt auch dazu neigen, jeden Ansatz zur Verwirklichung solcher Gesinnung an den programmatischen Texten zu messen, und dann, wenn sich offenkundige Fehlentwicklungen zeigen, den Wert der ehedem heiliggesprochenen Schriften selbst in Zweifel ziehen. Wer wesentlich aus Büchern sich seine Überzeugungen gebildet hat, wird auch bei anderen Menschen geistige Ideen für reale Wirkkräfte halten, die ungebrochen, unverfälscht sich verwirklichen; und er wird, wenn auch Bedenkliches dabei herauskommt, dies für eine gerade Konsequenz der zum Programm erhobenen Ideen halten. Daß triebhafte Neigungen der Menschen ihre idealen Zielsetzungen abändern, ja durchkreuzen könnten, zieht er ebensowenig in Betracht wie die Möglichkeit, daß von vornherein gar mancher aus völlig subjektiven Gründen ein hohes Ideal sich aufsetzt, zum Beispiel, um Regungen des Neides oder der Aggressivität eine sozial vertretbare, das heißt vorzeigbare Form zu geben. Die literarische Existenz des Parteiideologen wie des Ideologie-Kritikers sieht alles, was die Menschen bewegt und zur politischen Aktion treibt, und auch alles, was sie politisch verwirklichen, in einer Dimension des Sprachlichen, an die er wie an einen einzigen Text herangeht. Wenn die im Namen einer politischen Idee geordnete soziale Wirklichkeit Mängel aufweist, dann kann das nach solch eindimensionaler Logik nur an Mängeln der Idee liegen. Daß noch nicht genug Bedingungen für ihre Verwirklichung geklärt sein könnten, kommt dabei nicht in Anschlag. Denn das würde von nur philologischer und ideengeschichtlicher Betrachtung am Ende hinabführen zu den weniger übersichtlichen, gar unheimlichen Abgründen der menschlichen Natur, die nur triebpsychologisch aufzuhellen sind. Ein abstrakt mit hohen sozialen Ideen und soziologischen Kategorien ausgerüsteter Sozialismus kann nur noch seinen eigenen ideellen Ansatz durchstreichen, wenn die Wirklichkeit sich nicht danach richtet. Er ist unfähig, eine Kurskorrektur vorzunehmen durch Momente, die in seinem programmatischen Ansatz noch nicht enthalten sind. Radikale Verwerfung des gewählten Weges ist da nur eine Konsequenz dogmatischer Strenge, die auf andere Denkformen, gar solche der Psychologie, sich nicht einläßt.

Man muß strenggläubiger Marxist gewesen sein, wenn man es dahin bringt, die Leistung des Karl Marx in Bausch und Bogen zu verwerfen. Ich denke demgegenüber an einen meiner Lehrer, den liberal gesinnten Soziologen Alexander Rüstow, der uns sagte: »Wir fußen doch allesamt auf Marx.« So gelassen anerkennend sprechen kann ein Nationalökonom und Soziologe, der – wie Marx selber – eben »kein Marxist« ist[29], es nie gewesen ist. Die jungen Intellektuellen aber, die sich dem Sozialismus verschreiben, weil er eine »Bibel« hat, kennen dann ein Leben lang nur eine Alternative: entweder auf diese Bibel zu schwören oder ihr als einem Irrtum abzuschwören. Ein erotisches Verhältnis zur Idee des Sozialismus wird da durchlebt, beginnend mit einer Liebe, die an der erwählten Partei und deren führenden Männern nur noch Vorzüge wahrnimmt und Nachteile dialektisch verharmlost, bis zu jener enttäuschten Liebe, die auch die kleinsten Fehler am ehedem Geliebten hellsichtig aufspürt. Das psychologisch Gemeinsame beider Haltungen ist, daß solche Leute der Partei sich immer *gegenüber* befinden, nie einbezogen in die Gemeinschaft der Mitglieder, der hier versammelten leidenden, hoffenden und kämpfenden Mitbürger. Sie leben nie im Wir, sind unfähig zu ehrlicher Selbstkritik und können aus dem Abstand des Egozentrikers heraus sowohl glühend, überschätzend verehren wie enttäuscht, alles niederziehend, verurteilen. Mißerfolge, Fehlgriffe und Schwächen der eigenen Partei sind für sie nichts, was es solidarisch zu tragen gilt; sie sehen darin das Versagen einer Geliebten, der sie zuviel zugetraut hatten, genug, um sich nun ehrlich enttäuscht von ihr abzuwenden. Je größer die eigenen Erwartungen waren, auch die Erwartung, mit Hilfe der Partei Karriere zu machen, desto tiefer ist die Enttäuschung. Man versteht, daß in sogenannten Mitgliederparteien solch Ehrgeizige sich rasch isolieren. Die Masse der Mitglieder eines Ortsvereins spürt, daß da einer auf die Partei nur gesetzt hat wie auf ein Pferd, das für ihn gewinnen soll. Pferd oder Geliebte – es bleibt sich gleich: So mancher stürmisch Verliebte hat sein spekulatives Kalkül noch vor sich selber hinter schierer Begeisterung verborgen.

Man muß wohl bis zu einem gewissen Grade sexuell frustriert sein, wenn man zu einer politischen Partei ein quasi-erotisches Verhältnis entwickelt, das die volle Amplitude von der »blinden Liebe« bis zur bitteren Enttäuschung durchläuft. Die Männer, die das ideologisch durchmessen, sind das intellektuelle Gegenstück zu den Frauen, die eine politische Partei wählen, weil deren Spitzenkandidat »gut aussieht«, und die dann später dieser seiner Partei den Rücken kehren, wenn ihm die Haare ausgehen. Das läßt sich, meine ich, sogar noch eher verstehen als die partielle Blindheit, die die menschlich kahlen Stellen an einer Ideologie zunächst nicht wahrnehmen will und sie schließlich scharfsinnig übertreibt. Die Argumente, mit denen die Neuen Philosophen in Frankreich sich von Marx, Engels und Lenin wieder losgesagt haben, klingen alle vernünftig und logisch; aber überzeugend sind sie nur für den, der auch ohne sie den Weg der Konversion beschritte. Es liegt nichts politisch Zwingendes in der Erkenntnis, daß der Marxismus an das Machtdenken fixiert bleibt, das er nur in der bisher »herrschenden Klasse« zu überwinden sucht; es liegt darin nichts, was uns zwingen müßte, in Zukunft nicht mehr für soziale Gerechtigkeit zu wirken. Aber wer nach rein ideologischer Begeisterung für alles »Linke« sich von den Arbeitern wieder trennt, vielleicht aus Gründen einer Berührungsangst, die er gar nicht reflektiert, der kann mit ebensoviel Überzeugung eine ideologische Gegenposition beziehen, die mehr die im letzten unüberspringbare Ungleichheit der Menschen betont. Wo einer politisch-ideologisch die Akzente setzt, ist Ergebnis der Erfahrungen, die er sammelt und von denen er geprägt wird. Wie stark er die Akzente setzt, mal links, mal rechts, ist eine Sache seines Temperaments. Die begründenden Argumente wachsen ihm bei einigem Einfallsreichtum in jedem Falle zu: Zu verschiedenen Zeiten begründet und unterstützt er dann Verschiedenes.

Wir haben hier in Westdeutschland keine vergleichbar spektakuläre Konversion ehemals sozialistisch Gesinnter ins andere Lager.

Aber es wäre oberflächlich zu behaupten, daß entsprechende Konversionen bei uns gar nicht vorkämen. Doch sie sind Einzelerscheinungen; ihnen fehlt das Verbindende einer geistigen Bewegung. Wir haben, wenn wir nach etwas der *Nouvelle Philosophie* Vergleichbarem Ausschau halten, natürlich nicht an jene Wortführer der Studenten von 1968 zu denken, die einfach in der Versenkung verschwunden sind, sei es, weil sie verspießerten, sei es auch, weil ihnen seitdem nichts mehr eingefallen ist, weder etwas Provozierendes noch etwas, was einen Wandel erkennen ließe. Wenigstens nicht aus den Augen verloren haben wir den früheren Juso-Vorsitzenden Günther Müller, den nämlichen, der einst Franz Josef Strauß einen Riesenradiergummi überreichte[30], weil der CSU-Politiker behauptet hatte, es sei heute waffentechnisch möglich, die Sowjetunion von der Landkarte zu »radieren«. Dr. Günther Müller sitzt, wenig beachtet, seit 1965 als CSU-Bundestagsabgeordneter in der politischen Riege des einstmals Befehdeten. 1972 erschien seine Abrechnung mit den politischen Freunden seiner Jugend: *Rote Zelle Deutschland – oder Was wollen die Jungsozialisten wirklich?* Seitdem leitartikelt er gelegentlich in der *Passauer Neuen Presse* in strammen Formulierungen gegen links: Nouvelle Philosophie für die bayerische Provinz.

Auffälliger, aber politisch kaum wirksamer sind die publizistischen Aktivitäten jener Professoren, die noch um 1968/69 als linksstehend und progressiv eingeschätzt wurden, die aber offenbar unter dem Eindruck »linker« Störenfriede an den Hochschulen sich haben nach rechts abdrängen lassen. Ein Exponent, wenn nicht schon ein Vorreiter dieser Enttäuschten ist KARL STEINBUCH, der als erster von einer notwendigen *Kurskorrektur* (Buchtitel 1972) sprach, weil er sie geistig in sich selber vollzogen hatte.

Einige gemeinsame Züge zeigen die Philosophen HERMANN LÜBBE und ERNST TOPITSCH, beide in der Tradition der Aufklärung stehend, der Ideologiekritik, der Entzauberung irrationaler Vorurteile verpflichtet. Seit ein paar Jahren aber fallen ihnen offenbar nur noch Argumente ein, die gegen Reformeifer und sozialistisches Engagement, gegen Protestbewegungen und jugendlichen Übermut gerichtet sind. Oder sollten die Blätter, in denen sie in den letzten Jahren vornehmlich publiziert haben (*Deutsche Zeitung/Christ und Welt* und *Rheinischer Merkur*) sich dagegen sperren, auch eine nach »rechts« zielende Zeitkritik aus den bewährten kritischen Federn abzudrukken? Es fällt jedenfalls schwer zu glauben, daß ein zuvor rundum die Ideologien zerpflückender Kopf wie ERNST TOPITSCH halbseitenblind geworden wäre. In seinen früheren Schriften – man lese: *Mythos, Philosophie, Politik*[31] – gegen klerikale und marxistische Bevormundung des Menschen gleichermaßen zu Felde ziehend, stellt er heute einer breiteren Öffentlichkeit sich so dar, als sähe er eine Bedrohung der Meinungs- und Gedankenfreiheit nur noch von der sogenannten linken Seite[32]. Kann es sein, daß er im sozialen Zwange, sich irgendwo zu solidarisieren, heute die Hälfte von dem, was er denkt, uns verschweigt?

Nun darf man einräumen, daß von Artikeln im *Rheinischen Merkur* oder auch in der *Welt* keine besondere Wirkung auf junge Menschen ausgeht, weder eine heilsame, noch eine unheilvolle. Diese Blätter werden gerade von der studentischen Jugend fast völlig ignoriert. Zeitkritiker schreiben hier zur sonntäglichen Erbauung von Bürgern, denen wochentags nervlich weit mehr abgefordert wird als bloße Entrüstung über Atomkraftgegner, Hausbesetzer und linke Ideologen. Intellektuelle aber schreiben vor allem für Intellektuelle, für Gleichgesinnte, um deren »Moral« zu stärken. Sie schreiben auch in der stillen Hoffnung, daß der mit neuen Fakten und Argumenten Versorgte ihre Überzeugung unter den Nichtlesenden weiter ausbreitet. Solche Hoffnung darf freilich auch der linksorientierte Sozialkritiker nur still bei sich selber hegen, wenn er durch eine elitäre Sprache eitel und ängstlich zugleich eben das, worauf er hinauswill, doch wieder verdeckt.

In einem Staat, in dem von den sozialliberalen Politikern die »Macher« regieren und wo die Nachdenklichen nur protestieren, aber kaum jemals gangbare Wege aufzeigen (Ausnahme: Erhard Eppler), da fehlt den kritischen jungen Leuten die Orientierung durch Persönlichkeiten, die nicht bloß nachgedacht haben und daher durchdachte Vorstellungen von der Zukunft haben, sondern auch schon dabei sind, aus langfristiger Orientierung ihre innenpolitischen Tagesaufgaben zu erfüllen. Der Kompaß politischen Fortschritts muß sicher auf einen fernen Pol gerichtet sein, damit Reformen nicht im Kreis herumlaufen. Nach dieser Erkenntnis wirkt der österreichische Justizminister Broda bei seiner Arbeit, das Strafrecht zu reformieren: offen und geduldig mit dem Endziel der völligen Abschaffung der Freiheitsstrafe, wohl sogar der diskriminierenden und stigmatisierenden Unrechtsfolgen überhaupt. Ein solcher Politiker, der in gelassener Weise utopische Vorstellungen in den politischen Alltag einfließen läßt, verkörpert viel konkreter das »Prinzip Hoffnung« (Bloch) als jene, die nur in allgemeinen Worten sich an einer solchen Losung berauschen. Der Schwelgerei in bloß begrifflichen Utopien müde geworden, haben dagegen bei uns zulande wie in Japan viele jungen Intellektuellen, wenn sie erst ins Berufsleben eingetreten sind, jedem zukunftsvollen Gedanken abgeschworen. »Links« zu sein erscheint ihnen rückblickend wie eine Jugendsünde, eine Narretei, die sich ein gestandener Mann einfach nicht mehr leisten könne. An ihnen, die vor kurzem noch demonstrierten, erfüllt sich am ersten ihre eigene Mahnung: »Traue keinem über Dreißig!« Ein Satz, der sich auch umwenden läßt in ein Mißtrauen gegenüber dem progressiven Eifer junger Leute. Es könnte bloßer Triebüberschuß sein, der sich bei »den Linken« aggressiv auslebt: im Kampf für die gute Sache.

Je aggressiver ein junger Kämpfer sich gebärdet, desto irrationaler wird er motiviert sein: von vitalen Antrieben, die für sein moralisches Bewußtsein gar nicht einsichtig und überschaubar sind. Je aggressiver, desto irrationaler in der Motivation, aber auch desto anfälliger für Ermüdungserscheinungen. Sobald der erste jugendliche Schwung erlahmt, fällt allzuleicht das linke Engagement in sich zusammen. Oder es liegt bereit, gegen ein anderes, weniger stürmisches, ausgewechselt zu werden. Solange aber triebhafte Neigungen immer noch idealistischer Ventile bedürfen, um überhaupt sich ausleben zu können, ist die politische Richtung, auf die es hinausläuft, eine Frage der Mode oder der Opportunität. Zur politischen Mode junger Menschen kann in einer triebunterdrükkenden Gesellschaft alles werden, was die inzwischen älter Gewordenen hinreichend provoziert. Das könnte auch wieder brauner Korpsgeist sein.

d) Rechter und linker Totalitarismus

Solange die Menschen, daran gehindert durch eine leib- und lustfeindliche Moral, nicht in Lebensfreude und gemeinschaftlichem Genuß sich solidarisieren, bleiben sie anfällig für jede Art von Faschismus, sei das ein richtiger, ein rechter Faschismus oder ein »linker«. Gesinnungstüchtige finden sich da wie dort, Menschen, die nicht von Sorge um ihre Mitmenschen motiviert sind, sondern von vorgefaßten Ideen des sozialen Lebens. Als Parteiführer und Ideologen ihrer »Bewegung« werden sie aber darauf hinwirken, den Gegensatz von Gesinnung und Leistung zum Verschwinden zu bringen. In diesem Sinne schrieb Adolf Hitler in *Mein Kampf* (S. 666): »Die Gesinnung jedes Nationalsozialisten beweist sich zuerst in seiner Bereitwilligkeit, in seinem Fleiß und Können zur Leistung der ihm von der Volksgemeinschaft übertragenen Arbeit.« Wo aber diese »Arbeit« eben darin besteht, die anderen zu nutzbringender Arbeit zu motivieren, sowie in der Kontrolle und Bespitzelung der Arbeitenden, ist der rastlose Eifer des Funktionärs zugleich angestrengteste Arbeit und arbeitslose Gesinnung.

Im rechten Faschismus solidarisieren sich leidenschaftlich bewegte und aggressiv gestimmte Menschen als nationalistisch Gesinnte, im Linksradikalismus als klassenbewußt international Engagierte, in beiden Fällen aber gegen andere Menschen oder »Mächte«, in denen sie alles Böse, Menschenunwürdige verdichtet sehen. Der rechte Faschist erblickt es in allem Fremden, Fremdrassigen und in allem, was anders ist, als es der heimischen Mentalität entspricht. Dem Linksextremen verkörpert es sich im Kapitalisten, im Ausbeuter, im Aktienbesitzer, kurzum im »Klassenfeind«. Je nach dem vorgefaßten Feindbild ordnet sich für das Verständnis der unversöhnlich Gestimmten der gesamte Ablauf der überblickbaren Menschengeschichte. War sie, die »Geschichte der ganzen bisher existierenden Gesellschaft« für Marx nur eine »Geschichte der Klassenkämpfe«[33], so meinte Hitler in der Rassenfrage »den Schlüssel zur Weltgeschichte«[34] gefunden zu haben. Daß soziale Gerechtigkeit in jeder möglichen staatlichen Ordnung ein nicht nur erstrebenswertes, sondern auch erstrebbares Ziel ist, wird weder von radikal rechter noch von radikal linker Seite anerkannt. Beide sind sich einig in der Zerstörung der jeweils bestehenden staatlichen und politischen Ordnung. Ernst Röhm, der von Hitler 1934 ermordete Stabschef der SA, hat das in seinen Erinnerungen bestätigt: »In der Verneinung des gegenwärtigen Staates fanden wir uns meist mit den Kommunisten.«[35]

Den Feinden der eigenen Ideale gilt die Kampfansage der kompromißlos Gesinnten, die es selbstgerecht verschmähen, auf dem Bestehenden aufzubauen oder es fortzuentwickeln. Wo aber das orientierende »Ideal« die Vernichtung der Feinde selber ist, da muß der Haß auf sie zum eigentlich treibenden Motiv werden. »Erziehung zum Haß« ist denn auch ein beide Spielarten des Radikalismus verbindendes Element. So hat Hitler schon in *Mein Kampf* (S. 714) dazu aufgerufen, in das deutsche Volk nicht nur »wieder den Geist stolzer Selbstbehauptung«, sondern auch »männlichen Trotzes und zornigen Hasses hineinzupflanzen«. Und so wurde im Staat Walter Ulbrichts »Haß gegen die imperialistischen Kräfte«[36] zum Bildungsziel erhoben.

Für den, der solche Ziele und Parolen von einer »verderblichen Idee« herzuleiten gewohnt ist, ergeben sie sich notwendig aus deren Anspruch auf ausschließliche Geltung, auf Unfehlbarkeit, die sich ausdrückt in Sätzen wie: »Die Partei hat immer recht«, oder: »Hitler ist die menschgewordene reine Vernunft schlechthin.« (Rudolf Hess[37]). Wenn wir die Menschen aber nicht von geistigen Ideen bewegt und angetrieben sehen, sondern eben von vitalen Antrieben, die sich gefährlich anstauen und destruktiv entladen können, dann braucht es uns nicht zu verwundern, wenn wir unter den Fahnen unversöhnlicher Ideologien besonders aggressiv gestimmte Menschen finden. Das legt immerhin nahe zu vermuten, daß nicht unter dem Einfluß radikaler Ideen sich allererst Kampffanatiker entwikkeln, sondern daß vielmehr längst unerbittlich gestimmte Charaktere sich unter entsprechenden Feldzeichen sammeln oder eine schon verbreitete Idee bis zur Unversöhnlichkeit aggressiv zuspitzen. Solche Motivation kommt deutlicher heraus bei denen, die die ideologischen Fronten wechseln, um von Stund an auf der anderen Seite mit der gleichen Verbissenheit weiterzukämpfen. Ihr darüber ungebrochener Kampfgeist läßt erahnen, was auch den Fanatiker bewegt, der ein Leben lang ein und derselben »verschworenen Gemeinschaft« idealistisch gesinnt verbunden bleibt.

Gleichgültig, ob der unerbittlich aggressiv gestimmte Mensch sich selber eine radikale Weltanschauung ausdenkt, oder ob er eine Idee, die er vorfindet, in ebenso unversöhnlicher wie alles andere ausschließenden Weise verficht: sie geht so, wie er sie dann für wahr hält, aus seiner Charakterneigung bruchlos hervor. In diesem Sinne sprach Hitler von seiner »Weltanschauung«, von der er nicht wollen konnte, daß sie mit einer anderen teile[38]. Kompromisse waren seinem Charakter wesensfremd; und von daher, von seiner immer nur alles oder nichts wollenden Radikalität her entwickelte sich sein Begriff von »Weltanschauung«, nicht als eine für neue Erkenntnisse, Problemstellungen und Erfahrungen jederzeit offene Weise, *die Welt anzuschauen*, sondern als ein in sich geschlossenes, nach außen sich rechthaberisch abschließendes System von Prinzipien, Überzeugungen und Aversionen, die er für Überzeugungen hielt: »Weltanschauungen proklamieren ihre Unfehlbarkeit.« (*Mein Kampf*, S. 507).

Ähnlich abweisend gegenüber allem, was unterdessen sonst noch gedacht oder entdeckt werden möchte, verstand auch Lenin seinen Marxismus: als eine Lehre, »in sich abgeschlossen und harmonisch«, als eine »einheitliche Weltanschauung, die sich mit keinerlei

Aberglauben, keinerlei Reaktion, keinerlei Verteidigung bürgerlicher Knechtung vereinbaren läßt«. Als »rechtmäßige Erbin des Besten«, was menschlicher Geist je gedacht habe, war ihm sein Marxismus eine Lehre, die von keiner anderen Weltanschauung überboten werden könnte. Solch hoher Anspruch umschließt die Forderung, das Leben der Menschen bis ins Allerprivateste hinein zu regeln. Eine solche Weltanschauung ist *totalitär*, insofern sie eben total alles verbindlich vorzuschreiben beansprucht: die Orientierung an den von ihr propagierten Werten, die Inhalte und Rituale der Vergnügungen und der Feste, die das Volk zu feiern verlangt, die Frage, was geglaubt werden darf und was nicht, und die Ausrichtung auf vorgegebene Feinde.

Dies letztere, die Feindorientierung, ist schon das, was Menschen, die eine kämpferische Gemeinschaft bilden sollen, von Grund aus zu solidarisieren hat. Selbst der von Lenin den Sowjetkommunisten vorgeschriebene Atheismus hat in dieser grundlegenden Motivation nur den Stellenwert einer Wendung gegen den Gott der bürgerlichen Gesellschaft, der für die Segnung von Waffen und zur Belohnung mit irdischen Gütern hatte herhalten müssen. Es ist gar nicht abwegig, zu vermuten, daß ein so historisch bedingter Atheismus überwunden werden könnte: durch ein wieder offenes, problemorientiertes Verhältnis zur Welt und zur Umwelt, wie es die italienischen Kommunisten unserer Tage zu gewinnen suchen. Noch aber erfüllt jener Atheismus, der sich selber als »wissenschaftliche Weltanschauung« versteht, die Funktion, die von ihm indoktrinierten Menschen in absoluter Gegnerschaft gegen alles Überkommene zu vereinen. Solch negative Solidarisierung durch gemeinsame Gegnerschaft und Ablehnung des bisher Hochgehaltenen läßt auch vergessen, daß das alte Wort »Genosse« von *genießen* kommt. Positive Solidarisierung (über gemeinsamen Lebensgenuß) widerspricht dem Wesen einer Kampfgemeinschaft, und zwar nicht nur begrifflich, sondern auch psychologisch, weil die gemeinsam Kämpfenden auf frustrationsbedingte aggressive Neigungen bei sich selber angewiesen sind. Sexuelle Befreiung kann so allenfalls ein Mittel sein, junge ungebärdige Menschen einer revolutionären Bewegung zuzuführen, nicht aber ein Prinzip, sie als Kampfgemeinschaft auf Dauer zu formieren. Dies bestätigt die sittliche Wandlung der sowjetischen Komsomolzen von Lenin zu Stalin; für Hitlers und Himmlers sittlich gehemmtes und zugleich zur Grausamkeit verbogenes Triebleben versteht sich das von selbst.

Neben dem Verzicht auf Lebensgenuß gibt es für eine Kampfgemeinschaft kein stärkeres Mittel, sich zusammenzuschließen, als die Verwerfung und Entheiligung dessen, was ihren Feinden am höchsten gilt. Solche Selbststimulierung durch Atheismus, die in den Schriften von KARL MARX noch keine Stütze findet[40], ist für den sowjetischen Kommunismus durch Lenin und Stalin in den Rang eines weltanschaulichen Dogmas aufgerückt. HITLER ist auch in dieser Hinsicht Stalin, den er bewundert hat (»eine ungeheure Persönlichkeit«[41]) und von dem er manches »gelernt« hat, gefolgt. In der sogenannten Kampfzeit sich noch als »überzeugten Katholiken« gebend[42], um die gläubigen Massen Süddeutschlands zu gewinnen, hat er deren Gott in den späteren Reden immer häufiger durch jene »Vorsehung« ersetzt, die er für seine eigene weltpolitische »Sendung« in Anspruch nahm. Nach dem Kriege gedachte er mit den Geistlichen beider Konfessionen *abzurechnen* »ohne langes Federlesen«[43]. Einer, der den »Führer« kennen mußte, sein Rechtsanwalt und späterer Reichsjustizkommissar DR. HANS FRANK, hielt ihn für »gottlos bis ins Mark seines Wesens hinein«[44].

Eine Weltanschauungsgemeinschaft, die sich kämpferisch formiert, vermag die unter ihrer Fahne Versammelten immer nur negativ zu solidarisieren: eben in der Ausrichtung auf den gemeinsamen Feind, nicht in der Bindung über gemeinsame Wertschätzungen oder über verständnisinnige Freude am Dasein. Daß die Menschenwelt schlecht sei und verändert werden müsse, ist ja die Grund-Überzeugung solchen Zusammenhalts. Er wird in all denen, die er umschließt, emotional um so intensiver, je mehr der Widerstand wächst, den die Kampfgemeinschaft mit ihren Parolen, Emblemen und Kampfansagen provoziert.

»Viel Feind, viel Ehr«, dieser Wahlspruch des Landsknechtsführers GEORG VON FRUNDSBERG konnte sich jahrhundertelang bis zu Wilhelm II. als Losung militant gesinnter Kreise erhalten, die über die Bindung an möglichst konstante Feinde, »Erbfeinde«, ihr Gefühl der Zusammengehörigkeit tradiert haben. Solch negative Solidarisierung ist die Form, in der sich Menschen vergesellschaften, die durch eine Moral, die Triebverzicht und Selbstbeherrschung, Gehorsam und Arbeitseifer verlangt, an sich halten müssen und ihre spontanen Neigungen knebeln. In einer Kultur, deren Moral – bei KANT – in dem Satz gipfelt, alle Neigungen zusammen machten die Selbstsucht aus[45], ist kein Verlaß auf spontane Regungen, die die Menschen so zueinander finden ließen, daß sie sich zwanglos in Gruppen, Landsmannschaften und Völkern organisierten. Da bedarf es zunächst der Abgrenzung gegen erkennbar andersartige oder anders gesinnte Menschen, um im Bewußtsein, von ihnen herausgefordert zu sein, sich affektiv zusammenzuschließen.

An diese moralische und militante Tradition konnten nazistische und totalitäre Strömungen wenn nicht politisch, so doch massenpsychologisch anknüpfen. Sie trugen in mehrfacher Hinsicht den emotionalen Bedürfnissen vom Leben enttäuschter Menschen Rechnung, denen es, von Ventilsitten im Karneval oder im Bierzelt einmal abgesehen, weitgehend verwehrt ist, sich in Lebenslust zu vergesellschaften.

1. Da ist einmal der aus alltäglicher Frustration im Trott eines gleichförmigen und doch unter Konkurrenzdruck angespannten Lebens sich anstauende vitale Unmut, der nach explosiver Entladung drängt.

2. Unter der »rauhen Schale« deutlich zur Schau getragener Verdrossenheit und Aggressivität erhält sich das ungestillte Bedürfnis nach einem Leben in größerer Gemeinschaft, die dem Einzelnen und seiner Familie nicht nur soziale Absicherung, sondern auch echte Geborgenheit gewährt. In einer Gesellschaft, in der jeder mit jedem konkurriert oder einer des anderen Tugendwächter ist, überwölbt die faschistische oder totalitäre Gemeinschaftsidee gleichsam den allgegenwärtigen Mangel an Mitmenschlichkeit durch Einbeziehung in ein völkisches oder internationales Ganzes, das seinerseits ausgerichtet ist auf Feinde, durch die es sich *definiert* im buchstäblichen Sinne von Abgrenzung. Am »Klassenfeind« oder am »Rassenfeind« gewinnt die totalitäre Gemeinschaft erst ihre Existenzberechtigung und ihren Lebenssinn.

Die totalitäre Gemeinschaft ist nicht von innen heraus gewachsen, sondern von außen her zusammengehalten: durch den Druck der Feinde, gegen die sie sich panzert. Die nur durch gemeinsamen Lebensgenuß zu begründende, im Mitfühlen sich bewährende Verbundenheit unter den Menschen ist übersprungen durch die ideologische Verpflichtung auf die größere Gemeinschaft. Im Konfliktfall ist sogar gefordert, ein Familienmitglied oder einen Freund der »Volksgemeinschaft« bzw. dem »Arbeiter- und Bauernstaat« preiszugeben. Diese Forderung ist konsequent, weil eine Kampfgemeinschaft nicht aus sich erweiternden Lebensumkreisen entsteht, sondern unmittelbar an den allgemein verbreiteten Aversionen und Sehnsüchten des Einzelnen ansetzt. Die von einer Einheitsmoral einheitlich emotional reduzierten und verbogenen Menschen werden so, wie sie sind, zur Volksgemeinschaft oder zum Kollektiv zusammengebunden, zu einer, wie HITLER sagte, »großen einheitlichen Kampfgemeinschaft« (*Mein Kampf*, S. 516). Solch synthetisch erzeugtes Gemeinschaftsgefühl bedarf aber täglicher Pflege durch die Massenmedien, die darum gleichgeschaltet sind; und sie ist angewiesen auf propagandistisch vermittelte Erfolgserlebnisse, weil sonst die alle verbindende affektive Spannung sich löste.

Solange Hitler von Erfolg zu Erfolg, von Blitzsieg zu Blitzsieg schreiten konnte, brauchte er sich um den Zusammenhalt seines Volkes, auch um die Loyalität seines Offizierskorps nicht zu sorgen. Nach Stalingrad aber begann die ebenso feind- wie erfolgsbezogene Volksgemeinschaft brüchig zu werden. Sie war weitgehend zerfallen nach der Niederlage von 1945, als die Flüchtlinge und Vertriebenen im westlichen Teil des Landes nur widerwillig Aufnahme fanden; als die »tapfere deutsche Soldatenbraut« sich den Siegern zuwandte und in der amerikanischen Besatzungszone die dort inszenierte Entnazifizierung durch Denunzianten kräftig gefördert wurde. Die negativ motivierte Volksgemeinschaft, die in der Ausrichtung auf Feinde gründet, überlebt niemals ihre Niederlage. Sie hält zusammen im Erfolg; ihre Siege sind die Siege aller. Aber besiegt wird jeder für sich allein. Und so haben die Kriegsversehrten, die Kriegswaisen, die Ausgebombten und die Flüchtlinge die Schmach der Niederlage ganz anders gekostet als die übrige Bevölkerung. Daß für einige dieser Personengruppen später ein Lastenausgleich geschaffen wurde, hat die zerstörte Volksgemeinschaft nicht wiederhergestellt, eher die Risse im sozialen Zusammenhalt vertieft, soweit er nach der Währungsreform einem Teil der Flüchtlinge eine besondere Starthilfe gab.

Der in Not und Elend verbitterte oder in einem spannungslosen Leben frustrierte Mensch ist dankbar für eine politische Führung, die auf Katastrophen zusteuert. Der im alltäglichen Leben hart an sich haltende Mensch, der hier sich grobe Gewaltakte und Tötungshandlungen versagt, wartet geduldig auf den Schießbefehl, der zur soldatischen Pflicht macht, was Gesetz und eigenes Gewissen sonst verwehren.

Das Bedürfnis nach aggressiver Abreaktion und das Bedürfnis nach Gewissensentlastung für tödliche Aggression erfahren in der Kampfgemeinschaft, die sich einem Führer unterwirft, eine vorläufige Erfüllung, im Kampf gegen die bösen Feinde ihre Befriedigung. Das Darwinsche Schlagwort vom »Kampf ums Dasein«, das wörtlich auch von Hitler übernommen wurde (siehe *Mein Kampf*, S. 145), hat seinerzeit den in Freudlosigkeit wild Gewordenen ihr heroisches Lebensgefühl quasi wissenschaftlich unterlegt. Heute dient zum selben Zweck der naturphilosophischen Rechtfertigung alltäglicher Rücksichtslosigkeit die Lehre vom angeborenen Aggressionstrieb. Wie sehr es sich dabei um eine bloß kämpferische Ideologie handelt, hat ihr Hauptvertreter, KONRAD LORENZ, in einem Interview bekundet, als er sagte, »selbst wenn sie nicht stimmen würde«, diese Theorie vom spontanen Aggressionstrieb, müßte er »sie vertreten als Moralist«[46]. Das zielt vielleicht nicht mehr auf die Tugenden der »Härte, Heldenhaftigkeit, sozialen Einsatzbereitschaft«, die er unter Hitler gepriesen hat[47], wohl aber immer noch auf eine Empfehlung des Kampfsports zur Sublimierung jenes vermeintlichen Triebes[48], und auf einen Appell, sich zu *stählen*[49]. Dem im Wohlstand verfetteten Bildungsbürger mag dies wie eine erfrischende Fastenpredigt klingen. Doch wir haben auch hier eine Hitler gemäße Denkweise zu überwinden, nach der es nur »zwei Möglichkeiten« gebe, entweder Schwäche oder Härte, Verweichlichung oder Abhärtung. Gelassene Selbstbehauptung, herzhafte Sinnlichkeit und unverkrampftes sportliches Spiel wären die Lebensform, die wir jenseits der knirschenden Alternative anzusteuern hätten. Aber das ist in Lustlosigkeit nicht möglich.

VIII. KAPITEL

Hitlers Ungeist heute

a) Junge Neonazis – nichts dazugelernt?

Unsere aufs Bewußtsein ausgerichtete Moral und Sozialpädagogik stärkt die Vorstellung, daß es nur darauf ankomme, den Menschen möglichst drastisch das Unheil des NS-Staates vor Augen zu führen. Dann müsse Einsicht in seine Verwerflichkeit sich ausbreiten und ein Wille, es nie wieder zu solchen Unterdrückungsmethoden und einem Massenmord wie zur Zeit des Zweiten Weltkrieges kommen zu lassen. Von Neonazis, die verwunderlicherweise gerade seit dem Film *Holocaust* (1978) wieder von sich reden machen, heißt es, sie hätten »nichts dazugelernt«. Humanität als Lernprozeß, als Ergebnis verstandesmäßiger Unterrichtung, Schulung und Information – das ist die Anthropologie der Wohlgesinnten in unserer Kultur, das Menschenbild der Bildungsbürger, denen nur gesagt werden mußte, was die humanitären Werte sind, damit sie ihnen nachstrebten. Der so vom Verstand her ansprechbare Mensch ist entweder einer, der – bei schwacher Gesundheit – durch unangepaßte Triebe und Leidenschaften nicht tiefer beunruhigt und aufgewühlt ist und darum mit den geltenden triebbeschränkenden Normen nicht so leicht in Konflikt kommt. Oder es handelt sich um einen im Denken so Wohlangepaßten, der seine vitalen Antriebe vom wertenden Bewußtsein derart abgeklammert hat, daß er gar keine Ahnung mehr davon hat, was unter veränderten moralischen und politischen Bedingungen auf einen »Führerbefehl« willig aus ihm hervorbrechen könnte.

In einer Zeit, die mitsamt dem Nazismus bei uns zulande auch nationale Gefühle diskreditiert hat, fällt es leicht, sich zu pazifistischen und humanitären Idealen zu bekennen, selbst wenn unter der Decke des Wachbewußtseins unduldsam-aggressive Neigungen schlummern. Sie sind womöglich gar nicht so eingeschlafen, wie es selbst dem illusionslos tiefer Blickenden erscheint, sondern haben »freie Fahrt« auf den Landstraßen, und sie haben sich verfeinert (»sublimiert«) zu einer Technik unangreifbarer Nadelstiche im alltäglichen Zusammenleben. Gerade dies, was als eine Sublimierung von Aggressivität erscheint und als eine Form, mit ihr leben zu können, muß zusätzlich Unmut in den Menschen anstauen, der durch Frustration ursprünglicher Triebe nicht mehr zu erklären ist. Was als allgemeine Gereiztheit, Unduldsamkeit und intrigante Bosheit uns tagtäglich begegnet, gewinnt bei aller Widrigkeit noch den Charakter solcher Vertrautheit, daß es als natürlicher Ausdruck menschlichen Wesens erscheint, dem eben der Aggressionstrieb nicht fehle. Nur von denen, die offener sich zu Gewalt und Zerstörung bekennen, heißt es, sie hätten nichts dazugelernt.

Die gutherzige Meinung, der Mensch könne von dranghaft aus ihm hervorbrechender Gewalt abgebracht werden, indem man ihm Gewalttaten in abschreckender Weise vorstellt, diese optimistische Meinung nimmt stillschweigend an, daß das, was den Sozialpädagogen schreckt, auch auf jedermann abstoßend wirken müsse. Das aber ist nicht der Fall. Was den einen schreckt, wirkt auf den anderen stimulierend. Wovon der eine sich angewidert abwendet, daran entwickelt der andere ein lüsternes Interesse. Kein Grauen, durch Filme vorgeführt, kann so abgründig sein, daß sich nicht noch psychisch Fehlgeprägte fänden, die es genießen. Nekrophile Charaktere ergötzen sich am Anblick von Leichen, zumal wenn diese unbekleidet sind. Was offen als sinnliches Interesse am menschlichen Körper nicht sich hervorwagt, das gestattet sich der Nekrophile vor dem Leichnam: ein lüsternes Begaffen, das kein tadelnder Blick mehr zurückweist. Die uns allen anerzogene sexuelle Scham ist es gerade, die bei einigen besonders Verschüchterten das Triebinteresse auf tote Menschen ausweichen läßt. Der moralische Ursprung nekrophiler Phantasien ist tief verborgen und mag nur gelegentlich im psychoanalytischen Gespräch herauskommen. Wer in seinem sexuellen Begehren schon soweit pervertiert ist, den trennt nur noch der »Befehl von oben« davon, die Toten, die er sonst nur phantasiert, sich selber zu schaffen.

Ein Mensch, der unter dem Einfluß sexualfeindlicher Erziehung eine triebhafte Neigung zu Toten und zum Töten entwickelt, ist durch rationale Belehrung kaum mehr davon abzubringen. Er wird durch Belehrung und durch die Vorstellung humaner Werte um so weniger davon wegzubringen sein, je tiefer er die ins Perverse verbogene sexuelle Motivation in sich verdrängt hat. Alles, was mit dem Verlöschen des Lebens zu tun hat, mit Krankheit zum Tode, mit Mord und Krieg und Gewaltverbrechen, zieht ihn in seinen Bann. Wer sagt, ein solcher Mensch, der immer noch der Faszination des Grauenhaften erliege, habe nichts dazugelernt, der ist selber dagegen gesperrt, sich über die »sittliche« Bedingung und die triebhafte Wurzel nekrophiler Neigungen aufklären zu lassen. Er hat, was immer in eruptiver Weise vernichtend aus sittlich verklemmten Menschen hervorgeht, womöglich in sich selber bis zur Uneinsichtigkeit verdrängt. Als sozialpsychologischer oder zeitgeschichtlicher Theoretiker behilft er sich damit, die scheinbar unerwarteten Folgen moralkonformen Triebstaus so gut zu rationalisieren, daß sie von unversöhnlichen politischen Ideen, aus der Propagierung eines »Feindbildes« oder aus einem Verlust positiver Wertorientierung abgeleitet werden können. Wo destruktive Neigungen gar als die Konsequenz bestimmter sozialpolitischer und staatsformender Gedanken erklärt werden, da provozieren sie ihrerseits von andersgesinnten Wissenschaftlern entsprechende Gegen-Erklärungen. Aggressionen und Gegen-Aggressionen werden so von einem Streit der Meinungen überformt, der selber nur möglich ist, weil die vitalen Beweggründe destruktiver Gesinnung über die Gesinnungsfronten hinweg verdrängt sind. Wenn wir aber mit FREUD illusionslos davon ausgehen, daß die Triebe der Ursprung jeder menschlichen Aktivität sind[1], dann brauchen wir für aggressives und destruktives Verhalten nicht eigens geistige Ursachen aufzusuchen in einer Gesellschaft, in der bei allzu vielen die Triebstruktur ins Sadistische und auch Masochistische hinein verschoben ist. Wer hier auf geistige und politische Ursachen der Gewalt abhebt, der leistet allenfalls einen Beitrag, die Bewußtseinsformen bereits politisch wirksamer oder politisierter aggressiver Neigungen und Tendenzen nachzuzeichnen. Wie Feindbilder historisch auseinander hervorgehen oder sich ablösen, mag dabei deutlich werden; aber wie ein Verlangen nach ihnen entsteht, das bleibt der an Ideen orientierte Forscher uns zu erklären schuldig. Im Verhältnis zu der radikal ansetzenden Frage nach den vitalen Beweggründen der Gewalt unter Menschen ist auch der Marxist noch ein Überbau-Theoretiker, wenn er allen Kampf und Streit auf Klassenkampf zurückführt und damit auf das Bestreben der einen, ihre Privilegien zu bewahren, und die Unzufriedenheit der anderen mit ihren ökonomischen Verhältnissen. Wer so die Geschichte interpretiert, hebt nur eine relativ bewußt gewordene Schicht der Antriebe ab, die aggressivem Verhalten zugrunde liegen. Wer sich als Sozialwissenschaftler scheut, dabei auf die vitalen Bedürfnisse der Menschen selbst zurückzugehen, wird notwendig dahin gedrängt, in den tagespolitischen Auseinandersetzungen einen Part zu übernehmen. Auch bei der »Aufarbeitung der braunen Vergangenheit« kommt er dabei in die Nähe derer, denen – zumal in Wahlkämpfen – ihre politischen Gegner verdächtig werden, faschistoid zu sein. Mit anderen Worten: Wer nicht auf die vitalen Bedingungen einer Aggressivität zurückgeht, die in vielfältigen Formen und Formationen sich politisieren kann, gerät selber in den Sog der dabei entstehenden Frontbildungen. So kommt es, daß nicht nur progressive und konservative politische Parteien auf ihre Sozialwissenschafter zurückgreifen können, sondern daß auch den Neonazis noch Historiker zu Gebote stehen.

Den Theoretikern aller politischen Richtungen gemeinsam ist das Vorurteil, daß sich durch das bloß propagandistische Aufrichten eines Feindbildes politisch weiter verwertbare Aggressionen hervorrufen ließen. Solche Theorie bleibt blind dafür, daß jede Vorgabe kollektiver Todfeinde nur einer politischen Ausrichtung von sonst diffusen Tötungstendenzen dient, die in den Familien sich heranbilden, aber hier nur selten sich durchschlagend destruktiv austoben. Wohl sind die Eltern – und vor allem zumeist der autoritäre Vater – in unserer Kultur für fast einen jeden die erste moralische Instanz, die Triebunterdrückung durchsetzt, Zärtlichkeit verweigert, mit Strafen auf unbezähmbares Verhalten reagiert. Das dabei frustrierte oder gar gedemütigte Ich begehrt auf, aber zumeist nicht direkt, frontal gegen den unterdrückenden Erzieher, sondern durch scheinbar positive Einstimmung in Lebenswerte und politische Ideale, die den Vätern ein Greuel sind. So haben in den sechziger Jahren die jungen ungebärdigen Studenten Marx und Lenin, Mao und sogar Stalin in Bildern, Parolen und Sprechchören als ihre Idole herausgestellt – mit der scheinbar unbeabsichtigten Nebenwirkung, daß Väter und Professoren sich dadurch provoziert fühlten. Tiefenpsychologisch gesehen aber ging es gerade darum, eine politische Fahne zu schwenken, die auf die Väter des wirtschaftlichen Wiederaufstiegs als rotes Tuch wirken mußte. Heute, da viele der Rebellen von damals schon als Lehrer unterrichten und dabei mit ihrer marxistischen Gesinnung nicht hinter dem Berg halten, drängen sie ihrerseits aufsässige Schüler zur Wahl eines politischen »Vorbildes«, mit dem sie, die Lehrer, sich bis zur Weißglut reizen lassen. Wenn dann davon die Rede ist, schon Dreizehnjährige treibe es »unters Hakenkreuz«[2], nämlich in neonazistische Jugendverbände, dann kann in bezug auf diese »Jungen und Mädel« doch nicht gut davon gesprochen werden, sie hätten »nichts dazugelernt«. Sind sie Opfer unbelehrbarer Verführer? Ja und nein. Sie sind es, solange sie noch nicht erfaßt haben, unter welchen Emblemen sie sich da versammeln, wenn sie auf Hakenkreuz und Totenkopf sich ausrichten lassen. Aber zugleich ist es ein Grundgesetz aller Verführung, daß zu irgend etwas verführt nur werden kann, wer schon eine entsprechende Neigung mitbringt. Und so kann zu einer die Demokratie störenden Organisation auch nur verführt werden, wer schon bereit ist, als Störenfried zu wirken. Die Embleme, unter denen das geschehen kann, und die politische Richtung dafür sind dem, der stören will um der Störung willen, zunächst nicht so wichtig. Er nimmt, was größtmöglichen Effekt verspricht. Später, auf eine Richtung festgelegt, kann er als Fanatiker auftreten, dem seine Sache heilig ist.

Es sind zunächst oft durchaus harmlose Motive, die zum Eintritt in eine neonazistische Jugendorganisation bewegen. Die dafür werben, verstehen es, sich auf die Mentalität junger Menschen einzustellen. In einer Werbebroschüre des »Freundeskreises für Jugendarbeit« lesen wir:

Gehört auch ihr zu denen,
die ihre Abenteuer am
Bildschirm erleben?

Kommt mit uns auf
Fahrt und Lager!

Der Text legt – bei aller Tendenz zur Verführung – den Finger auf eine wunde Stelle unserer Konsumgesellschaft: auf die Passivität und Ereignislosigkeit des Lebens in ihr, auf die Langeweile, die nur vom Fernsehen überspielt wird. Jugendlicher Erlebnishunger, ungestillte Triebhaftigkeit verlangen nach dem Abenteuer, nach »großer Fahrt«, wie es in der Hitlerjugend hieß, nach dem Mitreißenden einer »Bewegung«, wie Rudi Dutschke 1968 schon wieder sagen konnte. Dieses Grundbedürfnis junger Menschen kann von politisch extremen Verbänden ebenso angesprochen werden wie von religiösen Erweckungsbewegungen und von einsatzfordernden Umweltschützern. Für welche dieser Gruppen der junge erlebnishungrige Mensch sich entscheidet, hängt oft von sogenannten Zufällen ab: Ein Freund ist bei den Spartakisten – also geht man einmal mit hin, findet vielleicht Gefallen an einem Mann oder Mädchen dort und kommt wieder. Oder ein Kernkraftwerk soll in der Nähe errichtet werden – also bietet sich hier die Chance, sich leidenschaftlich zu engagieren, auch wenn man von den Gefahren solcher Anlagen nur ganz vage Vorstellungen hat. Oder ein marxistisch gesinnter Lehrer hat einen schlecht benotet – also geht man zu den Neonazis.

Die (anfängliche) Beliebigkeit des Engagements, dessen fast zufällige Übereinstimmung oder Nichtübereinstimmung mit begründbarer Sorge sollte den Zeitkritiker davon abhalten, in der politischen Färbung eines Jugendbundes das ursächlich Gefährliche zu sehen. Solange die sozial etablierte Zeitkritik alles an den »Werten und Normen« mißt, die unsere spontansten Regungen zugleich beschränken wie ersetzen sollen, solange bleibt sie ratlos vor allen Erscheinungsformen jugendlich-vitalen Aufbegehrens oder vielmehr auf dessen politisch zu wertende Gruppierungen fixiert. Wer vorweg »Selbstbeherrschung« von den jungen Menschen verlangt und immerzu an »soziale Verantwortung« appelliert, ohne menschliche Wärme zu bieten und ohne zu hautnahem Miteinandersein zu ermutigen, der kann nur noch kraftlos vor radikalen politischen Gruppen warnen, die immerhin einen Teil der unbefriedigten vitalen Neigungen für sich mobilisieren. Politisch extremistische Vereinigungen sind die natürliche Folge eines in sittlichen Zwängen und in Scheinbefriedigungen (Motorradraserei, Fernsehen, Alkohol- und Rauschgiftkonsum) beengten Lebensdranges. Die radikalen Gruppen verheißen belebende Aktivität, Kameradschaft und Einsatz für politische Ziele, die für den Einzelnen erst wertvoll werden in dem Maße, in dem er sich in die Gruppe einlebt. Das verschwiegene Motiv seines Engagements ist dabei seine *Angst vor Vereinsamung* in einer Konsum- und Konkurrenzgesellschaft, in der nur derjenige nicht verlassen wird, der immer genug Geld in der Tasche hat.

Die radikalen Gruppen, gleich ob rechts oder links orientiert, haben der üblichen Geselligkeit immerhin das eine voraus, daß sie das Individuum unabhängig von seinem sozialen Status akzeptieren, unabhängig von seiner Brieftasche. In einer Gesellschaft, in der am besten sozial integriert ist, wer »Runden« auszugeben vermag, ist der Ruf einer politisch militanten Gruppe gerade für Arbeitslose verlockend. Wer, mit anderen verbunden durch gemeinsame politische Ziele, von ihnen ohne lange Fragen nach seiner beruflichen Stellung ernstgenommen wird, der gewinnt bei ihnen auch eine menschliche Heimat, die ihn über manches politisch Bedenkliche hinwegsehen läßt. Das bedeutet: Er kündigt die Mitgliedschaft in der radikalen Gruppe auch dann nicht so schnell auf, wenn Zweifel an deren Zielsetzung in ihm aufkommen. »Irgendwo muß man dazugehören«, wird er sich sagen. Das aber ist ein Moment der

Verführung, das nicht sein Führer und seine Kameraden ihm einflößen, sondern das von außen her in die Gruppe ihn preßt. Von außen her, das heißt von einer Gesellschaft, in der fast alle mitmenschlichen Beziehungen unter dem Zwang, nein, der Bedingung stehen, sozial erfolgreich zu sein[3]. Wo der »Versager« schonungslos fallengelassen wird und schon der unter Existenzangst Arbeitende von der Sanktion der Vereinsamung bedroht ist, da bietet die radikale politische Formation immerhin eine erfolgsunabhängige Gemeinschaft. Wer diesen – relativen – Vorzug extremer politischer Gruppen nicht wahrzunehmen bereit ist, von dem gilt seinerseits, daß er »nichts dazugelernt« hat. Als heute gefragter Demokrat wird sein ganzer politischer Eifer darauf gerichtet sein, vor der Gefahr eines neuen Faschismus zu warnen, nicht aber darauf, den Ursachen politischer Radikalisierung unter jungen Menschen nachzuspüren. Diejenigen gar, die selbst nur demokratisch gesinnt sind, weil solche Gesinnung heute eine Gewähr für sozialen Aufstieg bietet, brauchen das Feindbild des Faschismus oder Neonazismus, um sich selber als Demokraten dagegen abzugrenzen. Das selber Faschistoide daran geht ihnen gar nicht auf: eben das Angewiesensein auf einen Feind, von dem widersprüchlich genug zugleich gesagt wird, daß es am besten wäre, wenn es ihn als politische Erscheinung heute gar nicht mehr gäbe. Solch äußerlich aufgesetzter, im wesentlichen an einem Feindbild orientierter demokratischen Gesinnung fehlt jene Liberalität, die hinter allem Befremdlichen zuerst »Ursachen sucht und sich dann bemüht, mit diesen fertigzuwerden« (RALF DAHRENDORF[4]).

Die aus ruhelosen Menschen heraus wirkenden Ursachen politischen Radikalismus: Triebfrustration, ungestillter Erlebnishunger, Angst vor Vereinsamung, müßten zuerst beseitigt werden, ehe über die Radikalen guten Gewissens lamentiert werden dürfte. Diese Ursachen müßten beseitigt werden durch Moralwandel, eine Änderung des Erziehungsstils, aber auch durch ein Angebot statusunabhängiger Geselligkeit, die dennoch ein Gruppenerlebnis vermittelt und den Drang zum Abenteuer befriedigt. Wohl trifft es zu, daß seinerzeit Hitler von einer Woge der Massenarbeitslosigkeit emporgetragen wurde. Und insofern haben diejenigen recht, die in der Jugendarbeitslosigkeit eine wesentliche Ursache des Rechtsradikalismus erblicken. Aber nicht die erzwungene Muße oder der Wunsch, wieder in Arbeit zu kommen, motivieren unmittelbar zum Eintritt in eine rechtsradikale Partei oder Organisation. Vielmehr sind es die soziale Diskriminierung und die Vereinsamung, die auf den Arbeitslosen zurückschlagen. Niemand, außer ein produktiv Tätiger (ein Handwerker, Künstler oder Wissenschaftler oder wer sonst gestaltend wirken kann), ersehnt Arbeit um der Arbeit willen. Auch Arbeitssüchtige sind nicht die Regel. Der »normale« Arbeitnehmer blickt sehnsüchtig auf die Uhr, wie lange es noch bis zum Feierabend dauert. Die allgemeine Wertschätzung »der Arbeit« beruht auf den sozialen Prämien, die sie verschafft. Alle wollen Arbeit, aber nicht jeder will arbeiten. Den Arbeitslosen erbittert, daß er vom »Verteilungskampf« der Werktätigen und Gehaltsempfänger ausgeschlossen ist. Und er leidet darunter, daß ihm dies noch als ein Versagen angekreidet wird.

Nur indirekt also ist Arbeitslosigkeit eine Bedingung politischen Radikalismus. Die psychischen Beweggründe, »radikal« zu werden, liegen tiefer; sie bilden sich aus jenen Frustrationen und Verdrängungen, aus denen auch unstillbarer Ehrgeiz und sogenannte »Arbeitswut« erwachsen. Beides, radikaler Aktionismus und übersteigerte Arbeitsaktivität, sind extreme und nicht zu häufige Antworten auf vitale und emotionale Versagungen, von denen die Mehrheit der Bevölkerung nicht im selben Maße geplagt ist, sei es, daß ihr nicht soviel an elementarer Befriedigung vorenthalten wird, oder sei es, daß sie sich ohne zu murren mit den erwerbbaren Gütern abspeisen läßt, die vielfältiger Ersatzbefriedigung dienen. Beides zusammen mag für den demokratisch gesinnten Durchschnittsbürger das Bild größerer »Frustrationstoleranz« ergeben. Erst in schweren wirtschaftlichen Krisen, wenn auch die Ernährung nicht mehr gesichert ist, wächst in allen Ländern den Radikalen eine allgemeine Unzufriedenheit zu, deren sie sich als Vehikel für ihre neurotischen Machtphantasien bedienen. Der Radikale als beklagenswerter Neurotiker leidet schon an eingebildeten Schmerzen und Entbehrungen, die er bloß seinen eigenen Hemmungen verdankt. Aber Anhang gewinnt er, wenn um ihn herum die Menschen in elementarer Weise Not leiden. Eine solche Notsituation wie zur Zeit der Weltwirtschaftskrise nach 1929 kann sich selbst für Arbeitslose nicht mehr ergeben, seitdem in unserem Land das »soziale Netz« eng geknüpft ist. Nur weltweite Verknappung der Lebensmittel (dank immer größerem Raubbau an der Natur) könnte auch in industrialisierte Regionen den Hunger tragen. Aber dagegen wäre mit Arbeitsbeschaffung nichts mehr auszurichten. Sie könnte, sofern die menschliche Arbeit weiter die Acker- und die Waldflächen verringerte, die Gefahr eher beschleunigt heraufführen.

Wer für »Vollbeschäftigung« eintritt, um dem Radikalismus zu wehren, betreibt damit entweder eine Irreführung der Bevölkerung, oder er weiß nicht, was er fordert. Er täuscht die Bevölkerung, wenn er als Regierungsmitglied zugleich für einen Abbau der Personalkosten bei Bahn und Post sorgt oder als Förderer der Wirtschaft deren Rationalisierungsinvestitionen unterstützt. Oder ein Politiker weiß nicht, was er sagt, wenn er in einer Zeit fortschreitender Automation Vollbeschäftigung als ein erstrebbares Ziel bezeichnet. Wer da noch alle »Arbeitsfähigen« beschäftigen wollte, müßte entweder eine Überproduktionskrise mit restloser Resourcenvernichtung heraufziehen oder, tiefer in den Staatssäckel greifend, Pseudoarbeit als bloße Beschäftigungstherapie vergeben.

Unsere französischen und englischen Freunde wundern sich, daß wir in Westdeutschland bei geringerer Arbeitslosigkeit als in ihren Ländern schon so aufgeregt und besorgt sind. Der tiefere Grund ist, daß uns das Gespenst Adolf Hitlers im Nacken sitzt. Wir wissen, daß im Jahre 1933 der Führer der NSDAP von einer Hochflut von Arbeitslosen an die Macht geschwemmt worden ist. Was wir alle für gut und für nützlich halten: politische Bildung in den Schulen, Aufklärung über Hitlers Ungeist, hat auch den Jüngeren jene Besorgnis mit eingeimpft. Dabei vermischte sich in besonders ungebärdigen Temperamenten schon diese Befürchtung mit entsprechender Erwartung, die als latente Bedrohung auf die verantwortlichen Politiker zurückwirkt. Einige, die sich selber als Neonazis verstehen, sprechen es offen aus: »Noch eine Million Arbeitslose mehr, und wir sind wieder da.«[5]

Solch allerprivateste Hoffnung wäre nicht weiter gefährlich, wenn ihr die Massenmedien nicht millionenfache Publizität verschafften. Illustrierte Blätter, die eilfertig und marktbewußt drucken, was zu schockieren vermag, verwandeln die Hoffnung, an der nur politische Sektierer sich berauschen, in einen Schrecken für uns alle. Fernsehredakteure mit Mut zum Antifaschismus sorgen für die Verbreitung neonazistischer Parolen, um sie als – dann – soziales Phänomen erst richtig anprangern zu können. Das Bedürfnis nach Feinden, die man guten Gewissens verfolgen darf, baut diese als Gefahr für die Demokratie, für den Rechtsstaat, die freiheitlich demokratische Grundordnung erst eigentlich auf. Denn jener junge unpolitische Mensch, der, sexuell frustriert, emotional gehemmt und sozial verschüchtert, sich nur einmal rächen möchte für die ihm auferlegten Beschränkungen und Verzichte, wird sich am ehesten denen anschließen, die die Hüter von Recht und Ordnung am stärksten zu provozieren vermögen. Sie tun damit aber noch den

Unerbittlichen einen Gefallen, die ein Vergnügen darin finden, staatliche Machtmittel einzusetzen, dabei aber aus inzwischen eingeübter rechtsstaatlicher Gesinnung auf wirklich gefährliche politische Gegenkräfte warten. So sehen wir »Antifaschisten« am Werk, die die Nazis derart hassen, daß sie ihnen unbewußt (wirklich nur unbewußt?) Auftrieb geben, nur um sie desto besser bekämpfen zu können. Angesichts solcher »Sozialpädagogik«, die sich nur dem Gefälle zu größtmöglicher Raserei überläßt, frage ich: Wer hat nichts dazugelernt, wie oft wird Hitler noch besiegt?

b) Staatsverdrossenheit

Hitlers Ungeist vermag am kräftigsten nachzuleben in jener Unzufriedenheit mit Entscheidungen »von oben«, die von den Repräsentanten der bestehenden Ordnung als »Staatsverdrossenheit« beklagt wird. Angesichts der Langwierigkeit demokratischer Entscheidungsprozesse, der Schwerfälligkeit unserer rechtsstaatlichen Ordnung, wenn es darum geht, sich auf neue Situationen einzustellen, wagt hie und da immer noch sich die Hoffnung hervor, ein »Hitler« (der natürlich nicht Krieg führen dürfte) würde in mancher Hinsicht »kurzen Prozeß« machen oder rücksichtslos »durchgreifen«. Anarchistisch Gesinnte meinen sogar, das Beste wäre es, verschiedene Dinge ohne staatliche Gängelung und auch gegen den Willen der »Herrschenden« einfach in die eigene Hand zu nehmen. Besorgte Wächter unseres Gemeinwesens beklagen denn auch ein »Schwinden des Rechtsbewußtseins und der demokratischen Gesinnung . . . in Teilen der Bevölkerung« (DREGGER[6]).

Wie der Hitler der »Kampfzeit«, der die »hündische Verehrung der *Staatsautorität«*[7] verspottet hat, so wenden sich heute die »aufmüpfigen« jungen Leute gegen die Staatsgewalt als die repressive Kraft, die sie gegen ihre Lebensinteressen gerichtet sehen. Sie würden wohl nicht zögern, HITLER auch zuzustimmen, wenn er sagt, »daß der Staat keinen Zweck, sondern ein Mittel darstellt« (*Mein Kampf,* S. 431), ein Mittel zur Erhaltung und Förderung der in ihm vereinigten Menschen. Erst wenn in Hitlers Sinne näher erläutert würde, daß solche Vereinigung nicht nur kulturelle, sondern vor allem rassische Gleichartigkeit[8] verlange, würden wohl nur noch Neonazis unter den »Staatsverdrossenen« sich mit Hitlers Auffassung vom Staat befreunden. Wer durch antifaschistische Erziehung wenigstens soviel gelernt hat, daß die Gedanken des »Führers«

heute nicht mehr gefragt sind, der wird sich von vornherein nicht darauf einlassen, irgend etwas davon zu erwägen. Wenn wir aber unbefangen mit Adolf Hitler fertig werden wollen, dann werden wir nicht ungeprüft alles, was er je gesagt hat, für baren Unsinn halten oder für durchwegs gefährlich erklären.

Mir scheint, der frühe Adolf Hitler hat nur zu gut die idealistische Pervertierung des Staatsgedankens bezeichnet, wenn er fand, hier sei der Staat zum Selbstzweck geworden. In einem solchen Staat dienen Justiz und Verwaltung nicht den Lebensinteressen des einzelnen Bürgers, sondern dieser hat der Verwirklichung der rechtsstaatlichen Ordnung des Staates zu dienen: um sie mit vorgedachten Ideen in Einklang zu bringen. HITLER rieb sich aber nicht nur an der Weltfremdheit des idealistischen Staatsdenkens, sondern auch an einer rechtsstaatlichen Ordnung, die immobil seiner *Bewegung* zu »wirklicher Volksgemeinschaft« (*Mein Kampf*, S. 374) im Wege stand. Ihm ging es darum, den Staat aus seinen juristischen Verkrustungen zu lösen, ihn als »völkischen Staat«[9] gleichsam aufzuweichen und als »oberster Gerichtsherr« schließlich nach seinem Willen zu formen. Seinen Vorstellungen von salomonischer und drakonischer Rechtsprechung hätte ein schwerfällig rechtsstaatliches System niemals genügt.

Wer weiß, zu welcher Willkür und zu welchem Terror Hitlers laxes Verhältnis zum Staat geführt hat, wird dazu neigen, schon seine anfängliche Kritik an einem Staat, der zum Selbstzweck wird, für verfehlt zu halten und ihr gegenüber den Wert einer rechtsstaatlichen Ordnung zu setzen, für die der Einzelne auch Opfer zu bringen habe. Bevor jedoch dem Staatsbürger eine so masochistische Rolle zugedacht wird, sollte überlegt werden, ob das Ruinöse in HITLERS Verhältnis zum Staat nicht doch in etwas anderem gründet als in seiner rationalen Kritik am idealistischen Staatsbegriff. Fern der Neigung, den Staat, wie HEGEL[10] dies tat, zu vergotten, finden wir es in Hitlers wahnhafter Gleichsetzung seines Machtwillens mit dem Willen des Volkes. Nur da er eben das, was er sich vorgenommen hatte, Krieg, Landgewinnung und Völkermord, als im Interesse des deutschen Volkes liegend ansah, konnte der von ihm dafür eingespannte Staat die pragmatische Staatsauffassung (wonach der Staat immer nur Mittel zu etwas anderem ist) in Verruf bringen.

Von der Einsicht her, daß im dogmatisch erstarrten Rechtsstaat weder ein tyrannischer Wille noch eine progressive Volksbewegung zum Zuge kämen, ist nicht zu folgern, daß solch ein Staat Willkür und Wandel, Umsturz und Neubeginn auch verhindern könnte. Der friedlich und reibungslos funktionierende Rechtsstaat regelt nur die sozialen Kräfte, die sich ihm bereitwillig fügen. Aber er ist wehrlos gegenüber einer »Bewegung«, die ihn nicht nur geistig oder ideologisch, sondern auf brachiale Weise in Frage stellt. Denn dann muß er, um sich zu verteidigen, schon etwas von der Willkür und Härte in sich aufnehmen, vor der er sich zu schützen sucht. Solch reale Dialektik von aufbegehrender Gewalt und staatlicher Gegengewalt macht sogenannte rechtsstaatliche Sicherungen, die vor Tyrannei zu bewahren hätten, zur bloßen Beschwichtigung der Sorge, solange die Bedrohung noch nicht akut ist. Ein allzu starres System rechtsstaatlicher Ordnung, das sozialem Wandel sich immer nur sperrt, kommt sogar um so eher in Gefahr, von einer revolutionären Kraft beseitigt zu werden, sofern es nicht schon unter sozialen Spannungen als Institution zerreißt.

Wenn junge Menschen die Erfahrung machen, daß die Polizei als »Auge des Gesetzes« wohl gegen diejenigen einschreitet, die sich in leerstehenden Häusern einnisten, nicht aber gegen jene, die die Häuser spekulativ verrotten lassen, dann kann das ihr Verhältnis zur geltenden Rechtsordnung auf eine vielleicht unumkehrbare Weise prägen: so, daß sie sich in ihr nie mehr ganz aufgehoben fühlen. Nicht nur Staatsverdrossenheit, sondern durchaus Rechtsfeindschaft geht dann aus solchen Erfahrungen als bewußte Gesinnung – und als Verhaltensdisposition – hervor. Lehrhafte Aufklärung über die »Sozialpflichtigkeit« allen Eigentums (nach Artikel 14, Abs. 2 Grundgesetz) kann solcher Rechtsfeindschaft nur noch das Gefühl der Ohnmacht gegenüber einer ganz anders gestalteten Verfassungswirklichkeit beigeben.

Staatsverdrossenheit ist nicht einfach ein bösartiges Gefühl der Verweigerung, das in jungen Menschen ohne jeden Anstoß von außen, das heißt von »oben«, sich heranbildet. Wenn die Ministerpräsidenten der westdeutschen Bundesländer die von der ökologischen Bewegung vorgebrachten Erwartungen breiter Bevölkerungskreise stereotyp mit »Verantwortung für den Rechtsstaat« abwehren, dann geben sie damit jungen Staatsbürgern einen so demoralisierenden Anschauungsunterricht von rechtsstaatlicher Praxis, daß sie sich über ein Schwinden des Rechtsbewußtseins und eine Schwächung der Staatsautorität nicht zu wundern brauchen. Vor lauter Angst vor einem neuen Hitler ist nach 1945 das plebiszitäre Moment in unserer Demokratie so knapp gehalten worden, daß heute die Gefahr der Radikalisierung von einer ganz anderen Seite droht: von einer politisch enttäuschten Bevölkerung, die zu den sogenannten staatstragenden Parteien kein Vertrauen mehr hat. Da diese Parteien nicht nur die Bundesregierung und die Länderregierungen bilden, sondern auch das Bundesverfassungsgericht und die Verfassungsgerichtshöfe der Länder – streng nach Proporz – mit »ihren Leuten« beschicken, überträgt das den Parteien entgegengebrachte Mißtrauen sich auf den Rechtsstaat überhaupt.

Noch trösten sich die verantwortlichen Politiker im Blick auf die ökologische Bewegung mit der statistischen Erklärung, daß immer nur ein kleiner Prozentsatz des Wählervolks sich an Protesten (gegen den Bau von Kernkraftwerken, Entsorgungsanlagen, neuen Flugplätzen usw.) beteilige: die jeweiligen Anwohner und jene »Berufsprotestierer«, die aus Lust am Krawall von Ort zu Ort zögen. Doch in dem Maße, in dem die Regierenden immer mehr das ganze Land mit ihren unpopulären Bauvorhaben überziehen, riskieren sie auch einen überregionalen Zusammenschluß der bis jetzt nur im örtlichen Bereich sich Engagierenden. Und das sind dann nicht nur junge Leute, denen schulmeisterlich bedeutet werden kann, daß ihre Zeit ja noch gar nicht gekommen sei.

»Staatsverdrossenheit«: Das schlimme Wort wird abwehrend und tadelnd von besorgten Demokraten einer Jugend entgegengehalten, die sich politisch engagiert. Kaum jemand fragt, wieviel Überdruß an unserer staatlichen Ordnung bei gestandenen Steuerzahlern sich ausbreitet, wenn sie vernehmen, daß die Schatzmeister der staatstragenden Parteien auch vor Steuerhinterziehung nicht zurückschrecken, um hinreichend Spendenlust für die von ihnen verwaltete politische Kraft zu gewährleisten. Welches Mißtrauen gegen Recht und Staat wird genährt, wenn nach dem ersten Durchsickern solcher Rechtsbrüche von den dadurch mit finanzierten Gesetzgebern sogleich die Möglichkeit einer besonderen Amnestie diskutiert wird! Die vielen kleinen Steuersünder, denen nicht Pardon gegeben wird, kommen da nur wieder auf den Gedanken, daß immer noch Kräfte am Werk sind, die Kleinen zu hängen und die Großen laufen zu lassen. In solchem Verdacht finden sich früh verbitterte Jugendliche mit schon ergrauten gebrannten Kindern, junge Aussteiger und ältere Arbeitslose vereint.

Die vielberedeten Jugendunruhen lenken einseitig den Vorwurf der Staatsverdrossenheit auf eine Jugend, deren Unruhe noch ganz andere Beweggründe hat, als in politischen Parolen zum Ausdruck kommt. Der sozial nicht integrierte Triebüberschuß junger Menschen erscheint im Spiegel politologischer Gesellschaftskritik als reines Unbehagen am Staat. Junge Menschen, die solche Deutung ihres Aufbegehrens akzeptieren, um sich eine soziale Bedeutung zu geben, helfen damit den Verdrängern unter ihren Kritikern, von der Staatsverdrossenheit unter den Älteren abzulenken. Aber was sonst spricht aus dem in verschiedenen Städten immer wieder unternommenen Versuch, eine Bürgerwehr zu gründen, um den Schutz des Rechts und der geltenden Ordnung in die eigene Hand zu nehmen! Es nützt uns wenig, daß verantwortliche Minister von Zeit zu Zeit vor solchen verfassungsfeindlichen Tendenzen warnen. Solange die Regierungen die Polizei mit Problemen belasten, die eine umsichtige Innenpolitik gar nicht erst entstehen ließe, ziehen sie doch Sicherungskräfte von der Front der Verbrechensbekämpfung ab. So haben die Staatsverdrossenheit der unruhigen Jungen und der resignierenden Alten zu einem gewissen Teil durchaus dieselbe Ursache: in der unnötigen Kriminalisierung ganzer Bevölkerungsgruppen wie der Hausbesetzer und der Atomkraftgegner. So wie immer schon die Diebe freie Hand hatten, wenn die Polizei gegen die Dirnen ausrückte, so dürfen sich heute die Berufskriminellen freuen, wenn starke Polizeiaufgebote durch Demonstranten gebunden werden. Die Polizisten selber verdrießt das.

Der Politiker, der im Volk eine Stimmung der »Staatsverdrossenheit« bemerkt, registriert damit auf eine ihn selber entlastende Weise, daß der Abstand zwischen ihm und dem Bürger sich vergrößert hat. Aber das kann nicht nur an der Wirkung außerparlamentarischer Aktivisten liegen. In einer Welt, in der nicht einfach mit hohen Ideen aufgeladene Geister sich begegnen, sondern wo noch zählt, wie wir buchstäblich Gehör finden, da müssen diejenigen, die uns parlamentarisch vertreten und administrativ beherrschen, auch für uns erreichbar und zugänglich sein. Die gewählten Spitzenkandidaten einer Landesliste, die in keinem Wahlkreis Sprechstunden abhalten, sind es für uns nicht. Der Landrat in der allzufernen Kreisstadt ist es kaum mehr. Allzulange haben die Länderchefs, Strauß und Börner ausgenommen, nicht bedacht, daß durch eine Gebietsreform, die immer größere Verwaltungseinheiten schafft, der Bürger von oben her in einem durchaus räumlichen Sinne immer noch mehr auf Distanz gehalten wird: Er wird immer mehr in die Rolle des Bittstellers gedrängt, der erst einmal anreisen muß und dann endlos lange Zeit in Vorzimmern verbringt oder vor ihm anonymen Instanzen resigniert. Die Möglichkeiten, Demokratie in einem überschaubaren Lebensumkreis einzuüben, schwinden.

Staatsverdrossenheit kommt nicht von ungefähr. Sie ist freilich auch eine Folge der Überschätzung staatlicher Macht gegenüber den – heute – autonomen Kräften der freien Wirtschaft. So wird von fast allen Seiten in erster Linie »dem Staat« und da vor allem der Bundesregierung die Hauptschuld am Ansteigen der Arbeitslosenzahlen zugeschrieben. Da seinerzeit Hitler von Massenarbeitslosigkeit begünstigt an die Macht gelangen konnte, fehlt den politisch Verantwortlichen in Bonn jene Gelassenheit, mit der britische und französische Politiker ihren noch viel tieferen Konjunktureinbruch durchstehen. Parteipolitische Panikmache (nicht nur auf seiten der Opposition) verschlechtert bei uns erst recht die psychologischen Bedingungen für neuen Aufschwung. Und sie hilft mit, das Vertrauen in unseren Staat zu untergraben. Eine parlamentarische Opposition, der es in erster Linie darum geht, selber wieder das Ruder in die Hand zu nehmen, quält sich auch wenig mit dem Gedanken, ob ihre Kritik an der Regierung wirtschaftspolitisch stichhaltig ist. Dann bringt sie es fertig, »staatliche Anreize« für neue Investitionen zu fordern – in einer Phase, in der die Betriebe ihre vorhandenen Kapazitäten noch nicht einmal ausnutzen. Eine Regierung, die sich darauf einläßt und »Investitionszulagen« gewährt, kann dann nur Mittel bereitstellen, die dem Ausbau der Automatisierung dienen, und damit helfen, weitere Arbeitsplätze wegzurationalisieren.

Staatsverdrossenheit: Der Vorwurf ergeht an die Adresse des Wählervolkes, so als ob es seiner Repräsentanten nicht würdig sei. Diese bedenken nicht, was sie selber dazu beitragen, um weidlich Überdruß an unserem Staatswesen zu nähren. Ihr besorgter Blick ist auf die jeweils nächsten Wahlen gerichtet, bei denen es nur darauf anzukommen scheint, wer die besseren »Zugpferde« hat. Die Parteistrategen, die davon überzeugt sind, verschieben ihre Stimmenfänger von Bundesland zu Bundesland, von den Ländern zum Bund und seit 1981 auch von der Bundespolitik wieder zurück in die Länder, ohne Rücksicht auf ihnen schon erteilte Mandate. Hans Jochen Vogel, im Oktober 1980 in München direkt zum Bundestag gewählt, muß für seine Partei, die SPD, im Januar 1981 in Berlin einspringen; und ihm folgen eine ganze Reihe von Mandatsträgern des Bundestages und anderer Landesparlamente, damit er in Berlin eine repräsentable Regierung bilden kann, die die Berliner schon nicht mehr repräsentiert. Der rheinland-pfälzische Bundestagsabgeordnete von Dohnanyi, in Bonn Staatsminister im Auswärtigen Amt, wird ähnlich als Feuerwehrmann seiner Partei nach Hamburg geschickt.

Was der SPD recht ist, ist der CDU billig. Richard von Weizsäcker und Walther Leisler Kiep hatten gleichfalls in Berlin und in Hamburg fehlende oder farblose Lokalmatadore zu ersetzen. Norbert Blüm, 1980 ins Bonner Parlament gewählt, brachte immerhin das Kunststück fertig, im Sommer 1981 als Senator nach Berlin zu »gehen«, aber als Bundessenator Berlins am Rhein wohnen zu bleiben. Sein Bundestagsmandat aber hatte er darüber aufzugeben. Hanna Renata Laurien wechselte von der Mainzer Provinz in die alte Hauptstadt des Reiches. Und selbst die kleine FDP schob ihren Bundestagsabgeordneten Guido Brunner von Bonn nach Berlin und wieder zurück an den Rhein.

Das ist nur eine kleine Auswahl ähnlicher »Verschiebungen«. Ob die Wähler von den jeweils nachrückenden Kandidaten sich ebenso repräsentiert fühlen würden wie von deren populären Vorgängern, wurde offenbar in keinem Falle erwogen. Nach solch fahrlässigem Abbau des repräsentativen Prinzips unserer Demokratie waren sich alle wieder einig in der Klage über jene Staatsverdrossenheit, die sie nur mit verbaler »Bürgernähe«, mit Beschwörungen des Verantwortungsgefühls des Bürgers wettzumachen gedenken. Als junge Sozialdemokraten in Rheinland-Pfalz aber ihrerseits Herrn von Dohnanyi beim Portepee seiner landespolitischen Verantwortung packten, höhnte dieser sogar, es komme nicht alle Tage vor, daß die Jusos einen Landesvorsitzenden zum Bleiben bewegen wollten[11]. Daß sie damit nicht eine Liebeserklärung für seine Person abgegeben hatten, sondern eine Grundfrage der repräsentativen Demokratie berührten, schien er nicht zu begreifen oder begreifen zu wollen. Diese Frage lautet: Untergräbt es nicht das Vertrauen in unsere demokratische Ordnung, wenn ein Abgeordneter, gar ein als »Spitzenkandidat« gewählter, vor Ablauf einer Legislaturperiode sich von seiner Partei zu einem anderen Dienst verpflichten oder weglokken läßt? Er enttäuscht jedenfalls die Wähler, die ihm das Mandat erteilt haben, erteilt nicht nur als Warteposten, bis ein anderer Ruf an ihn ergeht.

Solange solche Fälle düpierten Wählerwillens die Ausnahme bleiben, greifen sie wohl noch nicht an die Substanz unseres demokratischen Bewußtseins. In jener Häufung aber, die wir seit Januar 1981 erleben, tragen sie ihr Teil zu einer »Staatsverdrossenheit« bei, die nicht von ungefähr kommt. Sie artikuliert sich in dem Satz: »Die da oben machen ja doch, was sie wollen.« So resigniert der Volkssouverän, wenn er spürt, daß sich in den politischen Parteien ehrgeizige Leute eingenistet haben, die sich gegenseitig abstützen und, solange sie das Ziel ihrer Karriere noch nicht erreicht haben, eher den Parteioberen zu gefallen suchen als den Wählern. Wählerstimmen sind dann nichts als Treibsatz für den Senkrechtstart. Eine solche Einstellung aber ist unvereinbar mit dem Geist der Demokratie; sie läuft auf dessen Gegenteil hinaus: auf das, was HITLER wollte: »Autorität nach unten und Verantwortlichkeit nach oben.« (*Mein Kampf*, S. 501)

Ein hierarchisches Gefüge von Verantwortung vorwiegend nach oben entfernt sich von der Basis des Volkes, weil jeder, der darin aufsteigt, immer mehr in die Rolle eines nur Herrschenden gelangt, sich abstößt von denen, die ihm einmal ihr Vertrauen geschenkt haben. Selbst die von Ortsvereinen einer Partei für die nächste Wahl neu aufgestellten Kandidaten ändern daran nichts, wo sie, kaum gewählt, im Sog der Hierarchie ihr politisches Gewissen sofort nach oben ausrichten. Im »Fraktionszwang« wird ihre Verantwortung für das Überleben der einmal von ihnen gewählten Gesinnungsgemeinschaft gefordert. Das gilt für die Regierungsparteien wie für die parlamentarische Opposition gleichermaßen. Die im Volk lebendige Meinungsvielfalt verkürzt sich so in den Parlamenten auf jeweils Meinung und Gegenmeinung. Außenseiterpositionen werden innerhalb der Parlamentsfraktionen immer weniger diskutiert, als vielmehr durch »Parteiordnungsverfahren« beantwortet. Daß aber wirklich neuorientierte Kräfte in die Parlamente einziehen, das erschwert, ja verhindert bei uns zulande jene Fünf-Prozent-Klausel, die einer »Parteienzersplitterung« vorbeugen soll, wie sie die Weimarer Demokratie schon einmal aufwies. Da hierin von vielen eine der Ursachen für die Machtergreifung Hitlers gesehen wird, ist nicht damit zu rechnen, daß diese Hürde gesenkt wird, etwa auf 3 Prozent wie bei der Wahl zum Ersten Deutschen Bundestag 1949. Politische Außenseiter, die doch einigen Anhang um sich scharen, werden aber gerade dadurch auf jenen Weg gewiesen, den HITLER als den entscheidenden ansah und den er mit seiner SA buchstäblich beschritten hat: die »Eroberung der Straße« (*Mein Kampf*, S. 608).

Wer mit Gleichgesinnten auf die Straße geht, um zu demonstrieren, übt damit eine Form der politischen Propaganda. Sei es, daß er und seine Gruppe sich anders nicht Gehör verschaffen können; sei es, daß sie schon geäußerten Forderungen dadurch besonderen Nachdruck geben wollen. Auch dies, die Ausübung des Demonstrationsrechts, ist ein Moment unserer freiheitlichen Demokratie. Solch sichtbares Engagement sollte daher weder von denen, die da mitmachen, noch von denen, die davon befremdet sind, als »Widerstand«, gar als die Wahrnehmung eines Widerstandsrechts mißverstanden werden. Der mit friedlichen Absichten Demonstrierende gerät nur zu leicht in die Rolle eines Menschen, der »Widerstand gegen die Staatsgewalt« (im Sinne des § 113 StGB) leistet, sobald er von einem Ordnungshüter attackiert wird. Aber solcher Widerstand im strafrechtlichen Sinne dürfte kaum jemals als jener Widerstand anerkannt und gerechtfertigt werden, der von unserer Verfassung (Artikel 20, Absatz 4) zur Verteidigung der freiheitlich demokratischen Rechtsordnung gestattet wird.

Unser verfassungsimmanentes, die »verfassungsmäßige Ordnung« schützendes Widerstandsrecht ist ganz an dem Widerstand orientiert, der einst gegen einen Führer und Reichskanzler sich formiert hatte, der an die formal fortgeltende Weimarer Verfassung sich längst nicht mehr hielt. Unser Widerstandsrecht ist keine juristische Neuschöpfung, sondern nur der zum Verfassungstext gewordene naturrechtliche Gedanke, wonach ein Herrscher, der das geltende Recht verletzt, selber jeden Anspruch auf Gehorsam verwirkt. Dieser in der Rechtsgeschichte des Abendlandes in verschiedenen Formen immer wieder auflebende Grundgedanke, der auf das altgermanische Prinzip wechselseitiger Treue zwischen Führung und Gefolgschaft zurückgeht, dient, heute kodifiziert, auch dazu, Verunglimpfungen der Widerstandskämpfer und der Verschwörer des 20. Juli 1944 vorzubeugen. Auf die gegenwärtig uns bedrohenden Gefahren ist er nicht anwendbar. Denn das von unserem Widerstandsrecht geschützte Rechtsgut ist die bestehende demokratische Ordnung, nicht das Leben und Überleben von Menschen, ohne die solche Ordnung selber in Nichts zerfiele. In einer Demokratie von Lemmingen, die sich in den kollektiven Atomtod stürzten, dürfte das Widerstandsrecht nach dem Geiste unserer Verfassung gar nicht ausgeübt werden, um den drohenden Untergang aller abzuwenden. Es wäre hier aber wohl auch wirkungslos.

Gewalt als Mittel gegen Gewalt ist nur sinnvoll, wo dadurch der in wenigen Menschen verkörperte destruktive Wille sich beseitigen ließe. Gegen eine kollektiv sich formierende Selbstvernichtungstendenz fehlte dem Widerstand einer besonnenen Minderheit der personale Punkt, an dem sie bremsend ansetzen könnte. So bliebe selbst in einer todessüchtigen und apokalyptisch gestimmten Gesellschaft nur der Weg, beharrlich durch Argumente zum Weiterleben zu überreden.

Nun ist die Situation (noch) nicht so ausweglos, daß wir ein über unsere Verfassung hinausgreifendes Widerstandsrecht in Anspruch nehmen müßten. Diejenigen, die sich fälschlich auf unser Grundgesetz berufen, um demonstrative Gewaltakte zu rechtfertigen, haben gar nicht bedacht, daß sie damit in der bestehenden Rechtsgemeinschaft eher Ablehnung als Anhang finden. Sie erweisen damit auch der von ihnen verfochtenen Sache einen schlechten Dienst. Die angewandten Mittel diskreditieren den angestrebten Zweck, wenn sie von dem, was sie abwenden sollen, Gewalt und Vernichtung, sich qualitativ nicht unterscheiden.

c) Der Geist der Selbstaufopferung

Wer der vitalen Unruhe der Jugend, dem Aufbegehren überforderter Arbeiter ideologische Motive unterlegt, um daraufhin solche Unruhe und dieses Aufbegehren aus »geistigen Ursachen« erklären zu können*, der weigert sich, die vitalen Bedürfnisse der Menschen ernst zu nehmen. Aber dies nicht einfach aus reiner Engstirnigkeit oder Naivität, sondern aus dem selber triebhaft machtbewußten Willen, elementares Unbehagen, das da und dort ungebärdig hervorkommt, als »Beweis« aufzugreifen für die Richtigkeit der Idee, unter der er kämpferisch gestimmte Menschen selber zu versammeln sucht oder auch nur sich vereinigt zu denken vermag. So kann – von einander entgegengesetzten Gesinnungsfronten her – ein und derselbe Aufruhr als Zeichen einer »Freiheitsbewegung« wie als Beweis einer noch ungenügenden Erziehung und Aufklärung des Volkes genommen werden. Die einander befehdenden Ideologen können daraus nur die im Sinne ihrer vorgefaßten Weltanschauung konsequenten Folgerungen ziehen, um damit auch für die »geistige Auseinandersetzung« möglichst unvereinbare Ausgangspositionen zu beziehen. Sie sind dabei bewußt motiviert von ihrer »Idee«, unbewußt aber angetrieben von einem Bedürfnis nach größtmöglicher Konfrontation, in einander entgegengesetzten Lagern nur übereinkommend in ihrer Gleichgültigkeit gegenüber den quälend vitalen Nöten junger Menschen und den Alltagssorgen der arbeitenden Bevölkerung. Was die Menschen alltäglich bedrückt und bewegt, dient den machtbewußten Ideologen nur

*Man vergleiche hierzu das VI. Kapitel »Unruhige Jugend – Hitlers Kinder?« gegen Ende zu!

noch als Anlaß, sie auf »höhere«, auf »geistige« Ziele zu lenken oder sie in den Streit um »Grundwerte« zu verwickeln. Eben hierin kommen alle Ideologen überein: in dem Bestreben, die von ihnen Indoktrinierten unter dem Feldzeichen hoher Ideen so zusammenzuführen, daß sie im Machtrausch der Masse vergessen, was sie überhaupt zusammengebracht hat. Dann werden sie bereit, sich so »begeistert« für die ihnen eingehämmerten Ideale einzusetzen, daß sie ohne Schonung ihrer selbst sich für diejenigen schlagen, von denen sie auf Ideen und Werte verpflichtet worden sind. Es gibt keine geistige Vorstellung, keinen ethischen oder staatsbürgerlichen Wert, der nicht in solcher Weise instrumental gebraucht werden könnte von einer Propaganda, der es im Grunde nur darum geht, Menschengruppen, Völker, ja ganze Völkergemeinschaften zu härtester Feindschaft gegeneinander zu führen. Auch »Frieden und Freiheit«, »Demokratie« und »Menschenrechte« oder »soziale Gerechtigkeit« können derart ideologisiert werden, das heißt zugeschliffen zu bloßen Symbolen der Konfrontation. Ein Zyniker und Menschenkenner wie HITLER war sich illusionslos darüber im klaren, wenn er ebenso nüchtern wie ernüchternd feststellte: »Man stirbt nicht für Geschäfte, sondern nur für Ideale.« (*Mein Kampf*, S. 167) Die Untauglichkeit materieller Interessen, die Menschen zur Selbstaufopferung zu bewegen, war für Hitler der kaum verborgene Grund, sich für »Idealismus« stark zu machen. Er versteht darunter einfach die »Aufopferungsfähigkeit des einzelnen für die Gesamtheit«[12].

Solch ruinöser Idealismus kann sich nur entwickeln auf dem Boden einer Kultur, die *Lust und Liebe* nicht mehr eng zusammendenkt und statt dessen eine »Selbstlosigkeit« herausstellt in der der Mensch »altruistisch« sich selber um anderer willen zurücksetzt. Hitler, der solche Moral gewiß schon in seiner Kindheit eingebleut bekam, erwies sich, indem er sie radikalisierte, als schlechter Nietzscheaner. Denn für den Philosophen, den er verehrte, hatte Liebe nichts mit Selbstverleugnung zu tun. Die »Entpersönlichten«, sagte NIETZSCHE, seien die schlechtesten Liebhaber: »man muß fest auf sich selber sitzen.«[13]

Wer seinerzeit die Menschen dahin bringen wollte, leichten Herzens ihr Leben hinzugeben »für Führer, Volk und Vaterland«, der mußte versuchen, sie trunken zu machen mit »Ideen« und Parolen, die jeden Gedanken an Frieden und Selbsterhaltung als feige, »pazifistisch«, ja defätistisch verwerfen und gar nicht mehr aufkommen ließen. Der tendenziell destruktive Charakter allen

Idealismus liegt hier bloß: seine Abwertung der unwiederbringlichen leibhaftigen Existenz zugunsten höherer Zwecke oder überzeitlicher Werte. Höchster Triumph solchen Idealismus ist die Bereitschaft, sich selber mit einer Bombe oder Rakete in die Luft zu sprengen. Das liest sich ethisch und mit den Worten von HANNA REITSCH als die »völlige Überwindung des eigenen Ichs«[14]. Mit dieser Begründung hat Hitlers Testfliegerin während des Zweiten Weltkrieges bei der NS-Führung für den »Selbstopfereinsatz« geworben und mit eben jenen Worten hat sie diese »Idee« noch in unseren Tagen rückblickend verherrlicht. Sie wandte sich dabei gegen »Himmlers Vorschlag, für den Selbstopfer-Einsatz nur Lebensmüde, Kranke oder Verbrecher vorzusehen, die mit ihrem freiwilligen Tod ihre ›Ehre‹ wiedergewinnen sollten«[15]. Das hätte dem »hohen Ziel« der »Idee« (der Selbstauslöschung zur »Rettung« Deutschlands) nur Abbruch getan. Statt dessen rühmte sie die »glücklichen Familienväter, kerngesund in ihrer Lebenseinstellung«[16], die sich zum »Selbstopfer-Einsatz« schon gemeldet hätten.

Nicht erst in solch widersinnig destruktivem Denken, das heute noch seine Leser findet, haben wir Hitlers Ungeist zu überwinden, sondern schon in jeder »idealistischen« Lehre, die das Individuum in einem »Kollektiv«, in einer Gesinnungsgemeinschaft so aufgehen lassen möchte, daß es darüber sozial entwertet wird. Wer sich weigert, die Menschen in ihren vitalen Nöten, in ihren Triebkonflikten und in ihren alltäglichen Sorgen ernst zu nehmen und sie statt dessen auf »geistige Werte« und »hohe Ideale« vertröstet, der sorgt schon dafür, daß auf dem Boden solcher Ignoranz und solchen Idealismus ein neuer Marsch ins Verderben ermöglicht wird. Diesmal würden aber kaum noch genug Idealisten überleben, die dann darüber streiten könnten, welche Idee, welche Weltanschauung nun die eigentlich destruktive gewesen sei. Selbst diejenigen, denen am Sieg ihrer Idee gelegen ist, gleichgültig, ob Menschen darüber zugrunde gehen, können, wenn sie wirklich nur siegen wollen und nicht auch vernichten, sich heute nur noch auf einen Kampf mit Argumenten einlassen. Wir anderen aber, denen das Leben lieb ist, auch ohne daß wir es idealistisch überhöhen, haben hier und heute und jeder schon bei sich selber dafür zu sorgen, daß wenigstens nicht zuviel vitaler Unmut sich anstaut, der in eine destruktive Stimmung sich umsetzt, die für ihren triebhaften Eifer in allen möglichen Idealen, selbst in »Freiheit« oder »Sozialismus« sich Vorwände und Rechtfertigungen besorgt, um sich auszuleben. Und das heißt: jedweden Idealismus zu erkennen als mögliche

Maske für Destruktivität. Idealismus, welcher Couleur auch immer, ist Abwendung vom Leben.

d) Gibt es noch »entartete Kunst«?

Der zum Schlagwort gewordene Begriff der »entarteten Kunst« geht auf HITLER selbst zurück. In *Mein Kampf* (s. 283) sprach er von der »geistigen Entartung« und den »krankhaften Auswüchsen« einer Kunst, wie er sie namentlich im Kubismus und im Dadaismus anzutreffen meinte. Ohne Verständnis für spielerisch erprobte neue Ausdrucksmöglichkeiten der bildenden Kunst sah er in dem, was dabei herauskam und zur Diskussion gestellt wurde, nur »Schmutz« und »Kitsch«, einen Ausdruck von »Haß gegen das überlegene Gute der Vergangenheit« (S. 285), an dem sich sein Kunstgeschmack orientierte. So kamen auf sein Geheiß 1937 in eine Ausstellung unter dem Titel »Entartete Kunst« in München auch Werke von Cézanne, van Gogh und Gauguin neben kühneren Gestaltungen von Ernst Klee, Oskar Kokoschka und Pablo Picasso. Ein Teil der wegen ihrer »Entartung« beschlagnahmten Werke wurde 1938 in Luzern versteigert, ein anderer 1939 in Berlin öffentlich verbrannt[17]. Nachdem der Führer so die deutschen Museen von aller »Entartung« glaubte gereinigt zu haben, mußte er 1942 resignierend feststellen, daß auch in seinem Staat »für gemalten Dreck Staatspreise« vergeben werden[18]. Doch wie sehr die in Stein gehauenen Muskelprotze in seinem Münchener »Haus der Deutschen Kunst« selber Kitsch waren, ist ihm vermutlich nie aufgegangen.

Zu allen Zeiten hat es große und mäßige Kunst gegeben, echte Kunst und Pseudokunst, Kunst und Kitsch. Seitdem jedoch der bildenden Kunst in der Photographie eine Konkurrentin erwachsen ist, von der sie an Genauigkeit übertroffen wird, sind Maler und Bildhauer auf den Reiz des Ungenauen, auf eigenwillige Farbgebung (Franz Marc) oder übertriebene Formgestaltung (Henry Moore) ausgewichen. Wo gar in rein abstrakten Formen nicht mehr erkennbar ist, wovon sie abstrahiert, das heißt abgezogen sind, da finden auch Scharlatane, gestaltungsschwache oder geschäftstüchtige Künstler eine Chance, für bedeutend gehalten zu werden. Je abstrakter ein Kunstwerk ist, desto schwerer fällt es zu beurteilen, aus welchen Gründen es geworden ist.

Wer aus dem Eifer, um jeden Preis für modern zu gelten, alle abstrakte Kunst um ihrer Abstraktheit willen feiert, der verfällt in denselben Fehler wie derjenige, der sie in Bausch und Bogen verwirft. Keiner der beiden vermag anzuerkennen, daß es auch hier sowohl ernstzunehmende Werke wie bloßen Kitsch gibt, gekonnt Verspieltes und hilflos Mißglücktes.

Wenn aber in früheren Zeiten mißglückte Kunst als das bezeichnet werden konnte, was sie ist, so sind die Kritiker durch die Kunstpolitik des »Dritten Reiches« vorsichtig und zurückhaltend geworden. Beim offenkundig Nichtssagenden wittern manche Rezensenten wohl auch eine Gelegenheit, sich mit ihren Interpretationen in Szene zu setzen. Das gehaltvolle Werk läßt ihnen nicht soviel Spielraum für ihre begleitende Produktivität.

Keiner, der nicht vom Zeitgeist (oder denen, die ihn machen) abgehängt werden möchte, wagt noch, etwas gegen die Pseudokunst der Scharlatane und Nichtskönner zu sagen. Da Hitler gegen »entartete Kunst« zu Felde zog, erntet jeder, der bloße Gags nicht für Kunst halten will und sich vom Ekelerregenden abwendet, den Vorwurf, ein verkappter Nazi zu sein. Wer so argumentiert, bleibt indessen selber dem Ungeist des Dritten Reiches verhaftet: in eben der Politisierung von Geschmacks- und Stilfragen. Es war ja nicht das Übelste an Adolf Hitler, daß er auf seine kleinbürgerliche Art kunstsinnig war und als Förderer und Schutzherr von ihm genehmer Kunst aufgetreten ist. Jedem Mäzen, sei es ein fürstlicher, ein industrieller oder ein parteipolitischer, steht es frei, *die* Kunst zu fördern, die nach seinem Geschmack ist. Was aber den »Führer« auch für die Kunstgeschichte zur Negativfigur hat werden lassen, das war das Verbot von Kunst, die er und seine Gesinnungsfreunde als entartet empfanden, und das Berufsverbot für Künstler, die so eingestuft wurden. Öffentliche Bücher- und Bilderverbrennung und die Konfiszierung von Werken der bildenden Kunst waren Gewaltakte eines Unrechtsstaates, der in seinen Repräsentanten zu wissen glaubte, was Kunst sei und was nicht, und was dem Publikum zugemutet werden kann. Diese rechtswidrige Form der »Kunstpolitik« fand ihre dramatische Zuspitzung in der Inhaftierung und Vertreibung unbequemer Schriftsteller und Maler.

Man wird heute keinem Politiker verwehren dürfen, seine private Meinung zur zeitgenössischen Kunst zu sagen und, wenn er von ihr angegriffen wird, seinen Unwillen zu bekunden. Die Narrenfreiheit kann nicht so weit gehen, daß die von ihr Getroffenen sich nicht auch betroffen zeigen dürften. Wenn es politisch engagierter Kunst mit ihren Angriffen ernst ist, wird sie Verärgerung, Unmut als Reaktion durchaus erzielen wollen. Es kann ihr, wenn sie doch wirken will, nicht gleichgültig sein, ob die von ihr Angegriffenen »Wirkung zeigen«. Was in einem demokratischen Rechtsstaat aber nicht angeht, das ist der Einsatz staatlicher Machtmittel zur Unterdrückung unbequemer oder ärgerlicher Kunst. Wo in Form von Kunst oder auch Pseudokunst Beleidigungen ausgedrückt werden, können die ordentlichen Gerichte bemüht werden, dem Gekränkten beizuspringen.

Kunst braucht nicht unpolitisch zu sein, und der Poliker braucht nicht wehrlos wie am Marterpfahl beleidigende Angriffe, die als Kunst aufgemacht sind, zu dulden. Aber es dürfen ihm, Lästiges abzuwehren, keine anderen Mittel zu Gebote stehen als jedem anderen Staatsbürger auch, eben die gerichtlichen. Er wird als Persönlichkeit des öffentlichen Lebens nur still für sich selber abwägen, ob ein Prozeß den Abschreckungseffekt wert ist, oder ob dadurch die abzuwehrende Beleidigung erst richtig publik wird. Daß er sich durch schlechten Geschmack beleidigt fühle, wird er ohnehin nicht geltend machen können.

In einer Demokratie kann jeder Künstler so geschmacklos sein, wie er will, und jeder Kunstsammler so naiv-snobistisch, wie die Auguren ihn haben wollen. Wer eine verbeulte Nähmaschine für große plastische Kunst hält, braucht von diesem Wahn nicht geheilt zu werden, solange er nicht sonst destruktive Neigungen zeigt, die sich sozialschädlich auswirken. Wer einen Klumpen Fett für ein plastisches Kunstwerk ausgibt, braucht nicht als entarteter Künstler observiert zu werden, solange die Eulenspiegelei offenbar ist. Solange er gutgläubige Käufer findet, die angesichts ihres Reichtums und ihrer snobistischen Lebenseinstellung gar nicht wirklich geschädigt werden können, sollte jeder, der dabei zusieht, die Sache mit Humor nehmen. Doch wer sich, unversehens illusionslos geworden, selber als Opfer eines betrügerischen Kunsthandels sieht, sollte nicht zögern, ein Gericht zu bemühen. Daß die Scharlatanerie, die sich unter die moderne Kunst gemengt hat, noch nicht zu einem Problem der Rechtswissenschaft geworden ist, hat sicher auch Gründe, die mit der Kunstpolitik des Dritten Reiches zusammenhängen. Auf die uns von Hitler hinterlassene Hypothek »entartete Kunst« ziehen gewiefte Kunstproduzenten ihre von Qualität nicht gedeckten Wechsel.

Der Übergang von Kunst zu Pseudokunst ist fließend, weil immer etwas Illusionäres in aller Kunst liegt. Solche Einsicht begründet schon einige Vorsicht. Und wenn unter Hitler wirklich große Kunst (Barlach!) zur »entarteten« herabgestuft werden konnte, dann ist die Angst vor faschistischem Ungeist in der Kunstbetrachtung durchaus begreiflich. Ich meine auch: Lieber ein paar Gaukler und Hochstapler mehr als wieder staatlichen Ästhetisierungszwang. Aber reine Scharlatane sollten nicht so ernst genommen und hochgejubelt werden, daß darüber das Verständnis für Kunst überhaupt brüchig wird. Auch in diesem Sinne wäre Hitler noch zu besiegen.

Wir zeigen uns gerade abhängig von der NS-Kunstpolitik, wenn wir uns gedrängt fühlen, das genaue Gegenteil von dem zu preisen, was seinerzeit als schön galt. Die staatlich geförderte Kunst des Dritten Reiches war weithin Kitsch, weniger der Kitsch der Blut-und-Boden-Romanik als der Monumental-Kitsch des Heroischen. Josef Thoraks und Arno Brekers Muskel-Helden haben das aufdringlich vorgestellt. Aber Kunst im Unterschied zu solchem Kitsch ist nicht das forciert Häßliche oder das Unappetitliche, sondern in konkreter wie abstrakter bildender Kunst eben das, was aus Erfahrung und tieferer Ahnung kommt und darum den Betrachter einlädt, verstehend mitzuschaffen an einem wacheren, engeren, sinnlicheren Verhältnis zum Dasein. Das echte Kunstwerk ist vollendet erst im Verständnis des Betrachters. Wer als Künstler glaubt, es genüge, gefeiert zu werden, ohne verstanden worden zu sein, der versteht selber nicht, was Kunst ihrem dialogischen Wesen nach ist: eine höchst eindringliche Weise, in der Menschen zueinander sprechen. Der Gaukler, der bewußt auf Rätselhaftigkeit oder auf schockierende Effekte hinarbeitet, hat kein Recht, einen jeden »Faschist« zu nennen, der nur verstehen möchte, was in Formen der Kunst sich ihm zeigt.

e) Propaganda, einst und jetzt

Hitlers einzigartige Wirkung auf breite Volksmassen, seine ebenso eindringliche wie modulationsfähige Stimme, seine quasi dämonische, im Grunde neurotische Ausstrahlung erklären seinen Weg zur Macht nicht allein, auch wenn SCHIRACH behauptet, der Führer habe sich »im Alleingang, ohne Konkurrenz« die Macht *erredet*[19]. Er hatte auch innerparteiliche Konkurrenz, die stärkste in Gregor Strasser, der ihm Ende 1932 die Führung der NSDAP aus der Hand zu nehmen drohte. Gregor Strasser, der idealistisch gesinnte Führer des linken Parteiflügels, der die sozialistischen Punkte des Parteiprogramms ernst nahm[20], war hierin der natürliche Antipode Hitlers, dem das Programm nichts weiter galt als ein Mittel, die Massen zu gewinnen und so an die Macht zu kommen. Das 25 Punkte umfassende Parteiprogramm, in dem die »Brechung der Zinsknechtschaft« eine entscheidende Rolle spielte, ging im wesentlichen auf Gottfried Feder zurück. Dessen programmatische Arbeit wurde von Hitler gerade deswegen gerühmt, weil es zweifelhaft schien, sie in die politische Wirklichkeit umsetzen zu können: »Allein, was so in den Augen anderer eine Schwäche der Federschen Darlegungen war, bildete in den meinen ihre Stärke.« (*Mein Kampf*, S. 229). Ein zwar ideologisch hochgespanntes, aber kaum durchführbares Programm bot den doppelten Vorteil, begeisterungsfähige Menschen zu ködern und der »Bewegung« zuzuführen – und hinterher doch freie Hand zu behalten. Seinen engeren Gefolgsleuten sagte der Führer: »Der Nationalsozialismus ist eine Weltanschauung und kein Programm. Jetzt kommt es nur darauf an, die Macht zu erobern – dann werden wir weitersehen.«[21]

Für den Wahlkampf des Jahres 1930 verkürzte Hitler das ohnehin schon dürftige Parteiprogramm auf wenige Schlagworte:

»Der Weltkrieg 1914/18 wurde von den Westmächten angezettelt, um das aufstrebende Deutschland zu vernichten.«

»Die Juden sind unser Unglück.«

»Das parlamentarische System ist unfähig.«

»Gemeinnutz geht vor Eigennutz.«[22]

Das war die Hitler gemäße Art, ein Parteiprogramm zu »verwirklichen«: seine Umsetzung in Propaganda. Das bedeutete, sich »auf nur sehr wenige Punkte zu beschränken und diese schlagwortartig so lange zu verwerten, bis auch bestimmt der Letzte unter einem solchen Worte das Gewollte sich vorzustellen vermag« (*Mein Kampf*, S. 198). Solche Beschränkung auf Schlagworte sei der »Aufnahmefähigkeit der großen Masse« gemäß; bei ihr sei »das Verständnis klein, dafür jedoch die Vergeßlichkeit groß«. Deshalb müsse die Propaganda das Volk geradezu »bearbeiten« (S. 653), ihm – nach dem Vorbild marxistischer Volksredner – die eigenen Prinzipien »einhämmern« (S. 529). Dabei sei um so erfolgreicher, wer sich »volkstümlich« (S. 197) auszudrücken verstehe, ja mit einer gewissen »Urwüchsigkeit« (S. 376) spreche und es verschmähe, den Professoren und der »Intelligenz«[23] zu gefallen. Indem sie sich an die breite Masse wende, diese lediglich »auf bestimmte Tatsachen, Vorgänge, Notwendigkeiten« aufmerksam mache, müsse Propaganda in ihrem »Wirken auch immer mehr auf das Gefühl gerichtet sein und nur sehr bedingt auf den sogenannten Verstand« (S. 197). Der tiefere Grund dafür ist nicht nur das von HITLER gering eingeschätzte »geistige Niveau« der Masse, sondern auch der störrische Charakter des Intellekts, der auf Vernunftgründe mit Gegengründen antwortet oder zumindest mit Fragen reagiert, die ein Argument *entkräften*, das heißt: ihm Überzeugungskraft rauben. Propaganda aber darf nach HITLER keine »Halbheit« (S. 200) dulden:

> »Sie hat nicht objektiv auch die Wahrheit, soweit sie den anderen günstig ist, zu erforschen, um sie dann der Masse in doktrinärer Aufrichtigkeit vorzusetzen, sondern ununterbrochen der eigenen zu dienen.« (*Mein Kampf*, S. 200)

Mit anderen Worten: Propaganda hat »Halbheiten« des politischen Wollens und Wirkens mit Hilfe von Halbwahrheiten zu vermeiden. Gerechtfertigt wird solcher Zynismus durch das ins Auge gefaßte Ziel, die Macht im Staate zu erringen und das parlamentarische System zu überwinden. Dieses Ziel der noch jungen nationalsozialistischen Bewegung war auch das Ziel ihrer Propaganda. Ihr ging es – nach HITLER – nur vorläufig darum, »Menschen für die spätere Organisation« zu gewinnen; ihr breites, eigentliches Ziel war »die Zersetzung des bestehenden Zustandes und die Durchsetzung dieses Zustandes mit der neuen Lehre« (*Mein Kampf*, S. 654).

Das ist, mit knappen Strichen nachgezeichnet, was Hitler unter Propaganda verstand: Beschränkung auf wenige Punkte, die sich zu Schlagworten eignen; volkstümliche Sprache, die sich weniger an den Verstand als vielmehr ans Gefühl richtet; ausreichende Wiederholung, um die eigene Lehre – auch auf Kosten der Wahrheit – durchzusetzen. – Wir brauchen gar nicht zu rätseln, ob und wieweit es in diesem Sinne auch heute noch politische Propaganda gibt. Es gibt sie. Was es aber bei uns zulande nicht mehr gibt, das ist ein Volk, das mit Halbwahrheiten leicht abzuspeisen wäre. Hier hat – trotz Pressekonzentration – doch eine gewisse Meinungsvielfalt sich segensreich ausgewirkt. Der deutsche Wähler ist auch nicht mehr durch Politiker zu beeindrucken, die den politischen Gegner verunglimpfen, wie es Hitler zwar nicht empfohlen, aber selbst ausgiebig praktiziert hat.

Was weithin auf Ablehnung stößt oder als Manipulation durchschaut wird, ist als Propaganda auch schon entwertet. In einem

Lande, in dem Informationsfreiheit herrscht, oder auch dort, wo immerhin über mehrere »Kanäle« sehr Verschiedenes empfangen werden kann, da ist nicht zu besorgen, daß die Bürger leichthin auf die Propaganda irgendeiner Seite hereinfallen. Das bedeutet noch nicht, daß wir uns im großen und ganzen zutreffend informiert fühlen dürften. Aber schon wenn wir skeptisch »von allem nur die Hälfte glauben«, stehen wir doch in relativ sicherer Distanz zu jedem propagandistischen Versuch, uns als blindlings Glaubende für eine Parole oder »Idee« zu vereinnahmen oder gegen öffentlich bezeichnete Feinde aufzuhetzen. Wer hier noch offen zu etwas verhetzt werden kann, der ist unbewußt dazu bereit: weil er, durch eine triebunterdrückende Erziehung verschüchtert, sich nur zu gern einem starken Willen unterwirft, oder weil er – vielleicht zugleich – durch Entbehrungen oder Verzichte hinreichend »Wut im Bauch« hat, um sich im Verein mit anderen auf Feinde ausrichten zu lassen. Die Gefahr einer möglichen Verhetzung durch politische Propaganda ist unter der Bedingung der Presse- und Informationsfreiheit weniger eine Frage der Zuverlässigkeit der verbreiteten Nachrichten als des Maßes, in dem die Menschen über sich selber aufgeklärt sind und sich, so wie sie sind, zu akzeptieren vermögen.

Daß die Menschen über sich selber Bescheid wissen, über ihre vitalen Antriebe und ihre frustrationsbedingte Aggressivität, das ist auch eine Bedingung dafür, daß sie nicht einer versteckteren Propaganda erliegen, die bei ihren verquälten Neigungen ansetzt. Das gilt vorweg im Blick auf jene kriminalpolitische Propaganda, die dem Wähler einzureden versucht, nur durch harte Strafen, am besten durch die Todesstrafe, sei das Verbrechen einzudämmen und der Terrorismus erfolgreich zu bekämpfen. Nur ein triebpsychologisch unaufgeklärter Mensch kann immer noch meinen, daß rücksichtslos destruktive Charaktere durch die Androhung von Strafen sich von Gewaltakten abhalten ließen. Der durch frühe Versagungen und eine »harte Hand« gründlich destruktiv gewordene Mensch ist aber so mißmutig, ja lebensüberdrüssig, daß er auch sich selber haßt und vielleicht nicht einmal nur unbewußt sein eigenes Leben zu zerstören sucht. Ein solcher Desperado nimmt die Möglichkeit, selber zugrunde zu gehen, schon in seinen aktivistischen Willen mit auf. So spricht, wie einmal Hitler sprach, heute der zu allem entschlossene, vor nichts zurückschreckende Terrorist: »Erfolgsmeldungen über uns können nur heißen: Verhaftet oder tot.« (Andreas Baader[24])

Wer, schon über sich selber im unklaren, vom Aufruhr unterdrückter oder fehlgeprägter Triebe nichts wissen will, kann immer noch glauben, ein Terrorist wie Baader ließe sich durch irgendetwas schrecken und »zur Vernunft bringen«, was dazu taugt, ihn vollends zu zerstören. Ein härter gewordenes Recht wird ihn nur zu noch härteren Aktionen herausfordern. Verbreitete Unkenntnis der triebpsychologischen Zusammenhänge läßt die Androhung härtester Strafen als wirksames Mittel der Verbrechensbekämpfung erscheinen und ermöglicht so eine Propaganda in Form von Gesetzentwürfen. Sie ist wirkungslos im Verhältnis zu dem erklärten Zweck der Terrorbekämpfung, aber nützlich zur Beschwichtigung des Wählervolkes. Sie gaukelt ihm vor, daß etwas Wirksames geschehe.

Es gibt eine Propaganda, die sich mit bloßen Worten begnügt, und es gibt politische Handlungen, deren Sinn und Zweck nur eine Gehirnwäsche für die Menge ist. Das kommt einer Propaganda gleich, der es wesentlich darum geht, Anhang zu gewinnen oder sich zu erhalten, ohne dem Willen des Volkes wirklich Rechnung zu tragen. Das Volk soll glauben, daß die politische Führung schon tatkräftig darangeht, eine Krise zu überwinden, beklagte Übelstände abzustellen. Solange eine politische Partei die Macht im Staat noch nicht errungen hat, kann sie sich darauf beschränken, ihren Anhang mit bloßen Worten abzuspeisen, weil sie in diesem Stadium nur Hoffnungen zu wecken braucht. Einmal mit den Regierungsgeschäften betraut, muß ihre Propaganda sich ändern. Nicht allzu lange kann sie dann sich damit begnügen, fortdauernde Mißstände als Nachwirkungen der von ihr abgelösten politischen Kräfte auszugeben. Jetzt muß gehandelt werden. Wenn aber entweder nicht klar ist, wo der Hebel angesetzt werden soll, oder wenn die wahren Ursachen eines Übels tabuiert sind, dann bieten sich verschiedene Auswege an:

1. Man kann auf andere Probleme ablenken.
2. Man kann die einen Mißstand ausweisenden Statistiken manipulieren.
3. Man kann an den Symptomen herumkurieren.

Alle diese Wege hat Hitler nach der Machtübernahme beschritten, um das Übel, dessentwegen er gerufen worden war, so rasch wie möglich vergessen zu machen und zum Verschwinden zu bringen: die Massenarbeitslosigkeit. Abgelenkt wurde auf ein hochstilisiertes Ideal der Mutterschaft; es war dazu geeignet, ein Verbot des

»Doppelverdienertums« zu begründen. Frauen räumten ihren Arbeitsplatz für Familienväter. So konnte die Flut der Arbeitslosen sinken, noch ehe – durch die Rüstung – neue Arbeitsplätze geschaffen waren. Von Anfang an aber drehte man an der Statistik. Unregelmäßig Beschäftigte wurden seit 1933 nicht mehr als Arbeitslose geführt. Auch jugendliche Landhelfer und Teilnehmer an Arbeitsdienstlagern »verschwanden jetzt aus der offiziellen Arbeitslosenstatistik«[25]. Notstandsarbeiten und Reichsarbeitsdienst (RAD) nahmen die Arbeitslosen zwar von der Straße, aber das bedeutete für die dazu Verpflichteten noch keine berufliche Existenz, auf die sie einen Lebensplan hätten gründen können.

Dies ist der offensichtliche Mangel aller »Arbeitsbeschaffungsprogramme«, die kurzfristig Arbeit um der Arbeit willen schaffen: daß sie dem dadurch Beschäftigten keine Lebensstellung bieten, die ihm die Angst vor der Zukunft wirklich nehmen könnte. Wenn dennoch die »Beschäftigungspolitik«, wie es verräterisch heißt, einen hohen Rang in der Innenpolitik beansprucht, so hat das – damals wie heute – vermutlich nicht Gründe, die sich auf Sorge um das harte Los der Arbeitslosen zurückführen ließen. Hinter dem politischen Willen, einen möglichst hohen Beschäftigungsstand zu erreichen, steckt die bisweilen auch zugegebene Sorge um den inneren Frieden. Man sieht in den Arbeitslosen ein politisches »Konfliktpotential«, befürchtet von den Jüngeren unter ihnen einen besonderen Hang zu krimineller Entgleisung. Und das ist auf dem Boden einer Kultur, die den stärksten vitalen Antrieb nur zu unterdrücken und zu reglementieren gelehrt hat, eine durchaus berechtigte Sorge. Die sonst in »geregelter Arbeit« gebundenen und ermüdeten triebhaften Kräfte finden in unbegrenzter Freizeit reichlicher Gelegenheit, auch auf verbotenen Wegen sich zu ergehen. Dies ist, wie schon NIETZSCHE gefunden hat, das entscheidende Motiv der »Lobredner der Arbeit«: sie wollen für das Volk »Arbeit als die beste Polizei«[26]. Eine von Sorge um Ruhe und Ordnung diktierte Arbeitsbeschaffung kann aber volkswirtschaftlich nicht fehlerlos aufgehen.

Hitler, der Reichskanzler, hatte mit seiner Arbeitsbeschaffung und dem Frisieren der Arbeitslosenstatistik einen immerhin beachtlichen propagandistischen Erfolg. Diese nur auf Beifall angelegte Politik hat im Verein mit der beginnenden Wiederaufrüstung wohl auf die Volkswirtschaft im ganzen stimulierend gewirkt. Der Preis, der zuletzt dafür bezahlt wurde, war der Zweite Weltkrieg mit seinen Zerstörungen, Millionen Toten auch auf deutscher Seite und die Zerschlagung des Deutschen Reiches unter Verlust aller Gebiete östlich von Oder und westlicher Neiße. Wer politische Probleme mit nur propagandistischen Maßnahmen zu »lösen« ausgeht, gleichgültig, ob er es besser weiß oder nicht, der wird in irgendeiner Weise immer dafür die Quittung bekommen. Wenn die politische Führung heute immer noch nicht begreift, daß in einer Welt schwindender Resourcen und fortschreitender Automation geleistete Arbeit nicht mehr der orientierende Schlüssel für die Güterverteilung sein kann, dann muß sie notwendig darauf hinwirken, daß wir unsere Lebensgrundlagen einfach weg-arbeiten: sie zubetonieren, vergiften, absterben lassen. Vollbeschäftigung ist die Formel für kollektiven Untergang auch ohne neuen Krieg.

Unterdessen sind »Hitler« und »Hitler-Faschismus«, bei denen Propaganda in höchster Blüte stand, selber weltweit zu propagandistischen Schlagworten geworden: zur Verunglimpfung politischer Gegner. Auch die alles andere als imperialistisch ausgerichtete »grüne Bewegung« kommt schon in den Pechregen einer Propaganda, die problemblind nach Ähnlichkeiten mit Hitlers Ideologie sucht, um abzuwehren, was bestimmten Gruppeninteressen widerstreitet. So haben Ideologen des sogenannten »Wachstums« in WALTHER DARRÉS »Blut und Boden«[27] einen »braunen« Begriff hervorgeholt, der ihnen geeignet erscheint, alle Bemühungen, Wälder und Grünflächen zu erhalten, als faschistoiden Einsatz zu entwerten. Von dieser Möglichkeit machen nicht nur diejenigen Gebrauch, die eigene ökonomische Interessen von den sich ausbreitenden »Grünen« bedroht sehen, sondern auch besorgte Kulturkritiker, die sich für die Zukunft nur Katastrophen vorstellen können, die wir alle schon von der Vergangenheit her kennen. Nicht die drohende Vergiftung unseres Trinkwassers durch Chemikalien, nicht das schon beginnende Sterben der Tannen- und Fichtenwälder, nicht die Jahr für Jahr schrumpfenden Grünflächen sind es, die den auf Hitler und den Faschismus Fixierten beunruhigen, sondern die »Gefahr« einer »Blut-und-Boden-Romantik«, einer Verklärung der »Scholle«, die Hitlers Ungeist neuerdings erwecken könnte[28]. Dazu angehalten, Gespenster der Vergangenheit zu bekämpfen, sollen wir blind gemacht werden für die Gefahren der Gegenwart.

f) Bevölkerungspolitik

Ein gesundes Volk im Sinne HITLERS, das hatte auch ein junges, ein wachsendes Volk zu sein – im Gegensatz zum überalterten oder sterbenden Volk. Wer Soldaten brauchte für den geplanten Krieg und junge Menschen zur Besiedlung des europäischen Ostens, der hatte Grund genug, den »Kindersegen« zu preisen und die »kinderreiche Familie« (*Mein Kampf*, S. 447) zu fördern und jegliche Empfängnisverhütung zu verdammen[29]. Wie einst Napoleon verlangte er »Weiber, die wieder Männer zur Welt zu bringen vermögen« (*Mein Kampf*, S. 455). Ein »Überschuß an Kindern« war ihm gerade recht: »Denn das schafft Not. Und die Not zwingt, sich zu regen.« (*Tischgespräche*[30]) Die wünschenswerte Regsamkeit sah er im technischen Fortschritt und im Gewinnen und Besiedeln von »Ostraum«.

Der expansive Charakter des Dritten Reiches ergab sich schon aus dem Widerspruch zwischen der staatlichen Förderung des »Kindersegens« und dem Lamento um ein »Volk ohne Raum« (HANS GRIMM[31]), zu dem die Deutschen geworden seien. Wenn 1978, 35 Jahre nach dem Scheitern dieser Politik, von konservativen Politikern schon wieder über »Geburtenrückgang« geklagt wurde[32], dann nicht, weil Deutschland unterdessen ein »Raum ohne Volk« geworden wäre – die Vorstellung wäre nach Flucht und Vertreibung von Millionen Deutschen aus dem Osten absurd genug –, sondern weil man sich anders als durch starken Nachwuchs die Sicherung der Renten von morgen nicht vorzustellen vermag. Dabei wird stillschweigend angenommen, daß Menschen im Alter der Arbeitsfähigen allein schon dank ihrer Jugend eine Stütze für die Alten seien. Daß aber gerade geburtenstarke Jahrgänge nur das Heer der Arbeitslosen verstärken, wird dabei nicht bedacht. Denn das machte den Ruf nach mehr Geburten illusorisch, zumindest im Blick auf die zu sichernden Renten. Wenn immer stärkere Jahrgänge nachrückten, gleichzeitig weiter fortschreitende Automation Arbeitsplätze wegrationalisierte, dann hätten die noch in Arbeit Stehenden nicht nur Kinder und Rentner mitzuerhalten, sondern auch Millionen Arbeitslose. Vor einer solchen sich schon abzeichnenden Entwicklung nimmt der Eifer der Bevölkerungspolitiker, die auch ihr Wachstum haben wollen, sich nicht zurück. Vielmehr wird von ihnen als Mittel, die jungen Menschen in Arbeit und Brot zu setzen, eine Verkürzung der Lebensarbeitszeit empfohlen.

Man wird des neuen Widerspruchs nicht gewahr: Die wiederaufgelegte Warnung vor einer »Überalterung« des Volkes läßt sich gar nicht beirren durch die Forderung nach weiterer Herabsetzung des Rentenalters, die doch nur besagen kann, daß wir anscheinend immer noch nicht überaltert genug sind, also daß es immer noch zu wenige Rentner gibt. Oder sollte der Widerspruch eben darin seine Auflösung finden, daß niemand mehr auf den ärztlichen Rat hört, sich möglichst lange gesund und leistungsfähig zu erhalten?

Wenn aber dies nicht die Konsequenz sein soll, dann kann das Nebeneinander von Geburtenförderung und steigender Arbeitslosigkeit, von Rationalisierung und Herabsetzung des Rentenalters zusammen mit weiterer Zerstörung unserer Lebensgrundlagen durch Wirtschaftswachstum nur darauf hinauslaufen, daß eines Tages wieder einer sagt, wir seien ein Volk ohne Raum.

Wenn wir nach der schon begonnenen Industrialisierung der Dritten Welt für unsere technischen Produkte kaum noch etwas bekommen, wäre es soweit. Und wir dürften uns dann, hungernd, gar nicht zu sehr über ein ungerechtes Schicksal beklagen, da wir heute auch Lebens- und Futtermittel beziehen von Völkern, die selber Hunger leiden. Volk ohne Raum: Selbst für kriegerisch Gestimmte wäre im Zeitalter der Atombombe eine solche Parole so sinnvoll wie das Anbellen des Mondes. Wenn Krieg als Mittel, »den Boden in Einklang zu bringen mit der Volkszahl« (HITLER[33]) aber ein für allemal ausscheidet, dann müßten eines Tages auch die Letzten, die Gott Mars verehren, einsehen, daß ein der Zahl nach »schrumpfendes Volk« das kleinere Übel gewesen wäre: das kleinere im Verhältnis zum Massensterben aus Nahrungsmangel, wenn nicht zum kollektiven Tod im Atomkrieg.

Könnte es nicht sein, daß ein nicht mehr so fortpflanzungsfreudiges Volk instinktiv den richtigen Weg schon beschreitet und daß nur Politiker, die ihre kulturkritischen Maßstäbe aus der Vergangenheit holen, sich da noch nicht durchfinden? Eine Bevölkerungspolitik, die nicht vorgefaßten ideologischen Linien folgt, müßte sich immer fragen, ob sie mit den von ihr ins Auge gefaßten Maßnahmen nicht im Volk bereits wirksame Tendenzen der Selbstregulierung nur beeinträchtigt oder stört. Solche Tendenzen der Selbstregulierung gilt es vorweg zu analysieren; denn in ihnen kommen womöglich Komponenten zum Zuge, die noch gar nicht reflektiert sind und von monokausal denkenden Politikern nicht miteinander in Zusammenhang gebracht werden.

Hitlers Un-Geist ist lebendig in der Abneigung, gesellschaftspolitische Probleme in ihrer wechselseitigen Verzahnung zu erkennen und sie stattdessen durch Schlag-Worte voneinander abzuspalten: Geburtendefizit – Überalterung – sterbendes Volk – Sicherung der Renten – Geburtenförderung – Wachstum – Fortschritt – Technisierung – Rationalisierung – Arbeitsbeschaffung – Wertezerfall – Sinnkrise – Selbstverantwortung. Der Politiker, der in die Familien hineinzuregieren versucht, verweist am Ende doch wieder einen jeden auf seine individuelle Verantwortung. Wenn politische Führer ratlos sind, bleibt ihnen gar nichts anderes übrig. Aber dann sind sie schon dabei, das Feld zu räumen: denen, die es verstehen, eine Volks-Bewegung auszulösen.

g) »Ausländer raus!«

Auch der Neofaschismus spekuliert auf eine »Massenbasis«, wie die Marxisten sagen. Schon Hitler (*Mein Kampf*, S. 528) hat die »staunenswerte Macht über die breiten Massen« gewürdigt, die der Marxismus durch eine Propagandawelle errungen habe, die sich auf die Stimmung des Volkes einzustellen wußte. Es braucht uns daher nicht zu verwundern, daß die Parole »Ausländer raus!« just in einem Augenblick – Sommer 1980 – zur politischen Losung der NPD und der Neonazis werden konnte, als im Volk schon ein Unbehagen am immer stärkeren Zuzug von Ausländern sich ausgebreitet hatte. Wenn ein so nüchterner und beherrschter Mann wie Bundeskanzler Helmut Schmidt sagen mußte: »Wir haben vier Millionen Ausländer, und wir wollen nicht sechs haben«[34], dann war die Sache reif für eine sie aufgreifende Agitation und Stimmungsmache. Selbst jene Politkriminellen, die im Sommer 1980 Terroranschläge auf Ausländerlager verübten, konnten darauf vertrauen, sich nicht ebenso wie ein »Linksterrorist« vom Willen des Volkes zu isolieren. Der Terrorist, der seine »innere Stimme« durch die Stimme des Volkes beschwichtigen kann, braucht allenfalls zu befürchten, daß man von ihm sagt: »So weit hätte er nicht zu gehen brauchen.« Doch in einer Kultur, wo schier jedermann an geistige Ursachen von Gewaltakten glaubt, wird kaum jemand daran zweifeln, daß er nur gebombt und getötet habe, um gegen weitere »Überfremdung« des deutschen Volkes zu protestieren. Doch sowenig wie den linken Terroristen bewußt wird, daß sie durch ihre Gewaltakte nur den Sozialismus in Verruf bringen, sowenig werden sich die rechten Bombenleger eingestehen, daß sie eine rationale Lösung der Ausländerfrage nur erschweren. Wenn sie auch die

Mauern des Rechtsstaates nicht zum Einsturz bringen, so malen ihre Brandanschläge doch den Schatten jenes Führers an die Wand, der auch damit begonnen hatte zu rufen: »Deutschland den Deutschen.«[35] Jede Lösung des Gastarbeiterproblems, die etwa dem vergleichbar wäre, was heute in der Schweiz praktiziert wird, trüge uns im Ausland erst recht den Vorwurf neonazistischen Ungeistes ein.

Heinz Kühn, der damalige Bundesbeauftragte für Ausländerfragen, teilte im September 1980 mit, daß die Ausländer in der Bundesrepublik Deutschland bereits 6 Prozent der Bevölkerung ausmachten. Wenn der »Ausländeranteil« 12 bis 15 Prozent überstiege, »würde das Ablehnungs- und Unlustgefühl in ein Feindschaftsgefühl umschlagen« (Kühn[36]). Andere widersprachen und fanden das Limit als zu hoch angesetzt. Das Asylverfahren für politische Flüchtlinge wurde gestrafft – zu spät, sagten nicht nur die Rechtsradikalen. Hier ist durch allzulanges Zusehen eine Motivationsbasis für nationalistische Entrüstung und neonazistische Gewaltakte entstanden. Niemand kann von einem traditionsbewußten Volk gleichsam aus dem Stand heraus ein kosmopolitisches Lebensgefühl erwarten und eine alle Völker und Rassen übergreifende Weltbürgerlichkeit. Solche Einstellung kann nur im Rahmen eines Staatenbundes wie der Europäischen Gemeinschaft (EG) allmählich heranreifen. Und selbst da ist Bedingung, daß die geographische Erweiterung des Bundes nicht zu rasch voranschreitet. Hinzukommen muß eine entkrampfte Moral- und Lebensauffassung; denn hinter fanatischem Fremdenhaß steckt immer auch ein sexuelles Angst-Motiv. Der als besonders verführerisch empfundene erotische Reiz fremdrassiger Menschen wird als Bedrohung der eigenen Familie abgewehrt. Selbst Frauen und Männer, die jeden Rassismus verurteilen, suchen doch eine Verbindung ihrer Töchter mit Männern »südlicher Rassen« zu verhindern. Unter den noch Jüngeren und Junggebliebenen wird aber auch die erotische Attraktivität fremdrassiger Menschen als Gefahr für die »Treue« des eigenen Partners empfunden. Ein starkes Selbstwertgefühl läßt solche Befürchtung nicht voll zu Bewußtsein kommen; es verwandelt sie in eine die exotischen Rivalen abwehrende Aggressivität. Das Fremde und Befremdende an den Fremdrassigen wird dabei zum Minderwertigen und Schmutzigen abgewertet: damit bei Regungen des Hasses und der Aggressivität kein schlechtes Gewissen mehr aufkommt.

Auf solche Triebmotive kann gewiß nicht jedweder Ausländerhaß zurückgeführt werden, aber wohl am ehesten der scheinbar grund-

und motivlose, dessen wahre Beweggründe ebenso verdrängt sind wie der Trieb, auf den sie sich beziehen. Weniger tabuiert sind die Motive des Nahrungs- und des Selbsterhaltungstriebes. Hierüber kann offener, also auch politisch gesprochen werden. Wer mit ansehen muß, wie fremdländische, ja fremdrassige Menschen ihm Arbeit und Brot oder »gar« Aufstiegschancen wegnehmen, der findet in seiner Wut darüber auch Politiker, die deutlich sagen, was ihn bewegt. Sie sagen es, wenn sie zu den etablierten Parteien gehören, in vorsichtiger, in argumentativer Form, oder – als Rechtsradikale – in demagogischer Weise, also so, daß die treibenden Motive noch hervorscheinen.

Solange eine neu hereingekommene Bevölkerungsgruppe noch nicht sozial integriert ist, wird jeder Anspruch, jedes Recht, den sie erwirbt, ihr von den Alteingesessenen als unrechtmäßig erworbener Vorteil angekreidet. Das war auch so mit den Flüchtlingen, die nach dem Zweiten Weltkrieg in Westdeutschland wieder Fuß gefaßt haben. Niemand ist seinerzeit auf den Gedanken gekommen, den schwelenden und mitunter auch offen hervorgekommenen Haß der Einheimischen auf die Neubürger als neofaschistisch einzustufen. Es fällt auch niemandem ein, die Diskriminierung der Vorbestraften als etwas Neofaschistisches anzusehen. Dies nicht etwa deshalb nicht, weil es die Abwertung der Gestrauchelten schon vor dem Dritten Reich gegeben hat. Auch der Antisemitismus datiert nicht erst seit Hitler. Damit ein aggressives Verhalten als neofaschistisch empfunden werden kann, muß es wohl gegen Völker, Volksgruppen und Minderheiten gerichtet sein, zu denen man sich das deutsche Volk in seiner Gesamtheit wie in Frontstellung vorstellen kann. Dieser Idealvorstellung Hitlers, zu der er das deutsche Volk durch »nationale Erziehung« (*Mein Kampf*, S. 473) zu bringen gedachte, entsprach später die Rede von der »Kollektivschuld« der Deutschen. Die immer noch hieran angelehnte Verwendung des Begriffes »neofaschistisch« hält sich eng an das Selbstverständnis der Nazis, das sich an »Todfeinden« herangebildet hat, und bleibt damit blind dafür, daß im Nazismus oder Faschismus sich nur eine Erscheinungsform der viel breiter und tiefer angelegten Menschenfeindlichkeit unserer Kultur herausgearbeitet hat. Wo aber die Abwehr alles Fremdrassigen und Fremdartigen tief in der Triebstruktur des Volkes verankert ist, weil es sich durch die tradierte Moral fest eingeschliffen hat, da können auch Politiker und Sozialkritiker, die es jetzt andersherum haben wollen, durch gutes Zureden wenig bewirken. Solange bei uns nicht innerlich freie Menschen heranwachsen; solange aber auch der Zustrom aus sittlich noch stärker gefesselten Nationen anhält, können wir politisch nur hoffen, mit unserer Fähigkeit zur Duldung fremder Eigenart nicht allzusehr auf die Probe gestellt zu werden. Das gilt nicht nur für uns Deutsche. Auch unsere Freunde im Westen werden nicht gleich freudig mitgehen, wenn ihnen von algerischer Seite gesagt wird: »Eine vielrassige Gesellschaft wird Frankreich auch reicher machen.«[37]

Es ist die besondere Naivität der neuen Volkserzieher, daß sie gegen Ausländerfeindlichkeit nichts anderes als moralische Appelle zu setzen wissen, Ermahnungen zu Toleranz, Verständnis für das Anderssein der anderen, Besinnung auf eine »unselige Vergangenheit«, die uns schrecken müsse. Kein Gedanke daran, daß Toleranz und Verständnis auch ihre vitalpsychischen Bedingungen haben und als moralische Haltungen sich niemand willentlich aufsetzen kann. Wer es, aggressiv gestimmt, scheinbar dennoch tut, ist dabei noch von jener Aggressivität geleitet, die er im Verhältnis zu den Ausländern blockiert; aber er wendet sie gegen jene, die ihren vitalen Unmut und ihr Leiden an beruflichem Mißerfolg in Fremdenhaß politisieren. Der aggressiv Tolerante hat wohl seine privatesten Gründe, sich von den sozialkonform Aggressiven abzustoßen: ein Vater, der die »Kanaken« haßt; ein Werkmeister, der auf die Türken schimpft, doch zugleich ein gespanntes Verhältnis zu dem »Toleranten« hat, mögen unbewußt dazu motivieren, sich auf die andere Seite zu schlagen. Bei Studenten, die ihr Feindbild am Faschismus ausrichten, kommt jeder in den Pechregen vorentschiedenen Hasses, der die Frage einer möglichen Überfremdung des Landes auch nur aufwirft. Da wird aus der »Vergangenheit« nur die eine Lehre gezogen, daß man sich gegen Faschisten und Intolerante zu wehren habe, nicht aber die andere, daß man ein weithin noch sittlich verbiestertes Volk nicht in Versuchung führen soll: dadurch, daß man es mit ihm fremden Völkern zusammenspannt.

Die Mentalität, aus der unter Hitler gruppenweise tödlicher Rassenhaß sich gelöst hat, ist bei dem heute schwelenden Fremdenhaß immer noch wirksam, doch nicht nur so, daß eine stets sprungbereite Aggressivität nun endlich das ihr passende kollektive Objekt gefunden hätte. Die bei uns zulande verbreitete Aversion gegen »Südländer« steht in engem Zusammenhang mit der deutschen Kultur der Reinlichkeit, Keim- und Geruchslosigkeit, die schon den jungen ADOLF HITLER zur Ablehnung einer »Erscheinung in langem Kaftan mit schwarzen Locken« (*Mein Kampf*, S. 59) motiviert hat. Typisch deutscher Fremdenhaß sekkiert doch nicht die adretten, unaufdringlichen und höflichen Japaner, obwohl diese mit ihrer Emsigkeit uns wirtschaftspolitisch weit gefährlicher werden als jene Türken und Italiener, die zum Teil schon deutsche Arbeitslosengelder oder Renten empfangen. In der verbreiteten Aversion gegen die »unsauberen Kanaken« reagiert der einstmals qualvoll zur Reinlichkeit erzogene prototypische Deutsche verkrampft auf jede Verlockung, sich nachlässiger zu geben. Reinlichkeitsdressur, die nur die andere Seite jener Triebunterdrückung ist, die auch sexuelle »Reinheit« erstrebt, muß, schon am Kleinkind verübt, den Grundstock eines vitalen Unbehagens legen, das später gegen alle, die erkennbar anders leben, gereizt reagiert. Das Irrationale der triebhaften Reaktion gegen »unsaubere Gastarbeiter« läßt es aber zu, daß diese gerade die »Drecksarbeit« verrichten, zu der ein sauberer Deutscher (oder auch Schweizer) sich zu schade ist. Die Müllabfuhr großer Städte, der Service in den Hotels würde zusammenbrechen, wenn von heute auf morgen die Gastarbeiter ausgewiesen würden. Daß wir uns trotz »Niederlage« und mannigfacher Demütigung immer noch als »Herrenvolk« fühlen, hat die Ausländerfrage mit heraufgeführt, die wir nun mit dem schlechten Gewissen der durch Hitler Stigmatisierten zu lösen haben.

Solange die Ausländer zur Beschleunigung des deutschen Wirtschaftswachstums ins Land geholt wurden, kam niemand auf den Gedanken, daß in dem Ruf nach ihnen auch ein Herrschaftswille sich ausdrückte, der bereits unrühmlich Geschichte gemacht hat. Erst jetzt, da die Rechenfehler einer sorglosen Immigrationspolitik offenbar werden, da erste Gewaltakte gegen Ausländer verübt wurden, wird man der Schatten der Vergangenheit gewahr. Schon kursiert die schlimme Prophezeiung »Die Juden haben's hinter sich, die Türken haben's noch vor sich.« Je mehr die Situation sich zuspitzt – durch Arbeitslosigkeit der Deutschen –, desto beschwörender werden im In- und Ausland die Warnungen vor einem Rückfall in »braunen« Terror gegenüber völkischen Minderheiten. Die moralische Hypothek des Dritten Reiches verhindert Problemlösungen, die andernorts, zum Beispiel in der Schweiz, ohne Ideologieverdacht gefunden und praktiziert werden: die Erlaubnis, nur für jeweils eine Saison im Gastland zu arbeiten, und dies ohne die Möglichkeit, Familie mitzubringen.

Wir werden von den Volkserziehern, die vor einem »Rückfall« warnen, zu einer geradezu bedingungslosen Toleranz angehalten, zu einer Duldung fremder Lebensart, die gar nicht mehr zu fragen hat, *was* denn da geduldet, *wozu* Verständnis und Toleranz aufgebracht werden soll. Da wird nicht unterschieden, ob wir liberal und freizügig lebenden Hippies oder streng in eine Eifersuchtsmoral verschlossenen Mohammedanern unsere Toleranz zuwenden sollen. Da hätten wir mit Verständnis für fremde Wesensart auch noch duldsam zu schweigen, wenn von Koranschulen auf deutschem Boden unduldsamer Glaubenseifer sich ausbreitet und harte Prügelpädagogik die Lust am Zuschlagen tradiert. Nur eine christlich-abendländische Moral, die alle Toleranz als eine Leistung des motivlos leeren, aber guten Willens behauptet und fordert, kann uns zumuten, noch willentlich Toleranz gegenüber Intoleranz zu üben, nur weil sie exotischen Ursprungs ist. Wenn wir aber einsehen, daß alle lebendige und nicht bloß formalethische Toleranz ihre triebhaften und sozialen Bedingungen hat, dann werden wir auch zugeben, daß wir überfordert sind mit Toleranz gegenüber fremder Wesensart, die im alltäglichen Umgang mit ihr verhärtend auf uns zurückwirkt. Es ist leicht, in Büchern und Festvorträgen Toleranz gegenüber fremden Völkern zu fordern; und es ist auch leicht, solche Toleranz zu üben, wenn diese Völker noch fern sind oder wenigstens nicht Tür an Tür mit uns wohnen. So fühlt der Intellektuelle unter gleichgesinnten Intellektuellen sich tolerant gegenüber den Ausländern und moralisch den Arbeitern sich überlegen, die etwa im Frankfurter Gallus-Viertel oder im Berliner Kreuzberg, tagtäglich mit fremder Lebensart konfrontiert, schon Türkenhaß bei sich nähren.

Wer anerkennt, daß Toleranz, die mehr ist als pflichtgemäße oder gleichgültige Duldung, ihre vitalen und sozialen Bedingungen hat, der muß auch zugestehen, daß moralische Evolution in Richtung auf mehr Toleranz nicht durch Konfrontation mit Menschen zu fördern ist, die – noch – einer unerbittlichen Welt- und Lebensauffassung anhängen. Wenn sie dauernd hier mit uns leben wollen, werden sie sich dazu entschließen müssen, Deutsche zu werden. So hat es unmißverständlich RICHARD VON WEIZSÄCKER in seiner Regierungserklärung als neuer Berliner Bürgermeister ausgedrückt[38]. Ein solcher Entschluß kann von den Ausländern aber nur erwartet werden, solange sie noch nicht Masse genug sind, die normbildende Mehrheit der alteingesessenen Mitteleuropäer zu brechen.

Wenn verantwortungsbewußte Politiker von einer Sättigungsgrenze der Assimilierbarkeit von Ausländern sprechen, dann hat das nichts mit Hitlers Ungeist zu tun. Denn HITLER wandte sich (in *Mein Kampf*, S. 428) gerade gegen jede sprachliche und kulturelle Assimilierung der Fremden in deutchen Landen, weil das vom

Standpunkt der Rasse gar keine »Germanisierung« sei, »sondern eine Vernichtung germanischen Elementes«. Aus diesem Grunde hat er während des Krieges die Pläne Himmlers[39] und Forsters[40], wenigstens Teile der polnischen Bevölkerung »einzudeutschen«, zurückgewiesen. Wenn heute ein Verhaltensforscher, EIBL-EIBESFELDT, im Zustrom der Ausländer eine »massive biologische Unterwanderung« erblickt[41], so liegt das noch in der Tradition solcher Zurückweisung. Die dabei leitende Vorstellung kann nur die einer Reinheit der Rassen sein: ein für das Mischvolk im Herzen Europas utopischer Begriff. Hierüber war sich auch HITLER illusionslos im klaren. Einen rassisch »einheitlichen Volkskörper« vermochte er in Deutschland trotz »großer, unvermischt gebliebener Bestände an nordisch-germanischen Menschen«[42] nicht zu sehen. Eben darum forderte er, die Deutschen »aufzunorden«.

Wenn wir, kosmopolitisch gestimmt oder gerade aus biologischen Gründen, die Sorge um »Rassenreinheit« nicht mehr teilen können, andererseits aber nicht in der beständigen Konfrontation mit uns hemmenden und störenden kulturellen Kräften leben möchten, dann bleibt als Konsequenz nur die freundliche Aufforderung an alle, die bei uns leben wollen, sich in unsere staatliche und moralische Ordnung zu finden. Das gilt vor allem in bezug auf Artikel 3, Abs. 2 und 3, des Grundgesetzes, der die Gleichberechtigung der Geschlechter gebietet, aber auch im Blick auf unser Strafgesetzbuch, das den Rechtfertigungsgrund der verletzten Ehre nicht kennt. Unsere Toleranz gegenüber fremder Lebensart kann nicht so weit gehen, daß wir Verstöße gegen unsere Rechtsordnung tolerieren. Die mohammedanische Unterwerfung der Frau unter den Willen des Mannes könnte, massenhaft vorgelebt, auf deutsche Familien zurückwirken. Deutsche Männer, die sich nie recht mit der Gleichberechtigung der Frauen abgefunden haben, könnten sich zu einer Reaktivierung patriarchalischer Neigungen ermutigt fühlen. Am Ende hätten wir mehr »Türken«, als aus der Türkei gekommen sind und hier von türkischen Frauen geboren wurden.

h) Herrschende Moral und autoritäre Herrschaft

Jede gefährlich sich ausbreitende aggressive Gesinnung oder Lebensgewohnheit ist insofern ein Politikum: nicht nur, weil von daher das politische Wollen der Gesellschaft sich radikalisiert, sondern auch, weil solchem Wollen und der sie zuspitzenden

Lebenseinstellung nur noch gesamtgesellschaftlich, also politisch beizukommen ist. Wer im Familienleben herrisch und brutal ist oder kleinlich und quälend eifersüchtig, der wird nicht so leicht davon abzubringen sein, wenn er im Verhalten oder in der Zustimmung von Nachbarn und Kollegen sich abstützen kann, erst recht, wenn die Wortführer der öffentlichen Meinung ihn bestätigen. Haustyrannen und Eltern, die ihre Kinder mißhandeln, erfahren bei uns zulande wohl keine Ermutigung durch die Massenmedien, doch schon die engstirnige Eifersuchtsmoral findet bei betulichen Volkspädagogen moralische Unterstützung, etwa in der kritiklos weitergegebenen Behauptung, ein Mensch – zwischen zwei Partnern – müsse sich entscheiden können und »wissen, wo er hingehört«. Wer anders denkt, kommt dort, wo Meinungen ausgestrahlt werden, kaum jemals zu Wort, und wenn, dann vielleicht einmal und nie wieder. Erscheint es abwegig zu befürchten, daß auch das patriarchalische und drakonische Lebensgefühl wieder stärker die öffentliche Meinung *besetzen* könnte? Wer weiß, wie Meinungen sich durchsetzen: nicht durch die logische Kraft der Überzeugung, sondern dadurch, daß sie von einer verbreiteten Stimmung getragen werden, der die ihr gemäßen Fürsprecher erwachsen – wer dies bedenkt, wird Warnungen vor einem Meinungsumschwung zugunsten familiärer Repression nicht einfach in den Wind schlagen.

Es bedarf nicht nur des Zustroms autoritär denkender und lebender Menschen in unsere Kulturgemeinschaft, um ein erst zage entfaltetes Klima der Duldsamkeit, der Kompromißbereitschaft und der Freizügigkeit wieder einzutrüben. Es brauchen gar nicht Einbrüche von der politischen Großwetterlage her zu erfolgen, es bedarf keiner neuen Weltwirtschaftskrise mit Massenarbeitslosigkeit auch bei uns, damit wieder ein Zug der Unerbittlichkeit in unser alltägliches, in unser politisierbares wie in unser öffentliches Leben komme. Die moralischen Bedingungen eines jederzeit wieder sich verhärtenden Zusammenlebens sind noch lange nicht so weit abgebaut, daß wir nicht auf der Hut sein müßten. Der sogenannte technische Fortschritt trägt das Seine dazu bei, jede Tendenz zu mehr Mitmenschlichkeit zu durchkreuzen, jedenfalls so lange, als eine Moral, die mit unseren vitalen Antrieben in Einklang steht, sich noch nicht wirklich durchgesetzt hat. Technisches Denken, das ebenso die schnellsten Wege zur Ausbreitung von Meinungen gefunden hat wie zur reibungslosen Massentötung, dieses Denken hat sich zuletzt auch der Versorgung der Kleinkinder bemächtigt, sie wie am Fließband abzufertigen. In steriler Klinikorganisation werden sie um die ihnen naturgemäßen ersten leibhaften Erfahrungen gebracht: von den Müttern getrennt, ohne Hautkontakt und mit der Flasche ernährt. Wenn, wie FREUD entdeckt hat, die Beziehung des Säuglings zur stillenden Mutter die Grundlage jeder späteren Liebesbeziehung ist[43], dann erklärt sich daraus zwanglos so manches Scheitern im sogenannten Intimbereich, wenn jene erste Einübung kontaktschaffender Sinnlichkeit gefehlt hat.

Selbst eine noch so großzügige Befreiung der Erwachsenen-Sexualität kann bei dem in frühen Jahren frustrierten Menschen immer nur den dadurch schon fehlgeprägten Trieb befreien. Dann kommt in aggressiver, wenn nicht gar sadistischer Weise hervor, was zärtlich sich äußern müßte. Aber nicht nur das schon beim Kinde niedergehaltene Verlangen nach Hautkontakt treibt aggressive Neigungen hervor; frühe vitale Demütigungen überhaupt – und dazu gehört vor allem die bei uns immer noch verbreitete Prügelstrafe – schaffen ein Bedürfnis, gegen die Umwelt zurückzuschlagen. »Umwelt« darf dabei im weitesten, auch ökologischen Sinne verstanden werden. So manches von scheinbar nüchternen Amtspersonen verfügte Fällen von Bäumen gehört zu jenen lebensfeindlichen Handlungen, an denen nur ein tief frustrierter und zurechtgeprügelter Charakter seine helle Freude haben kann.

Nun wäre es freilich ebenso einseitig, alle Destruktivität auf Einflüsse in der frühesten Kindheit zurückzuführen, wie es einseitig wäre, alle Hoffnung auf eine Lockerung der sexuellen Sitten zu setzen. Beides steht miteinander in Zusammenhang. Das vital verunsicherte Kind wird, erwachsen geworden, seine nie beschwichtigten Ängste zur Stützung einer Moral verwenden, die den Lebenspartner wie eine Sache zu ausschließlichem Besitz beansprucht. Aus einer von Eifersucht gepreßten Lebensgemeinschaft ergeben sich aber neue Zwänge, die wiederum aggressive Neigungen fördern, die bewußt oder unbewußt darauf abzielen, die Enge stickiger Häuslichkeit zu durchbrechen. Das gelang bisher am sichersten in der Ausnahmesituation eines Krieges, der nicht nur die frustrationsbedingte Aggressivität in Richtung Feind abgeleitet hat, sondern auch die unkontrollierbare Vergewaltigung von Frauen in Feindesland ermöglicht hat[44]. Die Erfahrung oder die Ahnung, daß der Krieg die Regeln einer zwanghaften sittlichen Ordnung außer Kraft setzt, war wohl immer eine starke Komponente »unerklärlicher« Kriegsbereitschaft. Sie ist unter der Drohung der Atombombe aber noch wirksam in einer auf harte Konfrontation ausgerichteten Außenpolitik. Es ist triebpsychologisch kein Zufall, daß die außenpolitisch auf »Stärke« setzende Reagan-Regierung sich aus dem moral-konservativen Lager rekrutiert. Es ist auch kein Zufall, daß autoritäre Herrschaft von Cromwell über Hitler bis zu Khomeini und von den griechischen Obristen der Jahre 1967/73 bis zur türkischen Junta von 1982 den Kampf gegen das »Laster« aufgenommen hat. Das ist kein Zufall, denn alle Unterdrückung leibhafter Menschen ist im Grunde Triebunterdrückung[45].

Triebunterdrückung als Vorbedingung autoritärer Herrschaft kommt für die Faschismus-Forschung, soweit ich sehe[46], nicht in Betracht. Auch der wissenschaftlich formierte Antifaschismus ersetzt weitgehend Analyse durch Anklage. Soweit er sich auf massenpsychologische Überlegungen einläßt, reflektiert er allenfalls die Angst der Kleinbürger, die es danach verlangt, sich zu einer Volksgemeinschaft zusammenzuschließen, um sich stärker zu fühlen. Soviel war aber auch Hitler schon bewußt. Das war ein offen erklärter Zweck seiner Massenversammlungen: den Ängstlichen und Vereinsamten den Rücken zu stärken.

> »Die Massenversammlung ist auch schon deshalb notwendig, weil in ihr der einzelne, der sich zunächst als werdender Anhänger einer jungen Bewegung vereinsamt fühlt und leicht der Angst verfällt, allein zu sein, zum erstenmal das Bild einer größeren Gemeinschaft erhält, was bei den meisten Menschen kräftigend und ermutigend wirkt.« (Hitler[47])

»Angst« erscheint hier als ein psychologisches Grundphänomen, dessen vielfältige Ursachen, Erscheinungsformen und sittliche Bedingungen den Demagogen sowenig bekümmern, wie die intellektuellen Streiter gegen Hitlers Ungeist das heute interessiert. Wäre es der Fall, dann schwächten sie auch schon ihren Impetus, sich warnend und kämpferisch gegen neofaschistischen Ungeist zu wenden. Dann käme – mit den Triebschicksalen der vielen Ängstlichen – auch zum Vorschein, daß ehrgeizige Anpassung an den jeweils herrschenden Zeitgeist eine Form der Angstbeschwichtigung ist, die der beflissene Antifaschist von heute mit den Mitläufern von damals gemein hat.

Nicht die paar Tausend ideologisch Verirrten verkörpern die wahre Gefahr der Wiederkehr einer totalitären Herrschaft, sondern die vielen brennend Ehrgeizigen, weil vital Frustrierten, die unter jedem Regime nur eine einzige Wahrheit kennen: diejenige, die sie ergreifen müssen, um sozial aufzusteigen. Diese jederzeit Wohlangepaßten, die sich an den gerade geltenden Werten orientieren, machen eine sektiererische politische Bestrebung erst zu einer Massenbewegung und sichern ihren Bestand, sobald sie einmal zur Macht gekommen ist. Die Überschlauen unter den bis dahin Erfolglosen suchen sich einer politischen Partei bereits anzuschließen, noch ehe diese den »Durchbruch« erzielt hat. Das macht den Aufstieg danach um so gewisser. Ohne das breite Spektrum der karrieresüchtigen Mitläufer hätte der NS-Staat sich niemals so fest etablieren können, als es nötig war, um ein ganzes Volk zum Krieg und ins Verderben zu führen. Nicht die Masse der Arbeitslosen, die wohl froh waren, durch die angekurbelte Rüstungswirtschaft wieder zu Arbeit und Brot zu kommen, nicht die Armee, die sich gestärkt und vergrößert fand, waren die eigentlichen Stützen des NS-Staates, sondern die Funktionäre und Beamten, die Lehrer und Juristen und auch die Ärzte, jene, die bereit waren, das alltägliche Leben nach dem Willen des Führers und »obersten Gesetzgebers« auszurichten. Nicht jeder gläubige oder verblendete Neonazi von heute wäre auch der Funktionär von morgen, vor dem wir wieder zu kuschen hätten; das wäre vielmehr der ehrgeizig nach Position und Einfluß Strebende, der sich rechtzeitig in den Dienst der »großen Sache« stellte. Die ernstlich an sie glaubten, würden vermutlich wieder so enden wie Gregor Strasser, in der Versenkung verschwinden wie Gottfried Feder, Hermann Esser, oder emigrieren wie Otto Strasser und Hermann Rauschning. Aber die rücksichtslos Aufstrebenden kämen in ihrer Masse gerade aus den Reihen der Unerbittlichen, die heute immer noch denunziatorisch die Vergangenheit »bewältigen«, die sie zumeist nur vom Hörensagen kennen. Sonst wüßten sie, daß die Denunziation das eigentliche Herrschaftsmittel der Nazis war. Da es deren »Führer« nie gelingen wollte, das ganze Volk von sich zu überzeugen, fanden er und seine Vertrauten kein besseres Mittel, nationalen Konsens herzustellen.

i) Aggressive oder defensive Nation

Wer bemerkt, daß der nationale Gedanke wiederauflebt; daß zugleich rechtsradikale Tendenzen sich verstärken, der mag das, geistgläubig, dem Zurückfluten lange verdrängter Ideen zuschreiben, oder, mystisch gestimmt, auf das Wirken eines rätselhaften Zeitgeistes zurückführen. Die beiden scheinhaften Erklärungen mischen zwei Tendenzen zusammen, die heute nicht mehr zusammengehören; die verbreitete Sehnsucht nach nationaler Einheit und eine nur von politischen Sektierern gepflegte Verehrung des »Führers« oder seiner Ideen. Diesen verspäteten Nazis ist die deutsche Nation immer noch eine Lebensraum fordernde Volksgemeinschaft und ein Weltgeltung beanspruchendes »Herrenvolk« (*Mein Kampf*, S. 320 und S. 438). Unterdessen aber hat der Begriff der Nation sich für die allermeisten von uns gewandelt zu einer den »Eisernen Vorhang« überspannenden Gemeinschaft, die hier in der Mitte Europas den Frieden zu bewahren sucht.

Wer ein gewisses Wiederaufleben nazistischer oder faschistischer Aktivität beklagt, braucht dafür weder einen mystischen Zeitgeist zu schelten, noch die allzulange Verdrängung der uns belastenden Vergangenheit anzuführen. Ein Blick auf die einander ablösenden Generationen stets aufsässiger junger Menschen genügt, um die Abfolge radikaler politischer Moden zu erklären. Zur Zeit des wirtschaftlichen Wiederaufstiegs, als Ludwig Erhards »freie Marktwirtschaft« weltweit gepriesen wurde, da konnten die Väter des »Wirtschaftswunders« kaum stärker herausgefordert werden als durch marxistische und kommunistische Parolen und durch Demonstranten mit roten Fahnen. Was damals »Hammer und Sichel« war, ein Mittel, die guten Bürger zu schrecken, das wird heute das Hakenkreuz, ein Symbol, die inzwischen arrivierten Linken zu provozieren.

In dem Maße, in dem eine neue Generation ungebärdiger junger Menschen heranwächst, die nun nicht mehr allein gegen konservative »Opas«, sondern schon gegen marxistisch gesinnte Väter und Lehrer sich auflehnt, im selben Maße wird der Rechtsradikalismus Nachwuchs und Zustrom erhalten. Daraus ergeben sich auch Gewalt- und Terrorakte, die im Namen nationalistischer und faschistischer Ideen verübt werden. Schon werden im Blick auf die »Gewalt von rechts« dieselben Erklärungen versucht wie in den siebziger Jahren für den Terror der »Linksfaschisten«. Die für neonazistischen Terror angebotenen »Ursachen« liegen allerdings seitenverkehrt zu den damals gegebenen Herleitungen aus rein politisch-ideeller Motivation. Wenn progressiv Gesinnte ehedem – um 1972 – für den linken Terror das Ausbleiben von angekündigten Reformen verantwortlich machten, so werden bald konservative Denker in der andauernden Spaltung Deutschlands und in der »Überfremdung« der Bundesrepublik die entscheidenden Ursachen des »rechten Terrors« erblicken. Umgekehrt erleben wir bereits, wie anstelle der Konservativen, die bisher von den »geistigen Ursachen« des »linken Terrors« sprachen, nun progressive Geister sich erheben und davon sprechen, daß die »Gefahr von rechts« bisher unterschätzt worden sei. Immer mehr von denen, die sich für progressiv und tolerant halten, werden auf ein Verbot rechtsradikaler Presseerzeugnisse drängen – getreu der Überzeugung, daß die überall schwelende Neigung zur Gewalt und zum Zusammenschluß in Kampfgemeinschaften durch geistige Einflüsse, durch ideologische Indoktrination allererst geschaffen werde.

Wohl gibt es unter den rechtsradikalen Aktivisten junge Heißsporne und gestandene Männer wie den Rechtsanwalt Röder, die sich selber als Vollstrecker einer Weltanschauung sehen. Aber es gibt auch den selbstreflektiert Aggressiven, der sich als Rechtsradikaler engagiert, um sich Feinde zu machen – aus Freude an der Konfrontation mit wem auch immer. Keinen anderen Sinn hat es, wenn ein wegen Zeigens der Hakenkreuzfahne (nach §§ 86 und 86a StGB) angeklagter Neonazi dem Gericht erklärt: »Das ist ein bunter Fetzen, der nur provozieren soll.«[48] Selbst wenn er das als Schutzbehauptung sagte, um den Vorwurf nazistischer Gesinnung zu entkräften, konnte ihm das doch in solch drastischer Formulierung (»bunter Fetzen«) nur eingefallen sein, wenn er auch unter der Decke des zuvor gezeigten Engagements so empfunden hatte. Das ist der Zyniker, der weiß, wovon er im Grunde bewegt ist, oder es zumindest ahnt, und der sich doch denen, die das idealistisch verdrängt haben, anschließt. Hitlers SA-Führer Röhm meinte trocken: »Da ich ein unreifer und schlechter Mensch bin, sagte mir der Krieg und die Unruhe eben mehr zu als die brave bürgerliche Ordnung.«[49]

Wenn jugendlicher Unmut unter NS-Parolen und Emblemen heute die größere Chance wittert, die Öffentlichkeit herauszufordern, so schlägt dieses Motiv des Provozieren-Wollens sich in den Deutungen der ideengeschichtlich gebildeten Politiker und Kommentatoren noch lange nicht nieder. Denn wenn sie dies wahrnähmen, müßten sie sich auf Triebmotive einlassen; und das widerspräche den moralischen Werten, die auch der Fortschrittlichste unter ihnen nicht zu bezweifeln wagt. Politische und weltanschauliche Ideen, die über die hergebrachte sittliche Ordnung sich wölben, geben dafür einfachere Erklärungsmuster ab, die im politischen Tageskampf sich verwenden lassen. In solcher geistigen Tradition, die bis in die politischen Wissenschaften hineinreicht, werden wir bald zu hören bekommen, daß der jetzt hervorzuckende rechtsradikale Terror teils in unserer nationalen Ohnmacht (»besetztes Land«), teils in einem nie restlos unterdrückten oder »bewältigten«

NS-Ideengut seine Ursache habe. Beides sind Erklärungen im Koordinatensystem politischer Macht, wo es auch negative Werte gibt, aber keine individuellen Motive des Auftrumpfens verzeichnet werden können. Daß ein hochneurotischer, durch Arbeitslosigkeit an den Rand des Lebens gestellter Mensch sich nationale Interessen aufsetzt, um sich selber eine Bedeutung zu geben, wird nicht für möglich gehalten. Hohe Ideale vertragen keine Motivation durch allerprivateste Nöte.

Schon hat GÜNTER GRASS im Sommer 1981 wiederholt davor gewarnt, die nationale Frage den rechten Kräften zu überlassen. Was er einstweilen zur Wiederbelebung der Nation vorgeschlagen hat, war der Gedanke einer »Kulturnation«, die in Ost und West durch die gemeinsame Sprache der Bücher sich geeint denken möchte[50]. Das ist nun eine Intellektuellen-Idee, die jene rohen Kräfte schwerlich binden dürfte, die zwar immer nach idealen Zielen streben, denen diese insgeheim aber nur zur Rechtfertigung ihres Pochens und Tobens dienen.

Wer heute noch beklagt, daß der nationale Gedanke in Westdeutschland zu wenig lebendig sei, der muß darauf aufmerksam gemacht werden, daß unter nationalen Feldzeichen schon einmal, im Ersten Weltkrieg, aggressiv gestimmte Menschen gegeneinander geführt wurden, die, in Friedenszeiten einander begegnend, sich kaum hätten hassen können. Der weihevolle Begriff der Nation, der das Gottesgnadentum der Monarchen abzulösen hatte, übernahm von ihm die Funktion, frei und regellos schwebende Aggressivität in disziplinierter Weise auf Ziele außerhalb des eigenen Staates abzulenken. Das gelang um so eher, wenn jenseits der Grenzen noch ein Teil des Volkes angesiedelt war, den man in die nationale Einheit hereinzuholen gedachte. Der nationale Gedanke gipfelte in HITLERS Parole »Heim ins Reich!«[51], die hinreichend doppeldeutig war, um sich unterschiedlichen außenpolitischen Konstellationen anpassen zu lassen. Sie konnte die Annexion eines von deutsch sprechenden Menschen bewohnten Landes bedeuten, aber auch deren Umsiedlung »ins Reich«. Die Baltendeutschen wurden umgesiedelt, die Sudetendeutschen und die Bewohner der Freien Stadt Danzig mitsamt ihrem Territorium »heimgeholt«. Sogar an eine Umsiedlung der Südtiroler auf die Krim hatte HITLER gedacht[52]. Immer aber war dabei die Vorstellung orientierend, daß alle Deutschen unter dem Dach desselben Staates leben sollten.

In der von Westdeutschland aus betriebenen »Familienzusammenführung« wirkt Hitlers Reichsgedanke immer noch nach. Auch noch den letzten Deutschen aus Osteuropa heim nach »Deutschland« zu holen, das ist gerade das Bestreben jener konservativen Kräfte in Bonn, die an der Rechtsfiktion festhalten, daß Deutschland »in den Grenzen von 1937« fortexistiere. Ihr abstraktes, rechtsförmiges Denken kommt gar nicht darauf, daß sie für einen solchen Rechtsanspruch auch Platzhalter in den noch dazugerechneten Gebieten haben müßten. Logik war noch nie die Stärke der programmatisch national Gesinnten. Es sind im wesentlichen aggressive Stimmungen, die im Nationalismus gleichgerichtet sich formieren. Gerade der sozial über seine eigene Aggressivität stolpernde Mensch, der zur Gewaltkriminalität neigende, erfährt im nationalen Aufbruch eine »Sinnerfüllung« seines Lebens, das heißt: Er erlebt, daß seine triebhafte Neigung zum Zuschlagen und Vernichten mit dem gesellschaftlich Erwünschten übereinkommt. So hat auch der – schon in *Mein Kampf* – in destruktiven Phantasien schwelgende ADOLF HITLER den nationalen Gedanken als ein taugliches Mittel erkannt, die an sich nicht national gesinnte »breite Masse« zu einer Kampfgemeinschaft umzuformen[53].

Für HITLERS destruktive Phantasien nur zwei Beispiele: Hitler imaginiert als Folge jüdischer Politik einen »Totentanz der Menschheit«, nach dem »dieser Planet wieder wie einst vor Jahrmillionen menschenleer durch den Äther ziehen« werde (*Mein Kampf*, S. 70), und er stellt sich vor, es würde »z.B. heute die Oberfläche der Erde durch irgendein tektonisches Ereignis in Unruhe kommen und aus den Fluten des Ozeans sich ein neuer Himalaja erheben, so wäre in einer einzigen grausamen Katastrophe der Menschheit Kultur vernichtet« (*M.K.*, S. 432). Der destruktive Visionär sah da »ein einziges großes, wasser- und schlammüberflutetes Leichenfeld«. Krieg war im Verhältnis zu solch apokalyptischen Träumen eine vergleichsweise kalkulierbare Katastrophe.

In jenen hochtechnisierten Staaten, die inzwischen mit ihrer Waffentechnik an den Rand der Selbstvernichtung gekommen sind, scheidet Krieg als nationales Ventil für sittlich angestauten vitalen Unmut wieder aus. Hier beobachten wir neben ideologisch begründetem Terrorismus auch eine Regionalisierung der politisierbaren Aggressivität, etwa im Kampf der Basken für Autonomie in Spanien, aber auch in den Autonomiebestrebungen der Bretonen und Elsässer in Frankreich. Und noch die terroristischen Aktivitäten katholischer Nordiren gegen die englische Zentralgewalt können unter diesem Aspekt betrachtet werden. Hier, im Kampf gegen die Freischärler einer Region, wird die hochgerüstete Staatsmacht nicht ihr volles Vernichtungspotential einsetzen, sondern sich darauf beschränken, mit Polizeimaßnahmen gegen die Aufständischen vorzugehen – mit dem Ziel, sie gefangenzunehmen. Der Freiheitskämpfer aber bleibt wie der Nationalheld ein Vorbild für seine Region, und insofern kommt sein sozial geprägtes Gewissen mit seinen destruktiven Neigungen nicht in Konflikt.

Im Kriege wie im Freiheitskampf formieren sich vorweg jene aggressiven Temperamente, die anders als Gewalttäter auf eigene Faust sich sozial isolierten, indem sie als Kriminelle abgestempelt würden. Dies erklärt nicht nur, warum in Kriegszeiten die Gewaltverbrechen zurückgehen[54], sondern auch, warum gerade vorbildlich tapfere, ja hochdekorierte Soldaten, von der Front heimgekehrt, zu Gewaltverbrechern werden konnten. Der Massenmörder Haarmann ist dafür ein schon klassisches Beispiel[55].

Kriminalität und Patriotismus sind, als innere Neigungen genommen, zueinander hin offene Phänomene. Der sozial konforme Mensch wartet nur geduldig auf die Stunde der nationalen Erhebung, einstweilen seine destruktiven Neigungen in Engagement für eine »Politik der Stärke« verstauend. Immer aber braucht er, um so »sublimieren« zu können, einen naheliegenden Zankapfel, der seine aggressive Stimmung gleichmäßig auf mögliche Konfrontation hin ausgerichtet hält. *Ein* Zankapfel jeweils genügt. Danzig und der polnische Korridor reichten aus, um »die Waffen sprechen zu lassen«. Hitler kam es gar nicht darauf an, überall großdeutsche Interessen zu vertreten. Sein schon in *Mein Kampf* (S. 707 ff.) eingeleitetes Zurückstecken in der Südtirol-Frage zeigt deutlich, daß hier bei ihm das nationale Interesse von ideologischen Gesichtspunkten und machtpolitischen Erwägungen überlagert war: Er brauchte einen Bundesgenossen für den geplanten Krieg. Die Tendenz zu größtmöglicher Konfrontation verlangt auf beiden Seiten eines Heerlagers nach Bundesgenossen, die nicht allein siegen helfen sollen, sondern auch Gewähr dafür bieten, daß es nach einem Vernichtungskampf keine lachenden Dritten gibt.

In einem ganz anderen Sinne gewinnt die Nation für die deutsche Friedensbewegung an Bedeutung. Es ist ein defensiver, nicht mehr expansiv-aggressiver Nationbegriff, der hier zum Zuge kommt. Deutsche in Ost und West werden darin zu einer Gemeinschaft von Menschen, die in einer Zeit internationaler Spannungen und drohender Atomraketen *überleben* wollen. Eine solche *Überlebensgemeinschaft* muß sich auch wehren gegen jene Stigmatisierung der Deutschen als des Volkes der KZ-Verbrecher. Solche Stigmatisierung, die dieses Volk nach den Juden zu einer neuen Verkörperung des Bösen zu stempeln beginnt, könnte es überlegenen Militärmächten erleichtern, mit dem Gedanken an einen atomaren Schlagabtausch in Mitteleuropa zu spielen. Der böse Deutsche, der in Schaftstiefeln und in Breecheshosen durch die amerikanische Fernsehlandschaft marschiert, legt ohnehin aggressiv gestimmten Wählern die Meinung nahe, daß es sich da in der Mitte Europas um ein nicht unbedingt erhaltenswertes Volk handeln könne. Ein neuer Holocaust, diesmal ein atomarer, ohne die Umständlichkeit der Gaskammern, wird – bewußt oder unbewußt – stimmungsmäßig vorbereitet. Immer sind Völker, die – nahezu – ausgerottet wurden, zuerst in ihrem Menschsein abgewertet oder in Frage gestellt worden. Das war so bei den Indianern, die von den Konquistatoren für eine Art höherer Tiere erklärt wurden[56], und das war so bei den Juden, denen nicht erst Hitler jeden positiven menschlichen Wert abgesprochen hat. Wir haben Hitler auch noch zu besiegen, indem wir uns auf den Wert unserer Nation besinnen, deren Name wohl von einer Handvoll Massenmörder besudelt, doch nicht eigentlich entwertet werden konnte. Diejenigen aber, die für deutsches Land Planspiele eines begrenzten Atomkrieges entwerfen, sind Testamentsvollstrekker HITLERS, dessen letzte Befehle einer Strategie der »verbrannten Erde« galten, die das Überleben des deutschen Volkes verhindern sollte[57].

IX. KAPITEL

Adolf Hitlers Fortleben

a) Der Führer als Faszinosum

Nach der totalen Niederlage des Dritten Reiches gingen die Siegermächte daran, das deutsche Volk vom Ungeist des Nazismus oder Faschismus zu kurieren. Namentlich die amerikanischen »Umerzieher« standen dabei unter dem Eindruck der Kollektivschuld-These HENRY MORGENTHAUS und legten es darauf an, möglichst breite Kreise der Bevölkerung erzieherisch zu erfassen. Soweit kleine Funktionäre der Partei und des NS-Staates nicht in Lager kamen, in denen sie – unter lauter Gleichgesinnten – sich zur Demokratie bekehren sollten, wurde ihnen durch sogenannte Spruchkammern wenigstens ein Denkzettel verpaßt, der sie und das ganze deutsche Volk vor einem Rückfall in den Ungeist des besiegten Regimes bewahren sollte. Die Verbreitung von nationalsozialistischem Gedankengut und das öffentliche Vorzeigen von Emblemen, Fahnen und Abzeichen des NS-Staates sowie die Verwendung seiner Parolen und Grußformen (»Heil Hitler«) wurden verboten und sind noch heute nach den Paragraphen 86 und 86a des westdeutschen Strafgesetzbuches unter Strafe gestellt. Nationalsozialistisches Schrifttum wurde in den öffentlichen Bibliotheken in besondere »Giftschränke« verbracht und konnte bis vor wenigen Jahren nur mit einer Sondergenehmigung zu wissenschaftlichen Zwecken eingesehen werden.

Die vornehmlich mit Sanktionen, Verboten und Reglementierungen ausgerüstete »Entnazifizierung« ist nicht ohne Wirkung geblieben. Sie hat die unbelehrbaren Anhänger des »Führers« veranlaßt, sich mit politischen Äußerungen zurückzuhalten: Eine geistige Auseinandersetzung mit ihnen war darum nicht möglich. Verbote, die einer Tabuierung gleichkamen, haben vieles von dem, was im Dritten Reich gedacht und geschrieben worden ist, mit einem Schleier des Geheimnisses umgeben, der auch den Verdacht auf sich zog, an Hitler und seinem Regime müsse doch auch etwas (Positives) dransein. Das wurde so naiv, so offenkundig widerlegbar nicht gesagt, war unterschwellig aber die Bedingung dafür, daß 1972 einige Oppositionspolitiker einer verbreiteten Stimmung Ausdruck geben konnten, die besagt, nicht Adolf Hitler mit seiner ruinösen Kriegs- und Expansionspolitik habe die deutschen Ostgebiete verspielt, sondern erst Willy Brandt mit seiner Verständigungspolitik. Hieran konnte der Neonazismus der siebziger Jahre konsequent anknüpfen. Ein ängstlich von nationalsozialistischem Gedankengut ferngehaltenes Volk ist bis auf den heutigen Tag auch davor bewahrt geblieben, in ADOLF HITLERS *Mein Kampf* nachzulesen, daß er die Judenverfolgung und den Eroberungsfeldzug gegen den Osten von Anfang an vorgesehen hatte. Die Kriminalisierung nationalsozialistischer Gesinnung hat auch bewirkt, daß zum kriminellen Protest geneigte junge Menschen sich unter nazistischen Emblemen sammeln konnten. Die jahrzehntelang tabuierte Frage, »wie es wirklich war«, wird nun von einer seit 1977 auf uns zurückrollenden »Hitlerwelle« weniger beantwortet als zugedeckt. Hitler in allen Illustrierten, Hitler-Bücher, Hitler-Filme, die auch das Berauschende der Massenaufmärsche vermitteln, werden uns zur »Vergangenheitsbewältigung« angedient; sie befriedigen aber unversehens noch ganz andere Bedürfnisse als das Verlangen nach Wahrheit über die Hitler-Jahre. Der zeitliche Abstand vom Dritten Reich, oder besser gesagt: von der Zeit der Entnazifizierung, hat eine Unbefangenheit heranwachsen lassen, die imstande ist, »Hitler« auch als Unterhaltungsstoff zu genießen. Wo zum zeitlichen Abstand noch der räumliche hinzukommt, braucht das gar nicht mehr mit einem ernsten Anliegen verbrämt zu werden: *Hitler Superstar* lautet der Titel einer Rock-Oper, die 1977 in London und Paris uraufgeführt wurde. »Die Menschheit lacht sich kaputt . . ., wenn es recht grausig hergeht«, hatte WOLFGANG BORCHERT (in *Draußen vor der Tür*) kurz nach dem Kriege prophezeit.

Man mache sich da nichts vor: Die Faszination, die von einem Manne wie Hitler ausgeht, ist die Faszination des Bösen, genauer: die verzaubernde Erfüllung der geheimen Sehnsucht, den angestauten Unmut über erlittene Verzichte in kollektiven, quasi legalen Akten der Vernichtung auszuleben. Das kann, wo solche Faszination rein ästhetisch genossen wird, auch nur in Akten der Phantasie geschehen. Ein Führer, der in seiner Politik sich immer wieder für den Weg der Gewalt entscheidet, gibt jedem aggressiv Verstimmten die Gewähr, auch mit seinen destruktiven Neigungen noch so zum Zuge zu kommen, daß er sich persönlich in einem strafrechtlichen Sinne dafür nicht schuldig zu fühlen braucht. Führt solche Politik ins Verderben, in millionenfaches Leid und die nationale Niederlage, dann rückt auch noch der engere Anhang voll Verachtung von eben jener Führung ab, die er zuvor bejubelt hatte. Bewundert wird auf die Dauer aber nicht nur der Erfolgreiche.

Je länger die Schrecken des Krieges zurückliegen, je seltener uns daran leidende Opfer begegnen, desto leichter kann ein Mann, der die kollektive Gewalt entfesselt hat, wieder in den Rang einer Symbolfigur aufsteigen, die den Traum von einer »großen Zeit«, von einem stürmischen und gewaltigen Leben hat Wirklichkeit werden lassen. Das Faszinierende an den großen Volksverführern kommt von den verdrängten Neigungen, die sie entbinden, von der Verheißung des Abenteuers und der Befriedigung uneingestandener Triebe: verdrängter Sexualität und – im Maße ihrer Verdrängung – auch legal nicht zu befriedigender Lust am Töten. Der Grund dessen, was die Völker an einem Napoleon, einem Hitler fasziniert, wenn auch nicht überall mit einer sich identifizierenden Bewunderung, liegt in den abgründigen Neigungen der von ihnen Beeindruckten selber. Wenn diese, vermittelt durch gleichfalls hingerissene Biographen, einfache menschliche Schwächen an der historisch großen Figur erblicken, dann ist vollends die Brücke zur eigenen Motivation geschlagen. Wer im Grunde so ist wie wir alle, der kann um so überzeugender uns in einen Zustand versetzen, der die Fesseln humaner Rücksichtnahme sprengt. Was wirklich den Grund und Boden menschlichen Zusammenlebens auf dieser Erde ausmacht, die Achtung vor dem Leben des Mitmenschen – eben das kann ein Führer als »Sentimentalität« entwerten, der selber allerlei läppischen Sentimentalitäten sich hingibt. Grausamkeit und Sentimentalität charakterisieren den Tyrannen, der auf eine kräftig herzliche Weise nicht mehr Mitmensch sein kann. Das gilt für den kleinen Haustyrannen wie für den Machtmenschen an der Spitze eines Staates. Daß der kleine Tyrann sich im großen wiedererkennt, leiht diesem aber erst die Macht, die er, wenn alle ihn pathologisch sähen, niemals gewänne.

Hitler als normaler Mensch betrachtet, der mit Hunden spielt, mit Frauen scherzt, der charmant sein kann und auch einmal zuhören und herzhaft lachen – ein solches (durchaus wahres) Hitlerbild läßt so manchen Haustyrannen neben ihm erst als wahren Unmenschen erscheinen. Am Ende fragt man sich, ob ihm all die Übeltaten vom Mord am SA-Führer Röhm bis zum Vergasen der Millionen Juden nicht einfach nur böse angedichtet wurden, ob sie, wenn sie schon geschehen sind, nicht gleichsam hinter seinem Rücken und gegen seinen Willen verübt worden sind. Der britische Hitler-Biograph David Irving hat diesen Gedanken immerhin nahegelegt, dann abgeschwächt in der Form: »Dokumente, die Hitler faktisch mit der Behandlung der Juden in Verbindung bringen, haben stets die Form eines Unterlassungsbefehls.«[1] ROLF HOCHHUTH hält es demgegenüber nach dem Studium von GOEBBELS' *Tagebüchern* für möglich, daß der Propagandaminister wiederholt zumindest »einen zaghaften Vorstoß gegen die radikalste Lösung« bei Hitler unternommen habe[2]. In seinem Tagebuch vom März und April 1942 habe GOEBBELS in der »Judenfrage« seinen »Führer« nach wie vor »unerbittlich« gefunden und sich selber auf diese Linie eingestellt: »Aus dem Generalgouvernement werden jetzt, bei Lublin beginnend, die Juden nach dem Osten abgeschoben. Es wird hier ein ziemlich barbarisches und nicht näher zu beschreibendes Verfahren angewandt, und von den Juden selbst bleibt nicht mehr viel übrig. Im großen kann man wohl feststellen, daß 60 Prozent davon liquidiert werden müssen, während nur noch 40 Prozent zur Arbeit eingesetzt werden können.« (GOEBBELS[3]) Nach IRVING aber gibt es »eindeutige Beweise dafür, daß Hitlers Wünsche häufig nicht mit der rüden und sinnlosen Brutalität seiner Kumpane in Einklang standen«[4] und das beziehe sich auch auf die »Lösung der Judenfrage«, die er, Hitler, »bis nach dem Kriege zurückgestellt wissen« wollte[5]. – Dem britischen Hitler-Apologeten DAVID IRVING ist von SEBASTIAN HAFFNER entgegengehalten worden, Hitlers Vernichtungswille gegenüber den Juden gehe doch aus seiner Reichstagsrede vom 8. November 1942 hervor und aus einer Rundfunkansprache des Jahres 1945. Ein anderer Kritiker, der Historiker EBERHARD JÄCKEL, stellte die Frage, ob es denn überhaupt eines schriftlichen Befehls des Führers bedurft habe, um geschehen zu lassen, was er wollte. IRVING erwiderte: »Geheime Reichssache oder Sportpalastrede? Beides zusammen geht nicht.«[6]

Der von IRVING formallogisch aufgezeigte Widerspruch findet seine Auflösung in der die Tatsachen verhüllenden Sprache der NS-Führer, die von »Endlösung« sprachen, wenn sie Massenvernichtung meinten, und in der Gewöhnung an starke Worte in Kriegszeiten, die kaum jemanden im Volk an die systematische Ausrottung eines ganzen Volkes denken ließ, wenn Hitler den Juden ihre »Vernichtung« androhte. Schließlich sollte ja auch der Feind *vernichtet* werden, das heißt als politische und militärische Macht überwunden.

Daß Hitler die physische Vernichtung der Juden gar nicht gewollt habe, das paßt zu gut ins Bild eines Mannes, der Aquarelle malte, sich für Architektur begeisterte, Richard Wagner liebte und in

Bayreuth den Damen die Hand küßte. Hat nicht vielleicht Heinrich Himmler zusammen mit seinen Komplizen auf eigene Faust die Juden getötet? Wie aber, wenn ein wohlwollender Biograph auch am Reichsführer SS »menschliche Züge« entdecken sollte, die verbrecherisches Handeln als »persönlichkeitsfremd« erscheinen ließen? FRAENKEL und MANVELL kommen schon zu dem Ergebnis, die »Vernichtung menschlicher Wesen« sei Himmler von Hitler »buchstäblich aufgezwungen« worden[7]. Der Reichsführer SS habe schwer darunter gelitten, und die von Kersten, seinem Masseur, berichteten Magenkrämpfe werden in diesen – psychosomatischen – Zusammenhang gebracht[8]. Da darf auch nicht fehlen, daß Himmler gegen Ende des Krieges mit einem Vertreter des Jüdischen Weltkongresses eine Freilassung von noch in Deutschland lebenden Juden vereinbart hat[9]. Ließe sich nicht sogar sein Lob der SS-Männer, sie hätten angesichts von Hunderten von Leichen »dies durchgehalten« und seien »dabei – abgesehen von Ausnahmen menschlicher Schwäche – anständig geblieben«[10], entschlossen so auslegen, als habe er nur widerwillig getan und angeordnet, was ein für allemal mit seinem Namen verbunden ist? HANS-JÜRGEN SYBERBERG[11] hat schon beklagt, diese »ungeheure Anstrengung der falschen Moral« sei noch gar nie bewundert worden.

Es kann weder darum gehen, Hitler und Himmler und Goebbels als Inkarnationen des Bösen darzustellen, noch darum, durch das Herausarbeiten »menschlicher Züge« das Ungeheuerliche, das ihnen vorgeworfen wird, als unmöglich erscheinen zu lassen. Die Führer des »Dritten Reiches« zu reinen Teufeln zu stilisieren müßte nur den Reiz des Faszinierenden an ihnen erhöhen. Wenn Biographen wie IRVING aber allzusehr das menschlich Ansprechende, ja Freundliche an ihren »Helden« herausstellen, dann müssen psychologisch nicht vorgewarnte Leser zweifeln an dem, was ihre geschichtliche Schuld ist. Je mehr der Leser sich in den sympathischen Zügen der Geschilderten wiedererkennt, desto stärker wird er zweifeln. Hier hat eine bis jetzt versäumte Aufklärung einzusetzen, die den Zusammenhang zwischen den in unserer Kultur hochgehaltenen Tugenden und den Abgründen erweist, die gerade unter dem sittlich genormten und reglementierten Charakter heraufgähnen. Wer Heinrich Himmler als Schüler und Studenten kannte, dem »fiel sogar etwas angenehm auf, nämlich dessen betonte Zurückhaltung gegenüber Mädels«[12]. Der streng katholisch erzogene Sohn eines Gymnasiallehrers verkörperte wohl in idealtypischer Weise den jungen Mann aus gutem Hause, der sich zu beherrschen weiß, weil seine Eltern ihre Aufsichtspflicht ihm gegenüber offenbar sehr ernstgenommen haben. Wer davon überzeugt ist, daß alles Übel in der Welt nur von nachlässiger Erziehung und ungenügender Selbstbeherrschung komme, der wird es für unwahrscheinlich halten, daß solch ein »disziplinierter« Mensch in radikal vernichtender Weise noch aus sich herausgehen sollte. Die tradierte Moral, das bürgerliche Weltbild wären nicht in Ordnung, wenn zwischen strenger, triebunterdrückender Erziehung, die entsprechende Hemmungen setzt, und hemmungslosem Vernichtungswillen ein kausaler Zusammenhang bestünde. Aber gewiß wird es kein Zufall sein, wenn er sein Vernichtungswerk auf eine ordentliche, »disziplinierte«, ja pedantische Weise organisiert. Den vitalen Motor seines Vernichtungswillens können wir nur ahnen, wenn wir hören, daß er, Heinrich Himmler, wiederholt nach Auschwitz gefahren sei, »um sich den Vollzug der Prügelstrafe an weiblichen Häftlingen anzusehen«[13]. Nur für ein tiefenpsychologisches Verständnis schließt sich beides, die sittliche Hemmung und der hemmungslose Sadismus, zu einem einheitlichen Charakterbild zusammen. Wer von solcher Psychologie nichts wissen will, der kann nur zu leicht für Lüge halten, was man den Größen des NS-Staates zum Vorwurf macht.

Die Biographen, die Hitler »wertfrei«, »vorurteilslos« und womöglich »rein ästhetisch« betrachten, leisten einer solchen Überzeugung nur Vorschub. Da sie eine moralische Ordnung nicht in Frage stellen, die Sentimentalität und Grausamkeit, Gehorsam und Gewissenlosigkeit, Triebverzicht und Menschenhaß, Hemmungsfähigkeit und ungehemmten Ausbruch gleichermaßen entwickelt, müssen sie als Widersprüche im Charakter ihres »Helden« ausgeben, was in Wahrheit nur Konsequenzen einer die Natur des Menschen zerreißenden Moral sind. Was im epochalen Verbrecher groß und faszinierend herauskommt, die Verbindung von Brutalität mit Charme, ist in der Nettigkeitsheuchelei des sadistischen Familienvaters oder Firmenchefs alltägliche Gegenwart. Niemand glaubt den von ihm Getretenen, daß der Mann so schikanös sein kann, weil er nach außen, am Stammtisch, unter mit ihm Gleichgestellten und gegenüber Besuchern sich so gewinnend zu geben vermag. Wenige von den Brutalen sind so ehrlich, auch zu sagen, wie sie wirklich sind. Solch ehrliche Tyrannen bringen es nicht weit im Leben, auf keinen Fall bis an die Spitze der Nation.

Gewiß kann auch die Artikulierung kollektiven Hasses einem brutalen Charakter Gefolgschaft zuführen, aber ohne Sympathiewerbung bleibt er bald auf der Strecke, weil er schon seinen eigenen

Anhang gegen sich aufbringt. Ist es so schwer zu begreifen, daß ein Hitler nicht einfach die Unduldsamkeit und Humorlosigkeit des kleinen Bösewichts haben konnte, wenn er ein ganzes Volk mitsamt den meinungsbildenden Intellektuellen und den einflußreichen Unternehmern verführen wollte? Wenn Hitler eine Ausnahmeerscheinung war, dann war er es in dem Sinne, daß er, anders als der kleine Haustyrann, es nicht nötig hatte, in alltäglichen Schikanen gegenüber seiner Umwelt sich abzureagieren. Besessen von wesentlich zwei großen destruktiven Zielen, der Vernichtung des Judentums und der Eroberung von Lebensraum im Osten, konnte er sich's leisten, in weniger entscheidenden Fragen tolerant, ja ausgesprochen liberal zu denken. So wandte er sich in einer seiner ersten Kabinettssitzungen, am 8. Juni 1933, gegen die Todesstrafe bei Wirtschaftssabotage; und so hielt er es für überflüssig, Straftäter über Art und Umstände eines Geschlechtsverkehrs auszuforschen, der lediglich als Faktum festzustellen sei[14].

Wer daran arbeitet, Hitler als bösen Dämon darzustellen, ja als Inkarnation des Bösen selber, der hilft einerseits mit, ihn als Faszinosum zu erhalten; zum andern lenkt er eine psychologische Entlastungsstrategie, die alle Verantwortung für das, was geschehen konnte, diesem einen Manne zuschreibt, ohne die Wechselbeziehung zu beachten, die allemal zwischen einem Führer und den von ihm Geführten besteht. Diese Wechselbeziehung feststellen heißt nicht die Kollektivschuld-These bejahen. Aber es ist eine einfache psychologische Gleichung, daß zu irgend etwas verführt nur werden kann, wer schon etwas mitbringt, woran Verführung ansetzen kann: als die vielleicht nur emotional verstehbare Verheißung von Triebbefriedigung. In einem Volk mit hoher frustrationsbedingter Aggressivität bedarf es keiner besonderen Dämonie, um zu einem Gefälle größtmöglicher politischer Destruktivität zu »verführen«. Hierin, in dem Bedürfnis, eigene aggressive Neigungen mit einer Symbolfigur der Aggression mitschwingen zu lassen, liegt auch deren ästhetischer Reiz. Es ist ein fesselnder Reiz aber nur für den aggressiv Gestimmten. Mit Menschen, denen ganz ebenso zumute ist, ist er schnell solidarisiert, sobald ein »Führer« den Ton anschlägt, auf den sie einschwingen. Gemeinsame Begeisterung ist dann nicht das zufällige Übereinstimmen von jeweils einsam vollzogener Besinnung; vielmehr läßt auf triebhaft aggressive »Begeisterung« sich nahezu jede Überzeugung auftragen, die ohne ein Feindbild nicht denkbar ist. Rein ästhetisch vermag den fanatisch redenden, von tosendem Beifall umbrandeten und von mitreißender

Marschmusik begleiteten Führer nur zu genießen, wer zwar rational dessen Feindbild nicht annimmt, aber die zu einem Feind überhaupt hindrängenden Triebregungen in sich anreizen läßt. Wer immer auf der Schönheit, dem ästhetischen Reiz schwingender Fahnen und stampfender Marschkolonnen besteht, der meint den ihn leibhaft ansprechenden Reiz der Aggression. Es gibt keine Schönheit losgelöst von irgendeinem Triebinteresse. Es gibt die Schönheit der Frucht, die uns mundet; es gibt die erotische Schönheit, die das Begehren weckt; und es gibt die Schönheit der Aggression, aber eben nur für den aggressiv Gestimmten.

Das umreißt die Gefährlichkeit der Faszination, die vom Hitler der Hitlerfilme ausgeht: Sie gibt aggressiven Neigungen ein scheinbares, scheinhaftes ästhetisches Recht zu sein, gibt aggressiv Begeisterten die Verbindung mit Gleichgestimmten, kann solche Neigung aber nicht erst schaffen, setzt Aggressivität immer schon voraus. Insoweit ist sie bloßes Indiz. In einer Gesellschaft lieblos aufgezogener, vital frustrierter und darüber mißmutig gewordener Menschen können Demagogen immer auf einen hohen Pegel angestauter Wut und Aggressivität vertrauen. Sie brauchen nur einen allgemein »verständlichen« Feind zu bezeichnen, seien das die Juden, die Linken, die Kapitalisten, die Sozialisten, die Ausländer oder die Vorbestraften, dann bildet sich eine negative Solidarität des Hasses.

b) Wie gefährlich ist *Mein Kampf*?

Die Unbekümmertheit, mit der heute gerade in Filmen das Grauen der NS-Zeit neuerdings zum Leben erweckt wird, kontrastiert eine Ängstlichkeit, mit der Hitlers programmatisches Buch *Mein Kampf* unter Verschluß gehalten wird. Der Freistaat Bayern, auf den 1945 das Verlagsrecht an dem Buch übergegangen ist, kann jedermann daran hindern, es neu aufzulegen, und er hat das bisher auch getan. In der eigentlichen Nachkriegszeit, in der die Deutschen, die das Dritte Reich noch mit Bewußtsein erlebt hatten, nichts mehr davon wissen wollten, wurde dieses faktische Verbot von Hitlers wichtigster Schrift allgemein unbefragt hingenommen. Seitdem aber die Nachgeborenen ihre Eltern und Großeltern nach Hitler fragen, seitdem regelrechte Hitler-Wellen die Massenmedien überschwemmen, fällt doch auf, daß wir zwar sehr viel über Hitler erfahren, auch viel von denen, die bei ihm waren (Schirach, Dönitz,

Speer), zu lesen bekommen, daß aber gerade das Buch, in dem der »Führer« selber sich politisch festgelegt hatte, uns unzugänglich ist. »Vergangenheitsbewältigung« spart gerade jenes grundlegende Dokument aus, in dem Hitler seinen Willen zum Eroberungskrieg längst bekundet hatte und in dem sein Judenhaß in immer neuen Beschuldigungen und Beschimpfungen dieser vermeintlichen Rasse sich ausdrückt, einmal sogar in der Behauptung, sie sei der »böse Feind der Menschheit« (S. 725). Dieses Buch, schon zu Hitlers Lebzeiten der »ungelesenste Bestseller der Weltliteratur« (Jäckel[15]), wohl nicht zuletzt wegen seines ermüdend auftrumpfenden Sprechstils, ist im Zuge freiwilliger »Entnazifizierung« der privaten Bücherschränke und der öffentlichen Bibliotheken 1945 gewiß millionenfach vernichtet worden. Inzwischen wird es von Antiquariaten mit Preisen zwischen 200 und 400 D-Mark gehandelt. In einigen Ländern, die das deutsche Urheber- und Verlagsrecht nicht respektieren, wird es fremdsprachig nachgedruckt: zur Erbauung dortiger Neonazis, aber auch zur Aufklärung über jenen deutsch-österreichischen Politiker, der den Namen Deutschlands in der Welt so sehr mit Schande bedeckt hat. Das deutsche Volk aber wird nach dem Willen der Bayerischen Staatsregierung offenbar für so unmündig gehalten, daß es mit jenem »gefährlichen Gedankengut« nicht in Berührung gebracht werden darf.

Hinter solcher Bevormundung steckt auch das für unsere Kultur bezeichnende Vorurteil, daß es so etwas wie »geistige Ursachen« der Gewalt gibt. Wer im Einklang mit einem dualistischen Weltbild daran glaubt, daß »der Geist« die träge Masse bewegt (*mens agitat molem*), der muß folgerichtig denken, daß auch durch »Ungeist« in Büchern viel Unheil im Leben hervorgerufen werde. Solcher Glaube an die Macht des Wortes kann sich scheinbar sogar auf Hitlers Weg zur Macht berufen, die er sich, wie Schirach sagt, »im Alleingang« *erredet* hat[16]. Was aber Hitlers verführerische Wirkung in Massenversammlungen ausgemacht hatte, das war gerade nicht »geistig« in dem engeren Sinne des Argumentativen, sondern es war triebhaft-sinnlicher Natur, und zwar nicht erst im bewußten Aufwühlen von Haß- und Neidgefühlen bei der »breiten Masse«, sondern schon im Herstellen einer quasi-erotischen Vereinigung mit der »wogenden Masse« (*Mein Kampf*, S. 324). Solche Wirkung zu erzielen stand Hitler eine so kräftige, an Obertönen reiche und resonanzstarke Stimme zu Gebote, von der Hanfstaengl sagt, er habe auf ihr spielen können »wie auf einem Instrument«:

»War es eben noch ein Vibrato, mit dem er das unverdiente Schicksal eines gequälten und vielfach verratenen Volkes beklagte, so kündigte sich in der nächsten Periode schon das Heraufkommen eines reinigenden Gewitters an, um dann aufbrandend zu Darlegungen von vulkanisch-ungestümer Kraft die Zuhörer unwiderstehlich in eine Massenekstase zu reißen. Und wie einmalig war der Klangeffekt, wenn seine Stimme aus einem volltönenden, männlichen Forte an der richtigen Stelle mit einem glucksenden und wie verzweifelt klagenden Laut in ein Schluchzen überkippte.«[17]

Von solch leibhafter Wirkung ist bei der Lektüre von Hitlers Buch nur noch für den etwas zu spüren, der dabei die Stimme des Autors aus vielfacher Hörerfahrung noch zu imaginieren vermag. Für jeden anderen wirkt es sich eher quälend aus, daß Hitler sein Buch wie auch seine Reden nicht mit der Hand geschrieben, sondern diktiert hat. Da sind – trotz mancher Streichungen von befreundeter Seite[18] – doch alle die starken Wendungen, die Reiz- und Lieblingsworte des Redners Hitler wieder da, bisweilen in einer den Leser übersättigenden Häufung: blitzschnell – eiskalt – Siedehitze – infam – infernalisch – katastrophal – planmäßig – Dummheit – Todfeind – Parasiten – vernichten – heroisch – felsenfest – unverrückbar – unerschütterlich – und, auch in positiver Wertung: *rücksichtslos, brutal, fanatisch.* Solch affektiv besetzte Worte lassen sich akustisch wohl so formen, modulieren und mit Spannung aufladen, daß sie eine Menschenmasse elektrisieren und zu einem Ausbruch lange angestauter Leidenschaften treiben. Aber der Leser bleibt befremdet, wenn nicht angewidert damit allein. Selbst wenn er sich akustisch zu vergegenwärtigen vermag, wie der Autor gesprochen hat, als er so und nicht anders formulierte, wird er sich von der Massierung solcher Wörter wie bombardiert fühlen und sich doch nicht davon angesprochen finden. Adressat von Hitlers Wortkaskaden ist nie der stille Leser unter der Lampe, sondern die brodelnde Menge im Saal. – Die dem Forscher auffallenden »literarischen Mängel« (JÄCKEL[19]) sind nur Unzulänglichkeiten, weil wir nicht die Notenschrift haben, nach der der Redner seine Sätze intoniert hat.

Dies muß man sich sprachpsychologisch klarmachen, um die behauptete Gefährlichkeit von HITLERS *Mein Kampf* richtig einschätzen zu lernen. Das Buch kann nur dem »gefährlich« werden, der längst von Schallplatten her sich affektiv in Hitler, den Redner, eingelebt hat. Doch wer solchen Führer-Kult treibt, ist auch schon nicht mehr rational zu konfrontieren mit dem, was Hitler schriftlich niedergelegt hat. Für jeden anderen aber ist die Lektüre von *Mein Kampf* die beste Kur, um von dem gutherzigen Glauben zu heilen, all das Schlimme, das später geschah, habe »der Führer« selber gar nicht gewollt. Da wird – im 14. Kapitel – nicht nur die Eroberung von »Lebensraum« im europäischen Osten propagiert, sondern auch schon »die Eroberung der Welt durch die Deutschen« (S. 315) als etwas durchaus Erstrebenswertes und Sinnvolles vorgestellt: um den Weltfrieden herbeizuführen. Gegen Ende des Zweiten Bandes (S. 772) wird auch schon ausgemalt, wie es wäre, wenn im Falle eines Krieges mehrere Tausend Juden »unter Giftgas gehalten« würden.

Wer in ADOLF HITLERS *Mein Kampf* sich vertieft, erfährt eine Aufklärung über die Motive und Absichten des Führers der nationalsozialistischen Bewegung, die durch keine neonazistische Beschönigung des NS-Staates mehr zu verwischen ist. Der Wert solcher Aufklärung ist auch nicht durch jene wissenschaftlichen Editionen zu ersetzen, die schon seit Beginn der sechziger Jahre Führerreden[20] und Hitlers Tischgespräche[21] den zeitgeschichtlich Interessierten nahebringen. In den frühen Parteireden äußert sich Hitler noch sprunghafter als in seinem Bekenntnisbuch zu den von ihm schon öffentlich bekundeten politischen Zielen. Hier und auch in den späteren Reden des Reichskanzlers und Oberbefehlshabers der Wehrmacht ist der Stil alles andere als argumentativ, vielmehr auf unmittelbare Wirkung, ja Stimmung angelegt. In *Mein Kampf* (S. 531) dagegen wird sogar über die Bedingungen reflektiert, unter denen sich bei den Zuhörern Stimmungen erzeugen lassen. Was aber nun Hitlers Monologe bei Tische betrifft, so verfolgten sie gar nicht den Zweck, sein politisches Denken für eine breitere Öffentlichkeit darzulegen oder auch nur locker auszubreiten; sie dienten dem Manne, dessen Existenzform das Reden war, der geistigen Lockerung und Ablenkung von den Tagesgeschäften, die im Kriege immer bedrückender wurden[22]. So sehr suchte er da Abstand zu gewinnen von dem, was er sich als Führer der Nation aufgeladen hatte, daß er laut denkend sich schon in die Rolle des Staatspensionärs versetzte, der sich nur noch seinen Liebhabereien, der Kunst, der Musik und der Architektur, widmen würde: »Das soll der schönste Tag meines Lebens werden, wenn ich aus dem politischen Leben ausscheide und alle die Kümmernisse, die Plage und den Ärger hinter mir lasse.«[23]

Gewiß wird der Führer es genossen haben, sich vor seiner Tafelrunde und seiner Teegesellschaft als vielseitig belesener und vieles miteinander verknüpfender Kopf darzustellen. Aber zu den früh schon festgelegten politischen Zielsetzungen bringen die Tischgespräche kaum mehr als Arabesken, gelegentlich eine anekdotische Illustration. Modifiziert wurde die frühere Ablehnung jeder »Germanisierung« von Slawen[24] durch Ausbreitung der deutschen Sprache. In beschränktem Umfang und höchst differenziert nach rassischen Gesichtspunkten hält der Hitler des Jahres 1942 »Eindeutschungsmaßnahmen« im europäischen Osten immerhin für erwägenswert[25]. Doch schon im Blick auf die Juden äußert er sich unverändert: Man dürfe sie niemals »eindeutschen«, selbst wenn sie blond und blauäugig seien. Im übrigen erging sich Hitler im Kreise seiner Tischgenossen wie ehedem in bloßen Drohungen gegenüber den Juden, wie wenn deren Ausrottung nicht schon längst beschlossene Sache gewesen wäre. So sagte er, als ob noch alles offen wäre, wenige Tage nach der »Wannseekonferenz« vom 20. Januar 1942: »Ich sehe nur eines: die absolute Ausrottung, wenn sie nicht freiwillig gehen.«[26] Hitler, der wohl wußte, daß seine Tischreden aufgezeichnet wurden, gab über das, was er mündlich längst Himmler, Heydrich und Eichmann aufgetragen hatte, keinen Aufschluß. Wirklich neu in den nachgelassenen Monologen ist nur die vage bekundete Absicht, nach siegreich beendetem Krieg »das Kirchenproblem noch zu klären«[27]. Das widersprach jedenfalls der in *Mein Kampf* (S. 127) gegebenen Richtschnur, dem politischen Führer hätten »religiöse Lehren und Einrichtungen seines Volkes immer unantastbar zu sein«. Aber es entsprach durchaus der schon in den letzten Friedensjahren eingeleiteten Kirchenpolitik.

Was an Gesprächen und Tischreden aufgezeichnet wurde und so heute von uns nachgelesen werden kann, hat zweifellos die Frische größerer Unmittelbarkeit als das von Hitler selbst veröffentlichte oder gar noch redigierte Buch. Dafür aber ist es in geringerem Grade authentisch, ja auch Diskussionen um verschiedene Lesarten oder Aufzeichnungen aus dem Gedächtnis nicht entrückt[28]. Für alle diejenigen, die an Hitlers destruktiven und menschenfeindlichen Absichten gerne zweifeln möchten, kann es gar nichts Desillusionierenderes geben als die Lektüre von *Mein Kampf*. Einzig das 1961 unter dem Titel *Hitlers Zweites Buch*[29] herausgegebene schmale Manuskript aus dem Jahre 1928 bietet eine Möglichkeit, wenigstens einige Linien von Hitlers politischem Denken unmittelbar nachzuvollziehen. Der fragmentarische und skizzenhafte Charakter dieses *Zweiten Buches*, das auf weitere Ausarbeitung angelegt war, kann eine Auseinandersetzung mit *Mein Kampf* aber nicht ersetzen. Wenn

»Vergangenheitsbewältigung« nicht eine Phrase bleiben soll, nicht bloß ein Schlagwort im Meinungskampf, dann müßte dieses monströse, aber auch zynisch aufrichtige Buch allgemein zugänglich werden.

Die Sache hat indessen eine juristische Seite. Der Historiker EBERHARD JÄCKEL[30] spricht im Blick auf das vom Freistaat Bayern lahmgelegte Verlagsrecht an *Mein Kampf* unumwunden von »Zensur«. In einem formalrechtlichen Sinne ist es das wohl nicht. Denn vom Freistaat Bayern wird hier keine verfassungsrechtlich verbotene Vorzensur ausgeübt[31], weil HITLERS *Mein Kampf* ja kein erstmalig zu publizierendes Werk ist. Gegen solch formaljuristische Logik wäre immerhin geltend zu machen, daß bei einem schon vergriffenen Buch jedes staatliche Handeln, das seinen unveränderten Nachdruck verhindert, den Charakter einer *Vor*zensur annimmt: eben im Verhältnis zur möglichen, von verschiedener Seite gewünschten *Neu*auflage. Wenn wir es juristisch so werten dürfen, dann kommt auch nicht mehr in Anschlag, daß der bayerische Staat hier als Fiskus auftritt, das heißt quasi als Privatperson, die ein Verlagsrecht innehat. Für die Frage, ob ein Akt verbotener Zensur gegeben ist, ist es wohl unerheblich, daß die öffentliche Hand dabei nicht als Hoheitsträger, sondern als Fiskus handelt[32].

Formalrechtliches Denken könnte JÄCKELS Vorwurf der »Zensur« jedoch mit strafrechtlichen Bedenken abwehren. Ein Verleger, der Schriften verbreitet, in denen brutale Gewalt verherrlicht wird und zum Rassenhaß aufgehetzt wird, macht sich nach § 131 unseres Strafgesetzbuches strafbar. Nun aber ist der bayerische Staat als Inhaber des Verlagsrechts an *Mein Kampf* in der Rolle eines Verlegers, der sich, wenn er einen Nachdruck in Erwägung zöge, auch überlegen müßte, ob er es auf sich nehmen kann, gegen das geltende Strafrecht zu verstoßen. Um sich selbst davon abzuhalten, dazu bedarf es gar nicht der Ausübung einer »Zensur«, auch nicht der ausdrücklichen Verfügung eines Verbots. Es genügt, § 131 StGB auch auf ein Buch anzuwenden, dessen Autor nur noch aus geschichtlicher Distanz zu uns spricht. ADOLF HITLER richtet seine Rassenhetze ja nicht an den Bundesbürger der achtziger Jahre, der sich einer Invasion von Türken gegenübersieht, sondern an die Reichsdeutschen der Zeit nach dem Ersten Weltkrieg, denen er (S. 772) einzureden versucht, daß die Juden, deren viele an der Front gekämpft haben, der kämpfenden Truppe in den Rücken gefallen seien. Er wendet sich an ein Volk, über das noch keine »Sexwellen« hinweggegangen sind, mit der Beschuldigung der Juden, für »moralische Verheerungen«, für die »Prostituierung der Liebe«, kurzum für eine »Verjudung unseres Seelenlebens« (S. 270) verantwortlich zu sein. Solche Auslassungen lesen sich wohl selbst mit den Augen eines immer noch »völkisch« Gesinnten eher als eine zeitgebundene Kuriosität denn als eine »Aufstachelung« zum Antisemitismus.

Auch wenn in einem formaljuristischen Sinne die Verhinderung einer Neuauflage von HITLERS *Mein Kampf* nicht als Verstoß gegen die Verfassung zu werten ist, die nach Artikel 5, Abs. 1, eine (Vor-) Zensur aus politischen, weltanschaulichen, moralischen oder religiösen Gründen verbietet, so wird durch die Weigerung der Bayerischen Staatsregierung, einen Nachdruck zu erlauben, doch die *Wirkung* einer Zensur oder eines Verbotes erzielt.

Was die plausible, in sich schlüssige juristische Argumentation ermöglicht, das ist die stillschweigende Voraussetzung, daß durch die geschickte Wahl und Aufeinanderfolge von Worten in einer die Gewalt verherrlichenden Schrift bei den Lesern eine gefährliche Neigung zur Gewalt geschaffen werden könne und daß Bücher und Broschüren genügten, um zum Rassenhaß »aufzustacheln« (wie es in § 131 StGB heißt). Beide Befürchtungen setzen, ohne es zu reflektieren, den aus vitalem Unmut schon aggressiv gestimmten Menschen voraus, der nur darauf wartet, ein ihn sittlich beschwichtigendes Feindbild vorgesetzt zu bekommen. Anders würde die unbewußt schwelende Aggressivität der vielen Verdrossenen in weniger kollektiver Weise, auf jeden Fall unpolitisch hervorkommen. Nur wer von unbewußten Antrieben nichts hören will, kann glauben, daß Schriften, die der Brutalität das Wort reden, damit ihre Leser auch schon auf brutale Gewalt einzustimmen vermöchten. Selbst wer rassistischer Hetze erliegt, ergreift damit doch nur eine Möglichkeit, ohne schlechtes Gewissen zumindest in starken Worten jenen lange angestauten Unmut und Menschenhaß auszuleben, der schweren Demütigungen des eigenen Lebenswillens sich verdankt. Wenn in einigen Ländern weite Kreise der Bevölkerung sich so verhetzen lassen, daß sie »wie ein Mann« sich gegen andersgläubige oder andersartige Menschen stellen, dann ist das aber nicht einfach eine Wirkung entsprechender Hetze. Die so in kollektivem Haß Verbundenen entstammen gerade denjenigen Gruppen, Schichten oder Glaubensgemeinschaften, die das triebfeindliche Ethos unserer Kultur am reinsten vertreten. Das gilt für den rassistischen Ku-Klux-Klan wie für die Hitler und Himmler, die entweder einem strengen oder einem beklemmend biederen Elternhaus entstammen. Da die hier gepflegte Verschüchterung vitaler Neigungen der eigentlich moralkonforme Erziehungsstil ist, ist es auch nicht verwunderlich, daß sich vieltausendfach Menschen formieren – mit derselben sittlichen Unerbittlichkeit, mit demselben Verlangen nach affektiver Entlastung von den verinnerlichten Zwängen, aber auch mit demselben Bedürfnis, sich an Feinden abzureagieren. Sie finden den für sie passenden Feind am ehesten in einem Volk, das den von ihnen gepflegten Lebensstil durch sein bloßes Anderssein in Frage stellt. Rassenhetze braucht denen, die schon nach einem Feinde dürsten, nur noch die tatsächlichen oder vermeintlichen Wesensunterschiede der »fremdrassigen Leute« (Hitler[33]) herauszustreichen, um die schon sprungbereite, aber ziellos schweifende Aggressivität auf sie hin auszurichten.

Wo der zum Rassenhaß Aufgehetzte bereits andersorientierte Feindhaltungen vorfindet, wie einst Hitler im Preußenhaß der Bayern[34], da braucht er nicht einmal mehr eine Kollektivierung zu leisten; es genügt, den schon gebündelten Menschenhaß so umzulenken, daß eine noch größere Haßgemeinschaft entsteht. Jeder ängstlich Hassende macht eine solche Schwenkung nur allzugerne mit. Doch Vorbedingung ist allemal, daß der lustfeindlich erzogene, lebensfeindlich gewordene Mensch noch häufig genug zu finden ist: häufig genug, um ein ganzes Land mit einem Netz von Gleichgesinnten zu überziehen. Zum Rassenhaß aufhetzende Bücher vermögen einen solchen Zusammenhalt nicht zu schaffen, kaum zu erhalten, weil eine von unterdrückten Trieben genährte Solidarisierung der leibhaft vermittelten Bestätigung bedarf, zumindest durch das in Erregung gesprochene Wort eines ebenso Gestimmten. Vereint im wechselseitig bestätigten Haß auf ihnen gemäße Feinde, werden aus aggressiv Gleichgestimmten erst Gleichgesinnte. Ihre destruktiven Affekte rationalisierend, können sie gleichwohl selber die Überzeugung gewinnen, sie seien durch nichts als Vernunftgründe zu ihrem Haß auf die andersartigen Menschen gekommen. So hat Hitler den Judenhaß, den er im Wien des Antisemiten Lueger entwickelt hat, rückblickend eigenem Nachdenken und entsprechender Lektüre zugeschrieben[35]. Und so fürchten heute immer noch ideengläubige Antifaschisten, es könnten aus Lesern Hitlers auch Neonazis und Antisemiten werden.

Es ist indessen weniger die Sorge um den inneren Frieden unserer demokratischen Ordnung, die die bayerische Staatsregierung im Bunde mit dem Bonner Auswärtigen Amt dazu bestimmt, eine Neuauflage von Hitlers aufschlußreichem Buch zu verhindern. Es ist zugegebenermaßen die Sorge um das deutsche Ansehen im

Ausland[36]. Solche Sorge, als entscheidendes Motiv vorgestellt, macht deutlich, wie wenig wir mit Hitler und dem, was er auf Deutschland abgeladen hat, noch fertiggeworden sind. Wir haben Hitler noch nicht überwunden, solange wir meinen, wir müßten bei allem, was wir sagen und tun, eine geradezu kämpferische Gegenposition zu ihm beziehen. Wir haben ihn auch immer noch im eigenen Nacken, solange uns der Eindruck, den wir im Ausland hinterlassen, sogar wichtiger ist als eine kritische Auseinandersetzung mit Hitlers Gedankengut. Denn dann denken wir in der Kategorie der Propaganda, der bei Hitler durchgängigen politischen Motivation. Und wir denken selber autoritär, wenn wir meinen, die Unterdrükkung autoritärer und antidemokratischer Gedanken sei das beste Mittel, sich ihrer zu erwehren. Das ähnelt der Empfehlung des Religionslehrers, der uns einst Keuschheit gepredigt hat: »Nichts Sündhaftes denken!«

Hitler, »das deutsche Trauma« (KALOW[37]), wird nicht überwunden durch Filme, die ihn als faszinierenden Unhold oder als tragischen Helden der Geschichte darstellen; sein Ungeist wird aber auch nicht bewältigt durch Verdrängung, durch ein Ignorieren des Buches, in dem er sich am konsequentesten mitgeteilt hat. Für eine unverkrampfte Bewältigung des Phänomens Hitler reicht es nicht aus, daß *Mein Kampf* nur in einigen wissenschaftlichen Bibliotheken an Ort und Stelle eingesehen werden kann.

Was für Hitlers Buch verlangt werden muß, daß es gedruckt werden darf, das gilt auch für neonazistische Schriften, die entweder die Tatsache der Judenvernichtung durch die NS-Führung bezweifeln oder deren bekanntgewordenes Ausmaß zu bestreiten suchen. Wenn solche Veröffentlichungen nach dem Willen des Bundesjustizministers SCHMUDE[38] verboten würden, wäre der Effekt ein höchst zweischneidiger. Die damals gerade noch davongekommenen Juden wären wohl froh, eine Diskussion beendet zu sehen, die ihnen nach dem Leid der Hitlerjahre auch noch die Ehre, gelitten zu haben, zu entziehen droht. Aber diejenigen unter uns, die immer an allem zweifeln, was uns belastet, könnten auf den Gedanken kommen, daß ihnen durch das Verbot bestimmter Schriften die Wahrheit vorenthalten werde. Zumal das Verbot von Büchern umkleidet diese mit einer Aura des Geheimnisses. Die Macht verbotener und darum ungelesener Bücher kann größer sein als die der überall angepriesenen.

Wenn wir nicht den Glauben verlieren sollen, daß die Demokratie eine lebenskräftige Form der Gesellschaft ist, dann können wir nicht hinnehmen, daß sie sich Hitlers »Ideen« mit eben den Zwangsmitteln erwehrt, deren sich der Diktator selber nur zu selbstverständlich bedient hat, um ihm widerstrebende Gesinnungen zu unterdrücken. Wie oft wird Hitler noch besiegt? Wie oft muß er noch besiegt werden? Mir scheint, sein Ungeist, seine Abwehr von bloßen Zweifeln, seine Neigung, einfach zu verbieten, was nicht ins herrschende System paßt, muß auch noch in seinen Überwindern überwunden werden.

c) Fixierung auf »Faschismus«

Hitlers Aufstieg zur Macht, seine Herrschaft über Deutschland, der von ihm ausgelöste Zweite Weltkrieg und der von ihm befohlene Völkermord haben bis auf den heutigen Tag in Europa so nachgewirkt, daß es nur zu selbstverständlich ist, daß Historiker, Politiker und Politologen sich immer noch – und von Jahr zu Jahr intensiver – mit dem »Führer« befassen und auseinandersetzen. Wie aber jede systematische Auseinandersetzung mit einer Sache, die auf einen überprüfbaren Begründungszusammenhang hinauswill, sich zu einer regelrechten Disziplin entwickelt, so wird auch die Erforschung Hitlers und seiner »Bewegung« zu einem eigenen Fach, in dem zuletzt nicht mehr nur Fakten geklärt und gedeutet werden, sondern Deutungsmodelle miteinander in Konkurrenz treten. »Faschismusforschung« gerät so in Gefahr, zum bloßen Selbstzweck zu werden, zu einer Wissenschaft, die Aufstiegschancen eröffnet, Lehrstühle errichtet und Forschungsaufgaben vergibt, die nur mit immer feineren Differenzierungen zu lösen sind. Was uns alle drohend im Nacken sitzt, der Ungeist Adolf Hitlers, wird zum Übungsfeld wissenschaftlicher Akribi und damit zum Objekt des Scharfsinns und der geistigen Routine verharmlost.

In den schon gegeneinander aufgefahrenen »Faschismustheorien« haben wir das Gegenstück zur affektiven Dämonisierung Hitlers, und zwar nicht nur, weil es in ihnen ums Soziologische und Ideologische geht, statt um die Ausstrahlung einer Person und die Sehnsüchte der Massen, sondern weil vom Faschismus-Forscher nur noch ein rationales Engagement gefordert ist, oder vielmehr: ein gut rationalisiertes. Wer sich innerlich stärker beteiligt, hat es sich selbst zuzuschreiben, wenn er darüber nicht mehr ruhig schlafen kann. Wer dagegen den »Faschismus« als typische Mittelstandsbewegung deutet oder aus einer bestimmten historischen Konstellation hervorgehen sieht, wer ihn als eine Spielart des Totalitarismus darstellt oder auf einen unverwechselbaren (»deutschen«) Nationalcharakter zurückführt[39], der erhebt sich damit in die Dimension rational erklärbarer und formulierbarer Motive, desinteressiert an den unbewußten Antrieben, die massenhaft Menschen zur Diskriminierung von Minderheiten und zum Haß auf »Todfeinde« verleiten, sie dahin drängen, in »blindem Gehorsam« einen Führer ihr Gewissen abzutreten. Selbst wer als Faschismus-Forscher psychologisch noch eben dies nachzuvollziehen vermag, wird doch von den kulturspezifischen Bedingungen solcher Radikalisierung und Kollektivierung nichts mehr wissen wollen. Psychische Ursachen diskutierend, erfaßt er nur, was von den in sittlichen Zwängen Getriebenen selber reflektiert werden kann, nicht aber, was sie zu kollektiver Aggression tatsächlich treibt und zusammenführt.

Zur Verteidigung des engen Faschismus-Begriffes ließe sich anführen, daß wir schließlich an die historische Wirklichkeit des Faschismus, oder eigentlich des Hitlerschen Nationalsozialismus, gebunden seien, sowie wir davon sprechen. Es bewahrheitet sich zwar die Bemerkung DE GAULLES, daß man dem Antifaschismus vieles aufpacken könne[40]. Aber wir sollten nicht einfach mit dem Verdikt »faschistisch« belegen, was immer unseren aufgeklärten Wertvorstellungen widerspricht. Wir wollen nicht, daß die Inhumanität des Faschismus oder Nazismus wiederkehrt, und darum sind wir besonders hellhörig für alle Töne, die nach Mussolini, nach Hitler oder Goebbels klingen. Überhaupt alles, was uns an jene Zeit erinnert oder sie heraufzubeschwören scheint, weckt unsere Abwehrbereitschaft. Das ist gut so und ist auch ohne Einschränkung zu bejahen, solange daraus im Kampf gegen das Menschenunwürdige nicht nur eine einseitige Fixierung auf den Faschismus wird. Andere, vielleicht noch größere Gefahren für unser Überleben könnten unterdessen sich vorbereiten.

Viele, die sich selber als »Linksintellektuelle« verstehen, kennzeichnet eine feinfühlige Allergie gegen alles Faschistoide, gegen alles, was auch nur vage an den Führer oder den Duce erinnert. Solche Witterung ist wertvoll einem jeden, der sich daranmacht, Gefahren für den inneren und äußeren Frieden aufzuspüren. Die Fixierung aufs Faschistische oder Faschistoide aber ist nahezu wertlos, sofern es darum geht, die tieferen Gründe inhumaner Politik bloßzulegen. Das Aufzeigen faschistischer Erscheinungen und das Wettern gegen »neuen Naziungeist« hält sich an Epiphänomene tieferer Störungen des Zusammenlebens, die nur in der Politik *auch* als faschistische Züge sichtbar werden. Elementares Leiden an schon früh erworbenen Hemmungen, an lebenslanger Unterdrükkung und Selbstunterdrückung spontaner Regungen, an der Überforderung durch eine Prestigemoral und am Beiseite-geschoben-Werden im technisch immer perfekter organisierten Arbeitsleben, dazu die Hilflosigkeit gegenüber einem alles und jeden durchleuchtenden Staat: das sind wesentliche Quellen einer Angst und eines Unmuts, die, kollektiv verbreitet und politisiert, ein faschistoides Klima mit aufbauen helfen. Wer auf die sittlichen, die individualpsychologischen wie die sozialen Bedingungen faschistischer Ansätze sich nicht einlassen will und statt dessen sich damit begnügt, sie namhaft zu machen und zu brandmarken, der ist nur immer in Überbaudiskussionen verwickelt, und dies sowohl im vertrauten marxistischen wie in einem triebpsychologischen Sinne. An den Jugendunruhen wie an der Ausländerfeindlichkeit hat sich aufzeigen lassen, wie Triebmotive sich politisieren. Vitale Sehnsüchte, die nicht die ihnen gemäße Erfüllung finden, sind nicht durch Ermahnungen zu staatsbürgerlicher Verantwortung zu beschwichtigen. Gefühle der Rivalität, Lebensängste, die teils von den Fremden ausgelöst, provoziert oder verdichtet werden, teils als Haß an ihnen sich projektiv festsetzen, können nicht durch Warnungen vor einer Wiederholung faschistischer Exzesse beseitigt werden.

Was nur in politischen Aktionen reuelos sich hervorwagt, frustrationsbedingte Aggressivität, kann doch mit politischen Argumenten nicht in Schach gehalten werden. Politischer Kampf gegen politisch herausgeputzte Affekte hebt diese nur auf jene Stufe der Auseinandersetzung, derentwegen sie sich politisiert haben: damit man ihren triebhaften Ursprung vergesse. Solche Verdrängung wird von staatlichen Zwangsmaßnahmen wie von moralischen Appellen an die politische Vernunft gleichermaßen gefördert. Wer gegen kollektiv sich formierende Erregung mit staatlichen Machtmitteln einschreitet, der bringt nur zu leicht eine Wechselwirkung von Haß und Gegenhaß in Gang, die auf der Seite der aufsässigen Gewalt Märtyrer schafft und noch die Position des Rechts durch aggressiven Eifer zersetzt. Wer aber rein rhetorisch »faschistischem Ungeist« entgegentritt, der muß achtgeben, daß seine Worte nicht bei militanten Antifaschisten zünden. Doch wenn er, konsequent um den inneren Frieden besorgt, eben dies zu vermeiden sucht, dann feiert er mit Gleichgesinnten kraftlos nur seine eigene bessere Überzeugung.

Warnungen, Ermahnungen, Beteuerungen sind fruchtlos, wenn

es bei ihnen bleibt. Wenn sonst im Zusammenleben, in Pädagogik, Moral und Arbeitswelt sich nichts ändern soll, dann hat es gar keinen Sinn, auf die Gefahren eines »neuen Faschismus« aufmerksam zu machen. Jedes Wort der Ermahnung ist dann zuviel, weil es auf frustrierte Gemüter eher noch wie ein Anreiz zum politischen und psychischen Abenteuer wirkt. Solch unerwünschte Wirkung erzielt, wie aufgezeigt, gerade eine antifaschistische Erziehung, die das Unmenschliche, vor dem sie warnt, zuerst einmal so nahebringt, daß etwas davon in den kindlichen Gemütern haftenbleibt. Solche Abschreckung durch Einführung in das Abzulehnende kann freilich auch bisher unpolitisch bereitliegenden vitalen Unmut, der aus Frustrationen erwächst, für sich mobilisieren.

Wenn die Sitten sich nicht lockern dürfen, wenn Erziehung zu Fleiß, Selbstbeherrschung, Pünktlichkeit, äußerlicher Ordnung und Disziplin immer noch wichtiger ist als das Wecken und Fördern von Zärtlichkeit und spontaner Mitmenschlichkeit, dann ist die Mahnung, »den Anfängen zu wehren«, sowie sich faschistische Auswüchse zeigen, nicht wertvoller als eine Sonntagspredigt, die die Gläubigen erschreckt, erbaut und moralisch aufrichtet, um sie tags darauf wieder in den alten Stil zurückfallen zu lassen: weil keine Quellen der Lebenslust erschlossen werden.

Alle Ermahnungen, das Böse zu meiden, beruhen auf dem stillschweigenden Einverständnis, daß an den bestehenden Verhältnissen selbst sich nichts grundlegend ändern dürfe. Das Böse, das wir auch im Politischen zu meiden hätten, erscheint da immer nur als »Auswuchs« einer sonst sinnvollen Ordnung, als »Maßlosigkeit« und »Radikalisierung« dessen, was durchaus richtig verfaßt sei: mit seinen Tabus, seinen Sanktionen und Reglementierungen. Daß die großen, von Menschen selber entfesselten Katastrophen von einem millionenfach falsch angelegten Leben rühren, bleibt dabei unbedacht. Es zu denken brächte Unruhe ins Haus, nötigte zur Preisgabe vertrauter Wertvorstellungen. Wenn aber mehr Bedingungen für ein friedliches, lustvolles und gelassenes Miteinandersein geschaffen würden, könnten Ermahnungen entbehrlich werden, die von uns Selbstbeherrschung und moralkonforme Verzichte verlangen, aber auch Verzicht auf Fanatisierung und Ideologisierung aggressiver Neigungen.

Wenn der geschichtlich gescheiterte Faschismus immer nur als Folge einer politischen Fehlentwicklung verstanden wird, oder gar nur als Konsequenz einer »verderblichen Ideologie«, dann erfassen die Warnungen vor seiner Wiederkehr nur das Moment der Koordination destruktiver Neigungen unter den Emblemen und Parolen von einst. Daß auch ohne alle Ideologie im Klima unserer Moral vitaler Unmut sich anstaut, daß unsere soziale Ordnung auch ohne politische Ausrichtung auf einen Klassen- oder Rassenfeind millionenfach böse Neidgefühle hervortreibt und mit scheinbar unumgänglichen »Sachzwängen« weidlich Lebensüberdruß nährt, das kommt für die Warner vor einem neuen Faschismus nicht in Betracht. Sie haben aus der Geschichte gelernt, daß es auf keinen Fall falsch sein kann, vor Gefahren zu warnen, die schon einmal aufgebrochen sind. Aufs Geistige, aufs Ideologische fixiert, das jenen Abgrund gesäumt hat, halten sie es für ausreichend, in Schulen und Massenmedien für die rechte politische Gesinnung zu werben. Da wir aber unter den politischen Gesinnungen, die sich noch nicht als verderblich erwiesen haben, eine allzureiche Auswahl von immer noch empfehlenswerten besitzen, bietet sich als gemeinsamer Nenner politischer Rechtgläubigkeit eben jene Ablehnung des Faschismus an, die auch die »Anti-Hitler-Koalition« im Kriege verbunden hat. Hitler, mit negativem Vorzeichen versehen, wird so zum Leitstern der Demokratie. Unser Begriff von Volksherrschaft höhlt darunter sich aus, sofern er jemals erfüllt war von positiven Leitbildern demokratischer Gesinnung. Auch hierin ist Hitler noch zu besiegen.

ANHANG

Anmerkungen

ZUM I. KAPITEL (S. 15–56)

1 KONRAD ADENAUER: *Erinnerungen 1945–1953*. Stuttgart (DVA) 1965, S. 26. – Die Deutschen nannte ADENAUER (S. 32) »unser verführtes und gelähmtes Volk«.
2 Vgl. *Duden*. Band 7, *Etymologie*. Herkunftswörterbuch der deutschen Sprache. Mannheim 1963, S. 190.
3 Nach ERNST HANFSTAENGL: *15 Jahre mit Hitler*. Zwischen Weißem und Braunem Haus. 2. Auflage München (Piper) 1980, S. 37.
4 ADOLF HITLER: *Mein Kampf*. 815. Auflage. München (Eher) 1943, S. 324. – Die in unseren Ausführungen weiter in Klammern eingeschalteten Seitenzahlen beziehen sich ebenfalls auf diese Auflage.
5 Begeisterung als Rausch: das findet sich sogar wiederholt in *Mein Kampf;* vgl. S. 183, auch 536 und 541.
6 Dr. HANS FRANK (ehemaliger Reichsminister und Generalgouverneur): *Im Angesicht des Galgens*. Deutung Hitlers und seiner Zeit auf Grund eigener Erlebnisse und Erkenntnisse. München-Gräfelfing (Alfred Beck) 1953, S. 40.
7 Der Passus ist entnommen aus Hitlers nächtlicher Rede auf der Zeppelinwiese am 11. September 1936, zitiert nach HANS-JOCHEN GAMM: *Der braune Kult*. Das Dritte Reich und seine Ersatzreligionen. Hamburg (Rütten & Loening) 1962, S. 196.
8 BALDUR VON SCHIRACH: *Ich glaubte an Hitler*. Hamburg (Mosaik) 1967, S. 110.
9 JOHN TOLAND: *Adolf Hitler*. Biographie. Band I. Bergisch-Gladbach (Bastei-Lübbe) 1976, S. 319.
10 SPEER berichtet in seinen *Spandauer Tagebüchern* (1975 bei Ullstein, S. 327), Hitler habe einmal zu ihm gesagt: »Wissen sie, Speer, eigentlich habe ich nie richtig gelebt wie andere Menschen.« Auf HANFSTAENGLS und RAUSCHNINGS eindeutigere Aussagen komme ich noch zurück.
11 HANS FRANK: *Im Angesicht des Galgens*. München 1953, S. 45.
12 EBERHARD JÄCKEL: *Hitlers Weltanschauung*. Entwurf einer Herrschaft. Erweiterte und überarbeitete Neuausgabe. Stuttgart (DVA) 1981, S. 138.
13 ADOLF HITLER: *Monologe im Führerhauptquartiert 1941–1944*. Die Aufzeichnungen HEINRICH HEIMS, hrsg. von WERNER JOCHMANN .Hamburg (Knaus) 1980, S. 239.
14 Siehe hierzu ADOLF HITLER: *Mein Kampf*, S. 561 und 558.
15 ALBERT SPEER: *Erinnerungen*. Bei Ullstein 1969, S. 114.
16 So Adolf Hitler in einer Rede am 10. April 1923. Auf den auch für Hitlers Metaphorik (»Opferlamm oder Sieger«!) charakteristischen Satz hat JOACHIM C. FEST hingewiesen: als Beispiel für Hitlers »Neigung zu mythologisch verdüsterten Zusammenhängen« (FEST: *Hitler*. Berlin [Propyläen] 1973, S. 219).
17 Aus einer Rede vor SA-Männern am 16. Dezember 1922, zitiert nach HITLER. *Sämtliche Aufzeichnungen 1905–1924*. Hrsg. von EBERHARD JÄCKEL. Stuttgart (DVA) 1980, S. 767.
18 ADOLF HITLER: *Mein Kampf*, S. 273. Die Stelle ist auch im Original drucktechnisch hervorgehoben.
19 So HITLER zu den in Berlin anwesenden Reichstagsabgeordneten kurz vor Ausbruch des Zweiten Weltkrieges, nach DAVID IRVING: *Hitlers Weg zum Krieg*. München (Heyne) 1978, S. 457.

20 Nach IRVING a.a.O., S. 457.
21 Nach ANDREAS HILLGRUBER (Hrsg.): *Staatsmänner und Diplomaten bei Hitler.* Vertrauliche Aufzeichnungen über Unterredungen mit Vertretern des Auslandes 1939–1941. Frankfurt am Main (Bernard & Graefe) 1967, S. 661.
22 Vgl. ALBERT SPEER: *Erinnerungen,* S. 442. Hitlers Zerstörungsbefehl vom 20. März 1945 ist auszugsweise abgedruckt in: REINHARD KÜHNL: *Der deutsche Faschismus in Quellen und Dokumenten.* 2. Auflage, Köln (Pahl-Rugenstein) 1977, Dokument Nr. 244, S. 356.
23 KONRAD HEIDEN: *Der Führer.* Boston 1944.
24 THEODOR W. ADORNO: *Minima Moralia.* Reflexionen aus dem beschädigten Leben. Frankfurt am Main (Suhrkamp) 1951, S. 94.
25 *Hitlers zweites Buch.* Stuttgart (DVA) 1961, S. 118.
26 Sportpalastrede vom 3. Oktober 1941, zitiert nach MAX DOMARUS (Hrsg.): HITLER. *Reden und Proklamationen 1932–1945.* Band 4 (= II,2), Wiesbaden (Löwit) 1973, S. 1766.
27 Reichstagsrede vom 4. Mai 1941, zitiert nach DOMARUS, Band 4 (= II,2), S. 1708.
28 WILLIAM CARR: *Adolf Hitler.* Persönlichkeit und politisches Handeln. Stuttgart (Kohlhammer) 1980, S. 195.
29 Vgl. ARNO PLACK: Kriminalitätstheorien und die Psychologie des Strafrechts. In: *Strafe und Verbrechen,* Hrsg. von EDUARD NAEGELI. Aarau und Frankfurt am Main (Sauerländer) 1976, S. 72 f.
30 ERICH FROMM: *Anatomie der menschlichen Destruktivität.* In: Gesamtausgabe, Band VII, Stuttgart (DVA) 1980, S. 335.
31 Vgl. ERICH FROMM a.a.O., S. 342, 369 und 391.
32 Vgl. G. W. F. HEGEL: *Phänomenologie des Geistes.* Philosophische Bibliothek, Band 114. Hamburg (Meiner) 1952 (6. Auflage), S. 236.
33 »Es gibt kein ‚Sein' hinter dem Tun, Wirken, Werden; ‚der Täter' ist zum Tun bloß hinzugedichtet – das Tun ist alles.« (NIETZSCHE: *Zur Genealogie der Moral.* KTA Band 76, S. 272).
34 EDMUND MEZGER: *Persönlichkeit und strafrechtliche Zurechnung.* München 1926, S. 13, 18 und 38 ff.
35 Vgl. ALBERT SPEER: *Erinnerungen.* Ullstein-TB 1969, S. 312. – Dazu ERICH FROMM a.a.O., S. 370 f.
36 Nach ALBERT ZOLLER: *Hitler privat.* Erlebnisbericht seiner Geheimsekretärin. Düsseldorf (Droste) 1949, S. 196.
37 ERICH FROMM, a.a.O. S. 340, Anmerkung 3.
38 W. C. LANGERS psychoanalytische Studie über Hitler wurde 1943 für das *Office of Strategic Service* geschrieben und erst 1972 in New York unter dem Titel *The Mind of Adolf Hitler* veröffentlicht. Deutsch bei Molden (Wien 1973) unter dem Titel *Das Adolf-Hitler-Psychogramm.*
39 MARGARET MEAD: *Leben in der Südsee.* Jugend und Sexualität in primitiven Gesellschaften. München (Szczesny) 1965, S. 135.
40 Sexuelle Frustration braucht dabei nicht total zu sein; sie kann auch, worauf PILGRIM abstellt, die streng monogame Ehe als ein von der Gesellschaft errichtetes Hindernis meinen, polygame oder bisexuelle Neigungen auszuleben. Vgl. VOLKER ELIS PILGRIM: *Dressur des Bösen.* Zur Kultur der Gewalt. München (Desch) 1964, S. 156.
41 Vgl. SEBASTIAN HAFFNER: *Anmerkungen zu Hitler.* München (Kindler) 1979, S. 67f.

42 HERMANN RAUSCHNING: *Gespräche mit Hitler*. Zürich 1940, S. 255.

43 Nach JOHN TOLAND: *Adolf Hitler* II, S. 1080, mit Bezug auf die unveröffentlichten *Erinnerungen* von GERTRAUD JUNGE. Es besteht kein Grund, an der Mitteilung von Hitlers Sekretärin zu zweifeln, da Hitler schon mitten im Kriege, am 27. 1. 1941, sich ähnlich geäußert hatte: »Ich bin auch hier eiskalt: Wenn das deutsche Volk nicht bereit ist, sich für seine Selbstbehauptung einzusetzen, gut: dann soll es verschwinden.« (ADOLF HITLER. *Monologe im Führerhauptquartier 1941–1944*. Hrsg. von W. JOCHMANN. Hamburg [Knaus] 1980. S. 239.)

44 *Völkischer Beobachter* vom 17. April 1945, zitiert nach DOMARUS, Band 4 (= II,2), S. 2224. – Schon zu dem 1936 emigrierten NS-Politiker Hermann Rauschning hatte Hitler gesagt: »Der Begriff der Nation ist leer geworden.« Darum gelte es, ihn »durch den politisch noch nicht verbrauchten der Rasse (zu) ersetzen«. Siehe RAUSCHNING: *Gespräche mit Hitler*. Zürich 1940, S. 218 – Die Übereinstimmung mit dem Appell in letzter Stunde ist ein Indiz für die Verläßlichkeit der Aufzeichnungen RAUSCHNINGS.

45 Neujahrsaufruf vom 1. Januar 1943, zitiert nach MAX DOMARUS (Hrsg.): HITLER. *Reden und Proklamationen 1932–1945*. Band 4 (= II,2), Wiesbaden (Löwit) 1973, S. 1968

46 So »der Führer« im »Aufruf zum Kriegs- und Winterhilfswerk des deutschen Volkes 1941/42«, veröffentlicht im *Völkischen Beobachter* vom 13. 9. 1941, und in der Sportpalastrede vor Offiziersanwärtern am 30. Mai 1942. Siehe bei DOMARUS Band 4 (= II,2), S. 1751 f. und S. 1887.

47 Proklamation des Führers der NSDAP zur Parteigründungsfeier am 24. Februar 1943 in München, zitiert nach DOMARUS, Band 4 (= II,2), S. 1993.

48 Proklamation des Führers, verlesen von Reichsminister Dr. Goebbels im Berliner Sportpalast am 30. Januar 1943, zitiert nach DOMARUS, Band 4 (= II,2), S. 1977.

49 Zitiert nach DOMARUS, Band 4 (= II,2), S. 1821.

50 Die Absicht, durch einen Eroberungskrieg im europäischen Osten den »Lebensraum« des deutschen Volkes zu erweitern, wird in dem 1927 erschienenen zweiten Band von *Mein Kampf* unverblümt bekundet. Man vergleiche das 14. Kapitel aller Ausgaben!

51 So bei HERMANN RAUSCHNING: *Gespräche mit Hitler*. Zürich 1939, S. 115.

52 Reichtagsrede vom 1. September 1939, zitiert nach DOMARUS, Band 3 (= II,1), S. 1316.

52a Nach ERNST VON WEIZSÄCKER: *Erinnerungen*. München – Leipzig – Freiburg (List) 1950, S. 258.

53 Man vergleiche hierzu EBERHARD JÄCKEL: *Hitlers Weltanschauung*. Neuausgabe Stuttgart (DVA) 1981, S. 93.

54 Vgl. HEINZ GUDERIAN: *Erinnerungen eines Soldaten*. Heidelberg (Vowinkel) 1951, S. 392. – Auch: ERICH VON MANSTEIN: *Verlorene Siege*. Bonn (Athenäum) 1955, S. 307 f.

55 FRANZ HALDER: *Hitler als Feldherr*. München (Dom) 1949, S. 50.

56 Zu »Gröfaz« verkürzt hatten die Landser des Zweiten Weltkrieges Goebbels' Lobspruch auf Hitler: »Größter Feldherr aller Zeiten«. (Vgl. HANS FRANK: *Im Angesicht des Galgens*. München-Gräfelfing 1953, S. 333.)

57 Vgl. bei DAVID IRVING: *Hitler und seine Feldherrn*. Frankfurt am Main/Berlin (Ullstein) 1974, S. 429 f. und S. 441.

58 IRVING a.a.O., S. 630.

59 Vgl. Percy Ernst Schramm: *Hitler als militärischer Führer*. Erkenntnisse und Erfahrungen aus dem Kriegstagebuch des Oberkommandos der Wehrmacht. Bonn (Athenäum) 1962, S. 62 f.

60 So Hitler selbst in einer Rede vor Rüstungsarbeitern in Berlin am 10. Dezember 1940, zitiert nach Max Domarus (Hrsg.): Hitler. *Reden und Proklamationen 1932–1945*. Band 3 (= II,1), Wiesbaden 1973, S. 1630.

61 Wir konnten im Blick auf die Endphase des Ersten Weltkrieges auch lesen: »Das belebende Element des Krieges, der Erfolg, verschwand.« (Walter Görlitz: *Kleine Geschichte des deutschen Generalstabes*. Berlin [Haude & Spener] 1967, S. 186.)

62 Hermann Rauschning: *Gespräche mit Hitler*. Zürich 1940, S. 16 und S. 200.

63 Hitler nannte die Kriegsreden von Lloyd George »psychologische Meisterstücke seelischer Massenbeeinflussung« (*Mein Kampf*, S. 533).

64 Ernst Hanfstaengl: *15 Jahre mit Hitler. Zwischen Weißem und Braunem Haus*. 2. Auflage München (Piper), 1980, S. 84.

65 Konrad Heiden: *Adolf Hitler. Das Zeitalter der Verantwortungslosigkeit*. Neuauflage: Zürich (Europa Verlag) 1946, S. 118. – Ähnlich charakterisiert Baldur von Schirach (*Ich glaubte an Hitler*. 1967, S. 49) Hitlers Rede-Strategie: »ruhiger Beginn« – eine »langatmige erste halbe Stunde« – nach dem »ersten Drittel der Rede ... der erste Beifallssturm«: »Der gleiche Anstieg vom Pianissimo zum Fortissimo und Furioso wiederholte sich im Laufe der Rede.«

66 Adolf Hitler: *Mein Kampf*. 181./182. Auflage, München (Eher) 1936, S. 419. – Ich zitiere hier ausnahmsweise eine ältere Auflage, weil sich, soweit ich sehe, in alle Auflagen nach 1938 ein sinnstörender Druckfehler eingeschlichen hat. Da heißt es: »Zum Erforschen der Wahrheit hat sich der Kenner der Volkspsychose zu gesellen ...« – Übereinstimmend aber heißt es in allen mir vorliegenden Auflagen auf Seite 184: »Ich kannte die Psyche der breiten Masse nur zu genau ...«

67 Vgl. bei Albert Speer: *Erinnerungen*, S. 106.

68 Vgl. bei John Toland: *Adolf Hitler*. I. Band. Bergisch Gladbach (Lübbe) 1977, S. 140.

69 Zitiert nach Baldur von Schirach: *Ich glaubte an Hitler*. Hamburg (Mosaik) 1967, S. 92.

70 Vgl. Helm Stierlin: *Adolf Hitler. Familienperspektiven*. Frankfurt am Main (Suhrkamp) 1975, S. 23. – Nach Speer (*Erinnerungen*, S. 138) hat Hitler selber in vertrautem Kreis bekannt, daß er von seinem Vater »oft schwere Schläge« bekommen habe.

71 Von Freuds Psychoanalyse als einer »jüdischen Psychologie« sprach C. G. Jung im *Zentralblatt für Psychotherapie*, Dezember 1933. – Vgl. Vincent Brome: *Sigmund Freud und sein Kreis*. Wege und Irrwege der Psychoanalyse. München (List) 1969, S. 141–152.

72 Siehe Max Domarus (Hrsg.): Hitler. *Reden und Proklamationen 1932–1945*. Band 4 (= II,2), Wiesbaden (Löwit) 1973, S. 1659.

73 Vgl. Hans Frank: *Im Angesicht des Galgens*. München-Gräfelfing 1953, S. 95. – Albert Speer: *Spandauer Tagebücher*. Bei Ullstein 1975, S. 199. – Ernst Hanfstaengl: *Zwischen Weißem und Braunem Haus*. 2. Auflage München (Piper) 1980, S. 80 f.

74 Albert Speer: *Erinnerungen*. Ullstein-TB 1969, S. 114 f.

75 Adolf Hitler in einer NSDAP-Versammlung am 12. September 1923 in München, zitiert nach: Hitler. *Sämtliche Aufzeichnungen 1905–1924*. Hrsg. von E. Jäckel, Stuttgart (DVA) 1980, S. 1009.

76 ADOLF HITLER: *Mein Kampf.* S. 629.
77 Gerhart Hauptmann, zitiert nach HERMANN RAUSCHNING: *Gespräche mit Hitler.* Erweiterte Neuauflage: Wien (Europa Verlag) 1973, S. 274.
78 HERMANN RAUSCHNING: *Gespräche mit Hitler.* Zürich (Europa Verlag) 1940, S. 19.
79 ALBERT SPEER: *Erinnerungen,* S. 34.
80 ALBERT SPEER: *Erinnerungen,* S. 348.
81 BALDUR VON SCHIRACH: *Ich glaubte an Hitler.* S. 160.
82 So Heinrich Himmler nach dem Zeugnis des finnischen Medizinalrats Felix Kersten, von dem sich der Reichsführer SS während des Krieges behandeln ließ. Vgl. FELIX KERSTEN: *Totenkopf und Treue.* Heinrich Himmler ohne Uniform. Hamburg (Mölich) 1952, S. 128.
83 GÜNTHER DESCHNER: *Reinhard Heydrich.* München (Heyne-TB) 1980. – Zur Frage, ob Heydrich »ganz oder teilweise ‚nichtarischer' Abstammung war«, siehe auch BERNT ENGELMANN: *Deutschland ohne Juden.* München (Goldmann-TB) 1979, S. 215.
84 Vgl. GÜNTER BÖDDEKER / RÜDIGER WINTER: *Die Kapsel.* Das Geheimnis um Görings Tod. Düsseldorf – Wien (Econ) 1979, S. 91.
85 Vgl. hierzu VICTOR KLEMPERER: *LTI. Notizbuch eines Philologen.* Frankfurt am Main (Röderberg) 1975, S. 197 ff. – »LTI« bedeutet: Lingua Tertii Imperii, Sprache des Dritten Reiches (S. 17).
86 Von einer »ekelhaften Erpressergeschichte« soll Hitler gegenüber Frank gesprochen haben. Siehe HANS FRANK: *Im Angesicht des Galgens.* München-Gräfelfing 1953, S. 330. – Näheres aus der Sicht der Londoner Verwandten Adolf Hitlers bei JOHN TOLAND: *Adolf Hitler.* Bergisch-Gladbach (Lübbe) 1977, Band 1, S. 330 ff. – Zu der uns psychologisch nicht interessierenden Frage, ob Hitler wirklich Vierteljude war, WERNER MASER: *Adolf Hitler.* 6. Auflage, München und Eßlingen (Bechtle) 1974, S. 16 ff.
87 Man vergleiche hierzu HITLERS *Mein Kampf,* S. 104, 106 und 133.
88 HANS FRANK: *Im Angesicht des Galgens.* 1953, S. 331.
89 So ein Arzt namens Schuh, der Hitler seit 1917 kannte. Nach TOLAND: *Adolf Hitler,* Band 1 (1977), S. 333.
90 HERMANN RAUSCHNING: *Gespräche mit Hitler.* Zürich 1940, S. 223.
91 FRIEDRICH HEER: *Der Glaube des Adolf Hitler.* Anatomie einer politischen Religiosität. München und Eßlingen (Bechtle) 1968, S. 301.
92 Dr. Robert Ley soll zuletzt im Lager Mondorf (Luxemburg) vor anderen gefangengehaltenen NS-Führern gesagt haben: »Wir haben uns geirrt, meine Herren. Die Juden sind zur Weltherrschaft berufen . . .« (Nach BALDUR VON SCHIRACH: *Ich glaubte an Hitler.* Hamburg 1967, S. 321/322.)
93 Vgl. HEINRICH FRAENKEL / ROGER MANVELL: *Himmler. Kleinbürger und Massenmörder.* Herrsching (Pawlak) 1981, S. 238, Anm. 3. – Wenn wirklich das, was für Himmler und Hitler eine Tatsache war, Heydrichs jüdische Abstammung, von seiner Witwe heute bestritten werden kann (FRAENKEL a.a.O., S. 233, Anm. 3), so zählt psychologisch – wie bei Hitler – doch nur, wovon er selbst überzeugt war. Nach Himmlers Einschätzung soll Heydrich wegen seines »jüdischen Blutanteils« unter »ständigen Minderwertigkeitskomplexen« gelitten haben. (Vgl. FELIX KERSTEN: *Totenkopf und Treue.* Hamburg [Mölich] 1952, S. 129 f.)
94 So zum Beispiel HANNAH ARENDT: *Die verborgene Tradition.* Frankfurt am Main (Suhrkamp-TB) 1976, S. 46.

95 Gerard Mendel: *Die Revolte gegen den Vater*. Eine Einführung in die Soziopsychoanalyse. Frankfurt am Main (S. Fischer) 1972, S. 203–241.

96 Hermann Rauschning: *Gespräche mit Hitler*. Zürich 1940, S. 241.

97 Rauschning, a.a.O., S. 223.

98 Eberhard Jäckel: *Hitlers Weltanschauung*. Neuausgabe, Stuttgart (DVA) 1981, S. 162 f., Anm. 21. – Zur Verläßlichkeit der Aufzeichnungen Rauschnings vergleiche man auch oben Anmerkung 44!

99 Alan Bullock: *Hitler. Eine Studie über Tyrannei*. Neuauflage Düsseldorf (Droste) 1967, S. 794. – Joachim Fest spricht in ähnlichem Sinne von den Ideen, die Hitler »stets nur als Instrumente benutzt hatte« (*Hitler. Eine Biographie*. Berlin [Propyläen] 1973, S. 1041). Für Hans-Jürgen Eitner dagegen war Hitler ein »krimineller Ideenfanatiker« (*Der Führer*. Hitlers Persönlichkeit und Charakter. München – Wien [Langen/Müller] 1981, S. 270).

100 Vgl. Sigmund Freud: Zur Geschichte der psychoanalytischen Bewegung. In: Band X (S. 50) der *Gesammelten Werke*, London 1983 ff.; die Stelle ist auch abgedruckt im Fischer-TB 6096, Sigmund Freud, *»Selbstdarstellung«*, S. 149 und S. 150.

101 Helm Stierlin: *Adolf Hitler. Familienperspektiven*. Frankfurt am Main (Suhrkamp) 1975, S. 102.

102 So mitgeteilt von Baldur von Schirach: *Ich glaubte an Hitler*. Hamburg (Mosaik) 1967, S. 55 f.

103 Hans Bernd Gisevius: *Adolf Hitler. Versuch einer Deutung*. München (Rütten & Loening) 1963, S. 440.

104 Man vergleiche in *Mein Kampf* vor allem Seite 86, Seite 412 und Seite 526. Auf Seite 685 ist die Rede von der »großen stupiden Hammelherde unseres schafsgeduldigen Volkes«, auf Seite 608 von der »Schwatzhaftigkeit des deutschen Volkes«.

105 Vgl. *Mein Kampf*, S. 577.

106 Vgl. bei Nietzsche: *Zur Genealogie der Moral*. Kröners Taschenausgaben (KTA) Band 76, S. 272.

107 Friedrich Nietzsche: *Also sprach Zarathustra*. Von der Selbstüberwindung. KTA Band 75, S. 124.

108 F. Nietzsche: *Die Unschuld des Werdens*. Der Nachlaß II. KTA Band 83, S. 411.

109 *Mein Kampf*, S. 201, ähnlich auch auf Seite 376.

110 Hitler. *Sämtliche Aufzeichnungen 1905–1924*. Hrsg. von Eberhard Jäckel, Stuttgart (DVA) 1980, S. 201.

111 Kurt Schumacher am 23. Februar 1932 im Deutschen Reichstag, zitiert nach Friedrich Heine: *Kurt Schumacher. Ein demokratischer Sozialist europäischer Prägung*. Göttingen (Musterschmidt) 1969, S. 40.

112 Siehe oben Anmerkung 67!

113 Diese von Hitler später vielgebrauchte beschwörende Formel findet sich bereits in frühen Aufzeichnungen (vgl. David Irving: *Hitlers Weg zum Krieg*. Heyne-TB 1981, S. 69) und in den ersten Parteireden (vgl. Hitler: *Sämtliche Aufzeichnungen 1905–1924*. Hrsg. von Eberhard Jäckel, Stuttgart (DVA) 1980, S. 913).

114 Hitler. *Sämtliche Aufzeichnungen 1905–1924*. Hrsg. von Eberhard Jäckel. Stuttgart (DVA) 1980, S. 675. – In *Mein Kampf* (S. 773) ist ebenso bildhaft von den »Nattern« die Rede, »die an unserem Volkskörper fraßen«.

115 Das »Gesetz zur Verhütung erbkranken Nachwuchses«, kurz »Erbgesundheitsgesetz« genannt, vom 14. Juli 1933 erfaßte Personen, die unter Erbkrank-

heiten litten wie: erbliche Psychopathien, erbliche Blindheit und Taubheit, schwere erbliche körperliche Mißbildungen.

116 Vg. H. EHRHARDT: *Euthanasie – Vernichtung »lebensunwerten« Lebens*. Stuttgart 1965. – HANS FRANK: spricht sogar von 300 000 ermordeten deutschen Geisteskranken. Siehe HANS FRANK: *Im Angesicht des Galgens*. München-Gräfelfing 1953, S. 394.

117 Der Begriff geht zurück auf KARL BINDING und ALFRED HOCHE: *Die Freigabe der Vernichtung lebensunwerten Lebens*. Leipzig 1920.

118 KONRAD LORENZ: Durch Domestikation verursachte Störungen arteigenen Verhaltens. In: *Zeitschrift für angewandte Psychologie und Charakterkunde*. Hrsg. von PHILIPP LERSCH, 59. Band, Leipzig 1940, S. 75.

119 KONRAD LORENZ a.a.O., S. 71.

120 Vgl. HITLER: *Sämtliche Aufzeichnungen 1905–1924*. Hrsg. von EBERHARD JÄCKEL, Stuttgart (DVA) 1980, S. 414.

121 Vgl. HITLER: *Mein Kampf*, S. 460.

122 CESARE LOMBROSO: *Der Verbrecher in anthropologischer, ärztlicher und juristischer Beziehung (Homo delinquens* deutsch), Hamburg 1894, S. 253 ff.

123 Vgl. bei ARNO PLACK: *Plädoyer für die Abschaffung des Strafrechts*. München (List) 1974, S. 133 und 136.

124 DR. H. FRANK: Strafrechts- und Strafvollzugsprobleme. In: *Blätter für Gefängniskunde*. Band 68 (1937/38), S. 265 und S. 268.

125 Von solchem Konsens im Vorurteil macht, soweit ich sehe, nur ARMAND MERGEN eine Ausnahme. Vgl. sein Buch *Die Wissenschaft vom Verbrechen*. Eine Einführung in die Kriminologie. Hamburg 1961, S. 201. – Man vergleiche hierzu auch PLACK: *Die Gesellschaft und das Böse*. München (List) 1967, S. 119.

126 Vgl. ARNO PLACK: *Die Gesellschaft und das Böse*, S. 221–225; und PLACK: *Plädoyer für die Abschaffung des Strafrechts*. S. 76 f.

127 Vgl. GERTRUD SCHOLTZ-KLINK: *Die Frau im Dritten Reich*. Tübingen (Grabert) 1974, S. 198.

128 Die formaljuristische Frage nach der »rechtlichen Grundlage« soll Reichsjustizminister Dr. Franz Gürtner im Blick auf die seit 1940 schon praktizierte »Vernichtung lebensunwerten Lebens« gestellt und wieder beiseitegestellt haben. Vgl. GERHARD BAADER: Die »Euthanasie« im Dritten Reich. In: *Medizin und Nationalsozialismus*. Hrsg. von G. BAADER und U. SCHULTZ. Berlin-West (Verlagsgesellschaft Gesundheit) 1980, S. 99.

129 FRIEDRICH NIETZSCHE: *Der Wille zur Macht*. Kröners Taschenausgaben (KTA), Band 78, S. 643 (Aphorismus 964).

130 Vgl. BALDUR VON SCHIRACH: *Ich glaubte an Hitler*. Hamburg (Mosaik) 1967, S. 164.

131 FRIEDRICH NIETZSCHE: *Die Unschuld des Werdens*. Der Nachlaß II. Kröners Taschenausgaben, Band 83, S. 255.

132 Vgl. ULRICH SCHULTZ: Soziale und biographische Bedingungen medizinischen Verbrechens. In: *Medizin und Nationalsozialismus*. 1980, S. 193 ff.

133 Siehe bei WALTER WUTTKE-GRONEBERG: Von Heidelberg nach Dachau. In: *Medizin und Nationalsozialismus*. 1980, S. 115.

134 Siehe GERHARD BAADER a.a.O., (Anm. 128), S. 98.

135 FRIEDRICH NIETZSCHE: *Ecce Homo*. Sämtliche Werke. Kröners Taschenausgaben Band 77, S. 351.

136 NIETZSCHE: *Die Unschuld des Werdens*. Der Nachlaß II. Kröners Taschenausgaben, Band 83, S. 370.

137 Vgl. FRIEDRICH NIETZSCHE: *»Der Wille zur Macht«*. Kröners Taschenausgaben (KTA) Band 78, S. 272.

138 NIETZSCHE: *»Der Wille zur Macht«*, KTA Band 78, S. 324.

139 NIETZSCHE: *Die Unschuld des Werdens*. KTA Band 83, S. 443.

140 FRIEDRICH NIETZSCHE: *Umwertung aller Werte*. Erstes Buch: »Der Antichrist«, KTA Band 77, S. 216.

141 »Das jüdische Volkstum sei eben zäher«, soll Hitler – nach PICKER – gesagt haben; er meinte damit genetische Dominanz bei der Vermischung mit anderen Rassen. Siehe HENRY PICKER: *Hitlers Tischgespräche im Führerhauptquartier 1941–42*. Bonn (Athenäum) 1951, S. 313 (1. VII. 1942 mittags).Schon in *Mein Kampf* (S. 329) war geradezu bewundernd davon die Rede, »welch ein unendlich zäher Wille zum Leben, zur Erhaltung der Art« aus der Geschichte der Juden spreche.

142 Vgl. HENRY PICKER: *Hitlers Tischgespräche im Führerhauptquartier 1941–42*. Bonn (Athenäum) 1951, S. 310 (15. V. 1942 mittags).

143 NIETZSCHE: *Die Unschuld des Werdens*. Der Nachlaß I. KTA, Band 82, S. 259.

144 Vgl. ADOLF HITLER: *Monologe im Führerhauptquartier 1941–1944*. Hrsg. von WERNER JOCHMANN. Hamburg (Knaus) 1980, S. 107 und S. 411.

145 NIETZSCHE: *Umwertung aller Werte*. Der Antichrist. KTA, Band 77, S. 266.

146 FRIEDRICH NIETZSCHE: *Die Unschuld des Werdens*. Der Nachlaß II. KTA, Band 83, S. 433.

147 So HITLER in einer frühen Rede (in München am 8. November 1923, dem Vorabend des Hitler-Putsches). Siehe HITLER. *Sämtliche Aufzeichnungen 1905–1924*. Hrsg. von EBERHARD JÄCKEL. Stuttgart (DVA) 1980, S. 1054.

148 Siehe ADOLF HITLER: *Mein Kampf*, S. 275 und S. 278.

149 Vgl. FRIEDRICH NIETZSCHE: *Die Unschuld des Werdens*, Der Nachlaß I. KTA, Band 82, S. 316.

150 In einer NSDAP-Versammlung in München am 24. April 1923 sagte Hitler: »Da schlummert die Energie und wartet nur auf den, der sie aufrafft aus ihrem bisherigen Schlummer und sie hineinwirft in den Schicksalskampf der deutschen Rasse.« (HITLER: *Sämtliche Aufzeichnungen 1905–1924*. Hrsg. von EBERHARD JÄCKEL, Stuttgart (DVA) 1980, S. 912.

151 Nach JOSEPH GOEBBELS: *Tagebücher 1942/43*. Hrsg. von LOUIS P. LOCHNER, Zürich 1948, S. 96 und S. 101. – Vgl. bei DOMARUS, Band 4 (= II,2), S. 1843.

152 Vgl. FRIEDRICH NIETZSCHE: *Götzen-Dämmerung* oder *Wie man mit dem Hammer philosophiert*. KTA, Band 77, I, S. 145 f.

153 FRIEDRICH NIETZSCHE: *Die Unschuld des Werdens*. Der Nachlaß I. KTA, Band 82, S. 285.

154 Siehe den Prozeß-Bericht von DIETER LAU in der *Süddeutschen Zeitung* vom 5. Juni 1964: »Kinder ›wegen der Moral‹ abgespritzt / Die SS begründet die Morde in Auschwitz mit sittlichen Erwägungen, sagt ein Zeuge.«

155 Vgl. ADOLF HITLER: *Mein Kampf*, S. 63 f.

156 THEODOR W. ADORNO: Sexualtabus und Recht heute. In: *Sexualität und Verbrechen*. Hrsg. von FRITZ BAUER u. a. Frankfurt am Main (Fischer-TB) 1963, S. 305.

ZUM II. KAPITEL (S. 57–88)

1 Vgl. ADOLF HITLER: *Mein Kampf*, 815.–820. Auflage, München (Eher) 1943, S. 356 und 596.

2 »Gesetz zum Schutze des deutschen Blutes und der deutschen Ehre« vom 15. September 1935, vom Deutschen Reichstag anläßlich des Nürnberger Reichsparteitages der NSDAP einstimmig verabschiedet.

3 Nach HANS BERND GISEVIUS: *Adolf Hitler. Versuch einer Deutung*. München (Rütten & Loening) 1963, S. 436.

4 HEINRICH HIMMLER vor SS-Führern am 4. Oktober 1943. Dokument des Internationalen Militärgerichtshofes (IMT), Nürnberg 1947/49, Band 29, S. 145.

5 Nach JEAN-MICHEL CHARLIER – JACQUES DE LAUNEY: *Eva Hitler, geb. Braun. Die führenden Frauen des Dritten Reiches*. Stuttgart (Seewald) 1979, S. 110.

6 Nach GISEVIUS: *Adolf Hitler*. München 1963, S. 438.

7 Für Geheimhaltung hatte HITLER wohldurchdachte Grundsätze: »Niemand ist zu beteiligen, der es nicht wissen muß. Niemand darf mehr erfahren, als er wissen muß. . . . Niemand darf früher etwas wissen, als er es wissen muß.« So der »Führer« zu hohen Militärs am 23. Mai 1939 in der Reichskanzlei, zitiert nach WERNER MASER: *Adolf Hitler. Das Ende der Führer-Legende*. Düsseldorf – Wien (Econ) 1980, S. 82/83, Anmerkung.

8 LEA ROSH in der Sendereihe »Kennzeichen D« im ZDF vom 20. August 1981.

9 LEA FLEISCHMANN: *Dies ist nicht mein Land*. Eine Jüdin verläßt die Bundesrepublik. Hamburg (Hoffmann und Campe) 1980, S. 165.

10 HENRYK M. BRODER im *Club 2* des ORF am 12. Januar 1980.

11 ADOLF HITLER: *Mein Kampf*, S. 370.

12 Die Forderung der »Erziehung zum Ungehorsam« führt PETER R. HOFSTÄTTER auf CARLO SCHMID zurück und erinnert zugleich an ULRICH SONNEMANNS Streitschrift *Die Einübung des Ungehorsams in Deutschland* (Reinbek 1965). Vgl. HOFSTÄTTER: Gerade wir Deutsche . . . In: *Die Deutsche Neurose*. Hrsg. von ANTON PEISL und ARMIN MOHLER in der Siemensstiftung, Band 3. Bei Ullstein o. J. (1980?), S. 42.

13 ADOLF HITLER: *Mein Kampf*, S. 200.

14 PAUL STÖCKLEIN: *Literatur als Vergnügen und Erkenntnis*. Heidelberg (Quelle & Meyer) 1974, S. 125. – Die hier literarisch dargebotene Geschichte wurde mir nach Rückfrage beim Autor als auf Tatsachen beruhend bestätigt.

15 Siehe: *Deutsche National-Zeitung*, Nr. 50 vom 4. Dezember 1981, Seite 10: »Durch Freisler zu mehr Recht?«.

16 ADOLF HITLER hegte »tiefste Bewunderung für den großen Mann südlich der Alpen« (*Mein Kampf*, S. 774) und sah im »faschistischen Italien« sogar einen Verbündeten im Kampf gegen die »überstaatliche Macht« des Judentums (*Mein Kampf*, S. 721).

17 KARL DIETRICH BRACHER: Die Gleichschaltung der deutschen Universität. In: *Nationalsozialismus und die deutsche Universität. Universitätstage 1966*. Veröffentlichung der Freien Universität Berlin. Berlin (de Gruyter) 1966, S. 127.

18 HANS ROTHFELS: Die Geschichtswissenschaft in den dreißiger Jahren. In: *Deutsches Geistesleben und Nationalsozialismus*. Eine Vortragsreihe der Universität Tübingen, hrsg. von ANDREAS FLITNER. Tübingen (Wunderlich) 1965, S. 106.

19 REINHARD KÜHNL: *Faschismustheorien*. Texte zur Faschismusdiskussion 2. Rowohlt-TB 1979, S. 286.

20 GEORG MELCHERS: Biologie und Nationalsozialismus. In: *Deutsches Geistesleben und Nationalsozialismus*. Eine Vortragsreihe der Universität Tübingen. Hrsg. von ANDREAS FLITNER. Tübingen (Wunderlich) 1965, S.68.

21 W. F. HAUG: *Der hilflose Antifaschismus*. Köln (Pahl-Rugenstein) 1977, S. 7 und S. 29 ff.

22 ALBERT SPEER: *Erinnerungen*. Ullstein-TB 1969, S. 138.

23 Aus: *Wider das Vergessen*. Antifaschistische Erziehung in der Schule. Erfahrungen, Projekte, Anregungen. Hrsg. von der GEW Berlin, Fischer-TB 1981, S. 200.

24 So der Text zu einem zweiseitigen Bild im Magazin *stern* vom 29. Oktober 1981.

25 Aus: *Wider das Vergessen*. A.a.O., S. 221.

26 So Rudolf Heß in seinem Schlußwort vor dem Nürnberger Militärtribunal am 31. August 1946, zitiert nach WERNER MASER. *Nürnberg. Tribunal der Sieger*. Düsseldorf – Wien (Icon) 1977, S. 472.

27 ALBERT SPEER: *Erinnerungen*. Ullstein-TB 1969, S. 385.

28 So der frühere SS-Obergruppenführer und General der Waffen-SS KARL WOLFF in einem Film von KARL KARELUS im Zweiten Deutschen Fernsehen am 16. August 1981.

29 GERTRUD SCHOLTZ-KLINK: *Die Frau im Dritten Reich*. Tübingen (Grabert) 1978, S. 28.

30 Vgl. HILDEGARD SPRINGER: *Es sprach Hans Fritzsche*. Stuttgart (Thiele) 1949.

31 BALDUR VON SCHIRACH: *Ich glaubte an Hitler*. Hamburg (Mosaik) 1967, S. 345 f.

32 ALBERT SPEER: *Spandauer Tagebücher*. Berlin (Ullstein) 1975, S. 335.

33 I. F. C. FULLER: *Der Zweite Weltkrieg*. Deutsch bei Humboldt, S. 21/22; zitiert nach DÖNITZ: *10 Jahre und 20 Tage*. Erinnerungen. München (Bernard & Graefe) 8. Auflage 1981, S. 300.

34 KARL DÖNITZ: a.a.O., S. 301.

35 Nach ALBERT SPEER: *Spandauer Tagebücher,* S. 92.

36 GUSTAVE M. GILBERT: *Nürnberger Tagebuch*. Frankfurt am Main (Fischer-TB) 1967, S. 51 und 54.

37 BALDUR VON SCHIRACH: *Ich glaubte an Hitler,* S. 331.

38 Vgl. WERNER MASER: *Nürnberg, Tribunal der Sieger*. Düsseldorf (Econ) 1977, S. 468.

39 ALBERT SPEER: *Erinnerungen,* S. 33.

40 BALDUR VON SCHIRACH: *Ich glaubte an Hitler,* S. 307.

41 DR. HANS FRANK: *Im Angesicht des Galgens*. Deutung Hitlers und seiner Zeit auf Grund eigener Erlebnisse und Erkenntnisse. München-Gräfelfing (Alfred Beck) 1953, S. 167.

42 SPEER: *Erinnerungen,* S. 33.

43 Vgl. SCHIRACH: *Ich glaubte an Hitler,* S. 273, S. 64 und S. 199.

44 SCHIRACH a.a.O., S. 71.

45 Die Überzeugung, daß »Churchill gewisse Ähnlichkeiten mit Hitler« hatte, dürfte es Speer erleichtert haben, nun den siegreichen anstelle des geschlagenen Volksführers zu verehren. Siehe ALBERT SPEER: *Technik und Macht*. Hrsg. von ADELBERT REIF. Ullstein-TB 1981, S. 116 ff.

46 HANS FRANK: *Im Angesicht des Galgens,* S. 381.

47 ALBERT SPEER: *Erinnerungen,* S. 385.

48 BALDUR VON SCHIRACH: *Ich glaubte an Hitler*. Hamburg 1967, S. 297.

49 So ALBERT SPEER in einem Interview mit GITTA SERENY, veröffentlicht im *Zeitmagazin* Nr. 45/1978, S. 65.

50 ALBERT SPEER: *Der Sklavenstaat.* Meine Auseinandersetzung mit der SS. Stuttgart (DVA) 1981, S. 400.

51 Kritisch hierzu LEA ROSH und JÖRG FRIEDRICH: »Die kalte Amnestie«/Nazi-Verbrecher vor deutschen Richtern. In der FAZ vom 25. Juli 1981, Seite 14.

52 G. W. F. HEGEL: *Vorlesungen über die Philosophie der Geschichte.* Werke (Suhrkamp), Band 12, Frankfurt am Main 1970, S. 559.

53 Bei den Luftangriffen auf das mit Flüchtlingen überfüllte Dresden am 13. und 14. Februar 1945 sind 135 000 Menschen ums Leben gekommen. Vgl. Luftmarschall SIR ROBERT SAUNDBY im Vorwort zu: DAVID IRVING, *Der Untergang Dresdens.* Gütersloh (Mohn) 1964, S. 8. Zu Churchills Verantwortung für das Massaker IRVING a.a.O., S. 286–292.

54 Vgl. IVES TERNON: *Tabu Armenien – Geschichte eines Völkermords. (Les Armeniens – Histoire d'un Genocide* deutsch) Berlin (Ullstein) 1980. – Siehe auch die Rezension von ERDMUTE HELLER (»Zwei Millionen Armenier ermordet«) in der *Süddeutschen Zeitung* vom 31. Juli 1981, Seite 11.

55 Vgl. ROBERT JUNGK: *Der Atom-Staat.* Vom Fortschritt der Unmenschlichkeit. München (Kindler) 1977.

56 Der Lübbe-Verlag warb mit dieser Formulierung von TERENCE PRITTIE für TOLANDS Hitler-Biographie in der Wochenzeitung *Die Zeit* vom 21. Oktober 1977.

57 MAX PICARD: *Hitler in uns selbst.* Erlenbach-Zürich (Rentsch) 1946.

58 Wilhelm Schepmann (1894–1970), von Hitler als Nachfolger des tödlich verunglückten Viktor Lutze am 9. 11. 1943 zum Stabschef der SA ernannt, am 25. 9. 1944 durch Führererlaß zum »Inspekteur für die Schießausbildung« des Volkssturms bestellt, war vom 9. 11. 1956 bis zum 18. 5. 1961 Stellvertretender Bürgermeister der Stadt Gifhorn für den »Bund der Heimatvertriebenen und Entrechteten« (BHE).

59 RAINER WERNER FASSBINDER im Gespräch mit ANGELIKA WITTLICH und VIVIAN NAEFE im *Bayerischen Fernsehen* in der Sendereihe »Kino, Kino« am 17. Januar 1981.

60 Bei KARL MARX ist hier orientierend der Satz: »Es ist nicht das Bewußtsein der Menschen, das ihr Sein, sondern umgekehrt ihr gesellschaftliches Sein, das ihr Bewußtsein bestimmt.« (*Zur Kritik der politischen Ökonomie.* Neuauflage: Berlin 1951, S. 13.) Den allgemeineren und insofern grundlegenden Satz, daß das Bewußtsein immer das »Bewußtsein von etwas« ist, schrieb und umschrieb EDMUND HUSSERL in seinen »Ideen zu einer reinen Phänomenologie und phänomenologischen Philosopie«, *Husserliana,* Band III, Haag (Nijhoff) 1950, S. 79 f.

61 Man vergleiche folgende Pressemeldung: »Der bayerische Innenminister Gerold Tandler hat den Amoklauf eines Nürnberger Rechtsextremisten, bei dem drei Ausländer erschossen und drei weitere schwer verletzt worden waren, als Ausdruck der wachsenden Bereitschaft von Neonazis zur Gewaltanwendung bezeichnet.« (*Frankfurter Rundschau* vom 28. Juni 1982, Seite 1.) Daß jener Amokläufer zuletzt sich selber erschossen hat, hielt weder Politiker noch ermittelnde Polizeibeamte davon ab, in dem Geschehen nur ein Politikum zu sehen, anstatt es als das ruinöse Verhalten eines Gestörten zu werten.

62 ALBERT WELLEK: *Die Polarität im Aufbau des Charakters.* Bern (Francke) 1950, S. 80.

ZUM III. KAPITEL (S. 89–127)

1 ROBERT JUNGK: *Der Atom-Staat.* Vom Fortschritt der Unmenschlichkeit. München (Kindler) 1977.

2 MARCEL REICH-RANICKI in der Fernseh-Diskussion im Anschluß an die Ausstrahlung der vierten und letzten Folge des Filmes *Holocaust* am 26. Januar 1979 (in den Dritten Programmen der ARD).

3 In dieser Formulierung aus der Feder von ALPHONS SILBERMANN (*Sind wir Antisemiten?* Köln 1982, S. 111) klingt die zitierte Bibelstelle (2 Mose 20, 5) allerdings unversöhnlicher als in einer katholischen Bibelübersetzung, wo sie lautet: ». . . ich, der Herr, bin ein eifersüchtiger Gott, der die Schuld der Väter an den Kindern, am dritten und vierten Geschlecht, nachprüft bei denen, die mich hassen.« (Übersetzung von VINZENZ HAMP und MEINRAD STENZEL: *Die Heilige Schrift.* Aschaffenburg [Pattloch] 1977, S. 82.)

4 JAKOB SPRENGER und HEINRICH INSTITORIS beziehen sich in ihrem »Hexenhammer« auf Deuteronomium 18 und auf Leviticus 19, 31 und 20, 2, um die Tötung von »Magiern und Wahrsagern« zu rechtfertigen und zu fordern (*Malleus maleficarum*, quaestio prima).

5 Vgl. HANS DOLLINGER: *Schwarzbuch der Weltgeschichte.* München (Südwest) 1973, S. 150.

6 ALPHONS SILBERMANN: *Sind wir Antisemiten?* Köln 1982, S. 111.

7 Vgl. bei PLACK: *Die Gesellschaft und das Böse.* München (List) 1967, S. 300. Ferner BRADLEY F. SMITH: *Heinrich Himmler 1900–1926.* München (Bernard & Graefe) 1979. S. 117 f. u. S. 156.

8 DAVID IRVING: *Der Untergang Dresdens.* Gütersloh (Mohn) 1964. – TELFORD TAYLOR: *Nürnberg und Vietnam.* Eine amerikanische Tragödie. München (Praeger) 1971. – LEW KOPELEW: *Aufbewahren für alle Zeit.* Hamburg (Hoffmann + Campe) 1976.

9 WERNER MASER: *Nürnberg. Tribunal der Sieger.* Düsseldorf (Econ) 1977.

10 Nach GUSTAVE M. GILBERT: *Nürnberger Tagebuch.* Frankfurt am Main (Fischer-TB) 1967, S. 205.

11 Vgl. PAUL SÉRANT: *Die politischen Säuberungen in Westeuropa am Ende des Zweiten Weltkrieges.* Oldenburg und Hamburg (Stalling) o. J., S. 155.

12 Nach PAUL SÉRANT a.a.O., S. 237.

13 Siehe Anmerkung 54 des VI. Kapitels!

14 Vgl. ADOLF HITLER: *Mein Kampf*, S. 510.

15 J. W. GOETHE: *Maximen und Reflexionen.* Nr. 599 der Artemis-Ausgabe.

16 »Die germanische Rechtsordnung war Friedensordnung und erschöpfte sich darum in der Erhaltung des Friedens.« (PLANITZ-ECKHARDT: *Deutsche Rechtsgeschichte.* Graz – Köln 1961, S. 61.) – Hierzu auch ARNO PLACK: *Plädoyer für die Abschaffung des Strafrechts.* München (List) 1974, S. 199.

17 Vgl. DR. HENRY PICKER: *Hitlers Tischgespräche im Führerhauptquartier 1941–42.* Bonn (Athenäum) 1951, S. 243 und S. 249.

18 Sogar mit der Schlagzeile »Das Volk fordert die Todesstrafe!« war die *National-Zeitung* schon einmal aufgemacht: am 14. März 1975.

19 So in der *National-Zeitung* vom 26. März 1982, Seite 11, im Text zu einem Bild von Joseph Kotalla, einem der »Drei von Breda«.

20 Vgl. PETER R. HOFSTÄTTER: Bewältigte Vergangenheit. In der Wochenzeitung *Die Zeit* vom 14. Juni 1963.

21 THEODOR W. ADORNO: *Negative Dialektik.* Frankfurt am Main (Suhrkamp) 1966, S. 280.

22 WILHELM REICH: *Die Massenpsychologie des Faschismus.* Neuausgabe als Fischer-TB 1974, S. 15.
23 Äußerungen HITLERS, mitgeteilt von HANS FRANK: *Im Angesicht des Galgens.* München-Gräfelfing 1953, S. 239.
24 WILHELM REICH: *Die Massenpsychologie des Faschismus.* Fischer-TB 1974, S. 134.
25 Vgl. EUGENE K. BIRD: *Rudolf Heß. Der »Stellvertreter des Führers«.* München (Desch) 1974, S. 329.
26 Vgl. ALBERT SPEER: *Spandauer Tagebücher.* Berlin (Ullstein) 1975, S. 663.
27 So Albert Speer im Gespräch mit GITTA SERENY. Siehe das *Zeit*-magazin vom 20. Oktober 1978, Seite 10.
28 ERNST HANFSTAENGL: *15 Jahre mit Hitler.* 2. Auflage. München (Piper) 1980, S. 92.
29 Nach einem Bericht der amerikanischen Aufseher in Spandau hat Heß »mit allen Mitteln (versucht), nicht an den gemeinsamen Spaziergängen teilnehmen zu müssen«. Zitat nach EUGENE BIRD: *Rudolf Heß.* 1974, S. 160. – Man vergleiche auch ALBERT SPEER: *Spandauer Tagebücher*, S. 568 ff.
30 Vgl. ARIANE BARTH / TITIANO TERZANI: *Holocaust in Kambodscha.* Hamburg (Spiegel-Buch Nr. 3) 1981.
31 Nach einem Gespräch mit Bundeskanzler Helmut Schmidt am 17. März 1982 sagte der Vorsitzende des Zentralrates der Sinti und Roma, ROMANI ROSE, im Deutschen Fernsehen, es gehe ihnen nicht um einen Schuldvorwurf gegen die Deutschen, sondern nur um die Anerkennung als Verfolgte des NS-Regimes.
32 Nach einem Bericht von OTTO JÖRG WEIS in der *Frankfurter Rundschau* vom 4. Juli 1981, Seite 3, unter der Überschrift »Die schlagfertige Polizei von West-Berlin«.
33 Nach einem Bericht in der *Frankfurter Allgemeinen Zeitung* vom 29. Juli 1981 unter der Überschrift »Dokumente zur ›Massenverhaftung‹«.
34 Es sei hier vor allem an den sogenannten Klingelpütz-Prozeß des Jahres 1967 erinnert.
35 Vgl. bei JOHN TOLAND: *Adolf Hitler.* Band II. Bergisch-Gladbach (Bastei-Lübbe-TB) 1977, S. 893.
36 RUDOLF HÖSS: *Kommandant in Auschwitz.* Autobiographische Aufzeichnungen. Hrsg. von MARTIN BROSZAT. 8. Auflage, München (dtv) 1981, S. 25.
37 Vgl. HANNAH ARENDT: *Eichmann in Jerusalem. Ein Bericht von der Banalität des Bösen.* München (Piper) 1964, S. 174 f.
38 IMMANUEL KANT: *Die Metaphysik der Sitten.* Akademie-Ausgabe der Werke, Band VI, S. 386.
39 Wir werden daran erinnert durch HEINZ OTTO BURGERS »Geschichte der unvergnügten Seele« in: *Dasein heißt eine Rolle spielen. Studien zur deutschen Literaturgeschichte.* München 1963, S. 143.
40 IMMANUEL KANT: *Grundlegung zur Metaphysik der Sitten.* Akademie-Ausgabe der Werke, Band IV, S. 398.
41 SALOMON GESSNER: *Der Tod Abels.* Prosaepos aus dem Jahre 1758.
42 Vgl. HERMANN LANGBEIN: *Menschen in Auschwitz.* Ullstein-TB 1980, S. 315.
43 Vgl. ROLF R. BIGLER: *Der einsame Soldat.* Frauenfeld 1963, S. 53.
44 So wörtlich DR. HANS LAMM, der Leiter der Israelitischen Kultusgemeinde München, in der Sendung »Jüdische Kultur in München« im Rahmen der »Abendschau« des *Bayerischen Fernsehens* am 11. Februar 1982. DR. LAMM sagte im Blick auf die Zeit vor Hitlers Machtergreifung auch: »Die Juden fühlten sich in München sauwohl.« – Es gab nach meiner eigenen Erinnerung noch unter

Hitler in Bayern eher Preußenhaß als eine Ablehnung der Juden, die, mit bajuwarischer Dialektfärbung sprechend, »dazugehörten«.

45 Adolf Hitler: *Mein Kampf*, a.a.O., S. 69/70.

46 Vgl. Arno Plack: *Die Gesellschaft und das Böse*. München (List) 1967, S. 300. – Zu Himmler ferner: Heinrich Fraenkel und Roger Manvell: *Himmler. Kleinbürger und Massenmörder*. Herrsching (Pawlak) 1981, S. 13–28: »Keusche Jugend«.

47 Man vergleiche hierzu den *Spiegel* vom 18. Dezember 1963, Seite 47.

48 Rudolf Höss: *Kommandant in Auschwitz*. Autobiographische Aufzeichnungen. Stutgart (DVA) 1958.

49 Friedrich Nietzsche: *Die Unschuld des Werdens I*, Kröners Taschenausgaben, Band 82, S. 285.

50 Adolf Hitler: *Monologe im Führerhauptquartier 1941–1944*. Hrsg. von Werner Jochmann. Hamburg (Knaus) 1980, S. 395 (6. September 1942, abends).

51 Werner Maser: *Adolf Hitler., Legende – Mythos – Wirklichkeit*. 7. Auflage, München (Heyne-TB) 1980, S. 253.

52 Wilhelm Bölsche: *Vom Bazillus zum Affenmenschen*. 2. Auflage, Jena 1921.

53 Adolf Hitler: *Mein Kampf*, S. 59.

54 Heinrich Fraenkel/Roger Manvell: *Himmler. Kleinbürger und Massenmörder*. Herrsching (Pawlak) 1981, S. 172.

55 Heinrich Himmler, zitiert nach Heinrich Fraenkel und Roger Manvell: *Himmler. Kleinbürger und Massenmörder*. Herrsching (Pawlak) 1981, S. 21.

56 Adolf Hitler: *Mein Kampf*, a.a.O., S. 292.

ZUM IV. KAPITEL (S. 128–158)

1 WERNER HABERMEHL: *Sind die Deutschen faschistoid?* Hamburg (Hoffmann und Campe) 1979.

2 Selbstaufopferung, die Tugend, zu der Hitler (*Mein Kampf*, S. 167 f.) das deutsche Volk erst wieder zurückzuführen gedachte, wird von dem amerikanischen Psychiater BERTRAM SCHAFFNER, (*Father Land.* A study of authoritarianism in the German family. New York 1948, S. 44) neben Pflichterfüllung als typisch deutsche Charaktereigenschaft behandelt.

3 NORBERT MUHLEN: *Das Deutschlandbild der Amerikaner*, Hamburg 1960, S. 27. – Vgl. REINHARD KÜHNL: *Faschismustheorien.* Reinbek bei Hamburg 1979, S. 70.

4 Aus der systematischen Befragung von heute in der Bundesrepublik Deutschland lebenden Juden, die der Antisemitismus-Forscher SILBERMANN durchgeführt hat. Siehe ALPHONS SILBERMANN: *Sind wir Antisemiten?* Köln 1982, S. 87.

5 SOLDAN-HEPPE: *Geschichte der Hexenprozesse.* Band I, 3. Auflage, neu bearbeitet von MAX BAUER, Hanau am Main 1911, S. 95. - Man vergleiche auch MANFRED HAMMES: *Hexenwahn und Hexenprozesse.* Franfurt am Main (Fischer-TB) 1977, S. 13 und 34.

6 Vgl. SOLDAN-HEPPE: *Geschichte der Hexenprozesse* I, S. 183 ff.

7 PETER HAINING: *Hexen. Wahn und Wirklichkeit in Mittelalter und Gegenwart.* (An Illustrated History of Witchcraft). Oldenburg und Hamburg (Stalling) 1977, S. 58.

8 ROSSELL HOPE ROBBINS: *The Encyclopedia of Witchcraft and Demonology.* New York (Crown) 1959, S. 220.

9 »Germany was the classic land of witchcraft.« (ROSSELL HOPE ROBBINS a.a.O. S. 215).

10 »Germany was the land of torture.« (ROBBINS, S. 220).

11 »This was the nature of witchcraft in Germany.« (ROBBINS, S. 215).

12 JOHANNES CHRYSOSTOMOS, zitiert nach HAMMES a.a.O., S. 67.

13 Aus SPEES *Cautio Criminalis, seu de processibus contra sagas*, zitiert nach SOLDAN-HEPPE II, S. 192.

14 Vgl. SOLDAN-HEPPE II, S. 192.

15 Vgl. bei HAINING, a.a.O., S. 27, wo eine Seite aus der Handschrift »Le Champion de Damas« von Martin le France (ca. 1490) im Faksimile wiedergegeben ist.

16 PETER HAINING: *Hexen. Wahn und Wirklichkeit in Mittelalter und Gegenwart.* Oldenburg und Hamburg (Stalling) 1977, S. 58.

17 MANFRED HAMMES: *Hexenwahn und Hexenprozesse*, S. 50.

18 AUGUST STRINDBERG: *Ein Blaubuch.* Betrachtungen und Lehrstücke. 2. Band, München und Leipzig 1908, S. 661 f.

19 JAKOB SPRENGER und HEINRICH INSTITORIS: *Der Hexenhammer* (Malleus Maleficarum). Deutsch von J. W. R. SCHMIDT, Berlin (Barsdorf) 1923, S. 74.

20 Vgl. ARNO BORST: *Lebensformen im Mittelalter.* Berlin (Propyläen) 1973, S. 611.

21 Vgl. HANS DOLLINGER: *Schwarzbuch der Weltgeschichte.* München (Südwest) 1973, S. 150 f.

22 So Adolf Hitler auf einer NSDAP-Versammlung in Landshut am 5. Mai 1922, zitiert nach: HITLER. *Sämtliche Aufzeichnungen 1905–1924.* Hrsg. von EBERHARD JÄCKEL, Stuttgart (DVA) 1980, S. 638.

23 Siehe BALDUR VON SCHIRACH: *Ich glaubte an Hitler.* Hamburg (Mosaik) 1967, S. 301, und ALBERT SPEER: *Erinnerungen.* Ullstein-TB 1969, S. 385.

24 Vgl. Hans Frank: *Im Angesicht des Galgens*. München-Gräfelfing 1953, S. 403 f.

25 Hans Frank zum amerikanischen Gerichtspsychologen Gilbert. Siehe Gustave M. Gilbert: *Nürnberger Tagebuch*. Frankfurt am Main (Fischer-TB) 1962, S. 66.

26 Jean-François Steiner: *Treblinka*. Die Revolte eines Vernichtungslagers. Oldenburg, Hamburg (Stalling) 1966, S. 270/271.

27 Walter Laqueur: *Was niemand wissen wollte: Die Unterdrückung der Nachrichten über Hitlers »Endlösung«*. Berlin (Ullstein) 1981, S. 32 ff.

28 Friedrich Heer in: *Auschwitz als Herausforderung für Juden und Christen*. Hrsg. von G. B. Ginzel. Heidelberg (Lambert Schneider) 1980, S. 182.

29 Zitiert nach Helmut Heiber: *Reichsführer! Briefe an und von Himmler*. München (dtv) 1970, S. 270.

30 Sebastian Haffner: *Anmerkungen zu Hitler*. München (Kindler) 1978, S. 176.

31 H. D. Leuner: *Gerettet vor dem Holocaust*. Wiesbaden (Limes) 1979. – Der Titel der Originalausgabe »When Compassion was a Crime« (Als Mitleid ein Verbrechen war) charakterisiert bündig die Situation im Terrorstaat.

32 Menachém Begin, zitiert nach der *Süddeutschen Zeitung* vom 8. Mai 1981, S. 13.

33 Vgl. Sebastian Haffner: *Anmerkungen zu Hitler*. 1978, S. 178 ff.

34 Romano Guardini: Verantwortung. Gedanken zur jüdischen Frage. Eine Universitätsrede. In: *Hochland*, 44. Jahrgang (1951/52), S. 490.

35 Charles de Gaulle im Gespräch mit André Malraux. Vgl. André Malraux: *Eichen, die man fällt* . . . Übersetzung von Carlo Schmid. Frankfurt am Main (S. Fischer) 1972, S. 85.

36 Hitlers »Ostlandpolitik« erhob »Grund und Boden als Ziel unserer Außenpolitik« (*Mein Kampf*, S. 735), was mit einschloß, daß dem »deutschen Pflug« . . . »das Schwert nur den Boden zu geben hat« (M. K., S. 743).

37 Kurt Reumann in der *Frankfurter Allgemeinen Zeitung* vom 21. April 1981, Seite 10.

38 Redakteur Franz Alt in der »Report«-Sendung vom 14. Juli 1981.

39 De Gaulle nach André Malraux: *Eichen, die man fällt* . . . S. 94.

40 Goebbels zitiert nach Rolf Hochhuths Einführung in: Joseph Goebbels: *Tagebücher 1945*. Hamburg (Hoffmann und Campe) 1977, S. 45.

41 Hermann Göring nach Hermann Rauschning: *Gespräche mit Hitler*. Zürich 1940, S. 77.

42 Howard S. Becker: *Außenseiter. Zur Soziologie abweichenden Verhaltens*. Frankfurt am Main (S. Fischer) 1973, S. 29.

43 In *Contact* (Organ der jungen Gruppe der Gewerkschaft der Polizei, Februar/März 1975) wandte sich Willy Brandt gegen eine »Angstpropaganda . . ., die das kriminelle Verhalten einer kleinen Gruppe zur ernsten Bedrohung für den Staat hochstilisiert.« – Diese Stelle wurde später in die »Terror-Dokumentation« von Heiner Geissler aufgenommen. Vgl. *Frankfurter Rundschau* vom 15. Oktober 1977, Seite 14.

44 *5 Millionen Deutsche: »Wir sollten wieder einen Führer haben . . .«* Die Sinus-Studie über rechtsextremistische Einstellungen bei den Deutschen. Mit einem Vorwort von Martin Greiffenhagen. Reinbek bei Hamburg (Rowohlt) 1981, S. 78.

45 Horst Nowak in der Sendung »Panorama« der ARD vom 14. Juli 1981.

46 Heinrich Popitz: *Über die Präventivwirkung des Nichtwissens. Dunkelziffer, Norm und Strafe*. In der Reihe »Recht und Staat in Geschichte und Gegenwart«, Heft 350, Tübingen 1968.

47 Man vergleiche hierzu auch Werner Habermehl: *Sind die Deutschen faschistoid?* Hamburg (Hoffmann & Campe) 1979, S. 21 ff.

48 ULRIKE MARIE MEINHOF in *konkret* 1961, zitiert nach JILLIAN BECKER: *Hitlers Kinder? Der Baader-Meinhof-Terrorismus*. Fischer-TB 1978, S. 120.

49 Vgl. KLAUS STAECK: *Einschlägige Worte des Kandidaten Strauß*. Göttingen (Steidl) 1979, S. 185.

50 Vgl. KURT SCHUMACHER und ERNST REUTER in: *Die Linke und die nationale Frage*. Dokumente zur deutschen Einheit seit 1945. Hrsg. von PETER BRANDT und HERBERT AMMON. Reinbek bei Hamburg (Rowohlt-TB) 1981, S. 63 ff. und S. 120 ff.

51 So FRANZ JOSEF STRAUSS in Hollfeld (Oberfranken) vor einer CSU-Versammlung am 12. November 1956 (*Nürnberger Nachrichten* vom 13. 11. 1956; *Vorwärts* vom 23. 11. 1956). – Vgl. Anmerkung 30 des VII. Kapitels!

52 Vgl. SIGMUND FREUD: *Gesammelte Werke*. London 1946–1952. Band I, S. 307–309 und Band XIV, S. 68 ff.

53 ALEXANDER UND MARGARETE MITSCHERLICH: *Die Unfähigkeit zu trauern*. München (Piper) 1967.

54 HERMANNLÜBBE: Wider die Verdrängungstheoretiker. In: *Der Monat*, Heft 2, Juni/Juli 1979, S. 60.

55 FRANZ JOSEF STRAUSS, zitiert nach der Wochenzeitung *Die Zeit* vom 6. Juli 1979.

56 FRANZ JOSEF STRAUSS auf dem CDU-Parteitag am 24. Mai 1976, zitiert nach KLAUS STAECK a.a.O., S. 59.

57 BALDUR VON SCHIRACH: *Ich glaubte an Hitler*. Hamburg (Mosaik) 1967, S. 113.

58 Im *Bayernkurier* vom 24. Mai 1980 schrieb FRANZ JOSEF STRAUSS: »Wäre die CDU/CSU an der Macht gewesen, mit einem intakten Bündnis im Westen, die Russen wären nicht in Afghanistan einmarschiert.«

59 Erinnert sei vor allem an den »Anachronistischen Zug« im Bundestagswahlkampf 1980, der »beweisen« wollte, »daß Strauß der bessere Hitler sein möchte« (HERBERT RIEHL-HEYSE in der *Süddeutschen Zeitung* vom 22. September 1980, Seite 3). – »Wie Jungwähler-Initiativen gegen Franz Josef Strauß streiten«, berichtete dagegen KLAUS POKATZKY in der Wochenzeitung *Die Zeit* vom 26. September 1980, Seite 69.

60 HITLER: *Sämtliche Aufzeichnungen 1905–1924*. Hrsg. von EBERHARD JAECKEL. Stuttgart (DVA) 1980, S. 1055.

61 BALDUR VON SCHIRACH: *Ich glaubte an Hitler*. Hamburg (Mosaik) 1967, S. 136.

62 FRANZ JOSEF STRAUSS gegenüber der Wochenzeitung *Die Zeit* vom 6. Juli 1979.

ZUM V. KAPITEL (S. 159–197)

1 Heinz Galinski während einer Feierstunde der Jüdischen Gemeinde zu Berlin am 1. April 1981, zitiert in der *Frankfurter Allgemeinen Zeitung* vom 2. April 1981, Seite 10.

2 So Hitler bereits in einer Rede aus dem Jahre 1921 unter dem Titel »Das deutsche Weib und der Jude«, siehe Hitler. *Sämtliche Aufzeichnungen 1905–1924*. Hrsg. von Eberhard Jäckel. Stuttgart (DVA) 1980, S. 531.

3 Alfred Rosenberg: *Der Mythus des 20. Jahrhunderts*. Eine Wertung der seelisch-geistigen Gestaltenkämpfe unserer Zeit. 59.–60. Auflage, München (Hoheneichen) 1935, S. 364 und S. 12.

4 Alfred Rosenberg: *Der Mythus des 20. Jahrhunderts*, S. 363.

5 Vgl. Leo Baeck: »Das Reich Gottes bedeutet hier nichts Überschwengliches, nichts Jenseitiges und Überweltliches nur; es bezeichnet nichts anderes als das Dasein des Menschen, der sich in bereitem, freiem Gehorsam zu Gott und seinem Dienst hingewandt hat, so daß er darin sein Leben gestaltet, in der Welt lebt, in welcher . . . Jenseits und Diesseits wie zu einem werden.« (*Das Wesen des Judentums*. 6. Auflage. Wiesbaden [Fourier] o. J., S. 137).

6 Karl Löwith: *Weltgeschichte und Heilsgeschehen*. Stuttgart (Urban) 1953, S. 48.

7 Herbert Marcuse (*Eros und Kultur*. Stuttgart 1957, S. 210) hat dem Begriff »Entsublimierung« freilich sogleich eine negative Wendung gegeben, indem er ihn als »repressive Entsublimierung« auf eine sich ebenso liberalisierende wie kommerzialisierende Gesellschaft bezogen hat.

8 Shulamith Firestone spricht vom »Wunderglauben an die größere Potenz des schwarzen Mannes« (*Frauenbewegung und sexuelle Revolution*. Frankfurt am Main – Fischer-TB – 1975, S. 102).

9 Vgl. Arno Plack: *Die Gesellschaft und das Böse*. Eine Kritik der herrschenden Moral. München (List) 1967, S. 309 f.

10 Max Scheler: *Die Ursachen des Deutschenhasses*. Leipzig 1917, S. 66.

11 Helmuth Plessner: *Die verspätete Nation*. Über die politische Verführbarkeit bürgerlichen Geistes. Stuttgart (Kohlhammer) 1959.

12 Das volle Marx-Zitat später bei Anmerkung 24.

13 Adolf Hitler: *Mein Kampf*. 815.–820. Auflage, München 1943, S. 449.

14 Gustav Janouch: *Gespräche mit Kafka*, Erinnerungen und Aufzeichnungen nach 1920. Frankfurt am Main (S. Fischer) 1951, S. 73/74.

15 Josef Zürndorfer zitiert nach einem Bericht von Karl Feldmeyer in der Frankfurter Allgemeinen Zeitung vom 24. April 1981 über die Ausstellung »Deutsche jüdische Soldaten 1914–1945« in Rastatt.

16 Martin Luther: *Tischreden oder Colloquia*. Nr. 74. Tischreden vor Juden, § 3. 1566.

17 »Und es mag am deutschen Wesen/Einmal noch die Welt genesen.« (Emanuel Geibel, *Heroldsrufe*. Deutschlands Beruf. Schlußwort. 1861.)

18 Hermann Rauschning: *Gespräche mit Hitler*. Neuausgabe: Wiesbaden (Europa-Verlag), S. 227.

19 Adolf Hitler, *Mein Kampf*, S. 439.

20 Man vergleiche hierzu auch *Hitlers Zweites Buch*. Ein Dokument aus dem Jahre 1928. Herausgegeben vom Institut für Zeitgeschichte, Stuttgart (dva) 1961, S. 120. – Ebenso in: *Mein Kampf*, S. 146 ff. und S. 741.

21 Gustave Le Bon: *Psychologie der Massen*. Kröners Taschenausgaben, Band 99, S. 51.

22 Jakob Wassermann: *Mein Weg als Deutscher und Jude*. 1921, S. 54.

23 MARGARETE MITSCHERLICH-NIELSEN im ZDF am 13. April 1981.
24 KARL MARX: Zur Judenfrage. In: KARL MARX/FRIEDRICH ENGELS, Gesamtausgabe, Hrsg. von D. RJAZANOV, Band I, 1 Frankfurt am Main 1927, S. 576.
25 Man vergleiche ALBERT MASSICZEK: *Der menschliche Mensch*. Karl Marx' jüdischer Humanismus. Wien (Europa-Verlag) 1968, S. 534.
26 FERDINAND LASSALLE an Sophie Sontzeff im Oktober 1860, zitiert nach der Übersetzung aus dem Französischen bei EDMUND SILBERNER: *Sozialisten zur Judenfrage*. (Deutsch von ARTHUR MANDEL)Berlin (Colloquium) 1962, S. 175 und 176.
27 FRIEDRICH NIETZSCHE: *Unzeitgemäße Betrachtungen II*. Vom Nutzen und Nachteil der Historie für das Leben. Kröners Taschenausgaben Band 71, S. 189.
28 NIETZSCHE: *Jenseits von Gut und Böse*. Kröners Taschenausgaben Band 77, S. 183.
29 NIETZSCHE: *Der Wille zur Macht*. Kröners Taschenausgaben Band 78, S. 584.
30 NIETZSCHE: *Die Unschuld des Werdens*. Der Nachlaß II. Kröners Taschenausgaben Band 83, S. 411/412.
31 NIETZSCHE: *Die Unschuld des Werdens*. Der Nachlaß II. Kröners Taschenausgaben Band 83, S. 418.
32 NIETZSCHE: *Die Unschuld des Werdens* II, S. 410.
33 So GOETHE nach einer Aufzeichnung von HEINRICH LUDEN vom 13. 12. 1813, zitiert nach: *Goethe im Gespräch*, Auswahl von E. GRUMACH, Frankfurt am Main (Fischer-TB) 1960, S. 126.
34 GOETHE zu ECKERMANN am 12. März 1828.
35 TERENCE PRITTIE in. *Sind die Deutschen wirklich so?* Schriftenreihe des Instituts für Auslandsbeziehungen. Stuttgart o. J. Reihe: deutsch-ausländische Beziehungen, Band VII, S. 290.
36 MARTIN BUBER: *Drei Reden über das Judentum*. Frankfurt am Main 1911, S. 71 f.
37 MAX SCHELER: *Vom Ewigen im Menschen*. 5. Auflage. Gesammelte Werke, Band 5. Bern (Francke) 1954, S. 229.
38 IMMANUEL KANT: *Idee zu einer allgemeinen Geschichte in weltbürgerlicher Absicht*. Akademie-Ausgabe Band VIII, S. 27.
39 Man vergleiche hierzu WOLFGANG TRILLHAAS: *Ethik*. 3. Auflage Berlin (de Gruyter) 1970, S. 56 f. Man beachte hier besonders den Hinweis auf Lukas 6,40: »Wenn du vollkommen sein willst, so gehe hin, verkaufe was du hast . . .«
40 Man vergleiche hierzu ALBERT MASSICZEK: *Der menschliche Mensch*. Wien 1968, S. 162 f.
41 WILHELM RAABE: *Der Hungerpastor*. Sämtliche Werke (Vandenhoeck & Ruprecht), 6. Band, Göttingen 1966, S. 128. – Nur unter dem Eindruck von Hitlers »Endlösung der Judenfrage« kann RAABE rückblickend eine antisemitische Tendenz unterstellt werden, so von WANDA KAMPMANN: *Deutsche und Juden*. Fischer-TB 1969, S. 294. – Man beachte demgegenüber, was RAABE von seinem Anti-Helden, Moses Freudenstein, sagt: »Er hatte in seinem Leben so viele Demütigungen hinunterschlucken müssen, daß es ihm auf eine mehr oder weniger nicht ankam.« (A.a.O., S. 49.)
42 LUDWIG BÖRNE: *Gesammelte Schriften 1862/63*. Erzählungen, Reisen, vermischte Aufsätze, Nr. 35: Der Narr im weißen Schwan.
43 LEA FLEISCHMANN: *Dies ist nicht mein Land*. Eine Jüdin verläßt die Bundesrepublik. Hamburg (Hoffmann und Campe) 1980, S. 229.
44 So ein Schüler aus Darmstadt in das Mikrofon des Deutschen Fernsehens (ARD), gesendet am 29. Juni 1981.

45 Vgl. Arno Plack: *Plädoyer für die Abschaffung des Strafrechts*. München (List) 1974, S. 214.

46 Heinrich Himmler vor SS-Führern am 14. Oktober 1943, zitiert nach: Internationaler Militärgerichtshof. Deutsche Ausgabe, Band 39, S. 145.

47 Adolf Hitler: *Mein Kampf*, S. 70.

48 Joseph Arthur Graf von Gobineau: *Versuch über die Ungleichheit der Menschenrassen*. 4 Bände, deutsch 1898–1901.

49 »Volkskörper« ist ein Schlüsselbegriff in Hitlers ideologischem Gebäude. Man vergleiche in *Mein Kampf* die Seiten 253 f., 269, 380, 438 f., 500, 580 ff., *629*, 703 und 773. – Bedenkenswert, daß die jüdische Philosophin Hannah Arendt (*Die verborgene Tradition*. Suhrkamp-TB 1976, S. 46) von einem »in Wahrheit einheitlichen jüdischen Volkskörper« spricht, der sich in viele Nationalitäten aufgespalten habe.

50 So Adolf Hitler zu Henriette Hoffmann, der Tochter seines Fotografen Heinrich Hoffmann, zitiert nach David Irving: *Hitlers Weg zum Krieg*. München (Heyne) 1981, S. 214.

51 Siehe Anmerkung 10 des I. Kapitels: »Hitler als Ärgernis«. – Vgl. John Toland: *Adolf Hitler*. Bd. 1. Bergisch-Gladbach (Lübbe) 1977, S. 319.

52 Ernst Hanfstaengl: *Zwischen Weißem und Braunem Haus*. München 1970, S. 237.

53 Adolf Hitler: *Mein Kampf*, S. 279.

54 Immanuel Kant: *Die Metaphysik der Sitten*. Akademie-Ausgabe Band VI, S. 424.

55 Gérard Mandel: *La Révolte contre le Pere*. Paris (Payot) 1980. – Man vergleiche in der deutschen Ausgabe (*Die Revolte gegen den Vater*. Eine Einführung in die Soziopsychoanalyse. Frankfurt am Main [S. Fischer] 1972) die Seiten 213, 215 und 222.

56 Erich Fromm: *Anatomie der menschlichen Destruktivität*. Gesamtausgabe Band VII. Stuttgart (dva) 1980, S. 360 und S. 359.

57 Erich Fromm, a.a.O., S. 366 und S. 374 f.

58 Nach P. C. Kuiper: Perversionen. In: *Psyche*. Eine Zeitschrift für psychologische und medizinische Menschenkunde. Band XVI (1962/63), S. 510.

59 Adolf Hitler: *Mein Kampf*, S. 628.

60 Adolf Hitler: *Mein Kampf*, S. 68 und S. 59.

61 Man vergleiche in *Mein Kampf* besonders S. 370 und 475, aber auch S. 507.

62 Vom »Juden als krassem Materialisten« war zum Beispiel die Rede in der NS-Zeitschrift *Jugend und Recht* vom 10. September 1936, zitiert nach Wolfgang Scheffler: *Judenverfolgung im Dritten Reich 1933 bis 1945*. Frankfurt am Main (Büchergilde Gutenberg) o. J., S. 117.

63 Man vergleiche Ernst E. Boesch: Psychologische Überlegungen zum Rassenvorurteil. In: *Vorurteile, Ängste, Aggressionen*. Hrsg. von K. D. Hartmann. Frankfurt am Main, Köln (EVA) 1975, besonders S. 35 f., hier unter Berufung auf Oskar Pfister: *Das Christentum und die Angst*. Zürich (Artemis) 1944.

64 *Antisemitismus ohne Juden:* Unter dieser Überschrift wurde auch die hier zu erörternde Silbermann-Studie in der Wochenzeitung *Die Zeit* vom 29. 2. 1982 besprochen. – Poliakov erschien der »Antisemitismus ohne Juden« gewissermaßen als der »Antisemitismus im Reinzustand« (Leon Poliakov: *Geschichte des Antisemitismus. II. Das Zeitalter der Verteufelung und des Ghettos*. Worms [Heintz] 1978, S. 75).

65 Alphons Silbermann: *Sind wir Antisemiten?* Ausmaß und Wirkung eines sozialen Vorurteils in der Bundesrepublik Deutschland. Köln (Wissenschaft und Politik) 1982.

66 Siehe bei SILBERMANN: *Sind wir Antisemiten?* Köln 1982, S. 124.

67 »Starke Zustimmung« fand diese Erklärung bei 8,3 Prozent der Befragten, »schwache Zustimmung« bei 19,6 Prozent (= 27,9 %). SILBERMANN a.a.O., S. 51.

68 Siehe SILBERMANN a.a.O., S. 51 und S. 209.

69 So FREUD gegenüber JOSEPH WORTIS. Vgl. J. WORTIS: *Fragments of an Analysis with Freud.* New York 1954, S. 145. – Vgl. auch VINCENT BROME: *Sigmund Freud und sein Kreis.* München (List) 1969, S. 151.

70 LEA FLEISCHMANN: *Dies ist nicht mein Land.* Eine Jüdin verläßt die Bundesrepublik. Hamburg (Hoffmann und Campe) 1980, S. 229.

71 »Es ist die Tragik im Dasein des Juden, daß er zwei Gefühle in seiner Seele einigt: das Gefühl des Vorrangs und das Gefühl der Brandmarkung.« (JAKOB WASSERMANN: *Mein Weg als Deutscher und Jude.* 1921, S. 54.) – Vgl. auch oben Anmerkung 22.

72 Vgl. ADOLF HITLER: *Mein Kampf,* S. 130–135, auch S. 335.

73 SILBERMANN a.a.O., S. 43.

74 In *Mein Kampf,* S. 355, bezeichnet HITLER den Juden als die »Personifikation des Teufels« und als »Sinnbild des Bösen«.

75 ADOLF HITLER: *Mein Kampf,* S. 724.

76 Siehe SILBERMANN a.a.O. 1982, S. 139.

77 Vgl. SILBERMANN a.a.O., S. 64 und S. 132.

78 Erklärung eines Juden in einem der von SILBERMANN und seinen Mitarbeitern geführten »Intensivinterviews«, wiedergegeben bei SILBERMANN a.a.O., S. 93.

79 ALPHONS SILBERMANN a.a.O. 1982, S. 135. Die Hervorhebung vom zitierten Autor.

80 So LEA FLEISCHMANN: *Dies ist nicht mein Land.* Hamburg (Hoffmann und Campe) 1980, S. 165.

81 Paradoxerweise sprach auch Hitler bisweilen von »Nichtjuden«, so den Juden, den er als rassisch minderwertig ansah, zur Bewertungsgrundlage nehmend. Sein von verstohlener Bewunderung geprägtes Ressentiment hatte damit den ihm gemäßen sprachlichen Ausdruck gefunden. Vgl. ADOLF HITLER. *Monologe im Führerhauptquartier 1941–1944.* Hrsg. von W. JOCHMANN, Hamburg (Knaus) 1980, S. 263, S. 293.

82 JULIUS H. SCHOEPS: Antisemitismus ohne Juden. In der Wochenzeitung *Die Zeit* vom 29. Januar 1982, S. 13.

83 SILBERMANN (a.a.O., S. 105) spricht von einer »ganzen Reihe von Rücksendungen, in denen es die Adressaten eindeutig ablehnten, an der Befragung teilzunehmen, offensichtlich aus Angst vor Repressalien«.

ZUM VI. KAPITEL (S. 198–251)

1 JILLIAN BECKER: *Hitler's Children.* The Story of the Baader-Meinhof-Gang, London (Panther) 1978.

2 »To the hostages at Entebbe the difference was hard to see.« (JILLIAN BECKER a.a.O., S. 22.)

3 WERNER MAIHOFER: Politische Kriminalität. In: *Meyers Enzyklopädisches Lexikon,* Band 14, Mannheim 1975, S. 369.

4 Zu KARL MANNHEIM vergleiche man THEODOR W. ADORNO: *Prismen. Kulturkritik und Gesellschaft.* München (dtv) 1963, S. 28. – CARL FRIEDRICH VON WEIZSÄCKER: Die Falle, die der Terror stellt. Eine Rede des Philosophen über die Verteidigung der Freiheit gegen den Terrorismus. Abgedruckt in der *Basler Zeitung* vom 25. Februar 1978.

5 Man vergleiche etwa die Leitartikel in der Wochenzeitung *Zeitreport* vom 8. Juli 1977, und in der *Süddeutschen Zeitung* vom 3. August 1977.

6 FRANZ JOSEF STRAUSS: Die Zeit der Entscheidung ist da. Ursachen und Wirkungen des Terrorismus – geistige Auseinandersetzung und konkretes politisches Handeln gehören zusammen. In: *Bayernkurier* vom 29. 10. 1977.

7 So der Politologe KURT SONTHEIMER im *Zweiten Deutschen Fernsehen* (ZDF) am 11. September 1977.

8 Vgl. HEINRICH BÖLL: Will Ulrike Gnade oder freies Geleit? Im *Spiegel* vom 10. Januar 1972.

9 HEINRICH BÖLL: Wer Freude hat, birgt eine Bombe. In: *Die Zeit* vom 16. September 1977, S. 42.

10 PETER BRÜCKNER: Politisch-psychologische Anmerkungen zur Roten-Armee-Fraktion. In: *Sozialistisches Jahrbuch 5.* Hrsg. von WOLFGANG DRESSEN. Berlin (Wagenbach) 1973, S. 74.

11 JEAN-PAUL SARTRE im Deutschen Fernsehen am 4. Dezember 1974, dem Tage seines Stammheim-Besuches.

12 Vgl. bei PLACK, *Die Gesellschaft und das Böse,* 3. (ff.) Auflage, München (List) 1968, S. 307.

13 Ich beziehe mich hier auf eine Mitteilung des britischen Journalisten RICHARD O'ROURKE im *Club 2* des Zweiten Österreichischen Fernsehprogramms (FS 2) am 23. Juli 1981.

14 HANS-OTTO WÖLBER: Die Haftung der Kirche. EKD und Terrorismus. In: *Deutsche Zeitung. Christ und Welt* vom 14. Oktober 1977, S. 21.

15 LOTHAR VON BALLUSECK: Produkte einer permissiven Gesellschaft. In der *Frankfurter Allgemeinen Zeitung* vom 4. Juli 1976, Seite 17 (Briefe an die Herausgeber).

16 Pastor HEINRICH ALBERTZ in einem Interview in Berlin, ausgestrahlt von der ARD in den »Tagesthemen« am 22. 9. 1981.

17 Zu ULPIANUS vergleiche man FELIX FLÜCKIGER: *Geschichte des Naturrechts.* I. Band: *Altertum und Frühmittelalter.* Zollikon-Zürich 1954, S. 269.

18 Während man vor ein paar Jahren noch angenommen hatte, daß in der Bundesrepublik Deutschland vielleicht 100 Kinder jedes Jahr von ihren Eltern zu Tode geprügelt oder gemartert werden, liegen die Schätzungen jetzt »zwischen 600 und 1000 Kinder, wobei . . . diese Fälle nicht eindeutig zu erfassen sind, weil ärztlicherseits viele Todesfälle nicht als Folge von Mißhandlungen oder Vernachlässigungen registriert werden«. (So die Rechtsmedizinerin ELISABETH TRUBE-BECKER in einem Interview der Zeitschrift *Kriminalistik,*

Heft 3/1982, S. 118.) – Man vergleiche hierzu schon ARNO PLACK: *Die Gesellschaft und das Böse.* München (List) 1967, S. 306 u. S. 393, Anm. 121.

19 Feststellung der Weltgesundheitsorganisation WHO, mitgeteilt in der Ärztezeitschrift *Selecta*, Juni 1978.

20 Vgl. bei ARNO PLACK: *Die Gesellschaft und das Böse,* 12. Auflage. München (List) 1977, S. 360, Anm. 32.

21 Nach Mitteilung der Gesellschaft für Konsumforschung, Nürnberg, soll der Anteil der stillenden Mütter zwischen 1964 und 1975 von 81 auf 53 Prozent gesunken sein. Im Jahre 1976 habe sich aber eine »deutliche Wende« abgezeichnet. (Nach einem Bericht in der *Süddeutschen Zeitung* vom 1. Oktober 1976, S. 52.)

22 ERIK H. ERIKSON: *Wachstum und Krisen der gesunden Persönlichkeit.* Beiheft zur *Psyche*, Stuttgart (Klett) 1953, S. 15 ff.

23 Man vergleiche hierzu schon meine Kritik in: *Plädoyer für die Abschaffung des Strafrechts.* München (List) 1974, S. 41–46.

24 Vgl. KLAUS RAINER RÖHL. Linksfaschismus? In: *das da*, Nr. 9, September 1977.

25 GERHARD BOEDEN (Leiter der Abteilung Terrorismus beim Bundeskriminalamt): Entwicklung und Erscheinungsformen des Terrorismus – national und international. In: *Der Weg in die Gewalt.* Hrsg. von HEINER GEISSLER. München-Wien (Olzog) 1978, S. 36.

26 Man vergleiche hierzu HANS VON ECKARDT: *Die Macht der Frau.* Stuttgart 1949, S. 324; und: *Die Pariser Kommune vom 18. März 1871 in Augenzeugenberichten.* Herausgegeben und eingeleitet von HELMUT SWOBODA. München (dtv) 1971, S. 331, S. 337 und S. 344.

27 Vgl. WOLF MIDDENDORFF: Die Persönlichkeit des Terroristen in historischer und kriminologischer Sicht. In: *Der Weg in die Gewalt.* Hrsg. von HEINER GEISSLER 1978, S. 181.

28 Nach dem Bericht von DIETRICH STROTHMANN über den Majdanek-Prozeß in der Wochenzeitung *Die Zeit* vom 6. März 1981, Seite 5.

29 WOLF MIDDENDORFF in: *Der Weg in die Gewalt.* A.a.O., S. 188. Unmißverständlicher hat sich GOETHE gegenüber FRIEDRICH RIEMER geäußert (im August 1807): »Wenn ein Weib einmal vom rechten Wege ab ist, dann geht es auch blindlings und rücksichtslos auf dem bösen fort.«

30 FRIEDRICH NIETZSCHE: *Götzendämmerung.* Kröners Taschenausgaben, Band 77, S. 344.

31 KATE MILLETT: *Sexus und Herrschaft.* Die Tyrannei des Mannes in unserer Gesellschaft. München (dtv) 1974, S. 473.

32 Man vergleiche zu diesen beiden Nackt-Demonstrationen den Bericht in der *Frankfurter Rundschau* vom 30. Juni 1981 und das AP-Bild in der *Süddeutschen Zeitung* vom 7. September 1981, Seite 7.

33 So in der ZDF-Sendung »direkt-kontrovers« vom 24. März 1981.

34 Zeugenaussage von EMIL DE MARTINI im Auschwitz-Prozeß (nach der *Süddeutschen Zeitung* vom 9. Juni 1964).

35 Vgl. ADOLF HITLER: *Mein Kampf.* S. 278, S. 63 und S. 275.

36 HITLER, *Mein Kampf,* S. 481.

37 HITLER, *Mein Kampf,* S. 275.

38 Nach dem Prozeß-Bericht »Folgen die Geschworenen den Gutachtern?« in der *Frankfurter Allgemeinen Zeitung* vom 22. Mai 1981

39 Das ist die für den nekrophilen Charakter bewußt oder unbewußt grundlegende Motivation. Vgl. Anmerkung 58 des V. Kapitels!

40 Vgl. BERL KUTSCHINSKY: *Pornographie und Sexualverbrechen. Das Beispiel Dänemarks.* Köln 1972, S. 84 f. und S. 127 ff.

41 Vgl. HANS KUMMER und ARNO PLACK in: PLACK (Hrsg.), *Der Mythos vom Aggressionstrieb,* München (List) 1973, S. 90 f. und S. 116.

42 Vgl. ARNO PLACK: Aggressivität als Frage an die Wissenschaften. Einleitung zu: *Der Mythos vom Aggressionstrieb.* München 1973, S. 99.

43 ARTHUR SCHOPENHAUER: *Die Welt als Wille und Vorstellung.* II. Band, 44. Kapitel: Metaphysik der Geschlechtsliebe. Band III der Sämtlichen Werke, Hrsg. von ARTHUR HÜBSCHER, 2. Auflage, Wiesbaden (Brockhaus) 1949, S. 629.

44 RUDI DUTSCHKE, zitiert nach ALFRED MÜHR: *Die frechen Söhne.* Sturm und Drang seit 200 Jahren. Frankfurt am Main 1969, S. 365.

45 Zu LORENZ' Verhältnis zu Immanuel Kant vergleiche man meinen Aufsatz über »Lorenz' Lehre von der Aggression« in: *Der Mythos vom Aggressionstrieb,* 1973, S. 106.

46 Vgl. WOLFGANG SALEWSKI/PETER LANZ: *Die neue Gewalt und wie man ihr begegnet.* Locarno (Droemer/Knaur) 1978.

47 Der FDP-Bundestagsabgeordnete HANS-GÜNTHER HOPPE in der Haushaltsdebatte am 28. Januar 1981.

48 Nach einer Mitteilung von GERHARD BOEDEN in: *Der Weg in die Gewalt.* Hrsg. von HEINER GEISSLER 1978, S. 36.

49 Vgl. HANS GÖPPINGER: *Kriminologie.* Eine Einführung. München (C. H. Beck) 1971, S. 311, Schaubild 6.

50 Das entspricht der von PETER BRÜCKNER vollzogenen Wertung der Aktionen der RAF. Siehe oben Anmerkung 10.

51 FRANZ WÖRDEMANN: *Terrorismus.* Motive, Täter, Strategien. Unter Mitarbeit von HANS-JOACHIM LÖSER. München (Piper) 1977, S. 281.

52 Man vergleiche hierzu ARNO PLACK: *Plädoyer für die Abschaffung des Strafrechts.* München (List) 1974, S. 71.

53 Der Begriff des *Überzeugungstäters* geht auf GUSTAV RADBRUCH zurück. Vgl. ARTHUR KAUFMANN: *Das Unrechtsbewußtsein in der Schuldlehre des Strafrechts.* Mainz (Krach) 1949, S. 147.

54 Zahlenangaben hierüber in meinem Buch *Die Gesellschaft und das Böse* (München 1967), S. 391 (Anm. 93), S. 392 (Anm. 103), S. 394 (Anm. 147 und 148), S. 397 (Anm. 7 und 8). – Man vergleiche auch HANS VON HENTIG: Über den Rückgang des Verbrechens im Kriege. In: *Schweizerische Zeitschrift für Strafrecht.* Band 59 (1945), S. 145 ff.

55 General Mustafa El Scheich im Gespräch mit einer Kairoer Zeitung, zitiert nach einem Bericht in der *Süddeutschen Zeitung* vom 27./28. Oktober 1973, Seite 12, unter der Überschrift: »Aus Dieben wurden Patrioten«.

56 MAURICE DUVERGER in *Le Monde* vom 10. September 1977, auszugsweise deutsch in der *Frankfurter Rundschau* vom 13. September 1977, Seite 3, in einem Bericht von LUTZ KRUSCHE.

57 ERNEST BORNEMAN: Der Staat, die Herrscher, der Terror. Semantische Notizen eines alten Sozialisten. In den *Frankfurter Heften*, 30. Jahrgang, Heft 10 (Oktober 1975, S. 29.

58 WOLFGANG SCHMIDBAUER: *Die hilflosen Helfer.* Hamburg (Rowohlt) 1977.

59 MAX SCHELER: Das Ressentiment im Aufbau der Moralen. In: *Vom Umsturz der Werte.* 4. Auflage (Gesammelte Werke, Band 3) Bern (Francke) 1955, S. 106.

60 Daß Hitler sich sträubte, politisch über seine Lebenszeit hinaus zu denken und vorauszusorgen und sich so biologisch unter Zeitdruck setzte, wird besonders

klar von SEBASTIAN HAFFNER herausgearbeitet. Vgl. HAFFNER: *Anmerkungen zu Hitler*. München (Kindler) 1978, S. 30–32. Man vergleiche dazu aber auch JOHN TOLAND: *Adolf Hitler*. Bergisch-Gladbach (Lübbe) 1981, S. 772.

61 Vgl. ALEXANDER RÜSTOW: *Ortsbestimmung der Gegenwart*. Besonders Band 3: *Herrschaft oder Freiheit?* Erlenbach-Zürich-Stuttgart 1957.

62 JÜRGEN HABERMAS: Probe für Volksjustiz. Zu den Anklagen gegen die Intellektuellen. Im *Spiegel* vom 10. Oktober 1977, Seite 32.

63 IRING FETSCHER: Die perverse Dialektik des Denkens. In: DUVE, BÖLL, STAECK (Hrsg.): *Briefe zur Verteidigung der Republik*. Reinbek bei Hamburg (Rowohlt) 1977, S. 43–49.

64 FRIEDRICH NIETZSCHE: *Die Unschuld des Werdens. Der Nachlaß*. Zweiter Band. Kröners Taschenausgaben, Band 83, S. 200.

65 MICHAEL BAUMANN: *Wie alles anfing*. Frankfurt am Main 1977.

66 KLAUS JÜRGEN RATTAY zu einem Fernseh-Reporter, gesendet in *Panorama* (NDR) am 29. September 1981.

67 Es wird vermutet, daß die Terroristen Inge Barz und Ulrich Schmücker dieses Schicksal erlitten haben. Vgl. Bei JILLIAN BECKER: *Hitler's Children*. London 1978, S. 380 und 386 f. – Man vergleiche auch bei »Bommi« BAUMANN S. 132!

68 Aussage des 13fachen Frauenmörders Peter Sutcliffe vor dem Londoner Gericht: »Ich habe ein Recht, die 13 Frauen umzubringen, ich handelte auf Befehl Gottes.« (Bericht von BURKHARD HENNING in der *tz* vom 6. Mai 1981). – Vgl. oben Anmerkung 38!

69 Man vergleiche hierzu die Gespräche mit Berliner Hausbesetzerinnen in der *Frankfurter Rundschau* vom 29. September 1981, Seite 10 (Dokumente).

70 GÜNTHER KAISER: *Randalierende Jugend*. Eine soziologische und kriminologische Studie über die sogenannten »Halbstarken«. Heidelberg (Quelle & Meyer) 1959, S. 37.

71 Vgl. GÜNTHER KAISER a.a.O., S. 41 f.

72 KLAUS ARNSPERGER: Frankreichs Studiker stürmen die Sex-Barriere. *Süddeutsche Zeitung* vom 6./7. April 1968, Seite 10.

73 Nachgelesen im *Spiegel* vom 22. April 1968, Seite 48.

74 TELFORD TAYLOR: *Nuremberg and Vietnam*. An American Tragedy. New York 1970.

75 MICHAEL BAUMANN: *Wie alles anfing*. Frankfurt am Main 1977, S. 69.

76 MICHAEL BAUMANN: *Wie alles anfing*. Frankfurt am Main 1977, S. 32.

77 Sendung vom 19. Juni 1981.

78 Wiedergegeben von DIETER E. ZIMMER in der Wochenzeitung *Die Zeit* vom 9. Oktober 1981, Seite 61.

79 A. EVERETT, K. JOHNSON, H. F. ROSENTHAL: *Calley*. New York 1971, p. 234.

80 Die Umfrage des *Ladies' Home Journal* mitgeteilt in der Wochenzeitung *Die Zeit* Nr. 33 vom August 1976, Seite 2.

81 Vgl. HANS VON HENTIG: *Das Verbrechen. I. Der kriminelle Mensch im Kräftespiel von Zeit und Raum*. Berlin–Göttingen–Heidelberg 1961, S. 55 und S. 57.

82 Bericht von FERDINAND TÖNNIES. In: FERDINAND TÖNNIES und FRIEDRICH PAULSEN: *Briefwechsel 1876–1908*. Kiel 1961, S. 116.

83 Nach dem Bericht »Krawalle in Westböhmen« in der *Frankfurter Allgemeinen Zeitung* vom 13. September 1977.

84 Vgl. THEODOR FONTANE: Ein Stündchen vor dem Potsdamer Tor. In: *Unterwegs und wieder daheim*. Sämtliche Werke, Band XVIII, München (Nymphenburger Verlagshandlung) 1972, S. 423.

85 Leo Tolstoi: *Tagebücher 1847–1910*. München (Winkler) o. J. [1979]

86 So der westdeutsche Rundfunkkorrespondent in Warschau Ludwig Zimmerer am 27. Januar 1971 im *Süddeutschen Rundfunk*.

87 Nach einem Bericht in der *Frankfurter Allgemeinen Zeitung* vom 30. September 1981, Seite 1.

88 Adolf Hitler: *Mein Kampf*. S. 507.

89 Zitiert nach dem Bericht »Die Verfälscher der Werte stehen am Anfang des Terrors« von Manfred Schell in der Tageszeitung *Die Welt* vom 26. September 1977, Seite 3.

90 Gerhard Stoltenberg in einem Interview des *ZDF-Magazins* am 25. Februar 1981.

91 Das war die Grundthese meines Buches *Die Gesellschaft und das Böse*. Eine Kritik der herrschenden Moral. München (List) 1967.

92 Der Vorsitzende der DKP, Herbert Mies, auf dem Parteitag der westdeutschen Kommunisten in Hannover Ende Mai 1981, zitiert nach der *Frankfurter Allgemeinen Zeitung* vom 30. Mai 1981.

93 Erich Fromm: *Die Furcht vor der Freiheit*. Frankfurt am Main (EVA) 1966.

94 Michael Baumann: *Wie alles anfing*. Frankfurt am Main 1977, S. 131.

95 Vgl. Alexander Mitscherlich: »Neurose ist immer zugleich Infantilismus.« (*Vom Ursprung der Sucht*. Eine pathogenetische Untersuchung des Vieltrinkens. Stuttgart 1947, S. 183.)

96 Man vergleiche bei Michael Baumann, *Wie alles anfing*, 1977, S. 86.

97 Vgl. schon Arno Plack: *Die Gesellschaft und das Böse*. München (List) 1967, passim und besonders S. 254 ff. – Und Plack (Hrsg.): *Der Mythos vom Aggressionstrieb*. München (List) 1973.

98 Ich habe mich mit diesem Argument schon auseinandergesetzt in: *Ohne Lüge leben*. Zur Situation des Einzelnen in der Gesellschaft. Stuttgart (DVA) 1976, S. 329 ff.

99 Hans Dollinger: *Die totale Autogesellschaft*. München (Hanser) 1972.

100 Das »Bundesjugendkuratorium« sah in einem Appell an die Bonner Politiker ein wesentliches Moment bei der Entwicklung des politischen Terrorismus in Westdeutschland (und ähnlich in Italien und Japan) in der »unbewältigten Vergangenheit der Erwachsenengeneration, die es weitgehend ablehnte, ihre moralische Mitverantwortung an den begangenen Verbrechen einzugestehen, ja sich überhaupt kaum anders als selbstrechtfertigend mit der Hitlerzeit auseinandersetzte« (zitiert nach: *Die Welt* vom 5. April 1979, Seite 1).

ZUM VII. KAPITEL (S. 252–275)

1 FRIEDRICH ZIMMERMANN, zitiert nach einer Dokumentation von Bundesminister DR. HANS APEL: »Die Bundesrepublik Deutschland: 7 Monate vor der Wahl«, Seite 11, mit Bezug auf eine Rundfunksendung vom 29. 9. 79.
2 EDMUND STOIBER in einem Interview des Süddeutschen Rundfunks vom 29. 9. 79, 18.05 Uhr. (Zitiert nach Hans Apel a.a.O.).
3 WALTER LEISLER KIEP in der *Bildzeitung* vom 8. Oktober 1979.
4 ADOLF HITLER *Mein Kampf*. München (Eher) 1943, S. 556/557.
5 *Hitlers Zweites Buch*, ein Dokument aus dem Jahre 1928, eingeleitet und kommentiert von GERHARD L. WEINBERG. Stuttgart (dva) 1961, S. 78.
6 *Hitlers Zweites Buch* a.a.O., S. 78.
7 Vgl. den Artikel »Fort mit euch! unsere Antwort an Hitler und Papen« im *Vorwärts* vom 2. Februar 1933. Zitiert nach *Leitartikel bewegen die Welt*. Hrsg. von WILL SCHABER und WALTER FABIAN, Stuttgart (Cotta) 1964, S. 115.
8 Rede auf einer NSDAP-Versammlung in München am 10. April 1923, zitiert nach HITLER, *Sämtliche Aufzeichnungen 1905–1924*. Hrsg. von EBERARD JÄCKEL, Stuttgart (DVA) 1980, S. 874.
9 »1000.- Mark Höchstgehalt«: Man vergleiche hierzu HANS FRANK: *Im Angesicht des Galgens*. München-Gräfelfing 1953, S. 299.
10 EBERHARD JÄCKEL: *Hitlers Weltanschauung*. Neuausgabe: Stuttgart (DVA) 1981, S. 90.
11 Zitiert nach REINHARD KÜHNL: *Der deutsche Faschismus in Quellen und Dokumenten*. 2. Auflage, Köln (Pahl-Rugenstein) 1977, S. 106 f.
12 ADOLF HITLER: *Mein Kampf*, S. 353.
13 Zitiert nach KÜHNL a.a.O., S. 122.
14 ADOLF HITLER: *Mein Kampf*, S. 735.
15 *Hitlers Zweites Buch*, a.a.O., S. 62.
16 DR. HENRY PICKER: *Hitlers Tischgespräche im Führerhauptquartier 1941–42*. Hrsg. von GERHARD RITTER. Bonn (Athenäum) 1951, S. 197.
17 Vor Arbeitern eines Berliner Rüstungsbetriebes sagte HITLER am 10. Dezember 1940, er sei selbst »zeitlebens der Habenichts gewesen«, für die Habenichtse sei er immer eingetreten und so trete er »auch der Welt gegenüber als ein Vertreter der Habenichtse auf«. Nach DOMARUS: *Hitler. Reden und Proklamationen. 1932–1945*. Wiesbaden (Löwit) 1973, Band 3 (= II, 1), S. 1626. – HITLER verstand sich auch als Wortführer und Vorkämpfer der »Völker der Habenichtse« (Reichstagsrede vom 11. Dezember 1941; bei DOMARUS Band 4 = II, 2, S. 1810). – Vgl. auch DOMARUS Band 4 (= II, 2), S. 1830 und S. 1869!
18 HEINER GEISSLER, CDU-Generalsekretär, in der Wahlnacht vom 5. Oktober 1980 im Deutschen Fernsehen.
19 AP-Meldung vom 5. März 1969, zitiert nach der *Neuen Zürcher Zeitung* vom 6. März 1969, Seite 1.
20 CHRISTA MEVES: *Mut zum Erziehen*. Hamburg (Furche) 1970.
21 So sinngemäß der SDS-Funktionär HANS-JÜRGEN KRAHL in einem *teach-in* im Hörsaal 13 der Universität Heidelberg am 13. Januar 1969.
22 Wie JÜRGEN HABERMAS in einem Artikel im *Spiegel* (»Probe für Volksjustiz«) vom 10. Oktober 1977 (S. 32) bestätigt, habe er bereits im Jahre 1967 von einem »linken Faschismus« gesprochen.
23 KARL LÖWITH: *Weltgeschichte und Heilsgeschehen*. Die theologischen Voraussetzungen der Geschichtsphilosophie. Stuttgart (Kohlhammer) 1953, S. 48: »Der

historische Materialismus ist Heilsgeschichte in der Sprache der Nationalökonomie.«

24 Vgl. ARNO PLACK: *Die Gesellschaft und das Böse*. München (List) 1967, S. 106 und S. 343 f.

25 ANDRÉ GLUCKSMANN: *Köchin und Menschenfresser*. Berlin (Wagenbach) 1976, S. 168/170.

26 Vgl. die Rezension MICHEL FOUCAULT über ANDRÉ GLUCKSMANN, übersetzt von FRITZ J. RADDATZ, in der Wochenzeitung *Die Zeit* vom 8. Juni 1977, S. 35.

27 So zitiert HEINZ ABOSCH aus BERNARD-HENRI LÉVYS Buch *La barbarie à visage humain* (Barbarei mit menschlichem Antlitz) in der *Zeit* vom 8. Juli 1977, S. 35.

28 PIERRE DAIX: *Marxismus. Die Doktrin des Terrors*. Salzburg (Styria) 1976.

29 Die Bemerkung von Marx, er sei gar kein Marxist, wird mitgeteilt von FRIEDRICH ENGELS an Eduard Bernstein in einem Brief vom 2./3. November 1882 (MEW Band 35, S. 388).

30 So geschehen am 8. August 1957 in einer CSU-Versammlung im Münchner Hofbräuhaus. – Vgl. Anmerkung 51 des IV. Kapitels!

31 ERNST TOPITSCH: *Mythos – Philosophie – Politik*. Zur Naturgeschichte der Illusion. Freiburg im Breisgau (Rombach) 1969.

32 Da ergibt sich eine glatte Alternative: »Freiheit statt Marx« war einer dieser Aufsätze von ERNST TOPITSCH überschrieben (in der *Deutschen Zeitung/Christ und Welt* vom 23. Juli 1976).

33 KARL MARX, Brief an P. V. Annenkow vom 28. Dezember 1846. In: KARL MARX/FRIEDRICH ENGELS, *Werke* (MEW), XXVII. Band, Berlin (Dietz) 1972, S. 456.

34 ADOLF HITLER: *Mein Kampf*, S. 372. Es tut nichts zur Sache, daß Hitler hierin nicht eigenständig war. Von LUDWIG GUMPLOWICZ stammt der Gedanke, daß die Geschichte ein fortwährender »Rassenkampf« (1883) sei. Die Wendung vom »Schlüssel zur Weltgeschichte« geht sogar auf BENJAMIN DISRAELI zurück; dieser verwandte sie 1870 im Vorwort zur Ausgabe seiner gesammelten Romane. Nach ROBERT BLAKE: *Disraeli*. Frankfurt am Main (Societät) 1980, S. 186. Man vergleiche auch HANS FRANK: *Im Angesicht des Galgens*. München-Gräfelfing 1953, S. 313.

35 ERNST RÖHM: *Die Geschichte eines Hochverräters*. München (Eher) 1934, S. 320.

36 Aus einem Lehrplan für den Geographieunterricht in der 7. Klasse der DDR-Schulen von 1969, zitiert nach ALBERT BICHLER: *Bildungsziele deutscher Lehrpläne*. München (Olzog) 1979, S. 66.

37 So RUDOLF HESS auf einem Parteitag der NSDAP, zitiert nach HANS FRANK: *Im Angesicht des Galgens*. München-Gräfelfing 1953, S. 333.

38 Vgl. ADOLF HITLER: *Mein Kampf*, S. 508.

39 W. I. LENIN: Drei Quellen und drei Bestandteile des Marxismus. In: Proweschtschenije (Aufklärung), Nr. 3 (März 1913), zitiert nach HERMANN WEBER (Hrsg.). *Lenin. Aus den Schriften 1895–1923*. München (dtv) 1980, S. 265.

40 MARX sagt im Gegenteil, »der Sozialismus als Sozialismus bedarf einer solchen Vermittlung nicht mehr« (KARL MARX, *Die Frühschriften*. Hrsg. von SIEGFRIED LANDSHUT, Stuttgart [Kröners Taschenausgaben Nr. 209] 1953, S. 248).

41 ADOLF HITLER: *Monologe im Führerhauptquartier 1941–1944*. Hrsg. von WERNER JOCHMANN, Hamburg (Knaus) 1980, S. 366. – Stalin ist für Hitler auch eine »Bestie« und ein »Gigant« (a.a.O., S. 336). – Man vergleiche bei JOCHMANN auch S. 25, Anmerkung 31!

42 HITLER. *Sämtliche Aufzeichnungen 1905–1924*. Hrsg. von EBERHARD JÄCKEL, Stuttgart (DVA) 1980, S. 1059.

43 ADOLF HITLER: *Monologe im Führerhauptquartier 1941–1944*. S. 272. Hitler (a.a.O., S. 150) sagte auch: »Der Krieg wird ein Ende nehmen, und ich werde meine letzte Lebensaufgabe darin sehen, das Kirchenproblem noch zu klären.«

44 HANS FRANK: *Im Angesicht des Galgens*. München-Gräfelfing 1953, S. 328.

45 IMMANUEL KANT: *Kritik der praktischen Vernunft*. Akademie-Ausgabe der Werke, Band V, S. 73.

46 So KONRAD LORENZ in einem Interview gegenüber RÜDIGER DELLOO im *Zeitmagazin* vom 2. November 1973.

47 KONRAD LORENZ: Durch Domestikation verursachte Störungen arteigenen Verhaltens. In der *Zeitschrift für angewandte Psychologie und Charakterkunde*, hrsg. von PHILIPP LERSCH, 59. Band, Leipzig 1940, S. 71.

48 Vgl. KONRAD LORENZ: *Das sogenannte Böse*. Zur Naturgeschichte der Aggression. Wien (Schoeler) 1963, S. 398.

49 Siehe KONRAD LORENZ: *Die acht Todsünden der zivilisierten Menschheit*. München 1973, S. 49.

ZUM VIII. KAPITEL (S. 276–325)

1 SIGMUND FREUD: *Abriß der Psychoanalyse.* Ausgabe der Fischer-Bücherei, Nr. 47, S. 10, (1. Teil, 2. Kapitel.)

2 Vgl. den Bericht »Schon 13jährige treibt es unters Hakenkreuz« von DORIT PFÜTZE in der Münchner *Abendzeitung* vom 16. Februar 1979, S. 2.

3 Vgl. ARNO PLACK: *Die Gesellschaft und das Böse.* Eine Kritik der herrschenden Moral. München (List) 1967, S. 45–51.

4 RALF DAHRENDORF: »Liberal sein heißt nicht lauwarm sein«. In der Wochenzeitung *Die Zeit* vom 1. Mai 1981, Seite 3.

5 Diese Äußerung eines »überzeugten Nazi«, eines früheren SS-Mannes, hat das Magazin *stern* groß herausgestellt: in Nummer 44 vom 22. Oktober 1981, Seite 128.

6 Der CDU-Bundestagsabgeordnete ALFRED DREGGER vor der Presse in Bonn am 2. Dezember 1981.

7 ADOLF HITLER: *Mein Kampf*, S. 426. Die Hervorhebung bereits dort.

8 Vgl. ADOLF HITLER: *Mein Kampf*, S. 433.

9 ADOLF HITLER: *Mein Kampf*, S. 434, S. 468 und S. 475.

10 HEGEL sagt unumwunden: »es ist der Gang Gottes in der Welt, daß der Staat ist, sein Grund ist die Gewalt der sich als Wille verwirklichenden Vernunft.« (G.W.F. HEGEL: *Grundlinien der Philosophie des Rechts.* § 258.)

11 Der SPD-Politiker Klaus von Dohnanyi in einem Interview des *Deutschlandfunks* am 17. Juni 1981, einen Tag, nachdem seine Hamburg-Kandidatur bekanntgegeben worden war.

12 ADOLF HITLER: *Mein Kampf*, 815.–820. Auflage, München 1943, S. 167 und S. 327.

13 FRIEDRICH NIETZSCHE: *Der Wille zur Macht II.* Aphorismus 296. Króners Taschenausgaben, Band 78, S. 209.

14 HANNA REITSCH: *Fliegen – mein Leben.* München (Heyne-TB) 1981, S. 247.

15 HANNA REITSCH, a.a.O., S. 256.

16 HANNA REITSCH, a.a.O., S. 247.

17 Vgl. FRANZ ROH: *Entartete Kunst.* Kunstbarbarei im Dritten Reich. Hannover (Fackelträger) 1962.

18 DR. HENRY PICKER: *Hitlers Tischgespräche im Führerhauptquartier 1941–42.* (Bonn [Athenäum] 1951, S. 388).

19 BALDUR VON SCHIRACH: *Ich glaubte an Hitler.* Hamburg (Mosaik) 1967, S. 49.

20 Vgl. ALAN BULLOCK: *Hitler. Eine Studie über Tyrannei.* Düsseldorf (Droste) 1967. S. 218.

21 Nach BALDUR VON SCHIRACH: *Ich glaubte an Hitler.* S. 87.

22 Zitiert nach SCHIRACH a.a.o., S. 88.

23 Vgl. *Mein Kampf*, S. 196, S. 200, S. 376 und S. 526!

24 ANDREAS BAADER in einem Brief an das Landesbüro der *Deutschen Presse-Agentur*, in vollem Wortlaut abgedruckt in der *Hamburger Morgenpost* vom 25. Januar 1972, Seite 5.

25 TIMOTHY W. MASON: *Sozialpolitik im Dritten Reich.* Arbeiterklasse und Volksgemeinschaft. Westdeutscher Verlag, Opladen 1977, S. 126.

26 FRIEDRICH NIETZSCHE: *Morgenröte.* Króners Taschenausgaben Band 73, S. 147. – Der Kriminologe HANS VON HENTIG spricht ernstlich von der »präventiven Rolle« von Schulbesuch und Arbeitszeit. (H. VON HENTIG: *Das Verbrechen II. Der Delinquent im Griff der Umweltkräfte.* Berlin-Göttingen-Heidelberg [Springer] 1962, S. 398).

27 Vgl. RICHARD WALTHER DARRÉ: *Neuadel aus Blut und Boden*. München 1930. – DARRÉ war Hitlers »Reichsbauernführer« (seit 1934) und Ernährungsminister von 1933 bis zu seiner Entlassung aus allen Ämtern im Jahre 1942.

28 Vgl. WOLFGANG POHRT: Das braune Grün der Alternativen (Rezension von JOSEPH HUBERS Buch *Wer soll das alles ändern)*. Im *Spiegel* vom 22. Dezember 1980, S. 173 ff. – Man beachte auch die *Abendzeitung* vom 26. Juli 1982, Seite 2: »Stoiber vergleicht Grüne mit Nazis«.

29 Das ist wohl gemeint, wenn HITLER in *Mein Kampf* (S. 445) von »Hilfsmitteln zur Verhinderung der Geburten« spricht, die »in jeder Drogerie und sogar bei Straßenhändlern . . . feilgeboten werden«.

30 DR. HENRY PICKER: *Hitlers Tischgespräche im Führerhauptquartier 1941–42*. Bonn (Athenäum) 1951, S. 323 (28. 1. 1942 abends).

31 *Volk ohne Raum:* Dieses Schlagwort geht auf den gleichnamigen Roman (in zwei Bänden erschienen 1928 und 1930) von HANS GRIMM zurück.

32 Die rheinland-pfälzische Staatssekretärin für Soziales, Renate Hellwig, die am 30. März 1978 der Presse in Bonn eine CDU-Studie über Familienpolitik vorgestellt hat, sprach von einem »dramatischen Geburtenrückgang« und von Prognosen, die besagten, daß es im Jahre 2030 nur noch 39 Millionen Bundesbürger statt gegenwärtig 60 Millionen geben könnte. (Nach einem Bericht in der *Frankfurter Rundschau* vom 1. April 1978; vgl. auch die *Süddeutsche Zeitung* vom 1./2. April 1978, Seite 6).

33 ADOLF HITLER: *Mein Kampf*, S. 735.

34 So HELMUT SCHMIDT in der ZDF-Veranstaltung »Bürger fragen – Politiker antworten« am 11. September 1980.

35 So wörtlich Adolf Hitler in einer NSDAP-Versammlung in Landshut am 21. März 1921. Zitiert nach: HITLER. *Sämtliche Aufzeichnungen 1905–1924*. Hrsg. von EBERHARD JÄCKEL, Stuttgart (DVA) 1980, S. 355.

36 HEINZ KÜHN, Beauftragter der Bundesregierung für Ausländerfragen, in einem Interview der *Deutschen Welle* vom 30. September 1980.

37 So eine junge Algerierin in Frankreich, im Fernsehen auftretend (ZDF vom 1. Mai 1981, *Auslands-Journal*).

38 Berlins Regierender Bürgermeister RICHARD VON WEIZSÄCKER sprach dabei am 2. Juli 1981 allerdings nur für Berlin und verlangte von den Ausländern, die hierbleiben wollten, *Berliner* zu werden.
WILLY BRANDT sagte es noch drängender: »Wer hierbleiben will, muß ein bißchen rascher Deutscher werden wollen.« (Auf einer SPD-Versammlung in Landshut am 19. April 1982).

39 Vgl. FELIX KERSTEN: *Totenkopf und Treue*. Heinrich Himmler ohne Uniform. Hamburg (Mölich) 1952, S. 396 f.

40 Was Hitler dem Danziger Gauleiter Albert Forster zu dessen Eindeutschungsplänen sagte, ist wiedergegeben in: HENRY PICKER: *Hitlers Tischgespräche im Führerhauptquartier 1941–42*. Bonn (Athenäum) 1952, S. 307 (12. Mai 1942, abends).

41 IRENÄUS EIBL-EIBESFELDT: Gefahren der Masseneinwanderung. In: *Lutherische Monatshefte*. 20. Jg,. 1981, Heft 1, Seite 35. – Hier wird zwar nicht mehr nur für die Reinheit der nordischen Rasse plädiert, sondern die Erhaltung »kultureller und rassischer Vielfalt« gefordert, mithin Rassenreinheit für alle Völker dieser Erde. Gegner dieser Forderung werden als »Amalgamisten« abgetan.

42 ADOLF HITLER: *Mein Kampf*, S. 438.

43 Vgl. SIGMUND FREUD: *Abriß der Psychoanalyse*. Fischer-TB Nr. 47, S. 63.

44 Vgl. MAGNUS HIRSCHFELD: *Sittengeschichte des Ersten Weltkrieges*. Neuausgabe: Hanau (Schustek) o.J., S. 509 ff.

45 Ich habe das näher ausgeführt in: *Die Gesellschaft und das Böse*. München 1967, S. 88, 92, 106 f., 110, 121 f., 202, 344.

46 Die orthodox psychoanalytische Untersuchung von WILHELM REICH aus dem Jahre 1933 (*Massenpsychologie des Faschismus*) hat keine Fortsetzer gefunden. Sie leidet aber auch an ihrer marxistischen Schlagseite.

47 ADOLF HITLER: *Mein Kampf*, S. 535 f. – Die Stelle ist im Original gesperrt gedruckt.

48 Äußerung eines angeklagten Rechtsradikalen vor dem Landgericht Frankfurt am Main. Nach einem Bericht von HANS BILGER in der *Frankfurter Rundschau* vom 6. Juli 1981.

49 ERNST RÖHM: *Die Geschichte eines Hochverräters*. 8. Auflage, München (Eher) 1934, S. 363.

50 In einer Sendung (»5 nach 10«) des *Zweiten Deutschen Fernsehens* am 8. September 1981 sagte GRASS sogar, die Kulturnation sei die »fortbestehende Nation«.

51 Mit diesem Gedanken eröffnet HITLER bereits den Ersten Band von *Mein Kampf*, S. 1.

52 Nach HENRY PICKER: *Hitlers Tischgespräche im Führerhauptquartier 1941–42*. Bonn (Athenäum) 1951, S. 314.

53 Vgl. ADOLF HITLER: *Mein Kampf*, S. 366 und 372.

54 Man vergleiche das VI. Kapitel bei den Anmerkungen 54 und 55!

55 Nach HANS VON HENTIG: *Das Verbrechen II* (Berlin-Göttingen-Heidelberg 1962), S. 143, und *III* (1963), S. 63.

56 Vgl. MICHAEL LANDMANN: *Philosophische Anthropologie. Selbstdeutung in Geschichte und Gegenwart*. Berlin 1955 (Sammlung Göschen, Band 156/156a), S. 23.

57 Zu Hitlers »Zerstörungsbefehl« vom 19./20. März 1945 (IMT, Band XLI, S. 430 f.) vergleiche man ALBERT SPEER: *Erinnerungen*. Bei Ullstein 1969, S. 443 und S. 460 ff.

ZUM IX. KAPITEL (S. 326 ff.)

1 DAVID IRVING: *Hitlers Weg zum Krieg. 1933–1939*. Heyne-TB 1978, S. 19.
2 ROLF HOCHHUTH: Goebbels in seinen Tagebüchern. Einführung in: JOSEPH GOEBBELS. *Tagebücher 1945*. Die letzten Aufzeichnungen. Hamburg (Hoffmann + Campe) 1977, S. 39.
3 JOSEPH GOEBBELS, zitiert nach HOCHHUTH a.a.O., S. 39.
4 DAVID IRVING: Hitlers Weg zum Krieg. S. 18.
5 So lautete nach IRVING eine Aktennotiz aus dem Reichsjustizministerium vom Frühjahr 1942, adressiert an den Chef der Reichskanzlei Lammers.
6 DAVID IRVING in: *Hitler heute*. Aschaffenburger Gespräche 1978, hrsg. von GUIDO KNOPP. Aschaffenburg (Pattloch) 1979, S. 109. – Die Stellungnahmen von HAFFNER und JÄCKEL ebenfalls in diesem Band: S. 100 und S. 102.
7 HEINRICH FRAENKEL/ROGER MANVELL: *Himmler. Kleinbürger und Massenmörder*. Herrsching (Pawlak) 1981, S. 173.
8 FRAENKEL und MANVELL a.a.O., S. 177. – Siehe hierzu FELIX KERSTEN: *Totenkopf und Treue*. Heinrich Himmler ohne Uniform. Hamburg (Mölich) 1952, S. 406.
9 FRAENKEL und MANVELL a.a.O., S. 210 und S. 212. – Über die Verhandlungen Himmlers mit Norbert Masur vom Jüdischen Weltkongreß berichtet als Augen- und Ohrenzeuge FELIX KERSTEN: *Totenkopf und Treue*. 1952, S. 375–380.
10 Zitat aus einer Rede HEINRICH HIMMLERS vor SS-Gruppenführern am 4. Oktober 1943 in Posen. *Internationaler Militär-Gerichtshof* (IMT), Band XXIX, S. 122 f.
11 HANS-JÜRGEN SYBERBERG: *Die freudlose Gesellschaft*. München (Hanser) 1981, S. 68.
12 Leserbrief von Marie Hermann, Tuntenhausen (Bayern), im *Spiegel* vom 14. November 1966.
13 Zeugenaussage im Frankfurter Auschwitz-Prozeß am 25. Juni 1964. Vgl. *Frankfurter Allgemeine Zeitung* vom 26. Juni 1964.
14 Nach DAVID IRVING: *Hitlers Weg zum Krieg*. S. 210 und S. 211.
15 EBERHARD JÄCKEL: *Hitlers Weltanschauung*. Neuausg. Stuttgart (DVA) 1981, S. 13
16 BALDUR VON SCHIRACH: *Ich glaubte an Hitler*. Hamburg 1967, S. 49.
17 ERNST HANFSTAENGL: *15 Jahre mit Hitler. Zwischen Weißem und Braunem Haus*. 2. Auflage. München (Piper) 1980, S. 84.
18 Vgl. HANFSTAENGL: *15 Jahre mit Hitler*. S. 173.
19 EBERHARD JÄCKEL: *Hitlers Weltanschauung*. 2. Auflage 1981, S. 26.
20 Vgl. MAX DOMARUS (Hrsg.): HITLER. *Reden und Proklamationen 1932–1945*. 4 Bände, Würzburg 1962 u. München 1963/1965. – EBERHARD JÄCKEL und AXEL KUHN (Hrsg.): HITLER. *Sämtliche Aufzeichnungen 1905–1924*. Stuttgart (DVA) 1980.
21 WERNER JOCHMANN (Hrsg.): ADOLF HITLER. *Monologe im Führerhauptquartier 1941–1944*. Die Aufzeichnungen HEINRICH HEIMS. Hamburg (Knaus) 1980.
22 Vgl. HENRY PICKER: *Hitlers Tischgespräche im Führerhauptquartier 1941–1942*. 3. Auflage, Stuttgart (Seewald) 1976, S. 24 (Einleitung).
23 ADOLF HITLER. *Monologe im Führerhauptquartier 1941–1944*. Hrsg. von WERNER JOCHMANN. Hamburg 1980, S. 234.
24 Vgl. *Mein Kampf*, S. 428 f.
25 Vgl. HENRY PICKER: *Hitlers Tischgespräche im Führerhauptquartier 1941–1942*. 1. Auflage, Bonn 1951, S. 307.
26 Hitler in der »Wolfsschanze« am 25. Januar 1942, mittags; zitiert nach ADOLF HITLER. *Monologe im Führerhauptquartier 1941–1944*. Hrsg. von WERNER JOCHMANN 1980, S. 229.

27 Vgl. Werner Jochmann (Hrsg.): Adolf Hitler. *Monologe im Führerhauptquartier 1941–1944.* S. 17 (Einführung) und S. 150.

28 Man vergleiche hierzu Werner Jochmann in seiner Einführung in die *Monologe im Führerhauptquartier*, a.a.O., S. 13 ff., insbes. S. 17.

29 *Hitlers Zweites Buch.* Eingeleitet und kommentiert von Gerhard L. Weinberg, Stuttgart (DVA) 1961.

30 Eberhard Jäckel: *Hitlers Weltanschauung.* Entwurf einer Herrschaft. Neuausgabe: Stuttgart (DVA) 1981, S. 25.

31 Das Zensurverbot in Artikel 5, Abs. 1 Grundgesetz wird von den Kommentatoren dieser Verfassung allgemein so verstanden, daß nur eine *Vorzensur* bisher noch nicht erschienener Schriften verboten ist.

32 Vgl. Model/Müller: *Grundgesetz für die Bundesrepublik Deutschland. Taschenkommentar.* 5. Auflage bei Carl Heymanns, Köln usw. 1971, S. 74.

33 Hitler. *Sämtliche Aufzeichnungen 1905–1924.* Hrsg. von Eberhard Jäckel, Stuttgart (DVA) 1980, S. 105.

34 Vgl. *Mein Kampf*, S. 627 f.

35 So Hitler im 2. Kapitel des Ersten Bandes von *Mein Kampf*: »Wiener Lehr- und Leidensjahre«, S. 54–70.

36 Vgl. Eberhard Jäckel: *Hitlers Weltanschauung.* Neuausgabe 1981, S. 25 und S. 164, Anmerkung 47.

37 Gert Kalow: *Hitler – das deutsche Trauma.* München (Piper) 1974.

38 Nach dem Willen des Bundesjustizministers »soll innerhalb des § 140 StGB zukünftig auch die Leugnung oder Verharmlosung von Völkermord und die Verbreitung von Schriften solchen Inhalts unter Strafe gestellt werden« (Jürgen Schmude: Aufgaben und Grenzen des Strafrechts im Kampf gegen Neonazismus. In: *Recht und Politik.* 17. Jg., 1981, S. 155).

39 Einen guten Überblick über diese und weitere »Faschismustheorien« gibt Reinhard Kühnl in dem gleichnamigen Rowohlt-Taschenbuch 1979.

40 Vgl. Andre Malraux: *Eichen, die man fällt . . . (Les chênes qu'on abat . . .*, deutsch von Carlo Schmid) Frankfurt am Main (S. Fischer) 1972, S. 182.

REGISTER

Abosch, Heinz 376
Adenauer, Konrad 15, 64, 156, 257, 349
Adler, Alfred 34, 165
Adorno, Theodor W. 21, 55, 107, 350, 356, 360, 370
Aggression 323 f.
– durch Frustration 68, 94, 148, 182, 184, 194, 259, 303, 317, 330
– und Gegenaggression 108, 278
–, kollektive 12, 94, 171, 185, 187, 224, 343
–, ihr ästhetischer Reiz 333
Aggressionsreiz 94
Aggressivität, frustrationsbedingte 344
–, kollektive 185, 187
–, sozialkonforme 223
Albertz, Heinrich 205, 370
Alexander II. 202
Albrecht, Susanne 226
Allensbach 144, 152
Alt, Franz 364
Amiens, Peter von 130
Amokläufer 87, 110, 359
Ammon, Herbert 365
Annenkow, P. V. 376
Antiamerikanismus 64
Antifaschismus 59, 63 ff., 68, 70, 81, 146, 155, 284, 318, 340
– als Anpassungsleistung 49 (sinngemäß 65, 78, 81)
–, hilfloser 65
Antikommunismus 64
Antisemitismus 36, 38, 40, 54, 58 f., 65, 118 f., 136 f., 144, 146, 159 ff., 163, 169, 175 f., 185, 190 f., 193 ff., 197, 235, 311, 339 ff., 343
–, rassistischer 179, 190
–, religiöser 178 f., 190
– ohne Juden 188, 368
Apel, Hans 375
Arbeitsbeschaffungsprogramme 305
Arbeitslosigkeit 11, 71, 83, 159, 204 f., 230, 246, 248, 256, 281–284, 288, 290, 304 f., 307 f., 313, 316, 319, 322
Arendt, Hannah 353, 361
Arisierung 38
Armenier 78
Arnsperger, Klaus 373
Atatürk, Kemal Pascha 78
Atheismus 271 f.
Atomstaat 10, 79, 90
Ausländerfeindlichkeit 70, 310, 344
Auschwitz 55, 74, 92, 94, 99 f., 102, 108 f., 114, 116, 122, 124, 126, 138 f., 152 f., 159, 174, 186, 212, 331, 356, 361, 371, 381
Außenpolitik 25, 145, 317, 364
Automation 306 f.
Autorität 34, 42, 210, 234, 292

Baader, Andreas 201, 226, 303 f., 378
Baader-Meinhof-Bande 198 f., 201, 225
Baader, Gerhard 355
Baeck, Leo 366
Bakunin, Michail Alexandrowitsch 238
Balluseck, Lothar von 204, 370
Barlach, Ernst 299
Barth, Ariane 361
Barthe, Angèle de la 131
Barz, Inge 373
Bauer, Fritz 356
Bauer, Max 363
Baum, Gerhart-Rudolf 220
Baumann, Michael 228–230, 232, 236, 246, 373 f.
Becker, Howard S. 149, 364
Becker, Jillian 198 f., 365, 370, 373
Beethoven, Ludwig van 169
Begin, Menachém 140, 364
Benn, Gottfried 81
Bernstein, Eduard 376
Beschäftigungspolitik 305
Bevölkerungspolitik 255, 307
Biafra 92, 112
Bichler, Albert 376
Bigler, Rolf R. 361
Bilger, Hans 380
Binding, Karl 53, 355

Binion, Rudolf 33
Bird, Eugene K. 361
Bismarck, Otto von 221
Blake, Robert 376
Bloch, Ernst 267
Blüm, Norbert 291
»Blut und Boden« 306
Böddeker, Günter 353
Boeden, Gerhard 209, 371 f.
Böll, Heinrich 201, 370
Bölsche, Wilhelm 123, 362
Börne, Ludwig 173, 367
Börner, Holger 289
Boesch, Ernst E. 368
Böse, Wilfried 199
Bodenreform 255
Bolschewismus 27, 31, 82
Bond, James 70
Borchert, Wolfgang 327
Bormann, Martin 75
Bornemann, Ernest 225, 372
Borst, Arno 363
Bracher, Karl Dietrich 64, 357
Brandmarkung der Juden 167, 369, Anm. 71 (→ Stigmatisierung)
Brandt, Peter 365
Brandt, Willy 150, 237, 327, 364, 379
Braun, Eva (verh. Hitler, Eva) 357
Braun, Ilse 58
Brecht, Bertolt 107
Breker, Arno 300
Broda, Christian 267
Broder, Henryk M. 59, 357
Brome, Vincent 352, 369
Broszat, Martin 361
Brückner, Peter 201, 370, 372
Brunner, Guido 291
Buber, Martin 172 f., 367
Büchmann, Georg 254
Bullock, Alan 40, 354, 378
Burger, Heinz Otto 361

Calley, William S. 238
Carpzov, Benedikt 134
Carr, William 22, 350
Casablanca 73
Catel, Werner 53
Cato, Marcus Portius d. J. 104
Cézanne, Paul 297
Chalid, Leila 210
Chamberlain, Houston Stewart 47
Charlier, Jean Michel 357
Chile 152
Chrysostomos, Johannes 131, 363
Craig, Wallace 215
Cromwell, Oliver 318
Chruschtschow, Nikita 78
Churchill, Winston S. 73, 75, 78, 358 f.
Curico, Renato 209

Dadaismus 297
Daix, Pierre 263, 376
Darwin, Charles 274
Darré, Richard Walther 306, 379
Dehler, Thomas 253
Demokratie 42, 59, 66 ff., 284, 291 ff., 346
Demoskopie 129, 152, 188
Denunziation 60, 319
Delloo, Rüdiger 377
Deschner, Günther 37 f., 353
Deutschen, die – 128 ff.
– als »das Böse« 160, 325
– als Objekt der Erziehung 57 ff., 326
– als Studienobjekt 196
– als »Verbrechervolk« 195 (→ Stigmatisierung der Deutschen)
–, ihr Nationalcharakter 128 f., 138, 343, 363
– und Juden 58, 162 ff., 173 ff., 186, 195 ff., 361 f.
Deutschenhaß 108, 128, 162 f., 185 f., 196
Dietrich, Sepp 102
Disraeli, Benjamin 376
Dönitz, Karl 73 f., 333, 378
Dohnanyi, Klaus von 290 f., 378
Dollinger, Hans 250, 360, 363, 374
Domarus, Max 350 ff., 375, 381
Dregger, Alfred 152, 285, 378
Dresden 112
Dressen, Wolfgang 370
Dutschke, Rudi 216, 230, 235, 256, 372
Duve, Freimut 373
Duverger, Maurice 225, 372

Eckardt, Hans von 360, 371
Eckart, Dietrich 32
Eckermann, Johann Peter 367
Eckhardt, Karl August 360
Ehrhardt, H. 355
Eibl-Eibesfeldt, Irenäus 315, 379
Eichmann, Adolf 115, 337
Einstein, Albert 166
Eitner, Hans-Jürgen 354
El Slavador 152
»Endlösung« der Judenfrage 37, 39, 52, 76 f., 92 f., 138, 140, 142, 329, 367
Engelmann, Bernt 353
Engels, Friedrich 257, 263, 265, 367, 376
England 131, 151 f. (auch 73)
Ensslin, Gudrun 209, 226
Entebbe 199
Entnazifizierung 60, 274, 326 f., 334
Eppler, Erhard 257, 267
Erhard, Ludwig 320
Erikson, Erik H. 165, 207, 371
Erziehung, antifaschistische 59 f., 63 f., 66 f., 68 f., 83, 345
Esser, Hermann 254, 319
Euripides 210
Europäische Gemeinschaft (EG) 310
Euthanasie 48 f., 51
Everett, Arthur 373

Fabian, Walter 375
Familienzusammenführung 322
Faschismus 11, 88, 144, 209, 268 f., 342 ff., (→ Nazismus)
–, deutscher 64
–, latenter 129
– als Schimpfwort 306
Faschismus-Forschung 342
Faßbinder, Rainer Werner 85, 359
Faszination des Bösen 13, 80, 86, 88, 90, 327 f., (sinngemäß 118, 277)
Feder, Gottfried 254, 301, 319
Feldmeyer, Karl 366
Fest, Joachim C. 86, 349, 354
Fetscher, Iring 228, 373
Fichte, Johann Gottlieb 115
Firestone, Shulamith 366
Fleischmann, Lea 59, 174, 190, 357, 367, 369
Flitner, Andreas 357 f.
Flückinger, Felix 370
Fontane, Theodor 242, 373
Foucault, Michel 376
France, Martin le 363
Fraenkel, Heinrich 330, 353, 362, 381
Frank, Hans (zuletzt Generalgouverneur)
– als Hitlers Anwalt 38, 353
– als »Reichsjustizkommissar« 50, 355
– über Hitler 16, 38, 272
– und die Schuldfrage 70, 75, 77, 137 f.
Franks Verbundenheit mit Hitler 75
Hans Frank: *Im Angesicht des Galgens* 349, 352 f., 355 f., 358, 360 f., 364, 376 f.
Frankenberger, Johann Nepomuk oder Blasius 39
Frankreich 97, 130 ff., 145, 186, 262, 312
Freisler, Roland 357
Freud, Sigmund 34, 40, 110, 119, 121, 128, 154, 160 f., 166, 189, 242, 278, 317, 352, 354, 365, 369, 378 f.
Freudenstein, Moses 367
Frick, Wilhelm 75
Friedensbewegung 324
Friedrich, Jörg 359
Frisch, Max 38
Fritzsche, Hans 73, 358
Fromm, Erich 22 ff., 33, 182, 246, 350, 368, 374
Frundsberg, Georg von 272
Frustration, sexuelle 180, 203 f., 350
Frustration und Aggression 13, 182, 184, 187, 204, 214 (→ Aggression)
Frustrationstoleranz 283
Führer und Geführte 231, 332
Führer/Führung und Gefolgschaft 37, 231
Führerbefehl 24, 42, 95, 101, 107, 113, 183, 216, 276
Führung, geistige 45
Fuller, I.F.C. 73, 358
Fußballfans 10, 127, 218, 236, 250

Gamm, Hans-Jochen 349
Galinsky, Heinz 159, 366
Gauguin, Paul 297

Gaulle, Charles de 144 f., 148, 343, 364
Geburtenrückgang 307 ff.
Gegengewalt 201 f., 221, 287
Geheimhaltung 357
Gehlen, Reinhardt 29
Geibel, Emanuel 366
Geißler, Heiner 152, 257, 364, 371 f., 375
Generationenkonflikt 89, 104
Germanen 106, 184
Germanisierung 315, 337
Gerold, Karl 152
Gessner, Salomon 116, 361
Gestapo 124, 140
Gewaltursachen, »geistige« 69, 87, 200, 203, 228, 240 f., 243, 245, 247–251, 294
Gilbert, Gustave M. 74, 358, 360, 364
Ginzel, G. B. 364
Gisevius, Hans Bernd 42, 354, 357
Gleichberechtigung der Geschlechter 315
Glucksmann, André 262 f., 376
Gobineau, Arthur Graf 47, 54, 164, 179, 191 f., 368
Goebbels, Joseph (Reichsminister für Volksaufklärung und Propaganda) 24, 89, 164, 343
– als Redner 75, 177
– als »Sozialist« 252
– über Hitler 351, Anm. 56
– und Hitler 58 f., 255
– zur »Judenfrage« 329
Joseph Goebbels: *Michael* 148
–, *Tagebücher* 356, 364, 381
Göppinger, Hans 372
Göring, Hermann (Reichsmarschall) 72, 75, 364
– im Nürnberger Prozeß 74, 76, 97
– und Hitler 28, 148, 231, 364
– und die Juden 38
Görings »Gewissen« 148, 231
Göring, H. M. (Psychiater) 34
Görlitz, Walter 352
Goethe, Johann Wolfgang von 104, 164, 169 f., 210, 360, 367, 371
Goetz, Wolfgang 148
Gogh, Vincent van 297
Goppel, Alfons 157
Grass, Günter 322, 380
Greiffenhagen, Martin 364
Grimm, Hans 307, 379
Grumach, E. 367
Guardini, Romano 143, 364
Guderian, Heinz 29, 351
Gürtner, Franz 51, 355
Gumplowicz, Ludwig 376

Haan, Georg Anton 134
Haarmann, Fritz 324
Habermas, Jürgen 228, 260, 373, 375
Habermehl, Werner 363 f.
Haffner, Sebastian 25, 140, 142, 329, 350, 364, 373, 381
Haining, Peter 130, 134
Hammes, Manfred 134, 363
Hamp, Vinzenz 360
Hanfstaengl, Ernst 17, 31, 111, 180, 334, 349, 352, 361, 368, 381
Harrisburg 82, 236
Hartmann, K. D. 368
Haug, W. F. 65
Hauptmann, Gerhart 36, 259, 352
Heer, Friedrich 39, 139, 353, 364
Hegel, G. W. F. 23, 78, 164, 286, 350, 359, 378
Heiber, Helmut 364
Heidegger, Martin 81
Heiden, Konrad 21, 31, 350, 352
»Heim ins Reich« 322
Heims, Heinrich 349, 381
Heinig, Peter 363
Heining, Burkhard 373
Heller, Erdmute 359
Hellwig, Renate 379
Hentig, Hans von 372 f., 378, 380
Heppe, Heinrich 363
Hermann, Marie 381
Herrenvolk 313, 320
Hesiod 254
Heß, Rudolf (»Stellvertreter des Führers«) 20, 75, 358, 376
– im Nürnberger Prozeß 70
– in Spandau 111
– über Hitler 270
Hexenverfolgung (auch: -verbrennung) 91, 104, 128, 130, 132–136, 141, 217
Heydrich, Reinhard 37 ff., 140, 337, 353
Hillgruber, Andreas 350

Himmler, Heinrich (Reichsführer SS und Chef der Deutschen Polizei) 75, 271
– in Auschwitz 331
– in Posen 76 f., 381
– über den Sexualtrieb 125 (vgl. 271)
– über Hitler 37
– und die Gestapo 124
– und die Juden 58, 140, 177, 368
– und die Massenmorde 74, 154, 330
– und die Schuldfrage 113, 137, 330
– und Hitler 75, 125, 231, 315, 337, 339
– zum Selbstopfer-Einsatz 296
Himmlers Jugend 93, 121, 209, 330, 339
Hiroshima 99 f.
Hirsch, Adolf 139
Hirschfeld, Magnus 380

Hitler, Adolf (Führer u. Reichskanzler)
– als Faszinosum 13, 80, 183, 327, 332 f.
– als Feldherr 27, 29 f., 336
– als Menschenkenner 32, 35, 38, 40, 63, 110, 295, 318
– als Redner 16 f., 31, 36 f., 43 f., 75, 156, 254, 300, 330, 334 ff.
– als Schriftsteller 17, 335, 337 f.
– als Vertreter der Habenichtse 165, 256, 375
– als Zyniker 32, 41, 295, 302, 338
Hitlers Abstammung 38 f.
– Denkstil 18–20, 256, 270, 275
– Destruktivität, sein Vernichtungswille 20, 23 ff., 27 f., 39, 52, 54, 119, 124, 182 f., 323, 329, 336
– Fanatismus 16, 22, 32 f., 41, 118, 157, 186, 238
– Forderung blinden Gehorsams 101 (auch 33)
– Grundsätze der Geheimhaltung 357
– Judenhaß 21, 39, 181, 185, 340
– Kindheit 25, 33 f., 36, 207
– Mutterbindung 23, 32 f., 181
– Ödipus-Komplex 25
– Prüderie 34, 55, 212
– Reinlichkeitswahn 123, 180, 312
– Sozialismus 254 f.
– Spielernatur 18, 28
– Vaterhaß 39
– Verhältnis zum Recht 106, 286, 330, 332
– Verhältnis zum Staat 254, 269, 285 f.
– Verhältnis zur Kunst 212, 297 ff.
– Verhältnis zur Religion, zur Kirche 118, 164, 179, 270, 272, 337
– Verhältnis zur Wahrheit 302
– Verlangen nach Disziplin 33 (sinngemäß 101 und 292)
– Verschlossenheit 35
– Wandlung zum Antisemiten 118 f., 122 ff., 148, 185, 312, 340
– Waschzwang 123 (→ Reinlichkeitswahn)
– Weltanschauung 118, 164, 270, 301
– Wille zum Krieg 28, 58, 79, 145, 256, 286, 307 f., 323 f., 327, 334, 336, 356
Hitler über Mussolini 64, 357
– über Stalin 272, 376
Hitler und Churchill 358
– und Darwin 274
– und der Begriff der Nation 27, 322, 351, Anm. 44
– und der Marxismus 34 f., 119, 252, 254, 267, 270
– und die Arbeitslosen 11, 71, 256, 282, 284, 290, 304 f.
– und die Deutschen 18, 20, 27, 42, 44, 57 f., 311, 315, 325
– und die Frauen 17, 32, 179 f., 307
– und die Juden 21 f., 26 ff., 36, 39 f., 47, 64, 124, 160, 179 ff., 185, 193, 329, 336 ff.
– und Himmler 58, 74
– und Karl Marx 269
– und Nietzsche 43, 51–55
– und sein Parteiprogramm 254 f., 300 f.
Adolf Hitler: *Mein Kampf* 199, 333–339, 341, 349, 351 ff., 357, 360, 362, 364, 366, 358 f., 371, 374 f., 376, 378 ff., 381 f.
Hitlers Zweites Buch 337, 350, 366, 375, 382
Hitler. *Sämtliche Aufzeichnungen 1905–1924* 354 ff., 363, 365 f., 375 f., 379, 381 f.
Hitlers Tischgespräche im Führerhauptquartier 307, 356, 375, 379, 380 f.
Adolf Hitler. *Monologe im Führerhauptquartier* 349, 351, 356, 362, 369, 376 f., 381 f.
Hitler-Jugend (HJ) 60, 84, 145, 280
Hitler-Welle 80, 82, 90, 327, 331, 333

Hitler, Eva, geb. Braun 357
Hitler, Paula 33
Hitler, William Patrick 38
Hoche, Alfred 53, 355
Hochhuth, Rolf 329, 364, 381
Höss, Rudolf 74, 114, 122, 361 f.
Hoffmann, Heinrich 368
Hoffmann, Henriette (von Schirach) 368
Hofstätter, Peter R. 107, 357, 360
Hoppe, Hans-Günther 219, 372
Huber, Joseph 379
Hübscher, Arthur 372
Husserl, Edmund 86, 359

Ideale, höchste 126
Idealismus 71, 201, 261, 296
Idealismus und Lumperei 36
Indianer 112, 325
Indonesien 92
Infantilismus 247, 374, Anm. 95
Innenpolitik 25, 255, 305
Innozenz VIII. 132
Institoris, Heinrich 132 ff., 360, 363
Israel, Israelis 26, 109, 145
Irving, David 29, 96, 328 ff., 349 ff., 354, 359 f., 368, 381

Jäckel, Eberhard 18, 40, 254, 329, 334 f., 338, 349, 351 f., 354 ff., 363, 365 f., 375 f., 379, 381 f.
Janouch, Gustav 162, 366
Jochmann, Werner 349, 351, 356, 362, 369, 376, 381 f.
Johann Georg II. 134
Johnson, Kathryn 373
Juden 159–197
– als »auserwähltes Volk« 164, 174, 189
– als »das Böse« 193
– als Haß-Objekt 124, 160, 178, 185
– als Kaufleute 161 f., 175
– als »Personifikation des Teufels« 118
– als Projektionsobjekt 119, 160, 180, 185, 193
– als »Volkskörper« 39, 179, 368, Anm. 49
– und »Reich Gottes« 366, Anm. 5
Juden und Deutsche 58, 162 ff., 173 ff., 186, 195 ff., 361 f.
Juden und Nichtjuden 162, 197, 369
– und Palästinenser 198, 235
siehe auch: Brandmarkung der Juden, → Stigmatisierung der Juden; → Hitlers Judenhaß, → Hitler und die Juden
Vernichtung, Ausrottung der – 27 f., 37, 58 f., 76, 128, 145, 332, 337, 341
Judenhaß 38 f., 159, 163, 175, 177, 184, 187 f., 180, 197
Jüdinnen als Sexualobjekte 94, 161
Jugendunruhen 67, 198 f., 202, 205, 212, 217 f., 233, 238, 243, 245, 249, 251, 288, 294, 344
Jung, Carl Gustav 34, 352
Junge, Gertraud 351
Jungk, Robert 10, 90, 359 f.

Kafka, Franz 162
Kaiser, Günther 234, 373
Kalow, Gert 341, 382
Kambodscha 92, 112 f.
Kampmann, Wanda 367
Kant, Immanuel 115, 164, 173, 181, 216, 272, 361, 367 f., 377
Karelus, Karl 358
Kaufmann, Arthur 372
Kemal Pascha Atatürk 78
Kersten, Felix 353, 379, 381
Kiep, Walther Leisler 253, 291, 375
Kirchenproblem 337, 377
Khomeini, Ruhollah 318
Klar, Christian 220
Klassenfeind und Rassenfeind 273
Klassenkampf und Rassenkampf 137, 269
Klee, Ernst 297
Klemperer, Viktor 353
Kluge, Hans Günther von 29
Knapp, Guido 381
Kohl, Helmut 155
Kokoschka, Oskar 297
Kollektivschuld 15, 91, 112 f., 125, 128, 137 ff., 140 f., 159, 167, 177, 195, 311, 332
Kollektivverbrechen 107

Kommunismus 62, 169, 253
Kommunistenhaß 187
Kopelew, Lew 96, 360
Kotella, Joseph 360
Krahl, Hans-Jürgen 375
Krieg und Gewaltverbrechen 324
Kriegsbereitschaft 67, 85, 110, 238, 242, 317
Kriegsschuld-Frage 73
Kristallnacht 42, 58, 139, 235
Krusche, Lutz 372
Kubismus 297
Kühn, Heinz 310, 379
Kühnl, Reinhard 64, 350, 357, 363, 375, 382
Kuhn, Axel 381
Kuiper, P. C. 368
Ku-Klux-Klan 339
Kulturnation 322
Kummer, Hans 372
Kutschinsky, Berl 372
KZ-Prozesse 102, 111 f., 142 f.
KZ-Täter 117, 174
KZ-Verbrechen 325

Lamm, Hans 118, 361
Lammers, Hans-Heinrich 381
Langbein, Hermann 361
Landmann, Michael 380
Landshut, Siegfried 376
Langer, W. C. 25, 33, 350
Lanz, Peter 372
Laqueur, Walter 138, 364
Lassalle, Ferdinand 169, 175, 367
Lau, Dieter 356
Launey, Jaques de 357
Laurien, Hanna Renata 291
Lebensfragen der Nation 18
»Lebensraum« 27, 30, 165, 255, 320, 332, 336
Le Bon, Gustave 31, 166, 366
Lenin, W. I. 257, 265, 270 ff., 376
Lersch, Philipp 355, 377
Lessing, Gotthold Ephraim 90
Leuner, H. D. 141, 364
Lévy, Bernard-Henry 262, 376
Ley, Robert 39, 164, 353
Linksfaschismus 252, 260, 268, 320
Linksradikale 146, 269, 309
Lloyd George, David 31, 352, Anm. 63
Lochner, Louis P. 356
Löser, Hans-Joachim 372
Löwith, Karl 161, 262, 366, 375
Lombroso, Cesare 49, 192, 355
Lorenz, Konrad 48, 124, 216, 275, 355, 372, 377
Lorković, Mladen 20
Lovelace, Linda 239
Luden, Heinrich 367
Lübbe, Hermann 154, 266, 365
Lueger, Karl 38, 340
Luns, Joseph 98
Luther, Martin 164, 366
Lutze, Viktor 75, 359

Mahler, Horst 320
Maihofer, Werner 199 f., 370
Majdanek-Prozeß 210
Malraux, André 364, 382
Mandel, Arthur 367 f.
Mannheim, Karl 200, 370
Manson, Charles 239
Manstein, Erich von 30, 351
Manvell, Roger 330, 353, 362, 381
Mao Tse-tung 279
Marc, Franz 297
Marchais, Georges 98
Martini, Emil de 371
Marcuse, Herbert 161, 366
Marx, Karl 37, 86, 160, 162, 166–169, 175, 263 ff., 269, 272, 279, 359, 366 f., 376
Marxismus 98, 119, 132, 200, 252, 258, 262 f., 265, 270 f., 300
Marxismus-Leninismus 245
Maser, Werner 123, 353, 357 f., 360, 362
Mason, Thimothy W. 378
Masse, breite 15 f., 35, 42–45, 57, 60, 301, 309, 323, 334 f.
Massenmord 15, 24, 26 ff., 31, 52, 58 f., 71, 74, 76, 78, 90, 92, 97, 100, 128, 133, 138 ff., 142, 154, 157, 167, 235, 239, 263, 276, 325
Massenvernichtung 92, 94, 99, 137, 151, 316, 329
Massiczek, Albert 367

Masur, Norbert 381
Mead, Margaret 25, 350
Meinhof, Ulrike Marie 152, 209, 226 f., 365
Melchers, Georg 65, 358
Mendel, Gérard 33, 39, 182, 354
Menten, Pieter 98
Mergen, Armand 355
Meves, Christa 258, 375
Mezger, Edmund 23, 350
Mies, Herbert 245, 374
Middendorff, Wolf 210, 371
Milch, Erhard 38 f.
Millet, Kate 210, 371
Mitscherlich, Alexander 154, 365, 374
Mitscherlich (-Nielsen), Margarete 154, 167, 365, 367
Model, Otto 382
Mordlust 124
Mohler, Armin 357
Moore, Henry 297
Morgenthau, Henry 326
Mühr, Alfred 372
Müller, Günther 266
Müller, Klaus 382
Muhlen, Norbert 128, 363
Mussolini, Benito 35, 64, 343, 357
Mustafa el Scheich 223, 372

Naefe, Vivian 359
Naegeli, Eduard 350
Napoleon I. 23, 90, 144, 166, 170, 235, 307, 328
Nation 26 f., 44, 46, 57, 93, 98, 112, 145, 154, 162, 167, 319 f., 342 f., 351, 380
Nationalismus 144, 256, 323
Nationalsozialismus 9, 57, 159, 252–255, 301, 343 (→ Nazismus)
National-Zeitung 61, 357, 360
Nazismus 11, 45, 81, 84, 115, 126, 199, 252, 256, 273, 276, 311, 319 f., 326, 343
Nekrophilie 23, 182, 277
Neonazis 9 ff., 62, 68, 70, 78 f., 86 f., 110 f., 139, 144 f., 229, 276, 279, 281, 284 f., 310 f., 319, 321, 334, 336, 340, 359
Neonazismus 284, 309, 327, 341, 382
Neue Linke 64, 146, 208, 259, 261
Nichtjuden 162, 196 f., 369
Nietzsche, Friedrich 23, 43, 51–55, 122, 161, 167, 169 f., 210, 228, 295, 305, 350, 354, 356, 362, 367, 371, 373, 378
Nixon, Richard 235
no future 246, 248
Nowak, Horst 150 f., 364
NSDAP 50, 57, 60, 151, 252, 254 f., 260, 284, 300, 351, 356 f., 363, 375 f., 379
NS-Prozesse 104 f.
Nürnberger Gesetze 57, 357
Nürnberger Prozesse 15, 97

Ohnesorg, Benno 230
O'Rourke, Richard 370

Patriotismus 223, 324
Palästinenser 198, 210, 236
Paulsen, Friedrich 373
Peisl, Anton 357
Perewskaja, Sofia 209
Pfister, Oskar 368
Pfütze, Dorit 378
Philosemitismus 65, 113, 163, 176 f., 197
Picard, Max 80, 217, 359
Picasso, Pablo 297
Picker, Henry 356, 360, 375, 378 ff., 381
Pilgrim, Volker Elis 350
Plack, Arno 350, 355, 360 f., 366, 368, 370 ff., 374, 376, 378
Planitz, Hans 360
Platon 55
Plessner, Helmuth 162, 366
Pokatzky, Klaus 365
Polen 28, 55, 324
Poliakow, Leon 368
Politisierung privater Nöte 39, 67, 143 f., 199, 233, 236 f., 344
Polizei 114, 126, 141, 152, 170, 202, 249, 258, 287, 289, 361
Pol-Pot (-Regierung) 97, 99, 113
Popitz, Heinrich 150, 364
Pressefreiheit 61, 145, 235, 237, 303
Prittie, Terence 171, 359
Propaganda 30 f., 43 f., 58, 117 f., 136, 144, 185, 292, 295, 300–306, 309, 340

Prostitution 34 f., 47, 54 f., 119, 212
Prügelstrafe 67, 154, 206 f., 213, 222, 314, 317, 331, 333
Psychoanalyse 22, 25, 153 f., 164 f., 181 ff.

Raabe, Wilhelm 173, 367
Raddatz, Fritz 376
Radbruch, Gustav 372
Radikalismus 146, 227, 269 f., 282 f., 287
Rasse 40, 47, 192, 252, 255, 269, 351
Rassenfeind und Klassenfeind 273
Rassengedanke 62
Rassenhaß 137, 146, 161, 192, 312, 338 ff.
Rassenkampf 137, 376
Rassenreinheit 39, 47 f., 53, 57, 123 f., 179, 315
Rassenwahn 39, 54, 137, 194
Rassismus 54, 59, 193, 255, 316
Rattey, Klaus Jürgen 330, 373
Raubal, Geli 180
Rauch, Georg von 231, 232
Raum ohne Volk 307
Rauschning, Hermann 17, 26, 28, 36, 40, 164, 319, 349, 351 ff., 354, 364, 366
Rechtsradikale 9 f., 70, 84, 107, 146 f., 150, 260, 282, 310 f., 319 ff.
Rechtsstaat 87, 104, 148, 198, 218, 231, 284, 286 f., 299
Reich, Wilhelm 110, 361, 380
Reich-Ranicki, Marcel 90, 360
Reichskristallnacht 42, 58, 139, 236
Reif, Adelbert 358
Reinheitsideal 125, 180
Reitsch, Hanna 296, 378
Repression, familiäre 316
Reumann, Kurt 147, 364
Reuter, Ernst 153, 365
Riehl-Heyse, Herbert 365
Riemer, Friedrich 371
Ritter, Gerhard 375
Rjazanov, David 367
Robbins, Rossell Hope 130 f., 133, 363
Robespierre, Maximilien de 120
Röder, Manfred 321
Röhl, Klaus Rainer 208, 371
Röhm, Ernst 75, 269, 321, 328, 376, 380
»Röhmputsch« 255
Roh, Franz 378
Roosevelt, Franklin D. 73
Rose, Romani 361
Rosenberg, Alfred 125, 160, 366
Rosenthal, Harry F. 373
Rosh, Lea 58, 357, 359
Rothfels, Hans 64, 357
Rüstow, Alexander 227, 264, 373
Rudel, Hans Ulrich 84, 149
Rudenko, R. A. 97
Ruhland, Karl-Heinz 220

Salewski, Wolfgang 372
Sartre, Jean-Paul 201, 370
Saundby, Robert 359
Schaber, Will 375
Schaffner, Bertram 363
Scheffler, Wolfgang 368
Scheler, Max 162, 172, 226, 366 f., 372
Schell, Manfred 374
Schepmann, Wilhelm 83, 359
Schiller, Friedrich 164, 210
Schirach, Baldur von (zuletzt Gauleiter von Wien)
– als »Reichsjugendführer« 75
– in Posen 76
– in Spandau 73
– über Hitler 17, 75, 155, 300, 333 f.
– und die Schuldfrage 70, 74 ff., 137 f.
– zitiert Hitler 52, 157
Schirachs Abkehr von Hitler 70, 75
Baldur von Schirach: *Ich glaubte an Hitler* 349, 352 ff., 358, 363, 365, 378, 381
Schirach, Henriette von (→ Hoffmann, Henriette)
Schleyer, Hanns Martin 198
Schmid, Carlo 357, 364, 382
Schmidbauer, Wolfgang 226, 372
Schmidt, Helmut 155, 186, 309, 361, 379
Schmidt, J. W. R. 363
Schmücker, Ulrich 373
Schmude, Jürgen 341, 382
Schneider, Carl 53
Schneider, Kurt 22
Schoeps, Julius H. 369

Scholtz-Klink, Gertrud 51, 71 f., 355, 358
Schopenhauer, Arthur 214, 372
Schramm, Percy Ernst 352
Schuh, Dr. med. 353
Schultz, Ulrich 355
Schumacher, Kurt 44, 153, 256, 354, 365
Schweiz 310, 313
Sérat, Paul 360
Sereny, Gitta 358, 361
Silbermann, Alphons 91, 188–195, 197, 360, 363, 368 f.
Silberner, Edmund 367
Sinti 114, 361
Sinus-Institut 144, 147, 150, 152, 364
Smith, Bradley F. 360
Soldan, W. G. 363
Solidarität, gewachsene 36
Solidarität, negative 33
Solidarität, positive 271
Solidarisierung 83, 171 f., 177 f., 218, 268, 271, 332, 340 (→ Volksgemeinschaft)
Sonnemann, Ulrich 357
Sontheimer, Kurt 200, 370
Sontzeff, Sophie 367
Sowjetunion 153, 266
Sozialismus 201, 254, 262 ff., 296, 309
Sozialpflichtigkeit des Eigentums 287
Spee von Langenfeld, Friedrich 132, 363
Speer, Albert (Reichsminister für Bewaffnung und Munition)
– im Nürnberger Prozeß 70, 75 f.
– in Posen 77
– in Spandau 76, 111
– über Hitler 17 f., 24, 32, 35, 37, 334
– und die Schuldfrage 70, 75 f., 77, 137
Albert Speer: *Erinnerungen* 72, 349 f., 352 f., 358, 363, 380
Spandauer Tagebücher 76, 111, 349, 325, 358, 361
Der Sklavenstaat 359
Technik und Macht 358
Sprenger, Jakob 132 ff., 360, 363
Springer, Axel 235
Springer, Hildegard 358
Staeck, Klaus 365
Stalin, Joseph 26, 239, 258, 263, 271 f., 279
Stalingrad 20, 142, 274
Stammheim 201
Steinbuch, Karl 266
Steiner, Jean-François 138, 364
Stenzel, Meinrad 360
Stierlin, Helm 33, 41, 353 f.
Stigmatisierung 198
Stigmatisierung der Deutschen 99, 112, 131, 174, 186, 324
Stigmatisierung der Juden 174, 186
Stöcklein, Paul 357
Stoiber, Edmund 253, 375, 379
Stoltenberg, Gerhard 244, 374
Strafen/Strafrecht 50, 61, 93, 103–109, 112, 237
Strasser, Gregor 255, 300, 319
Strasser, Otto 255, 319
Strauß, Franz Josef 129, 152–158, 198, 200, 244, 252, 266, 289, 365, 370
Streicher, Julius 75
Stresemann, Gustav 41
Strindberg, August 134, 363
Strukturalismus 199, 262
Studentenunruhen 257, 259
Südafrika 152
Südtirol 324
Sutcliffe, Peter 212, 373
Swoboda, Helmut 371
Syberberg, Hans-Jürgen 330, 381

Talleyrand-Périgord, Charles Maurice de 65, 235
Tandler, Gerold 359
Taylor, Telford 96, 235, 360, 373
Ternon, Ives 359
Terrorismus 81, 187, 200, 208, 211 f., 234, 303, 323
Terzani, Tiziano 361
Theresienstadt 140
Thorak, Josef 300
Todesstrafe 106, 108, 192, 222, 231, 303, 332, 360
Tönnies, Ferdinand 372
Toland, John 17, 80, 349, 351 ff., 359, 361, 368, 373
Toleranz 119 ff., 189, 194, 312–315
Tolstoi, Leo N. 374
Topitsch, Ernst 264, 266, 376
Totalitarismus 66, 82, 268, 343
Treblinka 92, 108, 138 f., 159

Trube-Becker, Elisabeth 370
Türken 338
TUWAT 211

Überalterung 309
Ulbricht, Walter 269
Ulpianus, Domitius 206, 370
Urban II. 130
USA 128, 135, 149, 151, 186

Verbrechen, brutales 239
Verbrechen im Namen hoher Ideale 126
Verbrecher, »geborene« 49
Vergangenheitsbewältigung 9, 12 f., 32, 49, 57, 70, 89 f.
–, fehlschlagende 84, 86
–, rein ideologiekritische 110
–, oberflächliche 12 f., 183
–, professionelle 181
–, sachliche 253
–, vorgebliche 93, 327, 334, 338
– als Anschwärzung 93 (sinngemäß 319)
– als Flucht vor der Gegenwart 77, 79 ff., 82 (sinngemäß 10, 306)
– als intellektuelles Spiel 146
– als Selbsthaß 167
– mit Schlagworten 65
–, ihr Grundirrtum 12
Vertreibung 112
Vernichtungslager 91, 139, 145, 177 (→ Auschwitz; → KZ)
Viett, Inge 226
Vietnam 74, 96 f., 99 f., 235
Vogel, Hans Jochen 290
Völkergemeinschaft 165, 175, 295
Völkerhaß 59, 92, 94, 120, 177 f., 184, 186 f.
Völkermord 26 f., 92, 108, 112 ff., 119 f., 177, 196, 212, 286, 342, 382
Völkermord und Kriegsraison 78
»Volk ohne Raum« 256, 307 f., 379
»Volksaufklärung« 59
Volksgemeinschaft 33, 35, 43 ff., 57, 82, 177, 254, 256, 269, 273 f., 286, 318, 320
»Volkskörper« 46 ff., 50, 57, 179, 315, 368
Vollbeschäftigung 306

Wachstumsideologen 256
Wagner, Richard 329
Walesa, Lech 242
Wannseekonferenz 140, 337
Wassermann, Jakob 167, 190, 366, 369
Weinberg, Gerhard L. 375, 382
Weizsäcker, Carl-Friedrich von 200, 370
Weizsäcker, Ernst von 351
Weizsäcker, Richard von 291, 314, 379
Weis, Otto Jörg 361
Wellek, Albert 88, 359
Weltanschauung 19, 33, 58, 118, 126, 164, 243, 270 f., 294, 296, 301
Weltwirtschaftskrise 11, 71, 136, 283, 316
Wehner, Herbert 156
Werte 66, 92, 120, 126, 233, 244, 296, 322
Werturteile 247
Widerstandsrecht 293 f.
Wilhelm II. 272
Winter, Rüdiger 353
Wirth, Josef 114
Wirtschaftsmacht 201
Wittlich, Angelika 359
Wölber, Hans-Otto 203, 370
Wördemann, Franz 372
Wohlstand 203 f., 208, 241, 258, 275
Wolff, Karl 71, 137, 358
Wortis, Joseph 369
Wuttke-Groneberg, Walter 355

Yorkshire Ripper 232

Zensurverbot 382
Zigeuner 114, 141
Zimmer, Dieter E. 373
Zimmerer, Ludwig 374
Zimmermann, Friedrich 252 f., 375
Zoller, Albert 350
Zürndorfer, Josef 163, 366
Zuckmayer, Carl 86

Lieferbare Bücher von Arno Plack:

Die Gesellschaft und das Böse

Eine Kritik der herrschenden Moral

1. Auflage, München 1967
12. Auflage (120. Tausend) 1977 – bei List
Als Taschenbuch bei Ullstein 1979

Der Mythos vom Aggressionstrieb

Unter Mitarbeit von August Kaiser, Hans Kummer, Jan-Diether Murken, Eduard Naegeli, Fritz Paepcke, Wolfgang Schmidbauer, Ulrich Sonnemann und Hans-Ulrich Wintsch

1. Auflage, München 1973
2. Auflage 1974 – bei List
Als Taschenbuch bei Ullstein 1980

Plädoyer für die Abschaffung des Strafrechts

München 1974 – bei List

Ohne Lüge leben

Zur Situation des Einzelnen in der Gesellschaft

1. Auflage, Stuttgart 1976
2. Auflage (30. Tausend) 1978 – bei der DVA

Philosophie des Alltags

Stuttgart 1979 – bei der DVA

Abhandlungen von Arno Plack:

Dummheit und Humor

Im *Eckart*. Witten und Berlin 1959, Heft 1.

Die Moral der Neuen Linken

In: *Club Voltaire IV,*

herausgegeben von Gerhard Szczesny
Reinbek bei Hamburg 1970 – bei Rowohlt

Kriminalitätstheorien und die Psychologie des Strafrechts

In: *Strafe und Verbrechen,*

herausgegeben von der Arbeitsgruppe für Strafreform an der Hochschule St. Gallen unter der Leitung von Eduard Naegeli

Aarau und Frankfurt am Main 1976 – bei Sauerländer

Die Angst vor der Freiheit

In: *Angst vor der Zukunft,*

herausgegeben von Hermann Glaser
München 1978 – bei Hanser

Der Einfluß der Psychologie auf die Strafrechtsdogmatik

In: *Die Psychologie des 20. Jahrhunderts,*

Band 14. Hrsg. von Joachim Schneider
München/Zürich (Kindler) 1981

CIP-Kurztitelaufnahme der Deutschen Bibliothek

Plack, Arno:
Wie oft wird Hitler noch besiegt? / Arno Plack. – Düsseldorf: Erb, 1982.
ISBN 3-88458-042-6